东阳年鉴

DONGYANG
YEARBOOK 2021

东阳市人民政府地方志编纂室　编

方志出版社
Publishing House of Local Records

图书在版编目(CIP)数据

东阳年鉴. 2021 / 东阳市人民政府地方志编纂室编.
— 北京：方志出版社，2021. 12
ISBN 978-7-5144-5116-0

Ⅰ. ①东… Ⅱ. ①东… Ⅲ. ①东阳-2021-年鉴
Ⅳ. ①Z525.54

中国版本图书馆CIP数据核字（2022）第041741号

东阳年鉴(2021)

编　　者: 东阳市人民政府地方志编纂室
责任编辑: 刘　芳

出 版 者: 方志出版社
地址　北京市朝阳区潘家园东里9号（国家方志馆4层）
邮编　100021
网址　http://www.zgfzcb.cn
发　　行: 方志出版社图书营销中心
电话（010）67110500
经　　销: 各地新华书店
印　　刷: 金华市曙光印务有限公司

开　　本: 889×1194　1/16
印　　张: 28
字　　数: 946千字
版　　次: 2021年12月第1版　　2021年12月第1次印刷
印　　数: 0001～1000册

ISBN　978-7-5144-5116-0　　定价:280.00元

东阳市地方志编纂委员会

顾　　问：傅显明

主　　任：楼琅坚

副 主 任：胡勇春　陈小华　龚杭娟　王庸华

成员单位：市委办　人大办　市府办　政协文史委　纪委
人武部　法院　组织部　宣传部　统战部
政法委　党史研究室　发改局　经信局　教育局
公安局　民政局　财政局　人力社保局
自然资源和规划局　住建局　交通局　农业农村局
商务局　文广旅体局　卫生健康局　市场监管局
统计局　融媒体中心　人行

《东阳年鉴（2021）》编辑部

主　　编：张忠鸣

副 主 编：张　敬　郭晓笛　包向阳

执行主编：张　勤

编　　辑：许慧扬　徐丽萍　卢　焕
严研虹　楼亚迪　虞小英　楼宇鸿

类目英译：唐艳芳

编辑说明

一、《东阳年鉴》坚持以马克思列宁主义、毛泽东思想、邓小平理论、“三个代表”重要思想、科学发展观、习近平新时代中国特色社会主义思想为指导，坚持辩证唯物主义和历史唯物主义的立场、观点和方法，旨在全面、客观、真实、系统地记述东阳市的发展情况。

二、《东阳年鉴（2021）》是1997年出版以来的第18卷，记述时限为2020年1月1日至12月31日（作为背景资料，部分条目内容和数据酌情上溯或下延），记述全市人民在市委、市政府的领导下所取得的新成就、新经验以及遇到的新情况和新问题，着重反映各行各业年度大事、要事、新事、特事，着力体现年度特点和东阳特色。

三、本卷年鉴采用分类编辑法，分类目、分目、条目三个层次，部分分目下设次分目。本卷设特载、专文、大事记、东阳概览、中国共产党东阳市委员会、东阳市人民代表大会、东阳市人民政府、中国人民政治协商会议东阳市委员会、纪检监察、民主党派、群众团体、法治、军事、经济管理、农业 农村 水务、工业、木雕 红木家具、建筑业 房地产业、商贸、旅游、影视、金融、城乡建设与管理、生态环境、交通、邮政 通信、科学技术、教育、文化 传媒、卫生与健康、体育、社会事务、街道镇乡、人物和荣誉、附录、索引36个类目。

四、本卷年鉴正文中除“民主党派”类目外，“党”均指“中国共产党”，“市委”均指“中共东阳市委”，“党员”均指“中共党员”，“党建”均指“中国共产党建设”。年鉴中的“省”“市”分别指“浙江省”“东阳市”，其他省、市则冠以地名。

五、本卷年鉴的稿件均由各部门、各镇乡街道提供，并经各单位主要领导审定和档案、保密部门审核。所刊载的综合性数据均由市统计局提供，条目中酌用各单位提供的数据。

东阳市政区图

地图审核：浙S[2016]83号

2020年1月1日，9名乡贤在第二届世界东阳人发展大会上领衔宣读倡议书　　（包康轩/摄）

2020年1月1日，投资项目签约仪式举行　　（包康轩/摄）

2020年1月1日，东阳中学教育发展基金会启动仪式举行 （包康轩/摄）

2020年1月1日，第二届世界东阳人发展大会家乡文艺展演举行 （胡扬辉/摄）

2020年4月17日，东阳城区

（陈新阳/摄）

2020年5月11日，东阳江(城区段)两岸

（包康轩/摄）

2020年8月28日，横店八面山全貌

（包康轩/摄）

2020年12月15日，浪坑水库北辰塔

（黄　强/摄）

2020年3月17日，副省长陈奕君（前排右二）到东阳市明堂红木家俱有限公司调研 （市委办提供）

2020年6月24日，省委书记车俊（前排右二）到南马镇花园村调研 （市委办提供）

2020年8月13日，省纪委书记许罗德（前排右二）到城东街道斯村调研 （包康轩/摄）

2020年9月17日，省委常委、政法委书记王昌荣（前排右二）调研东阳矛调中心　　（包康轩/摄）

2020年9月21日，国家广播电视总局副局长朱咏雷（前排左二）调研横店影视产业　　（包康轩/摄）

2020年11月1日，省委常委、宣传部部长朱国贤（前排右三）参观中华大师汇大型木雕作品《百年伟业》（包康轩/摄）

2020年3月11日，东阳市举行扩大有效投资重大项目集中开工活动 （包康轩/摄）

2020年4月12日，东阳市举行五大会战誓师动员会 （包康轩/摄）

2020年5月13日，南马镇花园村乡村振兴综合改革试点工作推进会举行 （包康轩/摄）

2020年6月10日，“请你来协商”助推综合交通大会战活动 （包康轩/摄）

2020 年 6 月 21 日，横店影视文化产业集聚区成立大会暨授牌仪式（包康轩/摄）

2020 年 7 月 23 日，省委第八巡视组巡视东阳市情况反馈会（包康轩/摄）

2020 年 9 月 20 日，东阳市召开抗击新冠肺炎疫情、抗洪抢险救灾表彰大会（包康轩/摄）

2020 年 10 月 23 日，全省扩大有效投资重大项目集中开工活动（金华分会场）在东阳市举行（包康轩/摄）

2020年4月23日，金华人游横店首发活动启动，来自金华、义乌、浦江、磐安的游客到横店圆明新园（春苑）游玩

（包康轩/摄）

2020年8月1日，革命历史题材献礼剧《光荣与梦想》在城东街道东锋村先锋小竹林影视拍摄基地拍摄

（单冠定/摄）

2020年4月29日，横店明清宫苑景区全貌

2020年8月1日，横店影视城广州街·香港街景区推出的沉浸式演出《走进电影》（包康轩/摄）

2020年11月1日，第七届文荣奖颁奖典礼举行（单冠定/摄）

（陈新阳/摄）

2020年5月26日，东阳木雕小镇客厅（郑晓东/摄）

2020年5月31日，东阳木雕小镇客厅内景 （郑晓东/摄）

2020年6月1日，东阳木雕小镇客厅全貌

（郑晓东/摄）

2020年7月29日，101名来自复旦大学等68所院校的东阳籍优秀学子参观中国木雕博物馆

（胡扬辉/摄）

2020年9月8日，花园红木家具市场展销会举行 （王江红/摄）

2020年9月11日，等待发货的红木家具产品 （王江红/摄）

2020年11月1日，中国工艺美术大师代表在中华大师高峰论坛上发表宣言 （包康轩/摄）

2020年11月2日，中华大师汇开幕式在东阳中国木雕城举行 （包康轩/摄）

2020年4月28日，春茶机收忙（包康轩/摄）

2020年7月30日，六石街道吴良村农田里的主题稻田画（胡扬辉/摄）

2020年11月24日，城东街道寀卢村高标准农田（包康轩/摄）

2020年11月30日，湖溪镇八里湾共享田园（包康轩/摄）

2020年12月2日，南马镇花园村现代农业生态园的技术人员通过手机管理大棚里的农事（王江红/摄）

2020年1月8日，南马镇花园村渼陂下小区新貌
（包康轩/摄）

2020年3月20日，六石街道下石塘樱花大道
（包康轩/摄）

2020年5月19日，游客在南马镇花园红木家具城旅游　（王江红/摄）

2020年8月10日，六石街道夏溪潭村　（包康轩/摄）

2020年9月3日，城东街道单良村　（包康轩/摄）

2020年3月5日，金甬铁路（东阳段）建设项目首桩施工
（李　磊/摄）

2020年6月13日，义东高速（东阳段）建设项目首桩施工
（杜思远/摄）

2020年7月3日，金义东轨道交通东阳段地下工程全贯通　　　　（胡扬辉/摄）

2020年8月11日，351国道东阳市兴平路口平改立工程控制性节点工程跨兴平路180米现浇变截面连续箱梁浇筑进入作业阶段　　　　（杜思远/摄）

2020年12月21日，位于城东街道东联村祥兰自然村附近的杭温高铁东阳段（二标）三工区进行打桩基，浇筑承台、墩柱作业　　　　（杜思远/摄）

2020年6月7日，东阳市开展防汛抢险综合演练

（包康轩/摄）

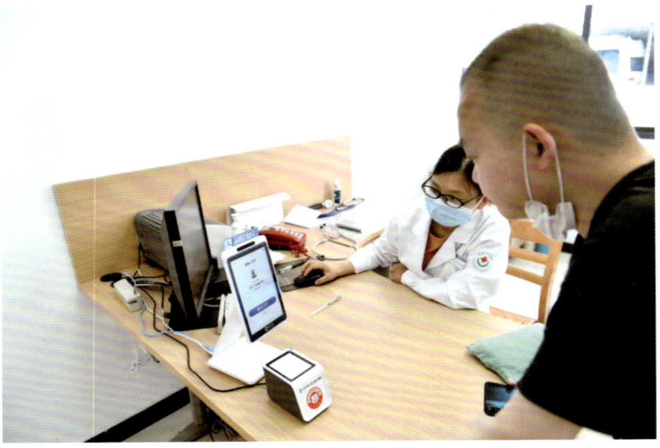

2020年6月18日，市中医院开通刷脸支付功能

（包康轩/摄）

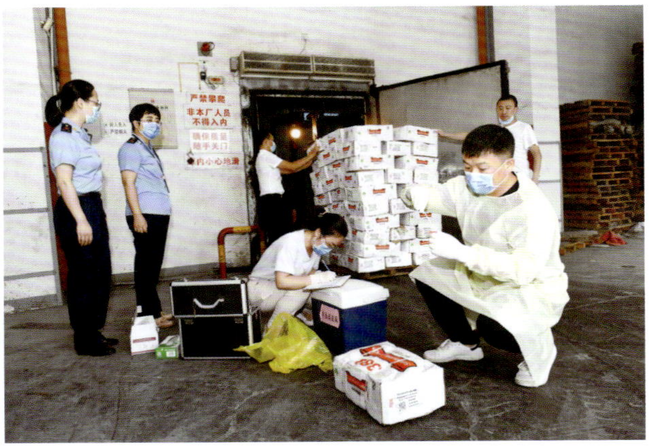

2020年7月16日，市市场监管局、市疾控中心联合检测进口冷冻食材

（包康轩/摄）

2020年8月25日，由市卫健局、市老龄办主办的市2020年老年健康宣传周活动在市亲和医院举行，亲和医院的医护人员给老人们义诊

（包康轩/摄）

2020年11月18日，江北小学教育集团月亮湾校区的学生在进行学生体质健康测试

（黄　强/摄）

内文总目

目 录

中国共产党东阳市委员会

东阳市人民代表大会

东阳市人民政府

中国人民政治协商会议东阳市委员会

纪检监察

民主党派

群众团体

法　治

军　事

经济管理

农业 农村 水务

工 业

木雕 红木家具

建筑业 房地产业

商　贸

旅　游

影 视

金 融

城乡建设与管理

生态环境

交 通

邮政 通信

科学技术

教　育

文化 传媒

卫生与健康

体　育

社会事务

街道镇乡

人物和荣誉

附 录

索 引

Contents

开启新征程　勇当排头兵
争创社会主义现代化先行市

——在市委十五届九次全体(扩大)会议暨市委经济工作会议上的报告(摘要)

中共东阳市委书记　傅显明

2021年1月15日

一、承压前行、拼搏实干,高水平全面建成小康社会胜利在望

2020年是极不平凡的一年。面对严峻复杂的国际形势、艰巨繁重的改革发展稳定任务特别是新冠肺炎疫情的严重冲击,市委常委会团结带领全市广大党员干部群众,统筹疫情防控和经济社会发展各项工作,主动融入"重要窗口"建设,高水平全面建成小康社会取得决定性成就。全年预计实现地区生产总值640亿元,财政总收入123.7亿元、增长4.5%,一般公共预算收入72.6亿元、增长3.9%,城乡居民收入预计分别增长3%和4%;社会事业全面进步、整体提升,东阳市人民医院获批全省首家县级三甲综合医院,获得省平安创建"十四连冠"、省级生态文明建设示范市、省级国土资源节约集约模范市、省级食品安全市、省级文化和旅游消费试点城市等多个荣誉。

这一年,我们始终保持政治定力、执行定力,以习近平新时代中国特色社会主义思想为指导,全力推动中央、省委和金华市委各项决策部署一以贯之、落地见效。我们坚持把学懂弄通习近平新时代中国特色社会主义思想作为最大的政治任务,每当习近平总书记发表重要讲话、重要文章,都及时通过市委常委会(扩大)会议、市委理论学习中心组学习会等方式进行传达学习,创新"1+1+2"常委领学制度,强化理论武装,切实增强"四个意识"、坚定"四个自信"、做到"两个维护"。习近平总书记考察浙江作出重要指示后,市委常委会认真组织学习研讨,召开市委十五届八次全会,全面对标建设"重要窗口"新目标新定位,作出展现七方面作为、打造十项硬核成果的部署。全年共召开市委常委会会议37次、市委理论学习中心组学习会22次,全市领导干部会议5次,及时传达学习上级会议(文件)精神,确保中央、省委、金华市委各项决策部署落到实处,确保政令畅通、令行禁止。

这一年,我们始终坚持"两手都要硬、两战都要赢",统筹推进常态化疫情防控和经济争先创优行动,保持了经济社会发展良好态势。我们坚持全市一盘棋,抓实疫情防控。第一时间响应、第一时间部署,以最实举措抓排摸、最严标准抓隔离、最大力度抓管控,守牢了"小门"、打赢了"巷战",取得了重大战略成果。我们上下一条心,推进复工复产。以最迅速的行动、最精准的举措、最优质的服务,开出全省第一批接送员工返东的大巴,出台企业暖心政策"22条",成立34个市领导驻企服务团开展"三服务",复工复产走在金华前列,横店影视文化产业更是在全国、全行业实现了"三个率先"。我们铆足一股劲,经济争先创优。省、金华市重点项目投资完成进度均走在金华前列,承办金华市重大项目集中开工仪式;全年招商入库项目188个,总洽谈规模约600亿元,签约落地项目14个、总投资206亿元,引进了第一个工业领域世界500强企业、投资100亿元的正威长三角新材料产业园项目,一期已开工建设,与东阳光集团签订了50亿元投资协议;以横店集团为代表的本地企业全面加大投资力度;预计规上工业增加值增长2%,横店影视文化产业集聚区实体运行并入选国家级文化产业示范园区创建名单,建筑科技研究院挂牌成立,木雕小镇正式命名为省级特色小镇。

这一年,我们始终坚持以项目化、载体化推进工作,全力实施"五大会战”,夯实高质量发展之基、提升竞争力之源。我们把开展“五大会战”作为推动“五个关键时期”各项工作落地的主抓手、主载体,坚持周通报、月晒拼、专班干,取得了阶段性成果。平台建设大会战,“万亩千亿”平台完成总规编制,六石街道及巍山镇安置地块完成土地征用;高铁新城杭温高铁站广场、槐堂棚户区改造等项目有序推进,槐堂社区入围省未来社区第二批试点项目,爱奇艺文娱中心、赛特斯5G产业园项目落地建设。教育项目大会战,浙江广厦建设职业技术学院顺利专升本并完成首次本科招生近1700人,年度实施了26个基础教育项目,其中10所新建学校已投入使用。综合交通大会战,金义东轨道交通、金甬铁路、杭温高铁均顺利推进;39省道十里头至官清段改建工程、351国道兴平路口平改立工程即将建成通车,全年交通投资增速209.6%。乡村振兴大会战,全面实施“1238100”工程,全省唯一的花园村乡村振兴综合改革试点圆满完成,并成为全省首个村域小城市培育试点,“两江两镇”示范区建设、8个共享田园创建态势喜人,成功招引上海、杭州等一批高端康养、研学项目,承办金华市和美乡村建设现场会。基层治理大会战,深入推进“最多访一次”改革,大力开展“大走访、大排查、大化解、大提升”专项活动,四级走访总量、亡人安全生产事故起数和亡人数均有下降,有望摘得星级平安金鼎。

这一年,我们始终坚持守正创新、拼搏实干,精心举办多场重大活动,展现东阳风采、提升美誉度。我们成功举办以“家和万事兴、合力促发展”为主题的第二届世界东阳人发展大会,提炼出的东阳人“勤勇韧能义”五大特质得到社会各界广泛认同,合心合力促发展的局面加快形成。横店影视节升格由省委宣传部主办,并举办了全国首个“全产业链”影视文化产业博览会,中央政治局委员、中宣部部长黄坤明作出“把这个活动办好、办实”的指示。首届“中华大师汇”与第十五届中国木雕竹编工艺美术博览会、第二届中国红木家具展览会“三会合一”成功举办,全国13大类120多名中国工艺美术大师汇聚东阳,助力打造“买红木到东阳”品牌。浙江制造拓市场“严选计划”金华首站在东阳启动,县域数字经济发展影响力指数跃升56位,排名全省第19位。举办大学新生第一课和教师节庆祝大会,“家乡水土”赠新生,千万重奖奖教师,引起社会各界极大反响。

这一年,我们始终坚持问题导向、目标导向,积极应对多次大考,交出了人民满意答卷。我们坚决扛起省委巡视整改政治责任,以最忠诚态度、最严实作风、最严格标准、最精准举措,抓好四方面十大类34个问题整改,使本次巡视整改成为东阳历次巡视中最有成效、对发展作用最大、干部群众最满意的整改。我们经历最严格的省统计数据执法检查,总体差错率为6.1%,工业差错率为2.3%。我们以对人民生命安全高度负责的精神,以坚定顽强、扎实细致的作风打赢抗击台风“黑格比”和抗洪抢险硬仗。我们按照“五好两确保”总体目标要求,全程全面高质量完成村社组织换届,整个换届纪律严、风气正、过程稳、结果好,“一肩挑”比例97.9%。

这一年,我们始终坚持全面从严,深化清廉东阳建设,风清气正、实干担当的政治生态日渐形成。市委常委会加强党的全面领导,统揽全局、协调各方,形成了四套班子率先垂范,全市上下团结协作、同心同向、和衷共济、风雨同舟、奋发进取的浓厚氛围。市委常委会带头扛起全面从严治党主体责任,专门出台关于全面涵养风清气正、实干担当政治生态的《意见》,全面推动构建“五好”政治生态。始终把加强干部队伍建设作为推动事业发展的关键,突出德才兼备、以德为先的用人导向,鼓励干部担当作为。持续深化“烟票”专项整治,贯通运用“四种形态”,一体推进“三不”建设,年内共处置问题线索907件,立案303起,党纪政务处分304人次,移送司法机关5人。严格落实中央八项规定精神,严肃整治形式主义、官僚主义,深入推进作风转变,持续净化政治生态。通过第三方调查,93.3%的调查对象认为东阳政治生态持续好转,66.2%认为明显好转。

2020年是极不平凡的一年,是非常难忘的一年,我们经受了一次次大考,实现了一个个突破,举办了一场场活动,赢得了一份份荣誉,这凝聚了在座各位和全市人民的辛勤汗水,离不开在外东阳人的关心支持。在此,我代表市委向大家表示衷心感谢!

同志们,2020年刚刚过去,“十三五”圆满收官,经过五年奋斗,我市综合实力、城市品质、人民生活水平跃上新台阶。一是综合实力显著增强,地区生产总值预计从473亿元增长到640亿元,财政总收入从91.4亿元增长到123.7亿元,人均生产总值超过7.5万元,达到高收入经济体水平。二是发展质效持续提升,三次产业结构由3.5∶48.3∶48.3优化为2.7∶44.3∶53,建筑、影视文化、木雕红木家具等三大特色产业转型步伐加快。三是生态环境明显改善,空气环境质量连续3年达到国家二级标准,获评浙江省清新空气示范区,市控以上地表水断面水质连续5年100%达标,成功创建国家森林城市、国家园林城市、省级生态文明建设示范市等。四是民生福祉有效增强,城乡居民基本养老保险、医疗保险基本实现全覆盖,城镇登记失业率保持在3.5%以内,全面消除年家庭人均收入9000元以下农户,城市化率达66%。五是影响力不断跃升,国家、省部级领导多次到东阳考察调研,赋予打造“中国横店”“全球最强的影视产业基地”等期望;东阳木雕多次登上国家重要主场外交舞台,东阳建造多次摘得鲁班奖,向全国、全世界展现了东阳风采。

成绩的取得,是以习近平同志为核心的党中央坚强领导的结果,是忠实践行“八八战略”、奋力打造“重要窗口”的结果,是全市上下勠力同心、实干苦干的结果。总结回顾这五年发展历程,我们深刻地感受到,有五条经验弥足珍贵:一是必须牢牢把握绝对忠诚这一核心要求,坚持党的集中统一领导,坚定正确立场、保持政治定力,确保发展始终沿着正确的道路前进;二是必须牢牢把握高质量发展这一鲜明主题,坚持质量第一、效益优先,把新发展理念贯穿发展全过程和各领域,使发展更高质量、更有效率、更加公平、更可持续、更为安全;三是必须牢牢把握改革创新这一动力引擎,主动适应新常态、新阶段、新要求,以新迎新、革新立新,让创新成为转型升级、跨越发展的源头活水;四是必须牢牢把握发展为民这一根本宗旨,不忘初心、牢记使命,以增进民生福祉为出发点和落脚点,着力提升百姓幸福指数,在共建共享中凝聚发展合力;五是必须牢牢把握队伍建设这一坚实保障,纵深推进全面从严治党,全面提升能力作风,把坚强的干部资源转化为推动发展的强大力量。这“五大经验”必须在“十四五”发展中予以坚持和发扬。

在充分肯定成绩的同时,必须清醒看到,我市发展中仍然存在不少短板和问题:经济持续回升向好的基础尚不稳固,建筑、影视等行业政策依赖性强、持续性比较脆弱,区域间发展也不平衡;科技创新能力不强,科技投入不足,高能级平台缺少;资源环境承载压力依然较大,污水处理等环保基础设施欠账较多;城市能级不高,交通、教育、卫生等公共服务设施供给有待提升;平安建设和基层治理基础还不牢,信访总量居高不下,维护社会和谐稳定压力不小;政治生态虽然呈现积极好转态势,但离上级要求和人民群众的期盼还有差距,干部不担当不作为现象仍不同程度存在。对于这些问题,我们必须高度重视,认真研究、切实解决。

二、关于《中共东阳市委关于制定东阳市国民经济和社会发展第十四个五年规划和二〇三五年远景目标的建议》的说明

(一)建议稿起草过程

“十四五”时期,是我市在即将高水平全面建成小康社会、开启高水平现代化建设新征程的第一个五年。制定好“十四五”规划和2035年远景目标,描绘好未来五年发展蓝图,事关东阳长远发展大局,事关全市百姓切身利益,意义重大、影响深远。

市委对制订“十四五”规划建议高度重视。根据去年1月召开的市委十五届七次全会对编制“十四五”规划作出的部署安排,在市委常委会领导下,成立了规划建议起草专班。起草专班在认真学习贯彻中央和省委决策部署,特别是习近平总书记考察浙江重要讲话精神和袁家军书记在省委党校2020年秋季学期开学典礼上讲话精神的基础上,充分开展了调查研究,并形成了建议初稿。党的十九届五中全会和省委十四届八次全会、金华市委七届八次全会召开后,根据会议精神进行了修改完善,形成了建议征求意见稿。12月中旬以来,征求意见稿下发党内外一定范围组织讨论,包括征求党内部分老同志、部分专家学者和各民主党派、工商联、无党派人士意见。在书面征求意见的基础上,市委还专门召开“十四五”规划建议座谈会,当面听取规划建议的修改意见。征求意见期间共收到各方面提出的意见建议400多条,起草专班对这些意见建议进行了认真分析研究,充分吸收了其中合理可行的内容。1月13日,市委召开常委会会议,研究讨论规划建议,最终形成今天提交全会审议的建议稿。

可以说,建议稿的形成过程,是总结过去、谋划未来的过程,也是统一思想、凝聚共识的过程,更是科学决策、民主参与的过程。建议稿经本次全会审议通过后,市政府将据此编制“十四五”规划纲要,提请市十五届人大五次会议审议批准后颁布实施。

(二)建议稿的主要考虑和基本框架

市委认为,谋划我市“十四五”时期发展,必须始终坚持以习近平新时代中国特色社会主义思想为指导,深入贯彻党的十九大和十九届二中、三中、四中、五中全会精神,深入贯彻习近平总书记考察浙江重要讲话精神,紧扣“忠实践行‘八八战略’、奋力打造‘重要窗口’”“打造增长极、共建都市区、当好答卷人”等省委和金华市委部署要求,充分考虑我市的现实基础、重大机遇、严峻挑战和发展趋势,充分体现争创社会主义现代化先行市的目标任务。起草过程中,突出把握了以下五个方面:

一是坚持现代化工作目标。现代化是物质文明、政治文明、精神文明、社会文明、生态文明相协调的现代化。我们必须把现代化思维贯穿于工作始终,加快构建起从经济到政治、从科技到社会、从城市到农村、从物质到人、从治理体系到治理能力等全面现代化的综合目标体系,进一步在迈向现代化征程中找准切入点、聚焦发力点、形成增长点。

二是坚持高质量发展主题。高质量发展是能够满足人民日益增长的美好生活需要的发展,是体现新发展理念的发展。我们必须坚决彻底摒弃过去那种粗放型、低水平、不可持续的经济发展方式,全面贯彻新发展理念,全面优化营商环境,持续增强各类市场主体活力,持续提升产业链水平,真正实现创新成为第一动力、协调成为内生特点、绿色成为普遍形态、开放成为必由之路、共享成为根本目的的高质量发展。

三是坚持强化改革创新动力。创新驱动和改革开放是高质量发展的两个轮子。我们必须坚持创新在现代化建设全局中的核心地位,深入实施创新驱动核心战略,系统推进以科技创新为引领的全面创新。同时,强化以数字化改革赋能、引领、撬动各领域各方面改革,实现向改革要发展,提升社会治理现代化效能。

四是坚持融入双循环新格局。未来一段时期,国内市场主导经济循环的特征会更加明显,经济增长的内需潜力会不断释放。我们必须找准自己在双循环中的位置和比较优势,既加快推动市域范围内新型城镇化建设、乡村全面振兴、居民消费升级等行动,又同实施“一带一路”、长三角一体化、“四大”建设、浙江自贸区金义片区建设等重大战略有机衔接,融入全国、全省发展大局,形成区域性开放发展新格局。

五是坚持促进共同富裕。站在高水平全面建成小康社会的新起点上,人民对美好生活的向往总体上从“有没有”转向“好不好”。我们必须坚持以人民为中心的发展思想,在努

力为群众提供更多就业、更优质的教育和医疗、更好兜底的社会保障等方面下功夫、见实效,同步构建更加完善、更加智慧的现代化社会治理体系,促进物的全面丰富和人的全面发展,让城市更和谐、人民更幸福。

在框架结构上,建议稿分三大板块、十一个部分。导语和第一部分构成第一板块,属于总论,主要是总结"十三五"时期发展成就、"十四五"期间经济社会发展面临的新机遇新挑战,提出了2035年远景目标和"十四五"期间经济社会发展的总体要求、主要目标。第二至第十部分构成第二板块,属于分论,明确了"十四五"期间我市经济社会发展的主要任务和重点举措,并从整体提升科技创新水平、持续推进产业转型升级、努力打造改革开放高地、持续推动乡村全面振兴、深度推进区域协调发展、积极推进文化繁荣兴盛、加快打造生态宜居城市、全面建设幸福美好家园、创新构建现代治理格局等九个方面进行了总体部署。第十一部分和结束语构成第三板块,主要是强调全面加强党的领导,为实现"十四五"规划和二〇三五年远景目标提供坚强保证。

(三)需要重点说明的几个问题

第一,关于形势分析。准确把握东阳发展的"时"与"势",对于"十四五"时期我市高水平推进高质量发展和现代化建设至关重要。市委认为,当前,东阳发展正处于"三期叠加"的重要阶段。首先是处于战略机遇期,包括"一带一路"建设、长三角一体化发展、浙江自贸区建设等背景下更高水平开放发展的机遇,我省"四大"建设背景下区域一体化发展的机遇,后疫情时代背景下迎来产业发展的机遇。其次是处于发展关键期,2019年市委十五届六次全会提出的今后3-5年,东阳发展处在交通建设、产业转型、教育发展、人才集聚、政治生态修复等五个关键时期。第三是处于重要转折期,也就是东阳正处于经济发展爬坡过坎的阶段、社会治理全面提升的阶段、政治生态向上向好的阶段。对此,全市广大党员干部都要有清醒的认识,进一步增强"窗口"意识、机遇意识、危机意识,提高政治定力、战略定力、发展定力,准确处理危和机的关系,在危机中育先机、于变局中开新局。

第二,关于发展定位。我市"十二五"规划提出了"经济强市、文化兴市、生态立市"的战略定位,第十四次党代会上修改为"现代化工业强市、文化和影视名城","十三五"规划在此基础上提出"影视旅游名城、经济文化强市、生态宜居东阳"战略定位,一直沿用至今。这些提法都充分体现了东阳的经济特点、产业特色和环境要素,成为一个时期指导全市经济社会发展的战略目标。在此基础上,一方面,我们坚持一张蓝图绘到底,另一方面,我们充分考虑新发展阶段的新特征新要求,把发展定位微调为"经济强市、文化名城、歌画东阳"。"经济强市"是东阳推进高质量发展的最大凭仗,是从经济现代化的角度来讲。重点强调在现代化建设中,更要注重系统思维,坚持经济发展的全面高质量,既要做大做强做优工业,也要高质量推进建筑、影视文化、木雕红木家具三大特色优势产业,建立现代化产业体系。"文化名城"是东阳推进高质量发展的最大亮点,是从文化现代化的角度来讲。影视文化产业是东阳的金字招牌,建筑文化、工艺美术文化、教育文化孕育出的东阳人"勤勇韧能义"的五大精神特质,更是东阳未来发展最宝贵的资源和最强大的精神动力。"歌画东阳"是东阳推进高质量发展的最终目标,是从人的现代化的角度来讲。东阳素有"歌山画水"之美誉,以"歌画东阳"来作为发展定位,一方面用"歌画"指代美丽花园,生动形象地反映出我们对良好生态环境的追求;另一方面用"歌画"指代幸福家园,诗情画意地反映出在现代化建设的新征程中,我们对美好生活的向往。

第三,关于主要发展目标。我们坚持定性和定量表述相结合,努力让发展成果给人民群众带来更多实打实的获得感。定性方面,"十四五"期间的总目标与省委、金华市委保持一致,即争创社会主义现代化先行市;具体目标是努力打造经济强市、文化强市、科创高地、改革开放高地、现代治理示范地、美丽花园、幸福家园,概括地讲就是"两市三地两园"。定量方面,我们在指标设定上充分体现奋进性、挑战性,按照"十四五"期间我市主要经济发展指标增幅高于全省平均水平、走在金华前列的要求,地区生产总值争取达到1000亿元,财政总收入达到180亿元,城乡居民收入增长快于经济增长。

第四,关于发展举措。建议稿坚持中央、省委、金华市委要求和东阳实际相结合,坚定不移贯彻新发展理念,围绕发展定位和目标,聚焦打好"五大会战"和打造"十大硬核成果",提出了九项系统打造"两市三地两园"的战略举措,主要有三方面考虑:一是贯彻上级精神。中央《建议》从科技创新、产业发展等12个领域阐述了"十四五"时期经济社会发展和改革开放的重点任务,省委部署提出了11个方面的主要任务,金华市委部署提出了"九市建设"的重点任务。我们逐一对照分析,紧密结合东阳发展实际,系统提出了9个方面的工作举措。这九项举措以经济社会发展为重点,涵盖了"五位一体"总体布局、"四个全面"战略布局和奋力打造"重要窗口"、争创社会主义现代化先行市等新要求,是中央、省委和金华市委重大决策部署在东阳的具体实践。二是坚持问题导向。对标现代化、高质量、改革创新、数字赋能、共同富裕等工作要求,充分考虑我市各领域的发展方向、现实基础、制约瓶颈,着力在工业高质量发展、科技创新、生态环境保护、城市建设与管理等短板领域、关键环节实现突破,夯实东阳高质量发展基础。三是发挥东阳优势。东阳这些年实现了经济社会持续较快发展,积累了产业、人才、文化、环境等多方面的发展基础和优势。对此,建议稿谋划部署发展举措时更加注重体现东阳特色、发挥东阳优势,努力让长板更长、优势更优,为实现"十四五"时期发展目标提供强劲动力。在此基础之上,市委坚持固根基、补短板、强弱项、扬优势,谋划提出了当前必须抓紧抓实的"十三项工作抓手":即在工业高质量发展、科技创新、生态环境保护、城市建设与管理、营商环境优化等五方面实现攻坚突破；推动建筑、影视文化、木雕红木家具和块状特色产业等四方面转型提升；坚持在交通基础设施、现代化教育、乡村全面振兴等三方面持续发力；坚决守牢风险防范这条底线。其中，“五方面攻坚突破”是我市经济社会发展的短板弱项，必须在“十四五”时期加快发展、补齐补强；“四方面转型提升”和“三方面持续发力”是我市具有较好基础，有的还走在全国前列的优势领域，需要我们在“十四五”时期乘势而上、扬优成势；风险防范是实现“十四五”发展目标的重要保障，必须树立底线思维，把安全贯穿于发展各领域和全过程。

同志们，讨论审议市委“十四五”规划建议，对于指导全市“十四五”规划纲要编制、引领“十四五”时期东阳经济社会发展，具有十分重要的意义。希望同志们本着对全市发展大局高度负责的精神，认真讨论、积极建言，共同把建议稿修改好、完善好，使之成为东阳争创社会主义现代化先行市的决胜纲领。

三、锚定目标、勇开新局，向建党100周年献礼

今年是新征程开启之年、“十四五”开局之年，必须迈好第一步、展现新气象。今年工作总体要求是：坚持以习近平新时代中国特色社会主义思想为指导，坚持稳中求进工作总基调，立足新发展阶段，贯彻新发展理念，构建新发展格局，以推动高质量发展为主题，以改革创新为根本动力，以满足人民日益增长的美好生活需要为根本目的，坚持系统观念和方法，强化数字赋能、全力攻坚争先，落实落细工作举措，推动高质量发展实现新突破，争创社会主义现代化先行市，确保以优异成绩庆祝建党100周年。

主要预期目标是：GDP增长7.5%以上，一般公共预算收入增长8.5%，固定资产投资及四个结构性指标均增长10%以上，社会消费品零售总额增长与经济增长基本同步，约束性指标全面完成上级下达任务。这是“跳一跳够得着”的目标。经济增速留有余地、较为稳妥，目的是保持经济运行在合理区间的同时，引导各方面把精神集中到构建新发展格局、推动高质量发展上。

（一）聚焦六方面工作

1.聚焦科技创新，增强发展竞争力。我们要围绕打造科创高地目标，深入实施创新驱动核心战略、人才强市战略，落实好“五倍增”年度任务。一要加大科研投入，按照“有限、有力、有效”原则舍得投入、善于投入，发挥政府资金撬动作用，构建产业基金、金融资本、社会资本等多元化投入机制，全市R&D经费占GDP比重达2.2%以上。二要强化高端人才支撑，常态化开展“智汇东阳·回报家乡”系列活动，筹办第三届世界东阳人发展大会，推动一批高端人才智力项目回归；深入实施顶尖人才、领军人才、“双龙计划”等引才计划，发挥广厦建设职业技术大学等高校作用，全面落实人才新政，创新运用揭榜挂帅机制，引育一批高精尖缺人才。三要发挥企业主体作用，实施科技型企业“双倍增”行动计划，突出培育一批能够引领产业变革、具备先发优势的创新型领军企业和骨干龙头企业，带动中小企业创新活动。四要打造高能级平台，积极融入G60科创走廊，加快组建东阳市产业创新研究总院，聚力打造江北科创中心，大力推进省级磁性电子高新技术园区建设，力争省级科技孵化器实现零突破。五要强化数字经济引领，实施数字经济“一号工程”2.0版，全力推进5G、工业互联网等新型基础设施和赛特斯5G产业园等项目建设，加快建成一批智慧工厂、数字车间、智能生产线，抓紧布局数字贸易、数字娱乐、信息制造、智慧物流等新兴产业，实现产业数字化转型和数字产业化发展。

2.聚焦产业现代化，推动经济高质量发展。我们要围绕打造经济强市目标，着力推动工业攻坚突破和建筑产业、影视文化产业、木雕红木家具产业、特色块状经济转型提升。工业，大力实施制造业登高计划，加大磁性材料、生物医药两大主导产业及新材料、针织服装等若干细分行业培育力度，着力打造若干个百亿级区域细分优势产业集群，规上工业增加值增长8%以上；深入实施“小升规”“雏鹰”“凤凰”“雄鹰”行动，深入推进“质量革命”，精准培育专精特新、隐形冠军、单项冠军企业，形成顶天立地、铺天盖地之势。建筑产业，推动建筑科技研究院高效运行，加快建筑科技产业园建设，补全拉长建筑产业链，打造国内最大的建筑新材料生产基地，完善“店小二”式精品化服务体系，争创省级建筑业高质量发展综合实验区。影视文化产业，加快集聚区建设，继续推进国土空间规划编制，持续完善体制机制，强化科技、产业链、人才、生态四个支撑，提速推进影视文化产业园、爱奇艺、满天星等重大项目建设，健全拍摄制作、展示交易、衍生产品开发三大体系；加快申报创建国家级影视文化产业先行先试区，积极应对海南自由贸易港税收优惠政策的冲击，加快打造“全球最强的影视产业基地”。木雕红木家具产业，实施行业环保整治再提升行动，加快中国东阳家具研究院、木雕小镇和花园红木家居小镇建设，形成从科技研发、产业发展到市场营销的全链条高能级平台，争创全国木雕红木质量品牌提升示范区；继续办好“中华大师汇”，筹办中国工艺美术大师巡展。特色块状经济，聚焦“一镇一品”发展定位，推动金银丝、渔具、缝配件、箱包等规范集聚发展，提升产品附加值和品牌影响力，形成支撑经济高质量发展的若干个新增长点。

3.聚焦畅通双循环，构建开放发展新格局。我们要坚持实施扩大内需战略与高水平开放相结合，加快建设更高水平开放性经济新体制。一是高水平扩大开放，依托交通未来优势，积极主动融入“一带一路”、长三角一体化和金义都市区建设，争创“中国（浙江）自贸区金义片区”东阳联动创新区；以交通为先导，加速城区横店一体化进程，同步谋划推动东义同城化、东磐一体化、东永协同化发展；持续稳外贸稳外资，确保外贸出口份额稳中有升，提高经济外向度。二是多措并举扩大消费，持续实施消费新政，积极开展系列消费促进

活动，加快推进汽车城二期、颐高经济智慧城等重点商贸项目建设，大力培育卢宅、横店、花园等夜间经济，推进城乡商贸设施均衡化，补齐乡村物流短板，全面促进消费；大力培育电子商务，建成3A级电商产业基地3家以上。三是全力扩大有效投资，滚动谋划实施一批重大项目，加快推进正威长三角新材料产业园等重点项目建设，推动东阳光项目实质性落地，招引一批标志性产业项目，新增省重大产业项目2个以上，新招引亿元以上项目30个以上，县市长项目开工入库5个以上。

4.聚焦融合发展，提升城乡现代化品质。我们要围绕打造美丽花园目标，加快新型城镇化建设，促进城乡融合发展、品质提升。一要加快城市能级提升，高水平做好中心城区总体城市设计，实施一批城市基础设施补短工程，推进一批城市有机更新项目，加快智慧城市建设，加强城市精细化管理。二要全面推进美丽城镇建设，加快横店镇、花园村小城市培育试点，创建省级美丽城镇6个。三要高水平推进乡村振兴，坚持农业农村现代化先行，加强农村一二三产融合发展，深入实施“两进两回”行动，加快建设数字乡村，推动农业全面升级、农村全面进步、农民全面发展。四要优化生态环境，深入践行“绿水青山就是金山银山”理念，坚持走绿色发展之路，深入实施美丽花园建设行动，建设全域美丽大花园。

5.聚焦整体智治，促进市域治理现代化。我们要围绕打造现代治理示范地目标，强化数字赋能，加快从“事”向制度、治理、智治转变。一要推进党政机关整体智治，打破“数据孤岛”“信息壁垒”“业务障碍”，构建跨层级、跨地域、跨部门、跨业务的整体智治体系，建设“掌上办公、掌上办事”之城。二要构建基层治理新格局，创新“基层党建+社会治理”，大力推进“县乡一体、条抓块统”“大综合一体化”行政执法改革，促进“一中心四平台一网格”社会治理体系迭代升级，建强用好“三大员”队伍，形成四治融合的基层治理体系。三要全面优化营商环境，深化“最多跑一次”改革，加快打造“两优一高”市，不断提升企业和群众获得感。

6.聚焦共同富裕，持续扩大民生福祉。我们要围绕打造幸福家园目标，坚持以人民为中心的发展思想，实施富民、惠民、安民新举措。一要提高就业质量和社会保障水平，多措并举拓宽就业渠道，创造更多就业岗位，着力完善更加公平可持续的社会保障体系，促进社会救助制度和其他社会保障制度有效衔接；积极应对人口老龄化现状，构建“1+X+N”居家养老服务体系，深化养老服务体系改革，积极培育发展养老服务产业。二要做好教育、卫生两件大事，坚持教育优先发展，补齐学前教育短板，优化学校布局，加快项目建设，加强校长、班主任、骨干教师“三支队伍”建设，持续深化集团化办学改革，继续推进“三本一专”建设，全力打造教育现代化市；加快完善公共卫生体系，健全疾病预防控制体系和重大疫情防控体制机制，提高应对突发公共卫生事件能力。三要守牢风险防范底线，探索建立风险预警监测、风险及时处置、舆情应对三大机制，深入推进安全生产专项整治三年行动，持续开展“四大”活动，建立扫黑除恶常态化机制，全面净化社会治安环境。

(二)开展五大会战

大会战是践行重点论的有效载体，是牵一发而动全身的重要抓手。我们要抓紧抓牢这一重要载体，在去年综合交通、平台建设、教育项目、乡村振兴、基层治理“五大会战”基础上，调整优化实施新“五大会战”。

——综合交通大会战。全面保障交通重点项目无障碍施工，推动金甬铁路、杭温高铁、金义东轨道交通及配套基础设施加速建设，提升市域范围内高速、国省县道重大项目建设进度，加快横店通用机场改造升级，基本建成飞行区主体工程，加快“四好农村路”建设，同步开展金台铁路、沪绍金铁路、金甬铁路货运专用线等项目前期。

——平台建设大会战。全力推进“万亩千亿”新产业平台建设，有序开展拆迁安置，以建筑科技产业园和生物健康产业园为重点，加快推进先行区块开发及项目招引落地，推动开发区整合提升；全力推进高铁新城建设，加速爱奇艺创意文娱综合中心、赛特斯5G产业园、满天星影视工业产业园、横店大型外景基地等项目建设，同步推进槐堂未来社区、农房改造集聚安置区以及高铁站广场等配套设施建设。

——城市品质提升大会战。以全国文明城市创建为抓手，高水平做好中心城区总体城市设计，实施道路管线专项整治、园林绿化品质提升等城市基础设施补短工程，推进西岘小区等区块有机更新，启动主城区17个老旧小区改造提升，加快海绵城市、智慧城市建设，加强城市精细化管理，使城市环境全面改善，公共文化服务功能持续增强，城市能级不断提升。

——生态环境改善大会战。以“清新空气示范区”“污水零直排区”“无废城市”创建为抓手，深入实施碧水提升、蓝天保卫、净土清废三大攻坚行动，扎实做好中央生态环保督察反馈问题整改，全力打好生态环境巩固提升持久战，启动国家级生态文明建设示范市和国家级“绿水青山就是金山银山”实践创新基地创建，构建高效完备美丽治理体系，创新发展生态农业、绿色制造业、生态服务业，拓宽“绿水青山就是金山银山”的转化通道。

——现代治理大会战。以党建引领、固本强基、风险防控、整体智治等社会治理“四大”能力提升行动为载体，发挥“基层党建+单元”作战模式在社会治理中的作用，抓好县乡两级矛调中心、基层治理四平台、“三大员”队伍建设与运用，深化“最多访一次”、县乡一体秒响应，常态化开展“大走访、大排查、大化解、大提升”活动，构建矛盾纠纷“136”化解格局，实现信访秩序明显好转，提高基层治理现代化水平。

这“五大会战”是首战之年开新局、创新业的战略武器，我们要大力弘扬东阳人“勤勇韧能义”五大特质，发挥政府、企业、社会和内外东阳人良性互动优势，加快汇聚起全市之力，确保“五大会战”场场打出声势、打出水平、打出精彩。

（三）持续推进三项重点工作

1. 打响"人人向往"教育品牌。一要稳步实施中小学校、幼儿园布局调整，新建或改造37所中小学（幼儿园），加快补齐学前教育短板，加快推进东阳教育现代化，争创全国义务教育优质均衡县。二要加快推进温州医科大学东阳校区落地，支持广厦建设职业技术大学高水平建设，加快横店艺术大学筹建，推动横店影视职业学院特色发展，构建县域高等教育高地。三要始终抓好校长、骨干教师、班主任"三支队伍"建设，实施"未来校长"、"四星"班主任等系列培养工程，建设高素质专业化教师队伍。四要持续深化教育体制改革，坚持以公办体制为主，发挥民办机制优势，进一步推进东阳中学集团化办学改革，支持横店教育发展。

2. 高水平推进乡村振兴。民族要复兴，乡村必振兴。我们要全面推进乡村振兴，加快农业农村现代化，促进农业高质高效、乡村宜居宜业、农民富裕富足。一要持续抓好"一核两区"建设，巩固深化花园村乡村振兴综合改革试点成果，高质量办好第21届"村长"论坛，持续推进"两江两镇"乡村振兴示范区建设，打造乡村振兴样板。二要持续深化"千万工程"，推进农村垃圾、污水、厕所"三大革命"标准化建设和长效管理，推进3条美丽乡村风景线建设，创建新时代美丽乡村260个以上。三要推动"共享田园"建设扩面，制定五年建设规划，按照"三生三园三合"理念，对照"六个一"建设标准，坚持"示范引领、分批建设"，推动共享田园由城市周边往城镇区域、主要公路沿线重点村庄、田园拓展，实现"串点成线、连线成面"，成为优质农产品供给地、农耕文化体验地、影视外景拍摄地、乡村旅游目的地。四要加快农业结构优化调整，整合培育一批高效粮食生产功能区，确保粮食和重要农产品安全；做大做强"东白"品牌，加快构建覆盖农业产业链条全环节的现代农业产业体系，推动农业向规模化、科技化、品牌化发展，同步推动农文旅融合发展。

3. 持续抓好招商引资。始终把招商作为推动高质量发展、现代化建设关键，争取招引项目数量和质量新突破。一要突出产业和平台招商，主要围绕先进磁性电子、生物医药、影视文化等主导产业，以及新材料、新器件、通用航空等新兴产业招商，做好强链补链文章；围绕"万亩千亿"平台、高铁新城等招引平台型企业项目。二要做好东阳人文章，充分挖掘东阳籍人才这座"富矿"，紧盯知名乡贤、科研工作者及东阳人控股上市公司，开展乡情招商、以商招商。三要优化项目招引机制，健全完善项目从考察洽谈到评审签约的专人专班负责、全流程服务、一抓到底的招商工作机制，确保项目引得进、落得下、建得快。全年力争新招引亿元以上项目30个以上，其中10亿元以上项目10个、20亿元以上项目5个。

（四）开展三项专项治理

1. 优化营商环境专项治理。营商环境既是生产力，也是竞争力。针对"优质服务供给""促进公平竞争""服务企业全生命周期"三大短板，开展精准整治，力争2021年营商环境排名进入全国县市前30。一要打造最优政务环境。以数字化改革为牵引，深化"最多跑一次"改革，撬动群众、企业全生命周期"一件事"集成改革，同步加强"互联网+政务服务"系统建设，推动高频政务服务事项全流程线上智能"秒办"，实现政务服务"网上办"事项达98%、网上受理率达90%以上。二要打造最优市场环境。加大对优质龙头企业、成长性强小微企业扶持力度，深化市场准入制度改革，全面实施市场负面清单管理制度，全面落实惠企助企政策，有效降低企业成本负担；加快资源要素市场化、商事制度等制度改革，深化"标准地"改革和一般企业投资项目审批"最多80天"改革，切实提升企业获得感。三要打造最优法治环境。全面构建亲清政商关系，实施更严格的知识产权保护制度，严厉打击各行业各领域破坏市场经营秩序的黑恶势力，依法保护企业和企业家的合法权益，营造公平正义的法治环境。

2. 村干部守纪立规专项治理。今年是村社换届"一肩挑""三转五"后的第一年，五年看三年、三年看头年。我们要围绕"听党话、肯干事、为百姓、守规矩、讲团结"的标准与要求，加强党对农村工作的全面领导，推动村社干部守纪立规、干事创业。一要把纪律严起来。针对"不服管""没规矩""谋私利""不作为"等问题，全面彻底整治村干部侵害群众利益突出问题和处事不公现象；全面推行村级小微权力清单制度，加大对权力清单制度运行情况的监督检查，严管微权力、严查微腐败。二要把规矩立起来。严格落实"三会一课""主题党日活动""组织生活会"等各项党内政治制度，立好政治规矩；着力规范农村"三资"管理，全面推行村级财务代理和无现金报账制度，严格落实"五议两公开"等制度，立好干事规矩。三要把干劲鼓起来。以乡镇党校为依托，建立"每月一课"制度，每月组织村干部参加教育培训，提高干部干事能力；建立创业承诺、干事承诺督查考核机制，充分发挥村干部积分制管理作用，倒逼村干部主动干事、积极干事；关心关爱村干部。

3. 干部"不作为、慢作为、乱作为"作风问题专项治理。作风建设永远在路上。针对当前干部队伍中存在的"不作为、慢作为、乱作为"现象，必须精准施策、全面治理，着力打造一支敢作为、能作为、善作为的干部队伍。一要持之以恒纠"四风"。严格落实中央八项规定及其实施细则精神和省市要求，重点聚焦形式主义、官僚主义问题开展专项整治，全力整治一批不担当不作为干部、处理一批不规矩干部，着力消除工作中存在的"不敢服务、不愿服务、选择性服务"等突出问题。二要加强干部管理。健全能上能下的选人用人机制，开展中层干部跨部门交流，建立精准科学的中层岗位综合评价机制，常态开展政治体检、反向考察和重大事项督查等工作。三要加强干部监督考核。建立健全"全员绩效考核"相关办法，实现定岗定责，做到跟踪考核、日常考核，形成"人人有责"的责任体系；完善大监督工作体系，整合纪委监委、组织部、公安局、法院等各部门工作力量,发挥新闻媒体作用,畅通人民群众举报和监督渠道,形成监督合力。

(五)完善三项工作机制

1.专班运作机制。要认真梳理重点难点、专项和应急工作任务,因事制宜、因时制宜组建工作专班,通过建立工作专班推进重点项目、重点工作,推动工作再聚焦、再发力,着力突破体制机制障碍,集中优势力量"一对一"啃硬骨头,不断在抢关夺隘中取得一个又一个胜利,形成攻坚破难的示范带动效应。

2.周督查月通报季晒拼机制。要分解目标、倒排计划、细化任务,把年度目标分解到季度节点、季度目标分解到月度节点、月度目标分解到每周节点,严格实行"一周一督查、一月一通报、一季一晒拼"工作机制,挂图上墙、挂牌作战、集中晒拼,以周、月度工作的确定性把季度、年度目标任务落细落实落到位,确保工作推进提速提效,确保实现预期目标。

3.有效激励机制。强化督查考核及结果运用,进一步健全评价机制和激励机制,坚持奖优罚劣,干得好的要奖,干不好的要罚,注重一线考察识别和选拔使用干部,推动形成奋勇争先、比学赶超的工作局面;强化差别化的政策激励,把资源和政策集中到想干事、能干事、干成事的部门。

名词解释:

1."1238100"工程:"1"是指把花园村乡村振兴综合改革做成省级典范;"2"是指高标准推进"两江两镇"乡村振兴示范区建设;"3"是指精心打造3条美丽乡村风景线;"8"是指按照"三生三园三合"要求,倾心打造8个共享田园;"100"是指创建100个"三强六无五美"达标行政村(社区),其中示范村30个。

2.两江两镇:白溪江、南江,六石街道、湖溪镇。

3."一肩挑":村党组织书记兼任村委会主任。

4."五好"政治生态:政治生活好氛围、选人用人好机制、政商关系好局面、党员干部好作风、党群干群好关系。

5.四种形态:经常开展批评和自我批评、约谈函询,让"红红脸、出出汗"成为常态;党纪轻处分、组织调整成为违纪处理的大多数;党纪重处分、重大职务调整的成为少数;严重违纪涉嫌违法立案审查的成为极少数。

6."三不"建设:不敢腐、不能腐、不想腐。

7."四大"建设:大湾区大花园大通道大都市区建设。

8.科技型企业"双倍增"行动计划:到2025年,科技型中小企业和高新技术企业规模分别较2019年实现倍增。

9."一中心四平台一网格":县级社会矛盾纠纷调处化解中心、乡镇(街道)基层治理四平台和村(社)全科网格。

10."三大员":驻企服务员、基层治理网格员、民情民访代办员。

11.四治融合:自治、法治、德治、智治。

12."两优一高":营商环境最优、便民服务最优、机关效能最高。

13."三支队伍":校长、班主任、骨干教师队伍。

14."三本一专":浙江广厦建设职业技术大学、温州医科大学东阳校区、横店电影学院,横店影视职业技术学院。

15."四大"活动:"大走访、大排查、大化解、大提升"活动。

16.四好农村路:建好、管好、护好、运营好农村公路。

17.未来社区:以满足人民美好生活向往为根本目的的人民社区,是围绕社区全生活链服务需求,以人本化、生态化、数字化为价值导向,以未来邻里、教育、健康、创业、建筑、交通、能源、物业和治理等九大场景创新为引领的新型城市功能单元。

18.矛盾纠纷"136"化解格局:力争60%的矛盾纠纷在村级化解,30%的矛盾纠纷在镇乡级化解,剩下10%的疑难问题在市一级解决。

19."三会一课":党员大会、支部委员会、党小组会议以及党课。

20.农村"三资":农村集体资金、农村集体资产和农村集体资源。

21.五议两公开:村"两委"负责人建议、村党支部会提议、村"两委"会商议、党员大会审议、村民代表会议或村民会议决议;决议公开、实施结果公开。

政府工作报告

——在东阳市第十五届人民代表大会第五次会议上（摘要）

东阳市人民政府市长 楼琅坚

2021年1月31日

一、2020年主要工作回顾和“十三五”发展成就

过去的一年，是极不平凡的一年。面对国际国内形势的深刻复杂变化特别是突如其来的新冠肺炎疫情，我们坚持以习近平新时代中国特色社会主义思想为指导，全面贯彻党的十九大和十九届二中、三中、四中、五中全会精神，深入贯彻习近平总书记考察浙江重要讲话精神，坚定落实上级党委、政府和市委决策部署，在市人大、市政协的监督支持下，牢牢把握“五个关键时期”，统筹推进疫情防控和经济社会发展，聚焦稳企业、增动能、强改革、优环境、补短板、保平安，全力打好“五大会战”，谋划打造“十大硬核成果”，推动经济社会平稳发展。全年实现地区生产总值638.2亿元，增速转正；财政总收入、一般公共预算收入分别增长4.5%和3.9%；城乡居民人均可支配收入分别增长3.5%和6.2%。

过去的一年，我们经受了一场场大考。面对新冠肺炎疫情考验，建立完善“网格排查+硬核隔离+精密智控”机制，统筹抓好“人物同防”、隔离救治、市场保供等工作，仅用19天就控制住疫情蔓延扩散，再用18天实现本地确诊病例全治愈。面对复工复产考验，制定实施了一系列暖企政策，有效破解返岗难、流通难、资金难等突出问题，复工复产走在金华前列。同时，还先后经受住了“黑格比”台风、二轮中央环保督察、村社换届等一系列考验，在一场场大考中交出了一张张满意的答卷。

过去的一年，我们取得了一项项突破。综合交通大会战势如破竹，三条铁路、义东高速城区段等重大项目全线推进，39省道改建、351国道兴平路口平改立以及南午岭右转匝道等一批治堵保畅工程建成通车，市内普通公路收费站全部撤销；平台建设大会战实现突破，“万亩千亿”平台完成总规编制以及六石、巍山安置地块土地征用；教育项目大会战强力推进，10所学校建成投用，浙江广厦建设职业技术大学成为省内唯一的本科层次职业技术大学；乡村振兴大会战亮点纷呈，全面完成花园村乡村振兴综合改革试点任务，湖溪镇获评省首批美丽城镇样板镇，打响了共享田园品牌，成功承办金华市和美乡村建设现场会；基层治理大会战成效明显，实现“无信访积案市”创建目标，有望夺取一星“平安金鼎”。招商引资取得突破，投资超百亿元的正威项目成为引进的首个世界500强工业企业项目，投资超50亿元的东阳光回归项目已顺利签约。

过去的一年，我们收获了一份份荣誉。获得党政领导人才工作述职评议考核优秀市、生态文明建设示范市、国土资源节约集约模范市、基本无违建市、信用市、食品安全市、公立医院综合改革优秀市、示范学习型城市等一大批省级荣誉，学前教育补短提升、财政管理、土地节约集约利用工作获得省政府正向激励。

（一）聚焦稳企增效，经济运行持续回升

工业经济难中求进。统筹推进重点细分行业、新兴产业培育和特色块状经济转型，规上工业产值、增加值增速双双转正。大力实施数字经济“一号工程”，横店东磁单晶电池片工厂成为全省首批“未来工厂”，数字经济核心产业增加值预计增长6%。引导企业做大做强，新增亿元企业11家、规上企业78家，普洛药业列入省“雄鹰行动”培育企业名单，花园高科成为工信部“小巨人”企业，联宜电机成为省隐形冠军企业。深入实施“质量强市”战略，新增“品字标”企业11家、“浙江制造”标准7个。新增国家高新技术企业43家、省科技型中小企业97家，获国家和省科学技术进步二等奖各1项，研发投入强度预计达到2.1%。

特色产业复苏回暖。政企联手推动影视产业复苏，剧组数量同比增长32.3%，全年实现营业收入157亿元，横店影视文化产业集聚区正式挂牌并入选国家级文化产业示范园区创建名单。横店影视城景区入选省首批未来景区改革试点，湖溪镇成功创建省旅游风情小镇，东阳市成为省文化和旅游消费试点城市，全年接待游客2534.5万人次，实现旅游收入240.8亿元，均恢复至去年同期85%以上、超过全省平均水平近7个百分点。出台建筑企业扶持政策2.0版，与东南大学合作的建筑科技研究院实体化运作，全市实现建筑业总产值1672亿元。出台扶持木雕红木产业发展若干意见，规上红木企业产值恢复至去年同期90%，东阳红木家具市场成功入选国家级知识产权保护规范化市场。

消费市场稳步恢复。政企联动开展促消费活动百余场、发放消费券6000余万元，实现社会消费品零售总额283.5亿元。东阳市入选省供应链创新与应用试点城市，巍山新天地商业综合体等项目建成营业，卢宅、横店梦夜城、横店香港街等3条步行街入选金华市高品质步行街建设试点。

全力扶持电商产业发展，建成省AAA级电商产业基地2个，跨境电商孵化园等6家电商园区顺利开园，全年实现网络零售额109亿元，增长17.2%。

粮食稳产保供有力。实施粮食扩面增产和生猪提能增养专项行动，耕地保有量达31333.33公顷，完成粮食播种面积16500公顷，生猪存栏3.2万头、出栏5.4万头，生猪全产业链项目入选省乡村振兴产业发展示范建设项目名单。东阳元胡成为国家农产品地理标志登记产品。

稳企扶企精准有效。常态化开展“三服务”活动，帮助企业解决各类问题1.3万余个。认真落实降本减负各项政策，全年共减税34.1亿元，降费8.8亿元，降低用能成本2.5亿元。引导金融机构加大信贷支持力度，全年新增贷款198亿元，累计降息减费4.5亿元。深化“财政+金融”模式，累计为各类企业提供融资担保贷款17亿元、提供转贷资金8.9亿元。常态化开展金融风险防范化解，突出做好重点企业纾困帮扶，不良贷款率为0.83%。市场主体总量逆势增长，达11.2万户，增长13.4%。

(二)聚焦投资拉动，发展动能持续增强

平台支撑不断强化。槐堂社区列入省第二批未来社区建设试点，槐堂棚户区改造项目扎实推进，赛特斯5G产业园、爱奇艺创意文娱中心项目顺利落户高铁新城。木雕小镇通过省级特色小镇验收命名，花园红木家居小镇创建有力推进。新建改建小微园10个，其中6个小微园通过省级认定，江北企业培育中心获评全省数字化示范小微企业园。

重大项目攻坚突破。建立完善“两会两报一平台”招商机制和招商项目“四色”管理库，充分发挥东阳籍人才优势和政府产业基金、国资在招商引资中的撬动作用，全年完成招商项目入库188个、总洽谈规模超600亿元，签约投资协议14个、总投资206亿元，8个10亿元以上的项目顺利落地。省重点建设项目、省集中开工项目和金华市重点建设项目分别完成年度计划投资的193%、202.8%、156.5%，省市县长项目工程落地3个，均居金华前列。全年完成固定资产投资174.9亿元。

要素保障多方发力。新增省重大产业项目1个、省重点建设项目10个，新增地方政府债券30.6亿元、建设用地指标572.8公顷，资源要素争取为近年来最好。深入推进全域土地综合整治和低效工业用地清理整治，完成垦造耕地、建设用地复垦233.67公顷，完成批而未供土地消化、低效用地开发、存量建设用地盘活429.53公顷。110千伏塔山变主变扩建工程建成投运。

(三)聚焦改革开放，发展活力持续激发

重点领域改革不断突破。“最多跑一次”和数字化改革深入推进，新增招商引智等“一件事”改革事项24件，常用民生类政务服务100%就近可办，政务服务事项网上可办率、掌上可办率、跑零次可办率均达95%以上，位列全国县域营商环境百强县第51位，较去年提升11位。智慧城市完成城市大脑基础平台和部分应用场景建设。基本完成国有企业“1+6+X”框架搭建，城投、交投集团取得AA信用评级，新增国企融资76.8亿元。深化“亩均论英雄”改革，规上工业亩均税收同比增长14%。

开放合作水平不断提升。持续做好稳外贸、稳外资、稳外经工作，完成外贸出口257.9亿元、增长30.4%，引进外资1021万美元，实现境外承包工程营业额2.8亿美元。加强与粤港澳大湾区的对接，落实深圳“人才飞地”项目。横店影视节升格由省委宣传部主办，高规格举办首届横店影视文化产业博览会和中华大师汇，成功承办网易未来大会新经济论坛。

(四)聚焦全域提升，城乡环境持续改善

城乡面貌逐步改观。规划和城市建设管理委员会实体化运作，顺利通过国卫复审省级考核。江滨文化中心、“东阳骄傲”一期等项目基本完成，南山国家森林公园获批建设。横店镇小城市培育通过考核，花园村成为全省首个小城市培育村级试点。东阳江、佐村、三单等6个乡镇被命名为国家卫生乡镇。“两江两镇”乡村振兴示范区初见雏形，歌山镇获评省美丽乡村示范乡镇；追梦剧情、红木长廊风景线获评省美丽乡村风景线；建成六石白溪江、南市大联、南马瑶仪等5个共享田园；完成1300余个“三强六无五美村”创建项目，画水许宅、虎鹿厦程里、城东堂鹤等5个村获评省美丽乡村特色精品村。

环境治理提速推进。市第二污水处理厂一期二阶段、南马镇西污水处理厂二期项目建成投运，建成“污水零直排区”338个，东阳江城区段获评省级美丽河湖。空气质量优良率达98.9%，获省“蓝天之星”称号。2家危废集中收运企业建成投运，生活垃圾综合利用等项目加快推进。新增国土绿化666.67余公顷，创建省“一村万树”示范村6个。成功入选省绿色转化财政专项激励政策试点县，国家县域节水型社会达标建设通过验收。

基础设施不断完善。完成树德北路改造、中山大桥维修加固和9个城市易涝点治理，打通甘溪路、广福路、昌盛路等5条城市断头路。完成重要县道提升改造57千米、农村公路大中修468千米、公路亮化201千米。完成中小河流治理15.4千米。建成水源山塘14座，提升改造单村供水工程53座，新增农村饮用水达标提标人口10.5万人。金丽温天然气管道东磐支线建成通气。

(五)聚焦民生改善，群众获得感持续提升

公共事业更加完善。落实义务教育段学校“公民同招”，撤并小规模薄弱学校34所，新增中小学学位2160个、幼儿园学位3030个。“三支队伍”建设不断加强，新增省春蚕奖5人。成功创建国家级信息化教学实验区。中医院迁建、妇保院扩建等项目主体结顶，人民医院成为全省首家县级“三甲医院”，健康浙江建设连续2年考核优秀。文化基因解码成为全省典范，东阳传统民居入选省级文化传承生态保护区创建名单。顺利完成第七次全国人口普查入户调查登记。

保障体系更加健全。新增城镇就业2.74万人，基本养老保险、医疗保险参保率分别达95.6%、99.9%。建成吴宁、白云、千祥等5家镇级示范型居家养老服务中心和50家星级居家养老照料中心。“消薄”成果进一步巩固，全市所有行政村集体经济年收入均达到20万元以上。全面完成农村困难家庭危房治理改造和47个拆后重建示范村建设，4个农房集聚区一期基本完工，3个农房集聚区二期开工建设，高铁新城农房集聚区完成年度建设目标。

平安建设更加扎实。全力做好地质灾害隐患综合治理，获评全省“除险安居”三年行动成绩突出集体。扎实开展“六大行动”和“四大”专项活动，初信初访、信访积案化解率分别达93%、90%，安全生产事故起数和死亡人数分别下降21.4%、31.6%，成功退出“交通事故死亡人数超百人县市”名单。三年扫黑除恶专项斗争圆满收官，打击治理跨境赌博和电信网络新型违法犯罪等专项行动扎实推进，建成智安小区303个，社会治安形势持续向好。

一年来，我们切实加强政府自身建设，不断增强“四个意识”，坚定“四个自信”，做到“两个维护”。严格落实全面从严治党主体责任，持之以恒推进党风廉政建设，省委巡视反馈意见整改取得阶段性成效，政治生态持续好转。始终牢记对人民的承诺，全力办好十大民生实事，认真办理市人大代表建议意见338件、政协提案251件。坚持常务会议学法制度，自觉把依法行政贯穿于政府治理全过程。深化政府数字化转型，创新推出市政府常务会议无纸化“一件事”改革。完善市长现场办公和专班推进制度，工作落实更加有力。积极支持工青妇等群团组织开展工作，人民武装、民族宗教、外事、对台、档案、气象等工作健康发展，双拥、人防、侨务、残联、地方志、关心下一代、老龄、慈善、红十字、东西部扶贫协作等事业都取得了新成效。

2020年还是“十三五”发展的收官之年。五年来，我们全面践行新发展理念，全力推动高质量发展，高水平全面建成小康社会取得决定性成就。

综合实力大幅提升。地区生产总值年均增长6.2%，人均生产总值从2015年的5.7万元提高到7.5万元。一般公共预算收入、财政总收入分别从2015年的48.6亿元、81.2亿元增加到72.7亿元、123.7亿元。制造业提质发展，规上工业亩均税收从2017年的11万元提高到14.6万元。数字经济指数全省领先，数字经济核心产业增加值占比达到15.5%。商贸服务业稳步提升，社会消费品零售总额年均增长4.3%。横店影视文化产业集聚区获批落地，成功创建省全域旅游示范市。建筑业综合实力全国领先，产值、税收、特级资质企业数、创“鲁班奖”数均列全国县市级首位。木雕红木产业实现“家数精减、主体升级”，东阳木雕红木频频亮相国家外交场合。现代农业加快推进，粮食产量稳定保持在95000吨以上，成功创建全国粮食生产先进市、农产品质量安全市。

发展活力不断迸发。“最多跑一次”改革深入推进，“无证明城市”“互联网+”改革覆盖民生各领域，营商环境明显改善。政府机构、事业单位、公务用车改革全面完成。创新力度不断加大，每万人发明专利拥有量居金华第一，国家高新技术企业从48家增至151家，磁性电子省级高新园区获批创建。成功举办两届世界东阳人发展大会，内外合力促发展的氛围更加浓厚。

城乡全域展现新颜。城区、集镇基本实现控规全覆盖，城市化率预计从63%提高到66%。完成首批省级美丽县城试点，成功创建国家森林城市、国家园林城市。横店城市风貌实现蝶变，小城镇环境综合整治工作获评全省优秀。乡村振兴战略稳步实施，农村危旧房治理改造全省领先，荣获省美丽乡村创建工作先进市。交通基础设施不断完善，横店通用机场通航，37、40省道改建等一批项目建成通车，普通国省道路况水平全省第一。

环境质量显著改善。垃圾河、劣V类小微水体实现动态清零，市镇村三级污水处理全域覆盖，基本实现城乡居民同质饮水，再夺五水共治“大禹鼎”。实施烟花爆竹全域禁燃，$PM_{2.5}$浓度逐年下降，获评省清新空气示范区。生活垃圾实现“零填埋”“零增长”，省级卫生乡镇创建实现全覆盖。生态廊道全线贯通，森林覆盖率从59.3%提高到62.2%，东阳江省级湿地公园、东江源省级自然保护区获批设立。

百姓生活更加幸福。城乡居民收入分别从41229元、22430元提高到58189元、33686元。城镇登记失业率由2.83%降至1.41%，城乡居民基本养老保险、医疗保险基本实现全覆盖。扶贫攻坚行动取得决定性成果，家庭人年均收入9000元以下农户全面消除。教育教学质量稳定在全省第一方阵，公办幼儿园招生覆盖面提升至50%以上，成功创建全国义务教育发展基本均衡市。医共体建设成为全国标杆，公立医院综合改革获得国务院正向激励。居家养老服务体系基本建成，食品药品安全治理体系更趋完善。平均期望寿命从79.6岁提高到80.4岁。群众性文体活动蓬勃开展，“15分钟文体活动圈”基本形成。成功创建省级“双拥模范城”，实现“平安县市”十四连创。

二、“十四五”时期的主要目标任务

各位代表，“十四五”时期是全面开启现代化建设新征程的第一个五年。根据中共东阳市委《关于制定东阳市国民经济和社会发展第十四个五年规划和二〇三五年远景目标的建议》，市政府编制了《东阳市国民经济和社会发展第十四个五年规划和二〇三五年远景目标纲要（草案）》，提请大会审议。经本次大会批准后，市政府将认真组织实施，切实抓好落地。

“十四五”时期我市经济社会发展的总体要求是：以习近平新时代中国特色社会主义思想为指导，深入学习贯彻党的十九大和十九届二中、三中、四中、五中全会精神，全面贯彻落实省委十四届八次全会和金华市委七届八次全会决策部署，坚持党的全面领导，坚持以人民为中心，坚持新发展理念，坚持深化改革开放，坚持系统观念，坚持以高质量发展为主题，以深化供给侧结构性改革为主线，以改革创新为根本动力，以满足人民日益增长的美好生活需要为根本目的，坚持干群同心、上下同欲、内外同向，忠实践行“八八战略”，奋力打造“重要窗口”，加快形成“十大硬核成果”，高水平建设“经济强市、文化名城、歌画东阳”，争创社会主义现代化先行市。

“十四五”时期东阳市经济社会发展的主要目标是：在质量效益明显提升的基础上推进经济持续健康较快发展，主要经济发展指标增幅高于全省平均、走在金华前列。地区生产总值年均增速7%以上，到2025年力争突破1000亿元；财政总收入、一般公共预算收入年均增速分别达10%和8%以上，数字经济核心产业增加值占GDP比重达到17%以上，常住人口城市化率达到70%以上，研发经费支出占生产总值比重达到3%以上，城乡居民收入增长速度快于经济增长速度，努力打造经济强市、文化强市、科创高地、改革开放高地、现代治理示范地、美丽花园、幸福家园。

加快“十四五”发展、实现“十四五”目标，必须集中精力抓好既该干又能干成的大事。

(一)推进产业现代化，努力打造经济强市

制定实施数字经济五年倍增计划，打造数字经济强市。实施制造业产业基础再造和产业链提升工程，统筹推进小微园、特色小镇、“万亩千亿”、省级开发区等多层次产业平台体系建设，加快构建“12345”现代制造业体系，打造一批标志性产业链，培育一批标志性企业，力争规上工业总产值突破千亿元大关。大力推动横店影视文化产业集聚区建设，健全完善拍摄制作、展示交易、衍生产品开发、拍摄用品生产等四大体系，强化人才、科技、产业链、生态等四个支撑，打造全球最强的影视产业基地和具有国际影响力的影视文化创新中心，力争影视文旅产业总收入突破千亿元大关。大力推动建筑业“一区一园一院”建设，培育建筑业发展新动能，打造全国建筑业高质量发展样板，力争省内建筑业及建筑工业产值突破千亿元大关。以木雕与竹工艺两大技艺传承为纽带，大力实施全产业链培育计划，打造全国工艺美术产业融合发展示范基地，力争木雕家具全产业链产值突破千亿元大关。

(二)拓宽文化优势转化通道，努力打造文化强市

积极培育和践行社会主义核心价值观，构建覆盖市镇村三级的新时代文明实践体系，不断提高市民文明素质和社会文明程度，争创全国文明城市。大力传承弘扬优秀传统文化和东阳人“勤勇韧能义”精神特质，深入推进文化基因解码，打造一批具有重要理论创新和文化传承价值的标志性成果。全面提升公共文体服务水平，推进“百分之一公共文化计划”，实施文体设施建设和文艺精品创作提升工程，争创省公共文化服务体系示范区和省体育现代化市。加快推动文化优势向发展优势转化，实施“文化赋能”工程，推进文旅体深度融合、全域发展，争创国家级全域旅游示范区。

(三)实施人才强市、创新强市首位战略，努力打造科创高地

坚持创新在现代化建设全局中的核心地位，大力实施“五倍增、五提升”计划，大幅提升科技综合实力。实施人才生态优市“八大工程”，深挖东阳籍人才“富矿”，建成规模实力金华领先、重点指数全省前列的人才发展高地。强化企业创新主体地位，完善促进企业科技创新有关政策，鼓励领军型企业打造一流的科研机构，实现规上高新技术企业研发机构全覆盖，推动创新要素向企业集聚。加快构建完善科创平台体系，统筹推进省高新园区、产业创新服务综合体、科技孵化器建设，引导高校院所来东设立研发机构，建设东阳科技城和东阳产业创新研究总院。

(四)服务构建新发展格局，努力打造改革开放高地

推动更深层次改革，实行更高水平开放，不断释放需求潜力，加快融入双循环新发展格局。以数字化改革撬动各领域各方面改革，深入实施优化营商环境便利化行动，打造营商环境示范城市。深化要素市场化改革，提高全要素生产率。积极推进浙江自贸区金义片区东阳联动创新区和横店机场空港建设，构建高能级开放平台。积极对接“一带一路”、义甬舟大通道建设，推动特色优势产业“走出去”发展。积极融入长三角一体化发展、金义都市区建设，加快东义、东磐同城化和东永协同化发展。实施消费新政，完善商业网点布局，优化消费环境，培育新型消费。实施新一轮扩大有效投资行动，加大招商引资力度，加快“两新一重”建设，大力补齐各领域短板。统筹推进通用航空、铁路、公路等综合立体交通网络及现代物流体系建设，构建“10-20-45”地区交通时空圈和“1-2-3”区域交通时空圈，打造浙中区域性交通枢纽，建设省级交通强市。加大“两路两侧”整治力度，推进美丽公路建设，争创国家级“四好农村路”示范市。

(五)着眼整体智治，努力打造现代治理示范地

推动新一代信息技术与城市深度融合，加快建设数字东阳、智慧城市。理顺市镇村三级社会治理权责，加快构建“县乡一体、条抓块统”的高效协同治理模式。完善“一中心四平台一网格”工作体系，提升基层治理现代化水平。深化“三社联动”，创新组织发动群众工作机制，打造社会治理共同体。坚持“大平安”理念，健全社会治安防控体系、应急管理救援体系、公共安全防控体系、重大风险防范化解体系，坚决守牢安全发展底线，确保实现“平安县市”二十连创。

(六)统筹城乡协调发展，努力打造美丽花园

构建充分体现东阳特色、引领城乡科学发展的高质量规划体系，形成“一核两轴多点”城镇空间布局。深化城市规划建设管理体制改革，持续推进城市品质提升，打造现代化生态宜居城市。加快推进高铁新城产城融合和槐堂未来社区建设，推动城区横店一体化发展。引导乡镇特色化差异化发展，全域建成美丽城镇，将横店打造成“中国样板”城镇。深化“千万工程”，加快花园村小城市培育试点建设，高水平打造一批共享田园、美丽乡村风景线，全面完成新时代美丽乡村达标创建，全面建成"歌山画水"的和美乡村。全力保障粮食和重要农产品安全，加快农业绿色高效发展，推动农村一二三产融合发展。深入实施"三线一单"生态环境分区管控，高水平推进"万亩国土绿化"行动，全力打好生态环境巩固提升持久战，坚决落实碳达峰、碳中和要求，确保生态环境质量持续向好，争创国家级生态文明建设示范市和"绿水青山就是金山银山"实践创新基地。

（七）推动共富共享，努力打造幸福家园

健全为民办实事长效机制，实施富民惠民安民、推进共同富裕新举措，不断增强人民群众获得感。强化就业优先，推进重点群体就业帮扶，以更加充分、更高质量就业促进增收。优化教育资源布局配置，创建全国学前教育普及普惠县和全国义务教育优质均衡县，"三本一专"县级高等教育高地基本建成，人人向往的东阳教育目标基本实现。深入开展"健康东阳"建设，完善疾病防控体系和重大疫情防控机制，优化"一核两翼"医疗资源布局，打造浙中医学中心。进一步完善社会保障体系，加快建立公民融合、医养结合的养老服务体系，兜牢民生底线。

三、2021年主要工作安排

2021年是建党100周年，是"十四五"开局之年，也是本届政府收官之年，做好今年的工作意义重大。今年工作的总体要求是：坚持以习近平新时代中国特色社会主义思想为指导，全面贯彻落实上级党委、政府和市委决策部署，坚持稳中求进工作总基调，立足新发展阶段，贯彻新发展理念，构建新发展格局，以推动高质量发展为主题，以改革创新为根本动力，以满足人民日益增长的美好生活需要为根本目的，坚持系统观念和方法，强化数字赋能、全力攻坚争先，致力常态化疫情防控、竞争力提升、产业现代化、双循环发展、全域化美丽、高品质生活，推动高质量发展实现新突破，确保争创社会主义现代化先行市开好局，以优异成绩庆祝建党100周年。

今年东阳市经济社会发展的主要预期目标是：地区生产总值增长7.5%以上；财政总收入、一般公共预算收入分别增长12.2%和8.5%以上，城乡居民人均可支配收入增长速度快于经济增长速度、收入比持续缩小；完成上级下达的能源和环境指标计划目标。

围绕上述目标要求，重点抓好以下六个方面工作：

（一）致力常态化防控，切实防止疫情反弹

坚持外防输入、内防反弹，深化"源头查控+硬核隔离+精密智控"工作机制，坚持人防、物防、技防并重，强化医疗物资应急储备，落实疫苗接种各项措施，加强救治能力建设，全力打好疫情防控的人民战争，切实守牢医院门、公共场所门、村社门，确保冷链物防闭环管控，确保不出现聚集性疫情，确保不发生院内感染，确保不发生疫情风险点失管漏管，力争不发生本土新增病例，为经济社会高质量发展筑牢安全防线。

（二）致力竞争力提升，切实强化改革创新

深化创新驱动。充分发挥东阳人才优势，建好、用好"人才飞地"，建立完善揭榜挂帅等人才使用、评价、激励机制，年内引育"高精尖"人才1000人以上。筹备办好第三届世界东阳人发展大会，推动项目回归20个以上。启动实施新一轮科技型企业"双倍增"行动，新增国家高新技术企业30家、省科技型中小企业70家以上，力争高新技术产业投资额、增加值分别增长10%、5%以上，研发投入强度达到2.3%以上。加快推动上海大学东阳产业研究院和技术转移中心实质性落地，谋划东阳科技城，启动东阳产业创新研究总院和五一科创谷建设。强化产业共性技术难题攻关，促进科技成果转化，实现技术交易额6亿元以上。

强化改革赋能。深化数字化改革，以智慧城市统领数字化应用项目建设，提升各领域多业务协同水平。推动"一件事"改革提质扩面，实施自然资源"一码管地"、政府投资项目管理等"一件事"改革。持续推进公共场所服务大提升行动，新增各类型公共场所示范点50个。探索商事注册登记确认制改革，推行低风险小型项目审批"最多20天"。深化国企改革，完成六大集团重组、新建，推动国企做大做强，新增融资80亿元以上。

优化营商环境。对标世行营商环境评价指标体系，开展优化营商环境专项治理，着力打造市场化、法治化、国际化营商环境。建立健全企业家参与涉企政策制定机制，强化企业家队伍培育。积极营造关心支持民营经济发展的良好氛围，依法保护民营企业和企业家合法权益。实施"三服务"2.0版，依托"企业码"打造集项目申报、融资服务、奖补资金管理、亩产效益评价等功能于一体的服务平台。制定落实好减税降费等各项惠企扶企政策。

强化要素支撑。积极向上申报项目，新增省重大产业项目3个、省重点建设项目10个以上，争取政府专项债15亿元以上，完成土地报批500公顷以上。扎实开展全域土地综合整治，推进低效工业用地清理整治，确保盘活低效工业用地200公顷以上。完成220千伏济慈变和110千伏临江变、花园变建设，提高电力保障水平。深入推进融资畅通工程，设立科技小贷公司、金控小微债，推动制造业、小微企业和中长期等方面贷款较快增长，全年新增贷款200亿元、"首贷户"1500家以上。

（三）致力产业现代化，切实提高发展质效

提升工业经济竞争力。实施数字经济"一号工程"2.0版，开展"企业数字化制造、行业平台化服务"行动，持续打造智能工厂、未来工厂，数字经济核心产业增加值增长8%以上。持续推进磁性材料、生物医药两大主导产业及新材料、针织服装等细分行业培育，打造区域优势产业集群。编制块状经济发展规划，推动缝配、箱包、渔具、金银丝等特色块状经济高质量发展。培育壮大智能装备、节能环保、新器件、新能源、通用航空等新兴产业,打造经济新增长点。强化企业主体培育,构建企业梯度成长全生命周期链,培育一批"隐形冠军"、专精特新"小巨人"和单项冠军企业,新增规上企业80家、亿元企业10家、上市企业1家,规上工业增加值、规上工业亩均税收均增长8%以上。

加快影视文旅产业提质升级。进一步完善体制机制,推动横店影视文化产业集聚区高效运行,抓好国家级文化产业示范园区建设,全力争创国家级影视文化产业先行先试区和省级高能级战略平台。大力开展强链补链行动,加快影视产业园、欧洲小镇、年代戏拍摄基地等项目建设,推动爱奇艺、满天星等项目实体落地。高质量办好横店影视节,争取影视文化产业博览会升格为省级官方展会。以未来景区试点为依托,推进横店核心景区旅游品质优化提升。大力推进省级文化和旅游消费试点城市建设,深挖卢宅、李宅、蔡宅等文化旅游资源,创建省A级景区镇3个、A级景区村庄20个,争创4A级景区城,旅游人次、收入均增长10%以上。

再造建筑业发展新优势。积极争创建筑业高质量发展综合实验区,探索建筑业转型的新路径、新办法,建筑业总产值增长8%以上。加快建筑科技产业园建设,大力招引建筑装备等关联企业入驻,推动建筑业向上下游产业链延伸发展。推动建筑科技研究院高效运行,完成自主研发成果5项以上。稳步推进建筑业总部基地转型升级,完善"店小二"式精品化服务体系,争取承办全省建筑业发展大会。深化建筑业招商,完成建筑业总税收35亿元以上。

加快木雕家具产业融合创新发展。实施家具行业环保整治再提升行动,谋划建设由国企投资的木雕家具产业小微园,做强木材交易中心,筹建中国木雕红木知识产权快速维权中心和家具研究省级重点实验室,开展木雕红木异地无理由退货试点,争创全国木雕红木质量品牌提升示范区。继续办好中华大师汇,筹备办好"百名大师献礼建党百年巡展"。培育和支持竹产业发展,争取承办全国竹木雕刻技能比赛总决赛。

(四)致力双循环发展,切实激发需求潜力

着力扩大有效投资。持续打好平台建设大会战,加快"万亩千亿"平台建设,突出抓好征地拆迁等关键环节,全面推进基础设施建设,尽快拉开平台框架,争取部分项目落地。加快推进高铁新城建设,开工建设高铁站站房和槐堂未来社区,加快东一路、南一路和站南路等道路建设。全力打造木雕小镇2.0版,加快实训基地二期和文化创意区建设,推动石马溪文旅综合体项目落地。继续抓好花园红木家居小镇建设。新建改建小微园6个以上。加快横店集团、正威、东阳光等重大产业项目及交通、水利等重大基建项目建设,确保政府及国企投资实施类重大项目完成投资175亿元以上,固定资产投资、四个结构性指标均增长10%以上。持续强化招商引资,完善项目招引和落地工作机制,力争新签约投资额300亿元以上,招引亿元以上项目30个以上,其中10亿元以上项目10个、20亿元以上项目5个以上,省市县长项目工程落地5个以上。

大力促进消费升级。鼓励发展消费新业态、新模式,培育壮大卢宅、横店、花园等夜间经济,推进高品质步行街建设,力争社会消费品零售总额增长8%以上。加快推进汽车城二期、颐高新经济智慧城等重点商贸项目建设,支持商贸流通企业做大做强,新增限上企业25家以上。大力实施电商发展新政,新建电子商务园5个以上,建成省AAA级电商产业基地5个以上,网络零售额增长20%以上。

高水平扩大对外开放。主动融入"一带一路"、义甬舟开放大通道,积极争创浙江自贸区金义片区东阳联动创新区,推动影视、建筑、木雕红木"走出去"发展。持续稳外贸稳外资,新增出口实绩企业30家以上,引进外资3000万美元以上。加快融入长三角一体化,落实上海"人才飞地"。主动衔接金义都市区规划,实施江滨北街西延等一批东义同城化项目,深化东磐"山海协作",推进东永协同化发展。高标准做好东西部扶贫协作、对口支援和对口合作。

提升交通互联互通水平。持续打好综合交通大会战,全力推进重大交通基础设施建设,切实加强各类交通方式的有机衔接。加快铁路项目建设,完成金甬铁路、杭温高铁土建工程60%以上,完成金义东轻轨土建工程90%以上。加快重大公路项目建设,完成S315南市至画水段改建工程,完成义东高速江北至南市段路基工程60%以上,开工建设义东高速南市至南马段、G351周官至山口段、南午岭互通二期、博士路隧道以及横店至千祥公路隧道等工程。加快推进金台城际铁路、甬金衢上高速、城区至横店快速路(G351改道)、G527白峰岭至李宅段、S211李宅至横店段等重大项目前期。横店通用机场完成1800米跑道改扩建。谋划建设综合智慧物流园,开工建设金甬铁路货运专用线。

(五)致力全域化美丽,切实提升宜居水平

开展城市品质提升大会战。做好"多规合一",高质量完成国土空间规划编制和中心城区总体城市设计。理顺城市规划建设管理体制,启动新一轮全国文明城市创建。做好吴宁千年古城"二片六点"保护利用,大力发展文旅休闲产业,争取省级千年古城复兴试点,打造文旅中心;大力推进白云区域环境整治和风貌提升,持续做强专业市场、完善商业配套,打造商贸中心;加快完善江北区域基础设施和生活服务配套,吸引人才回归、人气集聚,打造总部中心和科创中心。编制老旧小区改造专项计划,启动实施老旧小区改造17个。加快推进市民中心、江滨景观带提升等项目,补齐城市功能短板、提升城市窗口形象。启动歌山路大桥建设,完成城南西路、南市路等道路改造,打通江滨南街东延、教授路(兴平路以北)、南环路等7条断头路。以城区违建整治为重点,推动"三改一拆"向纵深发展。加快推进横店景区周边、工业园区及公共节点改造,推动横店风貌提档升级。加快美丽城镇建设,完成六石、画水、马宅等6个省级美丽城镇创建。做好四个农房集聚区一期交房，加快三个农房集聚区二期和高铁新城农房集聚区、安置区建设。

持续推进乡村振兴。巩固拓展花园村乡村振兴综合改革试点成果，推进花园村小城市培育试点和省"千万工程"展示馆建设，办好第21届全国"村长"论坛。全面实施乡村人居环境整治，高质量建成"两江两镇"乡村振兴示范区，新建美丽乡村风景线3条、共享田园6个以上，创建新时代美丽乡村（自然村）260个以上。启动10个高效粮食生产功能区建设，完成华统15万头规模生猪养殖场项目，开工建设屠宰场搬迁项目。加大对生态型乡镇的扶持力度，大力发展乡村特色经济、"飞地"经济，开展低收入农户增收行动，80%以上行政村集体经济年收入达到30万元以上，家庭年人均收入低于1万元农户全面清零。实施自来水管网联通工程，加快向南市、横店、南马、湖溪、画水等地延伸供水，彻底解决农村饮用水问题。

开展生态环境改善大会战。高质量完成第二轮中央环保督察问题整改。扎实推进"污水零直排区"创建，完成第二污水处理厂二期、横店污水处理厂三期等6个污水处理厂及4个污水处理配套总管工程，污水处理能力提升至36.3万吨/日，确保出境断面水质考核优秀。加强扬尘、废气综合整治，确保空气环境质量持续向好。实施危险废物动态清零和土壤污染防治专项行动，城区全面推开垃圾分类"两定四分"模式，建成投运生活垃圾综合利用项目、餐厨垃圾处理中心，实现生活垃圾分类全覆盖、资源化利用率达到100%，创建省级"无废城市"。抓好生态建设，高标准推进南山国家森林公园规划建设，完成国土绿化400公顷，创建省级"一村万树"示范村4个。

（六）致力高品质生活，切实提高幸福指数

筑牢保障有力的民生底线。强化就业优先政策，加大创业扶持和重点人群就业帮扶力度，完成职业技能培训5万人次以上，新增城镇就业2.8万人以上。做好社保政策统筹衔接，推动基本养老保险和医疗保险应保尽保。完善社会救助体系，提高低保救助标准。健全退役军人服务保障制度，建设村级示范型服务站150个。强化欠薪源头治理，劳动纠纷基层化解率提高到95%以上。聚焦生产、流通、经营等环节，打好食品药品安全监管组合拳。促进房地产市场平稳健康发展。

打造人人向往的东阳教育。实施中小学、幼儿园项目37个，投用新建改建学校12所，新增中小学和幼儿园学位9000个以上，撤并小规模小学5所、幼儿园8所，不断扩大优质教育资源覆盖面。深化教育教学改革，推动东阳中学创建省首批现代化学校，加快职业教育、成人教育补短提升，省教育现代化水平监测排名争先进位。实施"未来校长"、"四星"班主任、未来名师"6+1"培养工程，培育一批高素质专业教师。支持广厦大学高质量发展，加快横店电影学院筹建，争取温医大东阳校区获批落地。

办好优质均衡的公共服务。深化医共体改革，加快推进市镇村三级联动的整合型医疗体系建设，争创省"健康促进县"。完成市中医院迁建、妇保院扩建，开工建设江北综合医院，支持妇保院创建三甲专科医院。打造智慧养老服务平台，建成镇级示范型居家养老服务中心6家，开工建设市养老中心，引导民间资本投向养老产业，推动养老事业、产业统筹发展。推进文化基因解码工程，培育首批5个转化利用示范项目。繁荣发展文体事业，建设基层综合性文化中心20家，完成省运会4个比赛场地改造。支持工青妇等人民团体开展工作，支持人民武装、民族宗教、外事、对台、档案、气象等工作，进一步做好双拥、人防、侨务、地方志、关心下一代、老龄、慈善、红十字、残疾人等工作，促进各项社会事业协调发展。

完善共建共治共享的治理体系。打好现代治理大会战，加强市镇村三级矛调中心建设，完善"基层治理四平台"运行管理机制，建强全科网格工作队伍，夯实基层治理基础。持续开展"四大"活动，信访总量实现明显下降。深入推进安全生产专项整治三年行动，狠抓道路交通、危化品、消防、建筑施工、影视等重点领域监管，坚决遏制较大以上事故发生。加强数字应急建设，切实提高防灾减灾抗灾能力。推进扫黑除恶常态化，打好反诈人民战争，构建立体化智能化法治化的社会治安防控体系，争取"平安县市"十六连创。

四、全力打造现代政府

全力打造政治坚定、清正廉洁的现代政府。深入学习贯彻习近平新时代中国特色社会主义思想，增强"四个意识"，坚定"四个自信"，做到"两个维护"，不折不扣落实上级党委、政府和市委决策部署。坚持政府过"紧日子"，厉行节约、反对浪费，集中财力办大事。严格落实中央八项规定精神，持续纠治形式主义、官僚主义。加强廉洁政府建设，增强主动服务意识，切实营造风清气正的良好政治生态。

全力打造利民为本、法治为基的现代政府。切实办好各级民生实事，以实实在在的成效回应群众期盼。加强法治政府建设，规范行政决策程序，推进严格规范公正文明执法，深化政务公开，用法治给行政权力定规矩、划界限，确保政府各项工作都在法治的轨道上运行。依法接受人大监督，自觉接受政协民主监督，认真办好人大代表建议、政协委员提案，加强审计、司法、监察、统计、群众和舆论监督。

全力打造整体智治、高效协同的现代政府。坚持系统观念，牢固树立整体政府理念，强化协同协作意识，着力解决政府治理"碎片化"现象。深入推进政府数字化转型，注重综合集成、迭代升级，提升掌上办公、掌上办事、掌上治理实效。大力倡导"事不过夜、马上就办"，做到"简单事立即办，复杂事限时办"，真正让"马上就办、办就办好"成为工作自觉。

全力打造唯实唯先、实干担当的现代政府。完善"项目化实施+专班化推进+现场办公会"运作方式，强化清单式、闭环化管理，确保说一件、干一件、成一件。加强学习和调查研究，不断提升干部专业化能力。开展干部队伍作风专项治理,坚决纠治不担当、不作为、慢作为等问题。深化“周督查、月通报、季晒拼”等争先创优机制,营造比学赶超、奋勇争先的浓厚氛围。

名词解释:

1. 十大硬核成果:是指打造全球最强的影视产业基地,打造“中国横店”为“中国样板”,打造“人人向往”的东阳教育品牌,打造全国建筑业高质量发展样板,打造全国工艺美术产业融合发展示范基地,打造“歌山画水”的和美乡村,打造现代化生态宜居城市,打造人才集聚、智力回归的发展高地,打造科技引领、创新集聚的现代产业园区,打造风清气正、实干担当的良好政治生态。

2. “两会两报一平台”招商机制:是指招商引智领导小组会议、办公室会议,招商专报、招商快报,招商信息化平台工作制度。

3. 招商项目“四色”管理库:是指按照项目内容及洽谈进展情况对项目进行分类管理。A类(绿色)为已签约投资协议且已落地的项目;B类(蓝色)为已签约正式协议或框架协议、尚未落地的项目;C类(红色)为正在洽谈对接、尚未签约的项目;D类(灰色)为洽谈后认为不具备签约条件的备选项目。

4. “1+6+X”框架:“1”指国投公司,“6”指城投集团、交投集团、水投集团、资发集团、产发集团、文旅集团,“X”指高铁新城、禹山投资及各开发区管委会下属平台公司。

5. 三支队伍:是指校长、班主任、学科骨干教师三支队伍。

6. 六大行动:是指村社换届高质量推进行动、基层基础提升行动、基层矛盾纠纷和重大风险隐患排查化解行动、“最多访一次”专项行动、基层公共安全大整治行动、“扫黑除恶专项斗争机制建设年”行动。

7. “四大”专项活动:是指“大走访、大排查、大化解、大提升”专项活动。

8. “12345”现代制造业体系:是指加快培育新材料一大重点产业;做大做强磁性电子、生物医药两大主导产业;谋划发展新一代信息技术、机器人与智能装备、现代交通装备三大新兴产业;提升发展机械制造、现代建筑、针织服装、塑料塑胶四大优势产业;集聚发展红木家具、金银丝、箱包、缝配、渔具五大块状产业。

9. 一区一园一院:“一区”指创建“浙江省建筑业高质量发展综合实验区”,“一园”指建设“建筑科技产业园”,“一院”指建立“建筑科技研究院”。

10. 百分之一公共文化计划:是指在项目建设投资总额中提取百分之一的资金用于公共文化设施建设。

11. 人才生态优市“八大工程”:是指高端领军人才引领工程、专业技能人才倍增工程、本土特色人才培育工程、经营管理人才百舸工程、名师名校长选树工程、名医名中医蹲苗工程、乡村振兴人才扶持工程、大学生集聚工程。

12. 两新一重:是指新型基础设施建设,新型城镇化建设,交通、水利等重大工程建设。

13. “10-20-45”地区交通时空圈:是指主要镇区、景区、产业园区10分钟上高速,主要镇区、景区20分钟到达高铁站,城区、横店45分钟到达浙中城市群主要市县。

14. “1-2-3”区域交通时空圈:是指城区、横店至省内杭甬温三大都市区1小时交通圈,至长三角主要城市2小时交通圈,至国内主要城市3小时交通圈。

15. 三线一单:是指生态保护红线、环境质量底线、资源利用上线和生态环境准入清单。

16. 碳达峰、碳中和:是指我国二氧化碳排放力争2030年前达到峰值,力争2060年前实现碳中和。

17. 三本一专:“三本”指浙江广厦建设职业技术大学、温州医科大学东阳校区、横店电影学院,“一专”指横店影视职业技术学院。

18. 自然资源“一码管地”:以不动产单元代码联通现有业务系统和业务数据,实现规划条件书编制、土地供应、规划许可、竣工验收和不动产登记等环节通过“一个码”关联,确保不动产业务状态即时更新,实现不动产全生命周期管理、展示与监管。

19. 多规合一:是指将国民经济和社会发展规划、城乡规划、土地利用规划、生态环境保护规划等多个规划融合到一本规划、一张蓝图上,解决现有各类规划自成体系、内容冲突、缺乏衔接等问题。

20. 二片六点:“二片”指古城区和卢宅保护区,“六点”指古城区内吴宁台、尊经阁、叱驭桥、北镇楼、桂坡坊、镇圣庙六大坐标性建筑。

打赢精准脱贫攻坚战 全面建成小康社会

东阳市扶贫工作领导小组办公室

“三个清零”目标的实现

2020年是全国脱贫攻坚决胜之年，是浙江省高水平全面建成小康社会收官之年。东阳市按照“不落一村、不落一户、不落一人”要求，切实做到了“三个清零”，年家庭人均收入9000元以下情况清零、集体经济薄弱村清零、“两不愁三保障”（稳定实现扶贫对象不愁吃、不愁穿，保障其义务教育、基本医疗和住房）突出问题清零。

低收入农户人均可支配收入增速明显快于农村居民，2019年低收入农户人均可支配收入增速13.1%，排名金华第1；2020年9月，最低生活保障标准提高至850元/月。全市345个行政村集体经济经营性收入全部达到10万元以上，其中338个行政村收入达到20万元以上，占比98%。52个省定相对经济薄弱村有45个达到省定“消薄”目标，完成省定任务数281.25%。省定集体经济薄弱村没有出现“返薄”现象，高质量完成省、市下达的年度“消薄”目标任务。

解决了“两不愁三保障”突出问题，实现低收入农户吃穿不愁，义务教育、基本医疗、住房安全、饮水安全有较好保障。一、最低生活保障方面。东阳市实现城乡居民最低生活保障标准一体化，社会救助机制基本建立完善，困难群众符合条件的应纳尽纳、应保尽保，各部门联动协作、社会力量共同参与的机制形成。支出型贫困家庭的兜底保障工作全覆盖，对符合条件的困难人员及时精准进行救助。2020年9月，东阳市最低生活保障标准为850元/月，补助标准列金华市第二位。全年共下拨低保补助金4043万元，困难对象春节慰问金、物价补贴1302万元。二、教育保障方面。东阳市全面贯彻落实国家的各项资助政策，确保应助尽助，应免尽免，未发现低收入农户子女失学辍学现象。加大特困学生资助力度，整合社会资源参与教育扶贫。深入开展“互联网+义务教育”成效结对帮扶工作。城乡携手结对帮扶，2020年5月，东阳市入选省“互联网+义务教育”实验区，实验区共计结对92所56对，受援市内学校45所。三、医疗保障方面。落实困难群众资助参保和医疗费用救助政策。实现医疗费用的基本医保、大病保险、医疗救助等“一站式”结算全覆盖。全面推行低收入农户医疗补充性保险，实现低收入农户全覆盖。调整完善医疗救助政策。2020年7月1日，制定《关于进一步加强医疗救助工作的实施意见》，明确医疗救助对象和医疗救助方式，进一步增强医疗救助托底保障功能。建立医保数据共享和预警机制，通过医保结算信息系统设置大额医疗费用预警提示，每月将大额医疗费用人员信息推送给民政局，协助其发现因病致贫对象。四、住房安全方面。低收入农户全部实现住房安全有保障。制定《关于做好农村危房常态化长效治理改造工作的通知》《关于印发东阳市农村困难家庭危房改造即时救助实施办法的通知》，建立长效化管理机制，做到“发现一户、动员一户、救助一户”，补助标准由0.75万元~1.3万元/户提高到1.5万元~3万元/户，达到金华市中上水平。五、饮水安全方面。通过农村饮用水达标提标行动，全市整合城市水厂大扩容、乡镇水厂改造提升、新建联村水厂、规模水厂管网延伸、新建单村供水站、“一户一表”建设改造等一系列工作，确保饮水安全不落一户、不落一人。规范农村供水管理，制定《东阳市城乡供水工程运行管理办法》，建立饮水工程管护长效机制。实现城乡供水水质检测、农村饮用水水源保护范围划定和列入村规民约、农村供水工程水费收缴“三个全覆盖”。建设完成全市城乡清洁供水数字化平台，对全市范围内的农村供水设施监控、设备运行管理和人员实现线上调度。

清零目标实现的三项举措

科学领导和决策。东阳市始终坚持党对扶贫工作的全面领导，提供坚强政治和组织保证；充分发挥政府在扶贫开发工作中的主导作用，加强政策引领和舆论宣传。2005年12月12日，东阳市政府成立东阳市扶贫工作领导小组，由市府办、农办、农业局、林业局、财政局、水利局、民政局、教育局、交通局、卫生局、广播电视台等部门组成，领导小组办公室设在市农办。2018年5月24日，为切实加强对全市扶贫工作的组织领导，市政府研究决定调整东阳市扶贫工作领导小组，组成部门扩大，由市委办、农办、教育局、民政局、司法局、财政局、人力社保局、建设局、文旅办、卫计局、妇联、残联、市慈善总会、农商行、华数公司组成。2020年8月7日，市委、市政府建立市委书记、市长任组长的扶贫工作领导小组"双组长制"，成员单位由15个增至39个，全面提升扶贫统筹协调力度。通过领导小组成员单位的不断完善和强化，充分发挥部门在扶贫工作中的职能优势和主导作用，全面落实低保救助、教育扶贫、产业扶贫、就业扶贫等政策，不断提高精准扶贫力度。

近几年，东阳市不断制定政策措施，巩固提升东阳扶贫成果。2020年，制定《东阳市低收入农户高水平全面小康计划(2020—2022年)》，提出到2022年年末，全市所有行政村均达到总收入30万元以上且经营性收入15万元以上，并根据镇乡街道发展实际，对省级生态乡镇的目标值和时间表做了区分。通过建立全市领导班子成员结对集体经济薄弱村制度，选派第一书记、农村工作指导员制度，"2+1"结对帮扶机制、"一户一策一干部"结对帮扶机制等一系列组合拳，帮助集体经济薄弱村增强村集体自身造血功能。开展"2+1"结对帮扶，由结对部门和企业帮扶集体经济薄弱村发展。野风集团有限公司持续资助佐村镇五联村进行道路建设、办公室改造、居家养老中心、美丽乡村建设等基础设施建设，定期邀请农技专家进村指导村民茶叶种植养护技巧，帮助村民打开蔬菜销路，逐步帮扶五联村拥有自身"造血"功能。2020年年末，五联村集体经济经营性收入从三年前的0元增长到19.78万元。中天控股集团有限公司与三单乡山背村结对帮扶二十余年，通过集团捐款、对外争取资金的方式，帮助山背村建成蔬菜大棚15个，完成13.33公顷基地的喷滴管设施安装，购置了采茶机、自动名茶炒制机等机器，帮助建设山背茶厂和3.33公顷香榧基地。山背村的村民人均年收入从1997年的不到一千元到现在的上万元。

立足扶贫开发。扶贫开发"是统筹城乡区域发展、保障和改善民生、缩小发展差距、促进全国人民共享改革发展成果的重大举措"。开发扶贫的重点是区域开发，改变农村的基础设施条件，提高农民的生活生产水平，增加农民的收入；进行产业扶持，提高生产能力和适应市场的能力。村不强则民不富，民不富则心不安。在过去二三十年时间里，东阳市农民的"钱袋子"越来越鼓，部分村集体的账面却捉襟见肘，努力发展集体经济成为许多村庄的共识。2017年6月，浙江省第十四次党代会报告提出，要增强集体经济薄弱村造血功能；7月，省委、省政府专门制定《关于实施消除集体经济薄弱村三年行动计划的意见》，提出三年内全面消除年收入不足10万元的集体经济薄弱村，该意见是浙江省继消除人均收入4600元以下贫困户之后，着眼巩固农村基层政权建设，推动乡村振兴而做出的又一重大决策。东阳市是中国经济百强县，2017年，345个行政村中有75个省定经济薄弱村，即经营性收入低于5万元。这些村主要集中在生态山区镇乡，地处偏僻，本地资源少，区位条件差，内生动力不足，村级组织难以正常开展工作，依靠自身力量无法发展本村经济。缺资金、缺项目、缺人才，是东阳市消除集体经济薄弱村工作中遇到的最大困难。东阳市结合相关村庄实际，在资金、政策、人才上给予扶持，通过机关部门、企业与薄弱村结对的方式，系统性地开展集体经济薄弱村"摘帽"工作。"消薄"过程中，始终紧盯产生穷、导致弱的根源，强化精准帮扶，坚持一把钥匙开一把锁的理念、一村一策规划发展路径，严格实行薄弱村销号管理，采取"政府主导、多元发展、分类推进、全面转化"的工作思路，在干部队伍、存量资源、项目扶持等环节上持续发力。不断完善相关政策体系，"输血"与"造血"相结合、资金扶持与政策引导相结合，激发集体经济薄弱村发展内生动力，扩展集体经济薄弱村发展渠道，促进村级集体经济持续发展。

到2018年年末，全市75个省定经济薄弱村全部摘帽，提前一年完成浙江省三年"消薄"行动计划。东阳市在财政支持、用地保障、金融服务、税费优惠四个方面明确具体扶持措施，形成薄弱村"摘帽"的政策支持合力。设立"消薄"扶持专项资金，由市财政每年安排2000万元用于"消薄"项目补助，统筹安排扶贫资金、现代农业发展资金、农田水利建设补助资金等优先用于发展村级集体经济，进一步加大对村级组织运转、村级公共事业和基础设施建设转移支付力度。由市政府每年安排不少于1.33公顷的用地指标用于统筹发展"消薄"项目，鼓励镇乡街道、村集体腾退"低小散"建设用地指标用于"消薄"项目。全市累计安排集体经济薄弱村发展资金5060万元。

针对区域位置和经济发展条件较好，人口相对集聚的中心村落，东阳市把盘活闲置资产作为主抓手，通过资产发包、租赁经营或自主开发等方式，促进集体资产保值增值。

以影视文化、乡村旅游、农村电商等特色产业为引领，将产业溢出效应转化为发展优势，指导村集体融合化发展，做深做实"产业+"文章。

立足生态环境和乡土文化优势，引导村集体发展休闲旅游、观光农业、农家乐、民宿等生态产业，把绿水青山变成"金山银山"。

2017年以来，为破除经济薄弱村区位条件先天不足、产业发展基础薄弱、外部投资吸引力较弱等困境，东阳市开展"市镇统筹、跨村联建、收益归村"的"飞地"抱团项目模式，走一条抱团发展、走向共同富裕的特色发展之路。“飞地”抱团是指依托基础好、有前景的园区、开发区、特色小镇、小微企业园等平台，由市、镇统一建设或投资优质项目，引导村集体和农民通过自筹资金、腾退“低散乱”建设用地折价等方式入股，实现资源资金异地增值。该方式将以往撒胡椒面式的“单村补助”改为增加“造血”能力的“项目补助”，并统一规划、经营和管理，按一定比例每年给予投资村分红补贴，成为提升村庄集体经济的重要举措。全市共实施上卢农房集聚区、北江农垦场改造提升、市世展产业发展有限公司砂场项目等市、镇“飞地”抱团项目13个，总投资8112万元，统筹村数237个，每年可增加集体经济经营性收入985余万元。

做好社会保障。从2002年开始，国家提出要引导农民建立以大病统筹为主的新型农村合作医疗制度（简称新农合）；2009年，作为国家深化医疗卫生体制改革的主要战略部署，新农合作为农村基本医疗保障制度的地位得以确立。2003年，民政部开始部署农村低保建设工作；2007年，国务院决定在全国建立农村最低生活保障制度，中央财政每年支出城乡最低生活保障资金超千亿元。2009年，国务院决定开展新型农村社会养老保险（简称新农保）试点并在全国推广。这些社会保障政策针对农户或个人进行支持，其中的新农合对防止农户因贫返贫起到很大作用，最低生活保障可以为农村缺少收入来源和劳动能力的贫弱农户解决温饱问题，新农保则为农村老年人提供了难得的现金收入。这些面向农户个人或家庭的社会保障政策极大地缓解了农户家庭的贫困状况，提高了农户家庭应对风险的能力。

东阳市在做好政府兜底保障，持续提升低收入农户生活水平这一方面做了很多的努力并取得了很好的成绩。按照2014年中央提出的“精准扶贫”战略，将之前以区域为重点的开发扶贫战略基础上扩展到建档立卡，重点落实到直接帮扶贫困户的精准扶贫上来，改过去的“大水漫灌”为“精准滴灌”。“精准扶贫”包括精准识别、精准帮扶、精准管理、精准考核等贫困治理的全流程。东阳市首先做好低收入农户的精准识别和动态管理工作。对低收入农户逐户建档立卡；摸清家庭状况、致贫原因、收入来源、收入水平等基本情况；摸清脱贫门路、需要解决的主要困难，建立问题台账；摸清以往扶持情况、扶持效果，提出帮扶措施，制定帮扶计划；确定帮扶单位、帮扶干部，实行定户定人定时定责帮扶；逐户制定脱贫计划。2013年，认定全市低收入农户26650户47162人。2015年，落实6500元以下5926户低收入农户结对帮扶。4600元以下低收入农户数据全面核实。2017年，委托第三方统计事务所参与认定工作，全市认定新一轮低收入农户9960户18868人。2018年，复核、动态管理低收入农户9726户17654人。2020年，按照社会救助、低收入农户“两线合一”要求，坚持“线上线下”相结合，紧扣“认定、复核”两个关键环节，通过入户调查、三级公示、数据比对等举措，至2020年年末，东阳市有低收入农户6251户8924人，其中低保户5105户6946人，低保边缘户912户1740人，特困供养户234户238人，均纳入省扶贫数字化管理系统实现统一管理。通过强化扶贫对象动态管理，使应该扶持的扶贫对象及时纳入，从而实现扶贫对象有进有出，扶贫信息真实、可靠、管用。

东阳市激发社会各界参与精准扶贫的热情，进一步凝聚社会帮扶合力，广泛调动社会各界参与扶贫济困的积极性和主动性，致力于构建政府、市场、社会协同推进的大扶贫格局。从2016年开始，东阳市开展“幸福蜗居”公益项目，精准有效地帮扶残疾、贫困、孤寡等社会弱势群体解决居住条件改善问题。具体做法：由市供电公司牵头，联合东阳市残联、东阳市住建局、中国狮子联会浙江艺都服务队等政府部门和社会组织，成立工作组，下设项目宣传、资金募集、管控和实施等小组。通过规范实施、标准运作、精益管理的机制，落实资金、物资、宣传、服务、质量五大项目管控办法，通过走访排摸、方案预算、资金筹集、专业施工、资料整理、自查验收、项目审计七个工作环节，形成运作系统模式，使困难残疾人宜居乐居。2018年，“幸福蜗居”项目被列为浙江优秀助残服务项目，同时受到浙江省民政厅、浙江省残联的充分肯定，在全省推广并促成省政府制定3个配套扶持政策，受到省委常委、宣传部部长朱国贤肯定，得到《人民日报》、新华社等中央媒体的报道和关注。至2020年，募集各类资金300多万元，组织实施“幸福蜗居”项目35期，完成危旧房改造面积达5259平方米，提供志愿服务逾1639人次，服务时长近12000小时，受益群众2013人次。

巩固成果 衔接乡村振兴

东阳市扶贫工作，虽然阶段性解决了绝对贫困的问题，但由于发展的不平衡，相对贫困的问题将长期存在。持久振兴乡村经济，提升农业农村发展水平，是东阳市长远的工作目标。市委、市政府思考如何将乡村振兴战略变成政策，落实到实际工作中，推动巩固拓展脱贫与乡村振兴有效衔接。脱贫不是终点，乡村振兴、共同富裕才是最终目标。中共中央总书记习近平在十九大报告中提出“实施乡村振兴战略”，指出“要坚持农业农村优先发展，按照产业兴旺、生态宜居、乡风文明、治理有效、生活富裕的总要求，建立健全城乡融合发展体制机制和政策体系，加快推进农业农村现代化”。脱贫攻坚是乡村振兴的基础和前提，乡村振兴是脱贫攻坚的巩固和深化，做好两者的统筹衔接，是确保如期实现脱贫、顺利实施乡村振兴战略的关键。东阳市“三个清零”目标的实现和在脱贫攻坚与乡村振兴方面的有益探索和取得的成绩，是推动脱贫攻坚成果与乡村振兴有效衔接，巩固脱贫成果，助力乡村振兴的坚实基础。

大事记

1月

1—2日 第二届世界东阳人发展大会在横店镇召开。近千名海内外东阳人参加。大会期间签约26个项目,投资额339.75亿元。市委书记傅显明作题为《家和万事兴 合力促发展》的主旨演讲。

1日 东阳中学教育发展基金会成立,募集捐资额近2.6亿元。

10日 市委十五届七次全体(扩大)会议暨市政府十五届七次全体会议召开。

15日 市委书记傅显明到磐安县开展"山海协作工程"考察。

18—21日 市政协十四届四次会议召开。

19—22日 市十五届人大四次会议召开。

21日 金华市新型冠状病毒感染的肺炎疫情防控工作电视电话会议暨东阳市疫情防控工作部署会召开。

22日 市新型冠状病毒感染的肺炎疫情防控工作领导小组成立。

23日 市第十五届政府第五十四次市长办公会议研究部署全市新型冠状病毒感染的肺炎疫情防控工作。

24日(农历除夕) 东阳市出现首例新冠肺炎确诊病例,为外地工作返乡人员,在定点医疗机构接受隔离治疗。密切接触者接受医学观察。

31日 东阳市首批两例新型冠状病毒感染的肺炎患者治愈出院,是金华市首批治愈出院病例。

2月

3日 市政府在《东阳日报》发布"告全体市民书",号召市民万众一心、众志成城,共同构筑起东阳疫情防控的"铜墙铁壁",守护好美好家园。

9日 横店集团7辆外省员工返工接送包车到江西省、湖南省等地集中接回集团返工人员。

16日 市委、市政府在《东阳日报》发布"致全市企业家的一封信",号召全市企业家坚定信心,众志成城,共克时艰,携手打赢这场疫情防控阻击战和经济社会发展总体战。

20日 东阳市成立9个工作组,到重点区域组织外地员工返岗。

21日 东阳市30个重点项目全部实现复工建设。

22日 在外东阳人为支持家乡抗击新冠肺炎疫情,捐款捐物超过1亿元。

23日 510名贵州贞丰籍的新东阳人乘G4134次"专列"返工,是东阳市首列"农民工返岗直通车·千人专列",也是东阳市首次为身在他乡的新东阳人组织的免费返岗专列。

3月

2日 东阳市19例确诊病例患者全部治愈出院,实现确诊病例清零。

3日 义东高速公路东阳(江北至南市)段项目、东阳市生活垃圾综合利用项目、年产1.6吉瓦高效PERC单晶电池片项目、东阳巨和众创城(小微园)项目(一期)以及江璟园商业综合体项目集中开工,高铁新城槐堂棚户区改造项目、上卢农房集聚区建设项目(一期)、年产50000吨高性能铜箔建设项目、江北第三小学新建项目等93个续建重点项目、政府投资项目全部实现复工建设。

5日 金甬铁路首桩开工仪式在六石街道北后周村举行。金甬铁路东阳段正式开工建设。

10日 2020年金华市高层次人才"云社区"千企万岗招才活动(东阳专场)采取网络直播的方式举行,1256家企业13680个岗位通过网络直播云在线招才引智。

11日 东阳市扩大有效投资重大项目集中开工活动在白云实验小学项目现场举行,总投资292亿元的30个重大项目集中开工,涉及大交通、教育、环境治理、工业、影视旅游、民生保障等多个领域。

13日 浙江省美丽浙江建设领导小组大气污染防治办公室通报2019年清新空气示范区评价结果,东阳市获评"浙江省清新空气示范区"。

17日 东阳市生活垃圾综合利用项目主体工程开工仪式举行。该项目为城市基础设施项目,位于东阳市第二生活垃圾卫生填埋场东侧,项目占地面积约8公顷,总投资9.38亿元。

17—18日 副省长陈奕君到东阳市,对市场复市、环保督察问题整改、重点工程复工、农村危旧房治理等工作进行调研。

20日 川浙“飞地园区”网络推介会举行。该推介会由四川省遂宁市经济合作局、金华市东西部协作办公室主办,由遂宁市船山区委、区政府,理县县委、县政府,东阳市委、市政府,永康市委、市政府承办。

27日 市跨境电商产业园开园,举行合作签约活动。

30日 《东阳年鉴(2019)》入选第四批“中国精品年鉴”,成为浙江省第一部入选“中国精品年鉴”的县(市区)级年鉴。12月30日,该卷年鉴获第七届中国地方志优秀成果(年鉴类)特等年鉴荣誉。

30—31日 《浙江日报》《钱江晚报》《金华日报》记者到东阳市集中采访,报道横店影视文化产业复工复产情况。

是月 金华市生态环境局东阳分局获评全国生态环境保护执法大练兵表现突出集体。

是月 经省“小微企业三年成长计划”工作领导小组评定,东阳市获评2019年度“小微企业三年成长计划”工作优秀县(市、区)。

4月

2日 市政府召开市十五届政府第六十九次常务会议,会议讨论通过《关于高水平推进美丽城镇建设的实施意见》等内容。

12日 东阳市举行“五大会战”(基层治理、乡村振兴、平台建设、教育项目、综合交通)誓师动员会。

14日 在全省建设平安浙江工作会议上,东阳市连续14年被省委、省政府命名为平安县(市、区)。东阳市成功捧回浙江省“平安鼎”“平安铜鼎”“平安银鼎”“平安金鼎”后,实现平安创建工作“十四连冠”。

15日 省委第八巡视组巡视东阳市工作动员会召开。

22日 浙江省全域“无废城市”建设现场服务座谈会在东阳市召开。

是日 美丽乡村风景线建设工作部署会召开。美丽乡村风景线建设主要包括乡愁记忆、追梦剧情、回归自然三条风景线,沿线涉及9个镇乡街道。

27日 市财政局、市文广旅体局联合印发《关于支持文旅企业战胜疫情 激发文旅消费潜力的实施办法》,设立1500万元的疫后旅游市场促销专项奖补资金。

28日 全市庆祝五一国际劳动节暨东阳市劳模工匠表彰大会召开。26名劳动模范、9个模范集体、31名东阳工匠受到表彰。

29日 东阳市百亿产业园重大项目开工仪式暨千芝雅智能制造中心和舒泰健康产业园开工仪式在东阳经济开发区长松岗功能区举行。

5月

6日 杭温高铁东阳段“首拆”启动,涉及横店镇上东、上西、沈坎头3个小区,区域面积1.33公顷。

9日 东阳经济开发区与杭州颐高产城科技发展有限公司签约新经济智慧城项目,该项目是正式落户东阳经济开发区的首个商业综合体项目。

11日 东阳市帮扶工作组到四川省理县开展扶贫协作工作对接及实地考察交流活动。

13日 花园村乡村振兴综合改革试点工作推进会在南马镇花园村召开。

14—15日 市委书记傅显明带队到深圳市招商引资,到华侨城集团有限公司、深圳中瑞集团、深圳正威国际集团进行考察,与中旅智业文化发展(深圳)有限公司举行文化旅游战略合作框架协议签约仪式。

15日 东阳市2020年低效工业用地清理整治工作部署会召开,按照三年整治计划,年内清理整治266.67公顷低效工业用地。

19日 东阳制造“春雷计划”发布,包含五大方面16项扶助措施,包括外贸升级线上突围、助力外贸开拓内销、打造数字化产业带、智慧网络助农兴农、金融支持“再扶一把”等内容。

24日 省委书记车俊到东阳市调研,带头宣讲省委十四届七次全会精神。

是日 东阳市与北京开金文化传媒有限公司、浙江清华长三角研究院杭州分院签订框架合作协议,在横店镇建造一个明星网红直播带货销售产业基地。

30日 东阳市印发《关于应对疫情促进商贸发展的十七条意见》,该意见于2020年5月1日起施行。

是月 东阳市入围2020年全国百强县榜单,列第75位。

6月

2日 东阳、遂宁、理县开启全域结对帮扶新模式。

8日 《东阳市2020年义务教育阶段学校招生入学工作实施意见》发布,义务教育阶段学校实行“公民同招,摇号录取”。

10日 经教育部批准,浙江广厦建设职业技术学院正式更名为浙江广厦建设职业技术大学,是浙江省第一所职业技术大学,也是全国第一所以建筑类专业为主的本科层次职业学校。

13日 义东高速东阳段打下首桩,义东高速东阳(江北至南市)段土建工程进入实质性施工阶段。

21日 横店影视文化产业集聚区成立大会暨授牌仪式在市行政中心举行。

23日 市信息产业协会组织召开第一届全业态信息志愿者代表第一次会议暨东阳“96825”善家公益互助平台启动仪式。

24日 首部以“东阳帮”为题材的微电影在卢宅开机拍摄。

28日 花园市政管理委员会揭牌仪式举行,该委员会是全国首个村级市政管理委员会。

是月 东阳市上榜2020年省级乡村振兴产业发展示范建设县名单。

7月

3日 金义东市域轨道04标项目地下区间双(全)线贯通。

7日 东阳市人民医院在省第四周期综合医院等级评审中通过“三甲”评审,接受省卫生健康委颁发的“三级甲等综合医院”证书,成为全省县域首家三级甲等综合医院。

8日 市交通绿化有限公司与金华市交通规划设计院有限公司联合体中标东阳乡愁记忆风景线建设工程。年内,完成追梦剧情风景线、乡愁记忆风景线、回归自然风景线3条美丽乡村风景线建设项目。

17日 全省科学技术奖励大会召开,东阳市被授予2019年度市县党政领导人才工作述职评议考核优秀单位,是金华市唯一获此殊荣的县(市、区)。

18日 浙江广厦建设职业技术大学揭牌,东阳市政府与其签订战略合作协议并授予5000万元发展资金。

25日 东阳市村社组织换届试点工作动员部署会在南马镇召开,东阳市村社换届由前期准备阶段转入正式实施阶段。

27日 世界500强正威国际集团与东阳市人民政府正式签约。总投资100亿元的正威长三角新材料产业园项目落户东阳市,这是正威国际集团首个在浙江投资项目,首个在全国县一级投资的项目,也是落户东阳市的首个百亿级产业项目。

28日 东阳市列2020中国县域经济百强县第64位。

30日 《东阳经济开发区总体规划(2020—2035年)》通过专家论证。

是月 东阳市获中国轻工业联合会授予的“中国技能大赛——轻工大赛突出贡献奖”。

8月

4日 台风“黑格比”穿过三单乡,东阳市防台风应急响应提升至Ⅱ级,山区班线全部停运。

6日 “东阳红木号”高铁再度发车,列车线路为京沪杭线、江浙皖线,覆盖北京市、山东省、江苏省、湖南省等省市,辐射北京市、天津市、河北省、山东省、安徽省、江苏省、上海市、浙江省等东阳红木家具主要销售区域。

11日 东阳市召开“五大会战”年中考察推进会。会议介绍乡村振兴大会战、教育项目大会战、平台建设大会战、基层治理大会战、综合交通大会战“五大会战”2020年以来的各项工作举措、工作成果以及下一步工作计划。

13日 “智汇东阳、回报家乡”东阳教授博士联谊会杭州分会助力家乡“五大会战”专题活动在东阳市启动。

是日 国家紧密型县域医共体建设专家组到东阳市调研医共体建设工作进展与运行效果。

21日 省妇幼中医适宜技术培训中心落户市妇幼保健院,省中医药学会相关领导为培训中心授牌。

24日 15家“东白”品牌认定基地(企业)进驻由省农业农村厅开发并主管运营的线上农产品展示展销平台网上农博App。

27—28日 全省公安机关执法规范化水平提升年活动暨执法办案管理中心建设现场推进会在东阳市召开。

28日 中国·东阳首届建筑科技创业创新大赛暨金华市“揭榜挂帅·全球引才”东阳专场启动。12月24日,举行总决赛。

28—29日 以“后疫情时代 中国品牌在行动”为主题的2020中国品牌发展高峰论坛在横店镇举行。

29日 市大学新生第一课在东阳剧院开课。市委书记傅显明从“适应、自律、责任、坚持”四个方面,对准大学生提出要求,市长楼琅坚主持第一课。

31日 四川省阿坝藏族羌族自治州理县党政代表团在县委副书记、县长王世伟,县人大常委会主任葛永兰的带领下到东阳市对接考察、学习交流。

是月 省文化和旅游厅公布第四批省级旅游风情小镇的创建名单,湖溪镇上榜。

9月

1日 由省发改委组织召开的省级小城市培育试点镇三年行动计划第二批(28个试点镇)专家评审会在东阳市举行。《横店镇小城市培育试点三年(2020—2022年)行动计划》通过专家评审。

9日 东阳市召开2020年教师节庆祝大会。会议表彰先进,给予5名省春蚕奖获得者每人2万元的奖励,给予3名“惕吾杯”“立德树人”校长奖获得者每人10万元的奖励,给予100名“教书育人”优秀班主任奖获得者、100名“传道授业”优秀教师奖获得者每人2万元的奖励,给予66名“桃李芬芳”从事班主任工作30年纪念奖获得者每人1万元的奖励,给予443名“言传身教”从事班主任工作20年纪念奖获得者每人5000元的奖励,分别给予东阳中学五大奥赛培优中心教练团队、东阳中学领军人才培优教师团队30万元、140万元奖励。

9—10日 全省“文化基因解码工程”工作推进会在东阳市召开。

14日 阿里研究院发布淘宝村百强县名单,东阳市入选淘宝村百强县,7个镇被认定为淘宝镇,16个村被认定为淘宝村。

17日 南马镇30个行政村完成村民委员会换届选举,30个行政村的党组织书记全部当选为村委会主任,实现100%“一肩挑”。

20日 东阳市抗击新冠肺炎疫情、抗洪抢险救灾表彰大会召开,表彰抗击新冠肺炎疫情、抗洪抢险救灾、志愿服务和应急救援的先进集体和个人。

21日 国家广播电视总局副局长朱咏雷到东阳市调研庆祝建党100周年主题电视剧拍摄、影视拍摄基地建设、影视文化产业重大项目建设等工作。

25—27日 中国医院协会县(市)医院分会2020年学术年会在东阳市举行。全国500余名县(市)医院院长和管理人员参加年会。

26日 市建筑科技研究院成立暨联合研发中心签约仪式在市行政中心举行。东南大学与市建筑科技联合研发中心签订合作协议。

10月

6日 东阳籍科学家陆朝阳获量子计算国际奖项——“兰道尔-本内

特量子计算奖”。

8日 在第29届全国中学生生物学奥林匹克竞赛上，东阳中学高三学生卢佳华获金牌。该金牌为东阳市在生物学奥林匹克竞赛上取得的第一枚金牌。

9日 东阳木雕小镇在2019年度省级特色小镇创建和培育对象建设工作和成效考核中获年度考核优秀成绩。

13日 南午岭互通工程开建。

15日 东阳市启动“大走访、大排查、大化解、大提升”活动。至12月，走访小组走访群众8.8万户，排查新的矛盾纠纷937件，化解814件，化解各类信访事件553件。

18日 东阳籍科学家、中国科学技术大学教授陆朝阳在2020世界青年科学家峰会上，被授予第十六届中国青年科技奖。

22—28日 横店通用机场举办“2020中国·浙江·横店航空周暨公务与通用航空高峰论坛”。

23日 浙江省举行扩大有效投资重大项目集中开工仪式，金华分会场设在东阳市正威长三角新材料产业园，东阳市6个项目参加集中开工。

29日 为期6天的第二十届全国院线国产影片推介会在横店镇开幕。

30日 首届横店影视文化产业博览会开幕。现场汇聚全国影视文化产业资源，国内外影视企业、影视基地，进行影视制作设备、影视制作技术、置景、电影院设备、服装、道具、化妆等全产业链的集中展示。

是月 东阳市入选全省婚俗改革实验市，是金华市唯一入选的县(市、区)。

是月 虎鹿镇入选浙江省农村文化礼堂建设示范乡镇(街道)名单。

11月

1日 东阳市开展第七次全国人口普查登记。全市5000余名普查员、普查指导员到4994个普查小区进行入户登记。

是日 由省委宣传部、省电影局、省广播电视局、金华市人民政府主办，金华市委宣传部、横店影视文化产业集聚区、横店集团控股有限公司承办的“新时代影视文化产业发展大会·横店峰会”在圆明新园夏苑举行。峰会主题为“勇毅笃行 守正创新 影享世界”。

是日 由中国工艺美术协会、东阳市人民政府主办的中华大师高峰论坛在世贸君澜大酒店举行。

是日 东阳中学教育集团理事会成立。中科院院士、中国科学技术大学常务副校长、东中教育发展基金会理事会名誉理事长潘建伟担任东阳中学教育集团理事会理事长，东中教育发展基金会理事会理事长、王惕吾基金会理事会名誉理事长赵允良担任东阳中学教育集团理事会执行理事。

2日 首届“中华大师汇”在中国木雕博物馆国际会议厅开幕。东阳中国木雕城、花园红木家具城被授予“浙江省定制消费示范基地”称号。

是日 由中国林业产业联合会、市人民政府主办，市林业局、市家具研究院承办，东阳中国木雕城、浙江省红木研究会香文化研究中心执行承办的第三届中国(东阳)香文化论坛在中国木雕博物馆国际会议厅举行。论坛上举行中国林业产业联合会香文化研究中心落户东阳授牌仪式。

是日 省政府办公厅印发《关于命名第四批省级生态文明建设示范市、县(市、区)的通知》，东阳市正式创建成为省级生态文明建设示范市。

3—8日 由浙江卫视导演团队拍摄制作的全新东阳城市形象宣传片《非凡东阳》开机拍摄。

6日 九三学社东阳市基层委员会成立暨第一次社员大会召开。徐巧英当选九三学社东阳市基层委员会主委，舒理建、马康当选副主委。

8日 2020“中行杯”横店马拉松举行，2.5万名选手参加。

11日 花园集团(金华)生物医药科技园项目一期正式投产。

13日 中国·横店文物艺术品大市场开业。天下农民收藏第一馆和第二馆开馆、一带一路油画展(横店站)开展。

是日 在中国信息通信研究院主办的中国县域工业经济发展论坛上发布《中国县域工业竞争力地图》，东阳市上榜“中国创新百强县”名单，列第68位。

14日 浙江卫视大型融媒体新闻行动第六站走进东阳，市委书记傅显明在中国蓝新闻直播间分享东阳故事。

16日 《中国县域旅游竞争力报告2020》发布，东阳市上榜“2020中国县域旅游综合竞争力百强县市”名单，列第21位。

是日 人社部、全国博士后管委会联合批准公布新设国家级博士后科研工作站名单，浙江普洛康裕制药有限公司入选。

是日 浙江省民政厅公布387个单位为第三批省级引领型农村社区，千祥镇胡山村、南市街道大联村、南马镇南新村、湖溪镇郭宅一村、歌山镇大里村、城东街道寀卢村上榜。

17日 中国林业产业联合会发布《关于公布2020年全国森林康养基地试点建设单位的通知》，东阳市南山省级森林公园森林康养基地入选2020年全国森林康养基地试点建设单位，西甑山森林康养人家入选2020年中国森林康养人家。

19日 首批11只克隆猪金华“两头乌”在东阳市诞生。

27日 “横店美好生活之路”座谈会暨《风雨人生》首发仪式在横店镇举行。

28日 在第33届中国电影金鸡奖颁奖典礼上，横店影视股份有限公司旗下的浙江横店影业有限公司联合出品的影片获7个奖项。

是月 南马镇花园村入选浙江省第四批小城市培育试点名单，省小城市试点首次从中心镇向经济强村扩容，标志着全国首个“村域小城市”开始培育。

12月

1日 《中国县域经济发展报告(2020)》暨全国百强县(区)报告发

布,东阳市列县域投资潜力榜单第24位、县域经济综合竞争力榜单第36位。

4日 国际顶尖杂志《科学》刊发东阳籍科学家潘建伟、陆朝阳领衔的一项重磅研究成果——成功构建76个光子100个模式的量子计算原型机“九章”。

5日 东阳市村级组织村委会换届选举工作开始。

6日 在2020年“郑洁杯”全国青少年网球总决赛中,东阳市怀鲁小学五年级学生戚毅帅获全国网球赛总冠军。

10日 浙江省经济和信息化厅公布2020年度浙江省数字化示范小微企业园名单,江北企业培育中心被确定为省数字化示范小微企业园。

12日 东阳市婚姻家庭协会成立大会暨第一届一次会员大会在海天大酒店举行。

14日 东阳市首笔排污权抵押贷款在金华银行东阳支行签约发放。

15日 金华市巾帼云创联盟现场推进会在东阳市召开。东阳市巾帼云创联盟成立,楼向向当选联盟理事长。

是日 东阳市通过国家级县域节水型社会建设验收。

16日 东阳市首次上榜省财政厅公布的“浙江绿色转化财政专项激励政策试点县”名单,2020—2022年,每年获1亿元激励资金。

17日 东阳市档案馆通过国家级数字档案馆测评。东阳市档案馆依法接收东阳市各机关事业单位、镇乡街道形成的档案,设置269个全宗单位,馆藏档案292316卷、148508件,数字化率96.3%。

是日 东阳市首个生态定位监测站建成使用。该监测站位于市林业总场黄皮岭分场。

21日 湖溪镇获评2020年度新时代美丽城镇建设省级样板。

22日 2020网易未来大会新经济论坛暨“严选计划”战略签约仪式在横店镇举行。浙江制造拓市场“严选计划”首站在东阳市正式启动。

是日 实现全市移动5G“乡乡通”。在全市范围内建成5G基站429个。横店镇成为全省5G精品网络标杆乡镇。

28日 市政府与中信银行举行全面战略合作协议签约仪式。中信银行提供300亿元的综合融资助力东阳发展。

是月 东阳市获评“省级国土资源节约集约模范县(市、区)”称号,并获得新增建设用地指标奖励。

(东　鉴)

地　理

【区域位置】　东阳市位于北纬28°58′08″～29°29′55″，东经120°04′17″～120°44′03″。地处浙江省中部、金华市东部。东、东南与磐安县相邻，南、西南与永康市接壤，西、西北与义乌市相连，北与诸暨市毗邻，东北与嵊州市为邻。东阳市人民政府驻江北街道江滨北街18号，距金华市区62.16千米。辖区东西最大距离71.6千米，南北最大距离56.1千米，总面积1746.81平方千米。

【地貌地势】　东阳境内以丘陵为主，占总面积的54.19%，平原占总面积的30.85%。会稽山、大盘山、仙霞岭延伸入境，形成三山夹两盆、两盆涵两江的地貌。地势东高西低，中部山峦自东向西，将境域分为南乡和北乡。境内最高山是东白山，主峰称太白峰，位于虎鹿镇北部边境会稽山脉，海拔1194.6米。全市最低点是白云街道吴山村，海拔67米。

【河流水系】　东阳河流属钱塘江水系，境内主要河流有东阳江、南江，主流走向为从东向西。东阳江，从东阳流经义乌、金华至马公滩入兰溪之水，统称东阳江，全长198千米，为钱塘江三大源流之一。东阳江发源于磐安县大盘山龙葱坞尖与岩坞尖之间的谷地（海拔929米），在磐安县境内长31千米。在东门乡新城村入东阳后称中江，东门至横锦段称锦溪。横锦至上陈，纳仙门溪称练溪。练溪流经歌山称歌溪；折而西行，经楼西宅、象溪滩、西宅到寀卢，称定安溪。到东阳市城北称东阳江。于白云街道的前村出境入义乌。东阳江在境内俗称北江，长57千米，集雨面积1124平方千米，主要支流20余条。

南江，又称画溪，发源于磐安县大盘山西南仰槽尖附近山谷，境内长72千米，集雨面积952平方千米。主流在马宅镇长庚村入境后入南江水库。出水库经西堆、清潭，至湖溪镇，名湖溪。经上田、夏溪滩、半傍山，纳屏岩山水至荆浦村，名荆溪。过横店经方家、夏源、后大路、马坊、下园畈，名延弯。纳柽溪经泉府、南马、安恬纳磁窑溪始名画溪。经黄田畈、王坎头至南岸向西出境入义乌，在佛堂街道北汇入东阳江。

（东　鉴）

气　象

【概况】　2020年，东阳市平均气温偏高，总降水量偏多但分布不均，降水日数偏多，日照时数偏少。年日照时数1462.2小时，较常年（1771.4小时）偏少17.5%。

年内极端天气气候事件频发，强对流、梅雨、台风、干旱等对生产、生活造成不利影响，气象灾害影响较严重。

【气温】　2020年，东阳市平均气温19.1℃，比常年偏高1.5℃，连续24年偏高，刷新东阳市历史记录。年最高气温38.6℃，出现在8月14日；年最低气温-4.9℃，出现在12月31日。年内出现气温≥35℃的高温天气48天，比常年（34.6天）偏多13.4天；气温≤0℃的低温天气3天，比常年（21.4天）偏少18.4天。

【降水】　2020年，东阳市总降水量1533.9毫米，比常年偏多9.4%。年内1月、3月、5—9月比常年偏多，其余各月比常年偏少。梅雨期强降雨区重叠、梅雨总量大，5月29日至7月16日，全市平均面雨量595.0毫米，最大累计雨量出现在湖溪镇政府站，达696.0毫米。东阳国家气象站累计梅雨量547.7毫米，较常年偏多118.1%，居历史第2位。降水日数158天，较常年偏多5.4天。梅雨期长达50天（5月29日入梅、7月18日出梅），梅雨日较常年（21.7天）偏多1.2倍。年内降水量≥10.0毫米降水日数47天，比常年（45天）偏多2天；降水量≥25.0毫米降水日数18天，比常年（14天）偏多4天；50毫米以上暴雨日5天，比常年（3天）偏多2天。

【灾害天气】　2020年，东阳市极端天气气候事件偏多，其中风雹、台风影响偏重。3月22日早晨，受强对流云团影响，全市出现大范围强对流天气。横店、南马、千祥等地区出现冰雹、大风天气，其中千祥站34.7米/秒（12级），对正值生长关键期的元胡、贝母等中药材产生严重不利影响，直接导致种植乡镇经济损失达千万余元，横店影视城多处景点设施因大风天气而损坏。5月15日下午至傍晚，

2020年5月15日，花园现代农业生态园大棚被大风摧毁（市气象局提供）

受强对流云团影响，全市多地出现短时强降水、雷暴大风及冰雹等强天气。横店、南马、马宅等地先后出现两轮降雹过程，多处大棚设施、厂房、室外车辆等因降雹和大风天气而损毁。8月4日，受第4号台风“黑格比”影响，全市普降暴雨到大暴雨，雨量主要集中在4日早晨至上半夜。全市18个镇乡街道不同程度受灾，其中受灾最严重的是南马镇、千祥镇、画水镇、巍山镇。全市受灾人口28279人，造成直接经济损失40547.7万元。其中，农业损失3994.6万元、工矿企业损失18488.2万元、基础设施损失12662.2万元、家庭财产损失5346万元、公共服务损失56.7万元。10月20日至11月19日，东阳市出现持续晴燥无雨天气，东阳国家气象站连续31天零降水，气象干旱达中旱级别，部分农村生活用水紧张，农田土壤墒情差，作物生长受影响，森林火险气象等级持续居高不下。

（江聪杰）

历史文化

【市名由来】 东阳市位于浙江省中部。始建县于公元195年(东汉献帝兴平二年)，时称“吴宁县”，取“吴地安宁”的意思，治所在水门村(也作大门村)。三国吴宝鼎元年(266年)，划分会稽郡西部设立东阳郡，治所在长山县(今金华)。因郡在金华山之阳、毅水之东，命名为东阳郡，吴宁县隶属东阳郡。隋开唐九年(589年)，废除吴宁县并入诸暨县，分五个乡并入乌伤县。唐武德四年(621年)，废东阳郡设婺州。唐武则天垂拱二年(686年)，析义乌县东冲要地及废吴宁县故地设县，取旧郡名“东阳”为县名，称东阳县。唐《元和郡县志·婺州》《旧唐书·地理志·婺州》均有“取旧东阳郡名”之记载。县治即今吴宁街道。1988年5月25日，经国务院批准，撤销东阳县改设东阳市。

【市树市花】 1992年2月28日，市九届人大常委会第十三次会议通过审议，命名樟树为市树，月季为市花。樟树又称香樟树，别名：香樟、樟木、瑶人柴、栳樟、臭樟、乌樟，属樟科、常绿大乔木，高10~55米左右，直径可达3米，树冠广卵形。树冠广展，枝叶茂密，气势雄伟，四季常青，是南方城市绿化树、行道树及庭荫树。月季又称月月红，蔷薇科，常绿、半常绿低矮灌木，四季开花，一般为红色或粉色，偶有白色和黄色，可作为观赏植物，也可作为药用植物，亦称月季花，用于园艺栽培和切花。

【历史沿革】 东阳地域，春秋之时属越。战国，楚败越，又属楚。秦灭楚，于吴越故地置会稽郡。翌年推行郡县制，东阳属会稽郡诸暨、乌伤县之一部分。

汉高祖六年(前201年)改会稽

2020年东阳市月平均气温、雨量、日照一览表

表1

要素＼时间	1月	2月	3月	4月	5月	6月	7月	8月	9月	10月	11月	12月	年平均/合计
平均温度(℃)	8.2	11.0	13.9	17.3	24.3	27.4	28.9	30.9	23.9	19.7	16.1	8.1	19.1
降水总量(毫米)	133.8	74.3	151.1	66.8	235.6	312.8	202.0	179.4	113.7	18.2	21.1	25.1	1533.9
日照时数(小时)	60.7	108.4	85.3	187.9	130.1	88.0	107.2	231.9	98.0	129.6	134.4	100.7	1462.2

郡为荆国，汉高祖十二年（前195年）更名吴国，景帝四年（前153年）复名会稽郡，新莽时改诸暨为疏虏，乌伤为乌孝，至东汉建武元年（25年）始复旧名，东阳先后分属之。东汉兴平二年（195年），析诸暨置吴宁县，为东阳建县之始，属会稽郡。

三国吴宝鼎元年（266年），分会稽郡西部置东阳郡，治所在长山县（今金华），以郡"在金华山之阳，瀫水之东，因名东阳"。东阳之名始此。吴宁县遂属东阳郡。两晋不变。南朝宋、齐因之。梁、陈两朝，吴宁县未变，所隶之州、郡历有变更。

隋开皇九年（589年），废金华郡置婺州，废吴宁县入诸暨，分五乡入乌伤。同年改长山县为吴宁县，开皇十二年（592年）又改名东阳县，开皇十八年（598年）再改金华县，与现东阳市之"吴宁""东阳"先后异地同名。大业三年（607年），改婺州为东阳郡。今东阳地属之。

唐武德四年（621年），罢郡置州，改东阳郡为婺州。垂拱二年（686年），析义乌县（唐武德七年改乌伤县为义乌县）东冲要地及废吴宁县故地置东阳县，取郡名为县名。县治在今吴宁街道，属婺州，隶江南道。天宝元年（742年），改婺州为东阳郡，东阳县属东阳郡。乾元元年（758年），再改东阳郡为婺州，东阳县属婺州。大历十二年（777年），升东阳为望县。

五代，东阳县隶属吴越国，仍属婺州。吴越王钱镠与淮南杨氏交恶，以"淮寇未平，耻闻逆姓"为由，于后梁开平四年（910年）奏改东阳县为东场县。后晋天福四年（939年），于婺州置武胜军节度，东场县属之。

北宋太平兴国三年（978年），吴越纳土归宋。淳化元年（990年），改婺州武胜军为婺州保宁军节度。咸平二年（999年），复东场县为东阳县，属婺州。此后，虽然所隶州郡之名有金华、婺州之异，及路、府、州之变，但东阳之名未变。

民国28年（1939年）4月7日，置磐安县，安文、大盘等地划归磐安。1958年11月，磐安县撤销，全境并入东阳县。1983年7月，析置磐安县，原磐安县地及玉山入磐安。1988年5月25日，撤销东阳县改置东阳市（县级）。

（东　鉴）

行政区划

【概况】 2020年，东阳市有11个镇，1个乡，6个街道办事处，345个行政村，43个社区，其中城市社区14个、农村社区29个。全年命名商住区12个。

【商住区命名】 2020年2月20日，横店镇政府命名位于横店镇塘溪村以东、环城北路以北的商住区为漫悦湾。

3月20日，市民政局命名位于巍山镇，东至长安路，南至农房聚集区，西至金源大道，北至渼沙南路的商住区为巍山新天地。

5月6日，市民政局命名位于白云街道，东至白云雅居，西至聋哑学校，南至十里头小区自留地，北至东义路的商住区为东义蓝庭。

2020年年末东阳市驻村分中心、行政村及社区统计表

表2　　单位：个

名　称	驻村分中心	行政村	社　区
全　市	59	345	43
吴宁街道	—	—	11
白云街道	—	—	8
江北街道	2	3	10
六石街道	3	22	1
城东街道	3	18	1
南市街道	3	25	—
横店镇	6	17	10
南马镇	4	30	—
巍山镇	6	29	2
歌山镇	3	21	—
千祥镇	4	33	—
湖溪镇	3	28	—
画水镇	4	18	—
虎鹿镇	4	18	—
东阳江镇	3	27	—
马宅镇	3	17	—
佐村镇	5	25	—
三单乡	3	14	—

5月14日，市民政局命名位于白云街道，东至十里头社区笠里小区、陶村小区，西至白云社区白云小区，南至白云社区骆村小区、白云小区，北至东义路的商住区为云上名邸。

6月17日，市民政局命名位于江北街道，东至品悦轩住宅区，西至塘里东路，南至江滨北街，北至塘里小区的商住区为东江悦府。

8月3日，市民政局命名位于白云街道，东至望江社区神山小区，南至杨家路，西至歌山路，北至东义路的商住区为郎廷轩。

8月7日，市民政局命名位于白云街道，东至关山路，南至金鼎名苑，西至崇文路，北至平川路街面房的商住区为永丰雅苑。

9月9日，市民政局命名位于吴宁街道，东至兴滨小区待开发地块，南至兴滨小区居民区，西至新兴一品，北至江滨南街的商住区为江畔雅居。

10月21日，市民政局命名位于巍山镇，东至慎怀小区，南至中横街，西至工人路，北至慎怀小区村居道路的商住区为永宁华庭。

12月1日，横店镇政府命名位于横店镇，影视大道以西，花木山庄以北的商住区为浩创悦府。

12月21日，市民政局命名位于白云街道，东、南至白云初级中学，西至交通物流有限公司，北至东义路的商住区为星云汇府。

12月25日，市民政局命名位于江北街道，东至恬里小区道路、南至甘溪东街，西至恬里小区道路，北至广福东街的商住区为江北雅院。

（潘　婷）

人　口

【概况】 2020年，东阳市总户数352545户，比上年增长0.33%；总人口851512人，比上年增长0.10%。其中男性人口429550人，占50.45%；女性人口421962人，占49.55%。人口性别比101.80（女为100）。年内出生人口7132人，出生率8.36‰；死亡人口5559人，死亡率6.53‰；人口自然增加1573人，人口自然增长率1.83‰，比上年下降1.65个千分点。60周岁以上老龄人口198580人，占总人口的23.32%，比上年增加0.53个百分点。

2020年年末东阳市人口构成一览表

表3

项 目	单 位	2019年年末	2020年年末	比上年增长(%)
总户数	户	351376	352545	0.3327
总人口	人	850620	851512	0.1049
男	人	429461	429550	0.0207
女	人	421159	421962	0.1907
城镇人口	人	395973	398707	0.6905
乡村人口	人	454647	452805	-0.4051
0～17岁	人	146520	145448	-0.7316
18～34岁	人	166973	165637	-0.8001
35～59岁	人	343284	341847	-0.4186
60岁以上	人	193843	198580	2.4437
老龄人口率	%	22.7884	23.3209	0.5325

2020年年末东阳市各镇乡街道人口情况一览表

表4

名 称	总户数（户）	比上年增长(%)	总人口（人）	比上年增长(%)	男（人）	女（人）	性别比（女为100）	60岁以上人口(人)	老龄人口率(%)
全市	352545	0.3326	851512	0.1048	429550	421962	101.7983	198580	23.3209
吴宁街道	32108	-0.0374	84920	0.02945	41202	43718	94.2449	16750	19.7244
江北街道	28299	1.7657	66346	1.1835	33109	33237	99.6149	13585	20.4760

续表 4

名 称	总户数（户）	比上年增长(%)	总人口（人）	比上年增长(%)	男（人）	女（人）	性别比（女为100）	60岁以上人口(人)	老龄人口率(%)
白云街道	18194	8.9787	46323	4.0920	22460	23863	94.1206	8177	17.6521
南市街道	20021	0.1401	44572	-0.0314	22783	21789	104.5619	10091	22.6398
城东街道	17949	0.1060	42365	0.0189	21318	21047	101.2876	9568	22.5847
六石街道	17991	-0.1942	40711	0.2646	20372	20339	100.1622	9981	24.5167
横店镇	38154	0.3604	94030	0.4101	46703	47327	98.6815	20656	21.9675
巍山镇	29147	0.4134	70350	-0.4091	35559	34791	102.2075	18497	26.2928
歌山镇	17614	-0.2040	41706	-0.5840	21162	20544	103.0082	10987	26.3439
虎鹿镇	12761	0.2750	30340	-0.6581	15518	14822	104.6957	7936	26.1569
佐村镇	10151	0.3063	25108	-0.6843	13126	11982	109.5477	6302	25.0996
画水镇	23368	-0.3667	55386	-0.3114	28644	26742	107.1124	12922	23.3308
湖溪镇	17483	-0.3363	41689	-0.5843	21040	20649	101.8936	11500	27.5852
东阳江镇	8392	0.0358	22113	-0.9407	11392	10721	106.2587	5984	27.0610
南马镇	26397	-0.2381	63564	-0.0063	32897	30667	107.2717	14898	23.4378
千祥镇	19905	-0.8715	45165	-0.6139	23317	21848	106.7237	11860	26.2593
马宅镇	10279	-0.5899	25375	-0.5292	12986	12389	104.8188	6336	24.9695
三单乡	4332	0.4871	11449	-0.4002	5962	5487	108.6568	2550	22.2727

（李君瑶　方胜夭）

矿产资源

【概况】 2020年，东阳市境内有矿产资源20余种，矿床、矿（化）点90余处。查明资源储量的主要矿产有萤石、金银矿、铅锌矿、饰面用花岗岩、钾长石、饰面用辉绿岩、建筑用石料（凝灰岩）、砖瓦用（泥）页岩、矿泉水等10余种。其中萤石、饰面用辉绿岩、建筑用石料（凝灰岩）、砖瓦用（泥）页岩等资源较丰富，产地较集中；金银矿产查明的矿床规模较小。

【金属矿产】 2020年，东阳市金属矿产主要有金银矿、多金属矿、铜矿、钴土矿等。

【非金属矿产】 2020年，东阳市非金属矿产主要有萤石、饰面用辉绿岩、建筑用石料（凝灰岩）、砖瓦用（泥）页岩、建筑用砂等。其次，还有珍珠岩、花岗岩和钾长石、石墨、云母、石英、高岭土、石灰岩、方解石、沸石、煤矿等。饰面用辉绿岩（青石）分布于佐村、三单一带，多产于围绕盆地周边分布的火山碎屑岩中。建筑用石料（凝灰岩）多产于围绕盆地周边分布的火山碎屑岩中，主要分布在吴宁、横店、马宅、画水、南市等地。砖瓦用（泥）页岩广布于东阳江和南江两盆地中，白垩纪红层中的泥岩、粉砂质泥岩，经风化形成砖瓦用黏土。建筑用砂主要分布在东阳江和南江及其主要支流。

花岗岩主要分布在巍山镇大爽、胡村、麻家3个村。钾长石主要分布于巍山镇大爽、胡村一带，赋存于盆地边缘构造成矿带中。珍珠岩见于马宅镇昌街，矿体赋存于上侏罗系凝灰角砾岩、凝灰岩中，估算储量180万吨。沸石分布于马宅镇，矿体赋存于磨石山组地层中。石墨分布于江北街道瓦窑岗，歌山镇竹园、里胡，画水镇南岸等地，贮于陈蔡群地层中的石墨片岩或石墨石英片岩中。云母分布于里坞、南岸、里岭、横岭、竹园等地，赋存于陈蔡群地层中，储量不详。石英矿位于画水镇南方村。高岭土是以高岭石族矿物为主组成的黏土或岩石的总称，属层状铝硅酸盐矿物，分布于歌山镇上宅、上周、王村光、象塘，巍山镇三甘塘、罗山、王宅等地。石灰岩主要分布于虎鹿镇下殿、佐村镇上陈，储量不详。方解石分布于横店镇后岑山，储量不详。东阳的煤矿因储量不多、质差，无开采价值。

【其他矿产】 2020年，东阳市其他矿产主要有矿泉、地热。探明的矿泉水有3处。裘家岭矿泉水位于裘家岭翠塔山东南侧约600米高程处。泉水赋存于侏罗系黄尖组凝灰熔岩、熔凝灰岩和凝灰岩构造裂隙中。符合国家饮用天然矿泉水标准,被命名为优质含偏硅酸高山矿化泉水。大康矿泉水位于吴宁镇南山林场银洞坑,赋存于侏罗系火山岩裂隙中。九峰山矿泉水位于佐村镇赵楼村九峰山,主要赋存于上侏罗统高坞组精屑玻屑熔结凝灰岩的构造裂隙中,以泉形式出露地表。地热位于佐村乡上溪附近,属壶镇——回山新华夏系构造带北东向压性断裂带中,在一条近乎东西向裂隙内涌出。

(徐超群)

发展综述

【概况】 2020年,东阳市辖6个街道、11个镇、1个乡,总面积1746.81平方千米。年末总户数35.25万户,总人口85.15万人。年人口自然增长率1.83‰。

实现生产总值638.16亿元,按可比价计算,比上年增长0.1%。其中,第一产业增加值18.75亿元,比上年增长0.9%;第二产业增加值272.85亿元,比上年下降2.1%;第三产业增加值346.55亿元,比上年增长2.0%。三次产业比重由2019年的2.7:44.3:52.9调整为2.9:42.8:54.3,第三产业比重比上年提高1.4个百分点。按户籍人口计算,全市人均生产总值74983元(按年平均汇率折合10871美元),比上年下降0.2%。财政总收入123.73亿元,比上年增长4.5%;其中一般公共预算收入72.65亿元,比上年增长3.9%。一般公共预算支出99.67亿元,比上年增长0.7%。全市固定资产投资比上年下降0.3%。社会消费品零售总额283.52亿元,比上年下降6.2%。进出口总额39.81亿美元,比上年增长26.87%,其中出口额37.13亿美元,比上年增长29.38%;进口额2.68亿美元,比上年增长0.01%。全市与176个国家和地区建立贸易关系,其中出口超10亿美元的国家和地区8个,欧盟为第一大贸易伙伴。全市新批三资企业6家;合同利用外资3215万美元,比上年增长7.93%。年末全市有商品交易市场32个,商品交易市场成交额478.69亿元,比上年增长32.0%。金融机构本外币存款余额1502.10亿元,比上年增长11.1%,其中人民币存款余额1499.90亿元,比上年增长10.6%。金融机构本外币贷款余额1135.30亿元,比上年增长21.1%,其中人民币贷款余额1135.30亿元,比上年增长21.1%。全市有挂牌企业254家,其中"新三板"挂牌13家。全市保险机构保费收入32.60亿元,比上年增长2.6%,其中财产险保费收入11.46亿元,比上年增长4.0%,人身险保费收入21.14亿元,比上年增长1.8%。全市居民人均可支配收入48837元,比上年增长4.7%。分城乡看,城镇常住居民人均可支配收入58189元,比上年增长3.5%;农村常住居民人均可支配收入33686元,比上年增长6.2%。

【农业】 2020年,东阳市粮食作物播种面积减少0.3%,粮食产量9.56万吨,比上年增加0.15万吨,比上年增长1.6%。完成花园村乡村振兴综合改革试点任务。东阳元胡成为国家农产品地理标志登记产品。创建省级新时代美丽乡村示范县(市)。

【工业和建筑业】 2020年,东阳市511家规模以上工业企业完成增加值(收入法计算)106.33亿元。完成规模以上工业销售产值483.35亿元,比上年增长1.6%。规模以上工业实现出口交货值120.17亿元,比上年下降1.5%。规模以上工业新产品产值比上年增长9.3%,新产品产值率36.8%,比上年提高2.9个百分点。横店东磁单晶电池片工厂成为全省首批"未来工厂",普洛药业、花园高科、联宜电机分别成为省"雄鹰行动"培育企业、工信部"小巨人"企业、省隐形冠军企业。木雕小镇通过省级特色小镇验收命名。

全年建筑业产值1672亿元,税收34.91亿元。221家资质以上建筑企业完成总产值1671.88亿元,比上年下降3.3%。其中外省产值1287.82亿元,比上年增长0.9%,占建筑企业总产值的77.0%。外省产值中产值超50亿元的有安徽、山东、四川、山西、湖北、广西、河北、江苏、天津、河南、广东11个省,合计产值占全部省外产值的71.3%。建筑业企业竣工产值837.43亿元,比上年下降16.5%。建筑企业房屋施工面积33026.84万平方米,比上年下降0.7%,其中新开工面积7322.84万平方米,比上年下降22.6%;房屋建筑竣工面积4767.84万平方米,比上年下降20.7%。

【交通运输】 2020年,东阳市公路客运量843.2万人次,比上年下降53.0%,旅客周转量36038万人千米,比上年下降42.4%;公路货运量1893万吨,比上年增长11.3%,货物周转量140351万吨千米,比上年下降11.2%。年末全市机动车保有量34.76万辆,其中汽车32.36万辆。拆除嵊义线白峰、东永公路礼村两个收费站,实现东阳市内普通公路收费站全部撤销。

【邮政和通信】 2020年,东阳市邮电业务收入12.89亿元,比上年下降6.4%。年末有本地电话用户10.27万户,移动电话用户124.41万户。有互联网宽带接入用户41.88万户,年末行政村宽带覆盖率100%。

【旅游业】 2020年,东阳市接待国内游客2534.52万人次,比上年下降14.2%,实现国内旅游收入240.79亿元,比上年下降12.3%。接待入境游客0.04万人次,比上年下降93.0%,国际旅游外汇收入15.15万美元,比上年下降28.9%。

【教育】 2020年,东阳市各类高等院校录取人数8373人,其中普通高等院校录取人数6506人。全市有全日制高等职业学校2所,在校学生17622人;普通高中13所,全年招生5399人,在校学生16398人;职业中学5所,全年招生2784人,在校学生7341人。初中毕业升高中段学校比例为99.02%。全市有初中35所,全年招生16021人,在校学生46897人。初中入学率、巩固率100%。全市有小学77所，全年招生12677人，在校学生72073人。小学学龄人口入学率、巩固率100%，小学毕业升初中比例100%，义务教育学龄人口入学率100%。全市有幼儿园154所，全年招生15619人，在园幼儿40263人；有省等级幼儿园149所，省等级幼儿园招生覆盖面98.29%。全市有特殊教育学校1所，全年招生16人，在校学生120人。

【科学技术】 2020年，东阳市列入地市级以上科技项目34项，其中省级4项，地市级30项。新立市级科技项目61项，全部为公益类。有地市级以上独立研究开发机构154家，省级高新技术企业研发中心37家。认定国家级以上高新技术企业43家，累计151家。科技成果鉴定49项。全年专利申请受理3039项，其中发明专利1105项；专利申请授权4111项，其中发明专利776项。

【文化】 2020年，东阳市有文化馆1个，组织文艺活动340次，举办训练班120次；公共图书馆1个，藏书55.95万册；文化艺术表演团体1个，演出场次129场；剧院1个、电影院12个。全年新建设农村文化礼堂67家，全市有文化礼堂360家。实施文化惠民工程，完成送图书下乡116559册次，送戏下乡191场，送电影下乡7839场，送讲座下乡86场，送展览下乡78场。打造“百姓文化艺术节”“特色广场文化”“百姓文化茶坊”“非遗讲堂”“周末惠民剧场”“文化节目进景区”等特色文化惠民服务品牌，全年举办各类文化活动9812次，县市间“文化走亲”37次，各类培训及展览688次，组织“周末惠民剧场”演出41场。广播、电视综合覆盖率100%。6月21日，横店影视文化产业集聚区挂牌成立。10月28日，举办首届横店影视文化产业博览会。东阳市入选23个省级文化和旅游消费试点城市之一。

【体育】 2020年，东阳市参加地市级以上运动会获金牌50枚，银牌28枚，铜牌21枚，其中省级以上比赛获金牌17枚，银牌12枚，铜牌9枚。全市有二级运动员35人，向上级输送体育人才9人。举办2020“中行杯”横店国际马拉松赛。

【卫生健康】 2020年，东阳市有医疗卫生机构553个，其中医院、卫生院（含社区卫生服务中心）30个，门诊部12个，妇幼保健院1个，疾病预防控制中心1个，卫生监督所1个，其他卫生机构1个，诊所、医务室、村卫生室、社区卫生服务站507个。全市有床位5215张，其中医院、卫生院床位4865张，妇幼保健院床位350张。全市有卫生技术人员7416人，其中执业医师2676人，执业助理医师396人，注册护士2749人。

【环境保护】 2020年，东阳市有污水处理厂6座，污水处理厂日处理能力25.5万立方米。有县级规范化合格饮用水源保护区1个，水质达标率100%；乡镇级规范化合格饮用水源保护区10个，水质达标率100%。全市3个出境断面水质达标率100%，18个乡镇交接断面水质达标率100%，6个市控以上地表水断面水质达标率100%。全年平均气温19.1℃，比常年偏高1.5℃，年总降水量1533.9毫米，较常年偏多9.4%，年降水日数158天，较常年偏多5.4天。年日照时数1462.2小时，较常年偏少17.5%。全市霾日数40天，比上年减少24天。$PM_{2.5}$年均浓度为24微克/立方米，比上年下降20.0%；空气质量优良率98.9%，比上年上升6.3个百分点。全市生态公益林建设面积44086公顷，森林面积108635.26公顷，森林覆盖率62.19%，年末森林蓄积量593.69万立方米。

【社会保障】 2020年，东阳市城镇职工基本养老保险参保人数36.86万人，城镇职工基本医疗保险参保人数23.53万人，失业保险参保人数16.20万人，工伤保险参保人数26.55万人，生育保险参保人数16.41万人。年末全市城乡居民基本养老保险参保人数21.62万人，年内增加参保0.2万人。全市60周岁以上享受城乡居民基本养老保险金待遇人员10.43万人，发放率100%，全年发放金额41711万元。年末城乡居民基本医疗保险参保人数61.65万人。城乡基本医疗保险享受待遇47.74万人次。被征地农民基本养老保障参保2.48万人，年内增加参保0.56万人，享受待遇人员0.66万人，全年发放金额3937万元。

全市有各类社会福利单位27个，床位7763张，收养各类人员1844人。农村五保对象集中供养率94.3%，城镇“三无”对象集中供养率100%。全市有低保对象7123人，发放低保救助金5173.4万元。全年筹集医疗救助资金4200万元，医疗救助34935人次，发放救助金4193.94万元。建立镇乡街道、村（社区）服务中心（站）388个，建成社区居家养老服务照料中心397个，建立慈善超市7个。全市有抚恤优待对象8577人，发放抚恤金1478.47万元、义务兵优待金1830.87万元、困难补助经费15万元。发放自主就业一次性经济补助金738.9万元。

（张俊杰）

中国共产党东阳市委员会

综　述

【概况】 2020年，东阳市实现地区生产总值638.16亿元，按可比价计算，比上年增长0.1%；财政总收入123.73亿元，比上年增长4.5%；一般公共预算收入72.65亿元，比上年增长3.9%；城镇居民人均可支配收入58189元，比上年增长3.5%；农村居民人均可支配收入33686元，比上年增长6.2%；规模以上工业增加值106.33亿元；77家企业实现“小升规”；固定资产投资比上年下降0.3%。

全年市委召开常委会会议37次、市委理论学习中心组学习会22次、全市领导干部会议5次。市委办公室对接拟定各种会议活动方案106个，直接参与接待来宾48批，配合做好接待方案112个，接收办理上级文件335件、下级请示报告58个，印发市委、市委办公室文件73个，会议纪要32个。

制订企业暖心政策“22条”，成立34个市领导驻企服务团开展“三服务”(服务企业、服务群众、服务基层)活动，推进企业复工复产。省、金华市重点项目投资完成进度均排在金华各县市区前列，承办金华市扩大有效投资重大项目集中开工仪式。全年招商入库项目188个，总洽谈规模约600亿元，签约落地项目14个，总投资206亿元。引进世界500强正威国际集团投资100亿元的正威长三角新材料产业园项目，一期开工建设。与东阳光集团签订50亿元的投资协议。以横店集团控股有限公司(简称横店集团)为代表的东阳企业全面加大投资力度；规模以上工业增加值比上年增长2%。横店影视文化产业集聚区正式实体化运行，并入选国家级文化产业示范园区创建名单。建筑科技研究院挂牌成立，木雕小镇被正式命名为省级特色小镇，市人民医院获批三级甲等综合医院。东阳市获省平安创建“十四连冠”，被评为省级生态文明建设示范市、省级国土资源节约集约模范市、省级食品安全市、省级文化和旅游消费试点城市。

在全市开展重点工作“五大会战”，即平台建设大会战、教育项目大会战、综合交通大会战、乡村振兴大会战和基层治理大会战。平台建设大会战，“万亩千亿”平台完成总体规划编制，六石街道及巍山镇安置地块完成土地征用；高铁新城杭温高铁站广场、槐堂棚户区改造等项目有序推进，槐堂社区入围省未来社区第二批试点项目，爱奇艺文娱中心、赛特斯5G产业园项目落地建设。教育项目大会战，浙江广厦建设职业技术学院正式更名为浙江广厦建设职业技术大学，完成首次本科招生近1700人；全市实施基础教育项目26个，其中10所新建学校投入使用。综合交通大会战，金义东轨道交通、金甬铁路、杭温高铁均顺利推进；217省道(39省道)十里头至官清段改建工程完成主线改建(项目路线全长15.7千米，其中主线长12.3千米)、351国道兴平路口平改立工程完成；全年交通投资增速209.6%。乡村振兴大会战，全面实施“1238100”工程；花园村乡村振兴综合改革试点圆满完成，并成为全省“村域小城市”培育试点；“两江两镇”示范区、8个共享田园项目开工建设；招引上海、杭州等一批高端康养、研学项目；承办金华市和美乡村建设现场会。基层治理大会战，推进“最多访一次”改革，开展“大走访、大排查、大化解、大提升”专项活动，四级走访总量、生产安全死亡事故起数和死亡人数均有下降。

举办以“家和万事兴、合力促发展”为主题的第二届世界东阳人发展大会。横店影视节升格由省委宣传部主办，举办首届横店影视文化产业博览会。整合举办首届“中华大师汇”、第十五届中国木雕竹编工艺美术博览会与第二届中国红木家具展览会3个展会。浙江制造拓市场“严选计划”金华首站在东阳市启动。县域数字经济发展影响力指数排名上升56位，列全省第19位。举办大学新生第一课和教师节庆祝大会。成功抗击台风“黑格比”和组织抗洪抢险。

抓好四方面十大类34个巡视反馈问题整改。完成村社组织换届，村党组织书记兼任村委会主任比例达97.9%。制订《中共东阳市委关于全面涵养风清气正实干担当政治生态在建设“重要窗口”伟大实践中展现东阳作为的意见》，推动构建“五好”政治生态。深化“烟票”(由烟草零售店自行印制、销售，并作为有价证券在一定范围流通使用)专项整治，推进“三不”(不敢腐、不能腐、不想腐)建设。落实中央八项规定精神，整治形式主义、官僚主义，推进作风转变，净化政治生态。第三方调查结果显示，93.3%的调查对象认为东阳政治生态持续好转，66.2%认为明显好转。

【调研工作】 2020年，市委办公室协助省委政研室、金华市委办、金华市委政研室等上级部门完成相关资料的收集上报。完成《浙江概览》《浙江年鉴》资料的整理和上报。完成供销社体制机制改革、南马红木仿古产业转型提升等多个课题调研，形成调研报告。开展2020年优秀调研文章评选工作，收集参评文章148篇，评选出一等奖5篇、二等奖10篇、三等奖15篇、优秀奖20篇。根据全市《2020年度目标责任制考核》制订2020年全市调研工作考核细则。编发《东阳政研》(除"改革专刊"外)7期、《今日东阳》杂志13期，其中包括东阳人大会特刊及抗疫特刊各1期。

【督考工作】 2020年，市委办公室牵头对市委常委会会议、专题会议等重要会议决策部署落实情况进行督查检查，对全市重点工作及重要文件落实情况进行督查检查。组织开展"五大会战"等工作的专项督查，对《今日聚焦》媒体曝光报道问题的整改情况进行定期督办，交办督办市委主要领导批示件202件、交办事项101项、群众来信批示件200件。制订镇乡街道、机关部门(单位)年度目标责任制考核意见和考核细则，完成年度目标责任制考核和专项考核工作。

【信息工作】 2020年，市委办公室组织收集各类信息1800余条，采编750余条。编发《一周要讯》17期、《信息专报》18期、《增刊》4期。向上级党委办公室(厅)上报信息650余条，被采用113条。

【保密工作】 2020年，市委办公室召开全市保密工作会议，邀请金华专家做保密知识培训。组织60余名保密干部和涉密人员参观金华保密教育实训平台。组织征订《保密工作》等学习资料110份，指导保密自查自评及涉密计算机更新报废。

【综合协调工作】 2020年，市委办公室起草市委十五届七次全会报告、市委十五届八次全会报告、市委务虚会讲话、全市新任村社主职干部集中培训班开班动员讲话、教师节大会讲话、大学新生第一课、横店影视节和中华"大师汇"主旨演讲等文稿，起草各类报告、讲话300余篇。《打造全球最强影视产业基地，勇当浙江社会主义先进文化高地建设模范生》《迅速响应、压实责任、落细举措，众志成城打好疫情防控阻击战》《"一把手"谈明年发展思路》等文稿在《高管信息》《浙江日报》《金华通讯》等刊出。做好市委主要领导参加《忠实践行"八八战略"、奋力打造"重要窗口"》"东阳日"直播访谈材料的整理工作。

(赵秀丽)

市委重大决策和活动

【新冠肺炎疫情防控工作】 2020年，市委第一时间响应、第一时间部署，抓排摸、抓隔离、抓管控，落实新冠肺炎疫情防控工作。开出全省第一批接员工到东阳的大巴，制订企业暖心政策"22条"，成立34个市领导驻企服务团开展"三服务"活动，推进企业复工复产。横店影视文化产业在全国、全行业实现"三个率先"▲。

▲"三个率先"：率先暂停剧组拍摄；率先制订《支持影视企业(剧组)渡过难关的十条措施》等系列扶持政策；率先实现影视企业和剧组复工复产。

【"走企业、送政策，优服务、促开工"百日攻坚活动】 2020年，东阳市贯彻落实市委十五届八次全会精神，围绕省委、省政府经济工作"争先创优"行动和金华市"争先进位百日提速"十大行动工作部署要求，做好"六稳"(稳就业、稳金融、稳外贸、稳外资、稳投资、稳预期)工作，落实"六保"(保居民就业、保基本民生、保市场主体、保粮食能源安全、保产业链供应链稳定、保基层运转)任务，开展"走企业、送政策，优服务、促开工"百日攻坚活动。集中利用100天时间，动员全市力量，开展企业大走访大服务、投资高质量发展、项目谋划、项目招引、项目前期、项目推进、项目难题破解、资源要素争取8项专项行动。

【"五大会战"工作】 2020年，东阳市贯彻落实市委"五个关键时期"战略部署，按照"项目推进年、服务优化年、治理提升年"工作要求，推进效能提升、整治立规、改革创新、争先进位四大专项行动，开展重点工作"五大会战"。由市委书记傅显明，市委副书记、市长楼琅坚担任"五大会战"总指挥，组建"五大会战"指挥部，形成一场会战"一名市领导牵头、一个部门负责、一套机制保障、一抓到底落实"的工作体系，把开展"五大会战"作为推动"五个关键时期"各项工作落地的抓手和载体，坚持周通报、月晒拼、专班干。

(赵秀丽)

市委重要会议

【市委十五届七次全体(扩大)会议暨市政府十五届七次全体会议】 2020年1月10日，市委十五届七次全体(扩大)会议暨市政府十五届七次全体会议在市行政中心召开。代市长楼琅坚回顾总结2019年工作，部署2020年政府主要工作任务，金华市副市长、东阳市委书记傅显明作题为《把握关键时期 践行初心使命 奋力谱写东阳高质量发展新篇章》的工作报告。会议审议通过《中共东阳市委关于认真学习贯彻党的十九届四中全会精神 高水平推进市域治理现代化的决定(审议稿)》。

【市委十五届八次全体(扩大)会议暨市政府十五届八次全体会议】 2020年7月24日，市委十五届八次全体(扩大)会议暨市政府十五届八次全体会议在市行政中心召开。会议回顾总结2020年上半年工作，部署2020年下半年工作任务。市长楼琅坚作题为《只争朝夕 真抓实干 奋力实现全年经济社会发展目标任务 以实际行动为"重要窗口"建设增光添彩》的主题讲话；市委书记傅显明作题为《加快构建良好政治生态 努力在建设“重要窗口”的伟大实践中展现更大作为》的主题讲话和《中共东阳市委关于全面涵养风清气正实干担当政治生态 在建设“重要窗口”伟大实践中展现东阳作为的意见(讨论稿)》说明。会议审议通过《中共东阳市委关于全面涵养风清气正实干担当政治生态 在建设“重要窗口”伟大实践中展现东阳作为的意见(审议稿)》；审议市纪委的《审查报告》并通过相关决定。

（赵秀丽）

2020年6月3日，花园村乡村振兴综合改革试点民生事项下放工作协调会召开 （市委改革办提供）

全面深化改革

【概况】 2020年，东阳市增加省部级以上改革试点22个，省部级以上存量17个，完成省级乡村振兴综合改革试点建设，全面建设横店影视文化产业集聚区，推进便民利企“一件事”改革，构建县乡一体基层治理新体系，创新推进社会化应急救援体系，建立改革观察员工作制度，聘请第一期改革观察员。相关创新亮点做法被省委改革办《竞跑者》刊登3次、金华市委改革办《改革者》刊登2次。

【推进改革重要政策】 2020年4月24日，中共东阳市委印发《党委(党组)书记改革工作述职办法》，强化党委(党组)书记抓改革工作责任，推动中央、省委、金华市委和东阳市委全面深化改革各项决策部署落地见效；印发《2020年全面深化改革工作要点》《2020年度市领导领衔重大改革项目清单》，明确年度全面深化改革工作任务。市委全面深化改革委员会办公室(简称市委改革办)起草《东阳市政务服务“好差评”工作制度(试行)》。4月29日，印发《“一把手”常态化体验“最多跑一次”改革》，常态化推进各镇乡街道、机关部门单位党政“一把手”体验“最多跑一次”改革。6月16日，印发《东阳市2020年度深化“最多跑一次”改革推进“放管服”工作任务清单》，全面提升政务服务效能，打造“两优一高”县市。

【“最多跑一次”向机关内部延伸】 2020年，东阳市推进机关内部“最多跑一次”改革，推出机关部门内部“最多一星期”办事机制，并在此基础上打造涵盖协同办公系统、“最多一星期”办事系统、机关内部“最多跑一次”系统等多个子模块的东阳市党政机关综合办公平台。推进公务员职业生涯全生命周期管理和编外用工等高频“一件事”改革。《东阳市深入推进无纸化办公创新开展市政府常务会议“一件事”改革》获金华市委书记陈龙批示。强化政府数字化转型，全面接入政务服务平台2.0，推进政务服务由“线下办”到“线上办”“网上办”“掌上办”，至年末，政务服务网办事事项总数2522项，实现“网上办”率95.4%、“掌上办”率92.59%、“跑零次”率91.75%、即办率79.02%，承诺期限压缩比90.65%。推进政府监管数字化转型，健全“双随机、一公开”制度，至年末，掌上执法开通率100%，激活率100%，实施清单100%编制，掌上执法检查率99.98%，跨部门监管率25%。推进浙政钉2.0迭代升级工作，总激活人数12449人，激活率100%，日均活跃率62%。建立健全工作推进机制，建立政务服务“好差评”实时管理、回访核实、整改落实和结果公开机制，实现全市政务服务“好差评”渠道全覆盖、信息全关联、数据全汇聚、结果全公开。建立“一把手”抓改革工作制度。

【“最多跑一次”向基层延伸】 2020年，市委改革办将“最多跑一次”向基层延伸，全面推广花园村“办事不出村”便民服务模式，打造政务服务“一镇一村”新样板，成立市行政服务中心横店分中心，打通群众办事“最后一公里”。梳理下放173项民生事项至花园村，推动花园便民服务中心进行软硬件设施提升；实现镇乡街道常用民生类政务服务就近办100%覆盖；召开“政务服务2.0”行政服务中心应用推广培训会，对事项添加、人员授权、收件操作等进行培训。

【“最多跑一次”向公共场所延伸】 2020年7月20日，市委改革办印发《东阳市深化“最多跑一次”改革推进公共场所服务大提升行动方案》，将“最多跑一次”向公共场所延伸，在市人民医院公共服务提升示范点的基础上，指导推进交通设施、旅游景区、文化场馆、商圈、市场、公共体育场馆、医疗场所、车辆检测站、城乡公共厕所九大领域公共场所在集成空间利用、设施配置、服务供给、智慧应用、应急响应等方面的改革。9月10日，与市财政局联合印发《东阳市公共场所服务大提升示范点验收办法》《东阳市推进公共场所服务大提升示范点建设“以奖代补”实施方案》。“东阳市卢宅景区服务大提升”项目入围“改革在身边·浙江公共场所服务大提升新闻行动”10月份亮点项目评

2020年8月，公共场所服务提升改革后的东阳市卢宅景区

（市委改革办提供）

选。申报的23个公共服务示范点提升项目通过验收，12月15日，印发《关于命名2020年度东阳市公共场所服务大提升示范点项目的通知》，公布2020年度5个引领型、10个示范型、8个标志型公共场所服务大提升项目。

【便民利企"一件事"改革】 2020年，除迭代升级上一年的46件"一件事"外，东阳市增加建设工程工伤保险参保、项目招引落地、退役军人人才创业创新3个"一件事"，其中退役军人全生命周期服务管理改革相关创新举措被刊登于金华市委改革办《改革者》第20期。

【乡村振兴综合改革】 2020年，市委改革委印发《东阳市花园村乡村振兴综合改革试点工作方案》，推进省级改革试点。7月3日，印发《关于做好花园村便民服务中心民生事项下放工作的通知》，推进花园村乡村振兴综合改革试点，推动"最多跑一次"改革向村级延伸。花园村围绕空间规划、社会治理、乡村产业振兴、综合服务管理、生态文明建设和要素保障支撑六大体系推进村域"多规合一""基层党建+乡村治理"模式建设、多元融合产业发展、"三化"（生态化、融合化、数字化）未来社区创建和体制机制发展障碍突破，建立村级市政管理委员会，实施"智慧乡村项目"，编制村级村庄规划技术标准，组建具有重大事项决策审核功能的村级法律事务委员会。

【影视文化产业集聚区建设】 2020年6月21日，横店影视文化产业集聚区成立大会暨授牌仪式在市行政中心举行。新冠肺炎疫情防控期间，东阳市成立影视文化旅游专班，发放具有东阳影视文化特色的消费券；开创"直播+电商+网红带货+网红职业教育"新模式，成立东阳（横店）电商直播新零售产业基金。

【《群众演员参加工伤保险暂行办法（试行）》】 2020年7月22日，市委改革委印发《群众演员参加工伤保险暂行办法（试行）》，规范影视行业群众演员的工伤保险工作。该办法从8月1日起实施。群众演员参加工伤保险，以影视劳务公司为单位，影视劳务公司按照实名制原则，及时向市社会保障中心办理工伤保险参保登记手续。工伤保险从7月1日至次年6月30日为一个参保缴费年度。

【县乡一体基层治理体系构建】 2020年，东阳市在"两镇两街"（横店镇、南马镇、城东街道、江北街道）开展县乡一体集成改革试点工作，解决"责任在乡镇、权力在部门"问题；下放乡镇权力事项200项（其中横店镇270项），80%的便民服务事项实现乡镇可办；印发《东阳市县乡联动"秒响应"工作机制的实施办法》，明晰响应范围、流程和处理办法、保障措施；构建"自助优先、人机联动、窗口托底"便民服务新模式，推动民生领域高频事项"网上办""掌上办"。

【社会化应急救援体系构建】 2020年，东阳市建设专业应急救援队伍，培育社会应急救援力量，以"专业+志愿"推动应急力量全覆盖。横店通用机场成立航空应急救援基地；6月，航空应急救援基地被确定为应急救援常态化备勤点，以"企业+基地"实现陆空立体救援大联动。建立完善社会应急力量参与救援活动管理制度，火灾事故协同救援机制，明确各救援队伍在处置现场的主要职责；探索以社会各界捐赠为主、政府适当补助相结合的综合保障机制，以"制度+保障"推进应急救援综合能力提升，构建具有东阳特点、灾种齐全、覆盖全域的社会化应急救援体系。

【营商环境优化】 2020年7月20日，市委改革委印发《东阳市2020年优化营商环境工作方案》，推进"拼搏实干、争先进位"作风建设专项行动。开展营商环境"10+N"▲便利化行动，优化办事流程，降低办事成本，提高办事效率。企业开办材料从17份压缩至6份，环节从5个缩减至1个，登记时间从1.5个工作日变成"马上办"。41个便民利企"一件事"按要求实现"一窗受理""网上办""掌上办"。实现幼儿园、义务教育阶段入学报名、录取、同招全程线上办；退休"一件事""无感智办"；企业开办"零成本"，10月1日起实现公章刻制由政府买单；二手房办理不动产证及水电气联动过户。10月19日，印发《东阳市水电气网"一件事"1100办结优化营商环境便利化行动方案》。推进"互联网+监管"改革，开展"双随机、一公开"监管和信用监管，掌握企业对集成服务和营商环境满意度情况，提高优化营商环境的质效。

▲"10+N"："10"指营商环境便利化的主要指标，按照企业全生命周

期分为企业开办、办理建设许可、用电报装、用水报装、用气报装、不动产登记、获得信贷、纳税、跨境贸易、企业注销;"N"指若干个无法很好量化的支撑性指标,具体有惠企政策、执行合同、知识产权保护、办理破产等,是一组动态开放的指标。

【综合政务自助终端建设】 2020年8月20日,社保、医保、市民卡、公积金、不动产、交管、伤残、企业注册等民生类政务服务事项接入综合政务自助终端。市委改革办与市财政局、市行政服务中心联合印发《关于第二批综合政务自助终端延伸覆盖的通知》。12月14日,和市财政局、市行政服务中心联合印发《关于下达2020年度综合政务自助终端补助资金的通知》,明确第二批综合政务自助终端补助资金清单。整合接入查询、打印、经办类等各项应用功能共82项(含网页跳转办理事项14项);实现全市18个镇乡街道、花园村自助终端机全覆盖。

【"互联网+民生服务"改革】 2020年,东阳市推进"互联网+民生服务"改革,涉及义务教育、医疗、文广旅体、社会救助、社保业务5方面。东阳市入选省"互联网+义务教育"实验区名单,实现学籍系统与公安、教育等数据对接。市人民医院和市中医院完成"两卡融合"工作,实现基本医疗保险、大病保险、医疗救助"3+N"一站式结算。图书馆开通信阅服务,实现省内所有公共图书馆通借通还;完成东阳旅游信息服务平台升级。各类社会救助业务可在线查询、在线审批、在线管理,实现民政服务"码上办"。搭建集服务站点、办事专区、就业专区、政策专区和一键查询"五合一"5项服务功能于一体的退役军人线上服务平台。在社会保险、就业、劳动关系等领域推广社会保障卡(就业创业码)公共服务平台,并通过认证接口接入至公共网络,供社会各领域使用。

【改革观察员工作制度建立】 2020年11月30日,市委改革办印发《建立东阳市改革观察员工作制度》,招募第一期改革观察员,赋予其一定的调查核实权、处置交办权、考评建议权,监督"最多跑一次"改革过程中存在的不作为、慢作为、乱作为现象。12月29日,印发《关于聘请第一期改革观察员的通知》,公布第一期改革观察员名单。

(胡宇琪)

组织工作

【概况】 2020年,东阳市有基层组织2358个,其中党委119个,党总支157个,党支部2082个;另有部门党委43个、各类党组40个、市委派出工委9个。有党员64878人,其中女性17990人,少数民族76人,45岁及以下24071人,大专及以上学历24865人。全年发展党员671人,其中女性265人,35周岁以下394人。

市委组织部建立落实"不忘初心、牢记使命"长效机制;疫情防控和复工复产"两手都要抓、两战都要赢"。做好省委巡视迎检及整改工作,以巡视整改为契机推动组织工作全面提档升级。创新退出现职领导干部管理模式,推动干部容错纠错覆盖面向村镇两级延伸,提高干部选育管用质量。开展第二期年轻干部培养"青蓝工程",健全年轻干部培养体系。推进公务员职业生涯全周期"一件事"改革,加强公务员队伍管理。组织开展"五访五问"(访民问需、访贫问苦、访贤问计、访怨问由、访企问难)大调研,建立选情"三色"(选情复杂的村标红色、选情一般的村标黄色、选情平稳的村标绿色)研判体系,推行选举现场"368"(6项工具清单、6项人员清单、6项职责清单、8个环节操作指南)管理法,查处违反换届纪律行为,打赢打好村社换届攻坚战。落实加强基层政治生态建设15条举措,建立村级重大事项预审报备制度,开展"党员整治立规创优行动",实施培养新生代企业家的"百舸行动"战略计划,组织新生代企业家挂职经济部门、国有企业,搭建政企沟通平台,提升综合素养,推进"三师(律师、税务师、会计师)助企无微不至"专项行动,全面加强基层组织建设。印发人才新政升级版20条,创新建立揭榜挂帅方式,联合金华银行东阳支行推出"人才贷"业务,优化人才工作生态。

【"不忘初心、牢记使命"长效机制建立】 2020年,市委组织部制定印发《关于深化"周一夜学"的通知》,对"周一夜学"的方式、内容、时长等要素进行规范,并在党委(党组)理论学习中建立"1+1+2"领导领学制度(每月确定1个学习主题,每次由1名领导干部领学,随机抽取2名干部谈心得体会)。在全市范围开展"抓学习、转作风、促发展"集中教育活动,推动政治理论学习走深走心走实。建立完善主题党日"B+T"▲模式,突出政治功能,分领域对学习内容和方式进行分类指导,并将检视和整改问题作为每月主题党日的规定动作,与群众生产生活关系密切的关键小事常态化开展整改。

▲"B+T":"B"即标准体系,是党支部建设必须遵循的基本制度、基本规范、基本要求,是刚性约束;"T"即特色项目。

【"两手都要抓、两战都要赢"服务保障】 2020年,市委组织部落实省委组织部"暖心八条",制订东阳"暖心十条",激励关爱基层党员干部和医务工作者。转拨划拨200万元党费用于支持疫情防控。在全市各交通卡口、防控网格及第二定点医院等一线建立临时党组织,发动各领域党员组建373支"红色疫情突击队"和278支"红色代办员"队伍参与疫情防控。组织全市党员及"两新"组织分别为疫情防控捐款921.6万元和6000余万元。选派911名机关干部组建67支先锋队,协助各镇乡街道做好疫情防控和复工复产工作。抽调537名干部组建34个由市级领导领衔的驻企服务团,蹲点入驻全市528家工业规模以上企业,助力企业复工复产。成立4个疫情防控和复工复产专项考察组,考准考实干部在疫情一线的实绩表现,符合条件的28名干部予以优先晋升职级。制定《加强一线医务人员及其家属保障工作方案》，开展“一线大走访、关爱大后方”行动。编制《惠企政策汇编》电子书，运用省“三服务”小管家信息平台，每日对服务企业中发现的问题及时予以交办、跟踪和反馈。

【省委巡视迎检整改】 2020年，市委组织部开展自查梳理，提前做到应查尽查、应改尽改。编写《东阳市委选人用人工作及领导干部担当作为情况专题汇报》，做好动员部署会、个人有关事项填报和谈话人员安排联络等工作，完成巡视组交办任务157项。成立部机关巡视整改工作领导小组整改巡视反馈问题，设立3个专项整改组，每周召开一次工作调度会，加强整改工作推进力度。对照巡视反馈意见，将整改措施细化为5大类26条79项具体任务，制订问题清单、任务清单、措施清单、责任清单，确保整改举措可操作、可落实、可评估。反馈问题全部按时完成整改，问责处理158人次。

【干部“选育管用”】 2020年，市委组织部制定《市委组织部部务会议讨论决定干部任免事项规则》《领导干部政治素质考察办法（试行）》等文件，推行“干部研判月”制度。创新退出现职领导干部管理模式，将全市153名退出现职领导干部安排至新设置的招商引才专员、农村工作指导员、信访矛盾化解员等岗位，实行统一管理。继续面向事业干部、“90后”（1990年后出生）年轻干部开展择优比选工作，择优选任6名事业干部和6名“90后”年轻干部到副科级领导岗位。

【容错纠错机制延伸】 2020年，市委组织部巩固上年度容错纠错试点工作成效，对容错事项情形进行科学界定，扩大容错细则覆盖领域，加大干部容错纠错和澄清保护力度。推动容错纠错工作向镇村层级延伸，在3个试点镇乡街道通过征求意见、座谈、调研等方法，听取意见和建议，制订“容错纠错工作镇村两张清单”，形成《关于深化容错纠错工作促进“两个担当”良性互动的实践和思考》调研文章，指导镇乡街道开展容错裁定6次，对6名干部和2个工作专班作出减轻处罚的容错裁定。

2020年12月30日，第二期年轻干部培养“青蓝工程”培训班调研成果展示会暨结业仪式举行
（市委组织部提供）

【年轻干部培养体系健全】 2020年，市委组织部开展第二期年轻干部培养“青蓝工程”，择优选调113名“90后”年轻干部和新招录选调生参加，分经济金融、社会治理、公检法司等三个领域开展。同步建立“以训识人”近距离考察机制，通过考察学员在封闭式军事拓展训练、实践调研等活动以及在“9+2”专班、乡镇巡察过程中的现实表现，完成全体学员的“个人画像”。探索新录用公务员和选调生实践锻炼新模式，结合全市重点工作，分组到镇乡街道参与村社换届、美丽乡村建设等工作，每周固定时间开展集中教育，重点对党性教育以及农业农村、工业经济、城建规划等内容进行学习。

【干部教育培训】 2020年，市委组织部推进干部教育培训工作。全年举办主体班次21期、部门班次62期，培训8000余人次。开展第二批干部教育现场教学基地及干部教育本土师资推荐申报，确定新一批市级现场教学基地17家，选聘第二批干部教育特聘教授51人，其中在外东阳籍人才18人，参与授课56场次。制作干部教育精品课件4个，撰写学习贯彻习近平在金华市14次重要指示精神典型案例8个。

【干部监督管理】 2020年，市委组织部将领导干部个人重大事项年度报告抽查比例扩大至20%，抽查162名市管领导干部，并对存在漏报瞒报行为的10名领导干部进行责任追究，3人被诫勉，7人受到批评教育。深化“四不”专项整治，设立“四不”举报箱，定期向《行风热线》《正风问效》栏目收集问题线索，加强“四不”问题的查处和通报力度。开展违规兼职彻查彻清工作，对公职人员兼职情况进行逐一排摸，清理企业兼职56个，社团兼职38个。同步建立“公职人员库”，第一时间预警公职人员违规兼职情况，将干部监督关口前移。开展长期借用人员集中整治，对长期借用的161人进行规范整治，调入借用单位7人，回原单位工作154人。

【公务员队伍管理】 2020年，市委组织部推进公务员职业生涯全周期“一件事”改革，健全完善从录用到退出的“全链条”管理机制。公务员“一件事”平台全年办件量1500余件。开展职级晋升工作，完成7个批次1340名公务员的职级晋升工作。修订完善《机关工作人员调动管理办法》。做好选调生出入境证照集中管理，开展季报工作。

【离退休干部服务管理】 2020年，全市有离休干部73人，其中享受县处级待遇31人、科局级待遇42人，年龄最大100岁、最小86岁，平均年龄91.51岁，去世11人。县处级以上退休干部44人，其中正处级7人、副处级37人，年龄最大91岁、最小58岁，平均年龄73.56岁。市委组织部完善干部退休及离退休干部党建相关规定，对全市干部退休及离退休干部党建工作进行规范。编印《东阳老干部学习参考》，抓好离退休干部政治学习。创新搭建"钉钉直播"云课堂，开启老年大学教学新模式。联合市卫健局、市人民医院、市中医院为每位市级老领导制作医疗服务卡，完善医疗保障措施。创建"家门口老年大学"6所、"离退休干部党建工作基地"17个、"银尚达人工作室"10个、"老干部品牌工作室"3个，与市农商银行共同推进"时间银行"老干部志愿服务体系建设，老干部个人注册700余人，吸纳老干部志愿团队7个。

【村社换届攻坚战】 2020年，市委组织部结合"基层治理大会战"统筹推进村级组织整固提升"六大行动"，4万余名镇村干部走村入户开展"五访五问"大调研。选择南马镇作为试点，南马镇30个村100%实现村党组织书记兼任村委会主任，选足100%两委职数。全市选出新一届村社党组织班子成员1841人，其中新进班子的占32.2%，新任书记的占47.3%。相比上届，党组织班子成员平均年龄下降3.5岁，大专以上学历占比提高10个百分点。新一届党组织班子产生后，组织开展"誓言如山、扛责亮相"活动。换届期间，完成540件实事项目。

【基层组织建设】 2020年，市委组织部深化发展党员县域统筹机制，优化党员队伍结构比例。落实加强基层政治生态建设15条举措，修订村级小微权力清单，建立村级重大事项预审报备制度，对行政村、自然村议事决策机制做进一步细化，强化行政村对自然村的领导和监督，规范村级权力运行。建立初信初访办理化解工作机制，开展"大走访、大排查、大化解、大提升"专项活动，推进"三资"管理改革，设立村级监察工作联络站，着力化解基层矛盾，加强基层权力监管。高标准推进"寀卢经验"深化提升工作，组成调研组蹲点寀卢村开展调研，形成题为《以时任省委书记习近平同志指示精神为根本遵循 接续奋斗谱写"寀卢经验"新篇章》的调研文章。

【基层党员整治立规】 2020年，市委组织部开展入党积极分子线上培训考试。部署开展"党员整治立规创优行动"，从严从实加强党员日常教育管理。落实"三个一律"（一律在东阳全市点名道姓进行通报、一律在所属支部党员大会上作检查、一律先停职后予以处理）要求，对上级通报的438名党员的处置情况，进行逐人核对，及时跟进组织处置和纪律处分。开展庆祝建党99周年系列活动，组织全市各基层党组织和广大党员开展迎"七一"八大系列活动。

【机关党建规范化建设】 2020年，市委组织部探索开展部门党委（党组）书记"领办党建项目"活动，对61个机关部门单位党委（党组）书记领办的党建项目进行公示，并采取定期督查、听取汇报等方式推动项目落实。举办1期全市机关党组织书记业务提升专题培训班，并指导卫生、教育系统开展党务干部培训，强化机关党务干部队伍建设。印发《东阳市机关党委专职副书记管理办法（试行）》，明确定期例会、定期培训、定期测验和动态调整四项制度，召开会议3次。抽调17名机关党委专职副书记组成联合督查组，对全市机关部门单位开展2次全面检查并形成通报，切实压紧压实党委（党组）书记责任。

【城市党建工作】 2020年，市委组织部指导白云街道推进"善治中山"城市区域党建联盟建设，初步形成以矛盾多元化解、智慧安防为主要特色的城市党建品牌。印发《社区"大党委"运行管理规范意见》《街道"大工委"运行管理规范意见》和《社区"三张清单"运行规范》，规范街道"大工委"、社区"大党委"运行。强化专职社工管理，指导市民政局落实"县招街管街用"机制，印发《东阳市专职社区工作者考核办法》，完成首批95名专职社工的招录工作。

【两新党建提质增效】 2020年，市委组织部开展新一轮"覆盖检修"行动，新建党组织43个，其中单建33个。探索推进产业党建示范集群建设，制定木雕红木、汽车产业党建示范集群建设规划，完成党建联盟中心的改造提升。实施"百舸行动"战略计划，成立百舸学堂——新媒体视商学院，举办百舸大会、新生代企业家培训班3期，培训300余人次；定制"新生代"专属产品——百舸贷，发放贷款800万元。推进"三师助企 无微不至"专项行动，选派"三师"和金融服务团入驻3个省级小微园，延伸服务至全市小微企业，开通"码上办"线上功能，构建问题收集、交办、解决、评价闭环机制，举办专题讲座10期，解决各类问题256个，帮助企业获得贷款7.69亿元。

【人才政策】 2020年，市委组织部印发《2020年全市人才工作要点》《2020年全市人才（招才引智）工作考核细则》。制定《关于建设高素质强大人才队伍打造"智汇东阳"人才发展高地的实施方案》，明确总体目标和具体目标，配套26项工作举措。编制人才新政升级版20条，引进大学生9415人，其中硕士381人、博士31人。东阳市被评为2019年度全省市县党政领导人才工作述职评议考核优秀单位。

【人才引育】 2020年，全市引进两院院士5人、省部级以上领军人才1人，入选国家、省"引才计划"专家各1人，入选国家宣传文化系统"四个一批"人才工程1人，增补东阳市拔尖

2020年10月23日，东阳—金华银行"人才+金融"战略合作签约暨首批"人才贷"发放仪式在金华银行东阳支行举行（市委组织部提供）

人才32人。全年开展线上线下招聘活动68场次，推出岗位2.28万个，为企业招引各类人才1万余人。全面推进校企合作，成立建筑科技研究院、生物工程联合研究中心。实施"百博入企计划"，签约专家8人。全市增加院士专家工作站1家，增加博士后科研工作站2个。

市委组织部在京津冀、长三角、大湾区等地开展东阳籍人才信息排摸，按照"一人一档"完善人才信息库。引导在外东阳籍人才开展回乡义诊、智企对接、项目合作、讲座论坛等活动，举办各类活动20余场。跟进第二届"婺星回归"创业大赛项目和四张清单项目进展情况，明确责任部门进行"一对一"对接，推动人才、资金回归。

【人才服务】 2020年，市委组织部通过揭榜挂帅方式向全球寻求技术难题解决方案，收集、发布企业技术需求207项、人才需求136项，已揭榜或对接的技术需求78项、人才需求28项。完善人才投融资服务机制，联合金华银行东阳支行推出"人才贷"业务，为高层次人才授信总额度10亿元。深化市领军人才服务专窗建设，充实"一站式"人才服务的事项和内容。深化市领导联系拔尖人才制度。

（王 伟）

宣传工作

【概况】 2020年，东阳市贯彻落实《中国共产党宣传工作条例》和《中共浙江省委贯彻〈中国共产党宣传工作条例〉实施办法》，围绕统筹推进疫情防控和经济社会发展的中心大局，聚焦东阳发展"五个关键时期"，推进落实年初确定的各项目标任务。中共东阳市委宣传部（简称市委宣传部）创新建立市委理论学习中心组市委常委领学制度，建立市委主要领导每年定期给大学新生上思政课的教育机制，组建"十百千"（十名市级宣讲员，百名机关、镇乡干部宣讲员，千名农村宣讲员）三级理论宣讲员队伍，开展"三乡同心话学习""我最喜爱的习总书记一句话""全面小康微型党课"等理论宣讲和短视频大赛。启动"流动文化礼堂"，开展专场演出50余场。建成新时代文明实践主题广场——立德广场。命名东阳市首批新时代文明实践志愿服务品牌项目14个。11月，组织2020年度十佳新闻工作者和飘萍新闻奖评选活动。12月，被评为2020年度浙江省"扫黄打非"先进集体；在"八婺同心话学习"金华市基层理论宣讲短视频大赛中获"优秀组织奖"。

【学习贯彻十九大精神】 2020年，市委宣传部组织全市党员干部学习《习近平谈治国理政》系列著作，组织全市党委（党组）理论学习中心组学习习近平在全国抗击新冠肺炎疫情表彰大会上的讲话、在纪念中国人民志愿军抗美援朝出国作战70周年大会上的讲话等重要讲话精神，开展习近平考察浙江重要讲话精神学习教育，组织开展党的十九届五中全会精神宣讲活动。

【打好新冠肺炎疫情防控宣传舆论战】 2020年，市委宣传部构建权威信息发布体系，每日通报本地疫情信息，在金华各县市中率先推出疫情五色图和复工图，策划两期《号外》公布本地确诊病例详情、号召复工复产，微博话题阅读量超过2亿。引领社会舆论，设立《应争先谈防疫》《茶花姐防疫经》《捉谣记》等新媒体品牌栏目开展防疫科普。全媒联动开展防疫新闻报道，开设《抗击疫情一线》《战疫先锋》等专栏20个，刊发疫情防控、复工复产宣传3500余条，累计阅读量8600余万，挖掘报道先进典型300余人（团队）次。

【学习型党组织建设】 2020年3月，市委宣传部组织东阳市"决胜小康，奋斗有我；共享小康，幸福有我"微型党课大赛，评出一等奖2人，二等奖4人，三等奖8人。4月2日，印发《2020年市委理论学习中心组学习计划》。创新电影党课、微宣讲等学习载体，全市"电影党课"累计达3000余场，覆盖干部群众20余万人。组织参加"老乡说小康"农民故事大赛，获金华市一等奖，代表金华市参赛获省三等奖。举办文化大讲堂全国两会精神、科技创新、民法典、5G发展趋势和赋能百业专题报告会4场，编印《东阳宣传》4期。

【农村文化礼堂建设】 2020年，市委宣传部推进农村文化礼堂建设，全年建设农村文化礼堂67家，全市文化礼堂总计360家。健全农村文化礼堂"建管用育"长效机制，制定印发《关于推进2020年农村文化礼堂建设工作的通知》，修改完善《东阳市农村文化礼堂建设验收考评标准》《东

2020年10月14日，"歌画东阳 和美家园"流动文化礼堂活动在江北街道王峰文化礼堂启动，文艺队在启动仪式后进行表演 （市委宣传部提供）

阳市农村文化礼堂管理运行考评标准》。组织文化礼堂开展各类宣讲活动2000余场。10月14日，在江北街道王峰文化礼堂举行"流动文化礼堂"启动仪式。11月至12月，在全市16家文化礼堂举行"流动文化礼堂"活动50余场。

【新闻宣传工作】 2020年，市委宣传部开展"全面建成小康社会""全面脱贫攻坚"重大主题宣传，开设《了不起的村庄》《东阳百家幸》等专题专栏，刊发系列报道200余篇（条），持续报道东阳发展成就。聚焦"五个关键时期""五大会战""东阳人五大特质""十大硬核成果""支持横店高质量发展"等中心工作，推出专题专栏30余个。做好第二届世界东阳人发展大会、市"两会"、广厦大学专升本、新时代影视文化产业发展大会、横店影视文化产业博览会、"中华大师汇"等重大活动宣传策划、氛围营造和新闻宣传。全年在金华市级以上重点主流媒体刊发稿件3000余篇（条），其中省级媒体800余篇（条），国家级媒体700余篇（条），《人民日报》全年刊发东阳有关报道22篇，央视正面报道106条，创下一周7次上央视的记录，《浙江日报》全媒体平台刊发东阳报道389篇。

【互联网空间治理】 2020年，东阳市建立互联网联合执法机制，开展商业网站和公众账号突出问题专项整治、自媒体专项治理、网络直播规范行动，依法约谈、处罚违规自媒体账号。探索"影视+网络"特色党建，在横漂党群服务中心建立网络党建工作室和线下活动基地，以党建引领网络文化和网络直播健康发展。横漂网红培育工作受省委网信办领导肯定，东阳影视E站被评为省级网络文化家园。开展网络安全监督检查，开展政务信息系统网络完全专项整治百日攻坚行动、涉疫情防控网络安全重点单位的专项督导检查，围绕"网络安全为人民，网络安全靠人民"主题，开展2020年"国家网络安全宣传周"活动，相关报道被新华网、中央网信办官网转发。做好疫情防控和复工复产引导处置工作。组织全市和美金华App（应用程序）使用培训，提高使用效能。

【公民思想道德建设】 2020年，市委宣传部推进移风易俗工作。实施移风易俗"一十百"工程▲；开展"移风易俗20讲""文明健康 有你有我""'公'克陋习、'筷'乐行动""厉行节约 反对浪费"等线上线下活动156场次；组织镇乡街道开展"移风易俗文艺表演""移风易俗专题宣传""乡风评议会""邻里节"活动500余场次；开展陋习督查整改行动，以陋习曝光台、红黑榜、文明拍客等形式，曝光身边铺张浪费等陋习；组建道德模范督查队、"啄木鸟"市民监督团，督查不文明行为155起；建立移风易俗志愿服务队，开展"红包革命""重阳敬老""零彩礼集体婚礼"等主题实践活动，力促文明习惯养成。完善制度体系，建立"四会一约"制（红白理事会、道德评议会、村民议事会、禁毒禁赌会和村规民约）、简约婚礼制、随礼封顶制、礼堂准入制、文明积分制等系列制度。

▲"一十百"工程：制定一套《东阳市婚礼等喜庆事宜操办指导性标

2020年7月18日，东阳市新时代文明实践简约婚礼宣传活动暨简约婚礼示范基地授牌仪式举行 （市委宣传部提供）

准》，提出婚宴桌数、菜金、礼金和婚车数量等具体标准，为文明简约婚庆提供遵循依据；打造富嘟酒店、湖溪镇镇西村马上桥花厅、城东街道李宅社区等十个“新时代文明实践简约婚礼示范基地”，推出喜庆节俭、价格实惠、群众满意的婚纱、婚宴、喜糖等简约婚庆服务套餐，为文明简约婚礼提供示范；在100余个村（社区）新时代文明实践站建立百个文明喜宴中心，制定文明简约婚庆礼仪流程，实施“事前提醒、事中服务、事后评价”，为文明简约婚礼提供便利。

【新时代文明实践中心建设】 2020年，东阳市建成新时代文明示范实践所2个、示范实践站6个。组建新时代文明实践七大志愿服务联盟，成立68支市级志愿服务队伍、1000余支镇村志愿服务队。打造“五大家园”服务项目▲。整合全市服务资源，培育102个志愿服务项目，开展“送理论、送科技、送文化、送文明、送关爱”文明实践“五送”活动。评选出首批新时代文明实践志愿服务品牌项目14个，“幸福蜗居”项目获得浙江省首届志愿服务项目展示交流大会银奖。

▲“五大家园”服务项目：理论宣讲通俗化，打造“思想家园”；核心价值培育常态化，打造“幸福家园”；文化活动多样化，打造“文化家园”；志愿服务制度化，打造“和美家园”；人文关怀本土化，打造“爱心家园”。

【群众性精神文明创建】 2020年，市委宣传部分别指导东阳农商银行、虎鹿镇葛宅村成功创建全国文明单位、全国文明村。每季度组织“东阳好人”评选活动，每月挖掘推荐“金华好人”。全年评选出“东阳好人”52人，其中人选“金华好人”15人、“浙江好人”2人、“全国五好家庭”1户。开展“道德模范宣讲五进”活动，根据《东阳市道德模范奖励帮扶实施办法》，落实道德模范体检、赠阅报刊、邀请参加重大活动等待遇。开展新时代文明讲堂电视宣讲49期，宣传道德故事56个。以“读道德金句、看道德宣传、学道德模范、做文明先锋”为主题，将百工园建设成为“立德广场”（新时代文明实践主题广场）。完成志愿服务和应急救援工作先进评选、表彰。组织未成年人亲子读书和朗读活动。

【宣传队伍建设】 2020年，市委宣传部开展“四力”（脚力、眼力、脑力、笔力）教育实践，组织基层宣传骨干培训、网评培训等专业基层培训。做好国家文化名家暨“四个一批”人才▲、国家哲学社会科学领军人才等专业人才推荐。黄小明获中宣部文化名家暨“四个一批”人才，王向东、杨乐获2020年度金华市“五个一批”人才▲。11月，组织“优秀新闻工作者”

东阳市首批新时代文明实践志愿服务品牌项目一览表

表5

序 号	志愿服务单位	项目名称
1	东阳市义务工作者协会	“公益大巴”——暖心社区服务
2	东阳市晨夕相伴社会服务工作中心组织文艺队	晨夕相伴 不在孤寂中老去
3	东阳市一米公益协会	关爱老人——走进美丽乡村
4	三单乡	“燕衔春泥”
5	虎鹿镇葛宅村	葛宅村童学馆
6	东阳市因爱家庭教育社会工作服务中心	因爱家庭教育
7	平安巍山义警联盟	巍山镇百姓零距离服务
8	东阳市爱盟社会工作服务中心	护苗计划
9	国网东阳市供电公司	幸福蜗居
10	东阳市红十救援队	“爸妈，我们回家”——关爱阿尔兹海默症
11	东阳市红十救援队	爱心冰柜
12	吴宁街道西街社区群乐文艺团	群众联欢点亮东城
13	东阳市与爱同行志愿者协会	公益小天使——让爱不再留守
14	东阳市阳光公益志愿者协会	路人甲守护英雄——关爱老兵

“飘萍新闻奖”和“优秀新闻栏目”评选活动，评选出“优秀新闻栏目”8个，“优秀新闻工作者”10人，“飘萍新闻奖”一等奖5个、二等奖7个、三等奖14个、十佳新媒体作品奖10个。

▲“四个一批”人才：一批全面掌握邓小平理论和“三个代表”重要思想、学贯中西、联系实际的理论家；一批坚持正确导向、深入反映生活、受到群众喜爱的名记者、名编辑、名主持人；一批熟悉党和国家方针政策、社会责任感强、精通业务知识的出版家；一批紧跟时代步伐、热爱祖国和人民、艺术水平精湛的作家、艺术家。

▲“五个一批”人才：一批全面掌握邓小平理论和“三个代表”重要思想、有较高学术造诣、联系实际的理论专家；一批坚持正确方向、深入反映生活、受到群众喜爱的名记者、名编辑、名主持人；一批熟悉党和国家方针政策、社会责任感强、精通业务知识的出版专家；一批紧跟时代步伐、热爱祖国和人民、艺术水平精湛的作家、艺术家；一批既懂得宣传文化发展规律、又懂得市场运作规律的文化经营管理专家。

东阳市第21个中国记者节“优秀新闻工作者”一览表

表6

序号	姓名	单位
1	苗　蔓	市融媒体中心
2	刘晶君	市融媒体中心
3	蒋健励	市融媒体中心
4	任振江	市融媒体中心
5	朱韩茹	市融媒体中心
6	黄　瑶	市融媒体中心
7	胡扬辉	市融媒体中心
8	郭好进	市融媒体中心
9	陈林旭	市融媒体中心
10	郑余良	市融媒体中心

2020年度东阳市“飘萍新闻奖”一览表

表7

奖别	作品标题	体裁	单位	作者(编辑)
一等奖	4人确诊3869人整村隔离 白坦村民守望相助14天：别来，无恙	通讯	市融媒体中心	陈　云　蒋　璐
一等奖	“东阳人五个特质”系列报道	言论	市融媒体中心	朱榕贵　吴旭华　郭好进　史　莹　黄永强　胡剑文
一等奖	横店影视按下“加速键”20多个剧组有序开拍	消息	市融媒体中心	夏建华　黄战涛　(吴金强　潘亮福)
一等奖	【走向我们的小康生活·了不起的村庄】系列报道(广播)	系列报道	市融媒体中心	吕勇勇　檀　薇　楼宇婷　骆　意
一等奖	奔涌向前天地宽——写在横店影视文化产业集聚区成立之际	通讯	金华日报东阳分社	冯俊江

续表7

奖 别	作品标题	体 裁	单 位	作者(编辑)
二等奖	一起战 一起赢——抗击新冠肺炎疫情的“东阳答卷”	通讯	市融媒体中心	朱榕贵 吴旭华
二等奖	把“家乡”装进准大学生行囊 希望他们今后用所学报效桑梓	通讯	市融媒体中心	李 磊
二等奖	“共享员工”缓解用工难 横店工业企业借用影视城1000多名员工	消息	市融媒体中心	陈巧颖
二等奖	隔离病房的故事:细心专心加用心 时刻守护病患健康	消息	市融媒体中心	任振江 申屠鹏 (吴金强 潘亮福)
二等奖	22楼高空坠物 砸伤4岁男童及后续	连续报道	市融媒体中心	胡 勇 杜哲英(葛朝阳)
二等奖	东阳乡贤徐文荣:一位老党员和他的“三农梦”	专题报道	市融媒体中心	潘亮福(包 羽 吴金强)
二等奖	东阳实现百亿级产业项目“零突破”	消息	金华日报 东阳分社	陈启宇
三等奖	东阳有了首所本科职业大学 浙江广厦建设职业技术学院更名为浙江广厦建设职业技术大学	消息	市融媒体中心	陈 云 包筱玲
三等奖	湖北籍员工返岗 工友们列队欢迎	图片	市融媒体中心	包康轩 王江红
三等奖	东阳,“清零”了!	消息	市融媒体中心	陈 云
三等奖	全国首家地摊经济联合工会成立 振兴路夜市摆摊人有了娘家	通讯	市融媒体中心	孙新萍 杜娅玲 张倩莲
三等奖	加快推进乡村治理规范化现代化 花园村成立全国首个村级市政管委会	消息	市融媒体中心	陈巧颖 王江红
三等奖	虎鹿古香榧树青果溢价率拍卖落锤 千年“香榧王”以300%溢价率成交	消息	市融媒体中心	杜思远
三等奖	出口滞销产品有了内销“新出路” 税收大数据助企找买家	消息	市融媒体中心	杜思远 朱兰英
三等奖	东阳市首例新冠肺炎治愈患者捐献血浆	消息	市融媒体中心	蔡晓莉 赵鼎宇 (吴金强 潘亮福)
三等奖	主播邀您“云赏花”	系列报道	市融媒体中心	吕安冉 王凌峰(徐凌云)
三等奖	我市对口理县医疗帮扶显实效	消息	市融媒体中心	骆 意(吴金强 潘亮福)
三等奖	“用工荒”对接“闲着慌” 我市千名“共享员工”让企业共渡难关	消息	市融媒体中心	吕勇勇 楼宇婷 檀 薇
三等奖	佐村上村:抗疫封路不隔心 村干部当起“代购员”	消息	市融媒体中心	王凌峰(徐凌云)
三等奖	抗疫表现突出 东阳市3名医务人员光荣入党	消息	市融媒体中心	蒋健励(吴金强 潘亮福)
三等奖	东阳一家三代演绎“爱的接力”暖故事	通讯	金华日报东阳分社	卢师慧

2020年度东阳市“十佳新媒体作品奖”一览表

表8

编号	作品标题	参评单位	作者(编辑)
1	风里雨里 我们接你们“回家” 记者亲历非常时期的暖心之旅	市融媒体中心	黄保平 杜倩 孙振华 杨慧萍
2	东阳市委全会报告关键词出炉!	市融媒体中心	刘海杰
3	陌上花开,等你归来	市融媒体中心	杜倩 卢玮 徐航 董之震 胡扬辉 包康轩 吴旭华 郭璐 黄瑶 杨慧萍
4	东阳吴某成聚集性病毒传播案例分析,1人感染7人,560余人隔离,这些警示要牢记	市融媒体中心	董莹 杨慧萍
5	台风“黑格比”中心穿过东阳,造成多大影响?(多图+视频)	市融媒体中心	孙新萍 陈云 陈勇 吴嘉沁 王倩玫 杜倩 卢玮 许琳琳
6	《茶花姐防疫经》(《茶花姐碎碎念》)系列	市融媒体中心	王宁 包羽 葛朝阳
7	闪闪捉谣记	市融媒体中心	李雨珊
8	疫情防控东阳在行动	市融媒体中心	陈柏安 张永欣 葛旭东
9	云游中国木雕博物馆H5	市融媒体中心	陈伯安 张永欣 葛旭东
10	战“疫”·致敬这些“平凡人”	金华日报东阳分社	张益晓 吴雄锋

2020年度东阳市“优秀新闻栏目”一览表

表9

编号	栏目标题	参评单位	栏目负责人
1	走向我们的小康生活·东阳百家幸	市融媒体中心	任旦雯
2	“全力战疫”特刊(“坚决打赢防控阻击战发展总体战”特刊)	市融媒体中心	胡剑文
3	实施五大会战 加快东阳发展	市融媒体中心	胡鼎
4	走向我们的小康生活·了不起的村庄	市融媒体中心	吴金强
5	行风热线	市融媒体中心	葛朝阳
6	好书共读	市融媒体中心	王静静
7	应争先谈防疫	市融媒体中心	黄祥
8	东阳教育报道组集体采访活动	金华日报东阳分社	张益晓 杜晓萍

(蒋亮)

统一战线

·综述·

【概况】 2020年，东阳市委统战部牵头举办第二届世界东阳人发展大会。创建全国爱国主义教育基地1个，省级新的社会阶层人士统战工作实践创新基地1个，省级多党合作传统教育基地1个，金华市级社会阶层人士统战实践创新基地3个。新建市党外知识分子联谊会“小候鸟”同心实践基地，累计开展培训活动14场，参与学生超4200人次。组织统战系统800余人次参加送医送药、新农村建设等社会服务活动。市委统战部被市委、市政府评为先进单位；被金华市委统战部评为先进集体。

【党外代表人士队伍建设】 2020年，市委统战部按照“扩大基数、保证质量、提升形象”目标，与市委组织部召开联席会议、党派主委座谈会、党派组织工作座谈会等，明确党外干部培养使用“五条意见”、党派成员发展年度规划、党派团体经费使用管理办法等。全市选任副局级以上党外干部2人，加入民主党派24人，认定无党派人士38人。指导完成民革、九三学社、台联会、新联会、横漂会、网络界人士联谊会换届。指导开展农工党成立90周年系列纪念活动、东阳民革成立30周年系列庆祝活动。

【民主党派和党外人士参政议政】 2020年，各民主党派和党外人士重点围绕“五个关键时期”、聚焦“五大会战”开展调查研究、建言献策。“两会”期间，党外代表人士提出建议和提案60余件，其中《关于加大老旧小区综合整治力度的建议》《关于推进建筑业招商引资工作的建议》等5件提案被列为全市重点提案，《关于加快建立王惕吾故居的建议》获评市政协十四届四次会议大会发言二等奖，由市委统战部牵头落实。

【疫情防控】 2020年，市委统战部排摸收集“境外旅居、留学等回国人员（中国籍）”入境人员数据5419条、181305人次。统战系统捐款超2亿元，捐赠防护服86万件、口罩160万只及其他医疗物资20万件，其中港澳台同胞、海外侨胞捐款捐物超940万元。参与“三服务”“台企服务月”等活动，全力助推企业复工复产。市委统战部领导带队到四川省组织员工安全返岗。

【民族宗教事务】 2020年，市委统战部实施民族团结进步“石榴籽”工程，以省“四微”（微组织、微窗口、微热线、微平台）建设为抓手，以“六进”（进机关、进企业、进社区、进乡镇、进学校、进宗教场所）活动为载体，在白云街道十里头社区建设相互嵌入式社区民族之家，成立5个功能室服务各族群众，依托社区维权室调处矛盾纠纷。宗教界人士贯彻落实党的宗教政策，基督教东街教堂获评2020年度省级平安宗教活动场所，宝积寺获评“七五”普法省级宗教法治宣传教育基地。宗教界做好宗教活动场所疫情防控工作，利用自身优势，发挥乐善好施、扶危救困的优良传统。其中，市佛教协会发动各宗教活动场所捐款，累计捐助资金和物资39万余元；市基督教三自爱国运动委员会也累计捐助资金3.6万元；城南西路穆斯林临时礼拜点捐助价值1.2万元物资。

【企业服务】 2020年，市委统战部举办两期“亲清直通车·政企恳谈会”，完成小微企业融资需求等调研任务，落实各项支持民营经济发展政策措施，面对面帮助民营企业解决难题。组织“三服务”“十地百名行长助企业复工复产”“台企服务月”等活动，协助300余家企业顺利开工。走访台企侨企民企44家，对接协调推动金融机构发放首批专项贷款20余亿元，助推企业复工复产。开展“万企帮万村”结对活动，多渠道、多形式支持四川理县扶贫产品，对接东西部扶贫协作会员企业向理县捐赠东阳市首批社会帮扶物资（价值350万元的衣物），组织新生代企业家11人到理县开展对口帮扶并签订协议书。

【乡贤服务】 2020年，市委统战部推出乡贤家属健康医疗绿色通道、乡贤父母免费健康体检、乡贤老家住房修建、乡贤特色化金融服务、“红小二、红管家”服务五大服务举措，安排知名乡贤父母近400人享受免费健康体检，落实乡贤建房土地专项指标，初步解决符合审批条件的乡贤建房需求问题。与东阳农商银行建立服务乡贤全面战略合作关系，全国首创发行浙江农信丰收乡贤卡，得到省委统战部领导的肯定，入选全省乡贤工作案例。

【四大回归工作】 2020年，市委统战部深化“乡贤+”模式，做好项目、人才、资金、存款“四大回归”工作，配合做好招商引资招才引智工作。全年引进“领军人才”3人，存款回归流量超103亿元。乡贤签约框架、投资协议41个，总洽谈规模超600亿元，其中落地项目13个，总投资额194亿元。

【“横漂”自由职业人员统战工作调研】 2020年11月12日，中央统战部六局、省委统战部党外知识分子和新的社会阶层人士工作处一行到东阳市，对东阳市新的社会阶层人士统战工作情况开展调研。调研组到横店镇横店社区雅堂小区横漂广场、横店影视文化产业创新服务综合体等地调研。雅堂小区是“横漂”集聚地，也是东阳市“横漂”（特指在横店参加影视剧拍摄的外地人士，不包括外地来横店工作的普通人和横店本地人）自由职业者实践创新基地的副阵地，小区为“横漂”们搭建学习、交流的舞台和展示、创业的平台。调研组考察横店影视文化产业创新服务综合体的腾讯众创空间，详细了解横店演艺人员联谊会的架构和运作情况。腾讯众创空间是东阳市“横漂”自由职业者实践创新基地的主阵地。横店演艺人员联谊会是以“横漂”自由职业者及相关代表人士为主体，主要由演员、导演、制片人、经纪人等影视从业人员自愿组成的，具有统战性、联谊性、服务性的非营利的社会团体，是市委统战部联系“横漂”这一新的社会阶层人士的重要桥梁和纽带。

（吴晓阳）

·第二届世界东阳人发展大会·

【概况】 2020年1月1—2日，东阳市举办第二届世界东阳人发展大会。大会以“和·合——家和万事兴 合力促发展”为主题，邀请568名海内外知名乡贤回乡共商家乡发展大计。大会同期举办主旨大会、智企对接会、建筑科技与产业发展论坛、“东阳人看东阳”乡情茶叙和乡情恳谈会等系列活动，大会现场签约项目投资额339.75亿元，合作总规模超过400亿元。

摄制城市形象宣传片《和合东阳》，体现东阳人特质与发展成就，落款“此心安处是吾家 归来依然是少年”配以“我回来了”的旁白，凝聚广大东阳人共建家乡的热情。延时摄影作品《韵动东阳》、东阳美食专题片《风味东阳》和《乡贤祝福集锦》《东阳之光MV》等多个视频，在主旨大会、乡情茶叙会及家乡文艺展演等不同场合播放。

【主旨大会】 2020年1月1日，第二届世界东阳人发展大会主旨大会在横店圆明新园新长春园(夏苑)法国馆召开。会议由市委副书记、代市长楼琅坚主持，市委书记傅显明做主旨演讲，阐释东阳人身上“勤、勇、韧、能、义”的五大特质；原东海舰队政治部副主任、少将韦立汝，中天控股集团有限公司董事长、杭州东阳商会会长楼永良，中国工程院院士、浙江大学化学工程与生物工程学院教授任其龙，杭州千芝雅卫生用品有限公司董事长吴跃，横店集团控股有限公司董事长、总裁徐永安分别做主题发言，立足自身领域把脉东阳市当前与未来经济社会发展，曹德信、潘德炉、陆光正、厉旭辉、陆朝阳等9名乡贤领衔宣读倡议书；进行项目签约仪式；举行东阳中学教育发展基金会成立仪式。全体邀请嘉宾，市四套班子领导，人武部部长，政委，法检两长，副县级领导，退出现职未退休市领导、正县级退休市领导及2012年以来退休的副县级领导，市机关各部门、单位主要领导，各镇乡街道党政正职，各民主党派主委，市驻外联络处负责人，市人民医院、广厦职业技术学院、横店影视职业学院负责人，2018年度纳税前100强企业负责人，浙商回归企业负责人代表，新生代创业创新企业家代表，部分市党代表、人大代表、政协委员，社会团体与行业协会代表，横店集团代表等参加会议。

【建筑科技与产业发展论坛】 2020年1月1日，由市人民政府、国家预应力工程技术研究中心(东南大学)、智慧建造与运维国家地方联合工程研究中心(东南大学)主办，市建筑产业发展联盟、市住建局承办的第二届世界东阳人发展大会“建筑科技与产业发展论坛”在横店贵宾楼举行。中国建筑业协会会长王铁宏，中国工程院院士、原华中科技大学校长丁烈云，中国工程院院士、浙江大学教授龚晓南，中国建筑集团有限公司总工程师毛志兵，中国土木工程学会秘书长李明安等参加论坛。与会人员围绕“建筑科技与产业发展趋势”这一主题，对未来建筑业发展趋势做研讨交流。

【智企对接会】 2020年1月1日，第二届世界东阳人发展大会系列活动之一的“科学家+企业家”智企对接会在横店贵宾楼举行，20余名东阳籍生物医药、磁性电子相关领域专家与全市40余家生物医药、磁性电子企业代表，精准架起科技成果和企业需求之间的桥梁，实现智企合作共赢，更好地推动人才优势转化为发展优势；王坚成、郭潮潭、葛洪良、马紫峰4名教授分享行业发展研讨和科研成果；横店集团东磁股份有限公司、浙江凯文磁钢有限公司、普洛药业股份有限公司、浙江野风药业股份有限公司4家企业在现场发布相关技术难题、项目和人才需求。中国计量大学教授葛洪良与横店东磁，上海应用技术大学教授吴范宏与野风药业2个人才项目进行现场签约。

【投资项目签约仪式】 2020年1月1日，第二届世界东阳人发展大会举行投资项目签约仪式，上海临港科创中心东阳分中心等10个项目进行现场签约，横店集团巴斯夫合作等16个签约项目进行现场展示，签约项目投资额339.75亿元。

【“东阳人看东阳”乡情茶叙和乡情恳谈会】 2020年1月1日，第二届世界东阳人发展大会乡情茶叙会在横店国贸大厦举行，近500名世界各地的回乡东阳人参加。通过东阳民间传统宴席中延续数百年的珍贵菜式——东阳“三样贯”，东阳传统餐具——高脚碗等，供嘉宾品地道东阳美食，忆儿时东阳味道，触发嘉宾浓浓乡情。举办家乡文艺展演，以乡情乡愁为主线，展示东阳地域文化，营造“回家”“家和”氛围。

(吴晓阳)

机构编制

【概况】 2020年，按照深化事业单位改革工作精神，东阳市整合职能相近的单位、撤销“小散弱”单位、规范管理口径单位66家；对20个部门单位要求增设机构和调整编制的情况进行梳理，其中，新设事业单位2个，7个部门单位调整内设机构，8个部门单位调整编制数，3家部门单位调整领导职数。

【党政机构改革】 2020年，为巩固和发展党政机构改革成果，跟踪部门“三定”运行质效，对职责交叉问题统筹研究，中共东阳市委机构编制委员会办公室(简称市委编办)按照“一类事项由一个部门统筹”原则，对卫健、民政等部门老年健康管理、老年证办理等职能交叉事项进行梳理明确；明确过渡期间市自然资源和规划局、市农业农村局农村宅基地审批、执法等相关职责；调研市自然资源和规划局执法队改革工作；协同参与城乡建设领域管理体制改革。深化部门权责清单建设，组织部门单位认领入库政务服务类事项，并在浙江政务服务网全面上线。

【事业单位清理规范整合】 2020年，按照明晰功能定位、强化公益属性的要求，全市整合职能相近的单位、撤销“小散弱”单位、规范管理口径单位

66家，改革后全市保留公益类事业单位142家（不含医院、学校、群团等），精简比例32%，较省定精简15%的任务比例翻倍完成。优化事业单位布局，为五个关键时期重大项目和关键领域释放出机构编制空间。涉改事业单位重新制定“三定”（定职责、定机构、定编制）规定，实现事业单位分类和经费形式统一规范、事业单位名称（挂牌）规范设置、事业单位领导职数规范管理“三个规范”。

【事业单位“回头看”工作】 2020年，市委编办成立3个专项督查组实地督查13家部门、77家事业单位，重点查看机构挂牌、事业单位法人变更、人员转隶、办公场所调整使用等情况，了解机构运行、人员融合等情况。对跟踪问效过程中发现的问题，能当场解决的立整立改，不能当场解决的建立问题清单督促落实。完善机构编制审批与问题整改联动机制，对整改措施不落实、整改不到位的单位，暂停受理机构编制业务事项。

【五大领域综合行政执法改革】 2020年，东阳市组建市场监管、生态环境保护、文化市场、交通运输、农业五大领域综合行政执法队，实行“局队合一”体制。市委编委印发五大领域综合行政执法队“三定”规定，明确执法队主要职责，优化设置内设机构，在市场监管成立影视文化执法中队、建筑业执法中队等专业执法队伍，带动特色产业发展。按照“编随事走、人随编走”的原则，整合执法力量，锁定编制底数310名，锁定具体执法人员254名。全面梳理和精简行政处罚、行政强制事项，整合相关执法职能，统一执法主体，减少执法层级，实现“一支队伍管执法”。

【“县乡一体、条抓块统”集成改革】 2020年，东阳市在“两镇两街”（江北街道、城东街道、横店镇、南马镇）开展“县乡一体、条抓块统”集成改革试点工作，制定《“县乡一体、条抓块统”集成改革试点工作实施方案》《“秒响应”工作机制》等配套文件，统筹县乡资源，强化县乡协同，落实“整体智治”（整体治理+智慧治理）。建立《乡镇街道属地管理责任清单》《重点工作属地管理责任清单》，将原本职责模糊的103项事项逐一明确市乡职责边界，促进基层明责减负、赋能增效。省委编办主要领导专门听取东阳市改革情况，省委改革办、金华市委改革办、金华市委编办先后到东阳市进行专题调研并给予肯定。《中国机构改革与管理》、《省委编办简报》、金华信息《专报》、《浙江日报》头版、浙江新闻网、《金华日报》头版刊发东阳市做法。

【机关内部“最多跑一次”改革】 2020年，东阳市机关内部“最多跑一次”平台中47个部门387项事项全部实现“跑一次”，高频事项97.87%实现网上办，系统累计办件量79709件。申请材料数比2019年减少40.3%；承诺办结时限比2019年压缩42.63%。整合梳理部门间联办“一件事”22项，其中公务员职业生涯全周期“一件事”实现“2个工作日内办结”“一张表单、一个平台联办”“零跑办成”。市政府常务会议议题全流程“一件事”做法在《金华改革》刊发。

【编外聘用人员规范管理】 2020年，市委编办、市财政局、市人力社保局联合制订《过渡期间编外聘用人员核编、公开招聘的意见》，明确过渡期间除紧缺型岗位外一律不予招聘编外聘用人员。设计开发机关事业单位编外聘用人员信息化管理平台，打通公积金、医保、社保等管理系统，建立使用审核—经费核拨—公开招录—待遇发放的编外聘用人员生命全周期“一件事”管理体系，对全市编外聘用人员进行实时动态的实名制管理。拟制《东阳市机关事业单位编外聘用人员管理实施办法》及相关政策配套文件。

【机构编制服务保障】 2020年，面对新冠疫情，市委编办开展全市疾病预防控制体系专题调研，摸底评估东阳市疾控防疫机构编制力量，按照编制人口1.2名/万人配备标准，补齐疾控中心编制18名，强化疾病预防控制体系建设，提升对突发公共卫生事件的处理和反应能力。加强全市养老服务、居家养老等工作力量，增设市养老指导服务中心事业单位，核定编制11名。为招商引资、特色产业发展、构建大交通提供机构编制支撑，设立市建筑业发展服务中心、市家具研究院、市铁路项目指导服务中心、市投资促进中心、市大数据发展中心、市财政金融服务中心等17家正（副）科级事业单位。加强融媒体、人大、政协、公安等部门工作力量，根据部门实际调整内设机构设置和人员编制。

【机构编制动态评估】 2020年，市委编办对职能弱化事业单位实施适度减编，3年以上未使用的部分空编予以收回，收回事业编制137名。组织对市进出口产品检测技术中心机构编制执行情况评估试点，根据评估检查情况，收回市进出口产品检测技术中心5名空余编制。加大编制周转力度，推行调控编制，为满足引进高层次人才、改革创新试点和阶段性重点工作需要，使用调控编制12名，单位减员自行收回实现编制循环使用。

【机构编制监督检查】 2020年，根据中央编办、省委编办统一部署，市委编办组织各部门单位开展超审批权限设置机构等问题自查自纠工作，完成问题台账的全面落实整改。组织人员参加市委第九轮、第十轮巡察，分别对人力社保、党校、国资等6家单位机构编制执行情况进行巡察，发现3个单位共计52条问题线索，其中30条问题线索涉及事业登记相关问题，督促相关部门对事业单位改革中遗留问题进行整改。联合组织、财政、人力社保等部门对各部门单位开展“三超两乱”问题专项整治，对存在“三超两乱”问题的市自然资源和规划局、市交通局、市民政局、市住建局和市行政服务中心5家单位下发整改函。5家单位全部完成整改。

【事业单位登记管理】 2020年，东阳市事业单位登记管理实行网上“全流程”办理，全市386家事业单位参加2019年度报告公示工作，完成率

100%。规范事业单位法人登记管理,加强事中事后监管力度,按照2%的比例随机抽取7家事业单位开展事业单位法人公示信息"双随机"抽查。开展涉改事业单位的设立、变更、注销登记,实施事业单位法人简易注销程序办理注销登记。全年事业单位设立登记9家,变更登记179家,注销登记61家。

【机构编制实名制管理】 2020年,市委编办开展实名制系统与养老系统数据比对工作,比对17653条人员信息,反馈相关单位对问题数据即整即改。根据新印发的事业单位"三定"规定及相关文件,调整实名制系统200家事业单位机构、编制、领导职数等相关信息。全年审核实名制系统信息13579条,其中通过公务员和事业单位人员"一件事"平台审核人员出入编信息3501条。

(许杭威)

台湾事务

【概况】 2020年,中共东阳市委台湾工作办公室(简称市台办)引进东阳弘福工艺品厂、东阳市友鑫品餐饮管理有限公司、东阳倚群礼品有限公司、东阳市陈健甫有限公司台资企业4家。至年末,全市有台资企业8家。9月11日,在市委党校召开全市台情调查工作会议,进行相关业务培训。10月初,市委调整对台工作领导小组成员单位,制定《中共东阳市委对台工作领导小组工作规则》,明确各成员单位工作职责,建立工作联系协调制度。10月22日,召开首次全市对台领导小组成员单位(扩大)会议。动员市台联会和台联各界人士为抗击新冠肺炎开展捐款捐物活动,捐献N95口罩2840只、大米12吨,价值约11万元。

【涉台服务】 2020年,市台办利用市台联会横店分会换届之际,在横店分会区域范围内(横店镇、千祥镇、湖溪镇、马宅镇)开展台情调查试点工作。根据新一轮的调查结果,东阳市有台胞710户1672人,台属2158户3697人,台资企业8家,在东阳台湾人27人,涉台婚姻52人。

开展各类帮扶工作,协调解决台企在新冠肺炎疫情防控期间复工复产过程中遇到的实际困难,确保台企享受到各项纾困政策措施。全市台资企业合计减免税费11.43万元。8月11—13日,组织在东阳市的台胞一行15人开展"在东台胞看浙江——婺越文化行"活动,参观考察绍兴鲁迅故里、绍兴黄酒博物馆、武义俞源太极星象村、台湾义勇队纪念馆、金华双龙洞等地。11月19—20日,组织在东阳市投资创业的台商及其家属一行11人,开展"在东台商看东阳"活动,到木雕小镇、北后周村、陆金龙火腿厂、天宝禅寺、象田村、横店影视城、花园村等地就东阳特色产业发展、美丽乡村建设等开展考察。

【涉台宣传工作】 2020年7月,市台办汇编《关于促进两岸经济文化交流合作的若干措施》(又称"国台办31条惠台措施")、《浙江省贯彻〈关于促进两岸经济文化交流合作的若干措施〉的实施意见》(又称"省76条意见")、《浙江省台湾同胞投资保障条例》、《金华市贯彻〈关于促进两岸经济文化交流合作的若干措施〉的实施办法》(又称"金华41条惠台措施")等涉台政策,发放至全市各机关部门、镇乡街道及台胞台属台企,发放300余册。11月30日,邀请国台办干部培训中心主任王杰,在东阳文化大讲堂作题为《解决台湾问题,推进祖国统一》的台海形势报告,市四套班子领导、各镇乡街道领导、机关部门中层以上干部、市台联会常务理事等近500人参加报告会。

【台联界提案】 2020年,在政协第十四届东阳市委员会第四次会议期间,台联界13名政协委员提交提案18件。其中,界别团体提案1件、委员个人提案17件。《关于加快建立王惕吾故居的建议》获评市政协十四届四次会议大会发言"二等奖",台联界被评为"优秀界别"。台联界政协委员响应市政协关于开展"一村一委员"活动的号召,通过联系村监督、随手拍监督、提案和专刊监督、跟踪监督等方式,参与垃圾分类、公共卫生体系建设、生活环境整治等问卷调查。

【台联会基层组织建设】 2020年1月13日,市台联会举行第七次代表大会暨换届选举大会,全市270名代表参加会议。会议选举产生新一届理事会成员90人,周震明当选市台联会第七届理事会会长。5月28日,市台联会横店分会第二次代表大会在横店镇政府召开。来自横店镇、千祥镇、湖溪镇、马宅镇的80余名代表参加会议。会议选举产生市台联会横店分会新一届理事会成员30名。徐菁华当选市台联会横店分会第二届理事会会长。

【特色活动】 2020年1月17日,市台办举办台胞台属春节团拜会,市台办、市台联会老领导,台胞、台属、台企代表50余人参加。慰问走访定居台胞、重点台属50余户,贫困台属10户。台北东阳同乡会召开春节团拜会,向在台同胞寄送贺年卡200余封,并发送市委书记和市长署名慰问信。9月27日,市台办、市台联会联合举办以"共祝团圆、共庆佳节"为主题的2020年度台胞台属中秋茶话会,台胞台属代表、台联界政协委员、各镇乡街道统战委员等100余人参加活动。

【台联会对外交流】 2020年3月28日,市台联会组织台联骨干到磐安学习考察。5月15—17日,市台办组织台联会骨干到舟山、宁波、奉化,金华市金东区等进行学习考察。9月5日,市台联会吴宁分会邀请市台办、市台联会到"两山"理论发源地——安吉余村开展习近平新时代中国特色社会主义生态文明建设思想专题考察。

(施良苗)

党校教育

【概况】 2020年,中共东阳市委党校与市行政学校、市社会主义学校实行"三块牌子、一套班子"的办学体制。

市委党校在2020年度金华各县(市、区)党校系统考核中被评为综合类优秀单位,获评金华市党校系统教学管理优秀奖和东阳市垃圾分类示范单位,机关党支部被中共金华市委组织部评为五星基层党组织,市委党校档案室获评东阳市首批规范化档案室。

2020年7月6日,东阳市2020届中青年干部培训班在横店长征博览城开展军训活动 (市委党校提供)

【干部培训】 2020年,市委党校承办主体班次共11个,22期3090人次,包括年轻干部培养"青蓝工程"培训班(9期)、中青班("85"后中层干部培训班)、市管领导干部进修班、新选派第一书记专题培训班、推进市域治理现代化专题研讨班、政法干部培训班、促进工业经济高质量发展专题研讨班、机关部门中层干部政治素质提升报告会(2期)、推进建筑业高质量发展专题研讨班、新录用公务员专题培训班、党的十九届五中全会精神专题轮训班(2期)。承办来自市内各机关单位的部门办班63期,其中学制2天以上的社会培训班次9期957人次,包括工业企业职业经理人培训班、退役军人培训班、白云街道换届选举专题培训班、供销系统安全教育专题培训班、乡镇财务业务专题培训班、网络文化传播业务培训班、党外骨干分子专题培训班、理事长专职委会业务培训班和嘉兴市委党校市管干部培训班。承接金华市委党校(春季)中青班、嘉兴市委党校党性教育专题培训班、嘉兴市委党校市管干部培训班、嵊州市中青班和浦江县人民检察院党性教育专题培训班5期市外班次,受训191人。

【社会科研】 2020年,市委党校获省委党校课题立项3项、结题优秀课题1项;获省委党校理论研讨会二等奖、三等奖各1项,祝一撰写的《农村治理主体多元化的实践路径:从"三治融合"到"一核多元"——以D市推动全国农村社区治理实验区建设为个案》获县(市、区)组二等奖,丁杨撰写的《从"二元"到"融合":乡村振兴视角下县域城乡融合发展评价模型研究——基于东阳与金华其他县市的比较分析》获县(市、区)组三等奖;获金华市委党校课题立项15项、结题15项;获金华市委党校理论研讨会一等奖、三等奖各1项,丁杨撰写的《从"二元"到"融合":乡村振兴视角下县域城乡融合发展评价模型研究——基于东阳与金华其他县市的比较分析》获一等奖,杜琼撰写的《横店文旅融合发展范式研究》获三等奖;获金华市委党校优秀征文1篇、金华市社科联优秀征文2篇。围绕市委、市政府中心工作,完成"抗疫""六稳六保""五个关键时期"等题材的研究报告9项;完成市委重大课题1项;与市委组织部合作完成重大调研课题3项。有3项重大调研课题获市领导肯定性批示。全年在《中国战略新兴产业》《探索科学》《金华日报》《金华干部论坛》《东阳日报》《党校资政内参》等刊物发表理论文章24篇。市委党校与浙江工业大学马克思主义学院签订战略合作协议,发挥双方资源禀赋和领域专业能力,促进两校的协作与发展。

2020年11月8日,东阳市委党校为市职教中心全体教师解读十九届五中全会精神 (市委党校提供)

【年轻教师"成长共同体"平台建设】 2020年,市委党校制订《中共东阳市委党校关于年轻教师"成长共同体"实施方案》,搭建年轻教师"成长共同体"平台,组织人事政策解读、摄影培训、风险评估、宣传工作、现场教学基地专题讲座等9次集中活动,加强年轻教师授课能力,提升工作技能、人文素养。1名教师获评省委党校先进个人、2名教师列入金华市委理论宣讲团、1名教师入选金华市"321"人才培养计划。

【基层宣讲】 2020年,市委党校开展"党课七进"活动,组织骨干教师到基层一线开展宣讲,送党课进机关、进企业、进农村、进校园、进社区、进军营、进网络。每位教师各联系两个市机关部门、一个镇乡街道、一个基层党组织、两个现场教学点,破解基层找不到教师上党课、教师备课不接地气的"两头难"问题。全年党校教师下基层宣讲100余场次,受训7000余人次。

【特聘教授】 2020年,市委党校以第二届世界东阳人发展大会为契机,主动对接在外东阳籍高层次人才寻求智力支持,增加特聘教授49人(其中东阳籍在外乡贤18人,市内师资31人),累计聘请在外乡贤特聘教授43人,扎根东阳特色产业一线专家学者56人,建成"43+56"高层次宽领域特聘教授师资队伍。全年邀请特聘教授授课培训21期,培训2000余人次。

【现场教学基地建设】 2020年,市委党校增加现场教学基地17个,建成"1+3+29"现场教学基地模式,有现场教学基地33个(省级1个、金华市级3个、东阳市级29个),内容涵盖经济发展、党的建设、三乡文化、社会治理、乡村振兴五大主题。横店影视文化现场教学基地被浙江红船干部学院列为现场教学基地。

【校园建设】 2020年,市委党校以建设"红色学府、绿色校园"为目标,大力优化校园环境。在行政楼、教学楼门口及报告厅、阶梯教室内增设永久性红色宣传牌,丰富校园红色文化内容,打造"一馆一廊一吧一线"(校史馆、"三乡一城"文化长廊、红色书吧、环路环湖红色标语宣传线),形成党建宣传"红色磁场"。做好校内绿植补种、修剪工作,对人工湖进行清淤换水,翻修部分路灯和花坛等设施。做好基础设施改造,对教学楼卫生间、阶梯教室防腐木、学员楼主梁、报告厅音响系统、综合楼屋面和办公室格局等进行维修改造,对综合楼主电缆、食堂隔油池和电力井、校园网络等进行维护升级,全年支出维修改造费用26万元。

(李全鹏)

史志和档案

【概况】 2020年,《东阳市志》初稿完成,并通过评审。《东阳年鉴(2019)》入选第四批中国精品年鉴。《东阳年鉴(2020)》完成出版。编印《东阳纪事2020》,编印杂志《东阳史志》4期,在《东阳日报》刊载《史志纵横》专栏;"志在东阳"微信公众号推送史志信息和工作动态131期。编纂出版《宋元时期的东阳理学》《东式家具》《横锦水库史实》《人文旭光》《大里村志》《常乐金航》。开展档案业务指导,做好档案的接收、查阅、开发利用和电子备份工作,推进互联网+监管掌上执法。东阳市档案馆高分通过国家级数字档案馆测评。

【机构改革】 2020年1月13日,东阳市委编制机构委员会印发《中共东阳市委党史研究室职能配置、内设机构和人员编制规定》,中共东阳市委党史研究室(东阳市人民政府地方志办公室)、东阳市档案馆整合组建中共东阳市委党史研究室,为市委、市政府直属公益一类事业单位,机构规格相当于正科级,挂东阳市档案馆、东阳市人民政府地方志编纂室牌子。市委党史研究室内设综合科、党史科、接收指导科、保管利用科、志鉴科五个科室;事业编制15名,设主任1名,副主任2名,中层领导职数6名。

【国家级数字档案馆创建】 2020年3月至5月,市档案馆完成机房、库房、弱电间改造;完成民国档案扫描场地安全生产检查与整改;对机房进行全面清理,开展数字档案馆突发事故应急恢复演练。6月,对照创建指标体系进行自查自评,查漏补缺。8月,市档案馆接受浙江省档案局专家组测评,并通过评估。9月至11月,根据省专家组测评意见进行整改。12月15—16日,国家档案局组织专家组从基础设施、系统功能、档案资源、保障体系、服务绩效等方面对东阳市档案馆开展全方位测评,东阳市档案馆高分通过国家级数字档案馆测评。

【省级档案业务评价】 2020年3月,市档案馆制定业务建设评价工作方案,成立评价工作领导小组,将工作任务分解到各个科室,责任到人,开展评价基础工作。对库房进行全面清点,对馆藏文书档案和业务档案按类型、全宗号重新排序分类。4月,制定档案收集范围细则。5月,市委办公室、市政府办公室印发《关于做好2010年前档案移交的通知》。6月至7月,市档案馆完成23家入馆单位的档案接收工作。10月,通过省级档案业务评价。

【数字档案室创建】 2020年,市档案馆对全市创建单位的档案实体整理、数字化扫描、档案管理系统软硬件建设、库房建设等进行全覆盖全方位指导。完成64家单位的数字档案室创建测评工作,其中,4家单位成功创建示范数字档案室,28家单位(包括4家企业单位)成功创建规范化数字档案室,32家单位成功创建数字档案室。完成全市一级进馆单位规范化档案室审核确认。

【"村档镇管"工作】 2020年4月10日,市委组织部召开全市"村档镇管"(村级档案交由镇乡街道集中统一管理,档案所有权归村级组织,村级组织和村民无偿利用的一种管理模式)工作部署会,对18个镇乡街道提出"村档镇管"十条措施,"村档镇管"工作全面启动。对白云街道、六石街道、虎鹿镇、歌山镇、南马镇联村干部和村级组织档案负责人分别进行"村档镇管"档案工作培训。村级组织换届选举期间,联系镇乡街道的综合资料工作专班,对各镇乡街道的换届选举工作材料归档的齐全、完整、规范及移交情况进行检查指导。到横店镇、湖溪镇、东阳江镇、虎鹿镇、三单乡等乡镇分片区进行业务交办,和资料工作专班、乡镇联村干部到行政村进行上门业务指导。

【疫情防控档案建档】 2020年，市档案馆印发《关于做好防控新型冠状病毒感染的肺炎疫情建档工作的通知》《东阳市档案馆关于做好新型冠状病毒感染的肺炎疫情防控工作文件材料收集归档工作的通知》《疫情防控档案集中收集建档的通知》，发布《疫情档案征集公告》，开展疫情防控专题档案接收工作。完成疫情档案政策汇编，做好各防控单位疫情档案资料收集移交指导，收集到33家单位疫情防控工作文件类材料4200余件，照片类资料300余张。

【档案接收利用】 2020年，按纸质档案和数字档案双进馆要求，市档案馆接收23个单位的文书档案。对查档大厅的查阅制度牌进行更新，成立档案开放鉴定工作小组，对符合解密的档案进行解密，优化档案解密、鉴定、开放和利用流程。完成90%以上馆藏实体档案数字化。全年通过浙江档案服务网发起档案查阅284件，电话查档450件，无证明城市核验平台查档45件，机关内部“最多跑一次”钉钉查档127件。

【《跟着档案去旅行》专题片到东阳拍摄】 2020年6月10日，省档案馆到东阳市虎鹿镇为专题栏目《跟着档案去旅行》（由省档案馆和浙江电视台新闻频道联合摄制）选点和拍摄进行实地考察。9月22日，浙江电视台新闻频道《跟着档案去旅行》栏目摄制组一行，到东阳市虎鹿镇蔡宅村、葛宅村实地拍摄。相关专题片于10月10日在浙江电视台新闻频道播出；10月22日，在学习强国浙江学习平台播出。

【民国档案抢救保护】 2020年，市档案馆将省级专项资金30万元用于民国档案的抢救保护项目。通过公开招标，杭州中元数据科技有限公司中标民国档案数字化项目，台州圆通档案服务有限公司中标民国档案修裱项目。扫描民国档案14万余页，著录条目2万余条；完成档案修裱4335页，消毒4233页。年末，两个项目完成并通过验收。

【电子档案登记备份】 2020年，全市有46家单位通过档案登记，37家单位通过档案备份。为提高馆藏数据的安全性，按照省档案局的要求，到300千米外的江苏省某档案馆进行异地备份（完全备份）。对全市29家单位在浙江省“最多跑一次”的行政审批事项进行归档。选择市政府办公室、市商务局、市农业农村局三家单位开展电子公文归档试点工作，对试点单位归档操作中存在的问题进行记录，在全面推广之前进行完善。

【党史资料征集与编研】 2020年，市委党史研究室推进地方党史基本著作编写。征集党史图文资料，汇编市委重要文件，完成1978—2002年市委重要文件选编资料的整理。开展东阳党史大事记编写工作，梳理中国共产党东阳历史大事记“百年百事”，完成“东阳党史重大决策和活动”初稿整理5万余字。深化重点专题研究，组织开展东阳英烈资料征集整理，整理初稿7万余字、图片100余张。编印《东阳解放》《东白山革命游击根据地》等党史读本。与市委组织部（市老干部局）联合开展离休干部访谈与史料征集活动。

【党史资政工作】 2020年，市委党史研究室开展新冠肺炎疫情相关资料的收集整理。采集疫情相关文章1495篇，在微信公众号上推出“东阳历史上的疫情解读”“东阳疫情记录”等专题文章。参与市委开展的“文化基因解码工程”，梳理东阳红色文化基因，解读东白山革命游击根据地、中共东阳一大会址等红色文化内涵。提交《关于东阳两所以党史人物命名学校面临调整的有关建议》，获市委副书记批示。编撰《百村故事系列丛书》，挖掘村庄故事，以红色文化助力乡村振兴。

【革命遗址保护利用】 2020年，市委党史研究室联合市人民检察院开展东阳革命遗址走访调研活动，对部分镇乡街道和市文化局在革命遗址保护中存在的问题提出修缮意见，要求对相关问题进行整改，加强革命遗址的保护管理。联系指导市退役军人事务局，推进东阳市烈士纪念馆布展提升项目建设，开展举办“东阳英烈”“抗美援朝运动在东阳”等展览活动。联系指导农工党东阳市委会，在千祥镇同德堂中药店旧址建立农工党浙江东磐地区革命活动史料陈列馆。该馆被农工党浙江省委会列为农工党浙江省党史教育基地。

【史志档案文化下乡】 2020年4月20日，市委党史研究室开展“4·23”国际读书日送书下乡活动，向全市13个五星级农村文化礼堂赠送史志档案文化书籍近千册。开展史志档案文化“六进”活动，按“四有”（有书柜、

2020年4月20日，市委党史研究室送书至虎鹿镇蔡宅村文化礼堂

（周晓刚/摄）

有牌子、有志愿者、有讲座)标准在全市设立“东阳档案史志”文化之窗,分阶段、分批次到机关、院校、企业、军营、社区、乡村开展赠书活动,全年赠送书籍5000余册。

【史志档案宣传】 2020年,市委党史研究室编印期刊《东阳史志》4期。通过“志在东阳”微信公众号发布史志档案工作动态131期,文章189篇,其中“东阳党史胜迹”“东阳党史故事”等系列专栏164篇。在《东阳日报》开辟《史志纵横》栏目,作为宣传史志档案工作的窗口,全年刊发18期;开辟党史专栏,推出“清明寄英魂”“邵飘萍殉难94周年纪念”“东阳解放”“婚姻法在东阳的宣传贯彻”等系列宣传报道;在人文栏目《黉门周刊》进行专版档案文化宣传。在《金华日报(东磐周刊)》开辟《老干部话当年》专栏,陆续刊载56名东阳离休干部的访谈。在东阳广电影视生活频道每周三晚的《东东腔》栏目推出“东阳烈士故事”展播活动。开展“6·9国际档案日”系列宣传活动。联合市教育局在东阳市吴宁五校开展“档案见证小康路、初心永传承”为主题的小学生征文活动。

【省方志办调研督导】 2020年1月14日,省方志办主任潘捷军一行在金华市方志办主任袁朝明的陪同下,到东阳市调研督导二轮修志工作,传达2020年全国省级地方志机构主任工作会议精神,强调东阳市要按照“两全”目标,兼顾志书质量规范和进度,倒排工作计划,紧扣时间节点,拿出切实有效、符合东阳市实际的方案,打好二轮修志攻坚战。8月14日,省地方志办公室主任潘捷军再次到东阳市调研督导二轮修志工作,要求东阳市做好上下沟通协调和汇报,按修志计划、进度,抓好落实,同时省方志办专门成立一个专家组,全力支持东阳等县市做好修志工作。10月16日,省方志办主任潘捷军第三次到东阳市调研督导修志工作,传达中国地方志指导小组和省委宣传部领导有关指示精神,要求东阳市从讲政治的高度出发,倒排时间,加快进度,务必于2020年12月31日前完成志书编纂书稿的评审工作,进入出版程序。

【《东阳市志》初稿完成】 2020年1月至6月,市地方志编纂室梳理掌握未完成资料长编单位的评审情况,实地走访市总工会、市人力社保局、市经信局、东阳日报社、马宅镇、六石街道、白云街道等承编单位,商讨资料长编评审事宜。7月初,完成1888.4万字资料长编评审工作,启动《东阳市志》评审稿编纂。市领导朱志杰、胡勇春、龚杭娟、原分管副市长陈巧锦多次到市地方志编纂室调研指导,听取二轮修志工作汇报,对二轮修志工作提出具体要求和意见。副市长龚杭娟提出日碰头、日统计、周研判、周通报等工作措施。11月25日,《东阳市志》评审稿编纂基本完成,计960万余字。12月5日,完成征求意见稿印刷,分送省、市各专家审阅。

【《东阳市志》评审】 2020年12月24—25日,金华市人民政府地方志编纂室组织专家组在东阳市召开《东阳市志》评审会。省方志办主任潘捷军,省方志办副主任、《东阳市志》评审组组长董郁奎等10名专家出席评审会。评审专家从志书篇目、体例、资料、语言等方面,对《东阳市志》进行评审:认为志稿观点正确,内容丰富翔实,全面、系统地述录东阳市现域范围的历史与现状,体现社会主义时代精神风貌,地域特征和时代特色鲜明;体例基本做到科学规范,篇目设置基本符合“事以类聚”“类为一志”的要求;是一部基础比较扎实、具有一定质量的志稿。根据中国地方志指导小组《地方志书质量规定》和《浙江省市、县(市、区)志书审查验收和出版管理办法》的相关要求,评审组对《东阳市志》志稿提出五大方面需要再做进一步修改、完善和提升的问题。经过现场评议,专家组同意,《东阳市志》志稿原则上通过评审。

【《东阳年鉴(2019)》入选全国年鉴精品工程】 2020年3月30日,经过中国年鉴精品工程学术委员会评选,由中共东阳市委员会、东阳市人民政府主办,东阳市人民政府地方志编纂室承编的《东阳年鉴(2019)》,成功入选第四批中国年鉴精品工程“中国精品年鉴”,成为该年度浙江省唯一获此奖项的年鉴,也是浙江省首部获此奖项的县市区级年鉴。12月30日,《东阳年鉴(2019)》获评第七届全国地方志优秀成果(年鉴类)特等年鉴。

【《东阳年鉴(2020)》编纂】 2020年4月,市委办公室、市政府办公室印发《关于做好〈东阳年鉴(2020)〉编纂工作的通知》,启动《东阳年鉴(2020)》编纂工作。通知明确《东阳年鉴(2020)》编纂工作计划、框架设计、编纂原则、编纂要求、编纂步骤和各承编单位的编纂任务。确定《东阳年鉴(2020)》专文主题为“不忘初心 牢记使命”主题教育和全市机构改革工作。向媒体记者、摄影家协会的摄影师等征集图片1000余张。年鉴初稿中卷首彩页分为新中国成立70周年、歌山画水、社会民生等图片专辑。年末,完成《东阳年鉴(2020)》出版。

(许慧扬)

东阳市人民代表大会

综　述

【概况】 2020年，市人大常委会召开常委会会议8次、主任会议12次，听取和审议“一府两院”专项工作报告26个，作出决议、决定12项。开展代表视察23次、调研11次、执法检查3次，审查报备规范性文件24件，交办代表建议337件，旁听公民建议21件，任免国家机关工作人员33人次，完成市十五届人大四次会议确定的各项任务。

【各级人大代表人员变动】 2020年，东阳市有省第十三届人大代表5人，与上年无变化。

2020年10月，金华市人大常委会发布公告，金华市七届人大代表杜高英因身体健康原因不能正常履行代表职务，代表资格终止。至年末，东阳市有金华市第七届人大代表64人，比上年减少1人。

2020年年初，东阳市第十五届人民代表大会实有代表283人。1月，刘伟霞调离该行政区域；7月，厉艳艳调离该行政区域；12月，市人大常委会第二十九次会议接受马刚、申屠顺达、杜志赛、陆彩霞、陈杭生、单健中、葛一军、葛剑、程亚军9人辞去代表职务。根据相关法律规定，以上11名市人大代表的代表资格终止。

8月，市十五届人大常委会第二十六次会议决定许可对市十五届人大代表斯文兵依法采取强制措施，该代表暂时停止代表职务。市十五届人大五次会议召开前夕，全市各选举单位依法选举、补选产生11名市人大代表，分别是：徐向阳、韦朝阳、马宗强、王赛锋、贺利平、葛德中、柳尊科、滕恩良、唐献力、单玲琳、俞益钟。代表资格变动后，至十五届人大五次会议召开前，实有东阳市十五届人大代表283人。

【“五大会战”提速增效】 2020年，市人大常委会重点聚焦市委中心工作“五大会战”，开展密集调研、现场视察，由主任会议、常委会会议作出审议意见，提出建议清单。综合交通大会战通过视察破解堵点，教育项目大会战推动进度提速，乡村振兴大会战促进建设注重可持续性，基层治理大会战发挥社会矛盾纠纷调处化解中心（简称矛调中心）代表联络站作用，平台建设大会战发声造势、营造氛围。全市各镇乡街道人大组织代表视察、调研、评议、督办等50余次1100余人次，提出建议和意见160余条。

【代表建议办理实效提升】 2020年，市人大常委会对代表在十五届人大四次会议审议发言中提出的337件意见和建议实行“即提即办”。2020年度代表建议交办会，市人大、市政府主要领导首次共同参加。组织召开十五届人大首次人大政府联席会议，将南午岭交通治堵、危旧房改造等12件重点意见和建议推进办理作为会议议题，提升意见和建议办理

2020年11月6日，市级领导干部代表和“一府一委两院”负责人开展走进江北人大代表联络站活动　（市人大办提供）

实效。推进62件市镇两级重点建议办理,市人大常委会首次组织政府部门主要领导走进代表联络站活动,该做法得到全国人大常委会《联络动态》刊发推广。市人大常委会采取主任领衔督办、各委办分线对口联系、各代表小组跟踪监督落实、推行代表不满意件“二次交办”、办理效果“回头看”等举措,推动代表建议办理工作实现答复、效果“双满意”。2020年代表建议解决率和代表满意率分别为65.7%和98.2%,均为历史最高水平。

【民生实事项目代表参与“全过程”机制建立】 2020年,为全面推动十大民生实事办理工作成效,市人大常委会探索实践民生实事项目代表参与“全过程”机制。首次聚焦民生实事难点,开展重点工作评议,推动解决无房户安置和农房集聚区征地等难题;首次集中督办民生实事,紧盯进度,6个监督小组提出35个交办意见,推动智慧安防小区建设等九大民生实事提前超额完成;首次开展市级领导干部集中进联络站活动,倾听民声,推进民生实事查漏补缺;首次组织市镇两级人大上下联动、合力监督,提升实效,促进市、镇两级民生实事的落实。市人大常委会围绕2021年度民生实事征集工作,组织代表开展多轮调研,提出21个建议项目,近20个建议项目入围。

【部门单位重点工作评议】 2020年,市人大常委会根据市委、市政府中心工作和群众普遍关心的热点、难点问题,在市十五届人大常委会第二十四次会议上审议通过《市人大常委会关于开展部门单位重点工作评议的暂行办法》(简称《暂行办法》),将部门单位重点工作评议作为一项年度重点监督工作。市人大常委会决定对市人民法院、市水务局、市住建局、市民政局4个单位的7项工作开展评议。5月14日,召开年度重点工作评议推进会,将重点评议推进程序、具体要求等向被评议单位进行详细说明。根据《暂行办法》相关程序规定,7项工作逐项接受市人大常委会评议,市人大常委会分别出具工作评价档次意见和评议意见;市政府按要求在2个月内逐项书面反馈评议意见办理情况,推动相关工作的落实。

【疫情防控和复工复产】 2020年,新冠肺炎疫情发生后,市人大常委会班子领导带队到全市各地走访调研,实地了解疫情防控问题和短板,提出建议交市政府研究办理。到全市196家规模以上企业、人大代表创办的工商企业开展“三服务”活动,建立14个微信群实时联系,采取即办、联办等方式帮助企业解决实际困难220余个,其中事关企业长远发展的11件老大难问题通过交办举措解决,得到市委主要领导批示肯定。号召全市人大代表带头联防联控、捐款捐物、复工复产,各级代表参与一线防控工作1000余人次,累计捐款6100余万元、捐物640余万元。

(蔡旦卡)

重要会议

【东阳市第十五届人民代表大会第四次会议】 2020年1月18—22日,东阳市第十五届人民代表大会第四次会议召开。会议听取和审查市人民政府代市长楼琅坚所作的政府工作报告;审查、批准东阳市2019年国民经济和社会发展计划执行情况及2020年国民经济和社会发展计划草案的报告;审查、批准东阳市2019年全市和市级预算执行情况及2020年全市和市级预算草案的报告;听取和审查市人大常委会副主任陈军所作的东阳市人民代表大会常务委员会工作报告;听取和审查市人民法院代院长贺利平所作的东阳市人民法院工作报告;听取和审查市人民检察院检察长胡宇翔所作的东阳市人民检察院工作报告;补选东阳市第十五届人民代表大会常务委员会主任、副主任和委员,补选东阳市人民政府市长、东阳市监察委员会主任、东阳市人民法院院长;通过表决确定2020年政府十大民生实事项目;通过关于各项报告的决议、决定。

【市人大常委会会议】 2020年,市十五届人大常委会召开8次常委会会议,听取和审议政府专项工作报告22个,作出决议、决定12项,提出常委会会议审议意见16项。

1月8日,市十五届人大常委会第二十二次会议召开。会议听取和初审《市政府工作报告(征求意见稿)》《市人大常委会工作报告(征求意见稿)》《市人民法院工作报告(征求意见稿)》《市人民检察院工作报告(征求意见稿)》;听取和初审关于东阳市2019年民生实事项目完成情况及2020年民生实事候选项目情况的报告,关于市2019年国民经济和社

2020年1月18日,东阳市第十五届人民代表大会第四次会议在东阳剧院开幕

(市人大办提供)

会发展计划执行情况及2020年国民经济和社会发展计划草案的报告,关于2019年全市和市级财政预算执行情况及2020年全市和市级财政预算草案的报告;听取和初审关于2019年全市环境状况、环境保护目标完成情况和水环境保护工作情况报告的征求意见稿;审议通过市第十五届人大常委会代表资格审查委员会关于选举、补选的东阳市十五届人大代表资格的审查报告;审议提出市十五届人大四次会议议程、名单等有关事项;审议通过《东阳市人大常委会街道工作委员会工作规则》修正稿。会议审议通过关于接受市十五届人大常委会副主任和部分代表辞去职务的议案,审议通过有关人事任免事项。

市十五届人大常委会第二十三次会议于1月18日召开。会议审议通过市十五届人大常委会代表资格审查委员会关于部分代表的代表资格的报告;审议通过有关人事任免事项。

市十五届人大常委会第二十四次会议于4月10日召开。会议审议通过《市人大常委会2020年工作要点》;审议通过《市人大常委会关于开展部门单位重点工作评议的办法》;听取各人大街道工委关于上一年度工作情况和2020年度工作计划的报告,审议通过《关于东阳市人大常委会各街道工作委员会2019年工作情况及2020年工作计划的决议》;审议通过《市人大常委会交办各人大街道工委“工作清单”》。会议审议表决关于接受刘伟霞辞去金华市第七届人民代表大会代表职务的议案,审议通过人事任免事项。

市十五届人大常委会第二十五次会议于6月30日召开。会议听取和审议“五大会战”之平台建设大会战推进情况的报告;听取和审议东阳市数字经济工作开展情况的报告;听取和审议市政府关于2019年度国有企业资产管理情况的报告;听取和审议社会组织参与社会治理工作情况的报告。

市十五届人大常委会第二十六次会议于8月14日召开。会议听取和审议“五大会战”之综合交通大会战推进情况的报告;听取和审议市政府关于2020年上半年国民经济和社会发展计划执行情况的报告;听取和审议关于2020年重大项目增补情况的报告;听取和审议市政府关于2020年上半年财政预算执行情况的报告;听取和审议市政府关于2019年财政总决算和市本级财政决算的报告;听取和审议市政府关于2019年市本级预算执行和其他收支情况审计工作的报告。听取和审议关于2020年新增地方“两直”资金预算调整方案的报告;审议通过《东阳市人大常委会关于加强意见建议督办的实施办法(修正稿)》草案;听取和审议市政府关于市第十五届人大四次会议代表建议意见办理情况的报告。会议审议表决市公安局关于提请许可对犯罪嫌疑人、市人大代表斯文兵采取强制措施的议案,审议通过有关人事任免事项。

市十五届人大常委会第二十七次会议于9月27日召开。会议听取和审议市政府关于江北新城建设情况的报告;听取和审议市政府关于“五大会战”之基层治理大会战推进开展情况的报告;听取和审议市人民法院关于刑事审判工作开展情况的报告、市水务局代表市政府所作的农村饮用水达标提标工作和美丽河湖创建工作开展情况的报告,并开展重点工作评议。会议审议通过《东阳市民生实事项目人大代表参与“全过程”实施办法》《东阳市人大代表年度履职考评实施办法(试行)》《东阳市人民代表大会代表议案处理办法》等有关制度草案,审议通过有关人事任免事项。

市十五届人大常委会第二十八次会议于10月30日召开。会议听取和审议市住建局关于全市危旧房改造及农房集聚区建设、建筑业转型升级平台“一园一院一区”推进落实情况的报告,并开展重点工作评议;听取和审议“五大会战”之乡村振兴大会战推进情况的报告;听取和审议市政府关于全国义务教育优质均衡发展县市创建工作情况的报告;听取和审议市政府关于2020年新增地方债务限额和预算调整方案的报告,表决通过年度新增地方政府债务限额和预算调整方案的决议;听取8名金华市七届人大东阳中心组代表的述职报告。

市十五届人大常委会第二十九次会议于12月31日召开。会议听取和审议“五大会战”之教育项目大会战推进情况的报告;听取和审议全市城乡养老服务体系建设开展情况、全国农村社区治理实验区创建情况的报告,并开展重点工作评议;听取和审议市政府关于2021年度政府投资重大项目计划的报告;听取和审议市政府审计查出问题整改落实情况的报告;听取和审议2019年10月至2020年9月市人大常委会意见和建议决议落实情况的报告,听取和审议2020年政府十大民生实事项目完成情况的报告。会议审议通过《关于召开东阳市第十五届人民代表大会第五次会议的决定》,审议表决马刚等9人辞去市十五届人大代表职务的议案;审议通过有关人事任免事项。

【市人大常委会主任会议】 2020年,市十五届人大常委会召开常委会主任会议13次,提出主任会议意见和建议4项。

市十五届人大常委会第三十五次主任会议于4月7日召开。会议听取市政府关于推进应急救援队伍建设情况的汇报;听取市政府关于全面实施绩效评价工作的开展情况汇报。会议讨论研究相关规章制度修订草案。

市十五届人大常委会第三十八次主任会议于7月31日召开。会议听取市经信局财政整体支出情况、小城镇综合整治项目资金审计情况和2019年度生态公益林建设资金、养老服务体系补助资金、“五城同创”专项资金3个资金绩效评价情况的汇报;听取市人民检察院关于刑事诉讼监督工作情况的汇报。

【市委人大工作会议】 2020年6月12日,市委人大工作会议在市行政中心召开。市委书记傅显明肯定市人大及其常委会工作成效,强调市人大及其常委会在今后工作中要坚持问题导向、聚焦工作短板，做到旗帜鲜明讲政治、围绕中心促发展、激发活力聚民心，全面助力东阳市经济社会发展；要强化责任担当、凝聚各方力量，形成在党委统一领导下人大工作同频共振、协调一致的局面。吴宁街道党工委、横店镇人大、市交通运输局主要负责人在会上做表态发言。

【人大政府工作联席会议】 2020年6月18日，市人大常委会与市人民政府工作联席会议召开。市政府各副市长汇报市十五届人大四次会议12件代表重点建议办理落实情况，市人大常委会各副主任对12件代表重点建议办理工作提出意见，并对下半年政府工作提出建议。市人大常委会主任朱志杰对民生实事项目代表参与“全过程”机制，代表议案调研、办理和政府衔接，江北新城、城市建设管理体制，建立完善“大财政”机制等重点关注的问题对政府工作提出建议。市政府表示将听取意见和建议，不断改善工作方法、提高工作水平，切实落实人大建议和意见、抓好政府各项工作。

【政情通报会】 2020年9月4日，政情通报会暨人大代表履职培训会在市行政中心召开。市委副书记、市长楼琅坚代表市人民政府通报年初以来东阳市经济社会运行情况，肯定市镇两级人大和各级人大代表在推动中心工作中发挥的重要作用，明确下半年抓好疫情常态化防控、做深做实招商引资、持续优化营商环境、加速人才优势转化、补齐民生领域短板等政府重点工作安排。会上，市人大常委会主任朱志杰围绕“如何当好一名人大代表”主题进行授课，向参会代表提出“明晰四种关系”“强化三种意识”具体要求；应邀到会的金华市人大代表章树根作《代表履职能力提升》主题讲座。

【全市人大干部读书会】 2020年12月13—15日，全市人大干部读书会在歌山镇召开。会议安排了《中小城市建设与发展路径思考》《学习领会党的十九届五中全会精神》《正确处理防风险与促发展关系并加强政府债务管理》等专题讲座，听取市政府“十四五”发展规划编制情况介绍和有关内容说明；各镇乡街道人大、市人大常委会各委办室总结2020年工作，交流2021年度工作思路。市委书记傅显明肯定了2020年人大工作成效，对全体人大干部抓好岁末年初及2021年人大工作提出希望和要求。市人大常委会主任朱志杰对人大干部服务中心大局、谋划来年工作思路、抓好民生实事代表参与“全过程”、提高代表建议办理质量、提升人大监督实效等方面作出安排和部署。

（蔡旦卡）

2020年12月15日，全市人大干部读书会在歌山镇召开　　（包康轩/摄）

人大监督

【平台建设大会战监督】 2020年，市人大常委会对东阳市平台建设大会战推进情况开展专项监督。在对“万亩千亿”新产业平台和高铁新城项目进行实地调研视察的基础上，指出平台建设事关东阳发展后劲，事关东阳长远发展、可持续发展、高质量发展，是打基础、利长远、管根本的大事，必须举全市之力；强调平台建设机不可失、时不再来，要求市政府抢抓省发改委关于“万亩千亿”新产业平台建设政策机遇、国土空间规划调整的契机，利用好“万亩千亿”新产业平台这块对东阳工业经济发展具有优势的资源，编制好规划、谋划好产业布局、保障好政策要素、营造好氛围，确保平台建设顺利开展，将其打造成东阳经济高质量发展的主阵地。市政府重视人大审议意见，制定拆迁安置政策、论证总体规划方案，逐步推进平台建设大会战。

【综合交通大会战监督】 2020年，市人大常委会对东阳市综合交通大会战推进情况开展专项监督，在对金义东轨道交通、杭温高铁、金甬铁路、义东高速等项目实地考察调研的基础上，针对交通基础设施历史欠账多、“十四五”交通规划需要应对挑战多、综合交通建设制约要素多等问题，提出充分认识综合交通建设的重要性、高标准编制“十四五”交通发展规划、全力破解各种要素制约等常委会审议意见。市政府合并编制《东阳市中长期综合立体交通规划》《东阳市综合交通运输“十四五”规划》，明确“十四五”期间重点围绕铁路、高速公路、国道改建项目进行，全年安排综合交通项目38个、项目建设资金28.6176亿元；全市完成综合交通用地审批约200公顷。

【数字经济工作监督】 2020年，市人大常委会通过市、镇(街道)人大两级联动的方式开展数字经济发展情况专项监督。各镇乡街道人大围绕自身区块经济特点进行调研和摸底，形成意见和建议；市人大常委会在吸收意见和建议的基础上分别召开部门座谈会和企业座谈会，摸清全市数字经济发展难点症结，并在常委会审议意见中提出真正把数字经济作为“一号工程”来实施、推进数字产业化和产业数字化、坚持问题导向推进东阳市数字经济又好又快发展等审议意见。市政府完善数字经济政策，建立由重点部门、重点企业及镇乡街道参与的数字经济工作联席会议制度，加强数字经济谋划布局。至年末，全市建成5G基站935个，重点工业企业装备数控化率、设备联网率分别达61.0%、45.6%。

【国有资产管理监督】 2020年，市人大常委会对东阳市国有企业资产管理情况开展专项监督。市人大常委会首次听取和审议市政府国有资产管理工作2019年度报告，就国资改革过程中相关问题提出意见和建议；从年初开始谋划开展国有资产专题询问工作，多次到国资、资规、财政等部门进行工作调研，开展全市闲置国有资产实地调研走访，摸清全市国资管理情况疑难问题。7月，市人大常委会会议提出理顺架构、做好顶层设计，盘活资产、做大做强国资，完善治理、建立现代企业制度，防控风险、确保负债可偿还发展可持续等审议意见。10月，经过多轮梳理最终形成国资管理问题清单，并开展市人大常委会国有资产管理情况专题询问。12月，市人大常委会对市政府及相关部门应询后的进展情况进行督查。

【乡村振兴大会战监督】 2020年，市人大常委会对东阳市乡村振兴大会战推进情况开展专项监督。从6月开始，市人大常委会开展“两江两镇”示范区建设专项视察、美丽乡村风景线建设及“三强六无五美”村创建工作视察、共享田园创建工作调研等，召开相关座谈会，并将乡村振兴大会战工作提交人大常委会会议审议，提出要以新的发展理念指引乡村振兴工作、分门别类适度发展、加强要素保障、建立健全长效管理机制等意见，建议市政府及相关部门量力而行搞建设、振兴特色产业、多元投入共建美丽乡村、把环境优势转化为经济优势、巩固乡村振兴成果。市政府实施花园村乡村振兴综合改革试点，推进“两江两镇”乡村振兴示范区建设，重点打造乡愁记忆、追梦剧情、回归自然三条风景线，实施8个示范型共享田园和“三强六无五美”村创建，评出“十佳村”“十差村”各40个。

【刑事审判工作监督】 2020年，市人大常委会对东阳市人民法院刑事审判工作开展专项监督和重点工作评议。评议意见指出，市人民法院要坚持政治效果、法律效果、社会效果的统一，树立适应新时代新要求的刑事司法理念；要坚持案件质量与效率并重，提升刑事审判工作质效；要坚持打击与保护并重，护航实体经济高质量发展；要坚持守正与创新并重，补齐刑事审判短板弱项。市人民法院落实认罪认罚从宽制度，年内审结认罪认罚案件占总量的71.6%；落实繁简分流制度，对速裁、简易程序审理的案件快审快办，年内审结451件；快立快判妨害疫情防控类犯罪案件8件15人；建立公检法微信联系群，加强法官队伍思想政治建设，进一步规范审限流转，在确保案件质量的同时提高审判质效。

【农村饮用水达标提标工作监督】 2020年，市人大常委会对东阳市农村饮用水达标提标工作开展专项监督和重点工作评议。针对个别饮用水工程建设进展不快等问题和不足，市人大常委会评议意见指出，市政府及水务部门要以让群众“喝上好水”为目标，最大力度推进项目建设，最大程度提高专业服务水平，最大限度提升水质，最大力度推广饮水安全知识，深化农村饮用水达标提标工作。至年末，东阳市形成城市供水为主、乡镇供水为辅、单村供水为补充的供水格局，农村饮用水达标提标工作提前完成省下达的三年建设任务，基本实现城乡同质饮水的目标。

【扫黑除恶专项斗争监督】 2020年，市人大常委会对东阳市“扫黑除恶”专项斗争落实情况进行专项监督，提出进一步统一思想认识、提高政治站位，进一步提高办案能力、严格依法办案，进一步加强协调配合、形成工作合力，进一步健全长效机制、实现标本兼治等意见和建议。市政府明确扫黑除恶“五常三长”工作例会制度，公检法部门建立打击涉黑涉恶犯罪协作配合、提前介入机制，组织成立专业打处队伍，加强村两委会干部联审工作，集中核查收网。公安机关打掉涉恶恶势力集团2个、团伙5个，破案63起，查扣资产8177万元，抓获65人，查处村两委干部30人；成功打掉11个“套路贷”犯罪集团、团伙，抓获104人，查扣资产2.3亿元，打击处理成效居金华市前列。

【义务教育优质均衡发展工作监督】 2020年，市人大常委会对东阳市创建全国义务教育优质均衡发展县（市、区）工作进行专项监督。针对全市学校布局规划不够合理、部分学校硬件条件不达标功能不完善、师资力量仍显薄弱、民办学校短板明显等不足，提出进一步优化教育布局、改善办学条件、提升师资力量、关注民办学校、补齐均衡短板等审议意见。市政府将创建工作作为打造“擦亮教育之乡品牌”硬核成果的重要载体来抓，制定《推进义务教育优质均衡责任清单》，落实相关部门、镇乡街道教育发展责任。全年完成中小学校基建拨款5.43亿元，开展8所中小学新建（改扩建）；建立教师与公务员平均工资收入水平同幅度、同时间调整的联动机制；城区和镇区公办小学、初中就近划片入学比例分别达100%、95%以上；增加东阳中学教育发展基金2.6亿元。

【养老服务体系建设监督】 2020年，市人大常委会对东阳市城乡养老服务体系建设工作开展专项监督和重点工作评议。评议意见指出，市政府要把养老机构的建设列入东阳市国民经济和社会发展“十四五”规划，补齐公办养老机构短板；要高度重视城区居家养老照料中心建设和管理，基本完成全市乡镇示范型居家服务中心建设；要发挥互补优势，促进现有医疗卫生机构和养老机构合作，推进医养有机结合；推进多元社会养老服务，引进综合实力较强的养老机构探索“公办民营”公办养老体制建设，探索建立失智失能老人长期照护政策，构建幸福的养老服务体系。市政府研究制定《关于加快发展养老服务事业的实施意见》，强化资金、机制保障，投资3000余万元完成市社会福利院和巍山敬老院、马宅敬老院改造提升，完成5家镇乡街道示范型居家养老服务中心建设。

【应急救援队伍建设监督】 2020年，市人大常委会对东阳市应急救援队伍建设情况进行专项监督，对市政府及相关部门提出要理顺应急救援体制机制、加强专业应急救援队伍建设、加强镇乡街道专职应急救援队建设、规范发展社会救援组织、有效整合各类资源等意见和建议。市政府印发《东阳市应急救援管理办法》，理顺应急救援体制机制；对镇乡街道消防站、消防队办公场地和相关设施进行优化；规范发展社会救援组织和整合各类资源，确保各项应急救援工作实现统一指挥、有序调度；制定《东阳市应急救援专家管理办法》，对各培训救援基地进行统筹，至年末，各基地软硬件设施配备基本达到意见和建议要求。

（蔡旦卡）

人事任免

【概况】 2020年，市十五届人大四次会议第三次全体会议依法选举产生市人大常委会主任、副主任、委员9人，市人民政府市长1人，市监察委员会主任1人，市人民法院院长1人。市人大常委会任免国家机关工作人员33人次，对14名拟任职务人员进行任前法律知识考试，有8名国家机关工作人员在常委会上进行宪法宣誓。

【人代会人事任免】 2020年1月22日，东阳市第十五届人民代表大会第四次会议第三次全体会议召开，会议依法选举产生东阳市第十五届人民代表大会常务委员会主任、副主任、委员，东阳市人民政府市长、东阳市监察委员会主任、东阳市人民法院院长。

东阳市第十五届人大常委会主任：朱志杰；副主任：许克宁；委员（按姓氏笔画为序）：何芳萍（女）、许希明、杜新阳、张伟钢、金欲立、单俨彬、赵镇洋。

东阳市人民政府市长：楼琅坚。

东阳市监察委员会主任：叶文卫。

东阳市人民法院院长：贺利平。

【常委会人事任免】 2020年1月8日，市十五届人大常委会第二十二次会议召开。会议经表决作出接受陈绍龙辞去东阳市第十五届人民代表大会常务委员会副主任职务请求的决定，并报东阳市第十五届人民代表大会备案；作出接受卜亚男、王天仁、赵耀亮、赵锋辞去东阳市第十五届人民代表大会代表职务请求的决定。决定任命：陈洪为东阳市人民政府副市长；吕良勇为东阳市人民政府副市长。决定免去：王天仁的东阳市人民政府副市长职务。决定任命：李敢峰为东阳市人民政府办公室主任；赵锋为东阳市交通运输局局长。决定免去：郭锦明的东阳市人民政府办公室主任职务；李敢峰的东阳市交通运输局局长职务。任命：李正荣为东阳市人民法院副院长、审判委员会委员；申屠红权为东阳市人民法院审判委员会委员。免去：金瑞春的东阳市人民法院副院长、审判委员会委员职务；张旦萍的东阳市人民法院审判委员会委员职务。任命：江健为东阳市人民检察院副检察长。免去：韦靖的东阳市人民检察院副检察长、检察委员会委员职务。

1月18日，市十五届人大常委会第二十三次会议召开。会议经表决作出接受鲍大兵辞去东阳市人民法院院长、审判委员会委员职务请求的决定，并报东阳市第十五届人民代表大会备案。任命：贺利平为东阳市人民法院副院长、审判委员会委员；作出副院长贺利平代理东阳市人民法院院长职务的决定。

4月10日，市十五届人大常委会第二十四次会议召开。会议经表决作出接受刘伟霞辞去金华市第七届人民代表大会代表职务请求的决定，并报金华市人大常委会备案。决定任命：龚杭娟为东阳市人民政府副市长。决定免去：陈巧锦的东阳市人民政府副市长职务；吴伟成的东阳市人民政府副市长职务。免去：王宁的东阳市人民法院审判委员会委员、审判员职务；赵晖的东阳市人民法院审判员职务。

6月30日，市十五届人大常委会第二十五次会议召开。免去：单健中的东阳市人大常委会法制和监察司法工作委员会主任职务；杜志赛的东阳市人大常委会江北街道工作委员会主任职务。

8月14日，市十五届人大常委会第二十六次会议召开。会议作出许可对东阳市第十五届人民代表大会代表斯文兵依法采取强制措施的决定。免去：厉艳艳的东阳市人大常委会白云街道工作委员会主任职务。

9月27日，市十五届人大常委会第二十七次会议召开。任命：许智权、张雨婷、胡洁、朱炜、蒋伟强、姜乐、金枝、张驰、曹倩为东阳市人民法院审判员。任命：董娇艳为东阳市人民检察院检察员。

12月31日，市十五届人大常委会第二十九次会议召开。会议决定增补：朱志杰为东阳市第十五届人民代表大会常务委员会代表资格审查委员会主任委员；张伟钢、何芳萍为东阳市第十五届人民代表大会常务委员会代表资格审查委员会委员。会议作出接受马刚、申屠顺达、杜志赛、陆彩霞、陈杭生、单健中、葛一军、葛剑、程亚军辞去东阳市第十五届人民代表大会代表职务请求的决定，其中陆彩霞、单健中的常务委员会组成人员、专门委员会成员的职务相应终止，并报东阳市第十五届人民代表大会备案。决定任命：楼尚潭为东阳市自然资源和规划局局长；决定免去：吕良勇的东阳市自然资源和规划局局长职务。任命：徐向阳为东阳市人大常委会法制和监察司法工作委员会主任。

（蔡旦卡）

视察与调研

【概况】 2020年，市人大常委会组织开展“五大会战”推进落实、农房拆后重建、“最多跑一次”改革、南山森林公园建设、智慧安防小区建设、公安交通管理、农产品品牌建设、科技创新等工作专题视察；开展全市突发公共卫生事件应急体系建设调研、全市古建筑修缮和古村落保护利用情况调研、新型农业经营主体培育工作调研、江北城市建设调研、城市建设管理体制调研、大财政统筹机制建设调研、发挥人大代表主体作用调研、高质量就业创业工作调研、市司法局人民调解工作调研、2020年政府投资重大项目执行及2021年政府投资重大项目计划安排情况调研、“十三五”规划纲要实施情况和“十四五”规划纲要制定情况调研、建筑业核心竞争力问题调研等课题调研工作。

【农房拆后重建视察】 2019年12月30日，市人大常委会组织部分委员和代表对东阳市农房拆后重建工作进行专题视察，实地察看城区农房集聚区一期项目、六石街道西兰村与横塘村拆后重建工作，并召开座谈会，于2020年1月3日出具视察意见。意见提出，市政府要切实提高土地集约利用水平，多措并举合力加快推进农房拆后重建工作，确保拆迁户尽快回迁；要按照城乡统筹一体化的要求科学合理规划确定集聚点的布局和规模，提高村庄规划的科学性；要完善财政补助资金的激励机制和杠杆作用，加快推进农村基础设施配套建设，进一步改善农民生产生活条件。市政府按照推动人口向城镇集聚的思路，在上卢、横店、巍山、高铁新城等规划农房集聚二期项目安置区；至年末，落实宅基地安置22189户，占应安置宅基地总户数的97.8%；全面完成农村困难家庭危房治理改造，全市4个农房集聚区一期基本完工，3个农房集聚区二期开工建设。

【南山森林公园建设视察】 2020年4月15日，市人大常委会组织部分委员和代表对东阳市南山森林公园建设工作进行专题视察，实地察看东岘峰山脚改造、游步道修缮、东岘峰至白石冈连接线等工程，并召开座谈会。视察意见提出，南山是东阳城区的“肺”，市政府要牢固树立“保护生态就是发展生产力”理念，将南山森林公园建得更自然、更和谐、更协调，将其打造成为可持续发展的示范；要完善规划、理顺体制、完善林地流转政策、加大投入完善配套设施，着力解决问题，确保成功创建国家级森林公园。市政府年内完成森林公园林相改造，加快东岘峰游步道连接，完成东岘峰山脚区域路灯、监控等安装；签订土地使用协议、完善林地流转程序，完成元宝湖区域环境整治、规范园区寺庙管理，植入健身元素、激活城郊休闲旅游、挖掘历史文化元素，提升园区休闲旅游品质。12月，东阳南山森林公园成功获评国家级森林公园。

【基层治理大会战开展情况视察】 2020年6月17日，市人大常委会组织部分委员和代表对“五大会战”之一的基层治理大会战开展情况进行专题视察，实地察看江北街道矛调中心、六石街道张麻车村级综治中心、市矛调中心，并召开座谈会。视察意见提出，市政府及相关部门要落实全员维稳网格化、切实提升基层网格作用，夯实社会管理的基层基础；建立健全调解组织网络，推动就地化解常态化，实现社会矛盾化解在基层；坚持实事求是、依法行政，促进矛盾调解公正化，提高政府公信力；大力推进智能化建设，促进平安建设智能化，为基层治理提供科技支撑。市政府推进“全员维稳网格化”，全市划分网格1332个，全部配备专职网格员，全年开展巡查60余万次，排查出各类安全隐患1.1万余个；完成村社组织换届选举工作，初信初访、信访积案化解率分别达93%、90%，实现“无信访积案市”创建目标；以“智慧城市”建设为总目标，投入1亿元资金，推进智能化建设。全市安全生产事故起数和死亡人数分别下降21.4%、31.6%。

【教育项目大会战开展情况视察】 2020年7月1日，市人大常委会组织部分委员和代表对“五大会战”之一的教育项目大会战开展情况进行专题视察，实地察看江北第三小学新建项目、温州医科大学东阳校区规划地块等项目，并召开座谈会。视察意见提出，要大力弘扬勤耕苦读、崇文重教的东阳精神，让“教育之乡”成为东阳最大的品牌；要引导舆论、攻坚克难、坚持原则办事，努力形成人人重视、人人负责、人人支持教育发展的浓厚氛围；要提高建设标准、树牢质量观念、学校软硬件配备到位、推进

2020年7月1日，市人大常委会视察组对教育项目大会战推进情况进行专题视察
（市人大办提供）

教育均衡发展，把东阳的学校建出特色、建成精品。市政府开展重点区域中小学布点专项规划修编，加大农村学校撤并力度，44个教育大会战建设项目稳步推进。广厦大学揭牌并完成招生，学前教育补短提升工程获省政府正向激励；8所高标准建设的新学校投入使用，全年增加中小学学位2000个、幼儿园学位3000余个。

【科技创新工作视察】 2020年7月27日，市人大常委会组织部分委员和代表对东阳市科技创新工作进行专题视察，实地察看甘特电气、联宜电机、横店影视产业园、横店影视产业创新服务综合体等企业及项目，并召开科技创新工作座谈会。视察意见提出，市政府要突出重点，建设科创中心、加快主体培育、完善科技服务业，深入实施创新驱动高质量发展战略；要加强联系互动、推动灵活引才、落实人才政策，发挥东阳籍人才优势，打造县域科创人才高地；要鼓励创新、整合资源、加大投入，大力营造科技创新的浓厚氛围和良好环境。市政府深入实施创新驱动高质量发展战略，年内推荐上报国家高新技术企业68家，认定省科技型中小企业107家，比上年增长24.2%，创历史新高；发挥东阳籍人才优势，实施"百博入企计划"，打造县域科创人才高地；加大财政科技投入，年内市财政归口科技部门支出3348万元，比上年增长8%；向上沟通争取立项和资金支持，推荐上报省2021年重点研发项目数、争取省2020年省科技专项资金补助经费和补助项目数均位居金华各县市区首位。

【"最多跑一次"改革视察】 2020年7月30日，市人大常委会组织部分委员和代表对东阳市"最多跑一次"改革工作以及"提升便民服务水平"民生实事项目推进落实情况进行专题视察，实地察看市行政服务中心并召开座谈会。视察意见提出，市政府相关部门要打造"一窗通办"，实现受理无差别；要织好"一张网络"（数据联通网络），实现材料无证明；要规范"一套流程"（行政审批流程），实现办事不用等；要执行"一项制度"（"好差评"工作制度），实现办事不受气；做好"两项工作"（"网上办""掌上办"宣传推广工作、自助终端机使用推广工作），实现办事不用跑；建好"两支队伍"（代办员队伍、引导员队伍），实现办事不求人。视察意见后还列出市人大常委会关于"最多跑一次"改革的视察意见建议交办清单，提交市政府办理。市政府制订优化营商环境便利化行动方案，整合各项应用功能82项，实现水电气办事接口接入自助终端；梳理出298项民生事项下放基层镇乡街道便民服务中心，完成浙江省一般企业投资项目审批"最多80天"改革；健全窗口工作人员考核机制，制订机关内部"最多跑一次"改革考核细则，推动政务服务事项"网办掌办"。

【智慧安防小区建设视察】 2020年8月7日，市人大常委会组织部分代表对东阳市民生实事"智慧安防小区建设"项目推进落实情况进行专题视察，实地察看东丰小区和东阳中学智慧安防建设情况，并召开座谈会。视察意见提出，市政府及各部门单位要切实提高对"智慧安防小区"建设重要性的认识，严格按照技术标准进行建设，市公安局要同步跟进，实现前端数据第一时间对接公安平台，确保发挥最大作用；要加快建设进度，强化智慧安防设施和系统在社区综合治理中的应用提高综合治理效能，提升小区居民的安全感和幸福感。市政府开展"智慧安防小区"建设，至年末，完成智慧安防小区（单位）建设303家（含97个封闭式居民小区、47个在建和未交付居民小区、53个市级重点单位、10家二级以上医疗机构、74家公立中小学校及幼儿园），超额完成计划建设任务。

【农产品品牌建设视察】 2020年8月19日，市人大常委会组织部分代表对东阳市农产品品牌建设工作进行专题视察，实地察看碧得丰粮食专业合作社、松菊家庭农场及东白农产品展示展销中心，并召开农产品品牌建设工作座谈会。视察意见提出，市政府及相关部门要深入研究，积极探索农产品品牌运行管理模式，推行市场化手段，努力把"东白"农产品品牌做大做强；进一步挖掘"东白"品牌内涵，讲好品牌故事，把全市农产品品牌宣传好、推广好；加强农产品品牌标准建设、抓好新型农业经营主体培育，拉长产业链，提高品牌农产品附加值，把全市农产品品牌维护好。市政府创新"东白"品牌社会化运营模式，加强品牌宣传；吸收优质企业和基地进入"东白"品牌，为东白认定基地从业人员开展网络各类电子商务培训，引导和支持东白认定基地（企业）发展订单农业，提升品牌号召力和影响力。

【公安交通管理视察】 2020年8月21日，市人大常委会组织部分委员和代表对东阳市公安交通管理工作开展专题视察。视察意见提出，市政府及相关部门要借助全市"智慧城市"建设载体，深度挖掘科技系统应用潜力，深化交警科技应用；要加强各职能部门联动配合，提高行政效率，形成有效的道路交通管理工作机制；要加快驾照路考场所的建设进度，科学合理选点规划，加快路考场所建设；要加大"封口除患"专项整治工作力度，推进道路"封口除患"；要进一步加强非机动车管理力度。视察意见另附视察意见交办清单，提交市政府办理。市政府年内投入400余万元用于第九期智能交通建设，增加电子警察26个；开展变型拖拉机提前报废淘汰专项治理集中攻坚行动，开展渣土车24小时设卡整治，"减量控大"考评位居金华全市前列；完成150处路口改造及隐患整改，推进电动车专项整治。全市交通事故死亡率比上年下降34.7%，未发生一起死亡3人以上的重大交通事故，成功退出"交通事故死亡人数超百人县市"行列。

【公安工作视察】 2020年9月24日，市人大常委会组织部分委员和代表对东阳市公安工作进行专题视察，实地察看江北派出所、刑事技术中心、执法办案管理中心等部门机构，并召

2020年9月24日，市人大常委会组织开展公安工作专题代表视察活动

（市人大办提供）

开座谈会。视察意见提出，市公安局要强化主业意识，让每一个老百姓都有安全感；要深化法治理念，让人民群众在每一个案件中感受到公平正义；要坚持规范办案，将每一起案件都办成铁案；要做实智慧警务，让全市每一个角落都有"天网"；要夯实队伍根基，让每一位干警都不出事。市公安局完成2020年各项重大安保任务，中央督导组、全国"扫黑办"交办线索全部清结，连续15年保持命案全破；加速构建具有东阳特色、符合实战需求的合成作战体系，完成"雪亮工程"建设，智安小区、单位建设完成年度目标数的152%；高规格建成执法办案管理中心、市涉案财物管理中心，实现对执法工作精细化、智能化管理。

【"大财政"机制建设调研】 2020年，市人大常委会对新形势下东阳市如何构建"大财政"机制，实现政府财力统筹、债务可持续可偿还课题开展专题调研。调研意见指出，建立"大财政"机制目的是实现政府可用财力最大化，债务风险可控化；通过建立统筹协调机制，将散落在各行政部门、国有企业的政府性资金、资产、资源进行统筹利用，从而实现财政管理从"碎片化"向"整体性"转变，提高理财科学性，做到集中财力办大事。调研意见提出建立"大财政"统筹组织，预测收入、财力统揽，预测支出、项目统定，三资统筹、债务统盘等建议和意见。市政府制订构建"大财政"机制改革的基本思路、基本路径及工作计划书，提出要实体化运作财经委，动态化研判收入，建立三资统筹及"大财政"运行风险评价机制，支撑高质量发展等落实举措；明确规范化审批支出，建立贷款融资监管流程，实现债务可控。

【江北新城建设调研】 2020年，市人大常委会针对东阳市江北新城产业集聚效应不强、城市基础设施落后、道路内外交通不畅、人口集聚不多、三产服务业发展水平不高等问题，对如何加强江北新城建设开展专题调研。在组织开展实地视察、召开座谈会的基础上，市人大常委会两次召集调研组成员起草修改调研报告，提出要把江北新城作为城市总体规划设计的重中之重、要把江北新城建设作为城市建设的重中之重、要把保障刚性作为规划执行的重中之重等调研意见。市政府委托专业机构开展江北地区城市总体设计，着手深化城市建设管理体制改革，审慎调整拆迁、安置政策，推进"立改套"，探索货币化安置、房票安置等多种安置方式，积极谋划项目，着力解决违章建筑处置和村级留用地问题，全面提升提速江北新城开发建设。

【城市建设管理体制调研】 2020年，市人大常委会针对东阳市城市建设管理体制存在的诸多弊端，对如何理顺住建部门城市建设职能开展专题调研。调研意见提出，市政府要调整完善市住建局负责牵头统筹谋划城市建设方面的职能和机构，在市住建局恢复设立市城建项目前期工作中心，城市有机更新办公室归口市住建局并尽快实体化运作；全市污水处理行政职能统一划归市住建局，实现全市污水处理一盘棋运作；城市建设业务由市住建局负责统筹谋划和管理，具体实施由城投公司负责；成立专门的城市建设档案馆，加快市第二批行政执法职能划转工作等。市政府对调研意见给予高度重视，落实相关部门就下一步理顺住建部门城市建设职能调整问题与市人大常委会联系委办进行专题对接，年末启动市住建部门职能体制的调整工作。

（蔡旦卡）

代表工作

【代表联络站建设】 2020年，市人大常委会按照全国人大常委会委员长栗战书在浙江调研时提出建设"四好"人大代表联络站要求，重点在联络站硬件提档升级、健全长效机制、丰富活动内容等方面下功夫，组建完成市"矛调中心"代表联络站，揭牌启用市级人大代表联络总站；18个镇乡街道完成代表联络站提档升级，建成13个村居社区代表联络点，延伸建立48个代表联络岗，全市"总站—站—点—岗"四级网络体系初步形成，代表联络站职能作用逐步显现。画水镇代表联络站获金华市首批"示范性'四好'代表联络站"；全市各基层镇乡街道人大相继衍生联络站+"老娘舅""和谐画水""工业经济"等特色亮点做法。

【"走进联络站"活动】 2020年4月至5月，市人大常委会结合对人大任命干部任后监督、加强代表建议督办等工作，创新开展"地方国家机关负责人走进联络站"活动。活动期间，30个地方国家权力机关主要负责人

2020年11月17日，市委书记傅显明(第一排右三)带队走进横店镇人大代表联络站开展活动 (包康轩/摄)

59人次到18个镇乡街道的代表联络站，围绕市十五届人大四次会议12件重点建议和50件镇乡街道人大重点督办建议，与人大代表、基层群众面对面交流。现场办公、约见部门局长、实地调研、协同办理等联络站活动后续工作相继开展，发挥代表联络站"四好"作用。该做法得到全国人大《联络动态》刊文推广，相关经验材料在《人民代表报》《浙江人大》杂志等刊物报道。

【街道人大工作推进】 2020年，市人大常委会贯彻落实《浙江省街道人大工作条例》要求，建立完善常委会领导分工联系指导镇乡街道人大工作制度；修订完善《东阳市人大常委会街道工作委员会工作规则》，印发《关于全面规范和加强街道人大工作的实施方案》；依法授权赋责，梳理出由人大街道工委办理的共性项目和个性项目，梳理形成"工作清单"，交办各人大街道工委推进落实。

【代表培训考评】 2020年，市人大常委会加强代表履职能力培训，以"人大代表该怎么做、怎么发挥作用"为重点，首次对全市736名乡镇人大代表开展系统培训。印发《东阳市人大代表年度履职考评实施办法》，以积分量化考核的形式促使全市各级代表履好职。开展人大工作数字化改革，推进"智慧人大"代表履职平台建设。组织8名在东阳市的金华市第七届人大代表向市人大常委会述职；指导开展乡镇人大代表述职评议试点工作。

2020年东阳市十五届人大四次会议优秀代表建议一览表

表10

领衔代表	内　容
陈尚进	关于提升东阳营商环境的建议
楼永良	关于加大城区高质量建设力度的建议
卢晓华	关于进一步推进危旧房改造及集聚区建设的建议
张卫勇	关于加快解决东阳第一堵(南午岭)交通拥堵状况的建议
胡耀良	关于健全美丽乡村持续发展后续保障机制的建议
徐天福	关于高质量发展横店影视文化产业，推动影视产业文化集聚区做强做大的建议
张田芳	关于基础教育现代化均衡发展的建议
包闪闪	关于加快推进建筑科技产业园建设的建议
许钢红	关于建立完善外出乡贤的在家父母健康档案机制的建议
傅国政	关于市政府在城区拓建养老机构建设的建议
单万荣	关于促进农产品销售、农民增收的建议
陈斌帅	关于进一步支持工业经济发展的建议

(蔡旦卡)

东阳市人民政府

综　述

【概况】 2020年，东阳市实现生产总值638.16亿元，按可比价计算，比上年增长0.1%。按户籍人口计算，全市人均生产总值74983元(按年平均汇率折合10871美元)，比上年下降0.5%。财政总收入123.73亿元，比上年增长4.5%；其中一般公共预算收入72.65亿元，比上年增长3.9%。一般公共预算支出99.67亿元，比上年增长0.7%。全市固定资产投资比上年下降0.3%。社会消费品零售总额283.52亿元，比上年下降6.2%。进出口总额276.42亿美元，比上年增长27.81%。金融机构本外币存款余额1502.10亿元，比上年增长10.6%。全市居民人均可支配收入48837元，比上年增长4.7%。城镇常住居民人均可支配收入58189元，比上年增长3.5%；农村常住居民人均可支配收入33686元，比上年增长6.2%。

东阳市把握“五个关键时期”，统筹推进疫情防控和经济社会发展，聚焦稳企业、增动能、强改革、优环境、补短板、保平安，全力打好“五大会战”，谋划打造“十大硬核成果”，推动经济社会平稳发展。

针对新冠肺炎疫情，建立完善“网格排查+硬核隔离+精密智控”机制，统筹抓好“人物同防”、隔离救治、市场保供等工作，用19天控制住疫情蔓延扩散，用18天实现本地确诊病例全治愈。制定实施一系列复工复产暖企政策，有效破解返岗难、流通难、资金难等突出问题，复工复产走在金华市前列。成功抗击“黑格比”台风，迎接二轮中央环保督察，顺利完成村社换届等工作。

综合交通大会战中，三条铁路、义东高速城区段等重大项目全线推进，39省道改建、351国道兴平路口平改立以及南午岭右转匝道等一批治堵保畅工程建成通车，市内普通公路收费站全部撤销；平台建设大会战中，“万亩千亿”平台完成总规编制以及六石、巍山安置地块土地征用；教育项目大会战中，10所学校建成投用，浙江广厦建设职业技术大学成为省内唯一的本科层次职业技术大学；乡村振兴大会战中，全面完成花园村乡村振兴综合改革试点任务，湖溪镇获评省首批美丽城镇样板镇，打响共享田园品牌，成功承办金华市和美乡村建设现场会；基层治理大会战中，实现“无信访积案市”创建目标，获得一星“平安金鼎”。投资超百亿元的正威项目成为引进的首个世界500强工业企业项目，投资超50亿元的东阳光回归项目顺利签约。

学前教育补短提升、财政管理、土地节约集约利用工作获得省政府正向激励。获党政领导人才工作述职评议考核优秀市、生态文明建设示范市、国土资源节约集约模范市、基本无违建市、信用市、食品安全市、公立医院综合改革优秀市、示范学习型城市等一大批省级荣誉。

（张俊杰）

【市政府十大民生实事项目】 2020年1月22日，东阳市十五届人大四次会议表决产生2020年东阳市政府十大民生实事项目，涵盖交通、垃圾分类、“美丽乡村”建设等方面。

2020年东阳市政府十大民生实事项目一览表

表11

项目名称及目标	单位	完成情况
改善交通出行。目标：217省道(39省道)东阳市十里头至官清段改建工程完工通车，有效缓解南午岭通行压力。实施农村公路大中修100千米，改造危旧桥梁6座。新建港湾式停靠站50个。新建(改造)公交站点7个，新增城市主城区停车泊位1000个。	市交通局(交投集团)、市治堵办	217省道(39省道)东阳市十里头至官清段改建项目建成通车。完成农村公路大中修468千米，改造危旧桥梁6座。建成港湾式停靠站50个。建设(改造)公交站点7个。增加城市主城区停车泊位2083个。

续表 11

项目名称及目标	单 位	完成情况
关注未成年人健康成长。目标:对全市12万名中小学生和4万名幼儿园幼儿开展近视调查,完成0—3岁儿童视力筛查20000人次、髋关节发育不良筛查6000人次;对全市10000名小学二年级学生开展窝沟封闭,对10000名小学三年级学生开展口腔检查;更换12000套可调节桌椅,改造提升1000个教室灯光。	市教育局、市卫健局	对全市127756名中小学生和40088名幼儿园幼儿开展近视调查。完成0—3岁儿童视力筛查25636人次、髋关节发育不良筛查6555人次。对12224名小学二年级学生开展窝沟封闭、对22686名小学三年级学生开展口腔检查。更换可调节课桌椅12014套,改造提升1603个教室灯光。
深入推进垃圾分类。目标:实现城乡垃圾分类全覆盖,城区全域推进“两定四分”;建成省级高标准生活垃圾分类示范小区6个、省级“定时定点”投放和清运商业街1条。	市农业农村局、市综合行政执法局	实现城乡垃圾分类全覆盖;城区全域推进“两定四分”,建成投放点位184个(年初目标“新增75个”)。吴宁街道的涵园和棋盘街、白云街道的望江和关山、江北街道的黄金北岸和欧景公寓共6个小区建成省级高标准生活垃圾分类示范小区,金玉巷创建成省级“定时定点”投放和清运商业街。
推进“美丽乡村”建设。目标:创建省级新时代美丽乡村达标村87个、精品村30个;创建A级景区村庄20个以上,新改扩建旅游厕所30座以上;建设省级美丽河湖1条(个);完成中小河流域综合整治15千米。	市水务局、市农业农村局、市文广旅体局	完成省级新时代美丽乡村达标村87个和精品村30个的创建任务,并通过金华市交叉验收、省级抽查验收;省A级景区村庄创建方面,全年创建46个,其中AAA级4个、AA级27个、A级15个;建成、改建旅游厕所40座;东阳江城区段获评省级美丽河湖;完成中小河流域综合整治15.4千米。
扩大公办幼儿园招生覆盖面。目标:年内投入使用六石、巍山、山口等8个新建(改扩建)幼儿园,通过新建、薄弱园改造、租赁等方式扩容公办园资源,新增幼儿园学位3000个以上,确保公办园招生覆盖面达到50%以上。	市教育局	南马、南市、城东、上卢、六石、山口、巍山和望江8个幼儿园完成建设或改扩建,并投入使用。全市新增幼儿园学位3030个,公办园招生覆盖面达50.65%。
提高农村供水保障水平。目标:全面完成农村饮用水达标提标三年行动计划,城乡规模化供水工程覆盖人口比例90%以上,基本实现城乡居民同质饮水。	市水务局	提前完成省下达的农村饮用水达标提标三年建设任务,城乡规模化供水工程覆盖人口比例达97.4%,基本实现城乡居民同质饮水。
提升便民服务水平。目标:整合社保、医保、市民卡、公积金、不动产、交管、伤残、企业注册等民生类政务服务,接入综合政务自助终端;实现镇乡(街道)常用民生类政务服务就近办100%全覆盖,有条件的村(社区)和人员密集场所按需配置自助终端。	市行政服务中心	对社保、医保、市民卡、公积金、不动产、交管、伤残、企业注册等民生类政务服务进行整合,82个常用类事项接入综合政务自助终端。乡镇(街道)常用民生类政务服务就近办实现100%全覆盖,17个有条件的村(社区)和人员密集场所配置自助终端。

续表11

项目名称及目标	单 位	完成情况
关爱老年人和残疾人。目标：改建老年大学；建成5家乡镇（街道）示范型居家养老服务中心；开展养老护理员培训200人次，家庭照护者年培训300人次；提升改造星级“残疾人之家”5家；完成困难残疾人家庭无障碍改造100户。	市民政局、市文广旅体局、市残联	老年大学改建项目完成室内装修。建成千祥镇、白云街道、吴宁街道、歌山镇和巍山镇5家乡镇（街道）示范型居家养老服务中心。开展养老护理员培训417人次，家庭照护者年培训316人次。完成星级“残疾人之家”提升改造7家、困难残疾人家庭无障碍改造214户（不包括死亡对象6户）。
加快农房集聚区建设。目标：城区、横店、南马、巍山农房集聚区一期项目完成装饰及绿化工程的70%。高铁新城农房集聚区一期、城区、横店、巍山农房集聚区二期项目，完成主体土建部分工程量的40%。	市住建局（治危办）	城区、横店、南马、巍山农房集聚区一期项目完成装饰和绿化工程的96.5%。高铁新城集聚区一期完成主体工程的48%；上卢二期和巍山二期完成主体工程的40%；横店二期完成土地平整，进场开挖基坑，完成渠道改建60%的工程量。
建设智慧安防小区。目标：推进小区治理现代化，提升人民群众安全感，全市97个封闭式居民小区、47个在建（含未交付）居民小区全部建成“智安小区”。全市53个市级重点单位、10家二级以上医疗机构以及74家城区、横店镇区公立中小学校、幼儿园建成“智慧单位”。	市公安局	97个封闭式居民小区、47个在建（含未交付）居民小区（19个完工交付的小区已建成，剩余28个未交付的小区已签订承诺书，确保在验收前建成）、53个市级重点单位、10家二级以上医疗机构、74家公立中小学校（幼儿园），达成年度目标；另有22个其他单位建成“智安单位”。

（吴　婧）

【政府信息公开】　2020年，东阳市主动公开政府信息36483条，其中通过政府门户网站公布32375条，各类政务新媒体发布信息10682条。开展目录梳理，结合试点领域、省网站标准目录，完成市政府以及全市34个部门、18个镇乡街道的主动公开基本目录编制工作。推动和协调各部门、镇乡街道按照最新目录进行历史信息迁移和缺漏信息补充，消除空白目录。强化检测提升，12月对全市发布信息内容进行检测，形成存在问题清单并强化督促整改，在年末前完成一次政务公开“两化”工作“回头看”。

编制东阳市义务教育领域公开信息目录，涵盖政策文件、招生管理等8个栏目，通过市政府门户网站教育局专栏，发布全市各中小学各类相关信息动态6120条。全年在门户网站卫健局专栏主动公开政府信息196条，通过政务微信发布信息900余条，接受群众来电、来信、来访及网上咨询投诉855件次。围绕权力运行全流程、政务服务全过程，主动公开住建领域政府信息271条，并在市行政服务中心设立依申请公开受理点。财政领域围绕部门预决算、财政扶持与保障、政策文件及解读等内容，在门户网站上公开信息353条，通过微信公众号发布财政政策、工作动态等信息213条。农业领域在政府门户网站发布信息173篇，在政务新媒体等其他信息发布渠道发布127条。民政领域主动调整、更新、扩充政务信息公开内容，在门户网站增加社会组织、慈善信息、儿童福利等栏目，主动公开政务信息近200条。成立东阳市市场监督管理局新闻中心，统筹信息员力量，做好公开工作与宣传工作，围绕工作动态、食品安全监管等17项内容，在东阳市政府网站公开信息650余条，在微博、微信等政务新媒体公开信息200余条。

以省、金华市政务新媒体管理办法为指导，清理整合各部门、镇乡街道一批功能相近、用户关注度和利用率低的政务新媒体号，集中力量做优做强主账号。对全市各政务新媒体主管单位进行指导，推动各政务新媒体发布原创信息和与群众生产生活密切相关的信息，优化信息语言表述方式，创作更多群众看得懂、接地气的传播内容。将政务新媒体内容检测纳入政府门户网站检测体系，对更新率、错别字等情况进行有效检测，检测整改结果纳入政务公开工作年度考核。

完善依申请公开工作相关制度，明确依申请公开责任主体和规范答复标准。建立市政府办公室、市人民法院、市行政复议局等部门定期会商机制,研究疑难复杂案件,规制滥用信息公开申请权和缠诉、滥诉行为。提升依申请公开工作力量,发挥法律顾问专业优势,推动各单位法律顾问全流程参与依申请公开工作。全市行政机关受理政府依申请公开303件,2019年结转12件,办结312件,其中,予以公开或部分公开156件;全市行政机关因政府信息公开引起的行政复议4件,其中结果维持2件,未审结2件;引起的行政诉讼14件,其中结果维持10件,纠错1件,未审结3件。

推进门户网站主平台建设,对门户网站各栏目进行重新美工设计与改版,推动视觉效果更美观、栏目设置更科学、重点内容更突出、群众检索更方便;推进政府网站集约化迁移,规范调整东阳地区政府网站栏目和数据内容,建设分类科学、集中规范、共享共用的全平台统一信息资源库。做好"互联网+政务"服务工作,通过部门自查、全量检查、抽样复查等方式,提高办事指南准确性,做好"好差评"、政务服务办件情况监管等工作。做好"互联网+监管"工作,指导部门完成"互联网+监管"事项认领、事项实施清单编制等工作,全年完成监管事项认领率80%的任务目标,完成事项实施清单编制率100%。推进线下公开平台建设,在全市设立市政府主楼大厅、行政服务中心大厅、档案馆大厅和图书馆大厅等4个政务公开线下专区,每个专区均配备公开查阅触摸大屏及相应的配套设施,方便群众随时查阅政府信息。

制定印发《2020年东阳市政务公开工作要点》,对推动重点领域政府信息公开、拓展主动公开深度和广度、深化政民互动、加强政务公开平台建设等方面进行部署。补充和完善政务公开发布、审查、协调、动态调整等制度,并在门户网站公开发布。制定东阳市级2020年政务公开考评标准,以负面清单扣分方式重点对基层政务公开"两化"建设、政务新媒体工作、年度公开指数检查、依申请公开等进行考核,并纳入《2020年度市级机关部门(乡、镇、街道)工作目标责任制考核细则》。依托大数据发展中心,购买多项第三方技术服务,协助推动政务公开"两化"全流程建设。优化政策解读工作,完善政策解读专栏建设,主动对接、实时更新解读内容,制定政策规范性文件43件,解读率100%。围绕热点难点问题,发挥主流媒体宣传报道阵地作用,及时有效回应群众关切,回应各类问题700余件。 (马　晨)

【人大代表建议和政协提案办理】 2020年,市十五届人大四次会议和市政协十四届四次会议收到代表建议和意见338件、政协提案251件。338件建议和意见中,城建环保方面111件,占32.8%;农林水土方面78件,占23.1%;经济发展方面56件,占16.6%;科教文卫方面44件,占13%;社会事业方面27件,占8%;政治法律方面22件,占6.5%。251件提案中,属于经济建设方面的27件,占10.76%;城建环保方面的103件,占41.04%;科教文卫体方面的72件,占28.68%;社会治理和政务服务方面的49件,占19.52%。

市"两会"闭幕后,市人大、市政府、市政协联合召开建议提案交办会,把589件建议提案交由81个承办单位办理,各承办单位按照人大代表建议、政协提案办理的有关规定,在要求时间内办理完毕,书面答复代表、委员,办复率100%。

对代表委员提出的问题,市政府及各承办部门分类抓好落实,使建议尽快付诸实施。凡是符合政策有条件解决的都立即办理;因受条件限制一时不能解决的及时制订规划、计划,尽可能创造条件逐步加以解决;对一些暂时难以解决的问题,详细说明原因。代表委员们围绕教育就学、社会保障等民生问题提出建议,如优化教育资源配置问题。市政府加快推进一批新建学校项目建设,确保优质资源均衡配置,通过"薄弱学校改造提升""租赁村集体用房办学""闲置国有地块资产改建"等方式推进教育资源扩容。通过开展教育大会战,虎鹿镇中心小学、六石实验幼儿园等10所新建学校投入使用,增加幼儿园学位4350余个,公办园招生覆盖面达到50.65%以上。在"两会"期间,代表委员提出经济发展方面的建议,如"关于提升东阳营商环境的建议""关于优化企业营商环境,促进企业持续发展的建议"。市政府主要领导重视该类建议的办理,强调"后疫情时代"要为企业解难纾困,优化东阳市营商环境。制定《东阳市优化营商环境便利化行动工作方案》等政策,实现企业服务再提速;重新修订《东阳市工业企业亩产效益综合评价办法(2020年修订)》,推进低效出清,整治提升"低散乱"企业1061家(完成金华市任务数的300%);完成省41件"一件事"迭代升级,便捷服务企业群众;创新使用"标准地"数字地图招商、降低制度性交易成本等举措强化招商引资。7月27日,总投资100亿元的正威长三角新材料产业园项目落户东阳市。

2020年,代表建议所提问题已经解决的有162件,占47.9%;部分解决的有60件,占17.8%;正在解决的有68件,占20.1%;由于客观条件限制待创造条件解决的有36件,占10.7%;暂时难以解决留作参考的有12件,占3.5%。政协提案中提出的问题已经解决的有107件,占42.6%;部分解决的有70件,占27.9%;正在解决的有62件,占24.7%;待创造条件解决的有8件,占3.2%;留作参考的有4件,占1.6%。 (吴　婧)

【接待工作】 2020年,东阳市委、市政府接待办公室共接待国家部委、省、市、县各级领导和宾客361批5890人次。其中,接待中央国家机关、省有关部门领导114批1529人次。接待到东阳市考察、交流、参观等活动的外省市、兄弟县市及友好城市代表团125批752人次。

接待在东阳市举办的大型活动10批次,主要有中华大师汇、第十五届中国木雕竹编工艺美术博览会、第二届中国红木家具展览会、2020横店影视文化产业博览会、新时代影视文化产业发展大会·横店峰会、第二届世界东阳人发展大会、金华市深化"千万工程"建设新时代和美乡村现场会、全省公安机关执法规范化水平提升年活动暨执法办案管理中心建设现场推进会、华东六省一市政协第二十七次提案工作座谈会、浙江广厦建设职业技术大学揭牌暨东阳市人民政府与学校战略合作框架协议签约仪式、2020年“金华市农村饮用水达标提标”现场会、2020年全市规范提升制砂行业工作现场会、2020年市委务虚会等。

接待到东阳市经贸考察、项目洽谈、经济合作等企业界人士73批666人。主要有正威集团、中国建材总院、中国铁建股份浙江区域总部、中机联合投资发展有限公司、中视领航国际教育科技公司、中铁建设集团、中铁十五局集团、中信集团、东阳光集团、阿里云计算有限公司、中天集团、爱奇艺公司、东方日升集团、复兴影视文化集团、杭州昊润资本管理有限公司、杭州市临安区城市发展投资集团有限公司、好易点科技公司、欢娱影视、环宇企业集团、开金控股集团、满天星影视公司、猫眼娱乐、普洛斯公司、起步集团、千芝雅有限公司、仁和国际集团、上海保集健康管理有限公司、上海剑齿虎信息咨询有限公司、上海临港科创中心、上海泰迪之家股份有限公司、上海张口高科技园开发股份有限公司、深圳华侨城华东分公司、深圳中瑞集团、省机器人产业集团、首建投投资管理有限公司、天祥集团、无锡灵山集团、欣奕华集团、新东方教育科技集团、银嘉集团、长三角研究院、浙江大华股份有限公司、正午阳光影视公司等。（王　康）

【政务信息工作】 2020年，东阳市政务信息工作获评金华市政务信息工作先进单位一等奖、全省政务信息工作先进单位二等奖。全年编发《东阳政务信息》23期，采用信息177条，其中编发《专报信息》9期，《一周要讯》14期。编发《东阳市新型冠状病毒感染的肺炎疫情防控工作简报》43期，采用信息344条。上报信息648条（省、金华市不重复计算），被采用108条。上报信息被省府办采用信息27条，其中专报信息16条、动态信息11条，获省领导批示16条；被金华市府办采用信息81条，获金华市领导批示7条，其中5条发全市工作交流。《农业补贴“跑冒滴漏”屡禁不绝折射基层补贴“最后一公里”落地难》《东阳市六举措推动重大项目建设首季开门红》《从税收数据看横店影视业发展面临的问题及建议》《东阳市开展“五个家园”建设 推动农村社区治理提档升级》《东阳市以税收关键环节四个转变打造更优税收营商环境》《东阳市农商银行开展金融支农服务的主要做法》《东阳市助推影视文旅融合促进旅游消费升级》《东阳市聚集“三大效应”构建矛盾纠纷多元化解新格局》《东阳市蓄势谋远全力招商引资激活发展新动能》《东阳市全力打造退役军人全生命周期“微服务”》《东阳市先行先试文化基因解码工程 推动文化资源优势转化为发展优势》《储备粮管理人员贪腐问题频发，需健全制度堵牢管理漏洞》《东阳市建立基层劳动纠纷多元化解机制实现劳动争议“三降三超”》《东阳市做深做实“四篇文章”强势推进低效工业用地清理整治显成效》《东阳市实施“三二三”增效模式 促进学前教育跨越式发展显成效》《东阳市“四重四高”推进木雕小镇发展提级上档显成效》等信息获省领导的批示肯定。《东阳市六举措推动重大项目建设首季开门红》《横店影视文化产业集聚区首次新闻发布会取得良好效果》《刚性执法 韧性办案 柔性服务——东阳市执法连击宝典推动生态环境质量持续向好》《东阳市蓄势谋远全力招优商引优资激活发展新动能》《东阳市“三步走”打好制砂业整治提升攻坚战》《东阳市创新“1+X+N”模式让居家养老更“走心”》《东阳市做深做实“四篇文章”强势推进低效工业用地清理整治》等信息获金华市领导的批示肯定，其中《东阳市六举措推动重大项目建设首季开门红》《刚性执法 韧性办案 柔性服务——东阳市执法连击宝典推动生态环境质量持续向好》《东阳市蓄势谋远全力招优商引优资激活发展新动能》《东阳市“三步走”打好制砂业整治提升攻坚战》《东阳市做深做实“四篇文章”强势推进低效工业用地清理整治》刊发全市工作交流。（陈江宇）

重要政事

【第二届世界东阳人发展大会】 2020年1月1—2日，第二届世界东阳人发展大会在横店镇召开，大会上举行投资项目签约仪式，10个项目进行现场签约，16个签约项目进行现场展示，签约的26个项目投资额达339.75亿元。主旨大会现场举行东阳中学教育发展基金会成立仪式，基金会捐资额2.6亿元。主旨大会后，启动“科学家+企业家”智企对接会、东阳建筑科技与产业发展论坛、“东阳人看东阳”、乡情茶叙会、家乡文艺展演等系列活动。

【30个重大项目集中开工】 2020年3月11日，东阳市扩大有效投资重大项目集中开工活动在白云实验小学项目现场举行，总投资292亿元的30个重大项目集中开工。集中开工的项目涉及大交通、教育、环境治理、工业、影视旅游、民生保障等多个领域，其中10亿元以上项目10个，总投资253.5亿元。

【百亿产业园重大项目开工】 2020年4月29日，东阳市百亿产业园重大项目开工仪式暨千芝雅智能制造中心和舒泰健康产业园开工仪式在经济开发区长松岗功能区举行。千芝雅智能制造中心和舒泰健康产业园是市百亿健康产业园的一期工程，项目占地18.07公顷，建筑面积50万平方米，总投资15亿元，聚焦大健康产业主题，重点发展卫生健康用品、防护用品、新经济智能制造三大产业。

【义务教育段学校“公民同招”】 2020年5月12日，在金华市政府新闻办召开的新闻发布会上，金华市教育局公布《关于2020年义务教育阶段学校招生入学工作的实施意见》。该意见明确2020年金华市义务教育阶段学校招生将在全市统一的平台上进行报名。未经批准，任何学校不得在平台以外组织招生。东阳市根据国家、省、金华市关于招生工作的相关要求，落实义务教育段学校“公民同招”政策。

【浙江广厦建设职业技术学院更名】 2020年6月22日，教育部发展规划司发布《教育部关于同意浙江广厦建设职业技术学院（本科）更名为浙江广厦建设职业技术大学的函》。7月18日，浙江广厦建设职业技术大学揭牌暨东阳市人民政府与学校战略合作框架协议签约仪式在该校文体中心报告厅举行。浙江广厦建设职业技术大学系浙江省唯一一所本科职业技术大学，还是全国首个以建筑类专业为主的本科层次职业学校。

【2020年省级乡村振兴产业发展示范建设县】 2020年，省财政厅公布2020年省级乡村振兴产业发展示范建设县名单，东阳市等15个县（市、区）列入。省财政安排每个示范县省级奖补资金8000万元，其中2020年兑现首批省级奖补资金4000万元，其余资金根据项目实施进展和绩效情况，分年到位。

【东阳市人民医院揭牌“三甲医院”】 2020年7月7日，省第四周期综合医院等级评审三级甲等综合医院首批17家通过医院颁证仪式在杭州市举行，市人民医院通过评审，晋级成为三级甲等综合医院。7月25日，市人民医院三级甲等综合医院揭牌仪式在该院学术报告厅举行。

【东阳市入选全国县域经济百强】 2020年7月28日，在“2020年全国县域经济创新发展论坛”上，由赛迪顾问县域经济研究中心编制的《2020中国县域经济百强研究》发布。该研究报告根据经济实力、增长潜力、富裕程度、绿色发展四个方面对县域经济发展进行综合评价，从全国1879个县级行政区划中选出100强中国县域，东阳市列第64位。

【东阳市成为国家级信息化教学实验区】 2020年，根据《教育部办公厅关于推荐遴选“基于教学改革、融合信息技术的新型教与学模式”实验区的通知》的工作安排，在各省级教育行政部门的支持配合下，经遴选推荐、专家评审、公示等环节，东阳市入选“基于教学改革、融合信息技术的新型教与学模式”实验区（简称国家级信息化教学实验区）名单。

【首届“中华大师汇”】 2020年11月1—5日，以“初心·匠心·美好生活”为主题的首届“中华大师汇”在东阳市举办。“中华大师汇”由中国工艺美术协会、中国家具协会、中国林业产业联合会、新华社民族品牌工程办公室、中国劳动学会、市政府主办，与第十五届中国木雕竹编工艺美术博览会、第二届中国红木家具展览会“三会合一”，推动新时代工艺美术和木雕红木产业高质量发展。

（郑云涛）

重要会议

【市政府全体（扩大）会议】 2020年，东阳市召开市政府全体（扩大）会议2次。

1月10日，召开市十五届政府第七次全体会议。会议的主要任务是：以习近平新时代中国特色社会主义思想为指导，深入贯彻落实党的十九届四中全会、中央经济工作会议和省委、金华市委全会精神，总结2019年工作，部署2020年任务，动员全市上下牢牢把握“五个关键时期”的发展机遇，坚定信心、保持定力，勇于担当、狠抓落实，奋力谱写东阳高质量发展新篇章。

7月24日，召开市十五届政府第八次全体会议。会议的主要任务是：高举习近平新时代中国特色社会主义思想伟大旗帜，全面贯彻党的十九大和十九届二中、三中、四中全会精神，深入贯彻习近平总书记考察浙江重要讲话精神，按照省委全会部署和省委书记车俊调研东阳讲话要求，总结上半年工作，研究部署下半年任务，动员全市党员干部干在实处、走在前列、勇立潮头，加快构建风清气正的政治生态，在建设“重要窗口”的伟大实践中努力奋斗。

【市政府常务会议】 2020年，东阳市召开市政府常务会议21次。

1月3日，召开市十五届政府第六十四次常务会议。会议讨论《关于2019年全市和市级财政预算执行情况及2020年全市和市级财政预算（草案）的报告》、《关于2019年全市环境状况、环境保护目标完成情况和水环境保护工作情况的报告》、《2020年政府工作报告》、2020年政府十大民生实事候选项目、2019年东阳市市长质量奖评审、《做好2020年农业农村工作加快“三农”高质量发展的实施意见》、化解东阳第三建筑工程有限公司境外保函业务风险7项议题。会议原则同意《东阳市2019年全市和市级财政预算执行情况及2020年全市和市级财政预算（草案）的报告》，要求根据会议提出的意见和建议修改完善后按规定程序提交相关会议审议。会议原则同意《关于2019年全市环境状况、环境保护目标完成情况和水环境保护工作情况的报告》，要求根据会议提出的意见和建议修改完善后按规定程序提交相关会议审议。会议原则同意《2020年政府工作报告》，要求根据会议提出的意见和建议修改完善后按规定程序提交相关会议审议。会议原则同意市政府办公室提交的13个项目为2020年政府十大民生实事候选项目。会议原则同意市评审办提出的2019年度东阳市市长质量奖拟奖组织（团队、个人）名单和质量奖提名奖名单。会议原则同意《做好2020年农业农村工作加快“三农”高质量发展的实施意见》，要求根据会议提出的意见和建议修改完善后提交市委常委会审议。会议原则同意金融办提出的关于化解东阳第三建筑工程有限公司境外保函业务风险的帮扶建议。

1月17日，召开市十五届政府第六十五次常务会议。会议讨论第一批低效工业资产收购、广厦集团申请政府资金帮扶等议题。会议原则同意市低效整治办提交的13宗低效工业资产收购方案。会议原则同意金融办提出对广厦集团的帮扶建议。会议专题学习习近平全面依法治国的重要论述。

2月18日，召开市十五届政府第六十六次常务会议。会议讨论《关于应对新型冠状病毒肺炎疫情加强企业用工保障的意见》，会议原则同意《关于应对新型冠状病毒肺炎疫情加强企业用工保障的意见》，要求根据会议提出的意见和建议修改完善后下发实施。

2月27日，召开市十五届政府第六十七次常务会议。会议讨论《东阳市畜禽养殖禁养区划分暂行规定（2020年修订）》、东阳市国投公司发行债券、《关于鼓励磁性产业发展的政策意见》《关于进一步推进小微企业创业园高质量发展的实施意见》《〈关于疫情防控期间支持企业共渡难关的政策意见〉的补充意见》5个议题。会议原则同意《东阳市畜禽养殖禁养区划分暂行规定（2020年修订）》，要求根据会议提出的意见和建议修改完善后以市政府办公室名义发文实施。会议原则同意市国资办提出的发债方案。会议原则同意《关于鼓励磁性产业发展的政策意见》，要求根据会议提出的意见和建议修改完善后发文实施。会议原则同意《关于进一步推进小微企业创业园高质量发展的实施意见》，要求根据会议提出的意见和建议修改完善后发文实施。会议原则同意《〈关于疫情防控期间支持企业共渡难关的政策意见〉的补充意见》，要求根据会议提出的意见和建议修改完善后发文实施。

3月13日，召开市十五届政府第六十八次常务会议。会议讨论关于《东阳市东西部扶贫协作工作考核评价办法（暂行）》，会议原则同意《东阳市东西部扶贫协作工作考核评价办法（暂行）》，要求根据会议提出的意见和建议修改完善后发文实施。会议听取关于2019年法治政府建设情况的汇报。

4月2日，召开市十五届政府第六十九次常务会议。会议讨论关于第二批低效工业资产收购有关问题、《关于高水平推进美丽城镇建设的实施意见》《东阳市市直有关单位生态环境保护工作职责》《东阳市人民政府 浙江省第三地质大队（浙江省核工业二六九大队）战略合作框架协议》《东阳市国有企业采购管理办法（2020年修订）》、给予市公安局等四个集体和厉俊杰等十五名个人行政奖励、给予匡锦华等四名个人行政奖励、东阳市槐堂未来社区（高铁新城影视文化社区）编制方案8项议题。会议原则同意市低效整治办提交的11宗低效工业资产收购方案。会议原则同意《关于高水平推进美丽城镇建设的实施意见》，要求根据会议提出的意见和建议修改完善，报市委同意后发文实施。会议原则同意《东阳市市直有关单位生态环境保护工作职责》，要求根据会议提出的意见和建议修改完善，报市委同意后发文实施。会议原则同意《东阳市人民政府 浙江省第三地质大队（浙江省核工业二六九大队）战略合作框架协议》。会议原则同意《东阳市国有企业采购管理办法（2020年修订）》，要求根据会议提出的意见和建议修改完善后发文实施。会议原则同意给予市公安局等4个单位记集体三等功奖励，给予厉俊杰等15人记个人三等功奖励。会议原则同意给予匡锦华等4人记个人三等功奖励。会议原则同意东阳市槐堂未来社区（高铁新城影视文化社区）编制方案。

4月17日，召开市十五届政府第七十次常务会议。会议讨论关于《东阳市城区涉安全隐患的违法建筑专项整治行动实施方案》、东阳市第二污水处理厂一期提标水价调整、颐高集团油塘水库商业综合体项目优惠政策、《关于支持文旅企业战胜疫情激发文旅消费潜力的意见》、《东阳市关于支持外贸企业渡过难关的十条意见》、《关于加强金融支持疫情防控和复工复产工作的通知》、《关于把握“关键时期”引领制造业高质量发展若干意见》、2019年度工业经济拟表彰奖项和考核优胜单位问题、《东阳市财政专户资金竞争性存放综合评分指标体系（2020年修订）》等10项议题。会议原则同意《东阳市城区涉安全隐患的违法建筑专项整治行动实施方案》，要求根据会议提出的意见和建议修改完善后发文实施。会议原则同意市第二污水处理厂一期污水处理费单价由1.65元/吨上调至1.94元/吨，原则同意《东阳市第二污水处理厂特许经营合同提标改造之补充协议》。会议原则同意经济开发区提出的优惠政策建议。会议原则同意《关于支持文旅企业战胜疫情激发文旅消费潜力的意见》，要求根据会议提出的意见和建议修改完善后发文实施。会议原则同意《东阳市关于支持外贸企业渡过难关的十条意见》，要求根据会议提出的意见和建议修改完善后发文实施。会议原则同意《关于加强金融支持疫情防控和复工复产工作的通知》，要求根据会议提出的意见和建议修改完善后发文实施。会议原则同意《关于把握“关键时期”引领制造业高质量发展若干意见》，要求根据会议提出的意见和建议修改完善后发文实施。会议原则同意市经信局提出的工业经济奖项拟获奖企业名单，要求按规定程序提交相关会议审议。会议原则同意市科技局提出的市长科创奖评审方案，要求抓紧发文，及时将奖励资金拨付到位。会议原则同意《东阳市财政专户资金竞争性存放综合评分指标体系（2020年修订）》，要求根据会议提出的意见和建议修改完善后发文实施。

4月23日，召开市十五届政府第七十一次常务会议。会议讨论关于赛特斯5G产业园项目合作协议、市转型升级产业基金直投西洲医药科技（浙江）有限公司项目、351国道周官至山口改建工程采用EPC建设管理模式等3项议题。会议原则同意市商务局提出的对赛特斯5G产业园项目的优惠政策建议及相关支持条款，并明确市高铁新城管委会为该项目签约方。会议原则同意市财政局提出的关于市转型升级产业基金直投西洲医药科技（浙江）有限公司项目投资协议及补充协议。会议原则同意在351国道周官至山口改建工程中采用“设计采购施工总承包（EPC）”建设管理模式。

5月8日，召开市十五届政府第七十二次常务会议。会议讨论关于第三批低效工业资产收购、《低效工业用地二次利用财政补助政策意见》、东阳市生态保护红线评估调整成果、《东阳市共享田园建设指导意见》、《关于开展“两江两镇”乡村振兴示范区建设的指导意见》、《关于明确国企为美丽乡村风景线建设单位相关事宜的通知》、东阳市污水处理厂提标扩容改造和南马镇西区污水处理厂一期提标改造扩建实施方案、东阳市部分污水处理厂特许经营、《关于进一步深化扶持建筑业提升发展的若干意见》9项议题。会议原则同意市低效整治办提交的15宗低效工业资产收购方案。会议原则同意《低效工业用地二次利用财政补助政策意见》。会议原则同意东阳市生态保护红线评估调整成果方案。会议原则同意《东阳市共享田园建设指导意见》，要求根据会议提出的意见和建议修改完善后发文实施。会议原则同意《关于开展“两江两镇”乡村振兴示范区建设的指导意见》，要求根据会议提出的意见和建议修改完善，报市委同意后发文实施。会议原则同意市农业农村局提出的明确交投集团、城投集团、水投集团为东阳市风景线建设单位的意见和建议及相关方案，要求根据会议提出的意见和建议修改完善后以相关部门名义联合发文实施。会议原则同意采用PPP模式实施东阳市污水处理厂提标扩容改造和南马镇西区污水处理厂一期提标改造方案项目。会议原则同意市第二污水处理厂二期、千祥污水处理厂、湖溪污水处理厂、画水竹溪污水处理厂二期4座污水处理厂及其远期项目以特许经营的方式，由水投集团建设运营。会议原则同意《关于进一步深化扶持建筑业提升发展的若干意见》，要求根据会议提出的意见和建议修改完善，报市委同意后实施。

5月13日，召开市十五届政府第七十三次常务会议。会议讨论关于正威长三角新材料产业园项目和供应链项目、《爱奇艺创意文娱综合中心项目补充协议》2项议题。会议原则同意市商务局提出的给予正威长三角新材料产业园项目的优惠政策建议及相关支持条款。会议原则同意《爱奇艺创意文娱综合中心项目补充协议》。

5月30日，召开市十五届政府第七十四次常务会议。会议讨论关于《东阳市“无废城市”建设实施方案》、《东阳市制砂行业专项整治工作实施意见》、白云服装园区电镀印染企业历史遗留问题处置、《关于进一步规范和加强公共投资项目审计监督工作的意见》、《东阳市交通循环产业园(二期)和东阳绿色骨料加工及固废资源化利用项目建设管理模式意见》、《关于应对疫情促进商贸发展的二十条意见》、《关于全面推广市场采购贸易方式的若干意见》、《横店影视文化产业实验区个税奖励实施细则》、《农业增产保供工作扶持政策》、给予见义勇为表现突出的蒋天明、羊双好等同志记个人三等功、《关于进一步推动工业稳企助企的七条意见》、东阳聚文影视文化投资有限公司收购唐德影视股权、东阳聚文影视文化投资有限公司股东协议及委托管理协议、横店影视股份有限公司资金帮扶14项议题。会议原则同意《东阳市“无废城市”建设实施方案》，要求根据会议的意见和建议修改完善后发文实施。会议原则同意《东阳市制砂行业专项整治工作实施意见》，要求根据会议提出的意见和建议修改完善后发文实施。会议原则同意白云商贸园区管委会提出的白云服装园区电镀印染企业历史遗留问题处置方案，并授权市土地储备中心、白云商贸园区管理委员会与7家企业签订国有土地使用权收购合同，授权白云商贸园区管理委员会与7家企业签订相应补充协议。会议原则同意《关于进一步规范和加强公共投资项目审计监督工作的意见》，要求根据会议提出的意见和建议修改完善后发文实施。会议原则同意东阳市交通循环产业园(二期)和东阳绿色骨料加工及固废资源化利用项目采用“设计采购施工总承包(EPC)”建设管理模式。会议原则同意《关于应对疫情促进商贸发展的二十条意见》，要求根据会议提出的意见和建议修改完善后发文实施。会议原则同意《关于全面推广市场采购贸易方式的若干意见》，要求根据会议提出的意见和建议修改完善后发文实施。会议原则同意《横店影视文化产业实验区个税奖励实施细则》，要求根据会议提出的意见和建议修改完善后发文实施。会议原则同意《农业增产保供工作扶持政策》，要求根据会议提出的意见和建议修改完善后发文实施。会议原则同意给予蒋天明、羊双好个人三等功奖励。会议原则同意《关于进一步推动工业稳企助企的七条意见》，要求根据会议提出的意见和建议修改完善后发文实施。会议原则同意市财政局提出的关于东阳聚文影视文化投资有限公司收购浙江唐德影视股份有限公司股权方案，要求根据会议提出的意见和建议修改完善后实施。会议原则同意东阳聚文影视文化投资有限公司股东协议及委托管理协议，要求根据会议提出的意见和建议修改完善后及时组织市金融控股有限公司与东阳小咖投资管理有限公司签订相关协议。会议原则同意东阳市企业帮扶工作领导小组办公室提出的给予横店影视股份有限公司资金帮扶的建议。会议专题学习《浙江省民营企业发展促进条例》《中共金华市纪委办公室关于印发〈全市经济工作“争先创优”行动专项监督工作方案〉的通知》。

6月22日，召开市十五届政府第七十五次常务会议。会议讨论《关于公布行政规范性文件清理结果的通知》、《东阳市安全生产专项整治三年行动实施方案》、《关于进一步加强我市危险货物运输安全管理的通知》、《东阳市工业企业亩产效益综合评价办法(2020年修订)》、《2020年东阳市银行业金融机构支持地方经济发展考核暨“稳企赋能双月攻坚”考评办法》、《关于建立东阳市影视文化产业融资担保体系的实施意见》、设立政策性科技小额贷款公司、《关于调整东阳市征地区片综合地价的通知》、东阳市污水处理厂提标扩容改造工程PPP项目实施方案、《关于进一步加强医疗救助工作的实施意见》、给予市财政局等三个集体行政奖励、《关于保就业稳人才的若干意见》12项议题。会议原则同意《关于公布行政规范性文件清理结果的通知》，要求根据会议提出的意见和建议修改完善后发文实施。会议原则同意《东阳市安全生产专项整治三年行动实施方案》，要求根据会议提出的意见和建议修改完善后发文实施。会议原则同意《关于进一步加强我市危险货物运输安全管理的通知》，要求根据会议提出的意见和建议修改完善后发文实施。会议原则同意《东阳市工业企业亩产效益综合评价办法（2020年修订）》，要求根据会议提出的意见和建议修改完善后发文实施。会议原则同意《2020年东阳市银行业金融机构支持地方经济发展考核暨“稳企赋能双月攻坚”考评办法》，要求根据会议提出的意见和建议修改完善后发文实施。会议原则同意《关于建立东阳市影视文化产业融资担保体系的实施意见》，要求根据会议提出的意见和建议修改完善后发文实施。会议原则同意由市金控公司、经济开发区和杭州小咖资本联合出资成立政策性科技小额贷款有限公司，要求市金融办按规定程序报批。会议原则同意《关于调整东阳市征地区片综合地价的通知》，要求根据会议提出的意见和建议修改完善后发文实施。会议原则同意东阳市污水处理厂提标扩容改造工程PPP项目实施方案。会议原则同意《关于进一步加强医疗救助工作的实施意见》，要求根据会议提出的意见和建议修改完善后发文实施。会议原则同意给予市教育局、市财政局、市自然资源和规划局3家单位集体嘉奖。会议原则同意《关于保就业稳人才的若干意见》，要求根据会议提出的意见和建议修改完善后发文实施。会议专题学习《中华人民共和国社区矫正法》。

7月10日，召开市十五届政府第七十六次常务会议。会议讨论《东阳市人民政府—浙江广厦职业技术大学战略合作协议》、给予浙江广厦建设职业技术学院专升本工作补贴、《东阳市南马镇综合行政执法体制改革试点工作实施方案》、《关于建立和规范运行稳企业防风险纾困资金的通知》、《东阳市餐厨垃圾生态处理中心项目PPP项目合同》、《2020年全市政府投资、国企投资增补项目计划》、《东阳市国有企业退休人员社会化管理实施方案》、市政府产业基金参与组建浙江横店影视文化产业集聚区投资基金、市政府产业基金投资深圳市创新投资集团有限公司S基金项目9项议题。会议原则同意《东阳市人民政府—浙江广厦职业技术大学战略合作协议》。会议原则同意分阶段给予浙江广厦建设职业技术学院专升本工作总共5000万元的补贴。会议原则同意《东阳市南马镇综合行政执法体制改革试点工作实施方案》，要求根据会议提出的意见和建议修改完善后按规定程序报批。会议原则同意《关于建立和规范运行稳企业防风险纾困资金的通知》，要求根据会议提出的意见和建议修改完善后发文实施。会议原则同意《东阳市餐厨垃圾生态处理中心项目PPP项目合同》，要求抓紧与东阳伟明餐厨再生资源有限公司签订合同，加快推动项目实施。会议原则同意《2020年全市政府投资、国企投资增补项目计划》，要求根据会议提出的意见和建议修改完善后按规定程序报批。会议原则同意《东阳市国有企业退休人员社会化管理实施方案》，要求根据会议提出的意见和建议修改完善后发文实施。会议原则同意市财政局提出的市政府产业基金参与组建浙江横店影视文化产业集聚区投资基金方案。会议原则同意市财政局提出的市政府产业基金投资深圳市创新投资集团有限公司S基金项目方案，要求根据会议提出的意见和建议进一步修改完善有关合伙协议及附属协议，及时组织市转型升级产业基金有限公司签约。会议听取市十五届人大四次会议重点建议办理情况。会议专题学习《地方党政领导干部食品安全责任制规定》《中共金华市纪委关于扶贫领域腐败和作风问题专项督查情况的通报》。

8月6日，召开市十五届政府第七十七次常务会议。会议讨论关于东阳市新型智慧城市建设方案，东阳市人民政府与阿里云计算有限公司、浙江大华技术股份有限公司签订战略合作框架协议，《东阳市人民政府2020年度重大行政决策事项目录》，东阳市人民政府与浙江万朵城体育有限公司签订体育产业战略合作框架协议，《东阳市白云街道白殿小区城中村改造项目房屋征收补偿安置方案》，《“万亩千亿”新产业平台房屋征收与补偿安置方案》，《关于扶持横店集团高质量发展的实施意见》，投资东阳云红信息科技有限公司项目，上海乐相科技有限公司投资合作项目9项议题。会议原则同意《东阳市新型智慧城市总体设计方案（2020—2022）》及其子方案，要求根据会议提出的意见和建议修改完善后抓紧实施。会议原则同意东阳市人民政府与阿里云计算有限公司、浙江大华技术股份有限公司签订战略合作框架协议，要求根据会议提出的意见和建议修改完善后组织签约实施。会议原则同意《东阳市人民政府2020年度重大行政决策事项目录》，要求根据会议提出的意见和建议修改完善，报市委同意后向社会公开发布。会议原则同意东阳市人民政府与浙江万朵城体育有限公司签订体育产业战略合作框架协议。会议原则同意《东阳市白云街道白殿小区城中村改造项目房屋征收补偿安置方案》，要求根据会议提出的意见和建议修改完善后发文实施。会议原则同意《“万亩千亿”新产业平台房屋征收与补偿安置方案》，要求根据会议提出的意见和建议修改完善，报市委同意后发文实施。会议原则同意《关于扶持横店集团高质量发展的实施意见》，要求根据会议提出的意见和建议进一步修改完善后发文实施。会议原则同意市财政局提出的投资东阳云红信息科技有限公司项目方案。会议原则同意市财政局提出的上海乐相科技有限公司投资合作项目方案。会议听取全市扶贫工作有关情况的汇报。

8月17日，召开市十五届政府第七十八次常务会议。会议讨论《东阳市“三线一单”生态环境分区管控方案》《关于推进新时代民政事业高质量发展的实施意见》《关于加快推进横店镇第四轮小城市培育试点工作的若干政策意见》《东阳市国民经济和社会发展"十四五"规划基本思路研究》、筑工科技二期项目相关优惠政策、于华懋科技和百度移信有关产业项目合作协议、喔刷移动支付产业园项目投资协议7项议题。会议原则同意《东阳市"三线一单"生态环境分区管控方案》,要求根据会议提出的意见和建议修改完善,报市委同意后发文实施。会议原则同意《关于推进新时代民政事业高质量发展的实施意见》,要求根据会议提出的意见和建议以及东阳市实际对《实施意见》进一步修改完善,报市委同意后发文实施。会议原则同意《关于加快推进横店镇第四轮小城市培育试点工作的若干政策意见》,要求根据会议提出的意见和建议修改完善后发文实施。会议原则同意《东阳市国民经济和社会发展"十四五"规划基本思路研究》。会议原则同意经济开发区提出的筑工科技二期项目相关优惠政策建议。会议原则同意市商务局和市国资办提出的华懋科技和百度移信有关产业项目合作协议。会议原则同意市商务局提出的关于喔刷移动支付产业园项目投资协议。

9月16日,召开市十五届政府第七十九次常务会议。会议讨论《东阳市调整完善地上附着物和青苗补偿标准》、《东阳市低收入农户高水平全面小康计划(2020—2022年)》、《关于"黑格比"台风灾后重建和恢复生产生活的若干意见》、第四批低效工业资产收购、《关于成立"东阳市建筑科技研究院"的实施方案》、《东阳市政府信息化项目管理实施细则(试行)》、《关于应对疫情促进物流业发展的若干意见》、《东阳市省重大产业项目奖励办法》、评选首届"东阳慈善奖"9项议题。会议原则同意《东阳市调整完善地上附着物和青苗补偿标准》,要求抓紧按规定程序报批。会议原则同意《东阳市低收入农户高水平全面小康计划(2020—2022年)》,要求根据会议提出的意见和建议进一步修改完善,报市委同意后发文实施。会议原则同意《关于"黑格比"台风灾后重建和恢复生产生活的若干意见》,要求根据会议提出的意见和建议修改完善后以市政府名义发文实施。会议原则同意市低效整治办提交的10宗低效工业资产收购方案。会议原则同意《关于成立"东阳市建筑科技研究院"的实施方案》,要求抓紧推动建筑科技研究院的成立、协议的签订等后续工作,争取让研究院尽早发挥作用。会议原则同意《东阳市政府信息化项目实施细则(试行)》,要求根据会议提出的意见和建议修改完善后发文实施。会议原则同意《关于应对疫情促进物流业发展的若干意见》,要求根据会议提出的意见和建议修改完善后发文实施。会议原则同意《东阳市省重大产业项目奖励办法》。会议原则同意首届"东阳慈善奖"拟获奖名单。

10月20日,召开市十五届政府第八十次常务会议。会议讨论关于第五批低效工业资产收购、孚诺医药项目相关优惠政策及投资协议、《关于进一步推进国有企业整合重组和深化改革方案》《关于扩大下放南马镇服务管理权限的通知》《中华大师汇总体方案》5项议题。会议原则同意市低效整治办提交的3宗低效工业资产收购方案。会议原则同意经济开发区提出的孚诺医药项目相关优惠政策及投资协议。会议原则同意《关于进一步推进国有企业整合重组和深化改革方案》,要求根据会议提出的意见和建议修改完善后报市委常委会审议。会议原则同意《关于扩大下放南马镇服务管理权限的通知》,要求根据会议提出的意见和建议修改完善后发文实施。会议原则同意《中华大师汇总体方案》及其子方案。会议传达学习《中共浙江省纪委关于11起违反中央八项规定精神问题的通报》。

11月13日,召开市十五届政府第八十一次常务会议。会议讨论《关于学前教育深化改革规范发展的实施意见》《东阳市城镇住宅小区配套幼儿园建设管理实施办法(2020年修订)》《东阳市乡级河道划界方案》《东阳市节水行动实施方案》《关于加快推进"万亩千亿"新产业平台建设的实施意见》《东阳市污水处理厂提标扩容改造工程PPP项目合同》、歌山镇"未来智谷"机电产业园项目、歌山路大桥设计思路8项议题。会议原则同意《关于学前教育深化改革规范发展的实施意见》,要求根据会议提出的意见和建议修改完善,报市委同意后发文实施。会议原则同意《东阳市城镇住宅小区配套幼儿园建设管理实施办法(2020年修订)》,要求根据会议提出的意见和建议修改完善后发文实施,原《东阳市住宅小区配套幼儿园管理办法(试行)》同时废止。会议原则同意《东阳市乡级河道划界方案》,要求根据会议提出的意见和建议修改完善后发文实施。会议原则同意《东阳市节水行动实施方案》,要求根据会议提出的意见和建议修改完善后发文实施。会议原则同意《关于加快推进"万亩千亿"新产业平台建设的实施意见》,要求根据会议提出的意见和建议修改完善后提交市委常委会审议。会议原则同意《东阳市污水处理厂提标扩容改造工程PPP项目合同》。会议原则同意歌山镇提出的关于歌山镇"未来智谷"机电产业园项目的意见建议。会议原则同意歌山路大桥设计思路方案。会议传达学习《中共金华市纪委关于全市脱贫攻坚工作专项督导情况的通报》。

11月27日,召开市十五届政府第八十二次常务会议。会议讨论《家具行业环保整治再提升工作实施方案》,全市应急管理、安全生产和消防安全工作,《关于在全市范围内实施"百分之一公共文化计划"的工作方案》,《东阳市横店镇小城市培育试点镇三年(2020—2022年)行动计划》,《东阳市花园村小城市培育试点三年(2020—2022年)行动计划》,《南马镇西区污水处理厂一期改扩建工程PPP项目实施方案》,《东阳市补充耕地项目管理办法(试行)》7项议题。会议原则同意《家具行业环保整治再提升工作实施方案》,要求根据会议提出的意见和建议修改完善后发文实施。会议原则同意《关于加强应急救援队伍建设的意见》。会议原则同意《关于在全市范围内实施"百分之一公共文化计划"的工作方案》。会议原则同意《东阳市横店镇小城市培育试点镇三年(2020—2022年)行动计划》，要求横店镇根据会议提出的意见和建议修改完善后按规定程序上报。会议原则同意《东阳市花园村小城市培育试点三年（2020—2022年）行动计划》，要求南马镇根据会议提出的意见和建议修改完善后按规定程序上报。会议原则同意《南马镇西区污水处理厂一期改扩建工程PPP项目实施方案》。会议原则同意《东阳市补充耕地项目管理办法（试行）》。

12月24日，召开市十五届政府第八十三次常务会议。会议讨论《东阳市临时改变房屋用途管理办法（2020年修订）》、《东阳市生态廊道绿道管理维护工作方案（试行）》、《东阳市全省婚俗改革试点工作实施方案》、《东阳市2020年国民经济和社会发展计划执行情况与2021年国民经济和社会发展计划草案的报告》、《东阳市国民经济和社会发展第十四个五年规划纲要》、《2021年全市政府投资、国企投资项目计划》、《义东高速公路东阳（江北至南市）段工程项目建设房屋实施征收补偿与安置方案》、广厦控股集团帮扶、东阳光集团合作项目9项议题。会议原则同意《东阳市临时改变房屋用途管理办法（2020年修订）》，要求根据会议提出的意见和建议修改完善后发文实施。会议原则同意《东阳市生态廊道绿道管理维护工作方案（试行）》，要求根据会议提出的意见和建议修改完善后发文实施。会议原则同意《东阳市全省婚俗改革试点工作实施方案》，要求根据会议提出的意见和建议修改完善后发文实施。会议原则同意《东阳市2020年国民经济和社会发展计划执行情况与2021年国民经济和社会发展计划草案的报告》，要求根据会议提出的意见和建议修改完善后按规定程序提交相关会议讨论审议。会议原则同意《东阳市国民经济和社会发展第十四个五年规划纲要》，要求根据会议提出的意见和建议，结合市委市政府最新工作部署，进一步修改完善后按规定程序提交相关会议讨论审议。会议原则同意《2021年全市政府投资、国企投资项目计划》，要求根据会议提出的意见和建议修改完善后按规定程序提交相关会议讨论审议。会议原则同意《义东高速公路东阳（江北至南市）段工程项目建设房屋实施征收补偿与安置方案》，要求根据会议提出的意见和建议修改完善后发文实施。会议原则同意市金融办（帮扶办）提出的关于广厦控股集团帮扶方案。会议原则同意市商务局提出的东阳光集团合作项目优惠政策建议及相关支持条款。

12月30日，召开市十五届政府第八十四次常务会议。会议讨论《关于进一步促进建筑业持续健康发展的若干意见（2020年修订）》，《关于开展“基层党建+安全生产标准化”工作的实施意见》，东阳—磐安山海协作“飞地抱团”消薄项目和投资协议，《东阳满天星影视产业园投资协议书》，北京网易传媒战略合作、网易严选项目，《东阳市促进电子商务高质量发展的若干意见》，投资浙江长林电子有限公司项目，投资浙江佰奥医药科技有限公司项目8项议题。会议原则同意《关于进一步促进建筑业持续健康发展的若干意见（2020年新修订）》，要求根据会议提出的意见和建议修改完善后发文实施。会议原则同意《关于开展“基层党建+安全生产标准化”工作的实施意见》，要求根据会议提出的意见和建议修改完善后按规定程序提交相关会议讨论审议。会议原则同意东阳—磐安山海协作“飞地抱团”消薄项目投资协议。会议原则同意《东阳满天星影视产业园投资协议书》，要求根据会议提出的意见和建议进一步修改完善后组织实施。会议原则同意市商务局提交会议讨论的关于北京网易传媒战略合作、网易严选项目的相关协议。会议原则同意《东阳市促进电子商务高质量发展的若干意见》，要求根据会议提出的意见和建议修改完善后发文实施。会议原则同意市财政局提出的投资浙江长林电子有限公司项目方案。会议原则同意市财政局提出的投资浙江佰奥医药科技有限公司项目方案。会议专题学习《浙江省地方储备粮管理办法》《党委（党组）落实全面从严治党主体责任规定》。会议听取东阳市2020年法治政府建设情况的汇报。

【市政府市长办公会议】 2020年，东阳市召开市政府市长办公会议21次。

1月23日，召开市十五届政府第五十四次市长办公会议。会议传达省政府办公厅新型冠状病毒感染的肺炎疫情防控工作视频连线会议精神，研究部署东阳市新型冠状病毒肺炎防控工作。

2月10日，召开市十五届政府第五十五次市长办公会议。会议讨论《东阳市关于疫情防控期间支持企业共渡难关的政策意见》，会议原则同意《东阳市关于疫情防控期间支持企业共渡难关的政策意见》，要求根据会议提出的“上下对应、结合实际、量力而行”的原则以及相关意见和建议修改完善后下发实施。

2月27日，召开市十五届政府第五十六次市长办公会议。会议讨论横店高级中学新建项目设计重新招标有关问题，会议原则同意市教育局与浙江中和建筑设计有限公司协商解除《东阳市新横店高级中学建设项目设计合同》。

3月13日，召开市十五届政府第五十七次市长办公会议。会议讨论关于部分下岗退役士兵再就业帮扶工资待遇、东阳市华统养殖场建设项目投资框架协议2项议题。会议原则同意市退役军人事务局提出的部分下岗退役士兵再就业帮扶建议，要求根据会议提出的意见和建议修改完善后发文实施。会议原则同意东阳市华统养殖场建设项目投资框架协议，要求根据会议提出的意见和建议修改完善后，由巍山镇人民政府与浙江华统肉制品股份有限公司签署该框架协议。

4月2日，召开市十五届政府第五十八次市长办公会议。会议讨论关于220千伏东大2337线15—18号迁改工程设计、施工、监理招标有关问题，会议原则同意采用中国招标投标公共服务平台进行该迁改工程的设计、施工、监理招投标。

4月17日，召开市十五届政府第

五十九次市长办公会议。会议讨论关于海德国际社区项目补缴土地出让金有关问题,会议原则同意市自然资源和规划局提出的处理意见。

5月30日,召开市十五届政府第六十次市长办公会议。会议讨论关于与上海天华建筑设计有限公司签订战略合作框架协议问题,会议原则同意与上海天华建筑设计有限公司签订战略合作框架协议,要求根据会议提出的意见和建议修改完善后及时与上海天华建筑设计有限公司签约。

6月22日,召开市十五届政府第六十一次市长办公会议。会议讨论关于收购振兴路2号地块资产举办公办幼儿园、市第三实验幼儿园青春路园区建设工程、国投公司以基金方式支持正威集团供应链项目、城投集团在深圳购置“人才飞地”物业、扶持横店战胜疫情复苏文化交易5项议题。会议原则同意市教育局提出的收购振兴路2号地块资产举办公办幼儿园的收购方案。会议原则同意市教育局提出的关于市第三实验幼儿园青春路园区建设工程问题的解决方案。会议原则同意市由市国投公司与财通资本共同组建基金定向投资东阳源威供应链有限公司。会议原则同意市城投集团提出的在深圳购置“人才飞地”物业建议。会议原则同意市文广旅体局提出的关于扶持横店战胜疫情复苏文化交易的建议。

7月10日,召开市十五届政府第六十二次市长办公会议。会议讨论关于亲乐园公寓申请帮扶、东阳市红枫林养生中心申请帮扶问题2项议题。会议原则同意市金融办提出的亲乐园公寓帮扶方案。会议原则同意市金融办提出的东阳市红枫林养生中心帮扶方案,要求完善协议约定,做好风险防控,确保资金安全。

8月24日,召开市十五届政府第六十三次市长办公会议。会议听取市关于赛斯特信息科技股份有限公司与东阳市政府投资平台合作有关情况的汇报,会议原则同意市国资办提出的赛特斯与东阳市政府投资平台合作方案。

9月16日,召开市十五届政府第六十四次市长办公会议。会议讨论关于抖音直播基地合作框架协议、城市设计咨询服务采购、东阳广播转播台迁建协议、广厦控股集团纾困帮扶、市水资源整合工程项目融资方案5项议题。会议原则同意《抖音电商直播基地合作协议》,要求抓紧推动协议的签订、落实等工作。会议原则同意市自然资源和规划局提出的关于城市设计咨询服务采购的意见和建议。会议原则同意《浙江省东阳广播转播台迁建协议书》。会议原则同意市金融办提出的广厦控股集团纾困帮扶方案。会议原则同意市水资源整合工程项目融资方案。

9月21日,召开市十五届政府第六十五次市长办公会议。会议讨论《关于公布〈东阳市综合行政执法处罚事项〉的公告》,会议原则同意该公告。

9月28日,召开市十五届政府第六十六次市长办公会议。会议听取关于市国投公司参与设立新材料基金有关情况的汇报,会议原则同意市国资办提交会议讨论的《关于合作设立东阳新材料合伙企业(有限合伙)的投资合作协议》。

10月19日,召开市十五届政府第六十七次市长办公会议。会议讨论关于中央环保督察涉林垦造耕地问题整改方案、《东阳市非农建设指标交易管理暂行办法(试行)》文件整改2项议题。会议原则同意提交会议讨论的中央环保督察涉林垦造耕地问题整改方案。会议原则同意对《东阳市非农建设指标交易管理暂行办法(试行)》进行修改。会议传达金华市文物安全工作会议精神,听取东阳市文物安全工作有关情况的汇报。

10月20日,召开市十五届政府第六十八次市长办公会议。会议讨论关于351国道磐安安文至东阳马宅段改建工程项目战略合作框架协议问题,会议原则同意市交通局提交会议讨论的协议内容,要求副市长吕良勇代表市政府与磐安县人民政府签署相关协议,加快后续工作推进落实。

11月13日,召开市十五届政府第六十九次市长办公会议。会议讨论关于统筹处置建筑业总部基地历史遗留问题的工作建议,会议原则同意市住建局提出的建筑业总部基地历史遗留问题统筹处置建议,要求根据会议提出的意见和建议修改完善后组织实施。

11月22日,召开市十五届政府第七十次市长办公会议。会议听取关于生活垃圾“零填埋”应急分流处置工作方案有关情况的汇报。会议原则同意市垃圾分类办提出的生活垃圾“零填埋”应急分流处置方案。

11月27日,召开市十五届政府第七十一次市长办公会议。会议讨论关于旺盛塑胶扩建项目、征集收购中华大师汇活动部分作品2项议题。会议原则同意市经信局提出的关于旺盛塑胶扩建项目的意见和建议。会议原则同意市市场监管局提出的关于征集收购中华大师汇活动部分作品的意见和建议。

12月13日,召开市十五届政府第七十二次市长办公会议。会议听取关于提前撤销浙江省37省道、39省道东阳征费所下辖东永公路礼村收费站和37省道收费站有关情况的汇报,会议原则同意市交通局提出的相关意见和建议。

12月24日,召开市十五届政府第七十三次市长办公会议。会议讨论关于浙江凯文控股集团有限公司纾困帮扶、市金控集团对金华银行增资扩股项目、浙江浙农网络小额贷款有限公司投资合作项目3项议题。会议原则同意市金融办(帮扶办)提出的关于浙江凯文控股集团有限公司纾困帮扶方案。会议原则同意市财政局提出的关于市金控集团对金华银行增资扩股项目的意见和建议。会议原则同意市供销总社提出的关于浙江浙农网络小额贷款有限公司投资合作项目的意见和建议。

12月30日,召开市十五届政府第七十四次市长办公会议。会议讨论关于花园湖景城(二期)项目建设涉及横店机场限高控制要求退还出让金、浙江新红染针织有限公司纾困帮扶2项议题。会议原则同意市自然资源和规划局提出的退还部分出让金建议及后续问题处置方案。会议原则同意市金融办(帮扶办)提出的浙江新红染针织有限公司纾困帮扶方案。

(郑云涛)

应急管理

·综述·

【概况】 2020年,东阳市启动防汛Ⅳ级响应4次、Ⅱ级响应1次,成功应对多轮强降雨,防御抗击超强台风"黑格比"。建设立体救援格局,编制印发《关于加强应急救援队伍建设的意见》,推进社会应急救援基地建设,发挥航空应急救援基地作用。实现资源整合,组建多领域应急救援专家库69人,成功处置多起突发事故。推进"数字应急"建设,建成"应急指挥数字驾驶舱"。

【重大自然灾害防御】 2020年,东阳市启动防汛Ⅱ级应急响应1次、防汛Ⅳ级响应4次,地质灾害Ⅳ级响应1次。8月,4号台风"黑格比"(热带风暴级)横穿东阳市,致使全市18个镇乡街道不同程度受灾,受灾人口28279人,紧急转移人员3024人;房屋倒塌322间,严重损坏133间,一般损坏454间;造成直接经济损失40547.7万元,其中农业损失3994.6万元,工矿企业损失18488.2万元,基础设施损失12662.2万元,家庭财产损失5346万元,公共服务损失56.7万元。市政府制定《关于"黑格比"台风灾后重建和恢复生产生活的若干意见》,围绕助力企业复产,公共和基础设施修复和受灾群众保障3个重点制定5个方面13条政策。

【社会应急救援基地建设】 2020年,市应急管理局依托人防大楼,建设全市社会应急救援基地,集社会救援队办公、培训、训练、物资装备于一体,社会救援队伍入驻正常运行。基地建有200平方米的培训场地,建筑物坍塌、人索救援等救援场地2个,装备物资存放场地450平方米。

【航空应急救援基地建设】 2020年6月18日,东阳横店机场航空应急救援基地被确定为浙江省应急救援常态化备勤点之一,承担金华市及周边地区常态化备勤工作。自7月1日起,直升机以及机组人员进入备勤点,开始常态化应急救援备勤,在抗击台风"黑格比"、东白山"七夕"安保、横店马拉松中承担安全巡查任务,参与"浙江金盾—20"人民防空实战化演习、危化品泄漏、横店文荣医院航空应急救援等演练。

【应急救灾处置】 2020年,市应急管理局与市公安局、市交通局、市商务局、市气象局、市人武部等部门单位签订合作备忘录,实现资源整合,组建多领域应急救援专家库69人。成功处置"4·1"甬金高速柴油罐车泄露、"4·7"诸永高速危险化学品泄漏、"4·29"诸永高速汽油罐车自燃、"5·10"诸永高速柴油罐车泄露4起高速危化品事故和"6·17"甬金高速液化气槽罐车追尾事故。其中"6·17"甬金高速液化气槽罐车追尾事故的成功处置得到中新网、新华网、新华财经等媒体的报道。

【数字应急】 2020年,东阳市应急指挥中心与城市大脑运行中心合并建设,建成"应急指挥数字驾驶舱"。以东阳市"城市大脑"为基础,在"城市大脑"框架下,结合实际开发应用相应功能模块。防汛水位监测被确定为东阳市首批应用场景项目之一,实时监测市内水库、河道水位,监测数据接入市应急指挥平台,实现与水务、气象等相关部门的数据共享。投入经费购置应急指挥车、车载云台、卫星便携站等高精尖设备,实现与省应急指挥中心的可视化指挥调度功能。探索南马应急管理中心运行新模式,发挥信息化作用,实现自然灾害救助、事故救援、安全生产监管调度指挥一体化,打造"基层党建+应急管理标准化"东阳2.0版本。

(吴秋馨)

·消防救援·

【概况】 2020年,东阳市消防救援大队开展"创人民满意消防救援队伍"活动,推进消防安全"三年翻身仗"行动,完成春节、两会、中秋国庆、"2020横店影视节"、"中华大师汇"等消防安保工作,成功处置"6·17"甬金高速LNG罐车追尾事故、"8·4"黑格比抗台、"9·12"巍山镇白坦村工业区火灾扑救等火灾及抢险救援事故。至年末,东阳市消防救援大队接警出动1080起,出动车辆3669辆次,出动警力21557人次,抢救被困人员150人,疏散被困人员22人,抢救财产价值15650万元。

市消防救援大队被市政府评为"战疫先锋团队""抗击新冠肺炎疫情先进集体""抗洪抢险救灾先进集

2020年8月4日,市消防救援大队成功营救被困于磐安县双峰乡溪上村水库上坡处的3名游客

(市消防救援大队提供)

体”。江北站副站长获评“抗击新冠肺炎疫情先进个人”，东阳大队专业技术二级指挥员、江北站站长、江北站执勤站长助理、江北站班长获“抗洪抢险救灾先进个人”等称号。江北消防救援站党支部被浙江省消防救援总队评为先进基层党组织，江北消防救援站被金华市消防救援支队评为基层建设先进单位。

【应急救援能力提升】 2020年，市消防救援大队开展全员岗位大练兵，举办3个站合同制集中培训4期，开展各类竞赛测试6次，组织3个队站每月开展体能对抗赛。市消防救援大队在全市消防救援队伍春季体能对抗赛的在编消防站中和全市消防救援队伍首届“火焰蓝”全员岗位大练兵比武竞赛中获团体总分第一，吴继飞、李佳杰、沈飞鹏获个人总分前三的成绩，江北消防救援站代表金华支队参加全省首届“火焰蓝”全员岗位大练兵比武。

市消防救援大队每季度开展专职队和社会联动部门的联席会议，开展联合演练，定时组织专职队员轮勤轮训，组织专职队比武竞赛。组织专职队轮训2期，多种形式消防队伍业务技能比武1次，巍山政府专职消防救援站和南马政府专职消防救援站在全市消防救援队伍首届“火焰蓝”全员岗位大练兵比武中分别获专职(志愿)消防队团体总分第一名、第三名。

【火灾防控】 2020年，东阳市接警1080起、火灾565起，分别比上年下降13.03%和20.2%，未发生较大以上及亡人火灾事故，火灾形势总体平稳。市消防救援大队检查单位1027家，出动监督检查2054人次，发现火灾隐患589处，制发责令改正通知书391份，责令“三停”单位36家，发出行政处罚决定书100份，查封29家。修订完善数字化预案177份，开展灭火救援演练180余次，重点单位熟悉177家，微型消防站检查拉动1500余次，维修保养消火栓846个。对重点单位微型消防站人员开展经常性业务指导，提升微型消防站“灭早灭小灭初期”能力。

【消防安全管理】 2020年，市消防救援大队宣传贯彻《消防安全责任制实施办法》和《东阳市消防安全责任制实施意见》，明确乡镇、街道、各部门和社会单位的消防安全责任，与各镇乡街道及相关部门签订消防安全责任书，强化对各单位的日常量化考评和责任追究。每月分析研判消防安全形势，定期对乡镇工作落实情况开展督导检查，及时汇总暗访督查情况，根据火灾数据及消防安全工作开展情况对乡镇进行排名并列入“五大会战”评比，以五大会战专班办公室的名义发出督办单。根据《东阳市城区违法建筑专项整治行动实施方案》，联合多部门对涉及消防安全的违章建筑进行拆除，拆除人员密集场所违章搭建83处2300余平方米。开展大排查大整治工作，与公安、住建等相关职能部门形成工作专班和联合执法小组，排查居住出租房、小微企业、高层建筑等重点场所消防安全隐患并要求整改到位。

【消防通道整治】 2020年，市消防救援大队推进消防通道整治行动，重点开展集中施划消防车通道标线标志、集中清理消防车通道障碍物、集中查处消防车通道停车占用行为，与市住建局、市商务局共同排摸全市338栋高层建筑，联合市住建局对128个小区开展消防安全检查，函告住建部门消防车通道治理128栋。

(高　胜)

外事港澳工作

【概况】 2020年，东阳市外事办开展涉外疫情防控工作，做好疫情防控数据排摸(境外疫情)专班和综合服务专班相关工作，做好“快捷通道”外国人来华邀请工作以及疫情防控期间境外到东阳人员服务管理、政策宣传、涉外事件处置等工作。全年接待各类重要访问团组7批111人次。

【外宾到访】 2020年1月13日，2019年度日韩友诚进修生10人考察东阳市风土人情，了解经济社会发展情况。8月20日，肯尼亚共和国驻华大使馆大使萨拉·塞雷姆一行13人访问东阳市，考察横店影视城、中国木雕博物馆和东阳中国木雕城，了解东阳影视旅游文化和木雕文化，与东阳市相关部门单位进行座谈，双方就搭建中肯影视合作平台以及合作举办中肯影视文化节等事宜进行初步商讨。11月13日，马里驻华大使迪迪埃·达科一行13人访问东阳市，考察浙江广厦建设职业技术大学，与校方交流雕刻艺术文化，探讨开展木雕培训等合作事宜。

【防疫物资捐赠】 2020年，市外事办向美国印第安纳州科科莫市、罗马尼亚穆列什盐矿市和津巴布韦奇诺伊市3个国际友好城市致信慰问，了解当地疫情。得知穆列什盐矿市和奇诺伊市面临着医疗物资紧缺的困境后，东阳市迅速筹集防疫物资，以最快速度完成对接，捐赠口罩4万个、薄膜手套3万双。

【第九季“海外名校学子走进金华古村落·李宅”活动】 2020年9月3—6日，第九季“海外名校学子走进金华古村落·李宅”活动在东阳市举行。中欧国际工商学院的40名世界优秀青年到城东街道李宅村，与村民同吃同住，体验太极文化、花灯游园，考察中国木雕博物馆、东阳中国木雕城、横店影视城等，了解木雕和影视文化。

【国际青年民营经济创新论坛】 2020年9月4日，国际青年民营经济创新论坛在东阳市召开，该次论坛旨在给金华市的民营企业家搭建和世界优秀创新人才合作交流的平台，让人才聚焦金华，并从全球视角分析金华市民营企业现状及未来，为金华市民营经济发展献计献策。

【“海外名校·中南专场”活动】 2020年10月30日至11月1日，“海外名校·中南专场”活动在东阳市举行，浙江省内的30名南非籍教师和11名中方志愿者到城东街道李宅村，开展为期2天的住家活动，体验花灯游园、木雕制作。考察浙江广厦建设职业

2020年10月31日，“海外名校·中南专场”活动的参与者在浙江广厦建设职业技术大学体验木雕制作（市外事办提供）

技术大学、横店影视城等，了解东阳木雕文化和影视文化。

【港澳事务】 2020年12月24日，香港特别行政区政府驻上海经济贸易办事处总入境事务主任翁志强、入境事务处主任甄浩明到东阳市考察交流。驻沪办入境事务组考察市出入境管理大队、中国木雕博物馆，与市外事办、市出入境管理大队等相关负责人进行座谈，双方对加强交流、共谋发展等方面进行探讨。

（葛　爽）

信　访

【概况】 2020年，东阳市四级上访3522人次。受理群众来信1373件，网上信访9258件。创建“无信访积案市”，化解国家级积案14件，省级积案4件，金华市积案126件。

【“大走访、大排查、大化解、大提升”专项活动】 2020年，市信访局组织动员全体部门单位、镇乡街道干部和驻企服务员、基层治理网格员、民情民访代办员等做到全员走访、全面走访、全域走访，落实“边走访边排查边化解”“日汇总、周研判、半月协调”“四张清单”“五个一”等机制。10月15日，全市开展“大走访、大排查、大化解、大提升”活动，走访群众11.2万户，排查新矛盾纠纷942件，化解信访事项和矛盾纠纷1525件，解决新矛盾纠纷836件，解决率88.7%；化解初信初访103件，化解率从活动前的81%提升至98%；化解越级访22件，化解率由12%提升至57.8%；化解上级交办重复信访357件，化解率64.09%；办结涉纪信访124件，办结率从46%提升至83.2%；化解农村建房类重复访83件，化解率100%。

【“最多访一次”活动】 2020年4月10日，东阳市开展“最多访一次”活动，落实“日通报、周研判、月排名、季例会、年考核”机制，重点发挥好市镇村三级矛调中心（站）作用，理顺中心来访事项的登记分流、联合接待、协调处置、督查督办、绩效考核等运行机制，变信访单兵作战为部门联合作战，让信访化解最多跑一地。

【领导坐班接访】 2020年，东阳市深化领导干部接访下访工作，推进“大接访”，在市领导常态化接访的同时，在市矛调中心创设“局长接待窗口”，每月公示、每日安排部门主要领导一线接访。市领导接待318批1441人次，“局长接待窗口”的23家单位主要领导接访群众245批574人次，当场调处化解245批。

【“一三五七”工作法】 2020年，东阳市制定《初信初访办理化解工作制度》，明确初信初访须在1个工作日内上门对接，3个工作日内由村一级组织化解，5个工作日内由工作片组织化解，7个工作日内由镇乡街道组织化解。落实专人严格审核答复意见书，如果出具处理意见书后，10日内未化解的向事权单位发出《初信初访化解催办单》，经催办未化解的，将进行通报以提升信访办理满意度。自“一三五七”工作法实行以来，东阳市初次信访事项化解率提升至93%。虎鹿镇在“一三五七”工作法基础上，通过实施关口前移、组团服务、五级管理等举措，推行“周三信访接待日”制度，打造“周三信访流动超市”，落实信访“最多跑一次”要求。

（蒋凯婷）

侨　务

【概况】 2020年，东阳市人民政府侨务办公室（简称市侨办）、东阳市归国华侨联合会（简称市侨联）维护侨胞侨眷的合法权益4件，接待来电来访8人次，结案率98%；办理“三侨生”（归侨青年、归侨子女、华侨在国内的子女）高考、中考加分5人。

【助力经济】 2020年，市侨联联系走访10家侨属企业，到工地车间、生产一线、办公场所等，与企业负责人定期沟通交流，了解企业发展中遇到的困难和问题，协调相关部门解决企业在疫情防控、复工复产中的困难问题。市侨联推选的东阳籍海归创办企业“领鞅科技（北京）有限公司”“东阳市大生佸家电子商务有限公司”获评2020“星聚金义 自贸起航”金义新区自贸人才创新创业大赛暨第四届金华海归创客十佳。

【联络联谊】 2020年，第二届世界东阳人发展大会期间，市侨办、市侨联召开海外嘉宾见面交流会，涉及科研、医疗、高校、环保、金融投资等多个领域的60余名海外海归人才参加交流会。春节走访慰问重点侨属43人，拜会回乡过节海外侨界人士6

人;端午节和中秋节走访慰问40户东阳籍海外博士教授家庭。开展调查研究工作,撰写《东阳"浙江省华侨权益保护条例"执行情况》专题调研文章。开展东阳籍海外华人华侨座谈会,组织10余名华人华侨专题学习党的十九届五中全会精神和省侨联十代会精神,对侨务工作情况进行调研。

【境外疫情输入防控工作】 2020年,市侨联做好境外疫情输入防控工作。开展排查管控工作,对华人华侨、境外旅居和留学等可能回国人员进行排摸,筛查18万人次。做好精密智控预申报平台每日相关工作,境外回国人员预先申报,入境落地后跟踪管控,及时反馈。做好境外人员的关心关爱工作,开展对境外留学人员的帮扶安抚、心理疏导。为侨胞侨眷提供捐赠物资、政策传达、宣传鼓舞、信息搜集等服务,协调解决"疫情防控期间滞留国内华侨子女就读问题"等。发动海外侨胞为疫情防控捐款捐物,丹麦中国商会会长王卫青、哈佛大学医学院布莱根妇女医院周捷、加拿大华侨程明发挥各自信息优势、资源优势组织货源。卢永强(澳大利亚)、马德朝(刚果布)等海外侨胞捐款107.54万元。

(郑 扬)

政务服务

【概况】 2020年,东阳市行政服务中心受理事项3358381项,其中网上办理2960005件,现场办理398376件,网办率88%。金华市公共资源交易中心东阳分中心(简称交易中心)组织建设工程招标项目555个标次,中标金额66.48亿元,节省资金4.80亿元。组织政府采购活动162个标次,实际采购金额65328.2万元,节约财政资金7214.86万元。组织产权交易3次,成交金额2274.1万元,增值400.5万元,增值率21.37%。开展东阳市公共资源交易网更新维护工作,确认提交的登记注册新企业1264家,变更企业信息8793件。

【自助终端机功能完善】 2020年,市行政服务中心整合社保、医保、市民卡、公积金、不动产、交管、伤残、企业注册等82项民生类政务服务,接入综合政务自助终端。通过下放298项民生事项至各镇乡街道便民服务中心、推进综合自助服务终端建设、部门集中进驻、便民服务中心代办、推动社保和公积金事项在邮政和银行多网点可办等方式,实现镇乡街道常用民生类政务服务就近办100%覆盖。完成花园村便民服务中心、市人民医院、机动车检测站等17个村(社区)和人员密集场所的自助终端配置工作。

【"好差评"制度健全】 2020年,市行政服务中心建立线上+线下全覆盖评价机制。通过设置网办件评价页面、发送回访短信和窗口设置"好差评"液晶屏,实现评价系统在市行政服务中心32家窗口单位的线上事项、线下窗口全覆盖。建立"差评"回访调查、整改反馈机制,"差评"信息第一时间抄告主管单位,1个工作日内完成回访调查,10个工作日内作出整改并向办事群众和企业反馈整改情况。集中组织开展"好差评"系统操作业务培训,对"差评"问题整改等工作提出具体要求,提高政务服务质量和工作效率。

【政务服务延伸基层】 2020年,东阳市打造政务服务"一镇一村"新样板。整合提升横店镇、南马镇花园村便民服务中心功能,建成市行政服务中心横店分中心,梳理下放173项民生事项至南马镇花园村便民服务中心,推动花园村便民服务中心提升软硬件设施。

【公共服务事项进驻】 2020年,市行政服务中心实现水电气网"集成办"。梳理明确水、电、燃气、网络共计80个公共服务事项,设专窗专线专人受理,各镇乡街道便民服务中心委托综合窗口人员代办,各营业网点设立"网上通办区",安排导服人员指导群众自助办理公共服务事项,推行公共服务事项办理"三集成"改革,为群众就近"无差别"办理各类公共服务事项提供"一站式"服务。加强网上政务大厅建设,完善微信公众号功能。上线网上办事大厅,涵盖跑前攻略、在线申请、网上申报、镇村直通车等功能模块,办事群众可以在相应的模块内开展网上查询(所需材料)、网上申报、在线咨询、代办申请等线上服务,融合现有政务服务系统应用,实现企业群众政务事项上一网。

【开评标系统开发】 2020年,市行政服务中心开发不见面开标系统满足疫情防控期间开评标需求。3月,完成不见面开标系统线上统一解密相关步骤的开发工作,实现线上不见面开标的测试及项目正常运行,采用钉钉直播方式对开标现场进行直播。全年实施政府采购不见面开评标87次。自5月起,合理调剂安排开标项目,从一日4标次增加至一日6标次。根据省电子化开评标的要求,完成水利项目的电子开评标系统开发。

【公共资源交易系统迁移拓展】 2020年,交易中心推进云迁移工作,对云迁移、数据改造、乡镇版块及抽签版块开发等问题与软件开发协调拟定初步方案,与市大数据发展中心对接云迁移报批事项。9月,开发完成公共资源交易系统乡镇版块;10月,完成系统试运行。

【政府采购工作】 2020年,东阳市优化招标文件范本,修改和规范计算机、空调、专业用车、电梯等招标文件模板,取消评分标准中本地化服务中地域限制、检测报告中地域限制、检测机构性质限制,统一规范节能、环保评分内容,按照国家政策开展政府采购,落实价格折扣、优先采购政策。全年组织政府采购活动162个标次,实际采购金额65328.2万元,节约财政资金7214.86万元。

【公共资源交易协同监管】 2020年,交易中心依职能做好并配合相关部门进行公共资源交易投诉处理工作。上半年,受理招投标方面质疑或投诉7件,转办5件,协同行业主管部门处理2件。更新、补充东阳市备用评标专家库人员。

（周洁倩）

电子政务

【概况】 2020年，东阳市大数据发展中心加强制度建设，制定东阳市政府信息化项目管理实施细则，建立智慧城市建设工作规范，建立大数据资源建设规范等。开展政府数字化转型工作，打造党政机关综合办公升级版，实现PC端、钉钉端、PAD端三端融合。整合政府部门网站，完成东阳市政府网站全面改版；加强对全市基础设施资源、网络资源、信息安全的工作统筹管理；加强智慧城市建设，完成城市大脑基础平台和15个智慧应用场景的建设任务。

【智慧城市建设】 2020年3月末，东阳市成立智慧城市建设工作专班。5月30日，《东阳市新型智慧城市总体设计方案（2020—2022）》通过专家论证。8月初，东阳市智慧城市建设方案经市十五届政府第七十七次常务会议讨论通过。9月初，市政府分别与阿里云计算有限公司、浙江大华技术股份有限公司、浙江华数广电网络有限公司签订战略合作协议。10月，成立东阳数据资源有限公司（国有独资），承担东阳智慧城市建设的项目融资、数据资产管理工作；成立数字东阳技术运营有限公司（混合所有制企业），承担东阳智慧城市的项目建设、运行和维护工作。至年末，组织召开两次智慧城市建设工作专题会议，启动两批共15个智慧城市建设项目。

【政府数字化转型】 2020年，东阳市推进“互联网+政务服务”工作。按照省、金华市要求落实各部门接入政务服务2.0。通过部门自查、全量检查、抽样复查等方式，持续跟踪办事指南准确度。重点关注并督促部门做好政府服务满意度工作，减少初次差评数量，从根源上杜绝差评件的产生，优化营商环境，提高政府公信力。至年末，政务服务事项网上可办率96.8%，掌上可办率94.8%，跑零次可办率95.6%；接入政务服务2.0事项706项，完成收件229525件。完成钉钉1.0和浙政钉2.0的用户激活率、活跃度等工作，做好钉钉应用迁移和整改。对政务服务办件进行日常监察，督促部门避免超期办件、消除异常办件。协助做好“互联网+监管”工作，在行政执法监管平台开通账号1468个，掌上执法开通率100%、激活率100%，事项实施清单编制率100%，主项覆盖率95.9%。开展多业务协同应用申报工作，至年末，通过省多业务协同系统报送多业务协同应用9个，其中入学入园一件事、影视文化版权保护应用被评为金华市优秀多业务协同应用。机关内部“最多跑一次”系统上线事项386个，办件量102702件。

【数据治理与数据开放】 2020年，东阳市从金华人口库、金华企业法人库中抽取部分东阳数据同步到金华政务云服务器，建设东阳人口库、东阳企业法人库。通过算法比对社保照片和人口库身份证照片生成东阳人脸识别比对静态库供各单位使用。完成15家单位88项数据开放目录填报工作。

【网络基础设施及安全】 2020年，东阳市完成电子政务外网核心设备IPv6（互联网协议第6版）改造，建设政务外网智能安全平台，通过该平台研判安全漏洞及潜在威胁，加强电子政务外网的安全性。通过云服务器等方式整合市人力社保局机房，协调相关部门单位把医保网络从社保专网分离，规避网络故障点，提高全市医保网络的稳定性。

【综合办公平台建设】 2020年1月，东阳市党政综合办公系统上线运行，首次实现PC端、浙钉端、PAD端三端融合。对市政府常务会议、乡镇行政规范性文件等合法性审查、多部门联合发文、部门领导请假、会议通知等进行改革，实现全流程无纸化，助推政府数字化转型。至年末，实现43项市政府常务会议议题、35项合法性审查事项无纸化流转。

【政府网站集约化管理】 2020年7月30日，东阳市人民政府门户网站迁移至省政府集约化平台，梳理各部门单位的政务公开目录，建设“五公开”（决策公开、执行公开、管理公开、服务公开、结果公开）专栏、26个重点领域公开专栏。东阳市人民政府门户网站全年发布信息46559条，其中政务动态信息13975条，信息公开目录信息32375条，概况类信息209条。

（董　滢）

中国人民政治协商会议东阳市委员会

综　述

【概况】 2020年，中国人民政治协商会议东阳市委员会（简称市政协）召开常委会会议6次，主席会议10次。1月18—21日，召开市政协十四届四次会议。市政协运用提案、信息、发言、报道等途径，向市委和上级政协报送社情民意25条，其中《建议把贫困革命老区纳入职工疗养支援地助力脱贫攻坚》社情民意被省委办采用。新冠肺炎疫情防控期间，向金华市政协和市委报送《基层党政干部和公安干警成肺炎疫情高危接触人群，建议实现针对性防控避免交叉感染》等25篇涉疫信息。编发多期《东阳政协》，在《联谊报》《金华日报》、《东阳日报》、东阳电视台、东阳新闻网等媒体刊登播出新闻报道200余篇，在省政协同心苑刊登政协要闻12篇。省政协《联谊报》以“项目工地上，东阳市委书记与政协委员围坐一圈”为题，报道助推综合交通大会战等“请你来协商”活动，点击率超7.5万人次。

【文史工作】 2020年，市政协聚焦东阳抗疫过程中的典型事例和先进人物，编撰《东阳抗疫》，分防治、管控、守门、助力、保障、驰援、复工七大部分，《东阳抗疫》以全景式的叙述视野、个体化的口述记忆，记录这段特殊历史，展示东阳人“勤勇韧能义”五大特质和抗疫精神。实地调查东阳民居保存情况，发掘东阳民居蕴含的文化内涵，研究东阳民居的历史底蕴，编辑出版《东阳民居》。配合省政协开展“同心抗疫”史料、传统经典美食文化故事等组稿工作，协助金华市政协做好“探秘金华古塔”大型采编活动。

（黄一凡）

政协重要会议

【市政协十四届四次会议】 2020年1月18—21日，中国人民政治协商会议第十四届东阳市委员会第四次会议举行，应出席委员291人，实到275人，符合规定人数。政协副主席华伟跃代表政协第十四届东阳市委员会常务委员会做工作报告。政协副主席金德良代表政协第十四届东阳市委员会常务委员会做市政协十四届三次会议以来提案工作情况的报告。会议期间，全体政协委员列席东阳市第十五届人大第四次会议，听取并讨论代市长楼琅坚所作的政府工作报告，讨论东阳市人民法院工作报告、东阳市人民检察院工作报告和其他报告。委员们围绕市委、市政府中心工作协商议政、建言献策，以提案形式提出意见和建议272件。会议补选产生政协第十四届东阳市委员会主席斯建民，副主席楼红霞、冯涧及6名常务委员。闭幕会上表彰2020年度优秀界别、优秀政协委员、优秀提案和优秀大会发言人。

【市政协常委会会议】 2020年，市政协召开常委会会议6次。

1月8日，召开十四届十二次常

2020年1月18日，中国人民政治协商会议第十四届东阳市委员会第四次会议开幕

（包康轩/摄）

委会会议。会议确定1月18—21日召开市政协十四届四次会议。会议协商讨论政府工作报告(草案),听取东阳市政府关于市政协十四届三次会议以来提案办理情况的通报。会议审议通过市政协十四届常务委员会工作报告(草案)及报告人;审议通过市政协十四届常务委员会关于十四届三次会议以来提案工作情况的报告(草案)及报告人;审议通过关于召开市政协十四届四次会议的决定;审议通过市政协十四届四次会议议程(草案);审议通过市政协十四届四次会议日程;审议通过市政协十四届四次会议邀请列席人员范围等。会议审议通过有关人事事项和其他有关事项。会议对2019年度"一村一委员"先进工作者,优秀组长、副组长、联络员和先进联村小组进行表彰。

1月19日,召开十四届十三次常委会会议。会议听取各界组对市委书记傅显明的讲话精神、政府工作报告、政协第十四届东阳市委员会常务委员会工作报告和政协第十四届东阳市委员会常务委员会关于十四届三次会议以来提案工作情况报告讨论情况的汇报。会议听取政协第十四届东阳市委员会主席、副主席、常委候选人建议人选名单的说明;协商讨论政协第十四届东阳市委员会第四次会议选举办法(草案);协商讨论政协第十四届东阳市委员会主席、副主席、常委候选人建议人选名单(草案);协商讨论政协第十四届东阳市委员会第四次会议选举大会总监票人、监票人名单(草案)。

1月20日,召开十四届十四次常委会会议。会议听取各界组讨论情况的汇报。审议通过政协第十四届东阳市委员会第四次会议选举办法(草案);审议通过政协第十四届东阳市委员会第四次会议选举大会总监票人名单(草案)、监票人名单;审议通过政协第十四届东阳市委员会主席、副主席、常委候选人名单(草案);审议通过政协十四届四次会议提案审查情况报告(草案);审议通过市政协十四届四次会议决议(草案)。

6月28日,召开十四届十五次常委会会议。会议传达学习全国政协十三届三次会议精神和市委政协工作会议精神;审议通过关于设立东阳市政协城建环境资源委员会的决定;审议通过关于原资源环境和城乡建设专门委员会更名为城建环境资源专门委员会的决定;审议通过各专门委员会正副主任的任命名单。会前,邀请专家作《中华人民共和国民法典》培训讲座。

9月4日,召开十四届十六次常委会会议。市委副书记、市长楼琅坚通报东阳市上半年经济社会运行情况。会议听取市长楼琅坚关于东阳市上半年经济运行情况的通报;会议审议通过有关人事事项;传达学习金华市政协主席暑期读书会精神,部署安排下半年政协工作。

12月24日,召开十四届十七次常委会会议。会议传达学习中共十九届五中全会、中央经济工作会议和省委十四届八次全会精神;协商讨论市委关于制定东阳市国民经济和社会发展第十四个五年规划和二〇三五年远景目标的建议(征求意见稿);审议通过有关人事事项。会议对市委"十四五"规划建议进行专题协商讨论。与会人员结合自身工作实际,针对补齐城市规划管理的短板、减少影视文化产业对于政策的依赖、木雕红木等特色产业如何进一步发展、加强对科技工作的组织领导以及充分利用好人才优势等多个方面提出意见和建议。

【市政协主席会议】 2020年,市政协召开主席会议10次。

1月7日,召开十四届二十四次主席会议。会议协商讨论政协常委会工作报告和提案工作报告;审议通过市政协十四届八次常委会会议议程(草案);审议通过召开市政协十四届三次会议的决定(草案);讨论大会会务有关问题;评选年度先进集体和个人。

3月3日,召开十四届二十五次主席会议。会议学习传达市委常委会扩大会议精神;布置疫情防控和复工复产工作;布置市委政协工作会议筹备工作;讨论政协主席、副主席分工安排;讨论8个专委会组成人员名单。

3月19日,召开十四届二十六次主席会议。会议讨论决定2020年度市政协重点提案;讨论通过2020年度"请你来协商"议题;讨论通过2020年度重点任务分工安排;讨论通过市政协有关委员活动经费管理使用的意见。

5月19日,召开十四届二十七次主席会议。会议集体学习省委《关于加强各级领导班子政治建设的若干意见》;学习《关于新时代加强和改进人民政协工作的实施意见》;通报省委巡视工作的有关情况;通报增设市政协城建委领导职数1名的决定;布置加强政协自身建设的工作标准和要求。

6月2日,召开十四届二十八次主席会议。会议传达学习全市领导干部会议精神以及布置有关工作;各副主席汇报年度工作进展并布置下步工作任务。

6月19日,召开十四届二十九次主席会议。会议传达学习全国"两会"精神;传达学习全市领导干部会议精神;审议通过十四届十五次常委会会议议程。

8月21日,召开十四届三十次主席会议。会议讨论通过市政协党的建设工作领导小组名单;讨论通过《中共政协东阳市委员会党组落实全面从严治党主体责任2020年度任务安排》;研究讨论有关人事事项;审议通过十四届十六次常委会会议议程;讨论通过有关委员培训方案。

9月16日,召开十四届三十一次主席会议。会议集体学习《习近平谈治国理政》第三卷;传达学习习近平总书记在全国抗击新冠肺炎疫情表彰大会上的重要讲话精神、省委书记袁家军在省委党校2020年秋季学期开学典礼上的讲话精神和到南湖瞻仰红船时的讲话精神。传达学习省政协主席读书会精神;学习中共金华市委、纪委监察委有关文件;学习传达市委常委会扩大会议精神;讨论通过《关于落实市委政协工作会议主要任务分工方案》;讨论通过《2020年度东阳市镇乡街道、机关部门工作目标责任制考核政协工作扣分条款》。

11月10日,召开十四届三十二次主席会议。会议汇报华东六省一市政协第二十七次提案工作座谈会的筹备进展情况，研究部署下一步筹备情况。

12月16日，召开十四届三十三次主席会议。斯建民主席领学《习近平谈治国理政》第三卷；学习《关于当前我市意识形态领域形势的通报》；讨论市委关于制定东阳市国民经济和社会发展第十四个五年规划和二〇三五年远景目标的建议；讨论通过市政协十四届十六次常委会会议议程；讨论通过市政协2020年度"一村一委员"工作先进集体和个人名单；讨论通过有关人事事项；汇报有关全会事项和大会发言筹备情况。

（黄一凡）

2020年12月9日，市政协召开"十四五"东阳木雕红木产业发展专题协商会

（黄一凡/摄）

政治协商和参政议政

【界别活动】 2020年，以"践行'两山'理论，助推美丽东阳建设"为主题，市政协发动19个界别政协委员和部分列席人员到镇乡街道，开展利民、助民、扶民服务活动。经济界关注千祥镇"美丽乡村"建设，聚焦乡村产业植入、十佳村创建等建言献策，捐助扶贫助困资金3万元；教育界调研花园外国语学校，探讨民办学校转型发展路径；科协界聚焦理顺城市建设和城市管理体制机制，从社会基层治理、智慧城市建设、智慧产业园建设三大层面走访调研，寻求破解方法；妇联界连续多年对口联系三单乡中心小学，捐赠篮球、羽毛球、小米阅读包等学习用品；医卫界联合市中医院、疾控中心到东阳江镇上陈村开展义诊服务，为基层群众免费医疗、免费赠药；宗教界开展"献爱心扶贫"活动，给江北街道的残疾、智障贫困户送上爱心礼包；农业界专题研讨助推"共享田园建设"，分批组织委员参加"十佳村十差村"考核评选。

【"十四五"规划调研协商】 2020年，政协委员围绕建成"全球最强的影视产业基地"、搭建高能级产业发展平台、绘就"共享田园"美丽乡村画卷等党政工作，通过大会发言、讨论发言、政协提案等方式协商建言，扩大编制"十四五"规划的民意基础。召开市政协党组扩大会议、常委会会议，协商讨论《东阳市"十四五"规划若干重大问题的思考》，从"十四五"时期的发展环境、奋斗目标、攻坚重点等方面，提出26条协商建议。围绕"四方面十大问题"，开展"十四五规划"编制调研协商工作，从加快文化产业发展、构建新能源产业平台、推进红木产业高质量发展三大层面，听取部分委员建议，为科学编制"十四五"规划提供参考依据。

【"一村一委员"工作】 2020年，以"助推和美乡村建设"为主题，围绕乡村产业振兴、农村生活环境整治、农村公共卫生体系建设等民生热点，市政协开展政策宣传、问卷调查、民情反馈等联村活动，帮助解决实际困难。东阳江镇岭下村受疫情、雨水等影响导致"卖桃难"，医卫界委员通过民情信息渠道第一时间反馈给市政协，运用集体力量发动融媒体、商贸企业和志愿协会，线上线下联动帮助销售。《东阳日报》以"爱心助农，岭下村的鲜桃两天卖了1万多斤"为题进行报道。湖溪镇罗青郭村疫情防控期间口罩紧缺，农业界委员多方筹措，免费捐赠。台风"黑格比"给千祥、巍山、画水等镇乡街道造成严重损失，相关联村委员走村入户，掌握实情，报送《尽快帮助白坦村灾后恢复生产生活的建议》等社情民意。《真心用心齐心，在为民吆喝中实现"履职受欢迎"》联村心得在金华市政协"一村一委员"工作机制推进会上做交流发言，《发挥联村委员优势，让联村工作叫好更叫座》做书面交流。

（黄一凡）

视察与监督

【"请你来协商"活动】 2020年，市政协以8个专委会为单位，围绕人才引进、小微园建设、社会救助体系建设、智慧城市建设、农民饮用水达标提标、"四好农村路"建设等党政要事和民生实事，开展7次"请你来协商"活动。市委书记、市长、市委市政府分管领导、职能部门负责人和政协委员、群众代表面对面交流意见，提出想法，回应诉求。拓宽人才信息对接渠道、加快环评审批流程、统筹配置社会救助资源、推进绿波通行、核定新建农村集中供水水厂的水价收缴标准、修缮农村公路桥梁等协商成果转化为政策措施。

【专委会视察监督】 2020年，市政协以8个专委会为单位，围绕老城区旧住宅改造、"美丽乡村"长效机制建设、道路交通安全综合治理等工作，开展"系列民生"专题视察。市政协班子成员开展"大走访、大排查、大调研、大提升"专项活动，参与信访攻坚、村社换届选举等工作，推进横店影视转型发展、医疗保障服务、高铁新城建设、生态廊道建设、五水共治等工作。提交《加快“一村一品”产业发展的调研报告》《加快推进城市建设管理的调研报告》《推进外卖食品安全的调研报告》《关于我市检察机关服务和保障民营经济发展工作情况的调研报告》《关于加强地方文献保护的调查报告》《关于推进我市义务教育优质均衡发展的调研报告》等视察成果。

（黄一凡）

提案和社情民意

【提案工作】 2020年，市政协十四届四次会议以来，政协委员和政协各参加单位提交提案272件。经审查，立案251件，作来信处理21件，其中团体提案54件，委员提案197件。提案送交73家承办单位办理，全部办复。已经解决和部分解决的177件，占70.5%；正在解决的62件，占24.7%；有待创造条件解决或留作参考的12件，占4.8%。从委员反馈情况看，对提案办理表示满意的247件，基本满意的3件，表示理解的1件。从提案质量征询情况看，承办单位对委员提案质量满意率达98.4%。

10篇大会发言书面材料全部转化为提案，7篇得到市委、市政府主要领导批示；4篇团体提案中3篇被遴选为重点提案。健全完善提案领办和督办机制，明确重点提案由政府分管副市长领办，政协分管副主席督办，综合运用“双向评议”“二次办理”“回头看”等机制，跟踪提案办理过程，增强转化落实力度。完善城区环卫保洁机制、严格电动车安全出行、改善学校周边接送时段交通环境等民生诉求得到解决。

【华东六省一市政协第二十七次提案工作座谈会】 2020年，市政协配合承办华东六省一市政协第二十七次提案工作座谈会。全国政协提案委员会主任李智勇、省政协主席葛慧君，华东六省一市政协分管副主席、提案委主任参加座谈会，总结交流提高提案履职服务质量方面的经验和做法，探讨促进政协提案工作不断提质增效、实现高质量发展的思路举措。在考察调研环节，展示东阳市影视文化、红木木雕等产业发展成果，实现展示提案办理成果、推介东阳特色产业、宣传东阳金字招牌的效果。

2020年东阳市政协十四届四次会议重点提案一览表

表12

案　由	领衔委员（团体）	主办单位
关于持续推进美丽乡村建设的几点建议	金俊杰	市农业农村局
关于建设“四好农村路”的建议	郭　斌	市交通局
关于加强儿童青少年近视防控的建议	民盟东阳市基层委员会	市教育局
关于强力推进低效工业用地清理整治的建议	王　玮	低效整治办
关于加大老旧小区综合整治力度的建议	蒋　英	市住建局
关于推进建筑业招商引资工作的建议	马余芳	市财政局
关于进一步培养实用型人才和普惠职高生人才的建议	科协界	市人力社保局
关于进一步提升卢宅品质集聚人气的建议	民进东阳市基层委员会	市文广旅体局
关于打造中医药文化主题公园，助推文旅融合区域联动发展的建议	汤加利	市自然资源和规划局
关于推进垃圾分类的建议	民革东阳市基层委员会	市行政执法局

（黄一凡）

纪检监察

综　述

【概况】 2020年，市纪委、监委聚焦主责主业，突出政治监督、持续正风反腐、完善监督体系、深化基层治理，以良好政治生态保障全市经济社会高质量发展。全年运用“四种形态”处理党员干部1020人次，比上年增长37.83%；办结信访件1011件，比上年增长180%；立案查处党员、干部违纪违法案件303件，比上年增长11.8%。获评市委、市政府年度工作目标责任制考核一等奖。

【中共东阳市第十五届纪律检查委员会第五次全体(扩大)会议】 2020年3月27日，中共东阳市第十五届纪律检查委员会第五次全体(扩大)会议召开。全会全面贯彻落实党的十九大精神，按照十九届中央纪委四次全会、省纪委十四届五次全会、金华市纪委七届五次全会和市委十五届七次全会部署，回顾总结2019年纪检监察工作，研究部署2020年任务。全会通过市委常委、纪委书记、监委主任叶文卫代表市纪委常委会做的《推动新时代纪检监察工作高质量发展为我市高水平全面建成小康社会提供坚强保障》工作报告。

（蒋航经）

2020年3月27日，中国共产党东阳市第十五届纪律检查委员会第五次全体(扩大)会议暨全市作风会议召开　（市纪委提供）

监督检查

【政治监督】 2020年，市纪委、监委围绕全局工作开展系列专项督导，集中督导检查9轮，编发通报34期，处置违规违纪问题82起，处理党员干部144人。协助市委推进省委巡视整改，办结巡视组交办信访346件，处理党员干部40人，清退违规资金1093万元。开展扶贫开发和扶贫协作专项监督，督促整改问题32个，追回资金19.49万元，责任追究71人。

【日常监督】 2020年，市纪委、监委推进纪律监督、监察监督、派驻监督、巡察监督有机衔接、协调联动。全市纪检监察组织处置问题线索967件；运用“四种形态”处理党员干部1020人次，比上年增长37.83%。按照不低于10%的比例抽查核实“三清理一规范”主动申报情况，对存在瞒报行为的3名科级干部给予党纪政务处分，清退违规收益10万元。建立政商关系常态化监督“三书一函”机制，以《政商关系监督提醒函》《政商关系告知书》《干净干事承诺书》《风险评估书》为载体，规范政商交往行为。

（蒋航经）

审查调查

【概况】 2020年，市纪委、监委开展问题线索“百日攻坚”行动，处置问题线索955件，立案303起，党纪政务处分304人，其中乡科级干部21人，移送司法机关8人，其中留置1件4人；追缴违纪违法款6200余万元。查处东阳市文广旅体局原党委委员、博物馆馆长陈某军严重违纪违法案件。对9名行贿送礼人员给予党纪政务处分，其中移送司法机关1人。开展人防系统腐败问题专项治理，清查核对项目762个、资金5.57亿元，立案处理乡科级干部1人。

【警示教育】 2020年，市纪委、监委拍摄警示教育片《失衡的“天平”》，廉政微电影《一张烟票》《笼》，编印《东阳市党员干部违纪违法典型案例警示录》，引导全市党员干部知敬畏、存戒惧、守底线。创作的《笼》获“清廉金华·映象2020”微视频创作大赛二等奖。

（蒋航经）

作风建设

【概况】 2020年，市纪委、监委开展“清风护航”系列行动，查处“四风”问题100起135人，党纪政务处分29人，通报曝光典型案例7批20起52人。聚焦市委“大走访、大排查、大化解、大提升”专项活动，多轮次、滚动式、全覆盖开展督导检查，查处城东街道信访维稳处置不力等问题。开展“舌尖上的清风”专项监督，培育“厉行节约、反对浪费”的文明风气。开展占用公共资源的会所问题“回头看”，摸排经营场所11处。开展津补贴问题专项整治，清退“激励奖补”资金、手机套餐费、广告业务费等1010.47万元。

【“烟票”整治】 2020年，市纪委、监委常态化开展“烈焰”系列专项检查，建立“烈焰码”智治管理平台，编印《“烟票”整治工作宣传手册》，建立“网格化”管理制度，全年通过该系统检查烟草经营户16257家次，严防“烟票”（由烟草零售店自行印制、销售，并作为有价证券在一定范围流通使用）问题死灰复燃。查处105名存在收送“烟票”问题的党员干部，查获“烟票”2100余张，处理卷烟零售店40余家，收缴违纪款2090余万元。

（蒋航经）

巡察工作

【概况】 2020年，市委开展2轮常规巡察、1轮专项巡察，巡察党组织14个，巡察覆盖率93.9%，推动整改问题779个，移交问题线索41件，党纪政务处分26人，移送司法机关7人。做好扶贫领域“回头看”巡察，创新“三巡互动”工作模式▲，查纠重点问题50个，移交问题线索6件，得到金华市纪委主要领导肯定。

▲“三巡互动”工作模式：即通过职能部门重点巡、重点问题延伸巡、全域覆盖联动巡的方式开展扶贫领域“回头看”巡察。

【村居巡察】 2020年，市委开展村社巡察，重点巡察信访反映比较集中、党组织软弱涣散的村社，完成一届任期内巡察全覆盖，移交问题线索116件，党纪处分25人，追缴、清退违规资金1255.11万元。

（蒋航经）

基层治理

【概况】 2020年，市纪委、监委推进清廉村居建设，督促执行“八个一律”纪律规定，修订完善“小微权力37条”，打造“一码办”监督服务平台，查处农村党员干部228人，村两委干部136人。加强换届风气监督，严把人选资格审查关，会同相关职能部门排除问题人员210人，查处违反换届纪律问题12起24人。加强乡镇纪检监察工作规范化建设，实现村（社）监察工作联络站全覆盖。乡镇纪委立案225起，比上年增长49%，其中自办案件107起，比上年增长658%。

【信访工作】 2020年，市纪委、监委开展涉纪信访“百日攻坚”和“信访清零”攻坚行动，制订信访举报质量评查办法，推行片区协作、公开反馈、澄清正名机制，办结信访件1011件，比上年增长180%。

【扫黑除恶】 2020年，市纪委、监委打好“扫黑除恶”专项斗争收官战，查处涉黑涉恶腐败和“保护伞”案件19件，党纪政务处分35人，移送司法机关9人。依法依纪对东阳籍领导干部系列违纪违法案和陈元宝案涉案相关人员进行集中后续处置，处理公职人员、农村干部等106人。

（蒋航经）

队伍建设

【概况】 2020年，市纪委、监委开展“365”行动，搭建“四个一”学习平台▲，加强干部队伍思想淬炼、实践锻炼、专业训练和作风锤炼。开展警示教育月活动，创设“十个一”载体，通过组织教育学习、家访谈心、发放家庭助廉倡议书等方式，谈心谈话217人，提醒教育4人，督促整改问题57个。运用“四种形态”处理市镇两级纪检监察干部7人。

▲“四个一”学习平台：读好一张报纸，即《中国纪检监察报》；用好一个网络平台，即学习强国；办好一个论坛，即纪检监察论坛；开展一次业务学习竞赛。

【纪检监察干部综合业务培训班】 2020年9月，市纪委、监委组织全市纪检监察干部，开展为期3天的集中培训，邀请省纪委、金华市纪委领导、省内高校教授以及相关行业领域专家，安排信访调查、案件管理、案件审理、基层巡察以及信息新闻写作等与日常业务工作密切相关的课程，提升纪检监察干部监督执纪问责能力。

（蒋航经）

民主党派

中国国民党革命委员会东阳市基层委员会

【概况】 2020年,中国国民党革命委员会东阳市基层委员会(简称东阳民革)发展党员4人,至年末,有党员112人。党员中有金华市人大代表1人,金华市政协委员1人,东阳市人大代表2人(其中常委1人),东阳市政协委员13人(其中常委2人)。

【民革组织建设】 2020年7月17日,民革东阳市第三届基层委员会第一次党员大会在市行政中心二楼中型会议室召开。大会选举产生民革东阳市第三届基层委员会新一届班子成员。对口联系单位、各相关单位、各兄弟党派、工商联、统战团体负责人,全体东阳民革党员参加。随后召开民革东阳市第三届基层委员会第一次委员会议,卢海岩全票当选为主委,包珊全票当选为副主委。

【东阳民革成立三十周年庆祝大会召开】 2020年11月14日,东阳民革基层组织成立三十周年庆祝大会在东阳市行政中心会议室召开,会议表彰一批先进集体及先进个人。全国政协常委、全国政协文化文史和学习委员会副主任、民革中央原副主席修福金,全国政协常委、中国侨联副主席、浙江省政协副主席、民革浙江省委会主委吴晶,民革中央宣传部部长刘良翠出席会议。东阳市各民主党派、工商联、知联会、统战团体、民革对口联系单位等负责人应邀出席。民革东阳市基层委员会全体党员参加会议。民革金华市委委员、东阳市基层委主委卢海岩作工作报告。

2020年11月14日,东阳民革举行成立三十周年大会　　(东阳民革提供)

【民革参政议政】 2020年,东阳民革提交的团体提案《关于推进垃圾分类的建议》被市政协十四届四次会议列为十大重点提案,被市政协十四届四次会议评为“优秀提案”,被市委、市政府列为2020年东阳十大民生实事。党员胡康莉被评为2020年度优秀政协委员;党员施良苗、楼丽丽被评为2020年度“一村一委员”工作先进工作者。

【民革组织活动】 2020年1月14日,东阳民革在市行政中心西楼6楼会议室召开二届四次党员大会,主委卢海岩对2019年在参政议政、民主监督、组织建设、社会服务、祖统联谊等方面取得的成绩进行总结,并对2020年工作进行部署。会议表彰获民革中央、浙江省、金华市的先进集体及先进党员。10月25日,东阳民革班子成员一行,走访慰问吴兆宁、徐保成、郭季良、卢爱香、韦志成5名党员。

【民革社会服务】 2020年1月28日,主委卢海岩捐款20000元支援全市疫情防控。1月29日,各支部、民革党员开展捐款捐物工作,捐款16万余元,用于一线疫情防控工作。东阳民革被民革金华市委会授予“防控抗疫工作先进集体”称号。卢海岩、陈祥鹏、吴爱兰、赵小高被授予“浙江民革防控抗疫工作先进个人”称号,吴爱兰被中共金华市委、金华市政府授予“防控抗疫先进个人”称号。5月28日,东阳民革在城东街道宲卢村开展“三服务”活动,为该村捐赠价值30

余万元的LED新能源景观路灯。举办大型义诊活动，开展免费送医、送药、送法律、送科技、送教育以及慰问贫困家庭等活动。

（施良苗）

中国民主同盟东阳市基层委员会

【概况】 2020年，中国民主同盟东阳市基层委员会（简称东阳民盟）发展盟员4人，有盟员136人。其中，有市人大常委会副主任1人，副科级4人；金华市人大代表1人，金华市政协委员2人；东阳市人大代表2人，东阳市政协委员11人、常委3人。下设7个支部和4个专委会。

东阳民盟获评民盟浙江省委会抗击新冠肺炎疫情先进集体、民盟金华市委会抗击新冠肺炎疫情先进集体、民盟金华市委会2020年度县（市、区）盟务工作先进集体、民盟金华市委会2020年度思想政治建设和宣传工作先进集体、民盟金华市委会2020年度参政议政工作先进集体。教育一支部获评民盟金华市委会双十佳基层组织示范基层组织，医卫支部（社会服务类）获评民盟金华市委会双十佳基层组织特色基层组织。教育一支部和企业支部获评民盟东阳市基层委员会先进支部。胡龙品获评民盟金华市委会榜样人物，张丽青、周晓玫获评民盟金华市委会2020年度反映社情民意信息工作先进个人。

【民盟组织建设】 2020年4月14日，新盟员入盟仪式暨入盟积极分子盟史培训会举行。7月，选派骨干盟员乍艳杰参加省社会主义学院学习；张丽青参加金华市党外干部培训班和市管干部培训班学习，周晓玫和吴江峰参加市管干部培训班学习。东阳民盟开展“不忘合作初心 继续携手前进”主题教育，每季度组织骨干学习会，每年组织入盟积极分子开展“学盟章、读盟史”活动。4月，召开九届十三次全体（扩大）会议。举办中共“五一”口号发布72周年纪念活动和微课评比活动。6月，召开全国“两会”精神传达学习会，学习贯彻全国“两会”精神。组织盟员学习参观“真理味道”专题纪念展活动。9月，全体骨干盟员参加全市统一战线读书会。11月，召开民盟九届十五次全体扩大会议。

【民盟参政议政】 2020年，东阳民盟在政协东阳市十四届四次会议上，向市政协提交团体提案9件，委员个人提案11件。《加强儿童青少年近视防控刻不容缓》和《做大做强经济开发区 推进工业经济高质量发展》大会发言获一等奖。团体提案《关于加强儿童青少年近视防控的建议》被列为市政协重点提案和优秀提案。《切实加强学校心理健康教育的建议》被金华市人大七届五次会议列为2020年金华市重点督办建议；《从疫情防控看农村基层治理》被评为金华市七届政协四次会议优秀发言一等奖。形成党派调研报告《加强粮食生产及储备管理 确保地方粮食安全》。承担省级调研课题“关于疫情背景下推进浙江影视产业高质量发展的建议”。上报社情民意信息7篇，其中被民盟浙江省委会采用6篇，被省委统战部采用1篇。周晓玫参与撰写的《严堵〈外国人永久居留管理条例〉漏洞，确保国家长治久安》，经民盟省委会上报后被民盟中央吸纳为高层政策建议信，建议信获得中共中央政治局常委、国务院副总理韩正的重要批示。

【抗击新冠肺炎疫情】 2020年1月27日，东阳民盟发动盟员捐资捐物，捐助带护目镜全面具414套、医用N95口罩2600只，价值106684元。东阳民盟原主委何飞龙捐款44000元，广宏建设集团有限公司武汉项目部20余名项目工作人员为武汉市抗击新冠肺炎疫情腾出床位500余张。近20名盟员教师每天开展线上教学。医卫支部盟员吴允华、方俊梅、吴熙珍、张敬之、何艺苑、胡建丽等参与防控和发热门诊病人的筛查，参加高速路口测温防控工作。综合支部在疫情防控期间携手东阳众旅组织线上“抗击疫情，奉献爱心”立体纸艺义卖活动，所得款项捐赠给市慈善总会。何飞龙、卢伟红获评民盟浙江省委会抗击新冠肺炎疫情先进个人。王基诺、方俊梅、卢伟红、何飞龙、周晓玫获评民盟金华市委会抗击新冠肺炎疫情先进个人。

【盟务活动】 2020年1月14日，东阳民盟主委虞乐生，副主委胡龙品、陈侃侃一行走访慰问盟内退休老领导。5月，金华市政协副主席、民盟金华市委会主委胡锦全到东阳市走访慰问盟员代表楼召青、陆琴苏和何俊成。9月，在银河艺校南马校区举办教师

2020年1月14日，东阳民盟主委虞乐生（左一）一行走访慰问盟内退休老领导

（东阳民盟提供）

节庆祝活动。组织骨干盟员到兰溪市开展学习交流活动。10月,举办第七届民盟趣味运动会。11月,邀请杭州壹事文化传媒有限公司新媒体运营总监杨冬旭为全体盟员作手机短视频拍摄技巧与方法知识讲座。组织盟员开展乡村振兴、综合交通和教育项目的视察活动。12月,联合金华市律协东阳分会举办以“政府合法性审查业务与PPP项目法律服务”为主题的实务研讨会。

【民盟社会服务】 2020年,教育一支部与吴宁四校党支部依托钉钉直播,开展“党盟共建,云端信仰之旅”活动。教育一支部依托党盟共建“阳光家园”平台,关爱留守儿童,对学校医生子女、家庭困难、学习困难的需要帮扶的孩子进行线上辅导,线下跟进。建立“民盟名医服务站”,助推医共体建设。至年末,20名专家接诊230余名患者,开展讲座3次,受益群众500余人。参与民盟浙江省委会开展的消费扶贫等专项社会服务活动,扶贫帮困四川省理县194123元。1月,组织盟员到巍山镇甲坵村开展文化、科技、卫生“三下乡”活动,给村民送医送药、理发、送春联和公益演出。8月,教育三支部的老师到三联乡大路村,为山区孩子辅导作业和开展心理咨询。企业支部到千祥镇岭脚村和大路村,为家庭困难的黄华东、史康民、孙英姿、黄宇航4名学生送去开学助学金、生活和学习用品等共计金额近9000元。企业支部筹集资金29300元,慰问画水镇林村因受台风“黑格比”影响受损严重的特困户。医卫支部开展“民盟同心·名医服务站”活动,由杜腾飞、张三山等医师每月半天坐诊。12月,医卫支部到南马镇绕川村举办送医送药下乡活动。

(胡龙品)

中国民主建国会东阳市基层委员会

【概况】 2020年,中国民主建国会东阳市基层委员会(简称东阳民建)下设7个基层支部,发展会员5人,有会员93人。会员中有金华市人大代表1人,东阳市人大常委1人,东阳市政协常委3人,东阳市政协委员12人。

【民建参政议政】 2020年,东阳民建成立4个专题调研小组,分别负责政协提案、大会发言稿、统战部课题及社情民意调研,前期走访企业社区60余处,组织召开课题讨论会15次。东阳民建提交金华市团体提案1件;金华“十四五”规划编制采纳建议1件;向民建浙江省委会提交理论研究立项课题3件;提交东阳市级团体提案1件、个人提案议案25余件,涉及经济建设、城乡发展、城市管理、教育事业等多个方面。由陈皖东执笔、李玉鹏宣读的市十四届政协四次大会发言——《关于加快我市建筑业高质量发展的建议》获大会发言一等奖;马余芳提交的《关于做好建筑业招商引资的建议》、何红兵提交的《关于建立市区道路施工“会诊制度”的建议》被评为2020年度东阳市政协优秀提案;李玉鹏被评为2020年度优秀政协联络员。

【民建社会服务】 2020年,东阳民建组织各会员企业成立疫情防控领导小组,指导企业做好疫情防控工作。筹集防疫款40余万元,N95口罩23万余只、一次性口罩4万余只以及消毒液、护目镜等物资若干。复工复产期间,组织人员10余次包车到贵州、河南、江西等劳务输出大省,接回返厂员工3000余人。从企业需求出发,为企业解决实际困难,成立以主委为组长、各班子为成员的“一对一”复工复产帮扶小组,免费为企业提供法律、税收等咨询服务,解决企业实际困难20余起。12月21日,东阳民建组织会员到佐村中小学开展“美丽乡村行”结对帮扶活动,捐资捐物帮扶困难学生5人。

(蒋阳耀)

中国民主促进会东阳市基层委员会

【概况】2020年,中国民主促进会东阳市基层委员会(简称东阳民进)发展会员3人,有会员46人,其中女会员25人、男会员21人。设主委1人、副主委3人、委员3人。会员中有浙江省第十三届人大代表1人,金华市第七届人大代表1人,政协东阳市第十四届委员7人、列席委员4人,民进金华市委会专门工作委员会委员6人。12月,东阳民进被民进浙江省委会评为优秀基层组织。

【民进参政议政】 2020年,东阳民进7名会员参加市十四届政协四次会

2020年2月2日,东阳民建向市人民医院、市中医院、市教育局、环卫处等4家单位捐赠5万只医用外科口罩

(蒋阳耀/摄)

2020年3月11日，东阳民进到会员邵丹灵的企业开展“三服务”活动，调研企业受疫情影响和复工复产情况 （东阳民进提供）

议，4名会员列席。向大会提交《关于进一步提升卢宅品质集聚人气的建议》《关于机关事业单位工作人员体检经费可划入医保个人账户使用的建议》《关于开放吴宁西路地下人防工程作为展会举办场地的建议》《关于加强农村集体“三资”监管的建议》团体提案4件，向大会提交个人提案6件。《关于进一步提升卢宅品质集聚人气的建议》在市政协十四届四次会议提案摘登上刊出，被列为2020年度重点提案；《关于加强老年人群家庭医生签约服务质量的建议》在政协常委会报告中得到点名表彰，被评为2019年度优秀提案。副主委徐爱民、单钻峰被评为2019年度优秀政协委员；会员叶为燕获东阳市政协十四届四次会议大会发言三等奖。

【民进社会服务】 2020年1月11日，东阳民进邀请东阳书法家到佐村镇斯光村开展“春联万家”活动，送出春联100余幅、斗方500余个；在该村开展“同心·送温暖”活动，为村里26名80周岁以上的老人送出共计5200元的新年红包。2月，组织会员和会员企业为抗疫捐款捐物，向浙江慈善总会和东阳市红十字会捐款73.6万元；4月，为贵州省黔西南州安龙县龙山镇初级中学捐赠口罩5000只。胡冠军、郑丽芳等会员创作书画、篆刻等抗疫作品，参加民进浙江省委会和金华市委会抗疫作品展。东阳民进关心会员企业复工复产情况，班子成员带队进企业开展实地调研，收集整理会员企业用工、资金周转、运输物流、政策落实等方面存在的困难和问题，协调相关部门帮助解决。9月4日，东阳民进班子领导带领教育支部全体会员到白云初中开展“同心·助学暨庆祝教师节”座谈交流活动，为白云初中外来务工子弟捐赠2万元助学金，与该校领导班子探讨深化同心实践基地建设和白云初中的特色化发展情况。

【民进交流活动】 2020年3月11日，民进金华市委会专职副主委许英姿、副局级领导吴瑞成、副主委马远军一行到东阳市实地走访会员企业，开展“三服务”活动，慰问东阳医生会员。5月19日，组织会员参加民进金华市委会会史研究工作座谈会，汇报交流东阳民进会史资料收集整理等工作。8月14日，民进绍兴市柯桥区基层委员会一行18人到东阳市开展联谊交流和考察学习活动。8月15—16日，组织全体会员到衢州市柯城区、龙游县等地考察学习，与衢州市衢江区民进组织进行座谈交流。9月4日，选送赵进兰参加民进金华市委会组织的“庆祝第36个教师节暨第四届开明教育论坛”，发表《公民同招背景下推进基础教育公民同进》主题演讲。11月26日，选送《复兴的力量》参加民进金华市委会“爱满民进 携手前行”——庆祝民进成立75周年金华民进成立35周年文艺晚会。

（吴晨辉）

中国农工民主党东阳市委员会

【概况】 2020年，中国农工民主党东阳市委员会（简称农工党市委会）发展党员8人，有农工党党员179人，党员中有金华市政协委员3人，其中常委1人，金华市人大代表1人；东阳市政协委员10人，市政协常委3人，东阳市人大代表1人。农工党市委会获农工党中央抗击新冠疫情先进集体、农工党浙江省委会社会服务先进县（市、区）组织、农工党浙江省党史教育基地建设成就奖。

【农工党参政议政】 2020年，农工党市委会在市“两会”上提交集体提案11件，委员个人提案建议21件。金俊杰代表农工党市委会在市政协十四届四次大会上的发言《关于持续推进美丽乡村建设的几点建议》被评为优秀大会发言，获书记傅显明等市领导的批示，蒋英的《关于加大老旧小区综合整治力度的建议》被列为市政协十四届四次会议重点提案。王正平、蒋英被评为市优秀政协委员，卢秀忠被评为市优秀“一村一委员”先进个人，翁帅帅被评为市政协优秀联络员。组建专题调查组进行调研，撰写《长江经济带对我市工业经济的影响和对策》《当前我市医共体建设中存在的问题和建议》2个调研报告。12篇社情民意信息被农工党省委会和农工党金华市委会采用。蒋英被农工党金华市委会评为参政议政先进个人。蒋英的《关于“十四五”期间加大城镇内涝治理规划的建议》被农工党中央采用。

【农工党组织建设】 2020年,农工党市委会召开市委会会议或扩大会议10次,专题学习会议4次,组织全市广大农工党党员开展学习讨论座谈。8月,农工党市委会成立纪律监督工作处,开展党内监督。9月,推出"一支部一特色"创建活动,支部单独组织或联合组织特色活动16次。直属支部、经济科技支部被农工党浙江省委会评为2020年度先进基层组织,教育支部被农工党金华市委会评为2020年度先进基层组织。"东阳农工"微信公众号刊发文章70篇,陈国华、蒋君霞被农工党浙江省委会评为2020年度宣传工作先进个人。

【庆祝中国农工民主党成立90周年系列活动】 2020年6月末,农工党市委会在农工党东磐地区委员会成立旧址——千祥镇同德堂筹建农工党浙江东磐地区革命活动史料陈列馆。陈列馆于11月19日开馆,至年末,接待到陈列馆开展党史教育活动的农工党党员300余人。陈列馆是农工党浙江省的第二个党史馆,被农工党浙江省委会命名为农工党浙江省党史教育基地。8月9日,开展庆祝中国农工民主党成立90周年座谈会、重走东磐革命路等活动。在全市党员中开展以"不忘合作初心、继续携手前进"为主题的征文比赛和学党章、学党史活动。

【抗疫工作】 2020年,农工党市委会动员党员投身抗疫工作,有2名党员在隔离病房工作,有12名党员参加一线抗疫,有65名党员参加防控工作。主委蒋国威担任市口罩专班总牵头人,东阳市9天落地投产第一家防护口罩生产企业,25天形成口罩全产业链"闭环",30天形成日产百万只产能,东阳市口罩专班经验在浙江电视台进行宣传报道,蒋国威获东阳市抗疫先进个人。农工党市委会委员叶寄生负责对新冠肺炎医疗救治的统一协调和组织实施,从1月20日至2月4日,制订预案、方案23个,组织医护人员进行培训。张云丹、马芳珍入驻东阳市新冠肺炎第二定点医院广福医院,张云丹被任命为留观区护士长,开辟并管理留观病房,张云丹获农工党浙江省委会"抗疫一线优秀农工党员"、金华三八红旗手、金华最美抗疫先锋、东阳市第二批抗疫先锋个人等称号。马芳珍获农工党浙江省委会"抗疫一线优秀农工党员"、东阳市抗疫先进个人。陈国华的抗疫美术作品《驰援》入选农工党中央举办的庆祝中国农工民主党成立90周年暨第二届"美丽中国"美术摄影作品展。

2月初,农工党市委会募集资金1087466.66元,定向捐赠给东阳市定点疫情医疗救治单位用于新型冠状病毒肺炎疫情救治工作,其中党员傅龙云创办的浙江孚诺医药股份有限公司捐款100万元。2月下旬,浙江孚诺医药股份有限公司向全国驰援湖北的176支医疗队和19家湖北定点治疗医院捐赠价值36.8万元的抗炎药膏。傅龙云被农工党中央评为"中国农工民主党成立90周年先进个人"。

2020年11月19日,农工党浙江东磐地区革命活动史料陈列馆揭牌暨农工党浙江省党史教育基地授牌仪式在东阳市千祥镇举行 (农工党市委会提供)

【农工党社会服务】 2020年1月,农工党市委会在佐村镇石桥村、西营村开展迎新春送温暖活动,为困难家庭送去慰问金。6月28日,在特殊教育学校开展癫痫病应急治疗讲座。健康农工志愿服务队全年开展送医下乡活动14次。6月,在东阳职业教育中心学校举办《做自己的心理保健师》讲座,发放《环保宣传手册》,开展"环境与健康宣传周"活动。农工党党员傅龙云参与消费扶贫爱心行动,签订每年购买贫困地区产品和服务消费不低于1万元的承诺书,购买贫困地区农产品1万元。李君权获2020年度农工党浙江省社会服务工作先进个人。

(蒋君霞)

九三学社东阳市基层委员会

【概况】 2020年,九三学社东阳市基层委员会(简称东阳九三学社)发展社员4人,预备社员5人,入社积极分子12人。有社员35人,其中高中级职称28人;金华市第七届人大代表2人;政协第七届金华市委员3人、常委1人;政协第十四届东阳市委员5人、常委3人;东阳市青联委员2人、常委1人。

东阳九三学社召开班子会议、社员会议34次,组织专题学习会5次、专题调研8次,举办读书会1次,组织社员到杭州市、金华市等地培训28人次。发布工作信息60余条次,上报九三学社浙江省委员会、九三学社金华市委会、市委统战部、市政协信息等20余条,在人民交通网、《浙江联谊报》、《东阳日报》、电视台、新闻客户端、微信公众号等发表支社活动

2020年11月6日，九三学社东阳市基层委员会成立暨第一次社员大会举行

（东阳九三学社提供）

信息10余篇。九三学社东阳市支社在九三学社创建75周年暨在浙江建立组织65周年先进评比中，被九三学社浙江省委会评为“先进基层组织”，11月升格为基层委员会，徐巧英当选基层委员会主委。

【九三学社参政议政】 2020年，东阳九三学社成立5个课题调研组，围绕乡村振兴、医药产业平台建设、光伏产业发展、应急处置能力建设等课题开展专题调研，向市委统战部选送调研报告2篇。提交金华市和东阳市两级人大会议建议、两级政协会议提案10件。徐巧英获九三学社中央2018—2020年社会服务先进个人、九三学社浙江省参政议政工作先进个人；楼利民的《关于提升“道德模范”“好人系列”示范作用的建议》获金华市七届人大五次会议优秀代表建议；舒理建的《关于深化安全生产“双重预防机制”建设的建议》获金华市七届政协四次会议优秀提案；徐长征获东阳市十四届政协四次会议大会发言二等奖。

【九三学社民主监督】 2020年，东阳九三学社组织社员参加各类民主监督活动，围绕省民营企业发展促进条例执行情况、乡村振兴等内容开展专项民主监督活动。社员黄小明入选中宣部文化名家暨“四个一批”人才，创建浙江省政协东阳工艺美术政协委员会客厅，当选为中国工艺美术学会副理事长。社员楼利民被聘为市道德模范宣讲团成员、东阳二中校外德育导师、东阳职业教育中心学校思政导师，担任东阳市创业创新大赛评委。

【九三学社社会服务】 2020年疫情防控期间，东阳九三学社社员向医疗机构捐款5万余元，社员包云娟参与感染新型冠状病毒的病例样本检测工作；舒理建、徐长征、余岚等生产防疫所需药品；楼利民参与城东街道防控执勤工作，为疫情防控工作人员捐赠食物、口罩等物资；卢敏华参与高速出口测体温、消毒等防控工作；另有多名社员参加湖北返乡人员情况排查等工作。马康等社员提交的《关于提升各村、小区封闭式管理措施的几点建议》《关于做好大数据管控疫情的相关建议》等社情信息被九三学社金华市委会采用。开展“着力抗击新型冠状病毒肺炎疫情，助推稳企业、稳就业和稳增长”调查工作，为科学评估疫情对企业、行业和经济的实际影响提供依据。8月21日，组织东阳市优秀学生代表开展第五届科技夏令营活动，参观中国森山铁皮石斛地理公园、浙江院士之家和金华市科技馆。联合团市委、创联会、市科协，邀请中国科学院物理研究所研究员、博导曹则贤，在东阳中学报告厅举办《科学家是怎样工作和生活的》讲座，全校600名师生参与活动。邀请中科院院士沈宝根专家团队为东阳市磁性材料相关企业开展技术指导服务。9月2日，东阳九三学社在浙江横店影视职业学院实验剧场举办“九三讲堂”首场报告会，邀请华为技术有限公司金华总经理孟义作题为《5G如何改变社会》的科普报告。12月29日，东阳九三学社联合20余名马宅籍医护人员开展送医送药送健康公益活动，接待义诊咨询300余人次，发放健康教育宣传资料500余份，免费发放价值2万余元的药品和1800余个口罩。严济慈陈列馆作为九三学社全国爱国主义传统教育基地，接待来自吉林、黄山、合肥、杭州、嘉兴等多地九三学社组织参观学习。

【九三学社交流活动】 2020年，东阳九三学社组织社员参加各类会议、培训、研讨活动，参加中青年骨干社员和新社员培训，参加金华市委统战部的民主党派骨干培训班，到杭州、嘉兴、黄山、合肥等地的九三学社基层组织开展联合调研和工作交流。组织开展三八节系列活动、红军长征博览城拓展活动、家庭教育交流讲座、重阳节慰问老社员等活动。

（马　康）

群众团体

东阳市总工会

【概况】 2020年，东阳市建立独立基层工会55家，吸收工会会员3237人。全市有基层工会2399家，其中单建工会2119家、联合工会280家，职工265487人，会员252579人。市总工会获全国“安康杯”竞赛优秀组织奖；市总工会经费审计工作获金华市优秀审计项目一等奖；市职工服务中心被评为市劳动争议调解组织先进单位。

【工会组织建设】 2020年，市总工会开展工会组建品牌工作调研活动，推送木雕小镇工会联合会、花园村总工会、横店影视产业工委组织建设经验。花园村总工会、横店影视产业工委有关工作入选省工会改革创新工作项目库。筹备市工会第十七次代表大会，完成市总工会、镇乡街道总工会、开发区总工会换届选举工作，选优配强工会领导班子。

市总工会成立志愿者服务总队，深化工会组织网格化管理，实行问题联治、工作联动、平安联建。践行工会工作回归企业、回归工人的重心，市总工会机关带头开展“当一周工人、体工会初心”活动。发挥工会组织自治优势，引导企业工会每年组织召开职代会，建立健全职工民主参与体系，激发职工参与社会治理体系的原动力。

【东阳市振兴路地摊经济联合工会成立】 2020年8月13日，全国首家地摊经济联合工会——东阳市振兴路地摊经济联合工会成立，浙江省总工会常委、基层工作部部长杨宝明，金华市总工会党组成员、副主席池献洪，东阳市政协副主席、总工会主席华伟跃等出席会议，100名会员代表参加成立大会。按照《中华人民共和国工会法》和法定程序，会议审议通过东阳市振兴路地摊经济联合工会第一次代表大会选举办法，100名正式代表通过无记名投票，选举产生东阳市振兴路地摊经济联合工会第一届工会委员会委员15人、经费审查委员会委员3人、劳动保护监督检查委员会委员3人和劳动争议调解委员会委员3人。该项工作在金华市总工会季评季展中被评为特色重点工作，得到中工网、《浙江工人日报》、《金华日报》等多家媒体关注和报道。振兴路夜市有摊位437个，其中食品小吃类91个，服装、工艺品等小百货341个，水果类5个。摊主来自全国十余个省份，主要以下岗工人、下岗转型、自由职业者、外来民工、白天上班晚上摆摊者为主。

【劳动竞赛和技能比武】 2020年，市总工会开展全市重点工程立功竞赛活动，横店影视产业园工程被列为省重点工程立功竞赛项目。联合相关部门开展12项市级职工职业技能竞赛，组织参加省、金华市职工职业技能大赛6项，浙江英洛华装备制造有限公司员工陆飞芳在全省起重工技能大赛中获个人综合成绩第二名。开展师徒结对、技能比武、岗位练兵、技能培训等职工技能提升工程，组织劳模工匠成立技术服务队，到企业开展技术服务、技术革新、技术帮扶活

2020年8月13日，全国首家地摊经济联合工会——东阳市振兴路地摊经济联合工会成立 (市总工会提供)

动。黄小明、陈国华、李晓东、马海军、吕敏湘等工作室被评为金华市第五批高技能人才(劳模)创新工作室,评选出16家东阳市高技能人才(劳模)创新工作室。开展劳模工匠“名师带高徒”活动,横店集团东磁股份有限公司举办首个“名师带徒”签约仪式。

【助推疗休养产业发展】 2020年,市总工会加强职工疗休养基地培育建设,横店影视城、南马镇花园村被评为省级职工疗休养基地,马宅镇将军殿农庄被评为金华市职工疗休养基地。联合义乌市总工会、浦江县总工会在横店圆明新园举办东阳、义乌、浦江三地疗休养工作启动暨签约仪式,实现“疗休养资源共享、疗休养基地共建、疗休养职工共送”。组织5家省、金华市疗休养基地到台州市开展疗休养产品推介会。调整疗休养政策,组织开展疗休养、春秋游、一线职工疗休养、战疫先锋和工匠疗休养等活动。

【劳模工匠表彰】 2020年4月28日,2020年度劳模工匠表彰大会召开,对2019年评选的26名市级劳动模范、9个市级模范集体和2020年当选的31名东阳工匠进行集体表彰。市公安局获评金华市五一劳动奖状,赵燕、蔡承红、程飘、徐阳花、郭利丹、张节平获评金华市五一劳动奖章,市东政电机有限公司、国税总局市税务局、东阳农商银行、横店集团东磁股份有限公司、南马镇花园村5家单位获评金华市工人先锋号。在《东阳日报》和《金报东阳》开设“工会之窗”专栏宣传劳模和工匠先进事迹,推出2个专版宣传新当选“东阳工匠”。

【产业工人队伍建设改革】 2020年,市总工会推进“产改”(产业工人队伍建设改革)工作,抓好省、金华市和东阳市3个试点,制订相关工作规则细则和部门任务清单及职责。横店集团东磁股份有限公司产业工人队伍建设改革经验得到省总工会副主席张卫华的肯定,被评为长三角推进产业工人队伍建设改革优秀案例。结合党建工作,制定《关于开展“党工共建、赋能成长”产业工人队伍建设改革年活动的实施方案》,重点抓好“聚心”“强心”“暖心”“舒心”“知心”五大行动。召开市产业工人队伍建设改革现场推进会,推动开展产业工人队伍建设改革工作。

【助推民营经济发展】 2020年,市总工会落实助推民营经济发展15条举措,及时统计上报企业转岗再就业职工技能培训活动情况。开展“助企业、稳就业、促创业”专项服务活动,在春送岗位活动中,推出网络空中招聘,有156家企业参与招聘活动,发布招聘信息30余条,提供就业岗位789个,吸引3000余名员工求职应聘。落实工会经费缓减20%的政策,全年为企业减负近2000万元,为小微企业返还工会经费近1500万元。配合落实农民工学历与能力提升行动《实施意见》,推进农民工“求学圆梦行动”,为民营企业发展提供职业技能人才。推进“四个全员”(全员参与技术交底和安全生产知识培训、全员参与签订安全生产责任书、全员参与“安康杯”竞赛活动、全员参与查找安全隐患、提合理化建议活动)参与企业安全生产管理工作,在金华市总工会季评季展中被评为特色重点工作。

【助力抗疫和复工复产】 2020年,市总工会参与新型冠状病毒性肺炎疫情防控工作,工会干部、总工会先锋队和工会志愿者参与疫情防控2089人次,走访慰问坚守在疫情防控工作一线的职工群众3380余人,筹集慰问款物72.72万元,组织劳模工匠助力疫情防控捐款捐物3578万元。成立市总工会工作专班,到河南省周口市太康县组织当地员工返东复工近400人。深化“三服务”活动,开展“六送”(送慰问、送政策、送法律、送安全、送物质、送保障)服务,走访慰问企业和重点工程39家,参与企业复工259人次,发放慰问金20万元。

【职工维权】 2020年,市总工会开展“尊法守法·携手筑梦”农民工公益法律服务行动,组织法律援助志愿者到车站、广场、社区开展法律咨询、心理咨询、健康咨询等服务,免费发放职工普法手册300余册。在横店影视学院举办工资集体协商模拟技能竞赛,承办金华市和全省工资集体协商技能竞赛,在金华市比赛中获团体第二名。东阳市“三大一小”(三年一次大协商,一年一次小协商)工资集体协商工作在金华市总工会季评季展中被评为特色重点工作。

【职工救助】 2020年,市总工会完善困难职工档案管理,做好中华全国总工会、省总工会、金华市总工会下拨的“两节送温暖”资金和疫情防控期间困难职工生活补贴发放工作,春节期间慰问困难职工147人,发放救助金93.1万元。推进职工医疗互助保障工作,906家参保单位、75119名职工参保,至7月,给付181.8万元,惠及职工13640人。

【职工文化建设】 2020年,市总工会开展“中国梦·劳动美——决胜小康奋斗有我”主题宣讲月活动,劳模工匠宣讲队为760名工会干部职工进行宣讲。市职工流动文化大讲堂举办10期,近900人参加培训。吴宁街道拍摄的微电影《我的英雄》在中华全国总工会宣传教育部、工人日报社、中工网联合举办社会主义核心价值观主题微电影(微视频)比赛中获一等奖,国网浙江东阳市供电有限公司拍摄的《爷爷的勋章》《清风出袖》2部作品获二等奖。《我的英雄》在由中华全国总工会和中央网信办主办、陕西省总工会和陕西省委网信办承办的“网聚职工正能量 争做中国好网民”主题活动之“网络正能量微电影”比赛中被评为二等作品。举办第三届工会干部趣味运动会,36支代表队800余名运动员参赛。

(杜娅玲)

共青团东阳市委员会

【概况】 2020年,东阳市有团员38966人,专职团干部22人,兼职团干部4913人,基层团(工)委75个,团总支50个,团支部2455个。共青团东阳市委员会(简称团市委)落实发展团员编号制度,发展团员1450人。完成团中央“返家乡”大学生社会实践试点、共青团基层组织改革省级专项试点工作。承办“红船杯”2020年金华市共青团党团知识竞赛。在市职教中心成立东阳市“非遗青创基地”。发动121万人次团员青年参加“青年大学习”网上主题团课。加强队伍建设,推荐优秀青年进入村社两委班子,青年委员占比30%,引导青年委员和红领青年兼任村社团组织书记,分别占比45%和41%。向组织部门推荐优秀团干部,全市提拔团干部3人,推荐到部门挂职副职的4人,跨乡镇担任团干部的3人。

2020年5月28日,团市委联合市教育局、市少工委在市实验小学举办东阳市党团队三旗传递暨少先队集中入队仪式　(团市委提供)

【共青团改革】　2020年,团市委依托“智慧团建”“青春东阳”微信公众号,加强对全市“失联”“流动”团员的管理。依托“团团云课堂”“青年大学习”等载体,加强团员经常性教育。印发推优入党、主题团日活动八条标准、支部活动手册、团员成长档案等规范性文件7个,加强制度保障。在全市35所中学建立中学生团校,依托市校两级“青年讲师团”队伍加强团员思政教育。打造党建带群建工作品牌,指导成立以横店为样板的“团青联盟”2家,整合辖区内企事业单位、社会组织等打造区域化团建联合体,建立轮值主席、联席会议、定期交流、动态管理等运行制度。开展“美丽田园”整治、520单身派对、关爱残疾青少年等活动51场。

【青少年思想道德建设】　2020年,团市委实施青少年“真善美”种子工程,召开动员会,制定实施方案,印发项目清单,明确示范创建单位。成立东阳市“青年讲师团”,组织各领域优秀青年代表开展“大学习”27场。举办“信仰公开课”微课大赛,21个优秀作品通过微信进行“大传播”。开展“新时代好少年”“优秀志愿者”等“大寻访”5场次。组织烈士陵园祭扫、红领巾走东阳研学等“大实践”35场次。通过项目领办制推进试点工作,在“中学生团校”、“红领巾学院”建设,“生命二维码”团员积分制管理,红领巾“新劳动教育”实践,“少先队员证”推行等领域实现突破。开展纪念五四运动101周年系列主题团日活动,举办“五大会战　青春有你”TED分享会、五四“青”你阅读线上打卡等活动8场,拍摄专题宣传片1部;组织各级团组织开展活动59场,2万余名青少年通过线上线下等方式参与活动。举办东阳市党团队三旗传递暨少先队集中入队仪式、建队71周年主题队日活动等,设置“文明少年章”“孝敬章”等红领巾奖章特色章,动员全市少先队员从小学先锋、长大做先锋。举办“青年向上　时代向前”主题团课云直播,1.5万余名青少年观看。

【防疫工作】　2020年,团市委在“青春东阳”微信公众号开设“同心战疫,温暖接力”“团团云课堂”等专栏,推送防疫主题消息29条,总点击量7.4万人次。制作发布“共青团员、市中医院护师程飘驰援武汉”等正能量视频7个,被各级媒体报道13次,挖掘树立程飘、鲁世俊等一批团干部和团员青年典型。组建“东阳市防疫工作青年志愿服务队”,组建青年突击队29支,招募青年志愿者7000余人,开展路口排查、防疫消毒、心理疏导、无偿献血等志愿服务567场次。组织开展“爱心义剪”、滞销农产品义卖、关爱大后方等活动12场,依托“亲青筹”等平台,发动青年联合会委员、青年企业家协会会员、爱心市民等捐款捐物,募集资金77.62万元、口罩等抗疫物资12.4万件。

【助力“五大会战”】　2020年9月28号,东阳市“清廉共青团”建设推进会暨共青团助力“五大会战”青年突击队授旗仪式在市行政服务中心举行,全市成立青年突击队18支,主动向乡镇党委认领重点项目41个,完成“绿水青山　青力青为”“团青联盟·普惠燎原”等项目37个。深化“共青团进社区、红马甲进网格”活动,常态化开展垃圾分类宣传、文明劝导、助学助困等志愿服务活动96场,助力“社会治理大会战”。推进县、市、省三级“青创农场”争创,为各创建主体提供创建指导、品牌培育、渠道推广等服务,全年创建省级“青创农场”1家(东阳湖溪颐橙红美人示范园)、市级“青创农场”6家、县级“青创农场”10家,助力“乡村振兴大会战”。

【志愿者服务】　2020年,团市委加强“市志愿服务总站”运营,引进1家社会组织常驻,做好指导培训、对外展示、体验交流等工作。建设“智慧大脑”系统,与“志愿汇”数据无缝对接,实时掌握志愿者活跃度及项目服务动态,全市有注册志愿者16.4万人,累计开展活动3784场,信用时数43万小时,志愿者活跃度从上年的13%

提升至53%。根据志愿者服务时长形成的益币，开展益币兑换活动，打通志愿者礼遇关卡。在金华市城市文明程度指数测评期间，组织180余名志愿者主动承接67个流量较大十字路口的文明劝导工作。

【家燕归巢行动】 2020年，团市委在寒假返乡期间招募400余名返乡大学生参与卡口值守、公共场所“劝散”、登山“劝返”等志愿服务400余场次。联合东阳邮政公司上线“爱在家乡，情暖上学路”活动，为500余名东阳籍返校大学生免费邮寄包裹。暑假期间联合市委组织部举办“智汇东阳·才聚三乡”2020优秀东阳籍学子家乡行活动，为200余名返乡大学生提供人才政策解读、实践锻炼、参观考察等服务。

【青少年帮扶活动】 2020年，团市委开展“一人一帮扶，团团在行动”系列活动，定制“携手同行，快乐成长”暖心卡，指派团干部、青少年事务社工、网格员等精准对接不同群体需求，划拨3万余元团费用于购买帮扶物资。帮扶过程中注重规范走访流程，实施一对一分层分类帮扶，开展学业辅导、心灵关爱等帮扶活动，受益2300余人次。举办“让爱回家 相伴童行”留守儿童关爱、“七彩假期”留守儿童公益夏令营等活动5次，关爱留守儿童800余人。

【青少年成才成长】 2020年，团市委开展走进葛宅学习织布“葛巾”、走进木雕小镇制作木雕作品等研学活动，依托东阳市“非遗青创基地”，在东阳技校试点开设“非遗”社团，引进木雕、竹编、无骨花灯等10个非遗项目，加强青年非遗传承人的培育、非遗青创产品的研发。开展“青春悦读会”“未来工程师”等品牌活动8场次，惠及青少年5000余人。

（蔡　甜）

东阳市妇女联合会

【概况】 2020年，东阳市有镇乡街道妇联18个，全市机关（系统、单位）妇委会49个，集团妇联3个，女职工委员会1个，社区妇联43个，村妇联345个。东阳市妇女联合会（简称市妇联）健全执委履职和联系服务群众制度，每个执委联系1个基层妇联组织、20名以上基层妇女群众。市妇联档案室创建“数字档案室”及“规范化档案室”。获评金华级“三八红旗集体”5个、“三八红旗手”7人，东阳级“三八红旗集体”28个、“三八红旗手”44人。

【妇联基层组织建设】 2020年，东阳市完成妇联基层组织换届工作。9月19日，“有爱红娘工作室”妇联成立，召开红娘妇联首次选举大会，选举产生红娘妇联第一届执行委员会。10月15日，东阳市村级组织换届工作启动，换届后女性村主职干部19人，占总数的5.44%；女性村党组织成员251人，占总数的15.79%；女性村“两委”388人，占总数的30.03%；女性村民代表5960人，占总数的34.47%。12月2日，浙江广厦建设职业技术大学妇女代表大会召开。

【“巾帼文明岗”创建】 2020年，东阳市创建省级“巾帼文明岗”3个，东阳市级“巾帼文明岗”15个。其中国网浙江东阳市供电有限公司吴宁供电所、市红会医院、市人民医院巍山分院被评为“浙江省级巾帼文明岗”。横店集团东磁股份有限公司东磁大厦朱勤被评为“浙江省巾帼建功标兵”。

【妇联社会活动】 2020年，市妇联深化“巾帼心向党·奋进新时代”系列活动，开展万名巾帼大宣讲、“重要窗口·巾帼说”网文征集活动。参加“书记领办党建项目”展示评比活动，获东阳市三等奖。11月28日，市妇联联合市总工会、市文广旅体局、市老年人体育协会在横店镇光田村举办2020年光田杯“平安东阳 健康生活”东阳市柔力球健身秧歌交流展示活动。

【纪念“三八”妇女节活动】 2020年3月8日，市妇联联合中国人寿东阳分公司、东阳市广播电视台举办“巾帼携手 共克时艰——庆‘三八’110周年暨关爱白血病儿童捐赠仪式”，仪式上宣读倡议书，接受中国人寿东阳分公司关爱白血病儿童捐赠款13万元，为江北街道、马宅镇等镇乡街道授“帮帮姐”巾帼志愿服务队队旗，表彰东阳市三八红旗手、三八红旗集体。

【来料加工】 2020年，东阳市有来料加工集中加工点615个，从业人员18658人（其中妇女16200人，低收入农户762人），经纪人619人（其中女经纪人215人），创办企业39个，年发放加工费2.2亿元。画水镇、马宅镇、佐村镇被评为2019年度来料加工先进镇乡（街道），画水镇洪塘村、马宅镇马宅村、三单乡三单村被评为2019年度来料加工特色村（社区）。6月22—24日，举办来料加工工作暨巾帼云直播培训班，参加培训学员近100人。9月21—24日，举办市妇联执委暨来料加工产业扶持培训班，市妇联执委、来料加工协会理事、镇乡街道妇联主席、机关妇委会主任等60人参加培训。

【特色家庭创建】 2020年，东阳市创建全国五好家庭1户（单含忭家庭），省级季度“最美家庭”2户（单含忭家庭、陈德宝家庭）、“绿色家庭暨勤俭节约家庭”1户（王新华家庭），金华市级“最美家庭”15户、“文明家庭”5户、“平安家庭”示范户5户、“绿色家庭”10户，评选市级“文明美丽家庭”100户、“三香家庭”18户、“城市垃圾分类示范家庭”15户。

【巾帼云创行动】 2020年，东阳市开展“十百千万”巾帼云创（培树十大“巾帼网红公益大使”、寻找百名“巾帼云创客”、培育千名“巾帼云代言”、培训万名“巾帼村播”）行动，培育金华市级直播、培训基地2家，东阳市级直播、培训基地12家，组织培训13期1100余人。7月，联合市商务局、市经济和信息化局、市互联网信息办公室、市融媒体中心举办东阳市“之江创客”电子商务创业创新大赛暨首届电商网红直播大赛，历时37天，观

2020年12月15日，百名主播在72个直播间同时开播　（市妇联提供）

看740万人次，销售额615万元。组织参加“美好生活·浙播季”东阳专场活动，通过“生活有鱼”等3个平台直播，带货112万元。组织参加在义乌市举办的东西部扶贫云逛实体活动。成立省内首家县级巾帼云创联盟，指导9家企业牵头，吸纳66家企业作为理事单位，为网络直播企业、网红主播、出口电子商务、供应链厂商搭建平台。12月12日，“东阳智慧帮帮姐云创店主主播培训班”开班仪式举行，为期3天，全市各行各业100余名“帮帮姐”参加。12月15日，东阳巾帼云创联盟成立，选举产生理事会，楼向向当选联盟理事长。同日，金华巾帼云创联盟现场推进会在东阳市召开。会议为两家金华巾帼直播基地授牌，对获奖的“智慧帮帮姐”进行表彰；现场指导百名女性新手主播在72个直播间同时开播，帮助女性群体开设“帮帮姐”云创店。《市妇联积极拥抱“云创”经济推动妇女就业创业》获市委书记傅显明批示肯定，云创工作被学习强国、人民网等多家国家级媒体采用，点击阅读量超40万人次。

【“万家共享田园风·一镇一品她代言”活动】　2020年，东阳市推出“万家共享田园风·一镇一品她代言”系列活动，以各镇乡街道为单位，由各镇乡街道妇联主席代言，将辖区内果园采摘体验、各级研学实践教育基地、省A级景区村庄、古村落、农家乐等进行整合，在全市打造“乐享田园、快乐研学、畅游名村、品尝美食”线路50余条。5月23日，市妇联联合市农业农村局、市文广旅体局、市教育局和六石街道办事处在六石街道下石塘村举行“万家共享田园风·一镇一品她代言”活动启动仪式，现场邀请60组亲子家庭参加，发放代金券1000张，编印系列活动手册2000余本。在“东阳女性”微信公众号开设“她微店”，展示游玩路径和研学基地内容，播放各镇乡街道妇联主席“一句话她代言”微视频，微信公众号推送“一镇一品她代言”产品18期，《东阳日报》旅游版刊登19期。

【妇女儿童维权】　2020年，市妇联制定《东阳市“一格一姐”巾帼志愿服务方案》，吸收妇联执委、女党员、女代表、女村民代表等特定身份的妇女和8571名志愿者，参与基层治理。根据金华市妇联提出的“红黄蓝”三色管理法，按照家庭矛盾纠纷严重程度和处置难易，建立“一格一姐”联系户，精准关心帮扶困境妇女儿童，建立家庭档案8280户，排查矛盾纠纷332起，化解304起，化解率91.6%。5月21日，市妇联召开东阳市“信义帮帮贷”发布仪式暨“一格一姐”工作交流会，与东阳农商银行签订《战略合作协议》，向全市创业女性集中授信10亿元，为“格姐”提供无抵押、无担保、低利率的贷款36笔累计774万元。

【家庭教育】　2020年5月，市妇联开展家庭建设月活动，举办“守护童年 牵手共成长”——2020暑期儿童关爱服务活动、儿童安全教育家庭学堂。开展“平安家庭 与法同行”百场讲座下基层活动12场，受众1万余人次。东阳市因爱家庭教育引航站获“东阳市新时代文明实践志愿服务品牌项目”“2020年度浙江省优秀巾帼志愿服务项目”称号。全年为中小学生和家长答疑解惑家庭教育问题，面询170余次，处理个案47例。举办因爱家庭教育公益大讲堂30期，沙龙7期，受众1.6万余人次。

【关爱帮扶】　2020年，市妇联筹集价值350万元的1万件衣物和5万元现金，帮扶东西部扶贫协作单位四川理县。落实“一户一策一干部”结对帮扶，开展“扶贫日”捐赠活动。联合市人民检察院、市关工委、爱盟社会工作服务中心在卢宅开展“守护童年 牵手共成长——2020暑期儿童关爱服务活动”。开展来料加工困难户补助、“幸福蜗居”工程等，走访慰问困难妇女儿童87人，发放慰问金24.54万元。

【疫情抗击工作】　2020年疫情防控期间，市妇联组织发动万余名“一格一姐”“帮帮姐”参与到疫情抗击工作中。开展复工复产，联系服务家庭和企业13万余人次，防疫指导1000余次，赠送口罩、消毒水、防护手套等防疫物资万余件。在省妇联发起的“特别的爱给特别的你”专项募捐中，筹集捐款355万元。制作《巾帼携手共克时艰》等3部专题片，宣传防疫一线涌现出的各行各业妇女典型。在“东阳女性”微信公众号增设“疫情专栏”。东阳市中医院护士程飘被授予“金华市三八红旗手”称号，东阳市人民医院感染科被授予“金华市三八红旗集体”称号。陈德宝家庭获2020年第一季度浙江抗疫“最美家庭”。许茹香被评为东阳市抗击新冠肺炎疫情先进个人。

（丁依琳）

东阳市科学技术协会

【概况】 2020年，东阳市科学技术协会（简称市科协）下属学会、协会29个，乡镇科普协会12个，街道科普协会6个，组建科技志愿服务队5支。开展院士专家工作站建设和学术交流、科普宣传、全国科普日、青少年科技创新大赛等活动。恢复成立市全民科学素质行动纲要实施领导小组；完成下属单位（东阳市科技教育服务中心）事业单位改革工作；提高院士专家工作站建设资助奖励标准。

12月18日，市科协被中国科协评为“全国科普日活动优秀组织单位”，省科协党组书记郑金平在《扬优势 强弱项 补短板 东阳市科协多措并举夯实工作基础》工作专报上做批示，对东阳市科协工作表示肯定。

【市科协第九次代表大会】 2020年11月30日，东阳市科学技术协会第九次代表大会在市行政中心召开。市文联负责人代表各人民团体致贺词，科协系统先进集体、先进个人和先进科技工作者获表彰。会上，徐巧英代表市科协第八届委员会做《全面深化改革 奋勇创新争先为东阳高质量发展贡献智慧和力量》的工作报告。会议审议通过市科协第八届委员会工作报告，选举产生市科协第九届委员会。经市科协第九届委员会第一次全体会议选举产生新一届科协领导班子，徐巧英当选为主席。

【全国科技工作者日活动】 2020年5月26日，在第四个全国科技工作者日到来之际，东阳市委副书记、政法委书记胡勇春带领市委常委、市委组织部部长柳尊科，市政协副主席楼红霞，市委人才办、市科协、市科技局、市人力社保局等部门主要领导，走访慰问东阳市人民医院党委书记应争先和浙江石金玄武岩纤维股份有限公司总工程师许加阳两名优秀科技工作者代表。5月29日，市科协在《东阳日报》开设《全国科技工作者日》特别报道专刊，宣传科技工作者日的由来、什么是科技工作者、东阳市科协科技工作者之家，重点报道科技工作者典型。

【院士专家工作站建设】 2020年，市科协邀请院士专家开展院士专家东阳行活动。5月，中国工程院院士王兴治与浙江石金玄武岩纤维股份有限公司和浙江联宜电机有限公司开展项目技术合作，推动提升东阳企业的科技创新能力。9月23—25日，市科协承办“中国兵工学会火箭导弹专业委员会弹箭动力与新材料技术发展专题研讨会”，中国工程院院士王兴治、杨树兴等53名院士专家参加，与浙江石金玄武岩纤维股份有限公司等企业进行项目对接。10月17日，由中科院物理研究所主办、市科协协办的关于“量子产业2020年项目交流会”在横店镇召开，中国科学院院士陈仙辉、向涛等50余名院士专家参加会议，与横店集团东磁股份有限公司科研人员进行技术交流。10月19日，“2020中国磁性材料产业高峰论坛”在东阳市举行，中国科学院院士都有为、沈保根，中国工程院院士李卫被聘为东阳市磁性材料产业发展高级专家顾问，3名院士分别作磁性产业发展科研报告。11月1日，市千百年红木举行院士专家工作站授牌仪式，该工作站是首家“院企合作”建立的院士专家工作站，活动现场举行木材DNA提取及条形码鉴别技术转让签约仪式。11月，由浙江石金玄武岩纤维股份有限公司签约建站的中国工程院院士周丰峻联合3名院士举荐申报的“玄武岩纤维及其制品在铁道工程中的应用研究”，通过省科技厅2021年度省重点研发计划项目评审立项。创建中天建设集团院士工作站、浙江新东阳木雕有限公司专家工作站、浙江宝森波纹馆有限公司专家工作站。

2020年11月30日，东阳市科学技术协会第九次代表大会在市行政中心召开 （市科协提供）

【助力疫情防控】 2020年1月24日，市科协在歌画东阳App发布“给全市科技工作者的一封公开信”，向广大市民推广科普中国App。2月16日，市科协向广大科技工作者发出“奋发有为助力打赢疫情防控阻击战——致全市广大科技工作者的倡议书”。运用多种科普宣传平台助力疫情防控知识宣传，在《东阳日报》的“科普之窗”、歌画东阳App、科普画廊等发布关于疫情防控的科普知识和科普视频300余条，点击量100余万人次。在微信公众号开设“疫情科普”专栏，在FM 100.2城市调频广播开设《科普小天地》栏目，每天播放疫情防控科普知识。

2月，市科协领导带领相关人员多次到普洛药业、野风药业等17家建站企业开展“三服务”活动，指导复工复产。为企业送去《科学防护 战‘疫’必胜》等科普知识宣传册和科普挂图5000余份。

3月,市科协在基层科技工作者中开展抗疫先进评选活动,评选出“最美抗疫科普人”17人,“抗疫先锋学会”5个,“抗疫先锋工作站”7家。

【学会学术交流】 2020年,全市各学会、协会组织科技人员开展学术交流活动。市医学会、中医学会、护理学会在疫情防控期间,开展各项科普工作宣传疫情防控知识。东阳市医学会《应争先谈防疫》播出8期,点击量数十万人次,应争先向市民通报全市疫情防控情况,从疫情防控形式、疫情防控难点、疫情防控重点、疫情防控措施、疫情高危人群以及市民注意事项6个方面对东阳市的疫情防控工作进行解读。

【青少年科技活动】 2020年10月26日,东阳市第35届东阳市青少年科技创新大赛在江北小学举行。有科技小发明、科技小论文等6个参赛项目,1500余件作品参赛。现场评出250余件获奖作品,选送52件优秀作品送金华市参赛,获一等奖10件,二等奖10件,三等奖20件。

(朱金灵)

东阳市工商业联合会(总商会)

【概况】 2020年,东阳市工商业联合会(总商会)(简称市工商联)有工商联直属商协会23家,会员3053人,其中行业协会商会有2家、异地商会有8家、镇街商会有13家。动员所属商协会参与“浙江商会周”活动,磐安、温州等17家商会开展主题活动49场。11月19日,第七届东阳市企业家协会/企业联合会换届筹备工作会议在市政府圆桌会议室召开。市工商联被浙江省工商业联合会评为2019—2020年度浙江省“五优”县级工商联。

【疫情防控】 2020年2月,市工商联组织全联参与白云街道紫荆庄园共计310家住户排摸和防护宣传工作。疫情防控期间,全市工商联系统向各地捐款7440余万元,捐赠N95口罩6万余个、外科口罩10万余只、消毒液1万余瓶、75%酒精300桶及其他防疫物资若干。参与“十地百名行长助企业复工复产”专项行动,推荐企业进入重点走访名单,走访企业22家,发放首批专项贷款20余亿元。利用“东阳市工商联”微信公众号发布“防控新冠肺炎疫情,我们的企业在行动”23期、工作纪实2版、倡议书及公开信各1份。

【东西部扶贫协作】 2020年3月19日,市工商联副主席单位浙江新亚实业有限公司向扶贫结对县捐赠价值350万元的御寒衣物,是东阳市捐赠的首批东西部扶贫协作社会帮扶物资。9月8—12日,市工商联组织11名东阳市新生代企业家到四川省理县开展东西部对口帮扶,签订《对口帮扶意向书》。

【政企沟通平台搭建】 2020年,市工商联畅通政企沟通渠道,搭建“亲清直通车·政企恳谈会”平台。联合市发改局、市生态环境东阳分局、市人民检察院举办“亲清直通车·政企恳谈会”3场,传达各项支持民营经济发展的新政策新措施,面对面帮助民营企业解决难题。邀请30余名企业家联系帮助解决问题20余个。

【服务工作】 2020年,市工商联走访企业100余家,了解企业需求,掌握企业融资、用工、复工复产等诉求,帮助企业反映问题并协调解决。8月,台风“黑格比”对东阳市造成严重影响,市工商联联系所有会员企业了解受灾情况,走访慰问受灾企业,对厂房灾后重建工作提供相关意见和帮助。12月,组织2019年度11名市功勋企业家、13名经济建设杰出人物到杭州空军疗养院进行疗休养,组织首批规模以上企业负责人到杭州空军疗养院进行体检,邀请杭州空军疗养院专家到东阳市为企业家解读体检报告。

【新生代企业家培养】 2020年6月11日,市工商联联合市委两新工委、市企业家协会举办“百舸学堂”——“疫情后时代电商布局”论坛+《新媒体时代营销创新——传统企业“爆款”打造之路》专题讲座。8月21日,由市委组织部、市委统战部、市委两新工委、市工商联、市企业家协会主办的“百舸行动”新生代企业家战略培养计划——“百舸大会”主题活动在横店东磁大厦召开,发布“百舸行动”LOGO,宣布“百舸对话”入选新生代企业家挂职经济部门名单,推出“百舸金服”的新生代专项金融产品“百舸贷”。对企业家成长历程进行可视化展示,推出“新时代 新生代 现

2020年5月22日,市工商联举办首次“亲清直通车·政企恳谈会”

(市工商联提供)

代企业家风采”系列报道，以文字加微视频的形式，对优秀企业家进行创新宣传和推广。

【考察调研】 2020年，市工商联配合各级工商联到东阳市考察调研，完成各级部署的调研任务。接待全国工商联第一调研组、浙江省工商联、金华市工商联、金华市婺城区工商联等到东阳市企业考察调研并开展座谈。配合完成全国工商联开展的全国民营企业应对疫情防控阻击战情况调查、小微企业融资需求调研、全国工商联民营企业社会责任调研、上规模民营企业调研等多项工作。

（张梦芸）

东阳市文学艺术界联合会

【概况】 2020年，东阳市文学艺术界联合会（简称市文联）有作家协会、美术家协会、书法家协会、摄影家协会、音乐舞蹈家协会、民间文艺家协会、杂技魔术协会、曲艺协会、诗词楹联学会、湖溪镇文联、老年书画研究会、观赏石协会、古琴协会13个团体会员单位，增加国家级文艺家协会会员4人、省级文艺家协会会员14人，市级文艺家协会会员19人。8月27日，在市行政中心召开东阳市文学艺术界联合会第四次代表大会，会议审议通过市文联第三届委员会工作报告和修改章程的决议，选举产生市文联第四届委员会，厉建党当选为主席。12月11日，在市委党校召开全市文联系统十九届五中全会精神学习会暨2020年度读书会，市文联第四届委员会委员、市文联各会员单位秘书长以上人员、市文联机关全体人员、新文艺群体代表等文艺骨干参加。

【“艺心抗疫”活动】 2020年1月至4月，市文联开展“艺心抗疫”活动，全市文艺工作者创作抗疫文艺作品1650余件，其中被中宣部“学习强国”平台采用35件，被省级文艺平台采用44件、金华级文艺平台采用236件。推送“抗击疫情 文联在行动”微信专栏35期，其中《风雨中前行》歌曲点击量30余万次。捐款10.4万余元，捐赠医用口罩3500余个、书法作品16幅。编印《东阳文艺》抗疫特刊，刊登作品178件。东阳文艺界抗疫工作被金华市新冠肺炎疫情防控工作简报“县市区工作亮点”板块、东阳市新冠肺炎疫情防控工作简报“疫情防控”板块采用。

【文艺活动】 2020年4月15日，市文联组织各团体会员单位负责人到佐村镇开展“文艺+乡村振兴”活动。7月5日，在木雕小镇举办“扇美两山·圆梦小康”——寻山问水扇面展。7月31日，与佐村镇政府签署战略合作协议，市作家协会、市摄影家协会、市诗词楹联学会向佐村镇山合村授“创作基地”牌匾。9月30日，联合市委宣传部在市红木家具市场举办“国艺正当红 戴家样·陈炯明《开国群星画卷》原稿展——暨文化艺术融合展”。10月17日，在东阳剧院承办“决胜全面小康”——中国杂协、浙江省文联“精品杂技下基层”慰问演出活动。11月12日，和金华市文联联合开展“深入生活、扎根人民、到人民中去——金华市文联文艺志愿服务走进佐村”活动。

【市作家协会】 2020年，市作家协会刊出《东阳文学》2期。1月20—21日，与市会计学会、市书法家协会共同举办“送福进万家 全民奔小康”文化公益活动，赠送斗方，慰问贫困户。2月，创作抗疫诗歌、散文等文学作品130余件。4月11—12日，参与承办“醉美湖溪·修心小镇”文化采风活动，在湖溪镇设立2020年首个文学创作基地。4月20日，联合金华市生态环境局东阳分局、东阳日报社组织开展“6·5”世界环境日征文比赛。9月5日，在由中国诗歌学会、浙江省文联传媒中心、《浙江诗人》杂志主办的首届浙江诗歌双年奖大奖赛中，会员王晓颖获入围奖。9月13日，承办“今夜为你读诗”中秋诗会。9月末，在由中国作家协会儿童文学委员会、浙江省作家协会、义乌市人民政府联合主办的第二届义乌骆宾王国际儿童诗歌大赛中，会员吕端伊作品获二等奖。10月27日，在东阳日报社举办“我说作文”系列首次讲座。11月15日，组织会员到周桂新工作室开展“以文心悟匠心”文化采风活动。12月，在第二届全国残疾人诗歌大奖赛中，会员胡永清组诗《从春天出发的孩子》获三等奖。

【市美术家协会】 2020年1月，市美术家协会与市经济开发区、市摄影家协会联合举办第二届“木雕小镇美术

2020年9月30日，由市委宣传部、市文联主办的戴家样·陈炯明《开国群星画卷》原稿展在东阳红木家具市场举行

（市文联提供）

摄影大赛”,到千祥镇、南马镇、六石木雕小镇等地开展“送福进万家”文艺惠民活动。2月,组织会员创作西画、国画、漫画、粉画等抗疫作品200余幅,与东阳新诗盟联合举办“一诗一画”抗疫作品网络特色联展,参加金华市美术协会线上网络抗疫作品展。4月11—12日,参与承办“醉美湖溪·修心小镇”文化采风活动,在湖溪镇设立美术创作基地。4月12日,张美斌、郑丽芳、施金刚、卢裕华、张柏秀、黄建军、马晓栋、胡贤清的作品入选“同心抗疫——金华市美术作品系列大展——西画类专题展”。6月,参与协办在东阳市美术馆举行的浙江省抗疫防疫复工复产主题美术作品展。7月15日,马晓栋的水彩作品、黄玉平的国画作品入围由浙江省美术协会主办的“乡村振兴·和美奉化”浙江省美术作品展。8月17日,陈国华当选为浙江省美术协会第九届理事会理事。8月,与市美术馆、市文化馆共同举办“时代赞歌,东阳市三个地”主题艺术作品写生采风活动。9月5日,组织20余名会员到嵊州市贵门乡鹿门书院开展写生采风活动。9月,张扬明的中国画《竹乡新居》、黄玉平的中国画《回乡路》入展由浙江省文化和旅游厅主办的“浙江风采——决胜全面小康”全省美术作品展。9月26日,黄建军的油画作品《故乡情》入选“大成之镜——浙江省油画作品展”。10月3日,组织开展第三届木雕小镇写生采风活动。11月18日,承办“望境”2020东阳市首届西画作品展。

【市书法家协会】 2020年1月,市书法家协会组织会员到马宅镇楼塘村、巍山镇、城东街道李宅社区等地书写春联。2月,举办抗疫书法特展,推出抗疫书法特展12期,网络展出抗疫主题书法作品164幅,郑和新的书法作品进行网络义拍,拍卖所得4.4万元全部捐出用于抗击疫情。4月18日,在市民公园举办庚子书法雅集。5月16日,在第六届“四堂杯”书法大展中,金笑珍的作品入展。5月,在红木家具市场、李宅、横店东磁集团和卢宅非遗街区举办书法公益讲座16次。5月,在浙江省第六届女书法家作品展中,金笑珍获优秀作品提名奖,陈晓丽、吴佳燕、董萍兰的作品入展,吴冰的作品入选。7月14日,在浙江省首届文化礼堂书画大赛中,金笑珍获一等奖。8月7日,在中国书法·年展全国楷书作品展中,郑颜伟的作品入展。9月22日,在首届“何绍基杯”全国书法篆刻展中,金妙勇的作品入展。9月25日,在首届“张弼杯”全国书法篆刻展中,金妙勇的作品入展。9月30日,在浙江农民书法篆刻展中,何泱铮、王小平的作品入展;在浙江省书法家协会基层会员书法篆刻展中,吕海强获优秀作品奖,金笑珍、郑颜伟的作品入展,吴冰、许俊晓、马根泉的作品入选;在浙江省公职人员书法篆刻展中,金笑珍获优秀作品奖,吴佳燕、吕海强、陈林旭、蒋海珍、朱瑾、吴方华的作品入展,马根泉的作品入选。10月13日,金笑珍获准加入中国书法家协会。10月18日,郑颜伟的作品入选中国书法家协会书法培训中心2019年教学成果展。10月24日,在卢宅非遗街区开启东阳市首届书法周活动。11月3日,在市博物馆举办书法家协会会员作品年展。11月11日,在城东街道李宅社区举办书法家协会公益班结业作品展巡回展。

【市摄影家协会】 2020年2—4月,市摄影家协会会员参与抗击新冠肺炎疫情的拍摄宣传活动,拍摄抗疫、复工复产摄影、短视频作品680余件。6月5日,承办“歌山画水”——庆祝“两山”理念提出十五周年东阳生态视觉影像展。6月7日,协会摄影之家重新开放。6月20日,组织30余名会员到横店古民居摄影采风。6月,吴洵阳加入中国摄影家协会。7月30日,在佐村镇山合村设立摄影创作基地,组织20余名会员到山合村摄影采风。8月7日,陈新阳、周晓刚的作品入选浙江省风景摄影展。8月21日,赵志强当选为浙江省摄影家协会第八届主席团委员,卢兵当选为浙江省摄影家协会第八届理事会理事。8月,贾亮、吴小苑、蔡军伟、陈晓峰加入浙江省摄影家协会。9月29日,陈新阳、杜军、黄策民、王景、潘丽丹、张向平、章建钢、张扬明、胡向霞的作品在“醉美金华”全国摄影比赛中入选。11月,承办东阳市“和美乡村”摄影大赛。11月15日,金国强、周晓刚的作品入选第十八届浙江省摄影艺术展。

【市音乐舞蹈家协会】 2020年2月,市音乐舞蹈家协会线上创作《抗疫动感舞》《希望》《笑容在脸庞绽放》3支抗疫舞蹈作品,抗疫婺歌《凯旋》以及《生命之光》等公益歌曲,录制方言抗疫歌曲《为了谁》、诗朗诵《香樟树目送你出征》。3月,录制全市公益性网络艺术教学课程——“空中课堂”,内容包括笛子、二胡、声乐、中国舞等。5月23日,送文艺走进浙江广厦建设职业技术大学进行舞蹈编排等公益培训。6月20日,参加“端午品香粽志成城”端午演出活动。7月,王灵祥创编的舞蹈《幸福快门》参加金华市第六届舞蹈大赛,获创作二等奖、表演二等奖;胡芳创作、演唱的音乐作品《百年红船》参加金华市第二届音乐新作大赛,获创作三等奖、表演二等奖。8月21—22日,组织开展两场九拍“乐享”盛夏音乐会。9月26日,协办“东阳民居·中秋诗韵”演出活动。9月24—29日,举办全市公益性唢呐演奏培训班。10月25日,组织开展“智汇东阳 百场沙龙”东阳市音乐教育知识公益讲座。10月,胡芳获浙江省第十九届音乐新作大赛演唱“三地一窗口”金奖。11月,舒敏杰创作的婺剧《李逵探母》参加全省第三届“婺星争辉”婺剧青年挑战赛,获第八名。

【市民间文艺家协会】 2020年,市民间文艺家协会增加国家级会员2人、省会员3人、金华市会员7人。2月,创作抗疫文艺作品100余件。3月,厉鹏强入选2020年浙江省“新峰计划”(工艺人才)。王向东《事事如意》、李强《鹏程万里》、蒋武进《硕果累累》、郭向峰《寒梅迎春》等多件作品捐赠,参加由复星国风文化产业集团和东阳大师艺匠联手举办的“东阳艺匠&复星国风联合抗疫线上直播义拍活动”。5月,参与金华市民间文艺家协会“走进浦江杭坪·助力乡村振兴”采风活动。7月，会员王向东入选2020年金华市宣传文化系统“五个一批”人才，王向东的作品《盛世锦绣》入选沪苏浙皖四省文联举办的“长三角视觉艺术青年艺术家作品展”。8月26日，黄小明当选浙江省民间文艺家协会第九届副主席。10月，王向东的作品《盛世锦绣》入围第十五届中国民间文艺山花奖·优秀民间工艺美术作品终评。会员王越超参加“浙里小康”第三届浙江省民间故事会，获“浙江省优秀故事员”称号，并入围第八届浙江民间文艺“映山红奖”优秀民间文学作品奖评选。10月24日，在黄小明艺术馆“个木园”举办系列音乐雅集的首场活动。11月，黄小明、王向东、黄学敏、周桂新、郭灏的工艺美术作品入选第二届中国民间工艺精品双年展暨第四届浙江工艺美术双年展。11月，10余名会员的作品参加在东阳中国木雕城举办的中华大师汇活动。12月30日，黄小明当选浙江省文联第九届委员会委员。

【市杂技魔术协会】 2020年2月10日，市杂技魔术协会召开第三次理事会议，举办优秀会员新春团拜会。2月，慰问留在横店镇的会员演职员和新文艺群体工作者。5月1日，组织参加《汴梁一梦》杂技节目第六版本专场晚会演出活动。5月13日，参加金华市文联、金华市民协文化走亲浦江及采风活动。9月9日，于功当选浙江省杂技魔术协会第四届副主席，王洪强、朱小卉、唐中杰当选省杂技魔术协会第四届理事会理事。10月17日，协办“决胜全面小康”——中国杂协、浙江省文联“精品杂技下基层”活动。12月15日，于功当选中国杂技家协会第八届理事会理事。

【市曲艺协会】 2020年，市曲艺协会会员参加“第二届世界东阳人大会”，在横店圆明新园大礼堂表演道情《最美东阳人》。2月，会员创作录制道情《联防联控要搞好》等抗疫文艺宣传作品。5月，在卢宅非遗街区举办五一劳动节非遗曲艺展演活动。8月，王会亚被中共金华市委宣传部、金华市农业农村局授予金华“农民故事大王”称号。8月14日，王会亚获“2020浙江农民故事大赛”一等奖，“老乡说小康”获省三等奖。9月5日，在卢宅美术馆地下会议室举办东阳市公益性小品表演艺术培训。

【市诗词楹联学会】 2020年1月5日，市诗词楹联学会会员到江北街道王户口村开展“我们的中国梦——文化进万家”活动。2月，创作抗疫诗词作品300余首，在学会公众号分两期刊出。自2月6日起，联合东阳城市广播推出“诗歌记疫”栏目；参加线下卡口值勤、社区巡逻、捐款捐物等抗疫活动。4月11—12日，参与承办“醉美湖溪·修心小镇”文化采风活动，在湖溪镇设立诗词创作基地，创作诗词作品120余首。7月26日，邀请金华南山诗社社长陈国友到东阳市主讲诗词楹联知识。8月2日，在东阳大厦举办由学会主编的《东阳当代诗词选》新书发布会。8月16日，开展“提升将军殿农庄文化暨助力大伦坞秀美村创建”文化采风活动。9月19日，邀请中华对联文化研究院教育部主任应绿霞到东阳市主讲楹联知识。9月21日，3名会员参加上山杯“八婺颂小康”中国农民丰收节赛诗会，陈亚莉获一等奖，刘艳红、杜琳瑛获优秀奖。9月26日，参加“东阳民居·中秋诗韵”主题诗会演出活动。11月21日，邀请浙江省诗词与楹联学会副会长楼立剑到东阳市作楹联知识讲座。

【湖溪镇文联】 2020年1月12日，湖溪镇文联召开湖溪镇文联全体会员大会。4月11—12日，参与承办湖溪镇“醉美湖溪·修心小镇”文化采风活动，组织下属团体会员单位湖溪婺剧促进会、郭宅太极协会、湖溪风尚旗袍协会在各采风景点进行节目表演。6月3日，金华市金东区文联主席蒋苹一行到湖溪镇文联考察。10月26日，承办湖溪镇“湖溪味道”红曲美食评选大赛。11月18日，到磐安县方前镇开展文化走亲活动。12月25—31日，参与协办湖溪镇第九届文化艺术周活动。

【市老年书画研究会】 2020年2月，市老年书画研究会会员创作抗疫书画作品。5月11日，29名协会会员参加省老年书画研究会在丽水市书画院举办的书画展，部分会员获奖。7月4日，组织部分会员到湖溪镇上田村参加书画交流活动。7月27日，部分会员到磐安县尖山镇进行书画交流。9月21—23日，邀请书画家陈安行等4名书画专家到东阳市授课。10月14日，组织会员到武义县参加书画交流活动。11月2日，在市图书馆展出全体会员书画作品122幅。11月25日，20余名会员到东阳职教中心东技校区参加第三届青松会活动。

【市观赏石协会】 2020年1月，市观赏石协会召开会员大会。5月，组织会员参加杭州“国石杯”展，获8个金奖，25个银奖，5个铜奖。6月29日至7月3日，举办东阳市首届龙牙石盆景设计大赛。9月25日，开展星级赏石艺术馆授牌活动，确定三星级8家、四星级2家、五星级5家。9月28日，在首届义乌赏石文化艺术博览会上获3个金奖、3个银奖、1个铜奖。

【市古琴协会】 2020年1月4日，市古琴协会在东阳市美术馆举办“肃雍清音”古琴音乐会。5月1日，组织50余名会员参加市文旅办组织的“抓住春天的小尾巴，卢宅故里逛起来”活动。5月30日，组织开展《魏晋风华》《开卷有益》和《左琴右书》线下读书会。9月26日，联合市诗词楹联学会在东阳市美术馆举办“东阳民居·中秋诗韵”活动。9月29日，在卢宅太和堂举办中秋雅集。11月1—13日，“思韶山房”丁志标古琴工作室在义乌市非物质文化遗产馆举办思韶山房古琴作品展。

（陈　娟）

东阳市残疾人联合会

【概况】 2020年，东阳市残疾人联合会（简称市残联）健全残疾人服务机构，开展疫情纾困工作，推进机构星级提升，引进第三方星级评定机构指导开展提升改造和星级初评，完成7家机构的星级提升，其中四星1家、三星6家。加强“残疾人之家”日常管理，建成全市“残疾人之家”管理系统，拨付开办、运行等补助资金799.03万元。创新动态更新调查方法，对19378名残疾人实时采集信息、综合分析、及时应用，监测小康进程，调查入户率98.94%。落实“最多跑一次”改革，推进残疾人事务下沉镇乡街道和村、社区。举办业务培训班1期，全市镇乡街道残联理事长、残联专职委员参加。

完善“残疾人证”档案管理工作，市残联办理“残疾人证”517本，到期换证2652本，遗失补证51本，破损换新5本，办理异地委托11人，迁移12人。开展下乡上门残疾人评定服务171人。推动助残服务“最多跑一次”改革，落实“残疾人证”核发和“扶残助残”一件事“网上办”“掌上办”，受理申请3175件，办结率100%。春节、全国助残日、国际残疾人日等节日期间，走访慰问残疾人，市、镇乡街道组织慰问残疾人托养庇护照料机构、就业创业优秀残疾人982人，发放慰问金40.72万元。

【残疾人补贴发放】 2020年，市残联制定困难残疾人生活补贴、重度残疾人护理补贴两项补贴发放对象动态管理工作的通知，明确发放流程和退出机制，调整困难残疾人生活补贴发放标准，由231元调整为255元。全市50316人次残疾人享受困难残疾人生活补贴，发放补贴资金1188万元；117169人次重度残疾人享受护理补贴，发放补贴资金2447万元。

【残疾人劳动就业】 2020年，市残联修订完善残疾人就业创业扶持政策。增加残疾人就业219人。培育东阳市胡先民工作室为残疾人就业创业文创基地，东阳戚小慧盲人医疗按摩所为残疾人就业创业服务业基地。东阳慧慧盲人按摩所被浙江省残疾人就业服务中心推荐参加国家级盲人保健按摩规范化实训基地评选；胡先民被评为浙江省十大匠心人物；吴向东被评为全国技术能手和浙江省“最美残疾人”。对21家盲人按摩机构实施疫情补助，补助资金4.2万元。开展党政机关、事业单位带头定向招录残疾人工作，市残联招录残疾人公务员1人、残疾人事业编工作人员1人。

市残联加强残疾人就业保障金征收和使用管理工作。对已安置残疾人单位进行就业认定，与地税征收系统信息进行比对，对超比例安置残疾人就业的24个单位落实奖励政策，奖励资金31.68万元。配合税务部门落实疫情防控期间企业减负工作，对企业单位残保金实施减免政策，对上年度各项资金使用进行绩效评价。

【残疾人保险】 2020年，市残联落实残疾人参加职工养老保险补助政策，对994名个人参加职工养老保险的残疾人进行补助，补助资金221万元。对出现意外伤害的残疾人做好理赔服务工作，2019—2020年度为发生意外伤害的残疾人办理理赔140.96万元，理赔率144.1%。联系财政部门落实2020—2021年度残疾人意外伤害保险资金，办理政府采购相关手续，完成招标程序。落实7616名残疾人免费参保城乡居民基本医疗保险、6602名残疾人免费参保城乡居民养老保险工作。

【残疾人教育培训】 2020年，市残联协同教育部门做好残疾学生义务教育工作，为残疾考生参加高考做好服务。落实残疾人大学生学费、住宿费补助工作，为23名残疾人大学生发放学费、住宿费补助资金26.59万元；为503名残疾学生和贫困残疾人家庭学生发放助学资金44.44万元。开展残疾人职业技能培训工作，组织各镇乡街道残联开展来料加工、工艺品制作、农产品加工和农作物、经济作物种植管理、电子商务等技术培训，完成技术培训814人，并录入实名制系统。组织选送残疾人参加上级来料加工、工艺品制作、农产品加工和农作物、经济作物种植管理、电子商务等培训。

【残疾人文化体育工作】 2020年，市残联重视和鼓励残疾人参加文化体育活动，组织9人参加全国第十届残运会，获5金3银。为十五届残奥会和第九届、第十届全国残运会获奖残疾人运动员兑现奖金195万元。开展第三十个“全国助残日”活动，宣传就业创业、扶残助残先进典型。全国残疾人木雕技能比赛冠军吴向东当选浙江省第二届“最美残疾人”。组织“残疾人之家”专题文艺演出3场，参加观看残疾人600余人。开展文化助残“五个一”（帮助残疾人每年读1本书、看1份报刊、游1次公园、参观1次展览、参加1次文化）活动，受益残疾人354人。

【残疾人康复服务】 2020年，市残联完成残疾儿童听力言语康复训练21人、肢体康复训练36人、智力康复训练75人、孤独症康复训练9人、自费人工耳蜗安装1人、免费人工耳蜗安装1人。为6名在定点康复机构接受康复训练的低保及低保边缘困难家庭残疾儿童发放康复生活补贴；为141名残疾儿童康复补助24.59万元；为残疾儿童家庭培训87人，补助金额1.31万元；残疾儿童康复项目补助金额247.16万元。辅助器具项目完成助听器配送130台，装配上肢假肢5条、下肢假肢12条，配送盲人眼镜5副，发放轮椅类36辆，护理床18张，为残疾儿童购置矫形器及髋关节置换手术22人，补助金额42.07万元，辅助器具配送228件；为85名贫困残疾人发放医疗康复补助资金18.88万元；为376名精神残疾人医疗康复救助经费154.08万元；为2066名精神残疾人门诊服用抗精神病药物全额保障补助金额120.47万元。完成贫困残疾人家庭无障碍改造214户。白云街道中山社区成功创建省级无障碍社区。

【扶贫解困】 2020年，市残联对61户具有一定种植规模的残疾人家庭进行农资补助，补助化肥37.8吨、价值9.83万元。开展困难残疾人住房状况调查工作，对全市186户存在住房困难的贫困残疾人家庭建立一户一档。开展困难残疾人安居工程工作，46户完成安居工程，补助资金46

万元，其中9户列入“幸福蜗居”项目。为21户残疾人及扶贫基地发放贷款贴息26.85万元。调查低保残疾人家庭用电安全情况，有320户低保残疾人家庭用电线路存在安全隐患，为国网东阳供电公司实施“幸福蜗居千户万灯”项目提供基础服务。

【结对帮扶】 2020年，市残联开展四川省理县残疾人扶贫工作，投入项目资金20.48万元。通过省残联招标方式，资助理县残联助听器50台，价值6万元；扶持养蜂大户3户，帮扶资金8万元；为困难残疾人无障碍设施改造10户，补助资金6万元；为理县薛城镇塔甲米村残疾人张琼花家庭资助多功能移位机1台，价值4800元。通过市政府项目扶持，帮扶理县贫困残疾人175户实现脱贫。

【残疾人信访】 2020年，市残联创新工作机制，提高信访水平。走访残疾人家庭，了解残疾人需求，为残疾人解决具体困难。开展矛盾纠纷大排查，建立社区（村）、镇乡街道、残联三级信访网络组织，畅通残疾人诉求表达机制。建立信访处理机制，及时回复省、金华市及“8890”便民服务平台投诉件21件，接待处理残疾人来电来人来信政策咨询计150人次。关注残疾人机动轮椅车营运动态，为249名下肢残疾人机动轮椅车车主发放燃油补贴6.47万元。

（黄　勋）

东阳市红十字会

【概况】 2020年，东阳市红十字会接受社会爱心人士捐款2065.54万元，物资679.98万元，主要用于新冠肺炎疫情，慈善复明、惠民、“两癌”救助等基金，救援队购买设备、农村体育文化建设、救助贫困者等，做到专款专用。《东阳市红十字事业发展“十四五”规划》列入东阳市“十四五”备案专项规划编制目录，完成规划征求意见稿。9月末，位于东阳市童方城的东阳市生命教育体验馆完成建设并通过验收。开展救护培训，培训救护员1555人，普及人数31531余人，在全市投放4台AED（自动体外除颤仪）。造血干细胞采样149例，成功实现捐献4例；实现器官捐献9例，角膜捐献11例，遗体捐献6例。

市红十字会救援队获浙江省品牌社会组织、浙江省红十字会先进集体、浙江省社会应急力量比武第五名、金华市防疫先进集体、金华市志愿服务先进集体、金华志愿服务项目大赛金奖、爱“善”金华项目大赛铜奖、市防疫先进集体、市战疫先锋团队、市公益慈善奖、市抗击“黑格比”台风抢险救灾先进集体等称号。葛会红被评为浙江省疫情防控最美志愿者、浙江省社会组织领军人物，曹远鹏等10余人获东阳市“战疫先锋”个人、东阳市“战疫好人”等称号。

2020年1月28日，市红十字救援队队员在东阳高速出口对进入东阳市的人员进行体温测量　（黄　强/摄）

【红十字会抗击疫情】 2020年，新冠肺炎疫情防控期间，市红十字会组织救援队员、志愿者4250人次，在各主要入东阳卡口执勤检查，筛查入东阳车辆约48800辆、65500人次，劝返1500余人次，移交有关部门处置210余人次；开展城区主要道路、菜场、医院周边防疫宣传22次；在白云街道、吴宁街道、南市街道和虎鹿镇的有关村（社区）、单位开展防疫消毒60余场次，为东阳至义乌火车站免费接送班车消毒86班次，服务往返东阳旅客3850人次。消毒面积超42.6万平方米。市红十字救援队组织队员120余人次，到省外接回返回东阳复工人员9批次近3000人，行程2.3万千米。市红十字志愿服务总队组织志愿者协助企业复产。

在抗击新冠肺炎疫情期间，市红十字救援队被评为“战疫先锋”团队，多名红十字救援队队员和红十字志愿服务总队队员被评为“战疫先锋”个人。在东阳市抗击新冠肺炎疫情表彰大会上，市红十字救援队被评为东阳市抗击新冠肺炎疫情先进集体。市红十字会1名机关干部、市红十字救援队6名队员、红十字志愿服务总队3名队员被评为东阳市抗击新冠肺炎疫情先进个人。

【红十字会宣传工作】 2020年5月8日，市红十字会开展2020年“红十字博爱周”宣传活动，红十字志愿者到江北街道、巍山镇开展献血、造血干细胞捐献、人体器官（遗体）捐献等“三献”宣传活动。5月9日，红十字救援队在市实验小学开展“防灾减灾知识进校园”主题科普活动，通过悬挂宣传横幅、放置防震减灾主题海报、发放防震减灾知识手册等形式开展防震主题宣传。市红十字志愿服务总队开展“战疫情、献热血”志愿服务活动，以开展咨询、协助填表、发放宣传册、举牌游街、口号传递正能量的方式进行无偿献血宣传,有40人参加无偿献血,献血量15900毫升。组织学生参加"2020年抗击新冠肺炎疫情暨红十字应急救护知识"竞赛活动。

【抗击疫情筹资募捐】 2020年,市红十字会开展接受新冠肺炎疫情捐款捐物工作。1月27日,第一笔捐赠款汇入市红十字会捐赠账户。1月28日,在"东阳市红十字会"微信公众号上发布抗击新冠肺炎接受社会捐赠公告,发布接受捐赠物资种类、接受捐款账号、联系方式及地址和注意事项。2月4日,在"东阳发布"微信公众号上发布捐赠公告。解答捐赠人的咨询,指导捐赠人办理捐赠手续,登记捐赠人的捐赠意愿,对不属于接受范围的捐赠物资向捐赠人进行解释和说明。指导有关企事业单位和爱心人士向金华市红十字会、浙江省红十字会和武汉市红十字会进行捐款捐物。接受抗击疫情捐赠款1570.14万元,其中定向捐赠款426.07万元。接受捐赠物资73批次,价值629.79万元。对定向捐赠的款物,按照捐赠人意愿,第一时间发放到使用单位。对非定向捐赠物资,及时上交东阳市防控指挥部后勤保障组统一调配使用;非定向捐赠资金,协商东阳市防控指挥部后勤保障组,及时制定资金分配方案,经有关市领导同意签字确认后,及时调拨有关单位。使用资金1570.14万元,使用率100%,所有接受捐赠物资发放完毕,发放率100%。自2月4日起,每天在"东阳发布"微信公众号上发布"接受社会捐赠情况公示",公布接受捐赠款物明细和使用款物明细,接受捐赠方和社会监督。根据上级红十字会工作要求,邀请第三方审计机构开展疫情防控捐赠款物专项审计。东阳市新型冠状病毒肺炎疫情捐赠情况(部分):海天建设集团有限公司及员工捐赠114.76万元,横店集团控股有限公司、浙江孚诺医药股份有限公司各捐赠100万元,歌山建设集团有限公司及员工捐赠80万元,浙江东阳农村商业银行股份有限公司捐赠60万元,浙江野风药业股份有限公司、东阳市野风房地产开发有限公司、杭州千芝雅卫生用品有限公司、东阳市陆光正创作室、东阳市千祥商会各捐赠50万元,东阳欢娱影视文化有限公司捐赠45万元,野风集团有限公司捐赠40万元,浙江大喜农业开发有限公司捐赠30万元,广宏建设集团有限公司捐赠20.26万元,东阳市佛教协会捐赠20.25万元,东阳市皇野生态农业有限公司、浙江康吉尔药业有限公司、浙江科冠聚合物有限公司、浙江东峰制冷配件有限公司各捐赠20万元;徐红兵、卢永强各捐赠20万元,刚果(布)华侨、周泽明各捐赠10万元。物资捐赠情况(部分):复星集团、天津天一建设集团有限公司、东阳市企业家协会、上海市东阳商会等70余家单位和个人通过各种方式采购的口罩、消毒液、防护服等急需物资。

【红十字会日常筹资募捐】 2020年,市红十字会接收其他日常捐款495.40万元,定向捐赠493.63万元,非定向捐赠1.77万元,主要用于救助项目和救援队购买设备及正常活动运作。日常接受捐赠情况:东阳市人民医院筹资的"慈善复明基金"救助项目筹资270万元,主要用于金华地区白内障患者的复明手术;浙江东阳农村商业银行股份有限公司捐赠60万元,用于市红十字救援队队员购买人身保险、冠名费等;东阳富士特磁业有限公司捐赠37万元,用于市红十字救援队日常公益活动支出和城东街道案卢村老年协会建设等;浙江大喜农业开发有限公司捐赠20万元,用于江北街道塘下前股份经济合作社新农村建设;东阳市城市建设投资集团有限公司捐赠20万元,用于市红十字救援队购置设备;东阳市华能新型建材有限公司城东分公司捐赠15万元,用于李宅社区公益事业;上海市东阳商会捐赠10万元,用于三单乡中心小学;欣捷投资控股集团有限公司捐赠10万元设立白衣天使关爱基金;其他由爱心企业和爱心人士捐赠资金用于杏林基金、惠民助医基金救助项目及市红十字救援队、志愿服务总队公益活动、博爱送温暖等。

【红十字会帮贫助困】 2020年,市红十字会开展2020年博爱送温暖活动,发放慰问款1.74万元,其中慰问东阳市麻风病人8人,每人慰问金800元;慰问器官、角膜遗体、造血干细胞等捐献者家庭11个,每户慰问金1000元。慰问东阳市2020年成功捐献造血干细胞志愿者4人次,每人次慰问金2000元。全市开展专项救助项目7个,其中省会项目2个,东阳市级救助项目5个,投入救助资金416.84万元,救助受益人数1804人。其中,复明基金项目救助954人,救助金224.65万元;广济助医基金项目救助7人,救助金12.87万元;惠民助医救助842人,发放18.09万元的款物;母亲康乐基金救助1人,救助金0.3万元。与有关县(市)红十字会对接省红十字会"康心基金"项目,开展康心基金心脏病救助项目宣传义诊活动。

7月29日,市红十字会联合市委宣传部、市文明办等部门以及爱心商家共同推出"爱心冰柜"项目。9月26日,联合市晨夕相伴社会工作服务中心志愿者举办"我和我的祖国"陈书文首届摄影作品义展活动,义展后进行作品义卖,将义卖活动所得2.1万元用于21名贫困儿童的扶贫、助学。开展公益寻亲活动,通过DNA比对,3位失散家庭寻亲成功。

【红十字会关爱生命】 2020年,市红十字会加大造血干细胞捐献宣传力度,动员适龄人员采样入库,提高参与率。全市造血干细胞采样入库149份,完成全年任务数的177%,成功实现造血干细胞捐献4例,器官捐献9例,遗体捐献6例,眼角膜捐献11例。开展"三献"宣传活动90场次,发放无偿献血、造血干细胞捐献、遗体(组织)捐献等宣传材料。6月15—16日,黄红阳成功捐献440毫升造血干细胞混悬液。7月17日,王浩伟与一名白血病人配型成功,捐献250毫升造血干细胞混悬液;11月2日,再次捐献162毫升淋巴细胞混悬液。11月24日,市红会医院的医务工作者金磊成功捐献266毫升造血干细胞混悬液。

2020年，东阳市第七例、第八例造血干细胞捐献者王浩伟（市红十字会提供）

【红十字会救护培训】 2020年，市红十字会开展应急救护培训工作，培训红十字救护员1555人，完成全年任务数的120%。开展普及培训及讲座187期，普及培训31531人，完成全年任务数的184%。为防控疫情需要，动员有关中小学开展应急救护视频培训。在85个农村文化礼堂开展应急救护普及培训，覆盖全市67.93%的农村文化礼堂。在横店镇便民服务中心、市退役军人服务中心、横店影视城秦王宫景区和南马镇花园村便民服务中心设立救护站点，配备自动体外除颤仪（AED）。建设博爱家园2家。对2020年前设立的17个救护站点AED进行检查校验、维护管理，保障AED功能正常。8月18—19日，参加金华市应急救护培训师教学技能大赛，市红十字会获2020年应急救护培训师教学技能大赛团体二等奖；唐俊华、斯俏俏分别获救护操作技能、主题演讲二等奖，被授予金华市“技术能手”称号；陆旦旦获教学技能三等奖。11月10—12日，选派7名优秀师资参加金华市红十字会举办的师资复训。

开展“安全体系课程进校园”活动，在市外国语学校、实验小学、吴宁一校、实验小学、吴宁六校、中天国际小学等开展防溺水、安全疏散演练培训等活动。组织实施校园安全体系培训21场次，直接受益人数3500余人次。在江北小学月亮湾校区、横店集团小学推广“呵护成长”——校园生命安全屋项目，开展安全教育课程30余堂，直接受益人数8500余人次。推进急救知识进农村文化礼堂。制定普及救护知识培训计划，利用晚上、周末等村民方便、人员相对集中的时间，组织师资开展应急救护、防灾避险、卫生健康等知识和技能培训，增强农民群众避险逃生、自救互救能力。

【红十字会应急救援】 2020年，市红十字救援队开展各类活动390余场次，其中抗疫防疫活动86次，救援出勤135次，开展安全知识普及培训127次（直接受益约11850人次），大型活动应急保障12次，各类救援演习4次，队内体能、技能训练13次，出动队员9950人次，志愿服务时间34800小时。

9月，组织12名队员参加在丽水景宁举行的2020年度社会救援力量的救援比武，获技能比武第五名。承接东阳市救助站“街角曙光”——流浪乞讨人员救助项目，组织志愿者在全市18个镇乡街道开展流浪乞讨人员救助工作，组织人员在桥下、涵洞、公园等地开展巡查工作，为流浪乞讨人员提供必要的生活物资帮扶。8月至10月，联合市委宣传部、市文明办等部门以及爱心商家共同推出“爱心冰柜”项目，在东阳城区主要街道、商家设置13台爱心冰柜，为东阳市的公安民警、环卫工人、园林工人、快递小哥免费提供爱心冰饮50000余瓶，该项目获第五届金华市志愿服务项目大赛金奖、东阳市新时代文明实践品牌项目。

【红十字会志愿服务】 2020年，市红十字志愿服务总队参与新冠疫情防控及造血干细胞、器官（遗体、角膜）捐献、献血等“三献”宣传，公益寻亲，大型活动志愿安保，“爱心助考”，助力全国文明城市创建，文明劝导，重阳节敬老，普及救护知识等志愿服务活动。组织开展志愿服务活动196次，其中“三献”宣传活动101场次、安保活动40场次、寻亲活动及咨询宣传5场次、综合类活动40场次、各类培训10场次，出勤近2940人次，服务时长11760小时。服务总队加强志愿者培训力度，开展常规性的军训、入队培训、“三献”知识培训及应急救护培训。

利用“5·8”世界红十字日、“6·14”世界献血者日、世界急救日等节日，在市民广场、献血屋、中心血库、献血车轮流跟班志愿服务。跟随献血车到乡镇、社区、企业、学校，开展献血服务和“三献”宣传活动，发放宣传广告，维持秩序，指导市民填写无偿献血、造血干细胞捐献采样、器官（遗体、角膜）捐献登记表。8月7日，组织志愿者参加“向最美逆行者致敬”2020荧光夜跑活动现场维护保障工作。8月17日，由市红十字志愿服务总队承办的第三届浙中地区“情暖回家路”——东阳市第二届公益寻亲会在东阳黉门广场举行，数百名来自全国各省的寻亲人参加寻亲会，通过宣传报道陆续有3对寻亲成功。11月8日，组织80余名志愿者参与横店马拉松赛事，负责比赛沿线急救医疗、通信保障工作。

（李晓媚）

法 治

政法委与综治

【概况】 2020年,市委政法委启动社会面防控等级响应天数164天,下达稳控指令550条,打赢全国“两会”、第七届世界互联网大会、十九届五中全会等重大活动维稳安保攻坚战。100%化解金华市交办的9件重大风险隐患和4件突出涉疫问题。开展重大决策事项社会风险评估,全年完成项目备案161项,实现应评尽评,排名金华市前列。通过流程再造为6个问题楼盘项目的3300余名业主办理不动产登记。持续优化信访生态,统筹开展“最多访一次”专项活动、重复访专项治理和“大走访、大排查、大化解、大提升”专项活动,全年四级走访人次比上年下降2%,到国家信访局信访人次比上年下降54.8%,到省信访局信访人次比上年下降3.1%,初信初访化解率93%,信访积案化解率90%,农村建房类重复访化解率100%。

【服务保障】 2020年,市委政法委推进网格化疫情防控,建立“六个一”(绘制一张疫情防控地图、组建一支网格作战队伍、明确一批排摸管控任务、开发一个巡查应用程序、制定一套日常工作制度、形成一个考核评价体系)工作机制,全市1815个疫情防控网格10441名网格工作组人员,走访检查各类场所39.7万余家,整改问题11.9万余个;发挥“12345”(“8890”)热线主渠道作用,收集社情民意,解决群众诉求,处理涉疫诉求事项5376件;制订政法机关保障复工复产、物流保畅三个“八条”举措,全链条打击1起劣质熔喷布案件后上报《关于全面迅速排查熔喷布生产企业的建议》,得到总理李克强和公安部部长赵克志等领导的批示。围绕杭温高铁等重点项目,落实政法干警驻项目、驻工地等制度,运用以诉促调、以诉促迁等法治手段,助推项目建设;市人民法院设立东阳市影视及知识产权矛盾调处中心,一站式诉前化解各类纠纷140余件;市人民检察院落实“少捕慎诉”要求,依法对多起涉企案件变更羁押强制措施;市公安局全年破获各类经济犯罪案件107起,挽回经济损失1.59亿元。市司法局牵头推进“无证明城市”改革,推动425项纳入清理的证明事项累计“无证明”办理225492件;市公安局73个高频民生事项全部实现全流程“跑零次”;高标准建成一体化执法办案管理中心,单轨制协同办理比例90%以上。

【基层社会治理】 2020年,市委政法委健全“一中心四平台一网格”治理体系。社会矛盾纠纷调处化解中心(简称矛调中心)全面完成省一类标准改造提升,集成综治、人民信访、诉讼服务等9大中心,其中成建制入驻单位14家,在全省县级矛调中心建设第二次互学互比交流会上,东阳市作典型发言。“基层治理四平台”全面实现市级指挥中心的集中坐岗指挥和所有镇乡街道指挥室的实体化坐岗。全科网格上报事件总量、人均上报数、按时办结率、安全隐患排查等关键指标均排金华市前列。完成全市网格地图绘制,标准地址库建设推进进度排金华市前列。创新治理方式,依托“基层党建+红色网格”,打造“精密智控”最小防控单元。针对金融纠纷等案件激增产生的诉源问题,设立金融纠纷调解委员会,全年成功调解247起,标的总价值2.68亿元。创新“人脸识别”追逃技战法,连续抓获潜逃10年以上的市内外重特大命案积案逃犯13人,成效列金华市第一位。

【平安东阳建设】 2020年,市委政法委推进扫黑除恶专项斗争,做好案件攻坚以及长效常治机制建设,全市打掉涉黑涉恶组织团伙31个,打击10类涉黑涉恶犯罪嫌疑人822人,查处黑恶案件“保护伞”和腐败问题54人,扣押冻结涉案资产15.96亿元。全市有效刑事警情、有效治安警情、黄赌警情、纠纷警情、交通警情、传统侵财警情分别比上年下降11.3%、10.7%、9.7%、8.9%、8.5%和27.8%,连续15年保持命案和五类恶性案件全部侦破。统筹推进“一警情三推送”、交通安全综合治理、安全生产隐患整治攻坚等行动,全年民转刑命案发案4起,交通事故死亡79人,安全生产事故死亡13人,分别比上年下降42.9%、34.7%和31.6%。开展“执法司法规范化水平提升年”活动,排查梳理各类问题3277个,整改率100%,组织开展涉法涉诉信访积案专项化解、案件评查、涉案财物专项治理、涉案暂扣资金专项清理等四大专项治理工作，成效排金华市前列。成立市涉案财物管理中心，创新建立公检法纪涉案财物"进口"规范、"出口"畅通的全流程管理机制。

【政法铁军建设】 2020年，市委政法委举办全市政法干部培训班和各类政治轮训班15批次，参训干警近1600人次。开展"条例执行推进年"活动，按照《中国共产党政法工作条例》要求修订完善政法系统工作制度25项，定期组织开展政治督查、政治巡察、协管协查，落实政法系统"八个排头兵"考核指标体系要求。召开"全市政法干警警示教育大会"，集中开展廉政教育，加强正风肃纪明察暗访，创建"清廉政法机关"，全年开展正风肃纪检查74批次，发现整改问题105个，采用执纪监督"四种形态"对政法干警教育提醒49人次，问责14人次，纪律处分10人。结合基层治理大会战例会，每月研判政法信访重点工作，推动争先进位。市委政法委获评全省反邪教工作成绩突出集体；市人民法院获评全省扫黑除恶专项斗争先进集体，并获金华法院系统目标责任制考核第一名；市人民检察院获评全国检察宣传先进单位；市信访局获评金华市信访工作优秀单位；市公安局获评中央政法委政法新媒体工作先进单位，并获金华公安系统综合实绩考核第二名；市司法局获评全省行政复议规范化建设工作成绩突出集体和法治金华建设优秀单位。

（贾芸芸）

法治政府建设

【概况】 2020年5月21日，中共东阳市委全面依法治市委员会第二次全体（扩大）会议在市行政中心召开，审议通过《2020法治东阳建设工作要点》《2019年法治东阳建设的情况报告》。常态化推进市政府常务会议学法制度，组织开展学习6次。开发应用"互联网+乡镇（街道）合法性审查"办件系统，推进镇乡街道合法性审查全覆盖工作。

2020年5月21日，中共东阳市委全面依法治市委员会第二次全体（扩大）会议在市行政中心召开 （潘婷婷/摄）

【"无证明城市"改革】 2020年，东阳市纳入清理的425项证明事项的办件总数225492件，按证明事项取消方式分析，其中直接取消89项，办件65116件；告知承诺65项，办件58303件；数据查询112项，办件79258件；部门核验159项，办件22815件。全年协调处理部门或镇乡街道提交的疑难问题72个，群众满意度100%。在市行政服务中心、40%镇乡街道便民服务中心及40%村（社区）设立"无证明城市"改革监测点。

【行政规范性文件管理】 2020年，市司法局审查市政府（市府办）行政规范性文件29件，提出审查建议及意见300余处，被采纳率约98%。组织参与3次金华市的立法相关工作调研活动，并对专门问题进行意见反馈。组织开展2轮全市行政规范性文件制定主体梳理，将梳理核对结果公告至市政府网站。组织开展3次专项领域行政规范性文件清理活动。组织开展全市行政规范性文件清理活动，其中，全文保留的行政规范性

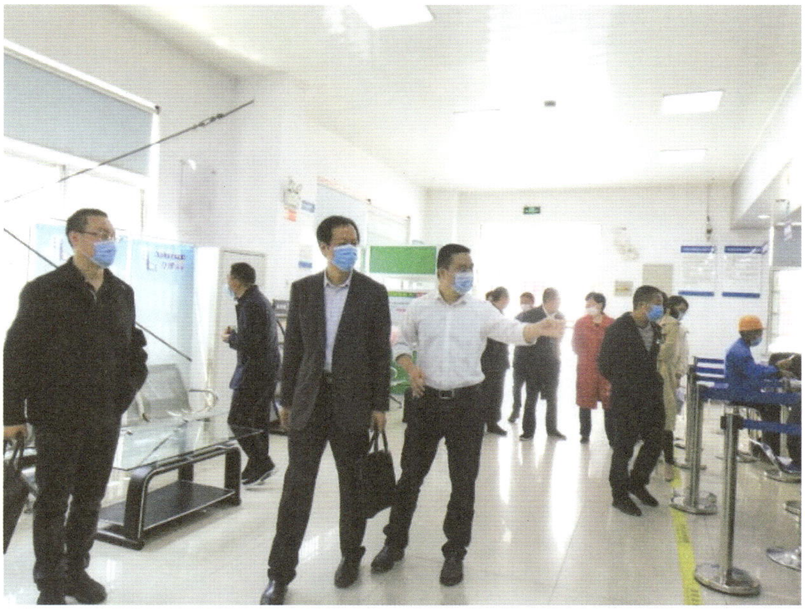

2020年4月24日，东阳市"无证明城市"改革指导小组到南马镇365便民服务中心开展"无证明城市"工作专项督查 （吕涛涛/摄）

文件267件,全文废止的行政规范性文件154件,部分条款有效的行政规范性文件12件,部分条款修改的行政规范性文件25件。

【行政合同合法性审查】 2020年,市司法局审查东阳市政府合同39件,提出审查建议及意见548余处,被采纳率约96%。制定印发《东阳市行政机关合同管理办法》,明确起草单位、承办单位、法制机构、法律顾问的工作职责。开展机关部门、镇乡街道重大合同的备案审查工作,不定时进行合同备案督导。设计《合法性审核意见书格式范本》,其中《合法性审核意见书》包含审查过程、关于送审稿内容审查意见和建议、后续法定程序告知等3个方面内容以及4个配套附件。

【行政执法规范化建设】 2020年,市司法局开展行政执法证件的清理和信息补录、国家部委证件的备案和信息补录、行政执法辅助人员的信息录入工作、行政执法机关信息的清理和补录工作。全年审核证件申请及变更1398件,其中证件申请审核388件,注销审核390件,换证审核620件。组织开展全市行政执法案卷评查活动(特邀行政执法监督员参与),对全市20余个行政执法部门案卷进行评查。召开省统一办案系统应用试点工作推进会,成立东阳市"省统一办案系统应用试点"工作专班。

【政府法律顾问管理】 2020年,东阳市推广应用政府法律顾问管理系统,实现法律顾问"云监管"。至年末,全市26个部门、18个镇乡街道使用该系统,并100%完成聘用的政府法律顾问人员信息及履职工作情况录入。全市有政府法律顾问24人,参与涉法事务协调、重大行政决策建议、规范性文件合法性审查、立法专家论证等服务152次,出具合法性审核意见书36份,参与重大行政执法决定审核1次,参与重大合同合法性审查把关42次,参与重大项目谈判及法律文书的起草12次。

【"互联网+乡镇(街道)合法性审查"办件系统开通运行】 2020年,市司法局推进镇乡街道合法性审查全覆盖工作,在全省第一家开发应用"互联网+镇乡街道合法性审查"办件系统,实现镇乡街道合法性审查与报备管理数字化、信息化、可视化。至年末,18个镇乡街道开通运行网上办件系统,完成岗位角色配置272人,迭代升级3次,办件总数800余件,办件流转周期平均缩短50%以上。通过系统动态监督镇乡街道合法性审查工作情况,通过线上监督发现问题30余个,出具法律风险建议书25份,提出意见和建议68条,全部被乡镇(街道)政府采用。

【行政复议】 2020年,东阳市推进行政复议规范化建设。7月,通过全省行政复议规范化建设评估。东阳市行政复议局获评全省行政复议规范化建设工作成绩突出集体。收到行政复议申请175件,比上年下降12.5%。审查后受理61件,比上年下降26.5%。

【行政诉讼】 2020年,东阳市一审行政诉讼案件204件,比上年下降21.54%。审结一审行政案件219件,败诉16件,败诉率7.31%。

(潘婷婷)

2020年7月8日,东阳市召开"省统一办案系统"应用试点工作推进会

(吕涛涛/摄)

公　安

·综述·

【概况】 2020年,市公安局处置报警124637起,化解矛盾纠纷2889起,化解率96.9%;处置群体性闹事苗头19起、不安定因素69条;查处阻碍执行公务50起57人、妨害公务18起18人。侦破刑事案件1329起,查处治安案件10955起。完成"中华大师汇""2020横店影视节"等大型活动安全保卫20场次、警卫4次。办结初次信访289件,办结率89.7%;化解信访积案114件,化解率85.7%。创建无信访基层所队16个。市公安局被评为2020年度金华市公安机关综合实绩评估优秀单位、金华市县级公安机关落实党风廉政建设主体责任考核评定等次优秀,获金华市五一劳动奖状,立个人二等功5人、集体三等功5个、个人三等功62人。

【机构改革】 2020年5月,根据市机构编制委员会批复,市公安局政治处增设辅警管理科,治安管理中心二大队增设特警警犬中队,刑事侦查中心增设侦查反诈大队(反诈中心),法制指导中心一大队增设执法办案管理中心、市涉案财物管理中心。10月,根据市机构编制委员会批复,市自然资源和规划局(市林业局)7名森林公安政法专项编制划归市公安局,增设森林警察大队。年末,市公安局实有公安民警766人、行政职工17人、事业编制职工16人、辅警2009人。

【新冠肺炎疫情防控】 2020年1月22日,根据市政府疫情防控部署会精神，市公安局成立新冠肺炎疫情防控“一办十组”工作专班，制订《应急监测点建设工作方案》《进出卡口工作流程规范》《新冠肺炎疫情防控处置工作方案》。在市区8个高速公路出入口，全天候进行管控，在市际、城区、乡镇实行“点穴式查控”。印发《保障企业复工复产八条措施》《关于加强疫情防控期间流动人口管理工作的通知》《关于依法打击涉企违法犯罪，护航企业发展的九条意见》，支持疫情防控期间企业有序复工复产。疫情防控期间，处置涉疫报警901起，检查汽车10.18万辆次、人员13.24万人次；收集疫情信息17.6万余条，追踪疫情敏感地区往返人员65422人、确诊病例密切接触者416人；核查返工人员疫情信息32万余人；查处涉疫违法犯罪案件39起，其中刑事案件28起（含外省市7起），采取强制措施23人，治安案件11起，治安处罚11人，追回经济损失190万元。市公安局侦破的网络生产销售伪劣口罩案（涉案金额1000余万元、采取强制措施14人）和全国首起哄抬物价、非法经营熔喷布案被公安部列为典型案例。立集体三等功3个、个人二等功1人、个人三等功6人，“火线”提拔3人。受到省公安厅通报表扬6人，金华市委、市政府表彰2人，金华市公安局通报表扬集体6个、民警66人。市公安局党委和民警21人被评为东阳市抗击新冠肺炎疫情先进集体和先进个人。

【全警练兵“基础年”活动】 2020年1月，市公安局印发《东阳市公安局全警实战大练兵十条规定》，确定每周四为全警训练日、周五为新警训练日，开设刑事侦查、经济犯罪侦查、法制、治安管理、派出所业务等实战技能培训科目，分批分期开展全警“公共基础科目五大项目”轮训，在各基层单位开展“五小”（小时间、小场地、小课堂、小点评、小教员）练兵活动。至年末，全局购置训练器材价值3.5万元，举办培训80场次，组织公安业务考试15次，抽考民警1200人次。

2020年6月12日，市公安局一体化执法办案管理中心启用　（王　旭/摄）

【“情指行”一体化改革】 2020年，根据《浙江省公安厅关于进一步深化情指行改革的通知》要求和“三合六全”（警种联合、机制耦合、数据融合，全天候运行、全场景应用、全方位感知、全层面研判、全要素支撑、全时空落地）改革要求，市公安局成立“情指行”一体化改革领导小组，制定改革方案，编制“情指行”一体化运行制度；研发“警情、情报、维稳、合成作战、指挥、巡处”等一体化合成作战系统模块。投入资金1800万元，改造“情指行”一体化合成作战中心硬件设施，构建“1+6+18”（1个中心，维稳防控、政治保卫反恐、侦查、反诈、舆情、督察6个分中心，18个综合指挥室）一体化合成作战组织架构。经改造升级后，市公安局“情指行”一体化合成作战中心（含6个分中心）总使用面积3000平方米，配备民警（职工）40人、辅警78人。18个综合指挥室配备专职民警18人，分别实行“7+X”“4+X”“3+X”勤务模式，由原粗放型人工模式向精准型智能模式转变。至12月20日，全市处置警情124637起，其中刑事警情5142起、治安警情14592起，公民求助14558起，重复警情比上年下降23%。服务支撑维稳24起、侦破刑事案件959起，抓获犯罪嫌疑人1735人、逃犯78人。

【执法司法规范化水平提升年活动】 2020年3月，市公安局启动执法司法规范化水平提升年活动。成立领导小组，制定实施方案，围绕执法60个方面，开展查摆问题，纠错整改。运用正反典型案例，对全体民警辅警进行警示教育，评查案件284起，挂牌督办重点案件29起，曝光执法顽疾13条，印发执法巡查通报30期，追究执法过错9人次。举办现代警务讲座5期、执法知识考试10次，抽考中层领导干部348人次。建立一体化执法办案管理中心，年初投入使用。7月，启用案件评判模块。9月，市涉案财物管理中心建成使用。至12月20日，排查整改执法“短板”3790条，全部整改销号。全年采取刑事强制措施2081人，移送起诉1904人，行政处罚7571人次。警情初审率99.81%，案件初审率99.6%，涉案财物入库率、执法安全率100%。市公安局被评为全省公安机关执法质量优秀单位。8月，全省公安机关执法规范化水平提升年活动暨执法办案管理中心建设现场推进会在东阳市召开，市公安局在会上做交流发言，与会人员实地考察市公安局一体化执法办案管理中心。

【东阳市涉案财物管理中心启用】 2020年9月14日，东阳市涉案财物管理中心落成使用。总占地面积6700平方米，建筑面积8182平方米，涉案财物管理使用面积6500余平方米，投入建设资金500余万元。负责管理市公安局、市人民检察院、市人民法院、市财政局等机关依法作出处理的物品，价值万元以上的有价证券、票据、金银珠宝、首饰、文物、字画及其他不易辨别真假的各类贵重物品；十五日内无法作出处理的涉案(非涉案)车辆；由办案单位保管确有困难的大宗物品；赌博机；管制刀具、弩等管制器具；仿真枪；涉案动产；统一拍卖、变卖的物品；上行刑事案件随案移送的涉案物品等。全年涉案财物入库率、执法安全率100%。中心配备可视化3D指引系统，管理人员7人，系全省首家股级涉案财物管理机构。至12月20日，全市未处置涉案财物3831件，资金1.2亿元。清理完成1926件，其中销毁106件、拍卖40件、发还108件。年末，在库涉案财物13551件。

（李君瑶　方胜天）

·国内安全保卫·

【概况】 2020年，市公安局取缔非法宗教聚会点1个。核查涉恐线索6条，侦查“DY1031”“DY810”专案2个。办理出境7491人次，登记境外人员临时住宿4844人次，查处涉外案件13起。配合新冠肺炎疫情防控工作，做好出入境管理工作。开展燃气实名制排查整治，检查燃气储配站和门市部48家次；检查餐饮单位971家，下发整改通知书2份，责令停业整顿2家、限期整改118家。

【反恐斗争】 2020年，市公安局核查涉恐线索6条，编发反恐情报信息68篇。登记关注对象368人，其中首次流入93人、“返流”“回流”43人。“四见”（见人、见证、见住所、见随身物品）核查482人次。侦查“DY1031”“DY810”专案2个。12月25日、27日公安部副部长杜航伟，副省长、省公安厅厅长王双全分别在“DY810”专案批文上批示肯定。反恐防范督导检查单位200余家，编发反恐督导检查通报5期，下发整改通知书60余份、督办单1份。

【出入境管理】 2020年，东阳市办理出境7491人次，其中出国3406人次，到港澳旅游、商务、探亲1983人次，到台湾旅游、商务、探亲425人次。登记境外人员临时住宿4844人次，其中外国籍临时住宿2481人次、港澳居民临时住宿1226人次、台湾居民临时住宿1120人次、华侨临时住宿17人次。查处涉外案件13起13人，其中非法入境7起、非法就业2起、非法聘用外国人2起、非法居留2起，拘留审查2人，限制活动范围5人，遣送出境3人，驱逐出境1人。受罚单位2家。配合新冠肺炎疫情防控工作，排查东阳籍持有出境护照239451人，核查280605人次，年末未回国1657人。增加法定不准出境2963人，撤销244人，作废出境证件751人1132本。增加国家工作人员报备1271人、撤销1213人、更新信息19人。

（李君瑶　方胜天）

·刑事犯罪侦查·

【概况】 2020年，市公安局侦破刑事案件1329起，采取刑事强制措施2081人，移送起诉1904人。侦破现行命案7起、“五类恶性”（强奸、绑架、劫持、爆炸、放火）案件37起，现行命案和“五类恶性”案件破案率100%。打掉恶势力团伙6个，破案60起，抓获犯罪嫌疑人53人，查扣资产8117万元。打掉网络诈骗犯罪团伙92个，追回赃款1100万元。侦破涉网案件211起，抓获犯罪嫌疑人682人。侦办跨境赌博刑事案件113起，采取刑事强制措施368人，冻结扣押涉案资金11142万元。

【扫黑除恶“六清”行动】 2020年，市公安局按照“黑财清底、行业清源、伞网清除、线索清仓、案件清洁、逃犯清零”的工作要求，在全市开展扫黑除恶专项斗争“六清”行动。至年末，打掉恶势力团伙6个，破案60起，抓获犯罪嫌疑人53人，查扣资产8117万元。自2018年扫黑除恶专项斗争以来，东阳市收集黑恶线索899条，去除重复举报线索后406条，办结349条。办结各级交办重点线索83条，其中中央督导组交办16条，公安部交办15条，省公安厅、省扫黑办交办26条，金华市扫黑办交办26条。打掉黑恶势力团伙（集团）31个，破案550起，抓获犯罪嫌疑人822人，查扣涉案资产15.96亿元。目标逃犯全部清零。

【“云剑-2020”行动】 2020年4月，市公安局按照公安部“云剑-2020”行动部署，在全市启动依法严厉打击治理电信网络诈骗犯罪、民族资产解冻类诈骗犯罪、深入推进命案积案攻坚行动。至12月20日，市公安局侦破现行命案7起、“五类恶性”案件37起，现行命案和“五类恶性”案件破案率100%。侦破“2005·2·4”工人路傅某某命案积案一起，藏匿16年之久的杀人凶手方某在南京市被东阳市警方抓获。侦破电信网络诈骗犯罪案件1451起（其中本地案件307起，外省市案件1144起），抓获犯罪嫌疑人460人，打掉犯罪团伙92个，采取刑事强制措施419人，追回赃款1100万元。阻断诈骗案件1.1万余起，保全财产512万余元。

【“断卡”行动】 2020年10月10日，根据全国统一部署，市公安局开展严厉打击整治非法贩卖电话卡、银行卡违法犯罪的“断卡”行动。至12月20日，抓获涉案犯罪嫌疑人65人，缴获银行卡193张，涉案金额3000余万元。捣毁虚拟币承兑商、粉商、App制作者等“黑灰产”窝点35个、破案235起，涉案160余人、金额700余万元。查获对公账户58套、作案银行卡1350张、手机卡568张，冻结账户金额1.9亿元。

【“净网2020”行动】 2020年4月，市公安局启动“净网2020”专项行动，全面清理网络谣言、枪爆、诈骗、黄赌毒、非法VPN等传播犯罪方法的广告、有害信息，惩治网络违法犯罪。至年末，侦破涉网案件211起，其中非法利用信息案2起、帮助信息网络犯罪活动案68起、侵犯公民个人信息案7起、非法破坏计算机系统案1起、提供侵入非法控制程序工具案1起、网络裸聊敲诈勒索案3起、网络赌博案53起、网络传播淫秽物品案1起。抓获犯罪嫌疑人682人，提起公诉360人。报送政治谣言样本8452条、重要情报21篇、互联网有害信息7885条等。

【跨境赌博打击专项行动】 2020年4月9日，公安部发布《关于新冠肺炎疫情防控期间依法严厉打击跨境赌博和电信网络诈骗犯罪的通告》。市公安局会同市21个部门，开展打击治理跨境赌博专项行动。至12月20日，东阳市报备涉赌不准出境223人，内控156人，核查421人。侦办跨境赌博刑事案件113起，采取刑事强制措施368人，查处跨境赌博违法案件5起，行政拘留53人。

【刑事技术转型升级】 2020年，市公安局投入资金2600万元，扩建刑事科学技术室，使用面积3680平方米，内设痕迹、影像、法医、理化、DNA、电子物证实验区、中德美联联合实验室和声纹、虹膜实验室预留区，新置LSV生物检材发现仪等设备，7月投入使用。刑事科学技术基础项目实行信息化管理，DNA24小时“采录比返”快速智能。至12月20日，勘验现场2809起，比中案件401起。DNA受理案件1682起，比中案件396起，其中现案301起，串并82串311起，破案275起，抓获232人，直接破案153起。指纹比中案件266起，其中现案216起，串并22串80起，直接破案138起。足迹串并案件31串412起。伤检353起，出具伤势鉴定书353份。尸体现场374具，其中命案7起8具，非正常死亡255具，尸检报告126份。受理毒物检验19起、酒精566起、毒品6起、其他4起，出具检验报告580份。痕迹鉴定44份。新型案件录入系统2423起，录入率100%。电子数据勘验58起，声纹精准采集45人。“三项”破案会战（DNA、指纹、视频会战）DNA有效战果认定99起，抓获犯罪嫌疑人91人；指纹有效战果认定173起，抓获人员162人。

【“杜亮工作室”】 2020年6月9日，市公安局成立以个人名字命名的“杜亮工作室”，下设横店分局、吴宁派出所、白云派出所、南市派出所、江北派出所、南马派出所视侦工作分室。4月至12月，采集视频3171起，破案1493起，视频采集率、视频破案占比、视频打击处理占比分别为42.2%、46.9%、47.1%。抓获命案积案逃犯13人，其中潜逃22年命案积案逃犯1人、10年以上命案积案逃犯12人（含外省市）。

（李君瑶　方胜天）

2020年4月29日，白云派出所民警到辖区夜市开展禁毒宣传

（蔡伟华/摄）

·禁毒和食品药品环境犯罪侦查·

【概况】 2020年，市公安局开展禁毒“净边2020”专项行动，排查入滇制毒化学品、制毒设备和制毒线索，排查麻醉药品和精神药品经营管理。缉捕毒品犯罪嫌疑人17人，查处吸食毒品71人，强制隔离戒毒37人。安全检查易制毒化学品企业306家次。签发易制毒化学品购买许可、购买备案2168份、运输许可、运输备案1287份。开展依法严厉打击危害食品、药品、生态环境安全，侵犯知识产权和涉野生动植物等领域违法犯罪的“昆仑2020”专项行动，侦破食品药品环境犯罪案件35起，移送起诉81人。

【禁毒“净边2020”行动】 2020年4月15日，根据国家禁毒办工作部署，东阳市启动禁毒“净边2020”专项行动。至12月20日，查处非法种植罂粟14起，铲除罂粟原植物561株，行政处罚14人。收治收戒病残吸毒2人。毛发检测8000余人次，查获吸毒13人。缉捕毒品犯罪嫌疑人17人，查处吸食“笑气”（一氧化二氮）61人，其中采取刑事强制措施1人。查处吸食毒品71人，强制隔离戒毒37人。

【入滇制毒物品、麻醉药品排查管控】 2020年9月，市公安局开展为期2个月的入滇制毒化学品、制毒设备和制毒线索的核查管控，防范市区可制毒物品经云南走私出境用于制毒。10月，开展为期3个月的麻醉药品、精神药品管理排查，遏制非法流失，保障合法使用。分别排查生物科技、医药化工企业1839家和医院诊所601家。列入涉滇重点人员30人，在DIAS（数字智能分析）系统建立电子档案。涉精麻药品单位36家。签订《浙江企业禁毒联合倡议书》550份。

【毒品预防宣传教育】 2020年，市公安局坚持厉行禁毒方针，把禁毒宣传作为禁毒治理攻坚“第一方程”，开展“健康人生，无毒家园”等禁毒宣传主题活动100余场次，借助抖音、快手、知乎、微博等网络平台，应用网络直播新兴形式，禁毒教育36万余人次。9家快递单位举行集体禁毒宣誓，签订禁毒承诺书。东阳市外国语学校等10所学校入选2020年度东阳市毒品预防教育示范学校。

【“昆仑2020”专项行动】 2020年5月，市公安局开展依法严厉打击危害食品、药品、生态环境安全，侵犯知识产权和涉野生动植物等领域违法犯罪的“昆仑2020”专项行动。至12月20日，侦破食品药品环境犯罪案件35起，侦办省公安厅督办案件4起，采取刑事强制措施88人,移送起诉81人。

(李君瑶　方胜天)

·经济犯罪侦查·

【概况】 2020年,市公安局开展打击地下钱庄"歼20"专项行动、打击涉税领域经济犯罪"百城会战"、打击恶意逃废债等专项行动。受理报案156起,立案侦查122起,其中生产、销售伪劣产品案(涉疫)8起、非法经营案21起、非法吸收公众存款案4起、合同诈骗案15起、虚开发票案19起、虚开增值税专用发票案17起、职务侵占案16起、挪用资金案10起,非国家工作人员受贿案6起,对国家工作人员行贿案6起。破案107起,抓获犯罪嫌疑人142人,挽回经济损失1.59亿元。移送起诉93人。列金华市经侦执法办案质量评估第1名、金华市公安经侦工作评估第2名、金华市云端打击主战模式评估第2名、金华市打击涉众型经济犯罪专项行动评估第2名。

【"歼20"专项行动】 2020年3月,市公安局会同市人民银行、外汇管理、税务、海关等部门,联手开展打击地下钱庄"歼20"专项行动。至12月20日,打掉地下钱庄8个,抓获犯罪嫌疑人47人,破案7起,扣押、冻结资金3000余万元,移送起诉32人。侦破张某某等人非法买卖外汇案,犯罪嫌疑人张某某、王某某,明知依某、买某夫妇(出境逾期未归,被公安机关上网追逃)资金通道有涉恐资金转移嫌疑,通过银行账户、支付宝、微信等方式,交易人民币9580余万元,其中按依某夫妇指令,收付新疆籍937人2491余万元,从中获利20余万元。

【"106"操纵证券案侦破】 2020年7月26日,经过三个月研判,市公安局根据"嘉化能源"股价异动相关信息,对奚某等人涉嫌操纵证券市场案立案侦查。在公安部、中国证券监督委员会、省公安厅的统一组织指挥下,8月6日破案,在杭州市、深圳市、上海市、浙江省三门县等地抓获犯罪嫌疑人6人,此后,涉案犯罪嫌疑人10人被查获归案,扣押手机、电脑、银行卡等一批作案工具,冻结涉案账户账号资金15.7亿元。经查,2018年8月至2020年8月期间,奚某等犯罪团伙在杭州、深圳、柬埔寨金边等地设立账户操纵买卖股票,非法获利7.5亿余元。2020年10月16日,潜逃柬埔寨涉嫌操纵证券市场犯罪嫌疑人陈某某、徐某某、叶某某回国投案自首。

(李君瑶　方胜天)

·治安管理·

【概况】2020年,东阳市化解矛盾纠纷2889起,化解率96.9%。化解不安定因素69条。处置群体性闹事苗头19起。完成大型活动安全保卫20场次,警卫4次。查处治安案件10955起,治安处罚4269人,行政拘留2424人。增加登记流动人口748828人次,增加登记出租房屋12769户、申领浙江省居住证17025人。办理居民身份证44894张、临时身份证8300张。户口迁出7443人,迁入6798人。

【"一警情三推送"机制建设】 2020年,市公安局按照"信息共享、责任共担、联动化解"的原则,建立"一警情三推送"机制(一推送接处警民警,现场化解;二推送责任区民警,多元化解;三推送治理四平台,源头化解),实行纠纷警情快速处置、分解推送、多元化解。至12月20日,全市受理纠纷警情20267起,其中二推送纠纷警情2669起,多元化解纠纷警情2594起,化解率97.19%;三推送纠纷警情933起,源头纠纷警情化解率96.46%。江北派出所、湖溪派出所、东阳江派出所、画水派出所、虎鹿派出所、佐村派出所辖区二推送、三推送纠纷警情化解率100%。

【平安类社会组织建设】 2020年,市公安局贯彻全国全省、金华市公安工作会议精神,按照"共建、共治、共享"的理念,推进全市平安类社会组织建设。至年末,全市建立、健全完善吴宁东阳义工协会、南市红十字救援队、江北村官义警、南马平安大联盟、巍山义警联盟、虎鹿华洋救援队等平安类社会组织491个,志愿联勤协作区86个,平安志愿者2.2万余人,开展平安志愿者服务8000余场次。

【智安小区建设】 2020年,智安小区建设列入东阳市人民政府十大民生项目之一,由市委政法委牵头,市公安局推动,镇乡街道主抓,部门共管。4月,开始研究部署。6月,市人民政府召开专题推进会议。9月,市人民政府召开会议,进行再部署、再动员。至年末,全市完成建立标准智安小区303个,其中智安小区132个、智安单位171家,列金华市各县市之首。

【"扫黄""清风"整治行动】 2020年,市公安局将群众关心的"招嫖"卡片问题列入"扫黄""清风"整治行动重点。4月,市公安局出动警力100余人,开展"扫丑"集中收网行动。8月,启动为期3个月的"清风"整治行动。10月10日,开展"百日"整治"黄赌"专项行动。至年末,打掉制发"招嫖卡片"违法犯罪团伙10个,缴获"招嫖卡片"39.4万余张,抓获涉黄违法犯罪嫌疑人457人,其中刑事强制措施26人,移送起诉54人,行政拘留371人。

【村级组织换届选举安全保卫】 2020年7月下旬,东阳市村级组织(社区)开始换届选举。市公安局进农村、社区,开展"大走访、大排查、大化解、大提升"专项活动,走访居民21700余人次,收集影响换届选举信息75条,不稳定因素5条,约谈教育117人次,化解选举矛盾纠纷、安全隐患69起。参加联审候选名单91批(次)43990人,其中"五不能"▲47人、"六不宜"▲460人。传唤教育28人次,查处选举治安案件4起,治安处罚4人,取消候选资格8人。投入警力7000余人次,参加18个镇乡街道655个村(居)换届选举治安秩序的维护工作。

▲"五不能":指有下述五种情形之一的不能作为村"两委"候选人:受过刑事处罚、有涉黑涉恶问题的;受到党纪政纪处分未愈任职限制期限或正在接受纪检监察、公安司法立案调查处理的;参加非法宗教活动、邪

教组织、干扰侵蚀基层组织的；有拉票贿选等不正当竞选行为被查处未满5年的；丧失行为能力的。

▲“六不宜”：指有下述六种情形之一的不能作为村“两委”候选人：在重大应急处置工作中存在玩忽职守、拒不配合、有干扰破坏等情形的；有严重违法用地、违章建房行为尚未整改、5年内有严重损害生态环境行为被查处的；5年内有煽动群众闹事、扰乱公共秩序、涉黄涉毒等行为被处理的；在村干部整治立规创优和党员整治立规创优行动中顶风违纪，任期考核不称职或任期内被歇职教育未整改、被免职和依法罢免，近3年内曾被列为不合格党员，以及长期外出不能正常履行职务的；有恶意失信行为被法院纳入失信被执行人名单且至今未撤销的，有侵占村集体资金、资产、资源等行为未整改到位的；道德品行低劣、在群众中影响较坏的。

【巡特警队伍建设】 2020年，市公安局贯彻落实全省公安特警队工作会议精神，建立和完善3组10人特警突击小组、2组16人辅警突击队。5月，5名特警队员参加金衢协作区特警突击队拉练。80名防暴盔甲队举行5次反恐防暴处突实战演练。50名巡特警队员参加金华市公安局组织的“攻防演练”。5名民(辅)警到南京警犬研究所进行学习培训。处置群体性事件12起和街面暴力21起，抓获违法犯罪嫌疑人185人。9月16—17日，全省公安特警中队建设现场交流活动在东阳市召开，市公安局介绍市巡特警大队横店特警中队与企业安保力量开展“联勤、联防、联动、联训”，做好景区安全防控工作的经验做法；与会人员实地考察横店特警中队、横店集团巡逻特勤大队警犬基地。

【流动人口服务管理改革】 2020年8月，东阳市被列入金华市流动人口服务管理改革试点单位。市公安局成立流动人口服务管理改革领导小组和工作专班，制定《流动人口服务管理改革试点工作实施方案》。9月，在横店分局、白云派出所、江北派出所先行改革试点，召开工作例会7次，研究解决改革中的难题难点。10月，在全市铺开。至年末，全市登记流动人口748828人次，比上年增长19.9%，登记出租房屋12769户，申领浙江省居住证17025人，采集标准地址3428个、实有房屋3497幢、实有单位4367家、实有人口704799人、关联二维码91230张，采集管控类日志62016条、日常工作日志152198条，修正数据133644条、流动人口信息30729条、其他数据4.2万条。处罚违规出租房业主、用工单位负责人1712人，处罚未按规定登记流动人口1522人。打击异常流动人口、高危人口7人次，劝离277人次，管控779人次，关注100人次，抓获逃犯24人。流动人口“黄、赌、盗”警情比上年下降8.2%。

2020年10月2日，民警在横店影视城景区巡逻　　(蔡伟华/摄)

【第七次全国人口普查户口整顿工作】 2020年6月，根据公安部召开的第七次全国人口普查户口整顿工作电视电话会议精神和《浙江省第七次人口普查户口整顿工作暨解决无户口人员落户问题专项行动方案》，市公安局成立户口整顿工作领导小组和办公室，制定工作方案，在全市部署开展第七次人口普查户口整顿工作暨解决无户口人员落户问题专项行动，全面核查常住人口、流动人口、境外人员的基本情况和数据资料，注销死亡未注销户口、重复户口，纠正户口登记项目信息差错，解决户口滞留人员和无户口人员的户口迁移、落户等问题。至9月30日，采集、录入人户分离户口信息51978条，排查无户口58人，解决无户口人员落户16人，解决滞留人员户口迁移3人，注销应销未销户口219人、重复户口7人。

【“无证明城市”创建】 2020年，市公安局开展“无证明城市”创建活动。至12月20日，接待户口咨询39811人次，办理、免费邮寄送达居民身份证44894张，办理临时身份证8300张；户口迁移8328人，其中网上户口迁移885人，迁入登记6798人，管区内移居7354人；出生登记7132人，死亡注销5559人，人口信息变更更正14556人次，出具户籍证明12896份；发放边境通行证212张；受理特种行业许可申请102件、危险品道路运输许可申请378份。新生儿“四合一”办理3767人，退役军人“一件事”办理201人，婚育户口“一件事”办理5169人，身后“一件事”办理4532人。南马镇花园村“村域小城市”试点办理农村转移人口到城镇落户等户籍业务5462例。公安户籍窗口服务群众满意率100%。

(李君瑶　方胜天)

·道路交通安全管理·

【概况】 2020年4月，东阳市开展交通安全综合治理大会战，遏制交通事故上升趋势，“防重大、控较大、减总量”。全年受理道路交通报警63957起，交通事故死亡79人，比上年下降34.7%。查处酒后驾车1389起，醉酒驾车352起，非现场简易处罚785176起，现场处罚190911起，移送起诉危险驾驶犯罪嫌疑人293人。

【交通安全综合治理大会战】 2020年4月12日，东阳市召开五大会战誓师动员会，围绕“防重大、控较大、减总量”目标，启动新一轮道路交通安全整治三年行动。对“健全综合治理机制、提升道路防护设施、改善路面交通秩序、推进基层治理、开展交通文明素质提升”五个方面26项具体工作任务清单开展全面治理。至12月31日，召开交通安全综合治理大会战推进会、协调会11次；现场督察45次；印发交办单14份、督办单3份、工作通报24份；放映交通安全电影2000场次。城区6个交通安全“网格区”、20个重点路口实行逐级勤务岗位责任制——交警大队领导包区、中层领导包片、交通民警包线、辅警包点。公职人员违章按时抄告其主管部门。增设电子警察26个，江滨南街、湖莲西街等增设道路隔离护栏4000千米。施划标线30378平方米，治理省级多发事故点段1处、金华市级多发事故点段5处、东阳市级道路交通安全隐患2436处。市公安局在金华公安专报刊出的《关于东阳市公安局交通安全综合治理工作情况的报告》获省厅党委副书记、常务副厅长毛善恩批示肯定。

【机动车驾驶人安全教育】 2020年9月，市公安局交警大队启用“12123”学习教育业务模块，为违章满分机动车驾驶人开通网上预约学习平台。10月，启用机动车驾驶人现场学习计时系统，对集中教育学习课程实行“门禁式”管理。至年末，东阳市参加违法满分驾驶人培训学习3386人，事故责任人学习培训86人，B证以上驾驶人审验培训学习1657人。为滴滴代驾公司、二炮部队、农机站、客运公司、得邦照明、白云初中、外国语小学、乔银环保公司等单位、学校授课50余场次，受安全教育5000余人次。

【机动车驾驶执照考试】 2020年10月，市公安局交警大队驾驶人考试中心科目三实际道路考场独立信号基站投入使用。10月，理论考场信号屏蔽系统更新启用。10月，横店摩托车考场交付使用。至12月31日，全市参加汽车科目一考试28205人次，合格率72.11%；科目二考试27201人次，合格率59.83%；科目三实际道路考试34103人次，合格率51.61%；科目三安全文明理论考试22866人次，合格率82.34%。违章满分科目一考试4436人次，合格率81.51%；科目三实际道路考试1635人次，合格率41.90%。摩托车科目一考试1342人次，合格率92.32%；科目二考试1357人次，合格率80.62%；科目三实际道路考试1231人次，合格率93.26%；科目三安全文明理论考试1330人次，合格1301人次，合格率97.82%。大中型客货车实习期满考试50人次，合格率68.00%。机动车驾驶执照可恢复考试141人次，合格率70.92%。

【电动自行车安全整治】 2020年7月1日开始施行《浙江省电动自行车管理条例》。依照《浙江省电动自行车管理条例》规定，对全市电动自行车一律实行登记上牌、骑行佩戴安全头盔、不得违法载人等规定。向群众发放《安全出行三十条》、“一盔一带”（正确佩戴安全头盔、规范使用安全带）等宣传资料4万份。至年末，查处电动车违法116423起，拆除电动自行车篷4292顶，纠正电动自行车乱停乱放3967起。

（李君瑶　方胜天）

·案例举要·

【“3·06”经济犯罪专案侦破】 2020年3月5日，市公安局对微信用户“A一本万利熔喷布”哄抬熔喷布价格进行立案侦查。按照公安部专案部署，市公安局成立专案组，深挖扩线，进行全链条破案。在江苏省、安徽省和杭州市、宁波市、温州市、绍兴市、台州市、衢州市等地抓获犯罪嫌疑人21人，查获劣质熔喷布8.89吨，劣质口罩10万余只。经查，犯罪嫌疑人陈某某（男，1977年8月生，汉族，户籍地浙江省宁海县跃龙街道，系浙江省台州市悦来新材料科技有限公司法定代表人）、谢某某（男，1974年9月生，汉族，浙江省温岭市大溪镇人，系浙江省台州市悦来新材料科技有限公司股东）、林某某（男，1957年1月生，汉族，浙江省温岭市泽国镇人，系浙江省台州市悦来新材料科技有限公司股东）、徐某某（男，1985年1月生，汉族，安徽省凤阳县红心镇人，系浙江省台州市悦来新材料科技有限公司股东），新冠肺炎疫情防控期间，见防护口罩制作材料熔喷布价格暴涨，决定利用公司原生产汽车隔音棉设备和聚丙烯材料，生产熔喷布。未向主管部门报备，未取得产品合格

2020年8月20日，民警带孩子们开展“幸‘盔’有你安全出行”活动

（蔡伟华/摄）

2020年3月22日，市公安局向公安部专家汇报"3·06"经济犯罪专案侦办情况

（王 旭/摄）

证，生产、销售熔喷布12余吨，销售金额3153125元。经检测，其生产、销售的熔喷布防护过滤效率12.6%~37%，为劣质熔喷布。犯罪嫌疑人吴某某（男，1970年10月生，汉族，浙江省温岭市大溪镇人，系浙江省台州市庭康医疗器械有限公司法定代表人）、谢某某（男，1969年7月生，汉族，浙江省温岭市大溪镇人，系浙江省台州市庭康医疗器械有限公司股东）、赵某某（男，1966年6月生，汉族，浙江省温岭市大溪镇人，系浙江省台州市庭康医疗器械有限公司股东），3月初合伙成立台州市庭康医疗器械有限公司，生产口罩。经送台州市相关部门检测，批次口罩过滤率8%，经送浙江省轻工业品质量检验研究院检测，批次口罩过滤效率14.1%~23.6%。将生产不符合国家标准口罩标注为符合GB/T32610-2016标准，投放市场。至3月18日，销售不合格口罩67580个，销售金额116385元。犯罪嫌疑人孔某（男，1990年5月生，汉族，杭州市萧山区人）、张某某（男，1984年11月生，汉族，户籍地广东省汕头市潮阳区）等人，在新冠肺炎疫情防控期间，通过微信、他人介绍等渠道，哄抬价格，倒卖熔喷布牟利。6月5日，涉嫌生产销售伪劣产品犯罪的陈某某、吴某某等7人、涉嫌非法经营犯罪的孔某、张某某等5人、涉嫌销售伪劣产品犯罪的陈某某（男，1977年5月生，浙江省温州市瓯海区人）等4人被移送东阳市人民检察院审查起诉。此案入选公安部典型案例。

【特大保健品诈骗案侦破】 2020年6月30日，市公安局根据市民郭某某报案，开展立案侦查。2020年8月14日，犯罪嫌疑人刘某某（女，1986年7月生，汉族，辽宁省沈阳市人）、王某（男，1975年5月生，汉族，辽宁省海城市人）等34人被市公安局刑事拘留。9月至11月，犯罪嫌疑人陈某某（男，1990年3月生，辽宁省新民市人）、尹某某（女，1988年2月生，汉族，吉林省四平市人）等36人被采取强制措施。经查，自2014年12月以来，犯罪嫌疑人刘某某、王某等人成立沈阳军越志成健康咨询有限公司、沈阳熠升华源健康信息咨询有限公司、天津市吉祥祥瑞萱大药房连锁有限公司沈阳分公司、沈阳释圣寿商贸有限公司、营口博信大药房医药连锁有限公司沈阳分公司、沈阳安汇智商贸有限责任公司，以龙立勃、沙苑子胶囊、红桃K等为原料，冒充治疗前列腺、心脑血管疾病用药。通过虚构身份、夸大产品功效和虚假治愈率等手段，骗取受害者信任。以原价十倍的价格，向老年人等对象推销，获诈骗金额55769977元。2020年12月18日，犯罪嫌疑人刘某某、王某等13人被移送市人民检察院审查起诉。

【网络销售"一氧化二氮"案侦破】 2020年5月19日，市公安局在案件侦查中发现犯罪嫌疑人郑某某（男，1991年7月生，汉族，浙江省东阳市江北街道人）在网络上销售"笑气"（一氧化二氮），当日立案侦查。6月3日，犯罪嫌疑人郑某某被采取刑事强制措施。经查，1月至6月3日期间，犯罪嫌疑人郑某某未取得危险化学品经营许可证，利用微信号"lemon_masa""cptbtbtb473502""xuan437602597"，向32人出售"一氧化二氮"计人民币59293元。12月10日，犯罪嫌疑人郑某某被移送市人民检察院审查起诉。

【制售假冒伪劣口罩案侦破】 2020年2月1日，市公安局对卢某某等人涉嫌销售伪劣产品案开展立案侦查。2月2日，犯罪嫌疑人卢某某（男，1984年7月生，汉族，浙江省东阳市六石街道人）、卢某某（男，1984年3月生，汉族，浙江省东阳市江北街道人）、陈某某（女，1982年3月生，汉族，浙江省东阳市江北街道人）等4人被采取刑事强制措施。3月5日至4月20日，犯罪嫌疑人程某（男，1985年4月生，汉族，浙江省东阳市虎鹿镇人）等12人归案。经查，1月21—26日期间，犯罪嫌疑人卢某某、卢某某，从犯罪嫌疑人陈某某等人处采购普通口罩，明知采购的口罩不符合国家标准，不具有新冠肺炎疫情防护作用，以医用口罩名义在两人共同经营的淘宝网美护士旗舰店和线下销售。成交额1961453.16元（含运费90余万元）。犯罪嫌疑人程某等人通过微信、他人介绍等渠道，转手倒卖劣质口罩，牟取暴利。4月21日，犯罪嫌疑人卢某某、卢某某等3人被移送市人民检察院审查起诉。7月15日，犯罪嫌疑人程某等12人被移送市人民检察院审查起诉。此案被选入公安部典型案例。

（李君瑶 方胜天）

检 察

【概况】 2020年，东阳市人民检察院有内设机构10个，其中业务部门8个、综合部门2个。政法专项编制81人，实有干警79人、事业编制8人。

1980年后出生的干警54人，占68.35%；99%以上干警具有本科及以上学历，其中硕士学历21人，占26.58%，队伍总体年轻化、高学历。连续12年获评全国检察宣传先进单位，获评全省政法系统执法办案成绩突出集体，获评金华市首批“清廉机关”建设示范单位，获评东阳市战疫先锋团队，1人获评全国检察宣传先进个人，1人入选全国检察机关重罪检察人才库成员，1人获评全省检察机关法律监督成绩突出个人，4人获评全市抗击新冠肺炎疫情先进个人。

【扫黑除恶】 2020年，市人民检察院开展“六清”行动，起诉涉黑涉恶犯罪101人。经补充侦查一起诈骗案，成功追诉影响恶劣的涉套路贷恶势力犯罪集团9人，其中3人被判处十年以上有期徒刑。在办理全国扫黑办挂牌督办的虞某某等人特大涉黑案中，会同公安机关深挖清查该组织黑财利益链，成功查扣冻结涉案财产数亿元，摧毁黑恶势力经济基础。针对案件反映出的套路贷、典当寄售、租车抵押、占用农用地、网络组织卖淫等社会治理问题，制发检察建议11份，助力行业清源，推进长效常治。有关工作得到省委、省政法委、省检察院主要领导批示肯定，并在全省检察长会议上做经验交流。

【平安建设】 2020年，市人民检察院批捕故意杀人、涉枪涉恐、强奸等恶性暴力犯罪43人；打击整治群众反映强烈的盗抢骗、黄赌毒、食药环等违法犯罪，批捕408人、起诉898人；从严惩治电信网络诈骗、侵犯公民个人信息等犯罪，依法办理一起涉案金额近4亿元的跨国新型网络诈骗案，起诉158人。强化职务犯罪检察，完善监检衔接配合机制，办理一批有重大社会影响的案件，助推清廉东阳建设。依法打击虚报冒领、套取侵吞专项资金等涉农犯罪，一个案件入选全国检察机关涉农典型案例。

【刑事诉讼监督】 2020年，市人民检察院深化捕诉一体改革，受理审查逮捕案件583件975人，批准逮捕702人，受理审查起诉案件1215件1844人，提起公诉1368人。对不构成犯罪或证据不足的，依法不批捕63人、不起诉26人、监督撤案3人。加强刑事立案和侦查活动监督，立案监督9人、追捕追诉29人，其中7人被判处十年以上有期徒刑。一个案件获评全省检察机关两项监督精品案件。加强刑事审判监督，提出抗诉3件。加强刑事执行监督，针对混押等问题提出书面纠正意见8件，开展重大案件讯问合法性核查6件9人，向上级检察院移送司法工作人员涉嫌职务犯罪线索1件。

【民事诉讼监督】 2020年，市人民检察院聚焦民间借贷、套路贷等重点领域，持续开展虚假诉讼专项监督，加强政法各部门协作，会同市人民法院建立法律监督协作机制，联合公安机关健全线索移送、侦查协作等机制，协同治理违规民间借贷，依法惩治虚假诉讼犯罪，提请民事抗诉18件，发出再审检察建议180件，法院改判118件，涉案总金额9000余万元。虚假诉讼犯罪线索移送公安机关立案查处后作有罪判决5人。加强审判活动监督，推动法院对公告送达等问题开展专项改进。加强执行活动监督，推动法院落实执行措施，维护当事人合法权益。

【行政诉讼监督】 2020年，市人民检察院探索办理行政生效裁判监督、审判程序监督等新类型案件，办理行政处罚强制执行、违法建筑拆除等领域非诉执行监督案件56件。探索开展行政争议实质性化解，对接市人民法院、市司法局、市信访局等部门，发挥好“一手托两家”(一方面监督法院公正司法，另一方面促进行政机关依法行政)作用，办好涉及行政争议的群众身边“小案”。借助社会矛盾纠纷调处化解中心集中办公、集约管理、集成服务的平台优势，共同会诊争议案件，联合化解行政纠纷18件，办案数量排名金华市前列。

【公益诉讼检察】 2020年，市人民检察院办理行政公益诉讼案件56件、行政诉前磋商案件23件、民事公益诉讼案件18件。联合相关职能部门开展“守护美丽河湖”等专项行动，覆盖基本农田、饮用水源、古树名木和生物多样性保护等领域。开展家政服务行业专项监督，促成全市范围推广实施家政“安心码”。结合东阳市优势特色申报的“木产业和非遗文化保护”项目，入选全省公益诉讼创新实践基地创建项目。

【抗击疫情】 2020年，市人民检察院组织干警投入集中医学隔离点和村社联防联控抗击新冠肺炎疫情第一

2020年9月17日，市人民检察院公益诉讼部检察官到虎鹿镇西椢村，开展“古树名木”专项监督保护
（邓 俊/摄）

线。组建驻企服务团开展蹲点式服务，协调帮助17家规模以上企业解决实际难题，加快复工复产。从严打击涉疫违法犯罪，启动快捕快诉机制，强化案件提前介入，深化智慧检务运用，采用远程提审、视频出庭、在线听证等方式办案、监督，批捕9人，起诉14人。办理涉案金额近千万元的网络销售问题口罩案、涉案金额2000余万元的生产销售伪劣熔喷布案等一批典型案件。

【法治化营商环境建设】 2020年，市人民检察院研究制订服务六稳六保“10条意见”，助力企业复工复产。依法打击破坏市场经济秩序、侵犯知识产权、侵害民营企业权益等犯罪，批捕46人、起诉94人，助推法治化营商环境建设。办理涉案金额近20亿元的特大虚开发票案、涉案金额20余亿元的非法买卖外汇骗取国家出口退税案等一批大要案。强化民营企业平等保护，把握办案力度、尺度和温度，坚持“少捕慎诉慎押”，3起典型案件被《检察日报》专题报道。联合市工商联开展“服务六稳六保、护航民企发展”开放日活动。

【基层综合治理】 2020年，市人民检察院加强诉源综合治理，12309检察服务中心集中入驻矛调中心，联合建立“四大检察”（刑事检察、民事检察、行政检察、公益诉讼检察）矛盾纠纷联调机制和检察公开听证衔接机制，息诉化解各类控告申诉信访24件，组织公开听证5次，推进“最多访一次”改革。加强司法救助工作，对因案致贫的22名困难当事人发放救助金17万元。开展根治欠薪专项监督，帮助140余名农民工追回欠薪160余万元。发布《毒品犯罪检察白皮书》，会同公安机关开展毒品犯罪专项整治，在全省刑事检察工作会议上做典型发言。

【认罪认罚改革】 2020年，市人民检察院推进认罪认罚从宽制度改革，制订值班律师法律帮助、社会调查评估等配套制度，建立认罪认罚案件量刑合议、诉前会议等工作机制，加强对认罪程序、精准量刑、案件质效的内部管控监督。深化刑事案件“繁简分流”改革，推进轻微犯罪刑事速裁，在市公安局一体化执法办案管理中心设立派驻检察官办公室，牵头各政法单位建立速裁案件一站式集中办理机制，联合会签《刑事案件速裁实施办法》，牵头推进政法一体化单轨制协同办案。在办理省检察院指定管辖的串通投标系列案中，针对案件反映出的企业经营和行业治理乱象，分别向涉案企业和主管部门制发检察建议，指导企业健全内控制度，推动行业部门全面规范建设工程招投标制度，对犯罪情节轻微的30人及6家企业作不起诉决定。该案作为全省首例结合适用认罪认罚和企业合规制度的重大典型案件获评全省检察机关服务民营经济精品案件。

【未成年人保护】 2020年，市人民检察院推进涉未成年人领域四大检察职能融合，办理涉抚养权、教育权民事检察监督、食品安全领域公益诉讼案件6件。推进困境儿童关爱保护专项监督，牵头五部门建立事实无人抚养儿童保障协作机制，实施救助8人次。推进司法社工参与未成年人观护帮教一站式服务，对43名涉罪未成年人落实帮教措施。推进“法治进校园”活动向农民工子弟和郊区民办学校延伸，绿茵工作室获评金华市“六优”普法工作室。制作发布《未成年人检察白皮书》，获市委、市人大主要领导批示肯定。关于青少年犯罪问题治理的建议材料，得到省委办重视。

（王　蓉）

2020年2月3日，市人民检察院检察官在未检办案区，以微信视频方式向当事人宣告不起诉决定

（邓　俊/摄）

法　院

【概况】 2020年，东阳市人民法院新收各类案件29593件，比上年下降2.09%，结案29048件，结案率91.49%。服判息诉率91.61%，居金华市第二。二审改判发回案件55件，占审结案件总数的0.19%，比上年下降50%。优化人民法庭布局，增设六石人民法庭并挂牌运行。开展“走千村、解万纷”活动，法官到吴宁一校、李宅社区、振兴路夜市等开展普法宣传。市人民法院获2020年金华市基层法院目标责任制考核第一名，被金华中院记集体三等功，获“2020年度全国庭审直播优秀法院”称号。

【刑事审判】 2020年，市人民法院新收一审刑事案件892件，审结901件。从严惩处妨害社会管理秩序的犯罪，判处寻衅滋事、聚众斗殴罪46件116人，涉“黄、赌、毒”犯罪82件386人，故意伤害罪22件25人，抢劫、绑架罪

9件13人,审结诈骗类案件66件165人。始终保持惩治腐败高压态势,审结贪污、贿赂、渎职等职务犯罪7件7人。推进以审判为中心的刑事诉讼制度改革,全面准确适用认罪认罚从宽制度,一审刑事案件认罪认罚适用率71.6%。坚持宽严相济刑事政策,对382名罪行较轻、主观恶性较小、确有悔罪表现的被告人依法判处非监禁刑或免予刑事处罚。对因生产生活和邻里纠纷引发的案件,注重和解工作,化解矛盾。在未成年人刑事审判中贯彻"教育、感化、挽救"方针,定期回访跟踪帮教,保护未成年人合法权益。

【扫黑除恶专项斗争】 2020年是扫黑除恶收官之年。2018年至2020年,市人民法院审结涉黑案件13件83人,涉恶犯罪集团案件11件85人,涉恶团伙案件8件63人,判处五年以上有期徒刑96人,重刑率41.6%。其中,审结上级扫黑办挂牌督办案件6件89人。开展"黑财清底"专项行动▲,综合运用线上线下财产查控,加大执行力度,确保"浮财"(黑恶势力所有或占有的显性非法财产)、"暗财"(黑恶势力采取各种方式隐瞒、转移或"洗白"的隐性非法财产)一网打尽。对"黑财"实行"一元起拍、一次拍定",最高溢价率5877%,最大限度实现追赃挽损,执行"黑财"5331.81万元,执行到位率96.48%。

▲"黑财清底"专项行动:细化完善"黑财"的认定、查处、证据标准,建立健全"黑财"查控机制,实现涉案财产全查清、利益链条全挖出;畅通行政执法与刑事司法衔接,彻底摧垮黑恶势力经济基础,加大法院执行力度;处理好"打财断血"与依法保护民营企业合法权益的关系,服务好当地就业和经济健康发展。

"黑财":包括黑恶势力组织的财产;犯罪嫌疑人个人所有的财产;犯罪嫌疑人实际控制的财产;犯罪嫌疑人出资购买的财产;犯罪嫌疑人转移至他人名下的财产,按照法律规定把线索查清楚;犯罪嫌疑人涉嫌洗钱以及掩饰、隐瞒犯罪所得、犯罪所得收益等犯罪涉及的财产;其他与黑恶势力组织及其违法犯罪活动有关的财产。

【民商事审判】 2020年,市人民法院新收民商事案件13099件,审结12419件,解决争议标的额92.25亿元。依法保护妇女、儿童、老人的合法权益,审结婚姻家庭、赡养、继承纠纷案件801件。依法审结劳资纠纷案件226件,审结知识产权案件267件。开展涉外、涉港澳台民商事审判,审结案件51件。推进"执转破"案件简易审,审结破产案件33件,裁定确认无异议债权4.24亿元,处置破产财产1.08亿元。

【行政审判】 2020年,市人民法院新收一审行政诉讼63件,审结55件。加强行政协调,促成原告撤诉18件,撤诉率32.73%。强化非诉行政案件审查执行,受理审查并执结176件。向行政机关发送典型案例分析和司法建议3次,连续九年发布行政审判白皮书,定期召开府院联席会议,促进行政机关依法行政,行政案件败诉率比上年下降31.2%。规制滥诉行为,行政诉讼收案比上年下降35.71%,政府信息公开类案件收案比上年下降87.5%。

【执行工作】 2020年,市人民法院新收执行案件11822件,执结11963件,到位标的额22.05亿元,实际执行率58.47%,列金华市第2位。建立健全综合治理执行难府院联席会议机制,成立低效用地清理整治领导小组,制定企业资产协同处置细则,着力破解涉诉涉执企业处置难题。全年新挂拍工业用地38宗,成交33宗,成交总额8.8亿元,盘活土地面积39.82公顷、建筑面积39.82万平方米。深化多层次惩戒机制,加大对被执行人拒不报告、不如实申报财产等逃避执行行为的惩处力度,公布失信被执行人名单6568条,限制高消费7221人,限制出境5046人次,罚款670人次68.87万元,司法拘留51人次,移送追究拒不执行判决、裁定罪46件52人。开展"六稳""六保"凌晨专项执行行动,拘传当事人110人,执行完毕案件53件,达成和解61件,到位标的额431.75万元。

【防疫办案两手抓】 2020年,市人民法院围绕省委关于"疫情防控和恢复生产两手抓,防控阻击战和发展总体战两战赢"的决策,成立疫情防控工作领导小组,部署各项防控措施,确保市人民法院在疫情防控期间平稳有序开展工作。参与联防联控,先后有干警31人投身镇乡街道、村居(社区)防控一线。运用"云上法庭""移动微法院"等平台,线上开庭22次,线上调解1100件。采取"云开庭"方式,用时2小时解决一起涉丹麦某公司的国际贸易纠纷,促成双方当事人当庭达成调解。依法从严从快惩处涉疫犯罪,审结涉疫犯罪7件14人,化解涉疫民商事纠纷482件,调撤率81.5%。刑事审判庭双休日排期开庭,有司法警察22人轮流入驻看守所。

【服务大局】 2020年,市人民法院印发《关于积极应对疫情为企业健康发展提供司法保障的意见》《关于服务"五个关键时期"保障东阳高质量发展的若干意见》,助力企业复工复产和经济社会高质量发展,受到市委、市政府主要领导的批示肯定。成立防疫复工先锋队,有党员干警14人到企业协助检查防疫措施,宣传惠企援企政策,并提供法律咨询92人次。开展"联百企"活动,各业务部门选取3家以上企业结对,开展一对一帮扶,帮助企业解决法律难题。提升涉企审判效率,审结涉企合同纠纷3834件,平均审理周期比上年缩短7.07天。将"民法典进企"活动作为"三服务"的工作重点,集中研判企业关心关注的法律问题,制作经典课程,首期宣讲活动在木雕小镇举办,邀请近百名企业主参与。开展"民营企业家对话法官"活动。成功调处涉商品房类纠纷210件,促成两个小区上千户业主与开发商达成和解。主动服务影视文化产业发展,助推设立东阳市影视及知识产权矛盾调处中心并派员入驻,一站式诉前化解纠纷141件。协同横店影视文化产业管委会,

2020年10月24日，市人民法院横店法庭法官到剧组实地调查一起涉群众演员纠纷案件情况（卢仕岷/摄）

成功化解慕鸿影视文化公司等系列案347件。走访调研建筑、影视、红木、旅游等行业协会，发放问卷调查203份，举办座谈会12场。

【诉前调解】 2020年，市人民法院诉讼服务中心诉前成功调解各类纠纷2853件，比上年增长14.7%。健全金融纠纷诉前化解机制，联合市人民银行、市金融办等部门设立金融纠纷调解委员会，接收诉前调解申请647件，成功调解247起，其中41件当场履行，调解标的额2.68亿元。9月14日，市人民法院诉讼服务中心全体入驻市矛调中心。

【"智慧法院"建设】 2020年，市人民法院依托浙江法院网、移动微法院、自助立案一体机等线上、线下立案通道，推进贯穿审判执行所有环节的全流程、全要素无纸化办案模式。对当事人起诉材料扫描齐全的案件，不再要求另行提供副本材料，减轻当事人诉讼成本。自无纸化办案模式推行以来，网上立案3318件，无纸化立案率93.73%。推广应用E键送达，利用大数据信息技术构建完整的当事人送达地址库，提升电子送达成功率。推进"电子卷宗随案生成"，实现文书电子签章、审判智能服务等科技系统与办公办案平台的融合，优化诉讼流程，案件平均审理天数比上年下降近10%。

2020年5月28日，东阳市金融纠纷调解委员会在市人民法院揭牌（虞天浩/摄）

【司法规范化建设】 2020年，市人民法院开展司法规范化水平提升年活动暨执行不力问题专项治理，印发《东阳市人民法院财务管理制度》《东阳市人民法院关于进一步加强信息宣传调研工作的通知》《东阳市人民法院关于法官接待当事人工作的实施细则》等文件，以制度化促进规范化。开展"大走访、大排查、大化解、大提升"活动，对信访案件实行"一案双查"，化解率92.5%。落实司法责任制，坚持放权与监督并重，制定院庭长审判监管权责清单，院庭长带头办理案件8889件，占全部案件的30.6%，对疑难复杂等"四类案件"启动在线全流程监管53件次，召开审委会、专业法官会议研判讨论41次。开展司法质量监督大检查，组织庭审观摩33次，评查案件935件，发现各类问题20个，问责15人。加强调查研究，2篇情况反映分别获省长郑栅洁、副省长彭佳学的批示，1篇情况反映被中央办公厅采用，1篇案例分析获评全国法院系统2020年度优秀案例。开展长期未结案清理专项活动，审委会每月定期研判超10个月未结案件，长期未结案比例比省均值低90%。

【《涉影视企业知识产权纠纷审判白皮书》发布】 2020年4月26日，市人民法院召开新闻发布会，发布《东阳法院涉影视企业知识产权纠纷审判白皮书（2015年—2019年）》，多家媒体记者通过线上平台参加会议。该白皮书对2015年至2019年的涉影视企业知识产权纠纷审判基本情况进行梳理，分析该类案件的特点及突出问题，从送达、合理使用、合理赔偿、加强多元协作、搭建影视作品统一许可平台五个方面提出攻坚涉影视企业知识产权纠纷重点问题的建议和对策。

（虞天浩）

司法行政

【概况】 2020年，东阳市在社会纠纷矛盾调处化解中心设立综合调解区，实现“接调一体化”▲运行。开展普法宣传,实施普法下乡“十百千万”▲法治快递服务工程。围绕影视和建筑两大东阳特色块状经济,专业服务“东阳经济”。设立公益法律服务热线,为全市各界提供疫情防控方面的免费法律服务。建立涉及影视文化、木雕红木、建筑施工等12大领域的市场主体法律顾问服务网格。拓展基层治理阵地,规范镇乡街道司法所建设。

东阳市获2020年度法治浙江(法治政府)建设优秀县(市、区)、法治金华(法治政府)建设优秀县(市、区),法治金华建设县市目标责任制考核排名金华市第2。

▲“接调一体化”:所有经“一窗受理”后需调解的都在综合调解区汇总后落实分类调处,并由社会纠纷矛盾调处化解中心专人统一开展任务分派、过程监督和结果反馈。

▲“十百千万”:十:指的是“十百千万”即组建十支以上法律服务宣传队。百:指的是“十百千万”即开展百场以上法治讲座、法治宣传、咨询服务等活动。千:指的是“十百千万”即组建千名以上的法治宣传志愿者队伍。万:指的是“十百千万”即让万名以上群众足不出户就享受便捷的法律服务。

【律师管理】 2020年,东阳市有律师事务所24家,各类执业律师254人。其中,专职律师196人,公职律师36人,公司律师19人,法律援助律师3人。实施律师行业“扬帆行动”,针对中小律师事务所培育、青年律师培养等方面制定13项具体举措。

根据市场主体分布状况,以行政村(社区)为基本单位,综合考虑地域、数量、人员情况,编制市场主体法律顾问服务网格390个,实现市场主体法律顾问服务网格化全覆盖。以园区、楼宇、行业等为基本单位,建立涉及影视文化、木雕红木、建筑施工等12大领域的市场主体法律顾问服务网格271个,覆盖各类市场主体10万余个,基本实现全覆盖。为1362家各类企业进行法治体检,举办各类座谈会、法治讲座等63场,提出意见和建议527条,出具法律意见书67份,发放各类宣传资料6000余份。

设立12路公益法律服务热线,免费提供法律服务。每路热线都由主任级律师24小时全天候接听解答,为全市各界提供疫情防控方面的免费法律服务,接到群众法律咨询345人次,帮助企业审查合同84个,出具意见书40份,帮助解决建设合同纠纷3起。

【人民调解】 2020年,东阳市各级人民调解组织(不含行业性专业性调委会)受理矛盾纠纷2345件,成功调处2331件,调解成功率99.4%。市司法局在市矛调中心设立综合调解区,纳入调解组织9家,调解员45人,所有经“一窗受理”后需调解的都在该区汇总后落实分类调处,自入驻至年末,综合调解区受理2184件,调处1608件,成功1452件。市司法局印发《东阳市坚持发展“枫桥经验”实现矛盾不上交三年行动计划任务分解清单》和《东阳市司法局人民调解工作、台账考评细则》,申报命名挂牌个人品牌调解工作室20个,镇乡(街道)人民调解委员会平均配备2名以上专职人民调解员。

【公共法律服务建设】 2020年9月11日,东阳市公共法律服务中心全面进驻市社会矛盾纠纷调处化解中心。优化升级12348公共法律服务专线,提供7×24小时在线法律咨询和公共法律服务信息指引服务。开展“法援惠民生,扶贫奔小康”和“优化营商环境”为主题的宣传活动13场。助力“无欠薪”县(市)创建,办理农民工讨薪案件30件,挽回经济损失85.89万元。办理法律援助案件989件,其中刑事944件,民事45件;办理法律帮助案件1557件。

【社区矫正】 2020年6月,市司法局开展《中华人民共和国社区矫正法》(简称《社区矫正法》)主题宣传月活动。通过滚动电子宣传屏、报刊、电台、微信公众号、手机短信等宣传《社区矫正法》;开设“新法讲堂”,组织辖区925名网格员、325名社区矫正对象学习法律条文;开展《社区矫正法》现场宣传活动52场,提供法律咨询428人次,发放资料、宣传品9000余份。

9月25日,东阳市社区矫正委员会成立。10月27日,召开市社区矫正委员会第一次会议,会议审议通过《东阳市社区矫正委员会工作规则》《东阳市社区矫正委员会办公室工作细则》《东阳市社区矫正委员会成员单位工作责任清单》三个制度,明确机构设置、职责任务、会议制度、报告工作制度等主要内容。

2020年10月17日,市司法局在六石街道开展“法援惠民生 扶贫奔小康”法治宣传活动

(吴 晖/摄)

2020年6月9日，东阳市《中华人民共和国社区矫正法》主题宣传月启动仪式暨社区矫正中心“开放日”活动举行 （施先徽/摄）

开展大走访大排查大研判，逐一分析排查出的薄弱环节和风险隐患，重点做好重点人员问题排查管控，走访社区矫正对象，排查问题61个，无社区矫正对象脱漏管、重新犯罪。办理入矫和解矫，执法审批508人次。开展社区矫正调查评估116件，指挥中心巡查13772人次，电话抽查11265人次，组织集中教育学1672人次，公益活动1509人次，视频会见罪犯834人次。

【安置帮教】 2020年，市司法局开展以“走访一次重点帮教对象、完善一个安帮工作档案、确定一个安置帮教责任人”为主要内容的“三个一”安置帮教专项活动。建档造册，实行一人一档管理，落实“5+1”（司法所、派出所、村社干部、所在小区负责人、帮教对象亲属、刑满释放人员）安置帮教小组，制订帮教措施，根据走访掌握的信息，采取相应的安置帮教措施。

2021年3月1日，省级民主法治示范村——南市街道西雅村的法治长廊 （卢 娟/摄）

【法治宣传】 2020年，市司法局制定印发《东阳市2020年普法依法治理工作要点》，明确年度普法总体要求、各项任务目标及责任部门。开展各类普法活动535场次，发放普法资料26591份。结合普法下乡“十百千万”法治快递服务工程举办民法典巡回宣讲活动，到机关、村居、学校、企业等开展公益普法宣讲272次。强化“互联网+”法治宣传新平台，通过“码上”学习培训，为企业主、员工等复工复产人员提供依法防疫学习平台。联合市人大、市委宣传部、市关工委印发《关于开展2020年宪法学习宣传活动方案》。组织开展“12·4”国家宪法日暨宪法宣传周普法宣传活动，增设法治游园、法律咨询等活动，设计宪法主题阵地VR实景。联合市融媒体中心开启“法治东城”夜景灯光秀，线上线下互联互动推动宪法进万家。

【基层民主法治建设】 2020年，市司法局投入200余万元用于规范司法所建设，18个司法所全部实现独立用房，其中创建省级“枫桥式”司法所一家，金华市级“枫桥式”司法所2家。各司法所开展纠纷排查238次，受理矛盾2345起，成功化解2331起。推进民主法治示范村（社区）创建工作，成功创建金华市级民主法治示范村（社区）118个，创建省级民主法治示范村（社区）13个。建成具有各地特色的法治休闲广场、法治文化公园、法治文化长廊等新阵地47个。开展“乡村振兴 法治先行”系列普法宣传活动。

【公证】 2020年，市公证处全年办结公证事项5489件，其中民事公证2105件、经济公证2838件、涉外公证546件。通过“东阳市公证处”微信公众号、“公证云”等网上办事建设网上咨询、网上预约、网上申办、网上查询等掌上办证业务，实现公证事项“一网通办”。网上受理公证33件，办理31件。服务影视和建筑两大东阳特色块状经济，提供影视产权、数据存管、证据保全及合同等公证服务130件。

（潘婷婷）

军 事

人民武装

【概况】 2020年,中国人民解放军东阳市人民武装部(简称市人武部)贯彻省军区、军分区党委扩大会议精神,以《习近平新时代中国特色社会主义思想学习纲要》《习近平强军思想学习纲要》为主要教材,常态落实课题研学、"三同"(领导带头、全员参与同心;精准定位、突出亮点同向;上下互动、求真务实同行)促学、军地联学制度,开展"传承红色基因、担当强军重任""不忘初心、牢记使命"主题教育。把国动援战服务作为第一要事,用战斗力标准牵引各项建设,聚力备战练兵,完成年度训练计划。强化军地共赢,推进国防动员事业创新发展,推进民兵调整改革,做好民兵整组工作,开展新体制下作战问题和国防动员重点难点攻关。推进党管武装工作的落地落实,把专武干部纳入党政领导干部管理体系,统一培养使用。市人武部被省军区评为省级"全面建设先进人武部"。

【国防动员】 2020年,市人武部按照"沿路保交、倚山防火、遇江抢险、城市维稳"格局,编组完善应急、专业、特殊3类基干民兵队伍。江北街道首次组建硕士、博士民兵班。11月21日,东阳市代表全省接受中央军委国防动员部对"十三五"时期民兵调整改革工作情况的检查考评,为浙江省连续三年获得该项考评全国第一贡献东阳力量。利用横店国防科技园平台优势,推行"影视+国防"教育模式,实施"全民国防教育万映计划",拓展国防教育形式内容。6月11日,金华市委常委、金华军分区政治委员王振勇一行到横店镇,调研国防教育开展情况。落实廉洁征兵"五公开"▲"零报告"制度,完成兵员征集任务。

▲"五公开":即公开征兵政策规定、公开征兵条件标准、公开征兵工作程序、公开征接兵纪律、公开举报电话和举报信箱。

【军事训练】 2020年,市人武部践行首长机关"月训三天、季考一次"训练制度,现役干部和文职人员参训率、合格率均达100%。组织民兵连长集训、基干民兵训练和返岗训练、2个专业60人跨区联训,训练时间、人员、质量比上年上升。按照出动要求,定期组织担负战备值班任务的市民兵应急连、镇乡街道民兵应急排开展全员额、全内容、全要素紧急出动演练。

【基层建设】 2020年,市人武部按照"示范创建、分类帮建、精准抓建、三年覆盖"的思路,推进基层武装部、民兵连部规范化建设。落实基层武装部基本队伍、基本制度、基本工作、基本设施和完成任务等情况量化考评制度。

【应急应战】 2020年6月18日,横店通用机场航空应急救援基地被确定为浙江省应急救援常态化备勤点之一,承担金华市及周边地区常态化备勤工作。自7月1日起,直升机以及机组人员进入备勤点,开始常态化应急救援备勤。在抗击台风"黑格比"、东白山七夕庙会、横店马拉松赛事中承担安全巡查的任务。参与"浙江金盾-20"人民防空实战化演习,危化品泄漏、横店文荣医院航空应急救援等演练。

【安全管理】 2020年,市人武部开展"清网"活动,着力净化发表涉军言论新媒体平台网络生态。开展"条令学习月"活动,增强法规意识、纪律意识、责任意识。开展安全保密、网上借贷等问题的个别人、重点人摸排,做到"一人不漏、人人见底"。将安全管理向"两个以外"(八小时以外和营区以外)拓展延伸,构建"组织、家庭、社会"三位一体管理模式。

【军地协同】 2020年2月至3月,市人武部根据上级疫情防控和辖区管控指示精神,组织基干民兵协同公安、交警在高速路口设卡,24小时轮班值勤;按照网格化管理要求,配合社区、辖区人员对村(居民)进行逐户逐人逐项登记、联系、排查;组织民兵信息员、宣传员上点、上岗、入户宣讲防疫知识。江北街道出动基干民兵,完成甬金高速东阳出口卡口执勤、青山头医学隔离观察点安保等任务;多次带队到外地,组织100余名企业员工提前返岗。全市出动民兵参加新冠疫情防控,完成卡点值守、巡逻巡查、走访摸排、复工复产等防控任务。11月，出动民兵完成横店马拉松赛事安保任务。

【民兵整组】 2020年5月26日，江北街道召开基干民兵整组点验大会。6月8—12日，市人武部通过实地调查、现场提问、集中点验等方式，对全市18个镇乡街道、横店集团基干民兵分队进行全员拉动点验，到点率92%。

【岗位练兵】 2020年8月7日，浙江省第三届岗位练兵比武（金华赛区）保交护路分队竞赛在东阳市民兵训练基地举行。金东区、东阳市、永康市、浦江县、磐安县的分队参加角逐，通过作业准备和作业实施竞赛，东阳市保交护路分队被金华军分区评为保交护路专业第一名。金华军分区司令员、政治委员、副司令员等领导到现场观摩、指导。在12月3日举行的浙江省第三届民兵岗位练兵大比武中，代表金华军分区参赛的东阳民兵马奇飞带领团队用时1分35秒完成战场救护比赛，获该项目团体第一，助力金华军分区获省军区“2020年度应战能力一级单位”称号。

【兵员征集】 2020年7月3日，市人武部组织召开秋季征兵初检工作部署会议。7月13—17日，组织各镇乡街道设体检站开展征兵目测初检工作。9月9日，东阳市在横店国防科技园阅兵馆举办新兵入伍欢送大会。

【祭奠英烈】 2020年9月30日，东阳市在革命烈士陵园举办向烈士敬献花篮暨烈士光荣证颁授仪式。市委书记傅显明为花篮整理缎带，市委副书记、市长楼琨坚为烈士吕挺的父母颁授烈士光荣证，少先队员代表向烈士父母献花、行少先队礼。驻东阳部队官兵、副县级领导、各部门单位主要领导、镇乡街道党（工）委书记、军队离退休干部代表、烈属代表、老兵代表、公安、法院和检察院代表、市消防救援大队代表、各界干部群众代表、少先队员代表等400余人参加仪式。

（王秀文）

2020年9月30日，东阳市举行烈士纪念日活动，向烈士敬献花篮

（包康轩/摄）

武警东阳中队

【概况】 2020年，中国人民武装警察部队金华支队东阳中队（简称武警东阳中队）落实“传承红色基因、担当强军重任”主题教育；组织“暑期百日安全活动竞赛”，活动期间，每日更新安全计时牌，朗读安全标语，每周对安全问题进行查摆，每月分析安全形势。中队长被武警浙江总队评为“暑期百日安全活动竞赛先进个人”。武警东阳中队被武警浙江总队评为“智慧磐石”建设优秀中队。全年被武警金华支队评为“四有”优秀义务兵3人、“四有”优秀军士3人、“四有”优秀干部1人；受到嘉奖7人。

【中心任务】 2020年，武警东阳中队和市政府、市公安局协同完成东阳市看守所监管羁押对象转移、新营区搬迁任务。与目标单位召开联席会议，开展安全隐患排查20余次，消灭隐患苗头30余处。9月，武警金华支队军事行政例会在东阳市召开，会议以“智慧磐石”工程▲为重点，突出信息化建设与实际执勤相结合，展示武警东阳中队正规化建设成果。

▲“智慧磐石”工程：由武警部队党委提出，汇聚外围屏障、信息感知、综合报警、联动联防四个体系数据信息，整合指挥、通信、监控、防护、报警、执勤信息管理等要素，实现本级全维控制、对上融合报送的系统工程。

【双拥工作】 2020年，武警东阳中队开展拥政爱民、军民共建活动，邀请雷锋生前老连长虞仁昌到中队，为官兵讲述雷锋故事、弘扬雷锋精神。武警东阳中队开展“学雷锋”活动，官兵利用休息时间自发组织清扫驻地街道、帮助邻里、看望孤寡老人等。新冠肺炎疫情防控和台风暴雨期间，中队官兵时刻保持战备状态，第一时间到抢险救援现场，保障人民生命财产绝对安全。

【主题活动】 2020年，武警东阳中队开展文化试点活动，建设“阅读吧”，开展“书香军营”活动。按照“队列集会有歌声、周末假日有活动、重大节庆有晚会、年度文体有比赛”要求，建设游艺室、K歌房、朗读亭等文体活动室。开展读书育人、文艺创演、歌曲演唱、体育健身、影视欣赏、网络宣传等“卫士风采”系列文化活动。

（钟姚佳）

人民防空

【概况】 2020年，东阳市人民防空办公室(简称市人防办)贯彻落实人防法律法规和结建政策，完善行政审批程序，优化工程配建比例，以结建工程为主体，指挥工程和专业配套工程为重点，构建平战一体、互联互通的人防防护体系。9月，举办“浙江金盾-20”(金华·东阳)人民防空实战化演习。东阳市人防办获评全省人民防空工作先进单位。

【人防工程建设】 2020年，市人防办完成人防工程战时功能和防护等级确定，验收工程主体结构，工程竣工验收备案，工程质量监督手续办理，易地核实及行政征收审批事项办理124件，在建人防工程结建等工作。

【人防工程管理】 2020年，市人防办及时归档人防工程资料，督促各人防工程建设单位完成项目平战转换方案的编制工作；建立完善的人防工程维护管理监督制度，开展已建人防工程“双随机”检查活动，督促整改检查中发现的问题，保证人防工程的战时效能不受损失；对在建的人防工程开展定期或不定期的监督检查工作，加大在建人防工程的检查力度和频度，督促整改检查中发现的问题，保证人防工程施工质量。

【应急应战准备】 2020年，东阳市实现重点人防工程维护管理常态化，确保重点人防工程各通信信息系统、设备正常运行；每周定期开展视频图像和声音的互联互通、短波电台通信联络训练，年内完成防空警报的改造提升；根据省人防办下达的年度考核任务，完成重要经济目标防护试点任务。

【人防宣传】 2020年，市人防办结合“5·12”“9·18”防灾防空警报试鸣活动，开展人防法律法规宣传、教育活动。在“东阳发布”微信公众平台、《东阳日报》、东阳电视台等媒体发布公告，邀请媒体对人防演练活动进行报道，向城区和横店镇的中小学发放人防宣传教材3900套；完善重点镇的人防展览馆和民防教育基地的宣传教育和技能训练功能。

【人防实战化演习】 2020年9月，浙江省暨金华市人民防空实战化演习(“浙江金盾-20”)在金华市举行，东阳市设分会场。该次演习实现部门联动全方位，成立“浙江金盾-20”(金华·东阳)演习任务领导小组，由市委常委、常务副市长担任总指挥长，市人防办主任担任现场指挥长，各部门、各参演单位制订演习任务实施方案，建立应急管理、消防部门与浙江普洛家园药业有限公司、横店通用机场、人防防化专业队伍、直升机救援队伍及社会救援队伍等跨区域救援联合配合机制。演习包括跨区域救援、危化品泄露救援、人员转移、直升机救援等环节。组织各参演单位开展室内推演、室外预演5次，邀请省人防办、金华市人防办领导和人防建设专家到现场指导，发现演习环节配合不流畅等18处问题。演习期间，通过发放公告、短信、微信公众号等形式，对演习室外预演、人民防空知识、防灾减灾知识进行宣传和公示。

(郭俊峰)

2020年9月18日，浙江省暨金华市人民防空(浙江金盾-20)实战化演练在横店镇举行

(郭俊峰/摄)

经济管理

发展与改革

【概况】 2020年，东阳市地区生产总值638.16亿元，按可比价计算，比上年增长0.1%。其中，第一产业增加值18.75亿元，第二产业增加值272.85亿元，第三产业增加值346.55亿元，增速分别为0.9%、-2.1%、2.0%。三次产业结构比为2.9∶42.8∶54.3。全市固定资产投资比上年下降0.3%。其中，民间项目投资比上年增长2.6%，交通运输投资比上年增长209.6%，生态保护和公共设施投资比上年增长7%，高新技术产业投资比上年下降9.9%。金甬铁路、杭温高铁、金义东轨道、义东高速城区段等重大项目持续推进，39省道改建、351国道兴平路口平改立以及南午岭右转匝道等一批治堵保畅工程建成；“万亩千亿”平台完成总规编制以及六石街道、巍山镇安置地块土地征用；10所学校建成投用，浙江广厦建设职业技术大学成为省内唯一的本科层次职业技术大学。

【课题规划】 2020年，东阳市推进“十四五”规划编制。按照“高起点谋划、高质量编制、高效率推进”的原则，在分析调研、征求意见基础上，经过多次反复论证研讨和修改完善，完成“十四五”规划纲要。统筹推进全市专项规划56个，其中包括《东阳市人才发展“十四五”规划》《东阳市工业经济高质量发展"十四五"规划》等重点专项规划19个，《开发区发展“十四五”规划》等区域专项规划4个，《东阳市司法行政工作“十四五”规划》等一般专项规划22个，《东阳市湿地保护规划》等备案专项规划11个。

【经济形势分析】 2020年，东阳市发展和改革局(简称市发改局)制定年度国民经济和社会发展计划，围绕经济运行出现的新情况新问题，做好每月、每季的经济形势分析、固定资产投资分析和价格监测分析。健全监测分析制度，完善经济监测网络，召开经济运行监测预警部门联席会议，完成每季全市经济运行分析报告和140家企业(80家工业企业和60家服务业企业)运行监测调查报告。

【重点项目建设】 2020年，东阳市安排政府投资、国企投资项目344个，其中实施项目240个，总投资498.5亿元。前期项目104个，总投资379.3亿元。3月11日，30个项目参加东阳市扩大有效投资重大项目集中开工活动，总投资292亿元，其中10亿元以上项目10个，总投资253.5亿元，占全部项目投资的86.82%，涉及大交通、工业、影视旅游、民生保障等多个领域。4月17日，《东阳市重大项目建设首季开门红》获副省长冯飞的批示。4月20日，成立东阳市重大项目推进和储备工作专班，开展“2+6”项目谋划。10月23日，6个项目参加全省扩大有效投资重大项目集中开工活动，总投资超160亿元，分别是正威长三角新材料产业园、吴宁街道城中村改造城西安置区项目、江北街道金店棚户区改造项目、市民中心建设项目、上卢农房集聚区建设项目(二期)、浙江舒泰健康产业园，其中正威长三角新材料产业园项目用地面积100公顷，总投资超100亿元。

省重点建设项目、第八批省集中开工项目和金华市重点项目分别完成年度计划投资的193%、202.8%、156.5%，分别列金华市第二、第二、第一。6个项目列入省市县长项目，谋划引资任务完成率100%。其中浙江舒泰健康产业园项目、医用生物材料类医疗器械系列产品产业化建设项目、年产2000万平方米UHPC超高性能混凝土制品项目3个项目开工入库，项目落地率60%，在金华市率先完成年度项目入库任务。制定《东阳市省重大产业项目奖励办法》。横店东磁年产1.6吉瓦高效PERC单晶电池片项目新增为省重大产业项目。

【营商环境优化】 2020年，东阳市成立优化营商环境工作领导小组，定期召开全市优化营商环境工作推进会，建立每周会商、每月报送、每季通报“三大”工作机制。市委深改委审议通过《东阳市2020年优化营商环境工作方案》《东阳市政务服务“好差评”制度(试行)》《东阳市水电气网“一件事”1100办结优化营商环境便利化行动方案》。市营商办印发《关于进一步加强优化营商环境宣传工作的通知》。在省发改委组织的2019年优化营商环境评价中，东阳市营商环境便利度得分列金华各县市第2位。在2020年金华市优化营商环境互查互比活动中，东阳市所有评价指标均高于省定标准，大部分指标列金华各县市前3位。

【特色小镇创建】 2020年10月23日，省政府印发《关于命名第四批省级特色小镇的通知》，东阳木雕小镇获第四批省级特色小镇命名，成为金华市首批省级特色小镇。12月24日，全省新时代美丽城镇和特色小镇建设工作推进会在杭州市举行，市委副书记、市长楼琅坚在杭州主会场接受省长授牌，并作为全省特色小镇代表作典型经验发言。花园红木家居小镇在2019年度省级特色小镇创建对象年度考核中结果为合格；木雕小镇考核结果为优秀，并获得6.67公顷新增建设用地计划指标奖励。

【能源基础设施建设】 2020年，全长37.7千米的东阳—磐安天然气管道工程全线建成，通过管道保护专项验收，整体工程具备通气条件。市发改局对2019年度完成淘汰整治的锅炉分批次开展多部门联合验收，督促指导子阳热能有限公司淘汰整治20蒸吨/小时燃煤锅炉。12月，成立东阳市能源"双控""减煤"工作领导小组和工作专班，下设办公室，办公室设在市发改局。制定节能评估与审查项目7个。按照"双随机"原则，对8家企业开展重点用能企业能源监察。全年建成综合供能服务站5座，其中，学陶站、堂鹤站为新建站点，李宅站、巍山站、城中站为改建站点。

【东西部扶贫协作】 2020年，东阳市对四川省理县消费扶贫861万元，社会帮扶资金629万元，财政拨付资金1370万元。引导5家企业到四川省投资，增加到位资金18200万元，吸纳贫困人口就业139人。在理县开展党政干部和专技人才培训15期，培训人数1148人，开展劳务协作培训5期，培训人数266人。6月，市委副书记、市长楼琅坚到理县开展东西部扶贫协作工作，实地调研产业项目，在理县县政府会议室召开东阳理县东西部扶贫协作高层联席会。11月，理县县委书记金天强到东阳市开展东西部扶贫协作高层互访工作。全年选派党政干部和专业技术人才30余人到理县科学技术和农业畜牧水务局、理县人民医院、营盘街小学、理县融媒体中心等挂职交流。

【山海协作】 2020年，东阳市落实援助磐安资金182万元，完成消费帮扶1261万元，开展山海协作劳务技能培训2500人。东阳磐安两地在科技、医疗、教育、文化旅游等领域开展交流对接活动，在乡村振兴示范点建设和"飞地经济"发展方面开展合作。1月，市委书记傅显明带领党政代表团到磐安县考察山海协作工作，召开高层联席会议，签订2020年度合作计划书。

【信用建设】 2020年，东阳市实施"531X"工程▲建设，完善信用体系制度建设，拓宽信用监管渠道，加强信用联合奖惩，强化信用信息归集应用，提升"信用东阳"城市品牌形象。11月，东阳市在全国385个县级城市信用监测排名中列第16位，全省第2位，金华市第1位，被省发改委等部门联合授予省级"信用县"称号。东阳市"信用+担保服务"应用场景作为金华市唯一新增项目入选省信用办制定的《2020年市县信用应用重点场景工作推进计划》。

▲"531X"工程：即"聚焦企业、自然人、社会组织、事业单位和政府机构5类主体，构建公共信用指标体系、信用综合监管责任体系、公共信用评价及信用联合奖惩体系3大体系，完善全省统一的公共信用信息平台，推进信用体系在若干重点领域创新应用"。

【价格管理】 2020年，市发改局完成居民生活用管道天然气价格改革工作，建立居民生活用管道天然气阶梯价格制度及管道天然气上下游价格联动机制。调整、核定市外国语小学、外国语学校、浙江师范大学附属东阳花园外国语学校、市庆华外国语学校等民办学校教育收费标准。开展清费减负工作，降低5项行政事业性收费，3项经营服务性收费，每年可减轻企业和居民负担约1000万元。组织开展行业协会商会经营服务性收费清理规范工作，减免会费46.2万元。阶段性降低企业用电用气用水成本。牵头落实困难群众基本生活价格补贴发放，共计1174万元。

【价格监测】 2020年，市发改局开展疫情防控应急监测，编报应急监测简报40期。重点对液化气、农资、居民生活价格三大类进行价格监测，每月撰写全市价格监测分析报告。开展民生价格信息公布工作，发布民生商品价格监测信息31期。做好早稻、晚稻，国家定点的中药材元胡、白芍的农本调查。开展居民住宅燃气管道预埋(改造)、城市供水、污水处理、学校生均教育等19项成本调查监审。

(王海霞)

财　政

【概况】 2020年，东阳市财政总收入123.73亿元，比上年增长4.5%。其中，一般公共预算收入72.65亿元，比上年增长3.9%；一般公共预算支出99.67亿元，比上年增长0.7%。全年财政收支平衡。成立"红管家、红小二、红纽带、红讲师、红算盘、红卫士"6家财政工作室，实施"驿站化"管理，走访服务单位310户次，接待访客2338人次。

【机构改革】 2020年，市财政局设立1家财政金融服务中心，为副科级事业单位，核定事业编制10名。信息中心、预编中心、道救中心整合为财政预算编制中心。行政事业单位会计核算中心更名为财政国库支付中心。增加财政预算项目审核中心编制5名。

【财政收入】 2020年，东阳市一般公共预算收入占GDP的11.4%，占财政总收入的58.7%，其中税收收入66.10亿元，占一般公共预算收入的91.0%，收入结构保持良好。全年非税收入总额42.18亿元，其中，土地使用权出让收入30.91亿元，一般公共预算收入中非税收入6.55亿元。

【服务经济发展】 2020年，市财政局安排疫情防控专项资金1.22亿元，用于落实防疫政策、提高防疫人员待遇、保障防疫物资供应。组织“机关干部先锋队”“助企服务团”为企业协调解决各类复工复产问题300余个，建立劳务协作站，落实包车经费600余万元，为440家企业的4800余名员工发放交通补贴和生活补贴2749万元。落实减税降费政策，减税降费42.88亿元，其中减税34.07亿元，降费8.80亿元。深化“财政+金融”服务体系，成立东阳市金融控股集团，启用企业金融服务中心。加大政策性融资担保力度，为企业提供政策性融资担保贷款17.01亿元，在保余额10.02亿元。组建聚文影视文化投资有限公司，入股唐德影视，开创影视企业纾困新模式。落实财政扶持企业奖补政策，兑现各类企业奖补资金19.80亿元。优化财政资金竞争性存放管理办法，安排财政竞争性存放资金16.50亿元。激发市场消费潜力，发放汽车、影视消费券补助资金5440万元。成立“两直”（新增财政资金直达市县基层、直接惠企利民）政策落实工作专班，完成6.65亿元“两直”资金的分配使用，资金使用率100%。做大政府产业基金，打造以产业项目为核心的发展基金模式，总规模9.20亿元的长林电子超级电容项目、总规模3.50亿元的佰奥医药项目成功运作；出资3.00亿元认缴深创投旗下广东红土和裕S基金项目；推动总规模3亿元的西洲医药项目运作。争取新增地方政府性债券30.60亿元，其中一般债券9.00亿元，专项债券21.60亿元。

【民生支出】 2020年，东阳市民生支出75.14亿元，比上年下降3.4%，占一般公共预算支出的75.4%。安排财政资金27.70亿元，支持“三铁一机一高”（杭温高铁、金甬铁路、金义东城际轨道、横店通用机场、东义高速）、39省道、重要县道“白改黑”等交通重大项目建设。落实失业保险稳岗返还政策，返还失业保险费1.55亿元，惠及企业3300余家。实施职业技能提升行动，设立专项资金1.24亿元，开展稳岗技能培训3万余人次。落实社会保险费阶段性减免政策，减免社保费7.10亿元。全面打造县（市）级高等教育高地，促进基础教育现代化均衡发展，教育支出21.57亿元，比上年增长8.24%，其中教育基本建设资金支出4.66亿元。社会保障和就业支出15.06亿元，比上年增长26.6%。拨付城乡低保、特困供养、困境儿童、残疾人“两项补贴”等各类救助资金8452万元。提高社保补助标准，城乡居民医疗保险财政补助标准从900元每人每年提高到930元每人每年，城乡居民养老保险基础养老金从200元每人每年提高到230元每人每年。支持退役军人保障体系建设，安排9733万元用于保障义务兵优待、在乡复员退伍军人生活补助、伤残抚恤、退伍军人安置和退役士兵社保接续等工作。

【乡村振兴战略】 2020年，市财政局安排财政资金9.85亿元，推进“两江两镇”乡村振兴示范区、共享田园、美丽乡村风景线等项目建设。安排财政补助资金3614万元，完成“一事一议”财政奖补项目52个。拨付小城镇环境综合整治资金1.41亿元，拨付8600万元推进农村危旧房治理改造。开展省基层政策性农业信贷担保服务试点工作，担保余额4164万元。

【财政改革】 2020年，市财政局加强预算基础管理。压减一般性支出1.91亿元，压减率12.5%，盘活存量资金9.60亿元。强化政府采购监管，审批政府采购业务6729笔，实现政府采购资金8.29亿元，节约资金8179万元，资金节约率8.98%。推进“财政一网通”平台建设，实现财政系统平台一体化。推动预算绩效管理系统上线运行。推进政府投资项目审核信息化建设。审核各类项目820个，审核金额293.96亿元，核减造价17.81亿元，核减率6.06%。实施预算绩效管理，印发《东阳市财政局关于开展2020年财政支出绩效评价工作的通知》，开展重点评价“456”工程，即对4个镇乡街道、5个专项资金、6个部门开展重点评价，拓展绩效目标管理范围，实现绩效自评全覆盖。

【财政风险防范】 2020年，市财政局加强财政系统内部控制建设，实现内控制度操作规程全覆盖。加强债务风险管理，按计划化解地方政府隐性债务11.8亿元。防范养老保险基金风险，做好社保基金保值增值，开展社保资金竞争性存放，涉及资金25.00亿元，增加收益1.53亿元。完成划转部分国有资本充实社保基金工作，划转资本金额2500万元。

（王 彬）

国家税务

【概况】 2020年，国家税务总局东阳市税务局（简称市税务局）组织税费收入170.73亿元，比上年增长4.87%。其中，税收收入124.78亿元，比上年增长7.33%；社保费收入42.51亿元，比上年下降0.44%；非税收入3.44亿元，比上年下降10.40%。配合市政府重大项目建设、小升规、砂场整治、招商引资、红木行业效能评定等工作。上报专报信息12篇，参与调研分析16次，获得各级领导批示24人次。在省级及以上媒体发表宣传稿件350篇。全系统有全国模范职工小家、全国工人先锋号、全国巾帼文明岗各1家，浙江省文明单位、浙江省青年文明号、浙江省模范职工小家等共5家，获各类抗击新冠肺炎疫情团体、个人奖项9个。

【复工复产服务保障】 2020年，市税务局助力复工复产，落实各项税收优惠政策，减免税费41.8亿元。推广“非接触式”办税，网上办税率98.15%，列金华各县市区第1位。创新推出“退税之友”云服务，出口退税办理时间压缩到1.5个工作日内，企业办理成本下降约30%，办理出口退税（含免抵调）19.65亿元，比上年增长3.9%。该项工作获国家税务总局浙江省税务局（简称省税务局）党委书记龙岳辉的批示肯定。通过税收大数据平台分析，促成新冠肺炎疫情防控期间金华市第一单外贸转内销的成功案例，被30余个省级以上媒体报道。

【税收征管】 2020年，市税务局落实网格员制度，推广电子发票，增值税普通发票电子化率91.68%。依法依规组织清欠，有效清欠5031.51万元，欠税压缩率8.87%。深化民事执行与税费征缴协作机制，收到各级各地法院征询函174件，收到法院各类过户税款117笔，金额1.76亿元。巩固“重大执法决定法制审核”制度，完成5次重大执法事项审核。开展行业风险分析，完成第一批次5家医药化工企业风险应对，补缴税款2000余万元。开展新个人所得税法培训10场，完成个税年度汇算人数7.9万人，申报率、补税率、退税率100%。实现房地产项目税收一体化管理，按时按质完成40个省税务局考核土地增值税清算项目，清算项目审核时间缩短60%以上，该项工作得到省税务局局长劳晓峰的批示肯定。

【纳税服务】 2020年，市税务局结合“万名党员进万企，领导干部下基层”“驻企党员先锋队”等工作，开展营商环境满意度调查、“最多跑一次”改革满意度调查以及纳税人满意度调查，走访纳税人2.77万户次。深化“银税互动”“云税贷”服务，为411户小微企业提供信用贷款4.16亿元。联合市住建局开发、启用不动产登记业务“网上办”平台，办理涉税事项2835户次。

（朱兰英）

国有资产经营与管理

【概况】 2020年，东阳市国有企业资产总额481.98亿元，负债总额238.71亿元，净资产243.27亿元。实现营业收入29.23亿元，利润总额2.19亿元，净利润1.76亿元。全市有106家国有企业，7200余名国企员工。规范资产管理，加强资产利用，提高闲置国有资产使用效益，组织公开拍租(卖)4期，收入4340万元。加强国有资本经营预算管理，全面收缴国有资本收益金，收缴比例为30%，共计2299万元。完成东阳市汽车综合性能检测站、东阳市规划建筑设计院、东阳市交通设计所3家全民所有制企业公司制改制工作。

【国有企业营运监管】 2020年，东阳市人民政府国有资产监督管理办公室(简称市国资办)优化国有企业经营目标考核体系，改革国有企业负责人薪酬制度，完善《东阳市集团公司负责人薪酬方案》，建立违规经营责任追究机制。规范国有企业采购行为，加强限额以上采购监督，印发《东阳市人民政府办公室关于印发〈东阳市国有企业采购管理办法〉(2020年修订)的通知》，降低企业采购成本。办理国有企业公开招标等审核86次，涉及金额2.18亿元。

【疫情防控期间房租减免】 2020年，市国资办印发《东阳市人民政府国有资产监督管理办公室关于疫情防控期间减免企业房租有关事项的通知》《东阳市人民政府国有资产监督管理办公室关于疫情防控期间减免房租有关事项的补充通知》和《东阳市国资办关于疫情防控期间进一步落实国有企业减免房租政策有关事项的通知》，对承租市属国有企业经营用房的中小企业和个体工商户，实行上半年房租3个月租金直接减免或延长租期优惠政策。全市国有企业房租减免涉及租户1174户，减免金额1827.2万元。

【国有企业财务人员培训】 2020年，市国资办通过开展国有企业财务管理人员专题培训、召开重点难点业务专题研讨会等形式，加强全市国有企业财务队伍建设。9月9—11日、9月16—18日分两期举办市国有企业财务管理人员专题培训班，培训242人次。

【国有企业资金监管】 2020年，市国资办印发《东阳市人民政府国有资产监督管理办公室关于修订〈东阳市国有企业“资金池”资金竞争性存放管理办法〉的通知》，改变以往唯利率的投标方式，扩大企业竞争性存放的地域范围，增加融资种类，侧重银行对国企的综合贡献度。实现资金运作收益8061万元，向入池企业调剂借款20笔，调剂资金23.57亿元。

【国有企业融资规范】 2020年，市国资办协助国企拓展直接融资渠道，降低债券发行成本。通过直接融资置换部分往期高利率贷款，降低综合融资成本；通过银行竞争比选方式，降低间接融资成本。全市国企融资平台实现新增融资125.85亿元，净增76.81亿元，总规模达136.06亿元，比上年增长129.65%，国有企业融资平均利率为4.48%(2019年为5.15%)。东阳市国有资产投资有限公司成功发行私募公司债和PPN(定向债务融资工具)各15亿元。东阳市城市建设投资集团有限公司(简称市城投集团)开展企业债发行服务公开招标。6月23日，市城投集团获AA主体信用评级。12月14日，东阳市交通建设投资集团有限公司获AA主体信用评级。

【国有企业深化改革】 2020年7月27日，东阳市成立东阳市深化国有企业改革工作领导小组。9月27日，召开东阳市深化国有企业改革工作领导小组第一次会议。10月20日，市政府常务会议审议通过《关于进一步推进国有企业整合重组和深化改革方案》和《东阳市集团公司负责人选拔和薪酬方案》两个方案。11月5日，市委常委会会议审议通过两个方案。《关于进一步推进国有企业整合重组和深化改革方案》明确在整合市城投集团、市交投集团、市水投集团、市资发集团的基础上，组建市产发集团、市文旅集团，形成“1+6+X”▲的基本框架，理顺国有企业监管体制，强化国有企业党建工作等。《东阳市集团公司负责人选拔和薪酬方案》明确选优配强市属企业领导班子，建立健全有效的激励和约束机制，完善集团公司负责人年度经营业绩考核和任期经营业绩考核。

▲“1+6+X”：“1”代表母公司，即

市国有资产投资有限公司，“6”代表市城市建设投资集团、市交通投资建设集团、市水务投资集团、市资源开发集团、市产业发展集团、市文旅投资集团6家集团公司，“X”代表市政府授权委托管理的国有公司，即横店镇、高铁新城及各开发区管委会等下属国有公司。

【清廉国企创建】 2020年，市国资办开展“强根铸魂”党建活动、“清廉国企”创建、“正风肃纪”专项监督、“7+1”党建主题系列活动，制订东阳市清廉国企创建方案及评价指标。金华银行东阳支行被评为金华市首批基层清廉建设示范单位。指导东阳市总部中心开发建设有限公司成立党群服务中心，建设清廉国企文化阵地，打造“匠心铸精品、要素聚中心”党建品牌，推进“四责协同”（党委的主体责任、纪委的监督责任、党委书记的第一责任、班子成员的一岗双责责任）机制建设，构建“1个特色品牌+5个基本建设+3个治理强企”清廉工作体系。

【国有企业档案管理】 2020年11月27日，市国资办会同市委组织部、市人力社保局召集110家市属国有企业，召开国企人事档案专项审核全覆盖工作部署会，规范市国资办人事工作和国企人事档案。成立综合档案室，实现数字档案全文检索。至年末，综合档案室档案总量1卷2418件，电子目录总量2430条，保管期限30年及以上档案数量1卷2244件，完成数字化档案2225件，数字化率100%。11月27日，市国资办综合档案室成功创建金华市“规范化数字档案室”。12月25日，市国资办综合档案室成功创建东阳市“规范化档案室”。

（张秦珩）

审　计

【概况】 2020年，东阳市审计局围绕全市“五大会战”开展审计监督，完成审计项目88个，查出违规金额584万元，损失、浪费金额101万元，管理不规范金额45526万元，查出非金额计量问题344项，提出审计建议110条，审计后挽回经济损失10034万元，移送问题线索12起，党纪政务处分5人。实施内部审计项目677个，查出问题金额20762.5万元，非金额计量问题998项，审计后党纪政务和内部纪律处分45人。市领导批示审计专报18篇。获金华市优秀审计项目1个。《中国审计报》采用信息1篇、《浙江审计信息》和《金华审计信息》采用8篇、浙江省审计厅和金华市审计局网站采用12篇。获评浙江省审计厅优秀调研文章1篇、东阳市优秀调研文章三等奖1篇。

【预算执行和资金绩效审计】 2020年，市审计局开展2019年度市级预算执行和决算草案情况审计，发现财税政策落实、转移支付管理、预算管理、执行和决算编制等方面问题13项，得到市人大常委会肯定。开展部门预算执行审计，实现对全市33家一级预算单位2019年度预算执行情况财务数据集中分析全覆盖，发现各部门在预算执行、资金补助、财务管理等方面存在问题15项。

【产业发展和平台建设审计】 2020年，市审计局组织开展科技创新重大政策落实情况专项审计调查，发现科技创新券、信用贷等方面问题10项。组织开展高铁新城槐堂棚户区改造集聚安置房EPC项目跟踪审计，发现前期管理、合同管理和现场管理等方面问题17项。开展市城投集团财务收支审计，发现经营管理、人事管理和不动产管理等方面问题21项，市领导批示专报4篇。

【生态环境和政策落实审计】 2020年，市审计局开展小城镇环境综合整治情况专项审计调查，发现工程竣工验收、资料管理、合同及项目管理等方面问题11项，提出审计建议3条，市领导批示专报1篇。开展高标准农田建设情况专项审计调查，发现项目管理、资金核算、工程管理等方面问题15项，移送问题线索3起，提出审计建议4条，市领导批示专报1篇。

【政府投资和重大项目审计】 2020年，政府投资审计关注项目审批、工程招投标、合同管理、资金使用、环境保护等关键环节。审计项目投资额191726万元，减少支出和挽回损失9690万元，发现项目管理、资金使用、政策落实等方面问题208项，提出审计建议59条。

【经济责任和权力运行审计】 2020年，市审计局开展领导干部经济责任审计项目8个，乡镇领导干部自然资源资产离任审计项目1个，审计领导干部10人，查出问题金额17160万元，向被审计单位提出财政收支、全部政府性资金和工程管理等方面的整改意见、建议26条，移送问题线索5件。对9个单位、9名领导干部开展离任经济事项交接工作。

（杜　瑄）

统　计

【概况】 2020年，东阳市完成名录库、农业、工业、能源、科技、投资、建筑、房地产、服务业、批发零售、住餐、劳动工资、综合核算等专业统计报表。完成人才资源调查、科技进步监测、特色小镇评价、平安浙江满意度调查等专项调查工作。市统计局组织召开各类统计业务培训18次，2000余人次参加。

【第七次全国人口普查】 2020年，东阳市按照全国统一普查方案和进度安排，推进以2020年11月1日零时为标准时点的第七次人口普查工作，开展普查区划分、“两员”（普查员和普查指导员）选调、综合试点、普查培训、宣传动员、摸底调查、正式登记、数据质量验收等工作。3月，成立第七次人口普查领导小组。4月，召开动员大会，组建18个镇乡街道人口普查领导小组办公室，工作人员123人，选聘“两员”5107人，组建村级普查工作小组582个。8月末，完成划区绘图工作。9月末，完成户口整顿工作。10月11日至11月30日，开展清查摸底、短表登记、长表登记工作。12月末，基本完成登记工作。

【市镇两级及企业统计基层基础建设】 2020年,市统计局联合市委组织部、市委编办、市财政局印发《关于加强市镇两级统计人员配备的实施意见》,市政府印发《关于提高“五个关键时期”统计工作水平的若干意见》,推进市镇两级统计队伍建设、企业统计基础规范化建设。10月,市统计局开展企业统计规范化建设星级单位和优秀(先进)统计人员评选工作,12月末,召开工作总结会,表彰企业统计规范化建设三星级及以上企业369家,优秀(先进)统计员248人。

【统计监测服务】 2020年,市统计局跟踪监测重点指标和关键数据,做到事前预警监测、事中指导管控、事后研判分析。形成统计分析报告15篇,发布《东阳市2019年国民经济和社会发展统计公报》,每月按时编印、发放《东阳经济月报》,并在东阳市政府网上发布;完成《2020年东阳统计年鉴》收集、编印、发放工作。

【统计执法检查】 2020年,市统计局对45家统计调查对象开展统计执法检查工作,其中“双随机”检查26家,对1家存在统计违法行为的单位按规定进行行政处罚。

【统计普法宣传】 2020年,市统计局通过会议、培训、普查等多种形式开展统计普法宣传工作。联合国家统计局东阳调查队、虎鹿镇政府、南马镇政府等单位开展3次大型普法宣传活动。8月27日,举办“葛中”研学、统计法宣传活动。9月20日,举办第十一届“中国统计开放日”暨第七次全国人口普查宣传月启动仪式。12月8日,举办第三个“宪法宣传周”暨统计法颁布日普法宣传活动。

(王琳怡)

市场监督与管理

2020年3月13日,市市场监督管理局开展罚没物资集中销毁行动

(方立东/摄)

【概况】 2020年,东阳市市场监督管理局推进“最多跑一次”改革,持续优化营商环境;筑牢疫情防控、食品、药品、特种设备、产品质量“五大安全”防线,保障百姓民生;综合实施知识产权、质量标准、品牌创建战略,提升企业发展动能;加强和规范事中事后监管,维护市场秩序。获省市场监管系统地方市场监管工作优秀等次,被评为金华市市场监管系统综合绩效评价优秀单位、东阳市机关部门目标责任制考核先进单位。

【市场主体登记注册与清理】 2020年,东阳市设立市场主体26700户,注册资本(金)430.46亿元,分别比上年增长6.27%和26.86%。其中,设立企业7333户,增加注册资本(金)400.86亿元,分别比上年增长21.31%和28.97%;设立个体工商户19367户,增加出资总额29.60亿元,分别比上年增长1.51%和3.79%。全市市场主体总量112088户,注册资本(金)2291.49亿元,分别比上年增长13.35%和19.12%。其中,企业总量30988户,注册资本总额2183.83亿元,分别比上年增长20.49%和19.03%;个体工商户总量81100户,出资总额107.66亿元,分别比上年增长10.84%和20.82%。开展吊销未注销企业强制注销工作,强制注销被吊销营业执照三年以上但未办理注销手续的企业1513户。吊销长期不经营企业323户、农民专业合作社84户。

【经济监督检查】 2020年,市市场监督管理局加强综合执法,开展市场监管领域扫黑除恶工作。立案查处各类违法案件473起,罚没款689.2万元,移送公安机关5起,移送其他行政机关10起。卢某某涉嫌网络销售假冒伪劣口罩案被列为国家市场监督管理总局消费品质量执法稽查优秀案例;东阳市某书法培训有限公司涉嫌非法购买使用个人信息案被评为浙江“亮剑2020”侵害消费者权益十大典型案例。完善商业秘密保护体系,花园村被认定为全省商业秘密保护示范区;花园集团、花园金波科技股份有限公司被认定为全省商业秘密保护示范站(点)。会同市纪委、监委开发“烈焰码”烟票智控系统,依托全市1000余名网格员,建立“网格化”管理制度,全年通过该系统检查烟草经营户16257家次,人民网、《中国纪检监察报》、《浙江日报》等媒体报道相关做法。受理价格类投诉举报679件,为消费者挽回损失37万余元。

【小微企业培育】 2020年,东阳市增加小微企业6151户,比上年增长20.40%,其中增加“八大万亿”(信息、环保、健康、旅游、时尚、金融、高端装备制造业和文化)产业小微企业2167户,比上年增长19.79%。办理“个转企”297家,其中新转公司制企业280家,占比94.28%。增加科技型小微企业97家,比上年下降2.02%。增加股份公司17家,其中股改8家。增加知识产权贯标小微企业13家。落实中央“两直”(新增财政资金直达市县基层、直接惠企利民)政策,覆盖东阳市场主体11924户,其中,个体工商户8661户、小微企业3263户,兑付补助金额1.02亿元。

【消费维权】 2020年,市市场监督管理局12315投诉举报中心受理各类投诉举报12132件,为消费者挽回经济损失1038万元。推进“放心消费在东阳”建设,增加放心消费单位3825家、无理由退货承诺单位975家、放心工厂1502家、放心消费街区3个。设立12315维权服务站1家,累计设立12315维权服务站75家。

【市场主体年报】 2020年,市市场监督管理局开展2019年度各类市场主体年度报告工作,企业应年报24116户,年报23048户,自然年报率95.57%,工作年报率96.78%;个体户应年报65341户,年报61659户,自然年报率94.36%,工作年报率96.72%;农民专业合作社应年报307户,年报248户,自然年报率86.64%,工作年报率99.67%。管理经营异常名录,列入经营异常名录企业1834条;个体户查无下落标记异常状态1720条次。开展严重违法失信企业名单管理工作,列入严重违法失信企业95家次123条次。

【“双随机”抽查】 2020年,市市场监督管理局协调相关部门开展“双随机”抽查工作。全市“双随机”抽查事项192个,覆盖率100%,抽查主体6821户次,联合执法率14.14%。制定各类“双随机”抽查任务58个,参与任务80个,任务完成率100%,检查各类主体3047户,其中企业1283户,覆盖率5.06%,抽查事项27个,覆盖率100%,信用规则关联率91.37%。

【市场改造提升】 2020年,东门菜场、北门菜场2家农贸市场和东阳中国木雕城、花园红木家具城、东阳红木家具市场、国际汽车城4家专业市场实现“五化”(便利化、智慧化、人性化、特色化、规范化)改造提升,投入资金7870.07万元,完成改造项目316个。横店维田菜场、东门菜场、北门菜场、花园农贸市场4家市场成功新创或续创省放心农贸市场。6家市场通过省市场监督管理局星级文明规范市场创建验收,分别是国际汽车城、北门菜场四星延续,东阳国际建材装饰城、浙江缝配城三星延续,华泰皮革城、横店维田农贸市场二星延续。

【“守合同重信用”企业公示】 2020年,市市场监督管理局指导全市企业开展“守合同重信用”公示工作。续报AAA级“守合同重信用”公示企业19家,新申报AAA级“守合同重信用”公示企业5家;续报AA级“守合同重信用”公示企业49家,新申报AA级“守合同重信用”公示企业21家;新申报A级“守合同重信用”公示企业17家。办理动产抵押25件,主债权数额7107万元。

【“浙江制造”品牌培育】 2020年,市市场监督管理局推进“浙江制造”品牌培育和标准强市、质量强市、品牌强市工作。发布“浙江制造”标准8项,增加品字标企业13家,认证产品20个,入库培育企业3家。开展“百城千业万企对标达标提升”专项行动,126家企业完成填报工作,完成率为三年任务的151.80%。横店集团东磁股份有限公司主导制定的铁氧体磁心相关国际标准和永磁铁氧体瓦形磁体“浙江制造”标准获“2020年浙江省标准创新贡献奖优秀贡献奖”。浙江中科磁业股份有限公司、浙江孚诺医药股份有限公司、浙江南磁实业股份有限公司、海天建设集团有限公司、浙江新东阳建设集团有限公司5家企业获2020年度东阳市市长质量奖,浙江石金玄武岩纤维股份有限公司、东阳市旭东工艺品有限公司、天祥建设集团股份有限公司3家企业获2020年度东阳市市长质量奖提名

2020年东阳市“浙江制造”标准发布实施名单一览表

表13

序 号	标准名称	企业名称
1	《电脑横机用永磁交流伺服电动机》	浙江联宜电机有限公司
2	《变频空调压缩机用高内禀矫顽力永磁钕铁硼》	浙江中科磁业股份有限公司
3	《松紧带》	浙江澳亚织造股份有限公司
4	《超薄扬声器用永磁铁氧体》	浙江中科磁业股份有限公司
5	《烧结铁氧体片》	横店集团东磁股份有限公司
6	《三氟甲苯》	浙江康峰化工有限公司
7	《厨房电器用钕铁硼磁钢》	浙江南磁实业股份有限公司
8	《甲基多巴》	浙江野风药业股份有限公司

2020年东阳市通过“浙江制造”品牌认证企业名单一览表

表14

序 号	企业名称
1	东阳市御乾堂宫廷红木家具有限公司
2	浙江中信红木家具有限公司
3	浙江省东阳市华厦家具有限公司
4	浙江万家宜家具有限公司
5	东阳市福山木雕有限公司
6	浙江康峰化工有限公司
7	浙江南磁实业股份有限公司
8	东阳市天禧红木家具有限公司
9	浙江英洛华磁业有限公司
10	浙江大清翰林古典艺术家具有限公司
11	东阳古森家具有限公司
12	浙江联宜电机有限公司
13	国祥红木家具有限公司

奖。花园乡村振兴标准化中标省级标准化战略重大试点项目。

【产(商)品质量监管】 2020年,市市场监督管理局开展巴克球产品缺陷调查及召回工作,召开巴克球产品缺陷技术约谈会,对企业的工艺、标准、警示语标注进行指导,市5家企业完成主动召回。开展“质量提升”“学标杆、看标杆”“企业质量诚信宣誓签名”等8项行动的“质量月”系列活动。完成14个标项324个产品招标工作,开展防疫物资、多孔砖、箱包、汽柴油、针织内衣、头盔、农资化肥、电线电缆产品监督抽检和风险监测,在生产领域抽检118批次,不合格24批次;在流通领域抽检137批次,不合格7批次。强化不合格产品后处理,开展不合格后处理80批次,对其中3家多次或多批不合格的企业开展质量安全行政约谈。完成工业生产许可证取证企业一家、实行告知承诺审批获得食品相关产品生产许可证企业7家,加强生产许可证企业事中事后监管。

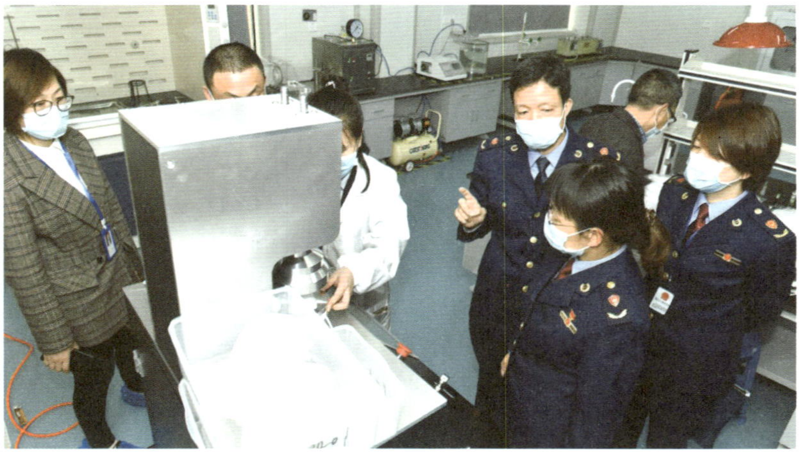

2020年4月21日,市市场监督管理局开展口罩、熔喷布专项检查

(包康轩/摄)

【特种设备安全监察】 2020年,东阳市增加特种设备2295台,其中锅炉19台、电梯1669台、起重机156台、压力容器107台、场(厂)内机动车辆331台、大型游乐设施13台,至年末,全市有在册特种设备20991台(条),其中在用特种设备18064台(条),停用2927台(条)。开展电梯疫情防控行动,出动执法人员452人次,发放《东阳市电梯疫情防控告知书》2000余份,张贴疫情宣传标识10000余份,发放消毒液110桶(5000毫升)。组织开展特种设备生产单位、叉车、

2020年3月25日，市市场监督管理局对横店景区特种设备开展专项检查

（包康轩/摄）

压力容器、机械式停车位、压力管道等“五大专项检查”，落实安全生产三年专项行动。开展特种设备使用单位日常监督检查，抽取生产单位和使用单位247家，出动检查人员494人次，排查并整改隐患27个，发放监察指令书2份。完成安全分类评价系统应用3230家，重大风险隐患日志管理信息系统应用172家。开展特种设备安全管理和作业人员培训1012人。对在东阳市有维保业务的73家电梯维保公司开展维保质量抽查，立案3起。东阳市安委办发布《关于全面加强叉车安全监管工作的通知》，对叉车实施“分区域”管理模式，明确部门、镇街职责分工。

【民生计量】 2020年，市市场监督管理局开展“放心计量”行动，检定计量器具10810台。开展验光配镜行业整治回头看，检查眼镜店108家，检查验光配镜仪器设备338台（件）。开展计量入企帮扶活动，为35家企业提供实验室开放、技术咨询等服务，帮助企业完善计量管理体系。浙江普洛生物制药有限公司、浙江新纳材料科技有限公司、浙江普洛康裕制药有限公司通过省级能源计量审查。完成东阳市产品质量标准计量检验检测中心搬迁实验室装修工程。

【食品安全治理】 2020年，东阳市被浙江省食安委命名为“浙江省食品安全市”。完成10家农村家宴放心厨房建设，推进基层食安办星级分类管理，建成三星级基层食安办8家。全市基层食安办专兼职人员、网格员在线培训覆盖率、专项知识考核覆盖率、考核合格率以及全科网格员在线培训考核覆盖率、考核合格率达到5个100%。由基层食安办专兼职人员、网格员组成的东阳代表队参加金华市2020年基层食品安全协管能力知识竞赛，获金华市团体二等奖。在浙江工业大学举办一期2020年基层脱产培训班，全市18个镇乡街道食安办分管领导，食安委有关成员单位分管领导、业务科室负责人等65人参加。70家学校食堂建成“智能阳光厨房”并接入省智慧监管一体化平台，66家外卖餐饮店“阳光厨房”上线。东阳市乡厨协会成立，首批登记入会乡村厨师71人。推进食安管理员考核工作，355家企业参加并通过考核。开展重大活动食品安全保障，检查餐饮单位205家、学校食堂280家，保障人员3万余人次。配合市政协完成外卖食品安全监管“请你来协商”活动。全年开展春节期间食品安全专项整治、食品经营许可数据清理、春秋季开学专项检查、疫情防控期间积压食品及原料清查等10余项专项行动，全面保障食品安全。召开全市食品生产企业监管暨落实企业主体责任工作会议，与97家食品生产企业签订食品安全责任书。8家食品生产企业和小作坊通过5S（整理、整顿、清扫、清洁、素养）考核。成功创建2家放心肉菜示范超市（杭州联华华商集团有限公司东阳艺海北路店、浙江好乐多商贸有限公司好乐多广场店）。

【食品安全检测】 2020年，市市场监督管理局开展食品安全抽检工作，完成食品监督抽检1587批次；落实“抽

2020年3月30日，市市场监督管理局开展茶叶及其制品专项检查

（包康轩/摄）

2020年4月13日,市市场监督管理局执法人员在东阳中学检查食堂原料贮存、清洗消毒等情况 (包康轩/摄)

检分离”改革,实施抽检120批次;开展“你点我检”食品安全“九进”(进社区、进超市、进市场、进生产企业、进配送企业、进养老机构、进学校、进酒店、进医院食堂)系列活动,检测食品125批次。做好吴宁街道西街社区、歌山镇西宅村、马宅镇马宅村、佐村镇佐村村4个快检室的快检工作,共检测食品7161批次。

【进口冷链食品疫情防控监管】 2020年,市市场监督管理局组建进口冷链食品“物防”工作专班,开展进口冷链食品“全受控、无遗漏”闭环管理大排查,对辖区内70家农贸市场、99家大中型超市、201家餐饮单位、81家食品冷库等重点主体开展检查,出动执法人员13496人次,检查重点主体11611家次,责令整改871个,立案查处16家。推进“浙冷链”食品追溯系统应用,激活全市389家冷冻食品经营单位,赋码12515张,扫码40081张。东阳进口冷链食品集中监管仓正式启用,对26吨货物进行核酸检测和预防性全面消毒。

【药品医疗器械化妆品监管】 2020年,市市场监督管理局建成“送药上山进岛”便民服务点5家(累计建成10家)。新冠肺炎疫情防控期间,帮扶化妆品生产企业“跨界转产”,有12家化妆品生产企业跨界生产消毒剂,产能27万瓶/天。成立专班,开展防疫物资生产企业帮扶和监管,全市医用防疫物资企业增至8家。开展医疗器械“清网”、化妆品线上净网线下清源、“药剑”等11个药械化专项检查,检查药品生产企业20家次、化妆品生产企业37家次、器械生产企业30家次、药品批发连锁企业19家次、药品零售企业1260家次、器械经营使用单位683家次、美容美发单位84家次,立案26起,罚没款266万元。推进化妆品“百千万”(一百条美丽消费示范街、一千个美丽消费示范市场、一万个美丽消费示范经营店)工程提升项目,完成1条示范街、3家示范商场和15家示范经营单位建设,完成化妆品抽检任务72批次,完成率100%;完成国产非特殊用途化妆品备案后审查1283款,责令改正302款;审核上报化妆品不良反应52例。开展药械不良反应监测和化妆品备案后检查工作,审核上报ADR(药品不良反应)1255例,完成金华市下达目标值的136%;审核上报MDR(医疗器械不良事件)219例,完成金华市下达目标值的135%;发放2019年ADR、MDR专项补助经费6.1万元。

(方立东)

安全生产

【概况】 2020年,东阳市发生生产安全事故11起,比上年减少3起,下降21.4%;死亡13人,比上年减少6人,下降31.5%。其中:工矿商贸企业事故4起,死亡5人;生产经营性道路交通事故7起,死亡8人;未发生列入统计口径的生产经营性火灾、水上交通、渔业船舶及铁路路外等事故。实现事故起数、死亡人数“双下降”的目标;自然灾害实现“不死人、少伤人、少损失”的目标。

【安全责任落实】 2020年,东阳市成立以市委副书记、市长楼琅坚为组长,市委常委、常务副市长陈洪为副组长,13个部门单位主要负责人为成员的安全生产专项整治三年行动领导小组,下设工作专班,专班分设综合组、简报组、督查组和执法组,建立五项工作制度,形成“三个一”(每月召开一次安全风险研判会、每月组织开展一次督查、每月进行一次通报)工作机制。对生产安全事故实行提档约谈,对1人事故由分管副市长进行约谈,2人事故由市长进行约谈,全年约谈4次,涉事故责任单位7个。市安委会启动首轮安全生产巡查工作,成立7个巡查组,对镇街主要领导在内的176名人员进行询问谈话,现场随机抽查生产经营单位90个,发现问题隐患487处并全部完成整改。

【隐患排查治理】 2020年,东阳市完成各级政府挂牌隐患19处。开展各级政府督查发现问题隐患整改工作,其中省级督查18家单位55个隐患问题,金华市级督查67家单位123个隐患问题全部整改完成。

【化工园区建设】 2020年,东阳市对标《浙江省化工园区综合评价体系》,对横店化工专业区、六歌医药化工集聚区(含经济开发区万亩千亿平台生物医药园区)加强统一监管,完成园区管委会设立、机构人员配置、系列管理制度建立。完善配套功能,形成园区应急指挥中心、危化品停车场、园区封闭化管理、应急救援保障、医疗求助服务五大功能框架。10月,横店化工专业区、六歌医药化工集聚区通过省级评定。

【行业企业专项整治】 2020年，市应急管理局开展工矿企业风险管控工作，其中检查矿山企业55家，发现隐患17条；清理涉高温金属熔融企业2家，立案处罚1家，7家高风险作业企业补充“三同时”（生产经营单位新建、改建、扩建工程项目的安全设施，必须与主体工程同时设计、同时施工、同时投入生产和使用）或设计诊断。

开展危化企业专项整治，深化使用危化品化工类企业治理，排查整改隐患18条，责令停产整改企业1家。治理涉爆危化品企业，对涉硝酸铵、硝化棉的3家企业开展储存场所定量风险评估，排查整改隐患15条，拆除或停用2家具有甲乙类火灾危险性、粉尘爆炸危险性、中毒危险性的厂房（含装置或车间）和仓库内的休息室、巡检室。督查危化品全链条安全，发现问题隐患81条，下达执法文书26份，责令停产整顿企业1家。印发《东阳市非法违法“小化工”专项整治实施方案》，集中打击非法违法“小化工”企业。

【智能监管】 2020年，东阳市开展“园区智慧大脑”试点工作，投资300余万元，在江北小微企业孵化中心一期各生产区域安装大量安防监控和感知设备，实现用水、用电和喷涂等风险性较高作业等环节的全过程监控。在湖溪镇开发“安全大脑”，所有“三场所两企业”（有限空间作业场所、涉及可燃爆粉尘作业场所、喷涂作业场所、船舶修造企业、涉氨制冷企业）、一般工贸类使用危险化学品企业实现风险日报和管控承诺，融入电子台账、扫码检查、3D呈现等功能模块，监管部门可随时调取企业基础信息和风险排查管控记录。推广特种作业安全码，注册企业245家，录入特种作业人员1369人。8家涉危险工艺企业加装SIS系统（安全仪表系统），优化8家危化品重大危险源企业生产储存设施，实现视频和数据在线检测监控。

【互联网+执法】 2020年，市应急管理局开发“移动安监通”，实现行政执法全过程信息化，查处安全生产违法行为和事故案件113起，收缴罚款376万元，移送公安机关追究刑事责任2人，移交市监委追责1人，其中事故类案件12起，收缴罚款113万元。浙政钉“掌上执法”进入常态化应用阶段，设置专项检查任务19个，“双随机”任务32个，全年检查企业126户次，掌上执法应用率100%。

【安全生产宣传教育培训】 2020年，东阳市探索教育培训新模式，开拓安全生产宣传阵地。开发安全生产知识教育网络培训系统，注册学习人数3万余人。打造安全教育体验馆，建成6处安全体验馆，体验3万余人次。组织线下培训143期14684人，完成浙江省安全生产网络学院注册34826人，通过23881人，线上线下全部完成109.9%。“东阳应急管理”微信公众号常态化运行。开展安全生产月系列活动，上演为期一个月的安全生产公益灯光秀宣传。宣传稿被《中国应急管理报》采用35篇。

（吴秋馨）

海 关

【概况】 2020年，东阳市实现外贸进出口总值276.4亿元，比上年增长27.8%。其中，出口257.9亿元，进口18.5亿元。加工贸易进出口值13.4亿元，其中出口11.4亿元，进口2亿元。金华海关东阳办事处监管进出口集装箱22.15万标准箱，查验报关单1859票，查获申报不实案件236起，侵权案件31起，涉证案件16起，查获率13.66%，比上年增长15.47%。查获烟花、假冒防疫物资、冷冻食品等重点敏感商品。查获24批不合格“防疫物资”，移交缉私局处置14宗。查获1宗假冒医用手套案件并移交公安部门获刑事立案，被海关总署纳入典型案例。东阳保税仓出入库木材、塑料粒子等91批次，总重4.5万吨，货值1.04亿元，缓税485万余元，惠及中小木材加工企业50余家。一般贸易进境木材90批次，1.3万吨，货值3017万元，征税295万余元。

【“两段准入”监管作业改革】 2020年，金华海关东阳办事处根据《海关全面深化业务改革2020框架方案》总体要求，推进海关“两段准入”▲监管作业改革。结合义乌国际贸易综合改革试验区框架方案、义甬舟开放大通道、浙江自贸区相关政策，以进境木材监管为重点，联系风控局优化出仓风控指令，与口岸海关建立联系配合机制，推动完善“两段准入”信息化系统，落实细化跨关区通关、转场等操作流程，探索构建陆海联动海关监管新机制。全年为东阳长征公用型保税仓出仓木材查验400余柜。

▲“两段准入”：海关以进境货物准予提离口岸海关监管作业场所（场地）为界，分段实施“是否允许货物入境”和“是否允许货物进入国内市场销售或使用”两类准入监管（分别简称“第一段监管”和“第二段监管”）的监管作业方式。“第一段准入”是指，进口货物提离口岸海关监管区前，海关对有检疫、查验等要求的货物，实施口岸检查，确定“是否允许货物入境”；“第二段准入”是指，进口货物提离口岸海关监管区后，海关对有检验要求的货物，实施目的地检查，确定“是否允许货物进入国内市场销售或使用”。

【依法监管】 2020年，金华海关东阳办事处优化“两简”案件（简单案件和简易程序案件）办理流程，规范现场查验异常的案件办理。根据监管现场需求，优化监管模式。新冠肺炎疫情防控期间，党支部在原“24小时”通关基础上，增加党员支援值班，延长查验工作时长。确保合格货物“零接触”“零延时”通关的同时，查获多批不合格防疫物资。其中，移交缉私局处置9宗；移交现场“两简”案件处置11宗；移交地方运管按涉嫌危险品运输案件处置2宗；移交市场监管部门处理“三无”防疫物资案件5宗；移交公安部门获刑事立案假冒医用手套案件1宗，并被海关总署纳入典型案例。加强与杭州海关风控局和口岸监管处联系，结合H986海关大型集装箱检查集中联网审像应用系统，针对市场采购小商品特点，联合义乌海关对重点敏感商品实施精准打击。按照《海关监管作业场所(场地)设置规范》《海关监管作业场所(场地)监控摄像头设置规范》等文件要求,排查规范海关监管作业场所,对2家换证场所实施现场核查,对全海关摄像头进行梳理排查,增加5台辐射监管设备入网升级改造;强化新一代查验管理系统、单兵系统、智能电子锁的应用,确保监管到位,物流顺畅。

【"安全生产月"活动】 2020年,根据《金华海关2020年安全生产月和安全生产万里行活动方案》,金华海关东阳办事处利用学习强国、钉钉等线上学习平台,组织开展安全生产知识集中学习培训;在监管作业场所、报关大厅、受理窗口等,张贴"安全生产月"活动宣传标语、利用电子屏滚动播放安全生产标语。开展监管场所和办公场所安全检查,重点检查监管场所涉危货物存储和监控摄像头,办公场所配电房、食堂、消防监控等重点区域。开展对涉危生产企业的安全生产宣传,发放《安全生产告知单》,对企业资质、进出口申报、储存、灌装、包装容器采购等重点环节开展安全隐患排查,对内部涉危岗位资质、人员能力、监管作业规范、人员防护设施等方面进行排查。对监管作业场所、公用型保税仓、口岸卫生、动植物检疫、食品安全和涉危企业等每月开展1次检查,全年督促整改安全隐患3个。加强与地方部门联系沟通,与金华市应急管理局开展工作协作,邀请安全生产专家上门指导安全知识。

【原产地证书签证便利化改革】 2020年,海关总署在杭州、宁波、上海、深圳等海关开展原产地证书智能审单试点。证书类型包括普惠制证书、非优惠证书以及各类自贸协定原产地证书共计16种。8月10日,杭州海关所属金华海关作为全国首批试点海关之一正式上线智能审单系统。

【食品、化妆品安全监管】 2020年,金华海关东阳办事处配合市食安办做好省级食品安全市创建考核验收工作。联合市市场监管局开展"春安行动"专项整治,对4个区域的冷库及冻品开展联合执法检查,完成出口食品、化妆品检验126批,非洲猪瘟抽样检测1次,出口申报前监管5次,开展总署出口化妆品安全抽检3批,出具换证凭单1份,获总署食品化妆品舆情监测录用2篇。

2020年10月20日,金华海关东阳办事处工作人员对浙江老汤火腿食品有限公司开展日常监督管理,对金华火腿卫生质量、企业非洲猪瘟疫情防控体系和追溯体系保持情况进行检查 (朱晓斌/摄)

【生物安全】 2020年,金华海关东阳办事处联合市市场监管局等部门,检查部分经营场所是否存在野生动物交易活动;协助市商务局做好粮食安全市长责任制工作中关于进口粮食的风险管控,核查进口粮食存放单位2次。东阳辖区有出境竹木草生产加工企业51家,核查竹木草制品企业11家;出境竹木草制品企业放单248批,出具植物检疫类证书31份,换证凭单3份。签署木材类入境货物检验检疫证明31份。开展杂草监测3次,监测到杂草86种次。布置4个实蝇监测点,开展10次实蝇监测,收集实蝇1442头。通过东阳华数空中课堂和现场展示资料等多形式开展国门生物安全宣传。

【进出口商品货物检验监管】 2020年,金华海关东阳办事处完善一般工业品进出口检验。办理入境一般工业品检验71批,主要为旧机械臂、重复使用旧钢瓶、热压卷钢、磁粉、贴片机以及旧封口机。完成进口危险化学品检验5批。完成出口至协议国家货物装运前检验监装6批。完成纸箱、气雾罐等危险货物包装性能检验548份,通报退货调查3批。

【调研调查】 2020年,东阳辖区内危险货物包装、危险化学品生产企业从上年的19家增至36家,出具《出入境货物包装性能检验结果单》和《出境危险货物运输包装使用鉴定结果单》从上年的365份增至1359份,增长3.7倍。金华海关东阳办事处到企业开展一对一调研指导帮扶,重点宣传危险货物包装、危险化学品通关、加工贸易、原产地证等相关政策及海关总署、杭州海关和金华海关帮扶企业的各项优惠措施。现场解答企业在业务拓展和办理过程中遇到的问题,介绍属于危险货物的消毒产品的出口相关流程、时间、费用等企业关注的问题。金华海关东阳办事处报送的帮扶案例"用心用功多措并举助力辖区企业拓展海外市场"获杭州海关"三服务"("服务企业"专项)最佳案例提名。

(朱晓斌)

农业

·综述·

【概况】 2020年，东阳市农林牧渔业总产值27.64亿元，比上年增长2.0%；农林牧渔业增加值18.95亿元，比上年增长1.8%。粮食播种面积16504公顷，比上年下降0.33%；经济作物播种面积16629公顷，比上年增长0.3%。 （张许杰）

【农作物种植】 2020年，东阳市粮食播种面积16504公顷，总产量9.56万吨，主要粮食作物水稻耕种收综合机械化水平86.5%。有规模种粮户281户，流转承包耕地面积4900公顷，稻麦复种面积7866.67公顷，其中早稻面积3493.33公顷。全市建立水稻高产百亩示范方15个，面积166.33公顷；水稻高产千亩示范方8个，面积587.27公顷。其中早稻高产示范方18个，面积654.6公顷，品种主要为“中早39”“金早47”；晚稻高产示范方5个，面积99公顷，品种主要为“甬优17”“嘉丰优2号”“嘉优中科13-1”等。 （胡红强）

东阳市蔬菜播种面积7519公顷，总产量19.6万吨，总产值8.25亿元。开展蔬菜基地调整工作，全市保留蔬菜基地27个，重点监管蔬菜基地19个，蔬菜基地面积262公顷。加强基地质量安全整治，在城东街道、江北街道、佐村镇等主要蔬菜种植区组织召开各类放心菜生产技术培训班，培训菜农850余人次，发放技术资料5520份。对重点监管蔬菜基地进行不定期抽检，检查生产记录情况和农药使用情况。 （吴云峰）

推广测土配方施肥面积33400公顷，减少不合理化肥施用量112吨。开展标准农田质量提升土壤培肥项目，涉及二等田1966.5公顷，其中1082.5公顷二等田于12月开展验收，经验收，1055.5公顷二等田达到一等田标准，通过率97.5%。开展沃土工程项目，建立核心示范方3个，耕地培肥景观化示范园（带）2个，3.33公顷以上示范畈40个，示范面积633.4公顷。开展冬绿肥种植示范，以种植紫云英、油菜为主，部分种植黑麦草。开展农田土壤污染监测预警体系建设，对15个常规监测点和10个综合监测点进行采样分析监测，据监测情况显示，东阳市农田土壤情况总体良好，其中1个监测点的土壤重金属浓度高于风险筛选值，而低于风险管制值，其余土壤中重金属均未超标，土壤污染风险低；灌溉水中所有指标均符合标准要求；所有农产品重金属均符合国家标准GB2762限量值要求。开展耕地土壤质量类别划分工作，将东阳市耕地划分为优先保护类、安全利用类、严格管控类3个类别。开展受污染耕地安全和严格管控工作，综合采取低积累品种替代、土壤改良、肥水调控、叶面阻控等技术措施，推广受污染耕地安全利用技术体系和应用模式，推进中轻度受污染耕地安全利用，东阳市受污染耕地安全利用率达100%。 （王　芸）

东阳市中药材生产总面积2844公顷，总产量10432吨，总产值2.10亿元。其中元胡收获面积1287公顷，浙贝母收获面积1030公顷，均比上年略有下降。开展元胡、杭白芍等中药材种质资源收集保护工作，抓好新品种选育研究、良种提纯复壮工作，建立元胡、杭白芍种质资源圃，扩大杭白芍“浙芍1号”、元胡“浙胡1号”和“浙胡2号”的繁育能力，推进中药材良种化进程。 （金　怡）

东阳市茶园总面积3426公顷，茶叶产量216.1万千克，产值8547万元。其中东阳市木禾种茶园面积2141公顷，无公害茶园面积836.3公顷。主要有东白春芽、东白龙井等系列产品。三单乡楼刚富获2020年浙江省龙井茶手工炒制技能大赛十大能手。 （王　霆）

东阳市水果生产面积3255公顷，产量46975吨。位于巍山镇茶场村的“东阳市太阳红农庄”创建为浙江省种植业“五园”的“精品果园”示范基地，基地面积6.7公顷，为采用大棚设施栽培、连片种植的优质葡萄园。由东阳市种植业技术推广中心承担，东阳市冠绿果品种植场实施的2018—2020年度浙江省产业技术团队生产示范点建设项目——“改良棚架梨园综合增效技术示范”，完成所有建设内容并通过验收。由东阳市种植业技术推广中心承担，浙江花园农业发展有限公司实施的2020—2021年度浙江省产业技术团队生产示范点建设项目——“桃‘Y’形整形修剪技术示范”，实施期限2年，省补资金20万元。 （王加更）

【渔业】 2020年,东阳市开展渔业资源增殖放流,投放夏花鱼苗1094.52万尾,冬片鱼种196.35万尾。东阳市创建国家级健康养殖示范场1家、省级健康养殖示范场2家,通过省级稻渔综合种养示范基地1家,建立鱼病害测报监测点3个。开展禁渔巡查256次,出动执法人员392人次,在禁渔区收缴非法捕捞工具183件,包括逆变器、游丝网、地笼、抛网、抛竿、连体雨衣等。开展"东阳江清网行动",集中清除东阳江橡皮坝至水豆桥段的地笼、游丝网等非法捕捞工具35件。开展联合行动4次,查获偷钓者47人次,收缴钓竿70余根、渔网(游丝网)12副、各类鱼饵和渔具120余件。渔政中队全年立案19起,其中电鱼9起,毒鱼1起,网鱼9起,19起全部办结,罚没款2.25万元。10月10日,在东方红水库放生歌山镇村民发现的1条野生大鲵。11月6日,会同市人民检察院、市教育局、市水务局在东阳江镇中心小学举办"2020年水生野生动物保护科普宣传进学区活动"。 (卢超杭)

【农业机械】 2020年,东阳市农机总动力37.3万千瓦,有大中型拖拉机779辆,联合收割机633台,粮食烘干机358台,插秧机368台,粮食生产耕种收机械化水平86.51%。办理农机具购置补贴751台(套),受益农户523户,增加烘干机20台。完成水稻机械化插秧面积1052.4公顷,机械化烘干粮食66010吨,使用农机购置补贴资金608.14万元,作业环节补贴资金253.29万元。

全年推广高速插秧机43台,大中型拖拉机38辆,全喂入联合收割机1台,粮食烘干机20台,高新植保无人机20台,茶叶加工机械92台,茶树修剪机165台,耕整地机械229台,山地轨道运输机11(套),热风炉14台,施肥机械23台,秸秆粉碎还田机22台,剥壳(去皮)机械7台,增氧机9台,抓草机1台,田园管理机24台,播种机械21台。

全市有139台水稻插秧机安装农机北斗管理终端,生成各类机插数据4570条,其中审核通过有效数据3292条。举办植保无人机香榧授粉演示会、中药材(元胡、贝母)机械化收获演示会、果蔬种植消毒臭氧发生设备演示会、自走式秸秆打捆机现场会、油菜直播机械现场会等。 (吴 琼)

【高标准农田建设】 2020年,东阳市组织实施新建高标准农田202.2公顷,高效节水灌溉100.27公顷,总投资1042万元。年内建成塘堰(坝)1座、泵站2座,疏浚沟渠3.03千米,衬砌明渠(沟)3.34千米、渠系建筑物59个,新建田间道路11.97千米。 (周国杰)

【农产品质量安全管理】 2020年,市农业农村局完善追溯体系建设,199家农产品生产主体被纳入追溯库,基本实现农业企业、家庭农场、专业合作社及规模种养户等主体生产的主要农产品可追溯。

全年完成市级农产品定量检测600批次,其中蔬菜272批次、水果94批次、茶叶8批次,稻米28批次,畜禽产品133批次,水产品65批次,合格率99.3%,处置率100%。乡镇快检6121批次,合格率98%。生猪尿样瘦肉精快检养殖环节监测752批次,屠宰环节4980批次,合格率100%。完成绿色食品认证5个,无公害农产品复查换证6个,"东阳元胡"成功申报农产品地理标志登记保护,主要食用农产品绿色优质比率56%。 (叶 凯)

·农村经济·

【概况】 2020年,东阳市集体经济总收入167521.13万元,其中经营收入96306.67万元、发包及上交收入16694.17万元、投资收益7699.73万元、补助收入20155.19万元、其他收入26665.37万元;总支出48408.56万元,本年收益119112.57万元。全市有村经济合作社593个,有经营收益的村经济合作社550个,无经营收益的村经济合作社43个。至年末,村级集体资产总额1491676.91万元,其中货币资金374299.97万元;村级集体负债总额103343.11万元;核实所有者权益1388333.80万元。

【经济薄弱村消除】 至2020年年末,东阳市52个省定相对经济薄弱村有45个达到省定消除薄弱村目标,完成省定任务数的281.25%。全市345个行政村总收入95214.51万元,村均275.98万元;经营性收入68833.41万元,村均199.52万元。

【村经济合作社股份制改革】 至2020年年末,东阳市有村经济合作社593个,578个完成股份制改革,占总数的97.47%。共量化资产总额618391.04万元,其中经营性净资产336418.30万元。界定成员股东712308人,股金分红总额53580.05万元。

【农村集体"三资"管理】 2020年,东阳市农村集体资产总额1491676.91万元,其中流动资产495691.71万元、农业资产1543.60万元、长期资产22811.63万元、固定资产971629.97万元。村级集体负债总额103343.11万元,其中流动负债72947.27万元、长期负债30395.84万元。全市593个村经济合作社实行财务公开和会计电算化。

【农村财务管理与审计】 2020年,东阳市593个村经济合作社全部开展财务清理(审计)工作,其中审计75个,审计单位资金总额78473.88万元,发现违纪金额62.47万元,退赔金额2.3万元。

【农民专业合作社】 至2020年年末,东阳市有农民专业合作社306家,其中种植业206家、林业39家、畜牧业11家、渔业5家、服务业39家、其他6家。有规范化合作社50家。合作社统一组织销售农产品总值8029.8万元。合作社全年经营收入10941.98万元,盈余3064.38万元。

【家庭农场】 至2020年年末,东阳市录入名录的家庭农场有983家(经工商注册登记693家),其中从事种植业823家、畜牧业51家、渔业51家、种养结合28家、其他30家。有省示范性家庭农场24家,金华市示范性家庭农场8家，东阳市示范性家庭农场46家。家庭农场经营土地面积6260公顷，全市家庭农场年经营性收入16050.92万元。拥有注册商标的家庭农场24家。

（吴江平）

·新农村建设·

【"美丽乡村"建设】 2020年，东阳市成功创建浙江省新时代美丽乡村示范县，成功创建新时代"美丽乡村"达标村87个、精品村30个，省级"美丽乡村"示范乡镇1个（歌山镇），特色精品村5个（湖溪镇八里湾村、南市街道大联村、画水镇许宅村、虎鹿镇厦程里村、城东街道堂鹤村），历史文化保护利用重点村1个（横店镇官桥村）。全市258个自然村参与"十佳村十差村"评选，创建项目1342个。完成5次"十佳村十差村"考核评选活动，评选产生"十佳村"50个、"十差村"50个。完成第六批省历史文化传统村落保护利用重点村（横店镇官桥村）、第六批省历史文化传统村落保护利用一般村（巍山镇麻家村、虎鹿镇潦溪村、南马镇中兴联村）的项目建设，推进第七批省历史文化传统村落保护利用重点村（虎鹿镇厦程里村）和第八批省历史文化传统村落保护利用重点村（画水镇洪塘村）的项目建设。（张舜波）

【农村人居环境提升"百日攻坚"行动】 2020年，东阳市开展为期3个月的农村人居环境提升"百日攻坚"行动，制定"四清五整六提升"（"四清"：村内环境大清理、四周田园大清理、道路两侧大清理、河塘沟渠大清理。"五整"：整治乱堆乱放、整治乱搭乱建、整治乱贴乱画、整治乱接乱拉、整治乱养乱跑。"六提升"：提升垃圾分类水平、提升污水运维水平、提升厕所管理水平、提升庭院美化水平、提升绿化养护水平、提升长效管理水平）工作内容，全市清理乱堆乱放35537处，清理垃圾39293吨，拆除违章搭建面积125793平方米，杆线序化村1162个，拆除破广告牌、标识1323处，清理河塘沟渠4473处，整治乱养家禽4640处，扩建公厕67个，技术改造提升阳光堆肥房15座。

（张舜波）

【农村生活垃圾分类】 2020年，东阳市成功创建省垃圾分类项目村1个（南马镇双溪口村）、省级高标准示范村2个（佐村镇斯光村、东阳江镇召塘里村）、省垃圾分类处理村17个，创建垃圾分类东阳市级示范村47个。完成南马镇双溪口村省垃圾分类项目村建设任务。全年评出垃圾分类月度"最好村"50个，"最差村"80个。完成阳光堆肥房专项整治工作，技改提升阳光堆肥房15座，提高堆肥效率。农村生活垃圾分类处理村覆盖率87.5%，金华市垃圾分类优秀村覆盖率85%。（叶　俊）

【扶贫开发】 2020年，东阳市认定低收入农户6251户8924人。完成全市2019年度低收入农户小额贷款贴息，贴息58992元。制定《东阳市低收入农户高水平全面小康计划（2020—2022年）》，在推进农村相对贫困治理方面提供制度保障。推行低收入农户医疗补充性保险，投入财政资金134.37万元，实现低收入农户全覆盖。（马嘉俊）

·乡村振兴·

【花园村乡村振兴综合改革试点】 2020年，南马镇花园村围绕建设规划建设、社会治理、乡村产业振兴、综合服务管理、生态文明、要素保障支撑体系六大体系建设，探索浙江特色新时代"美丽乡村"经济发展新动能、社会治理新模式、乡村管理新途径，破除阻碍城乡融合发展的体制机制。全年完成乡村振兴改革任务55项，建立全国首个村级市政管理委员会，实施全国首家"智慧乡村"项目，编制浙江省唯一的村级村庄规划技术标准，组建省内第一家村级法律事务委员会。

【"两江两镇"乡村振兴示范区】 2020年，东阳市启动"两江两镇"乡村振兴示范区建设，示范区涉及六石街道、湖溪镇，实施期限两年，财政总投入6000万元，建设12个大项，重点工作任务是两个镇乡街道分别打造1个核心区块、1条游线和多个示范点。2020年完成10大项32个子项的建设任务，财政投入3000万元。至年末，六石街道和湖溪镇按计划完成所有年度建设项目。其中，六石街道的"一核"——白溪江农文旅集成示范区基本成型；"二线"——"卌"字休闲风光带中白溪江、鹤岩溪休闲绿道、北山休闲绿道、红色革命文化带一期工程完工；"多点"——北后周研学项目、智慧农场土地整理项目和乡村影视旅游会客厅完成建设，吴良老街、荷花公园项目完成基础建设。湖溪镇"一核"——八里湾共享田园核心区块建设完成，并成为2020年的金华和美乡村现场会的参观点；"一线"——南徐线绿道联网、南江户外运动基地配套、南江中小河流治理、西堆产业特色精品村建设完成；"多点"——上田影视外景基地、天宝生态文化园（一期）、东雕园影视外景基地综合开发利用完工并投入运用。

【"美丽乡村"风景线】 2020年，东阳市完成追梦剧情、乡愁记忆、回归自然3条风景线建设，形成城区、横店、花园影视、红木旅游专线闭环。风景线涉及江北街道、六石街道、城东街道、湖溪镇、横店镇、南马镇、巍山镇、佐村镇、三单乡9个镇乡街道，建设总长度约100千米，总投资约3亿元。城投集团、交投集团、水投集团承接建设任务，项目建设包括沿线景观绿化提升、立面改造、管线整治、公共服务设施配套（绿道、停车场、服务中心、公共厕所、路灯等）及其沿线重点村环境提升等。

【共享田园建设】 2020年，东阳市按照"示范引领、分步实施"的思路，启动六石街道、城东街道、南市街道、横店镇、南马镇、巍山镇、歌山镇和湖溪镇8个共享田园建设，项目规划总面积890.27公顷，规划总投资约7亿元，其中政府投资计划控制在2.3亿元左右。至年末，投资2亿元，8个共享田园土地流转率、"六乱"（农药废弃物乱堆乱放、农业设施用房乱搭乱建、田园杆线乱拉乱接）整治完成率、抛荒地整治率100%。基本完成大联、八里湾等6个共享田园建设。

【“三强六无五美”村创建】 2020年,东阳市推进基层党组织“五星争创”和“六无”(无重大治安刑事案件、无造成重大不良影响诉讼案件、无异常上访、无邪教事件、无赌毒违法犯罪活动、无亡人重大公共安全事故)“五美”(生态宜居环境美、乡土特色风貌美、设施配套服务美、业新民富生活美、人文和谐风尚美)创建,依托乡村振兴大会战总载体,推进“十佳村”创建、“百局联百村”等工作。制定《2020年度东阳市“十佳村”创建建设项目专项资金管理办法》和《东阳市美丽乡村建设“十要十不要”指导意见》,从创建理念、项目建设、后续管理等方面指导创建村开展相关工作,创建“三强六无五美”达标行政村(社区)84个,其中示范行政村(社区)27个。

(何玲玲　陈巧丹)

·畜牧业·

【概况】 2020年,受非洲猪瘟疫情影响,东阳市生猪生产下降,其他畜禽饲养量基本稳定。至年末,全市生猪存栏3.19万头,其中能繁母猪0.27万头,出栏5.4万头。存栏生猪50头以上的规模猪场留存75家,存栏生猪3.01万头。全市家禽存栏45.81万羽,出栏77.88万羽。存栏500羽以上蛋禽场有55个,存栏19.26万羽;出栏2000羽以上肉禽场有22个,出栏22.35万羽。山羊存栏0.59万只,年出栏0.79万只。牛存栏890头,年出栏667头。

【生猪增产保供】 2020年,东阳市开展生猪提能增养专项行动,按照“新建一批、改扩建一批、挖潜一批”原则,推进新建场建设、空栏场补栏、现养场增养。分析生猪生产存在的问题,将目标任务分解落实到镇到场。落实工作人员联镇联场责任,开展规模猪场调查摸底工作,了解各场生产意愿及存在困难。一对一指导猪场做好非洲猪瘟防控措施,宣传相关生猪生产扶持、保险等政策,提供相关的租赁信息,收集并提供种猪、仔猪信息,指导养猪场做好引入种猪仔猪需办理的各种手续及注意事项,确保生猪安全生产。指导有增栏补栏意向的猪场开展设施设备更新和标准化改造工作。引导鼓励有条件有意愿改扩建猪场,因场施策,制定实施方案,完成设施农用地审批备案,对开展扩建养殖场督促加快建设进度,倒排工期,争取提早竣工投入生产。吴宁高新、虎鹿三星等猪场改扩建完成并投产,歌山欣成、巍山叶小敏猪场等空栏场复养,生猪产能增加。

【畜牧业生态建设项目实施】 2020年,市农业农村局推进东阳华统牧业新建年出栏15万头生猪养殖场和皇野生态有限公司出栏10万头生猪的农业综合园区建设。至年末,华统牧业新建猪场完成土建工程的80%,皇野生态有限公司的农业综合园区落实选址工作。

【抗击疫情】 2020年,新冠肺炎疫情对畜禽生产造成一定影响,针对因交通管制导致养殖场饲料运不进、畜禽产品运不出的情况,市农业农村局与疫情防控指挥部沟通协调,为养殖场开具通行证、联系单等92张。调查畜禽产品压栏情况,将产品库存信息报送省市营销平台,与蔬菜配送公司对接,将养殖场库存禽蛋等产品销出。疫情防控期间将疫病防控技术、畜禽安全生产技术,寒潮期间生产要点等生产技术以及相关养殖业增产保供、信贷等扶持政策,通过微信、电话等形式传达到养殖场,减少养殖场损失,恢复生产能力。

【畜产品安全生产】 2020年,市畜牧兽医局落实畜产品生产主体及监管职责分工,加强对畜产品生产主体的生产指导及监督管理工作。宣传畜产品安全知识,规范养殖行为,强化主体责任意识。加强饲料及饲料添加剂、兽药等投入品档案记录检查,为实施饲料绿色环保化行动和兽用抗菌药使用减量化行动做好基础。配合农业农村部、省、市及市农业农村局农产品质量安全例行检查,对生猪定点屠宰场、农贸市场、超市以及规模养猪场、养禽场等进行畜产品安全检查。配合省、市畜产品安全例行抽检,抽捡猪肉、猪肝、禽肉,禽蛋等61批次,抽检合格率100%。市农业农村局自行抽检委托第三方检测98批次,合格率100%。

【养猪场污染整治】 2020年,市畜牧兽医局明确畜禽养殖场是粪污处理及资源化利用的主体责任,落实联场监管责任,指导畜禽养殖场办理环评备案登记,督促畜禽养殖场建设完善养殖场粪污处理设施设备,落实农牧结合配套消纳地,养殖场排泄物综合利用率98.1%。开展排查、整改、资料整理等工作,完成第二轮中央环保督察迎检工作。

【动物春秋集中强制免疫】 2020年,东阳市实行散养动物集中免疫,规模场按程序免疫制度。全年免疫猪瘟9.56万头,使用猪瘟疫苗28.2万毫升;免疫猪口蹄疫9.41万头,使用猪口蹄疫疫苗28.7万毫升;免疫蓝耳病6.1万头,使用蓝耳病疫苗13.2万毫升;免疫家禽73.8万羽,使用禽流感疫苗80.4万毫升;免疫牛0.11万头、羊0.79万头,使用牛羊口蹄疫疫苗3.41万毫升。

【非洲猪瘟防控工作】 2020年,市畜牧兽医局开展“大排查、大检测、大消毒、大提升、大整治”专项行动,做好非洲猪瘟防控工作。开展非洲猪瘟紧急排查、疫情监测工作,每天上报非洲猪瘟紧急排查日报和进展情况表,全年排查养殖场1345场次、屠宰场712场次,出动排查2057人次,排查猪只363959头。按照农业农村部《非洲猪瘟疫情应急处置指南(2020年版)》,对相关猪场进行检测。开展养殖场监管工作,落实镇、场联系人,联场人员每月至少一次对联系养殖场进行督查,为养殖场主做好防疫、生产、养殖场废弃物规范处理等提供技术指导。落实生猪及生猪产品调运政策,按照“事前备案、落地核查”原则,执行省外生猪和生猪产品“点对点”调运制度,严禁从省外非洲猪瘟疫区及高风险区调入生猪及其产品，严禁不按规定调运生猪及其产品。全年省外调入生猪620批次，抽样48份；省外调入生猪产品14批次，抽样172份。开展生猪运输车辆备案工作。打击“无证调运”和“偷运”等违法行为，维护生猪和生猪产品市场秩序。设立规模猪场和屠宰场非洲猪瘟自检点。东阳康优食品有限公司屠宰场和东阳市皇野生态农业有限公司每批次开展非洲猪瘟实验室自行检测工作。

【动物疫病监测】 2020年，市畜牧兽医局组织开展飞行检测和常规检测，全市监测样品4001份，其中牲畜O型口蹄疫597份，免疫合格率83.75%；H5亚型禽流感1200份，免疫合格率93.75%；H7N9禽流感抗体600份，免疫合格率94.67%；猪瘟435份，免疫合格率86%；新城疫370份，免疫合格率87.8%；高致病性猪蓝耳病360份，免疫合格率80.6%；羊小反刍兽疫抗体检测182份，免疫合格率91.76%；血吸虫病监测42份，全为阴性；布鲁氏菌病162份，全为阴性；羊小反刍兽疫病毒检测42份，全为阴性。检测非洲猪瘟病毒549份，犬猫检测31份，其他病毒265份。

【动物检疫免疫】 2020年，市畜牧兽医局检疫生猪29893头，家禽252羽。无害化处理病害动物2013头，动物产品12.43吨。开展网上流通监管、动物疫病与标识追溯工作，全年网上备案1235起。开展“金华市狂犬病免疫证”管理和狂犬病疫苗接种技术指导工作，全市免疫犬只6664只。

（杜敏凤　张晓航）

·玉米与特色旱粮研究·

【概况】 2020年，浙江省农业科学院玉米与特色旱粮研究所（简称玉米研究所）实施乡村振兴科技行动与科技示范推广服务，组织科研项目实施与申报，重视科技成果鉴定及高水平论文发表，加强科技成果转化与四技服务，加快推进学科建设及考评工作。加强玉米育种、玉米栽培和特色旱粮三大学科体系建设，学科建设中期考评获优秀2项；重视人才培养，参加省内外重大会议及培训20余人次。推进事业单位改革，注销“浙江省东阳玉米研究所”独立法人，做好全所人事划隶、财产清算核资与调拨、领导班子换届等重大管理工作；制定玉米与特色旱粮研究所“十四五”规划。

【科学研究】 2020年，玉米研究所争取到科研经费573.2万元（含省农科院报账经费），增加省公益、三农六方、现代种业等项目11项，承担国家玉米产业技术体系、国家重点研发专项子课题、省育种专项等项目5项；完成《优质鲜食玉米新品种选育与绿色高效栽培技术集成应用》鉴定成果1项，通过省级审定品种2个（“浙糯玉18”“脆白甜926”）、国家审定品种3个（“鲜甜糯911”“白甜833”“浙甜20”），发表学术论文12篇。

【成果推广】 2020年，玉米研究所有列入省主导品种2个（“浙甜11”“浙糯玉16”）、主推技术2项（《鲜食玉米、晚稻“水旱轮作”绿色高效栽培技术》《鲜食甜玉米“一畦二行”机栽技术》）；建立旱粮综合性示范基地1个、核心科技示范基地8个，对接农业园区2个，联系乡村振兴示范村4个；示范玉米新品种9个；科技成果拍卖2项、四技服务32项，合计310.32万元；结对帮扶驻村指导员1人、省科技特派员3人；推广新品种、新技术面积3666.67公顷，对接农业合作社及企业103家、种养大户528个，培训310余人次。12月24日，在浙江省科技厅主办、浙江省科技大市场承办的2020浙江科技成果竞价（拍卖）会上，由玉米研究所自主选育的优质黄白双色甜玉米“浙甜922”成功竞拍。

【东阳综合试验站平台建设】 2020年，东阳玉米研究所完善国家玉米产业技术体系东阳综合试验站平台建设，搭建“三省一市”长三角鲜食玉米产业技术创新联盟，组建国家及省级玉米产业技术联合体2个；加强浙中综合试验站平台建设，示范推广省农科院玉米、水稻、豌豆、油菜等新品种10余个。

【2020年鲜食玉米新品种展示观摩交流会】 2020年6月24日，东阳玉米研究所承办2020年鲜食玉米新品种展示观摩交流会，展示来自全国鲜食玉米新品种370个，展示长三角鲜食玉米创新联盟品种117个，国家与省甜玉米与糯玉米区试、联合体试验、国家玉米产业技术体系及省育种专项鲜食玉米联合鉴定等品种198个。

（吕学高）

2020年12月24日，在浙江省科技厅主办、浙江省科技大市场承办的2020浙江科技成果竞价（拍卖）会上，由东阳玉米研究所自主选育的优质黄白双色甜玉米“浙甜922”成功竞拍

（东阳玉米研究所提供）

林　业

·综述·

【概况】　2020年,东阳市林业总产值208.3亿元,造林面积605公顷,其中新增油茶面积54.67公顷,油茶低产林改造面积28公顷,封山育林面积73.33公顷,森林覆盖率62.19%。1月20日,东阳市林业总场森林氧吧被命名为“浙江森林氧吧”。9月18日,东阳市自然资源和规划局(林业局)被评为“美丽金华建设突出贡献集体”。11月10日,南山省级森林公园森林康养基地、西甑山森林康养人家分别入选2020年全国森林康养基地试点建设单位、2020年中国森林康养人家。11月27日,东阳市林业局被评为“中国北京世界园艺博览会浙江参展工作突出贡献集体”。12月25日,东阳市林业局被评为“浙江省森林生态保护突出贡献集体”。12月11日,国家林业和草原局准予设立“浙江东阳南山国家森林公园”,是东阳市首个国家级森林公园。

【森林公安机构改革】　2020年10月,根据浙江省森林公安机关管理体制调整有关要求,市公安局设立森林警察大队,从市自然资源和规划局(市林业局)划转森林公安相关中层领导职数3名(2正1副)。调整后,森林公安的职能保持不变,业务上接受林业主管部门指导,继续承担森林防火相关工作,主要负责火场警戒、交通疏导、治安维护、火案侦破等,查处森林领域其他违法犯罪行为。协同林业主管部门开展防火宣传、火灾隐患排查、重点区域巡护、违规用火处罚等工作。

【森林城市创建】　2020年,东阳市创建“一村万树”省示范村6个、金华市森林村庄11个、东阳市森林村庄56个。国家林业和草原局公布首批和第二批国家森林乡村名单,城东街道寀卢村、虎鹿镇孙宅村、南市街道梨枫村、巍山镇同乐村、六石街道吴良村、歌山镇淑玉村、湖溪镇清潭村入选。

(马丹雅)

·林业产业发展·

【林业龙头企业培育】　至2020年年末,东阳市有国家级林业龙头企业3家(浙江康大实业有限公司、浙江响铃枣业有限公司、东阳市明堂红木家俱有限公司);省级林业龙头企业17家;国家级示范性林业合作社1家(东阳市西垣玉山香榧专业合作社)。

【特色林业产业】　2020年,市林业局开展香榧杂交育种、授粉试验7组,完成杂交苗播种、移栽等工作。建设生产用房(香榧堆沤房)3974平方米,发放产业化补助资金255万元。创建省级示范性家庭林场1家(东阳市志青家庭农场)。协助歌山镇绿峰珍稀花卉苗木场申报“好运来”桂花新品种,7月29日,“好运来”桂花新品种入选国家林业和草原局2020年第一批授予植物新品种权名单。组织47家林业企业参加第13届中国义乌国际森林产品博览会,其中28家参加森博会实体展,19家参加森博会线上展,9家企业获森博会优质产品金奖。

【科技兴林】　2020年1月20日,市林业局胡文翠、杜敏红获浙江省“优秀林技推广员”称号。5月27日,东阳市香榧研究所选育的“东榧1号”“龙凤细榧”入选国家林业和草原局2020年重点推广林草科技成果100项。7月17日,东阳市林业总场承担的中央财政林业科技推广资金项目“香榧低产林增产增效技术示范与推广”立项,申请财政资金116万元,建设香榧示范基地16公顷。

【现代国有林场建设】　2020年,为巩固“现代国有林场”创建成果,东阳市林业总场重视人才培养,举办第三届中青年骨干培训班,开展“学习思考月”等学习活动。学习成果实体化,收到中青年骨干和中级职称人员论文16篇。加快项目建设,印发《2020年东阳市林业总场项目推进“百日攻坚”行动方案》,召开项目推进会。开展林业总场地块征迁和安全生产、森林防火、林业生产等工作,7月31日至8月2日,完成市林业总场地块居民住宅知青楼20户、集资楼7户征用签约工作;9月,完成27户个人房屋腾空搬迁工作。

【林业“最多跑一次”改革】　2020年,林业窗口受理林业行政许可事项7149件,办结7149件。开展疫病防控工作,对东阳市陆生野生动物驯养繁殖、经营利用户逐家逐户上门进行保护政策宣传教育,暂停野生动物展演等经营活动,对部分许可回收核销。为推动林业复工复产,优化林业营商环境,落实林业企业帮扶政策,“最多跑一次”改革向基层延伸,6月3日,木材检疫证及运输证办证审批服务入驻东阳市木材交易中心。推进“无证明城市”改革工作,清理证明事项7项,其中采取部门核验3项,数据查询2项,申报承诺1项,直接取消1项。整理“无证明事项操作流程”,优化服务质量和态度,对林业窗口人员进行集中培训。

【森林食品安全监管】　2020年5月24日至6月30日,市林业局组织开展针对食用林产品生产企业大排查大整治行动,重点检查非法使用滥用农兽药和非法添加剂。联合省林产品质量检测站抽检香榧60个批次、青枣4个批次、柿子1个批次,检测结果100%合格。结合土壤整治,抽取10个批次土壤进行养分检测,检测合格率100%。帮助企业做好土壤改良工作,确保食品安全。

(马丹雅)

·森林资源保护·

【概况】　2020年,市林业局受理林业行政刑事案件67起,其中受理刑事案件6起,办结6起;受理行政案件61起,办结55起。市林业局完成“十四五”期间年森林采伐限额编制工作。开展自然保护地整合优化工作,整合优化后,东阳市自然保护地数量(7个)、类型保持不变。开展森林督查工作,对国家林业和草原局下发的300个森林督查图斑进行现场调查,发现疑似违法图斑26个。完成森林资源“一张图”年度更新工作,至2019年年末,东阳市森林面积108635.27公顷,林木蓄积6006999立方米,乔木林单位面积蓄积量61.95立方米/公顷,全市森林覆盖率62.19%。

【森林防火】 2020年,市林业局开展森林灭火实战演练,加强森林消防队员对森林灭火流程和装备的熟悉度,提高队员应急处置能力。东阳市全年发生森林火灾2起,无人员伤亡,查办相关行政案件1起。开展森林防火宣传工作,悬挂张贴横幅300余条,发放宣传单页8000余份,推送宣传短信、微信朋友圈广告等40余万条。开展防火码和防火督查系统的推广工作,在各森林公园、自然保护区、风景名胜区和林业总场的11个主要出入口进行防火码和防火督查系统推广和宣传。市林业局联合市应急管理局组建森林防灭火工作督查组,在春节、清明节、五一劳动节等重要节假日前后,到各个镇乡街道、国有林场、森林公园、风景名胜区开展森林防火督查,出动人员36人次,出车12车次,发现并排除各类森林火患25处。市林业局联合应急、环保、农业、城管、公安、各乡镇政府等多部门开展野外火源专项治理行动。至年末,收缴火种183个,制止烧烤、吸烟、烧秸秆、烧灰积肥等野外违规用火行为700余起,宣传教育800余人次。

2020年“一村万树”示范村创建清单一览表

表15

镇乡街道	村 庄
六石街道	石马村
歌山镇	畈干村
画水镇	明焕村
马宅镇	雅坑村
东阳江镇	学陶村
佐村镇	斯光村

2020年度金华市级森林村庄创建清单一览表

表16

镇乡街道	村 庄
六石街道	后里村
横店镇	马山前村
南马镇	双峰村
巍山镇	茶场村
画水镇	画塔村
东阳江镇	尚锦村
虎鹿镇	三星村
湖溪镇	罗青村
歌山镇	上蒋村
佐村镇	宅口村
南市街道	大联村

2020年度东阳市森林村庄创建清单一览表

表17

镇乡街道	森林村庄
江北街道	临江社区锦坊小区
六石街道	六石社区泗庭芳小区
	湖心塘村双塘自然村
	徐庄村葛塘自然村
	岩口村岩口自然村
	蟠松村后头塘自然村
	石塔山村方家自然村
	石马村西罗自然村
城东街道	堂鹤村任岭脚自然村
	东光村五星自然村
南市街道	官清村高瑶山自然村
	大联村高塘自然村
	梨枫村甲坞自然村
横店镇	横店社区良渡小区
	南上湖社区半傍山小区
	马山前村马山前自然村
	五官塘村五官塘自然村
南马镇	双溪村木棉田自然村
	南湖村界牌自然村
	泉府村前金自然村
	双峰村清塘自然村
	新五联村下宅自然村
巍山镇	楼下畈村楼下畈自然村
	岭典村岭腰自然村
歌山镇	五祥村湖呈自然村
	凤山村游马地自然村
	凤山村凤楼下自然村
	西宅村中央坟自然村

续表 17

镇乡街道	森林村庄
千祥镇	林甘村林甘自然村
	高宅村高宅自然村
	柽溪村粉岭自然村
	九峰一村五度山自然村
湖溪镇	罗青郭村光明自然村
	金宅村上光岭自然村
	新塘村塘头自然村
	溪南村炉塘自然村
画水镇	明焕村上泉自然村
	莪溪村后宅自然村
	许宅村王坑岭自然村
	许宅村塘里自然村
	月峰村南屏自然村
	月峰村月塘自然村
	联丰村西方自然村
虎鹿镇	葛宅村坑门里自然村
	仙芝陵村仙芝陵自然村
	厦程里村大坞口自然村
东阳江镇	三兴村上施自然村
	庆泉村里庆自然村
	天秀村金家自然村
马宅镇	徐宅村长庚自然村
	徐宅村穗丰自然村
	和协村上塘自然村
	雅坑村大伦坞自然村
佐村镇	上林口村上林口自然村
	香溪村香溪自然村
	石桥村白鹤地自然村

【有害生物防治】 2020年2月，东阳市松材线虫病防治指挥部制定《关于做好当前松材线虫病除治工作的通知》，并发至各镇乡街道，督促各除治企业复工按时完成枯死松树清理任务。对高速、省道等公路沿线开展巡查督查60余人次。市林业局组织抽查各镇乡街道枯死松树清理验收结果，根据抽查合格情况拨付资金。东阳市松材线虫病防治指挥部办公室印发《关于切实做好2020年松材线虫病秋季疫情普查的通知》，要求各镇乡街道、国有林场开展松材线虫病秋季疫情普查工作。据调查，全市有松材线虫病疫情面积31220公顷，8975个小班，枯死松树44.41万株，蓄积66615立方米。根据普查结果编制《2020—2021年度的松材线虫病防治方案》。开展松材线虫病免疫针剂防治工作，1月10日，通过公开招投标，购买2.3%甲维盐微乳剂63000支、5%阿维菌素乳油56258支，投入市财政资金约150万元，因受新冠疫情影响，打药时间延后至12月实施。重点对歌山、横店、湖溪3个高速出口，城区公园，虎鹿镇西垣村、溪口村及各国有林场等重要节点的松树进行打针注药，防治面积200余公顷。

【古树名木保护】 2020年，虎鹿镇西垣村香榧古树公园二期项目启动，项目包括148棵一级古树的保护复壮，古树区入口景点文化标识、古树区二期生态廊道、栈道等的采购及安装，古树保护区标识标牌采购及安装。11月3日，发布第一批古树名木认养范围，共计27棵。市林业局加强对全市古树名木的监管，10月10日，向各镇乡街道发出《关于做好古树名木保护整改工作的函》，对白云街道、巍山镇、歌山镇、虎鹿镇等进行现场督导，对保护整改到位的相关古树养护人(单位)实施资金补助。

(马丹雅)

水　务

·综述·

【概况】 2020年，东阳市在完成农业水价综合改革任务面积的基础上，强化完善“四项机制”(农业水价形成机制、工程建设和管护机制、精准补贴和节水奖励机制、用水管理机制)，推进“八个一”(一个管理组织、一笔管护经费、一套规章制度、一册管护台账、一种计量方法、一条节水杠子、一本产权证书、一把锄头放水)进村落地见效。完成省级“美丽河湖”(东阳江城区段)、金华市级“美丽河湖”(浪坑溪)创建工作。东阳市完成水土流失治理12平方千米。加强开发建设项目水土保持监督管理工作，全年审批开发建设项目水土保持方案150个，水土保持设施验收报备11个，组织监督检查建设项目30个，参检人员56人次，征收水土保持补偿费296万元。

【山塘整治】 2020年，东阳市完成江北街道毛坞山塘，南市街道麦坞山塘，横店镇柏塔、车坞山塘，南马镇陈坞里山塘，巍山镇楼耕塘、水堆塘、高塘山塘，湖溪镇安山山塘，东阳江镇腾龙坞、古岭头山塘等25座山塘的综合整治工作。完成66座高坝及屋顶山塘的安全评估工作。2018年山塘清查发现的66座洪水不达标高坝及屋顶山塘中有30座完成综合整治或正在整治中，其余36座山塘根据安全评估结果进行综合整治、局部处理、降等、注销等分类处置。加强对山塘的日常监督管理，对35座完成标准化创建的山塘重点监督管理。

【河道治理】 2020年，东阳市推进中小河流全流域治理，建设白云街道、虎鹿镇、湖溪镇、横店镇、南马镇、画水镇6个中小河流治理工程，完成投资17127万元，治理中小河流15.0千米。建设千祥镇、六石街道、三单乡、巍山镇、东阳江镇、湖溪镇农村河道综合整治项目，完成总投资2734773元。开展“美丽河湖”创建工作，东阳江城区段10.1千米被评为浙江省级“美丽河湖”；浪坑溪5千米被评为金华市级“美丽河湖”。完成河道划界1555.9千米，其中乡级河道166条、790.5千米，河流(溪沟)546条、765.4千米。创建“无违建河道”总长度9.5千米，其中殿下坑1.5千米、玉溪8千米。

【城乡供水】 2020年，东阳市推进八达水厂、厦城水厂和三单水厂3座规模联村水厂的建设，建成单村供水站40余座，完成“一户一表”(一个家庭用户安装一个计量水表，水表安装住宅公共部位，按户计量收费)建设改造3万户，全年农村受益人口10万余人。3月25日，东阳市被浙江省水利厅评为2019年度农村饮用水达标提标行动工作成绩突出县。5月9日，金华市农村饮用水达标提标行动暨

2020年5月9日，金华市农村饮用水达标提标行动暨重点水利工作推进现场会在东阳市举行

(王安妮/摄)

重点水利工作推进现场会在东阳市举行，东阳市作为全省农村饮用水达标提标行动成绩突出县进行交流发言。8月13日，东方红水厂被水利部遴选确定为2020年度农村供水规范化水厂。10月26日，东阳市召开农村饮用水达标提标三年行动清盘验收会议。

【防汛防旱】 2020年，东阳市年降雨量1397毫米，1—8月降雨偏多，9—12月降雨偏少。梅汛期为5月29日至7月18日，梅汛降雨较常年偏多且集中，东阳市全年经历7轮强降雨，累计面雨量528.3毫米，比常年梅雨期偏多10%。梅汛期间，东阳市启动4次水旱灾害防御Ⅳ级应急响应。8月4—5日，受台风“黑格比”影响，千祥、画水和南马等乡镇受灾严重，千祥镇麻田村和画水镇林村遭受山洪，受损严重；其他山区小流域堤防受损较多，受灾面积较大。8月4日，市委副书记、市长楼琅坚带队到一线检查指导防汛工作。8月5日0点39分，东阳市水文站测得建站以来的最大流量898立方米/秒。全年发送预警短信2439条，60676人次，其中人工发送251人次。对涉及山洪灾害预警信息，及时向乡镇及市应急管理局反馈，督促加强防御。

【水土保持】 2020年，东阳市完成水土流失治理面积12平方千米。加强开发建设项目水土保持监督管理工作，全年审批开发建设项目水土保持方案150个，开展监督检查56人次，检查生产建设项目30个，征收水土补偿费296万元。

【水利工程标准化创建】 2020年，东阳市列入省水利厅标准化管理的水利工程有7类173个，包含水库90座、5万立方米以上山塘35座、堤防9段、1000千瓦以上电站12座、3333.33公顷以上灌区2个、农村供水站11座和水文站14个。根据每类工程具体的组织管理、运行管理和信息化管理等工作需求，在市水务局统一指导下，每个乡镇分别开展水利工程标准化管理工作，由乡镇明确工程所有权、使用权，落实管理责任主体和管理单位，明确各项工作具体管理岗位，制定各项管理制度。

【节水型社会建设】 2020年，东阳市推进节水型社会建设，落实用水总量、用水效率和水功能区限制纳污等措施。完成省级节水型社会创建并通过国家县域节水型社会达标建设省级验收。全年改造节水器具500套，创建节水型企业4家、公共机构节水型单位45家和节水型居民小区6个。举办“节水宣传进社区”等宣传活动2次，开展东阳市节水教育基地建设工作。

【水资源管理】 2020年，市水务局开展水资源管理保护工作，落实水资源有偿使用制度，征收水资源费2626万元，其中征收义乌市自来水有限公司水资源费1166万元。推行计划用水管理制度，开展公共供水、生活自备水、工业自备水、农业、其他五大取水用途的计划用水管理工作，下达计划取水总量12881万立方米，比许可水量少319万立方米，实际取水量9292万立方米。实施水资源论证制度，规范和优化取水许可审批制度，加强取水监督管理，做好水资源费征收工作。落实取水工程（设施）核查登记专项行动。

【农村生活污水处理设施运行维护】 2020年，东阳市农村生活污水治理运行维护中心指导全市污水处理设施工程项目建设工作，监督城乡污水治理设施运行和维护工作。农村污水治理运行维护工作涉及全市17个镇乡街道，市水务投资集团有限公司接收和运行维护终端及配套管网1038处，接入污水厂管网自然村275个，受益农户24.7万户；完成农村生活污水设施标准化运行维护345个；市水务局对镇乡街道和东阳市清源排水有限公司进行年中检查和年底考核工作。

（王安妮）

·横锦水库·

【概况】 横锦水库是一座以灌溉、防洪为主，兼供水、发电综合利用的大(2)型水库。控制流域面积378平方千米。2020年，横锦水库集雨区降雨量1650.4毫米，与多年平均降雨量相比增长9%。横锦水库运行中心全年完成发电量2866.5万千瓦·时，实现向东阳市安全供水5626万立方米，向义乌市安全供水7256万立方米，生态放水315.8万立方米。

【水旱灾害防御】 2020年，横锦水库运行中心成立防汛工作组和突发事件应急工作组，明确“三个责任人”（水库安全度汛行政责任人、技术责任人、巡查责任人）及应急工作组的职责，落实“三个责任人”和“四预”（预报、预警、预演、预案）措施。加强水库水雨情的测报和预报，汛前对水库流域7个水雨情监测站进行维护，提高监测预报能力。年初，结合水库实际编写上报控制运用计划，经上级主管部门审查批复后按计划执行，服从上级有管辖权的防汛主管部门的防洪调度。完善安全管理应急预案，制定水库大坝安全应急预案、水库防洪抢险等应急预案，提高水库应对安全突发事件的应急处置能力。5月19日，组织开展水库调度及应急抢险的演练和培训。5月12日，参加省水利厅组织的水利工程运行管理和水库安全管理“三个责任人”视频培训会议。5月21日，参加省专家授课的“三个责任人”履职能力和水利工程运行管理培训。

汛前，委托浙江迪雅机械有限公司对溢洪闸门、启闭设施进行维护保养，根据《浙江省大中型水库运行管理规程》的要求，对启闭设施用备用电源带负荷试运行。对水工建筑物、防汛物资储备等进行汛前检查。水库防汛物资按照《浙江省防汛物资储备定额》的种类和数量要求进行储备，增加购买石笼网，以备应急调用。落实防汛、安保值班纪律，执行汛期24小时值班制度和领导带班制度，完成防汛防台安保任务。

【梅台汛期防汛】 2020年5月29日入梅，7月18日出梅，入梅时间较常年偏早，出梅迟，强降雨影响大，梅汛期降雨量529毫米。根据水库蓄水

2020年6月30日16点30分，横锦水库开闸预泄洪(横锦水库运行中心提供)

情况和气象情况，通过机组满负荷运行、预泄洪腾库容应对梅汛期强降雨，发挥水利工程防洪、发电、供水等功能。6月30日至7月4日，开三闸泄洪，下泄水量2254万立方米；7月7—13日，开三闸泄洪，下泄水量2339万立方米。8月，受第4号台风"黑格比"的影响，为了减少下游防洪压力，错峰调节，8月5—9日，开闸泄洪，下泄水量1238万立方米。

【安全生产】 2020年，横锦水库运行中心健全安全生产网络，与各科室签订安全生产责任书，把责任落实到各个部门和各个工作环节。安全生产小组每月对水工程建筑物、电站、渠道、水资源保护等进行安全生产大检查，开展节假日、隐患排查等专项安全检查。全年组织各类专项安全检查19次，查出安全隐患30条，整改落实26条。组织大坝监测培训、闸门运行工培训、电站厂用电恢复现场培训、水文培训等安全知识和能力提升培训活动23次，450人次参加培训。6月，开展第19个全国"安全生产月"活动，悬挂横幅5幅，制作黑板报1期，全员参加全国水利安全生产网络知识竞赛。举办消防培训2次，反恐防恐演练2次。

【水资源保护】 2020年，横锦水库运行中心开展水库日常巡查工作，加大对承包人清理库区垃圾的监管力度，加强饮用水源地环境保护。以"坚持节水优先，建设幸福河湖"为主题开展宣传工作，全员参加水利部普法办组织的水法规知识网上竞赛。通过视频监控、库面巡逻，开展库区巡查和渔政管理，开展由市水务局、市公安局、市环保局、市交通运输局、市农业农村局等单位参与的饮用水源地保护联合专项执法行动5次，打击非法捕鱼活动。全年收缴非法垂钓渔具400根、游丝400匹。

【水电维修养护】 2020年，横锦水库电站工作人员完成压力钢管检测、主供水阀门改造、监控显示屏安装、厂用电配电柜改造、机组制动模块维护等维修养护工程，确保机组安全可靠运行。加强电站设备的安全巡查和维护保养，注重职工业务知识及安全知识的学习培训，确保安全发供电无事故。4月15日，电站组织《电力安全作业规程》考试，22人参加考试，合格率100%。利用枯水期完成电站4号机组的大修、3号机组的检修工作。至年末，一级电站连续安全运行12361天，二级电站连续安全运行14519天。

【水利工程维修养护】 2020年，横锦水库运行中心完成大坝主体工程和闸门启闭设施、泄洪渠水毁工程修复、大坝安全监测系统升级改造、白蚁防治等维修养护工程，确保大坝等水工建筑的正常运行。大坝安全监测系统升级改造工程由浙江广川工程咨询有限公司负责施工，内容为增设测压管、绕坝测压管增加渗压计、利用监测软件对测压计实现无线采集等，工程于3月21日开工，5月10日，完成12个钻孔及测压管埋设工作；6月14日，完成大坝安全监测仪器安装埋设；6月25日，工程基本完工，11月通过验收。

【灌区管理】 2020年，横锦水库运行中心巡查灌区渠道，做好农田灌溉放水前准备工作及灌区农业灌溉样板田块和万亩农田田间水利用系数测算工作。通过对年度渠道清淤估方和灌区清淤招投标，投入资金24万元，实施南北干渠全线清淤工作。全年灌溉放水三轮次11天，灌溉用水量760余万立方米。

(杜英萍)

·南江水库·

【概况】 2020年，南江水库位于钱塘江流域金华江上游支流南江，坝址位于东阳市湖溪镇南江村上游500米处，距东阳市区36千米，是一座以防洪、灌溉为主，结合供水、发电、养殖等综合利用大(2)型水库。坝址以上集雨面积210平方千米。南江水库运行中心全年完成发电量1554.4万千瓦·时，发电收入750.61万元；完成供水2619.1万立方米，收入417.22万元；其他收入104.46万元，全年经济总收入1272.29万元。

【防汛防台抗旱】 2020年，南江水库运行中心按照水利工程标准化管理要求开展防汛各项工作。层层签订防汛安全管理责任书，落实各科室部门相关人员责任，实行领导带班和24小时值班制度。修订编制《南江水库开闸放水预警方案》《南江水库安全应急预案》，上报上级有关部门批复。编制《水库控制运用计划》，上报市水务局和省水利厅审核批准，按照批复控制运用计划科学调度。全年降雨量1755.8毫米，其中单日最大降雨量199.8毫米(8月4日)，全年最高水位

203.3米(8月5日),总入库水量1.97亿立方米。全年降雨量保持在历年平均水平以上,但降雨时间分布不均,高温时间长,下半年雨量明显偏少,旱情较重,南江水库运行中心提前科学制定灌溉计划,合理安排农田灌溉用水。

【水利工程维修养护巡查】 2020年,南江水库运行中心编制完成年度维修养护计划,按要求对大坝泄洪闸、机电设备、备用电源机组开展巡检和维护保养。全年计划投入养护经费141.63万元,其中,经常性维修养护项目经费52.58万元,年度维修养护类项目59.05万元,水资源保护专项资金30万元。至年末,累计投资177.86万元,其中,经常性维修养护项目经费37.2万元,年度维修养护类项目62.07万元,水资源保护专项资金78.59万元。汛期按照水库控运计划进行调度,梅雨期历时50天,经历六轮降雨;台汛期泄洪1次,8月4日18时至9日13时,累计弃水2359.11万立方米。完成2019年大坝监测资料汇编和分析报告,委托浙江省广川咨询有限公司完成2020年1—11月每月一次的水平位移、垂直位移、伸缩缝监测、扬压力监测、坝基渗流监测,每月2次的绕坝渗流,监测资料反应变化较小,大坝整体运行状况正常。完成大坝背水坡面杂草处理、泄洪闸启闭机机电维护、自备发电机组维修养护、绿化养护、上坝公路启闭机房保洁及零星维修(包括防火带清理)、大坝检测设施维修(廊道测缝计人工比测装置)、白蚁防治、大坝监测及分析、弧形闸门钢丝绳及止水橡皮更换、洪水预报系统修复、新增绿化、湖城头管理用房屋面修复、围墙维修(冰雹抢修)、新增气温计与坝前水温监测设施安装、水毁工程修复、增添标识牌、水资源管理设施维护等项目的维修养护工程。

【安全灌溉】 2020年,南江水库运行中心按照灌区标准化管理要求开展巡查工作,灌溉期每月和每次大雨后对渠道及水工程进行安全检查;到各镇乡街道联系开展分干渠渠道疏浚工作;完成北干渠、南干渠、中干渠渠道疏浚工作,疏浚土方5796立方米,其中专项清淤5196立方米,投资29.49万元;暴雨后抢险600立方米,投资2.4万元。做好农业灌溉工作,灌溉水量1675万立方米,其中大流量灌溉3次,天数16天;小流量灌溉4次。向浙江横店城市公共服务公司(横店热电有限公司)供水5次,水量226万立方米;向南马镇花园村供水2次,水量273万立方米。渠道维修养护投资85.25万元,东溪水库维修养护投资3.59万元。

【电站安全运行】 2020年,南江水库运行中心按照农村水电站标准化要求开展电站管理,全年未发生任何安全生产事故。至年末,一级电站发电1257.7万千瓦时,二级电站发电296.7万千瓦时。枯水期,开展一级电站2号机大修和二级电站1号机中修工作,确保设备完好率。

【水资源保护】 2020年,南江水库运行中心通过外包物业化公司,定期清理垃圾外运。上游垃圾全部汇入水库,出动2837人次,船只1012艘次,出动铲车、自卸车各102台次,清运垃圾至马宅镇垃圾中转站278车,约386吨。全年投入水资源提升保洁资金约53万元。南江水库运行中心放养鱼苗白鲢10500千克、花鲢3500千克。6月,放养夏花鱼苗100万余条洁水养殖,确保水质自然提升。

【水务联合执法】 2020年,南江水库运行中心制定饮用水水源保护巡查制度,开展联合执法行动。联合马宅派出所、湖溪派出所、市农业农村局渔政执法中队、市环保局等部门开展专项整治活动11次,劝离垂钓人员3520余人次,教育处理违法垂钓事件35余起,抓获偷鱼人员52人,治安拘留2人。处理水库周边违法侵占水域、非法乱倒碴事件,处理侵占水域事件2起、违法乱倒碴4起,处理教育6人。

【南江水库加固改造工程】 2020年10月16日,南江水库加固改造工程通过竣工验收,该工程是省重点工程,总投资概算3266万元,其中省财政资金817万元,其余2449万元资金由东阳市财政配套。

【南江水库中型灌区节水配套改造二期工程】 2020年12月4日,南江水库中型灌区节水配套改造二期工程通过竣工验收。该工程于2013年立项,2014年6月12日开标,2014年9月2日开工,概算总投资2698.5万元,其中中央资金1000万元,省财政补助资金1000万元,省水利资金79万元,东阳市财政资金600万元,东阳市水利资金19.5万元。工程项目实际改造灌区渠道总长19156米,其中总干渠长459米,南干渠8863米,北干渠5170米,中干渠4664米;渠系建筑物27座;北干渠渠首改建管理房1处,面积600平方米。完成尾工隧洞回填灌浆Ⅱ标、Ⅲ标。

【南江水库大坝安全鉴定工程】 2020年,南江水库运行中心根据《水库大坝安全管理条例》、《大中型水库管理规程》和《水利部关于进一步加强水库大坝安全管理的意见》,开展南江水库大坝安全鉴定工作。4月,中水珠江规划勘测设计有限公司完成安全鉴定报告初稿。7月15日,召开南江水库大坝安全鉴定审查工作会议。

(卢艳丹)

综 述

【概况】 2020年,东阳市规模以上工业企业537家,规模以上工业企业增加值比上年增长2.0%。分轻重工业看,轻工业比上年下降8.2%,重工业比上年增长10.1%;分企业规模看,大型企业比上年增长16.7%,中型企业比上年下降3.4%,小型企业比上年下降4.4%,微型企业比上年下降1.1%;分行业看,全市31个行业大类中,16个行业增加值正增长,废弃资源综合利用业、其他制造业、纺织业、专用设备制造业、金属制品业、非金属矿物制品业、仪器仪表制造业、计算机通信和其他电子设备制造业、石油加工炼焦和核燃料加工业等行业增长较快,分别比上年增长233.3%、42.7%、35.7%、27.6%、25.8%、22.1%、20.5%、19.2%、11.0%。

规模以上工业企业销售产值比上年增长1.6%,其中出口交货值比上年下降1.5%。规模以上工业企业新产品产值比上年增长9.3%,新产品产值率36.8%,比上年提高2.9个百分点。规模以上工业企业营业收入比上年增长5.4%;利润比上年增长5.5%;工业企业产品销售率99.6%,比上年提高0.8个百分点。

5月6日,市政府印发《关于把握"关键时期"引领制造业高质量发展若干意见》,从增强制造业企业活力、推动制造业智能化转型、深入实施数字经济"一号工程"、完善优化全域化产业链、优化制造业发展环境五个方面出台20条政策意见。9月1日,东阳市木雕红木家居、防护用品、现代纺织服装列入金华市制造业N个特色细分行业。

普洛药业股份有限公司列"2019年度中国医药工业百强榜"第46位。浙江孚诺医药股份有限公司入选省制造业亩均效益领跑企业生物医药20强。东阳横店化工专业区、东阳市六歌医药化工集聚区入选省化工园区(集聚区)合格园区。横店镇入选省中小微企业培育工作成绩突出集体,歌山镇韦钱军、白云街道蒋小燕入选省中小微企业培育工作成绩突出个人。

浙江微度医疗器械有限公司列入金华市亩均税收十强企业。横店镇列入金华市工业十强镇(街道),横店集团东磁股份有限公司、普洛药业股份有限公司列入金华市工业十强企业,浙江微度医疗器械有限公司医用生物材料类医疗器械系列产品产业化建设项目列入金华市工业投资十强项目。横店集团东磁股份有限公司等35家东阳企业列入金华市纳税千万以上企业。

浙江联宜电机有限公司、横店集团得邦照明股份有限公司等10家企业入选东阳市工业强市年度贡献奖;浙江微度医疗器械有限公司、东阳市圣宝龙服饰有限公司等10家企业入选东阳市工业强市亩均英雄奖;普洛药业股份有限公司、浙江英洛华磁业有限公司等14家企业入选东阳市工业强市年度晋星奖,其中普洛药业股份有限公司列入首次晋升五星企业,浙江英洛华磁业有限公司列入首次晋升三星企业,浙江筑工科技有限公司、东阳市茂盛塑胶有限公司等12家企业列入首次晋升二星企业;浙江北生药业汉生制药有限公司、浙江金象科技有限公司等6家企业列入东阳市工业强市行业新锐奖;东阳市瑞祺胶粘制品有限公司、浙江敬骋新材料科技有限公司等6家企业列入首次月度上规企业,浙江正消防火门窗有限公司、东阳市东岘针织服饰有限公司等62家企业列入首次年度上规企业,列入企业小升规奖。

【"科学家+企业家"智企对接会】 2020年1月1日,"科学家+企业家"智企对接会在横店镇举行,20余名东阳籍生物医药、磁性电子相关领域专家与全市40余家生物医药、磁性电子企业代表参加。中国计量大学教授葛洪良与横店集团东磁股份有限公司,上海应用技术大学教授吴范宏与浙江野风药业股份有限公司两个人才项目进行现场签约。

【企业培育】 2020年1月,浙江金象科技有限公司、浙江孚诺医药股份有限公司、东磁诚基电子有限公司、浙江花园生物高科股份有限公司列入2019年浙江省"隐形冠军"培育企业名单,横店集团得邦照明股份有限公司入选浙江省人工智能行业应用标杆企业。12月,普洛药业股份有限公司入选省第二批"雄鹰行动"培育企业名单,浙江筑工科技有限公司等29家企业入选2020年度"放水养鱼"行动计划培育企业名单;浙江海森药业

2020年10月29日，2020磁性产业高峰论坛举行　　（市经信局提供）

股份有限公司列入2020年金华市“隐形冠军”企业名单，浙江北生药业汉生制药有限公司、浙江新纳材料科技股份有限公司列入2020年金华市“隐形冠军”培育企业名单。

【磁性行业培育】 2020年3月12日，市经信局印发《关于鼓励磁性产业发展的若干意见》，加快推进东阳市磁性产业发展，提升磁性行业企业竞争力，促进磁性产业跨越式发展。10月29日，中国电子元件行业协会磁性材料与器件分会浙江省磁性材料行业协会会员大会暨2020磁性产业高峰论坛在横店镇举行。该论坛由市人民政府、中国电子元件行业协会磁性材料与器件分会、G60科创走廊新材料产业技术创新联盟联合主办，中共东阳市委人才工作领导小组办公室、东阳市经济和信息化局、浙江省磁性材料行业协会、金华市磁性材料和石墨烯产业分联盟和东阳市磁性材料行业协会承办。中国工程院院士、全国政协常委、中电元协磁性材料与器件分会副理事长李卫，中国科学院院士、南京大学教授都有为，中国科学院院士、中科院物理研究所磁性材料专家沈保根受聘成为磁性材料产业发展高级专家顾问。

【企业服务优化】 2020年2月21日，市委办公室、市政府办公室联合印发《关于建立驻企服务长效机制持续深化“三服务”活动的通知》，以规模以上工业企业为重点示范，组建34个市级领导担任团长的驻企服务团，开展“三服务”活动，实施“集中破难攻坚月”服务企业专项行动，收集问题3293个，解决3284个，化解率99.73%。落实省“减税减费减租减息减支”号召，减税34.1亿元，降费8.8亿元，降低用能成本2.5亿元，降息减费4.5亿元。办理转贷81笔次，使用转贷周转资金8.62亿元，减轻企业负担260余万元。

8月22日，2020年度东阳市工业企业职业经理人培训班在东阳市委党校开学，90余人参加。培训涵盖宏观经济分析、企业运营管理、领导力提升、转型升级等多个模块，邀请知名教授学者集中授课。

【绿色清洁生产】 2020年2月，浙江英洛华装备制造有限公司的感应炉、金华领航厨业有限公司的燃气炉列入2019年浙江省铸造产能清单（第一批）。10月，东阳市绿叶五金电器有限公司的生物质炉、东阳市东通五金有限公司的感应炉、东阳市鼎盛电器有限公司的生物质炉、东阳市合兴拉链有限公司的感应炉、东阳市长鑫拉链有限公司的感应炉、东阳市铝成铝业有限公司的燃气炉、东阳市方海机械有限公司的感应炉、东阳市顺发五金压铸有限公司的感应炉、东阳市顺发五金压铸有限公司的感应炉、东阳市华科机电有限公司的感应炉等10家企业的熔化设备列入2019年浙江省铸造产能清单（第四批），第一批126号浙江英洛华装备制造有限公司感应炉进行信息变更。

3月，新亚实业有限公司、浙江普洛康裕制药有限公司、浙江恒成硬质合金有限公司、浙江雪丽日用品有限公司、浙江伟成塑胶有限公司被命名为2019年度省级节水型企业。11月，浙江海森药业股份有限公司、浙江英洛华磁业有限公司、东阳市高杉针纺有限公司、东阳市金泽洗染有限公司列入2020年金华市节水型企业名单。

10月16日，工业和信息化部办公厅印发《工业和信息化部办公厅关于公布第五批绿色制造名单的通知》，确定第五批绿色制造名单，横店集团东磁股份有限公司列入绿色工厂名单。12月31日，浙江省商务厅

2020年东阳市工业企业及项目获省级、金华市级、东阳市级财政奖励一览表

表18

级 别	工业企业/奖励项目	奖励金额	时 间
省级	新一代信息技术产业培育（新型元器件及材料）、工业互联网平台建设及应用、重点产业培育（新材料）	各获1000万元省级财政支持计划，共计3000万元	1月8日
省级	数字产业化领域专项激励、产业数字化领域专项激励、产业链协同创新项目计划、首台套产品奖励、机器人购置补助、医药储备补助、工艺美术人才奖励	财政专项资金3950万元	3月17日

续表18

级 别	工业企业/奖励项目	奖励金额	时 间
省级	省级传统工艺领军人才奖励、省装备首台(套)奖励、机器人购置奖励、省级医药生产能力储备补助、省制造业高质量发展产业链协同创新项目计划补助	财政专项资金950万元	5月14日
金华市级	主体培育专项激励、品牌创建专项激励、制造业重点细分行业重点企业和项目专项激励、G60科创走廊新材料产业技术创新联盟金华磁性石墨烯分联盟获制造业重点细分行业服务机构考核激励	制造业重点细分行业培育专项激励610万元	12月24日
东阳市级	工业企业技术改造项目奖励,省级新产品奖励,企业技术中心、工业设计中心奖励,优秀工业新产品、技术创新等项目奖励	工业企业技术改造和技术创新项目结算奖励资金18121.48万元	5月27日
东阳市级	2020年防疫应急生产企业14家	技改补助资金1616万	5月29日
东阳市级	浙江花园新能源有限公司的年产5000吨动力电池用6微米超薄双光铜箔生产线技改项目、横店集团得邦工程塑料有限公司的年产75000吨智能化改性高分子材料制造基地建设项目、浙江巍华新型建材有限公司的年产40万吨UHPC超高性能混凝土项目、浙江瑞邦科技有限公司的年产2000吨低成本水系油加工磷酸铁锂项目、浙江石金玄武岩纤维股份有限公司的年产8000吨连续玄武岩纤维生产线技术改造项目、浙江斯米克焊接科技有限公司的年产7000吨焊接材料生产线建设项目	新材料行业提升示范项目奖励资金950万元	10月29日
东阳市级	零增地低效用地改造项目奖励、省级清洁生产审核验收合格企业奖励、技改补助资金、企业家队伍领航计划工作经费	2019年度工业经济发展专项资金519.98万元	11月4日

等4部门印发《关于全省预拌混凝土行业清洁生产第三批改造验收结果的通报》,公布79家浙江省预拌混凝土行业清洁生产第三批达标企业名单,东阳市北江商砼有限公司、东阳市华能新型建材有限公司城东分公司通过验收。

(陆樟镳)

企业技术创新和技术改造

【概况】 2020年,东阳市60个项目列入2020年金华市重点技术改造项目计划,其中新建项目50项,续建项目10项。项目计划总投资65.5亿元,2020年计划投资39.96亿元,完成投资36.01亿元,占项目年度计划的90.11%。列入省级工业新产品新技术试制计划133个,3个项目入选2020年浙江省重点技术创新项目,7个项目入选2020年浙江省重点高新技术产品开发项目。

浙江花园铜业有限公司"年产5000吨高精度铜板带生产线技改项目"等60个项目入选2020年全省千亿技术改造投资工程项目。横店集团东磁股份有限公司智能制造综合标准化与新模式应用项目——"磁性材料智能制造新模式应用项目"通过省级验收。横店集团东磁股份有限公司年产1.6吉瓦高效PERC单晶电池片项目入选"百项万亿"重大制造业项目2020年度实施计划。横店集团东磁股份有限公司承担的国家工业强基工程项目"智能可穿戴设备无线充电软磁材料开发项目"通过专家验收。安必行(金华)智能技术有限公司的"Resense边缘计算终端"项目获2020年"创客中国"金华好项目中小微企业创新创业大赛三等奖。横店集团东磁股份有限公司的"横店东磁单晶电池片未来工厂"入选2020年浙江省"未来工厂"培育名单。

【重大工业投资项目开工】 2020年3月3日,省委、省政府举行全省扩大有效投资重大项目集中开工活动,东阳市年产1.6吉瓦高效PERC单晶电池项目和东阳巨和众创城(小微园)

项目(一期)列入。3月11日,东阳市扩大有效投资重大项目集中开工仪式在白云实验小学项目现场举行,浙江微度医疗器械有限公司投资3亿元的医用生物材料类医疗器械系列产品产业化建设项目、浙江舒泰科技实业有限公司投资11亿元建设的浙江卫生健康产业园项目、巍华新型建材投资3.5亿元建设的年产700万平方米UHPC超高性能混凝土制品项目、投资13亿元的巍山万洋众创城、投资6.5亿元的南马万洋众创城二期等重大项目集中开工。

2020年11月12日,东阳市工业投资和智能制造项目现场推进会举行

(市经信局提供)

【企业技术中心评价】 2020年11月25日,金华市经信局印发《关于公布2020年度市级工业设计中心认定及2012—2018年度市级工业设计中心复核通过名单的通知》,2015年认定的冀发集团有限公司企业设计中心,2016年认定的浙江省东阳市定达皮具有限公司企业设计中心,2017年认定的浙江方维装饰材料有限公司企业设计中心、浙江大清翰林古典艺术家具有限公司企业设计中心,2018年认定的东阳市御乾堂宫廷红木家具有限公司企业设计中心、东阳市明堂红木家俱有限公司企业设计中心、东阳市万利电子有限公司企业技术中心通过复核。2020年12月25日,省经信厅、省财政厅、省税务局和杭州海关4部门联合印发《关于公布2020年度浙江省企业技术中心评价结果的通知》,公布2020年度浙江省企业技术中心评价结果,横店集团得邦照明股份有限公司评价得分92.90,评价结果为优秀,列全省第8位;浙江联宜电机有限公司、横店集团东磁股份有限公司等5家企业评价结果为良好,浙江普洛家园药业有限公司、浙江英洛华磁业有限公司等10家企业评价结果为合格。

【东阳市工业投资和智能制造项目现场推进会】 2020年11月12日,东阳市工业投资和智能制造项目现场推进会在横店镇召开,120余人参加会议。会前,与会人员分批次参观横店集团东磁股份有限公司太阳能六厂、东阳市中振永磁有限公司、东阳市亿力磁业有限公司及横店集团东磁股份有限公司永磁十五厂等示范项目。会上,通报2020年1—10月全市重点技改及"两化"融合项目进展情况,浙江巍华新型建材有限公司总经理陈伟民和浙江澳亚织造股份有限公司副总经理樊平分别对企业项目投资、数字化改造做法进行交流分享,经济开发区和横店镇电子产业园区对项目推进做法进行经验交流。

(陆樟镳)

2020年东阳市工业企业及项目入选各级技术创新和技术改造情况一览表

表19

级 别	省市项目情况	东阳市入选企业和项目	时 间
省级	2020年浙江省重点技术创新项目	浙江英洛华磁业有限公司的高性能稀土永磁"溴化镝"扩散技术开发、浙江南磁实业股份有限公司的高热稳定性钕铁硼磁体研发、浙江微度医疗器械有限公司的能量可精准控制新型超声手术系统(超声切割止血刀)技术开发	10月16日
省级	2020年浙江省重点高新技术产品开发项目	浙江新纳陶瓷新材有限公司的柴油机尾气净化用蜂窝陶瓷载体、横店集团得邦照明股份有限公司的蓝牙MESH组网的绝缘固化型光控LED灯、花园金波科技股份有限公司的电感耦合等离子体刻蚀设备用波纹管、浙江联宜电机有限公司的小模数齿轮自动抛光设备、花园新材料股份有限公司的高抗压型铝蜂窝集成墙体材料、横店集团得邦工程塑料有限公司的新能源汽车用玻纤增强无卤阻燃PA66	10月16日

续表19

级别	省市项目情况	东阳市入选企业和项目	时间
省级	2020年度浙江省首台(套)装备工程化攻关项目	浙江联宜电机有限公司的全自动电机磁钢粘接设备	11月7日
省级	义甬舟开放大通道西延行动创新通道西延行动项目计划	正威长三角新材料产业园项目	11月24日
省级	2020年度“浙江制造精品”	浙江普洛康裕制药有限公司“乌苯美司”、浙江普洛得邦制药有限公司“头孢克肟原料药”	12月25日
金华市级	第十九批工业企业技术中心	花园金波科技有限公司、浙江省东阳市东磁诚基电子有限公司、浙江埃森化学有限公司	5月28日
金华市级	2020年度金华市市级工业设计中心	浙江英洛华康复器材有限公司企业设计中心	11月25日
东阳市级	东阳市第十七批企业技术中心	浙江新纳材料科技股份有限公司、浙江花园生物高科股份有限公司、东阳市陈氏塑胶有限公司	9月7日
东阳市级	东阳市第八批工业设计中心	浙江英洛华康复器材有限公司	9月7日

2020年东阳市入选省“四个百项”重点技术改造示范项目计划名单一览表

表20

序号	项目实施企业	项目名称
(一)智能化改造示范项目		
1	横店集团东磁股份有限公司	磁性行业智能化生产工业互联网平台项目
2	浙江省东阳市腾辉新材料有限公司	年产6.5亿只非晶纳米晶磁环数字化车间项目
(二)新兴产业示范项目		
3	浙江微度医疗器械有限公司	医用生物材料类医疗器械系列产品产业化建设项目
4	浙江省东阳市东磁诚基电子有限公司	年产4000万只5G通信基站环形器/隔离器生产线技改项目
5	浙江英洛华磁业有限公司	年产300吨成烧一体全自动高性能钕铁硼磁钢生产线项目
(三)产品升级和工业强基示范项目		
6	横店集团东磁股份有限公司	年产1.6GW高效PERC单晶电池片项目
7	浙江普洛康裕制药有限公司	年产15亿片缓控释固体制剂生产线技改项目
8	浙江中科磁业有限公司	年加工2000吨钕铁硼磁钢、4000吨节能电机磁瓦生产线项目
(四)绿色制造项目计划		

续表20

序号	项目实施企业	项目名称
9	浙江普洛生物科技有限公司	年产2500吨莫能菌素预混剂、700吨D-丝氨酸、300吨HP蛋白预混剂、200吨硫酸安普霉素、30吨1906、25吨马度米星铵、0.7吨AP18028改造项目
10	横店集团得邦照明股份有限公司	年产10万套空气净化器项目
（五）疫情防控智能化改造示范项目		
11	浙江野风医疗器械有限公司	年产3亿只医用、民用口罩项目
12	浙江一嘉纺织新材料有限公司	浙江一嘉纺织新材料有限公司年产10000吨防疫物资用新材料项目
13	浙江尚品无纺布有限公司	年产医用口罩、日常防护口罩6000万只，无纺布2000吨，熔喷布300吨，鼻梁条150吨的技术改造项目

数字经济

【概况】　2020年，东阳市启动实施112个市级“两化”融合重点项目和5个工业互联网平台项目，入选省级上云标杆企业1家（花园集团有限公司）、省级大数据应用示范企业1家（浙江联宜电机有限公司），增加省级数字化车间1个（浙江英洛华磁业有限公司的“钕铁硼磁体数字化车间”），金华市数字化车间示范项目4个（横店集团东磁股份有限公司“电池片数字化车间项目”、浙江东阳市东磁诚基电子有限公司“5G通信基站射频器件数字化车间”、浙江澳亚织造股份有限公司“澳亚织造数字化车间项目”、浙江联宜电机有限公司“机加工生产线数字化平台建设项目”）。建成5G基站938个。

5月27日，市财政局、市经信局联合印发《关于下达2019年度东阳市“两化”融合专项资金的通知》，拨付2019年度“两化”融合项目专项奖励资金1558.74万元，其中“两化”融合项目奖励973万元，数字化车间项目奖励256万元，“企业上云”补助105.74万元，“两化”融合示范企业（项目）奖励资金224万元。

【省区域“两化”融合发展水平评估】　2020年2月26日，省经信厅印发《关于印发〈2019年浙江省区域两化融合发展水平评估报告〉的通知》，东阳市“两化”融合总指数96.08，“两化”融合发展水平列入浙江省第一梯队，列金华市第二位，其中一级指标工业应用指数列浙江省第八位。

【省数字经济发展水平综合评价】　2020年12月23日，浙江省数字经济发展领导小组办公室、浙江省经信厅、浙江省统计局联合印发《关于印发2020浙江省数字经济发展综合评价报告的通知》，发布2019年度全省及各市、县（市、区）数字经济发展水平综合评价结果，东阳市数字经济发展指数为75.4%，列入全省第四梯队，为全省第50位。其中，基础设施、数字产业化、产业数字化、新业态新模式、政府与社会数字化发展指数分别为91.5%、91.1%、58.3%、38.1%、

2020年东阳市工业企业入选各级数字经济示范企业及项目名单一览表

表21

级别	省市项目情况	东阳市入选企业/项目	时间
省级	2020年浙江省电子信息产业百家重点企业	横店集团东磁股份有限公司、横店集团得邦照明股份有限公司入选2020年（第20届）浙江省电子信息制造业业务收入30强和电子信息出口20强	7月12日
省级	2020年省级制造业与互联网融合发展试点示范企业	横店集团东磁股份有限公司入选2020年省级制造业与互联网融合发展试点示范企业名单（网络协同制造方向）	12月24日
省级	数字经济“五新”优秀案例	横店集团东磁股份有限公司的“‘工业互联网+5G’助力横店东磁制造升级”入选“新制造”优秀案例	12月24日

续表21

级 别	省市项目情况	东阳市入选企业/项目	时 间
金华市级	2020年金华市"两化"融合重点项目	浙江微度医疗器械有限公司"智能化平台化全程电子化OA+U8协同管理平台项目"等23个项目	11月11日
东阳市级	2020年度第一批"两化"融合项目	浙江水中花针织内衣有限公司"针织内衣经营管理信息化及自动化项目"等82个项目	3月3日
东阳市级	东阳市2020年度"两化"融合项目(第二批)和工业互联网平台项目	东阳市医药卫生用品有限公司"气雾剂生产制造自动化项目"等30个项目为东阳市2020年度第二批"两化"融合项目，东阳优云科技有限公司"织带行业工业互联网平台"等5个工业互联网平台项目	7月30日

86.9%，分别为全省第54、12、87、66、25位。

【智能制造服务】 2020年9月9日，省智能制造专家委员会专家一行12人，到东阳市吴刚针织有限公司、东阳市毅龙制衣有限公司、东阳富仕特磁业有限公司、浙江凯文磁钢有限公司等企业开展调研，了解企业生产经营管理过程中存在的难点、痛点，针对企业数字化、智能化改造需求，提供专家指导服务及系统解决方案。12月24日，浙江省经信厅印发《关于公布浙江省工业信息工程服务机构资源池第二批名单的通知》，东阳优云科技有限公司入选，服务方向为智能化技术改造服务，服务行业为纺织服装行业。

【工业互联网平台建设】 2020年2月19日，长三角G60科创走廊联席会议办公室印发《关于公布长三角G60科创走廊第二批工业互联网平台和专业服务机构推荐目录的通知》，东阳市推荐的横店集团东磁股份有限公司的磁性行业智能制造工业互联网平台和浙江万企动力科技有限公司的VANEQI工业互联网平台，作为行业级平台列入长三角G60科创走廊第二批工业互联网平台推荐目录。9月10日，省经信厅印发《关于公布第一批省级工业互联网平台名单的通知》，对45个工业互联网平台予以认定，横店集团东磁股份有限公司的磁性材料行业工业互联网平台入选。10月12日，省经信厅印发《关于印发浙江省2020年度省级工业互联网平台创建名单的通知》，浙江金象科技有限公司特定环节型"分布式LPG小型储罐工业互联网平台"列入创建名单。

(陆樟镳)

小微园建设

【概况】 2020年，东阳市建成小微园区10个，占地41.07公顷，建筑面积58.6万平方米，集聚企业499家；在建小微园区10个，占地面积42.2公顷。3月6日，市政府印发《关于进一步推进小微企业创业园高质量发展的实施意见》，加大小微企业创业园建设力度，推进产业集聚发展。3月25日，经济开发区万洋众创城小微企业园举行入园仪式，首批入驻企业30家。4月29日，东阳市百亿产业园重大项目开工仪式暨千芝雅智能制造中心和舒泰健康产业园开工仪式在东阳经济开发区长松岗功能区举行，该项目占地18.07公顷，建筑面积50万平方米，总投资15亿元，聚焦大健康产业主题，重点发展卫生健康用品、防护用品、新经济智能制造三大产业。8月3日，全市小微企业园建设工作专题推进会在江北培育中心召开，与会人员参观学习江北培育中心园区智慧大脑运行管理系统。

【小微园认定评星】 2020年8月5日，金华市工业转型升级领导小组办公室印发《关于公布2019年度金华市小微企业园绩效评价结果的通知》，公布108个小微企业园绩效评价结果，江北企业培育中心(一期)、赛歌小微园、南马万洋小微园绩效档次分别为A类、C类、D类(生产制造类)。8月5日，金华市工业转型升级领导小组办公室印发《关于上半年小微企业园工作进展情况的通报》，东阳市认定小微企业园3个，认定园区总数排名列金华第八位；在建小微园10个，在建小微园项目数量列金华第1位。10月14日，浙江省小微企业园联席会议办公室印发《关于公布第五批审核认定小微企业园名单的通知》，东阳经济开发区万洋众创城(一期)、东阳经济开发区万洋众创城(二期)、东阳红木创业园通过认定。12月10日，省经信厅印发《关于公布2020年度浙江省数字化示范小微企业园名单的通知》，东阳市江北企业培育中心入选。

(陆樟镳)

工业企业用地清理整治

【概况】 2020年，东阳市完成淘汰落后和过剩产能企业16家，完成整治提升"低散乱"企业1061家，盘活低效工业用地225宗、355.81公顷，省经信厅公布全市规模以上工业亩均税收12.7万元/亩。

【低效工业用地清理整治】 2020年1月17日，市十五届政府第六十五次常务会议在市行政中心召开，重点讨论低效工业用地清理整治，通过《关于东阳市第一批低效工业资产收购的有关事项》，确定13家用地效益低、布局不合理的企业为东阳市第一批低效工业资产收购企业，分别涉及经济开发区、城东街道、吴宁街道、六石街道、巍山镇、佐村镇。收购的13家企业，对用地规模较大、容积率高、建筑成新率较高的，通过整合后以小微园开发方式进行开发再利用；对地理位置优越的，通过改变土地性质的形式进行开发再利用。5月15日，全市低效工业用地清理整治工作部署会在市行政中心召开，会议明确全年工作任务。8月13日，市财政局、市经济和信息化局、东阳市低效工业用地清理整治工作领导小组办公室联合印发《东阳市低效工业用地二次利用财政扶持奖励政策》，明确租用政府收储低效工业用地的企业、采取"直接受让"引进的招商企业以及采取"重新招拍挂"引进的招商企业在满足对应政策的前提条件下，可以享受相应的财政扶持奖励。10月20日，低效工业用地清理整治工作推进会在东阳市行政中心召开，会议强调要围绕整治重点，抓住重点区块、重点地块，不断加大低效用地清理整治力度和广度，全力推进整治倒逼，提高土地利用率。

【工业企业亩产效益综合评价】 2020年6月30日，市政府办公室印发《东阳市工业企业亩产效益综合评价办法(2020年修订)》，细化评价口径、优化评价指标，深化"亩均论英雄"改革，推进资源要素配置，加快实现东阳市工业经济高质量发展。11月9日，市政府办公室印发《关于公布2019年度工业企业亩产效益综合评价结果的通知》，对2019年度亩产效益综合评价结果予以公布，全市规模以上企业评定A类企业148家、B类企业309家、C类企业30家、D类企业14家。规模以下企业(地块)评定B类企业(地块)945宗、C类企业(地块)142宗、D类企业(地块)304宗。

【零增地低效用地改造专项资金奖励】 2020年10月10日，东阳市零增地低效用地改造工作领导小组办公室印发《东阳市零增地低效用地改造工作领导小组成员会议纪要》，对2020年度东阳市零增地低效用地改造生产建设项目申报及部分完成项目奖励兑现情况进行专题研究。2020年10月25日，市零增地低效用地改造工作领导小组印发《关于确定东阳市零增地低效用地改造生产项目的通知》，确定东阳市翔锴电子有限公司"年产3万吨电子磁钢扩建项目"等10个项目为2020年度东阳市零增地低效用地改造生产项目。同日，印发《关于下达东阳市零增地低效用地改造财政专项资金奖励计划的通知》，安排奖励资金1213万元，其中，2017—2018年零增地低效用地改造生产项目7个、奖励资金798万元，2019年零增地低效用地改造生产项目5个、奖励资金415万元。

（陆樟镳）

工业(金融)专班

【概况】 2020年，东阳市组建工业(金融)专班，下设综合协调组、科技攻关组、工业投资组、运行服务组、市场拓展组、腾笼换鸟组、金融要素保障组、政策落地组八个小组，由市委常委、市政府常务副市长陈洪担任组长，办公室设在市经信局。5月，市工业(金融)专班印发《东阳市工业(金融)专班工作方案》和《东阳市工业(金融)专班考核评价办法》，明确工作办法，建立"1+5+X"工业攻坚指数指标体系▲。7月20日，印发《关于调整〈东阳市工业(金融)专班考核评价办法〉的通知》。

5月25日，运行服务组发布1—4月规模以上工业增加值增速五色图以及一季度规模以下主营业务收入增速五色图，至4月末，东阳市规模以上工业增加值为红橙色(除马宅镇、千祥镇、横店镇、歌山镇外)，一季度规模以下主营业务收入为红橙色(除歌山镇、横店镇、马宅镇、千祥镇、南马镇外)。6月19日，在浙江省"争先创优"工作例会上，省工业专班发布5月工业攻坚指数，东阳市得分88.27，列全省31位。6月22日，金华市工业(金融)专班印发《关于通报表扬"五月赶超"决战决胜作战行动先进集体及个人的通知》，东阳市工业(金融)专班获评先进专班(金华4家)，运行服务组、工业投资组获尖兵班组，6人入选先进个人。6月28日，运行服务组发布1—5月规模以上工业增加值增速五色图以及二季度规模以下主营业务收入增速五色图，千祥镇、虎鹿镇、马宅镇率先转为绿色，与4月相比，除6个红色镇街未升档外，其余均实现进档转色；规模以下主营业务收入增速五色图，绿色从2个增加到8个，蓝色、黄色数量与4月持平，红色从8个减少到4个。10月27日，金华市工业(金融)专班办公室印发《关于三季度"百日攻坚"提升行动(7号指令)作战任务完成情况的通报》，15项作战任务中，东阳市完成工业投资累计增速、工业技改投资累计增速、"小升规"企业培育入库累计数、小微企业园建设累计数、机器人购置累计数、规模以上工业企业研发费用累计增速、企业码县市专区数量、降本减负累计完成率、新增跨境电商制造业企业、新增跨境电商制造业企业培训任务数完成数10项指标完成预期目标，作战任务完成数量高于金华市平均水平。

▲"1+5+X"工业攻坚指数指标体系："1"是重点指标，规模以上工业增加值增幅(占工业攻坚指数权重的70%)，在申报季度规下营业收入的当月，规上工业增加值增幅占比调整为50%，规下营业收入增幅为20%；"5"是其他指标，包括研究和开发费用、产销率、工业投资增幅、技术改造投资增幅、科技企业"双倍增"完成率(合计占工业攻坚指数权重的30%)；"X"是指专班推进过程中的重点工作和指令性工作，设加分项和减分项。

【政策支持】 2020年6月10日，东阳市新型冠状病毒感染的肺炎疫情防控工作指挥部印发《关于进一步推进工业稳企助企工作的七条意见》，从支持工业企业月度升规，鼓励企业应统尽统、应报尽报，鼓励企业加大研发投入等三个方面推进工业稳企助企。6月29日，市工业（金融）专班印发《2020年东阳市银行业金融机构支持地方经济发展考核暨“稳企赋能双月攻坚”考评办法》，鼓励和引导银行业金融机构加大对地方经济社会发展的支持力度。7月24日，工业（金融）专班印发《关于建立和规范运行稳企业防风险纾困资金的通知》，明确安排5亿元专项资金建立稳企业防风险纾困资金，为自身生产经营正常、因互保出险或其他原因造成银行征信不良、在金融机构融资困难的企业提供阶段性资金支持，重点帮扶企业化解流动性风险。8月26日，市工业（金融）专班办公室印发《关于进一步落实银行机构相关考核任务的通知》，按照前三季度人民币存贷款余额增长18%的目标，加大稳企业保就业金融支持力度，确保9月末贷款余额比年初增加141.42亿元，下半年增加制造业贷款5亿元以上、小微企业贷款15亿元以上。

【融资考核激励】 2020年7月14日，市工业（金融）专班印发《关于银行业金融机构“稳企赋能双月攻坚”第2期次预考评结果的通报》，对全市银行业金融机构“稳企赋能双月攻坚”1—6月新增贷款任务完成情况预考评结果进行通报。8月3日，市工业（金融）专班印发《关于印发〈东阳市银行机构“稳企赋能双月攻坚”财政性存款奖励分配方案〉的通知》，依据“稳企赋能双月攻坚”专项考评办法文件精神，对完成任务银行业金融机构落实财政性存款奖励。11月9日，市工业（金融）专班办公室印发《关于银行机构新增贷款考核任务进度完成情况的通报》，对全市银行机构下半年新增各类贷款、制造业贷款、小微企业贷款、前三季度新增各类贷款进行通报。

【小微企业升级为规模以上企业】 2020年5月12日，由市经信局牵头，市税务局、市市场监管局、市供电公司等部门成立挖潜促增长攻坚小组，第一时间组织镇乡街道开展企业排摸，建立“月度升规”（指当年新开业企业，销售收入2000万元，马上进入规模以上工业企业库，每月一次，即到即升）企业培育库。5月15日，市税务局召开口罩行业培训会，市经信局进行“小升规”政策宣贯，市税务局进行税收政策辅导。5月18日，市税务局召集各所（分局）部署落实对上年度新升规和应急物资生产企业的销售申报核查工作，为工业（金融）专班工作开展做好保障。5月20日，市工业（金融）专班办公室印发《关于加强月度升规工作的指令（1号）》，开展月度升规企业排摸、指导。增加“小升规”企业78家。

2020年12月22日，网易未来大会新经济论坛暨“严选计划”战略签约仪式在横店镇举行　（市经信局提供）

【“企业码”推广应用】 2020年5月12日，市经信局组织镇乡街道召开“企业码”（以二维码为标识，由多部门、多单位、多机构共同发起为企业打造的一站式快速服务通道）培训会议，邀请技术人员开展“企业码”领码培训工作。5月15日，全省企业码推广视频连线（东阳分会场）会议在五楼西会议室召开。6月1日，市工业（金融）专班办公室印发《关于进一步加强企业码申领工作的指令（2号）》，明确由镇乡街道（开发区）统筹负责，市税务局、市市场监管局等部门参与，联动开展企业码申领工作，实现规模以上工业企业领码全覆盖，领码数31130家次。

【工业企业电商运营模式发展】 2020年5月13日，市工业（金融）专班组织阿里巴巴营销团队联系走访浙江雪丽日用品有限公司、东阳市秀之美针织服饰有限公司、东阳艺佳服饰有限公司、浙江圣泰婴童服饰有限公司等规模以上工业企业，对企业C2M（消费者直连工厂）电商销售模式进行诊断分析，确定电商运营销售模式。5月19日，东阳市政府会同阿里巴巴集团，举行东阳制造“春雷计划”发布会，阿里巴巴专家团队为160余家制造业企业代表介绍“春雷计划”各业务板块相关政策。12月22日，网易未来大会新经济论坛暨“严选计划”战略签约仪式在横店镇举行，浙江制造拓市场“严选计划”金华·东阳制造专场启动。

（陆樟镳）

东阳经济开发区

【概况】 2020年，东阳经济开发区（简称开发区）规划控制范围为白云街道、江北街道、六石街道、城东街道行政管辖区域，托管六石街道、城东街道，江北街道迎宾大道以东区域规划、基础设施建设和产业项目落地由开发区统一实施，总面积270平方千米，规划开发面积92平方千米。由开发区核心地块、白云商贸园区、江北高新产业园区组成。开发区核心区块位于东阳市区中北部，是东阳市重点建设工业区块，处于杭州至永康、金华至宁波大通道的十字交叉口位置，北接金甬高速，东连诸永高速，距浙赣铁路和义乌机场20千米，区位优势明显。白云商贸园区地处东阳市西部，东邻吴宁街道，西接义乌市江东街道，南与南市街道相连，北濒东阳江，与江北街道隔江相望，是东阳市重要工业基地，基本形成以生产经营电子机械类产品为主的西城工业园，以生产经营服装针织类产品为主的服装工业园，以生产经营工艺品类产品为主的小商品工业园。江北高新产业园区地处东阳市西北部，东阳市政府所在地，东邻六石街道，南濒东阳江，与城东街道、吴宁街道、白云街道隔江相望，西接义乌市廿三里镇、华溪镇，北壤诸暨市岭北乡。初步形成以生物制药、纺织服装、塑料制品、工艺品等为主的工业体系。开发区有工业企业2450家，“四上”企业（规模以上工业企业、资质等级建筑业企业、限额以上批零住餐企业、限额以上服务业企业）482家。规模以上工业企业262家，占全市规模以上工业家数的47.12%；规模以上工业总产值142.57亿元，比上年增长2.19%，占全市规模以上工业总产值的28.18%；完成规模以上工业增加值30.67亿元，比上年下降2.39%；完成固定资产投资70.54亿元；完成税收36.66亿元，比上年增长1.81%，占全市税收的29.46%；实际利用外资1000万美元，占全市的99.62%；进出口总额9.98亿美元，占全市的32.21%。

【开发区核心区块】 2020年，开发区核心区块有规模以上工业企业80家，完成工业总产值49.95亿元，比上年增长6.88%；固定资产投资64个项目，完成总投资15.9亿元，比上年下降16.4%；批发业完成销售额15.2亿元，比上年增长24.52%；零售业完成销售额1.41亿元，比上年增长52.81%；完成税收6亿元，比上年增长20.2%；引进内资3.7亿元；完成外资1000万美元，完成外贸出口总额13.44亿元，比上年增长7.5%；完成税收6亿元，比上年增长20.2%。增加规模以上企业10家，增加亿元企业7家，增加国家高新技术企业13家，增加市级研发机构4家。

【白云商贸园区】 2020年，白云商贸园区51家规模以上企业完成产值30.17亿元，完成销售产值30.11亿元，实现税收10.28亿元。完成固定资产投资23.39亿元，实现外贸出口28.1亿元。增加省科技型企业10家、国家高新企业4家。15家商贸限额以上批发企业实现销售44.4亿元；33家限额以上零售企业实现销售46.3亿元；3家限额以上餐饮企业实现销售4245万元；2家限额以上住宿企业实现营业额1719万元。培育“小升规”企业9家，辖内年产值超亿元企业6家。

【江北高新产业园区】 2020年，江北高新产业园完成税收9.4亿元；完成规模以上企业总产值27.43亿元；外贸出口完成9.75亿元；完成企业“小升规”12家；固定资产完成总投资20.6亿元，其中工业项目投资4.7亿元；完成建筑业总税收1.1亿元；完成高新企业评审22家，其中国家级高新企业6家。引进内资项目6个，到位内资5.8516亿元，浙商回归（重大产业项目到位资金）项目9个，到位资金3.9899亿元。

（郭厚良）

浙江东阳横店电子产业园区

【概况】 2020年，浙江东阳横店电子产业园区（简称电子园区）完成工业总产值168亿元，比上年增长1.65%；规模以上工业企业实现产值186.25亿元，比上年增长26.8%；规模以上企业完成出口交货值49.9亿元，比上年增长10.3%；规模以上企业主营业务收入189.14亿元，比上年增长33.67%；规模以上企业实现利税19.8亿元，比上年增长13%；规模以上企业利润18.18亿元，比上年增长26.8%。引进内资24900万元，完成浙商回归93460万元。招引建筑企业11家，增加税收8772余万元。开展企业“三废”排放情况检查和木雕红木家具行业的环保治理，完成煤气发生炉治理，园区烟气治理，淘汰高污染燃料锅炉。

【电子园区科技创新】 2020年，电子园区企业申请专利1244项，其中发明专利369项，获授权专利978项，企业年均获授权专利510余件。电子园区内20个市重点技改项目完成投资6.54亿元，25个市“两化”融合项目完成投资3865万元，旧厂房改造完成7万平方米。2个市重点商贸服务项目完成投资3.3亿元。完成企业“小升规”9家，增加国家高新技术企业8家，入选省级专家型人才7人，创建院士、博士后科研工作站11个；拥有中国驰名商标9只、省著名商标21只。

（黄燕明）

木雕 红木家具

综述

【概况】 2020年,东阳市有木雕红木家具企业1300余家,其中规模以上企业57家(龙头骨干企业15家),有市木材交易中心、南马木材交易市场、横店木材交易市场3个木材交易市场,东阳中国木雕城、花园红木家具城2个大型家具交易市场,以及南市街道、横店镇、南马镇、画水镇四大产区,年产值超200亿元,有中国工艺美术大师11人,浙江省大师48人,金华市大师124人,各类木雕、家具制作专业人才3000余人,从业人员超10万人。木雕红木规模以上企业申报产值13.57亿元,比上年下降11.4%。 (陈婷婷)

【"中国的椅子"原创作品大赛】 2020年5月18日,东阳市以中国林业产业联合会名义向全国发出2020"中国的椅子——聚艺·东阳"原创作品征集公告。8月,组织专家对571份参赛作品进行评审,80件概念类作品和46件产品类作品通过初评进入实物准备程序。10月31日至11月1日,组委会组织专家对100件原创作品进行终评并在活动期间展出。评出"第二届中国林业产业创新奖(椅子类)"一等奖2件,二等奖6件,三等奖10件。东阳市吴腾飞制作的"云汐椅"获产品类一等奖,4件作品分别获产品类和概念类二等奖,5件作品分别获产品类和概念类三等奖。 (汤惠平)

【首届"中华大师汇"】 2020年11月1—5日,由中国工艺美术协会、中国家具协会、中国林业产业联合会、新华社民族品牌工程办公室、中国劳动学会、东阳市人民政府共同主办的首届"中华大师汇"在东阳中国木雕城举行,以"初心·匠心·美好生活"为活动主题。"中华大师汇"分为六个主要展区,集中展现木雕、根雕、竹制工艺品、陶瓷、玉器、刺绣非遗、字画等中国工艺美术作品和红木家具精品、新中式家居新品。在线观展人数200万人,直播带货数额近3500万元,线下逛展日均客流量6.5万人次。开幕式上,首次发布东阳·中国红木家具指数,通报表彰2020年度东阳市木雕红木家具龙头骨干企业。

"中华大师汇"活动主要由东阳市人民政府入选新华社民族品牌工程签约仪式、2020"中国的椅子——聚艺·东阳"原创作品征集活动终评、中华大师高峰论坛、第二届红木家具产业发展论坛、新闻发布会、2020年全国行业职业技能竞赛——第四届全国家具职业技能竞赛总决赛、中华大师汇开幕式、"中华大师汇"直升机首航仪式、中国红木产业转型升级暨"放心消费长三角"研讨会、第三届中国(东阳)香文化论坛、工艺美术大师现场技艺展示、新华社民族品牌企业代表团走进东阳、"中华大师汇"成果展、直播带货、"金秋东阳魅力游"15项活动组成。参展商387个,展会总面积20.12万平方米。

中国工艺美术大师创新作品展区展示全国百名大师创作的木雕、根雕、竹制工艺品、陶瓷、玉器、漆器、刺绣、编织、花画等13大类工艺品,作

2020年11月2日,首届"中华大师汇"在东阳中国木雕博物馆国际会议厅开幕 (市市场监管局提供)

品主题以反映全面建成小康社会、走进新时代，体现人民群众对美好生活的期待和向往；体现在抗击新型冠状病毒疫情中涌现出的英雄及感人事迹；反映“一带一路”合作等，来向中国共产党建党一百周年献礼。东阳市7名中国工艺美术大师和1名行业大师携新作亮相中华大师汇展区。“中式好空间”整装精品展区展出11套“中式好空间”、讲述11个中国好故事，让“美丽的家具会说话”，反映新时代人民美好生活的愿景。2020“中国的椅子——聚艺·东阳”原创作品展区，从全国各地高等院校、设计机构、家具生产制造企业选送的571件椅子原创作品中遴选出100件进行展示。“红创二代”新品展区展出全国各地有代表性的“红创二代”创作的红木家具新品。浙江（金华）工艺美术精品展区对金华市籍工艺美术大师创作的412件精品进行展示。东阳旅游产品展区展示具有东阳特色的旅游文创产品。（陈婷婷　郑文婷）

【第四届全国家具职业技能竞赛总决赛】 2020年10月31日至11月2日，由中国轻工业联合会、中国家具协会、中国就业培训技术指导中心、中国财贸轻纺烟草工会全国委员会主办，东阳市人民政府承办的2020年全国行业职业技能竞赛——第四届全国家具职业技能竞赛总决赛在东阳中国木雕城国际会展中心举行。竞赛分为手工木工和家具设计师两个赛项。手工木工竞赛有来自全国12个分赛区选拔或推荐的55名职工选手参赛；家具设计师竞赛是家具行业内首个设计类国家级竞赛，分为职工组和院校组，有54名选手参赛。浙江磐安金茂富士工艺品有限公司陈李强获手工木工工种“工匠之星·金奖”，东阳市御乾堂宫廷红木家具有限公司张兴保获手工木工工种“工匠之星·银奖”，东阳市南市珍木居家具厂蒋东阳、浙江中信红木家具有限公司王均火、东阳市城东兴艺古典工艺家具厂何耀明获手工木工工种“工匠之星·铜奖”，浙江卓木王红木家俱有限公司林涛获手工木工工种“工匠之星·优秀奖”；浙江横店影视职业学院田霖霞获家具设计师工种“设计之星·铜奖”，东阳市御乾堂宫廷红木家具有限公司刘云文、东阳市荣轩工艺品有限公司徐超霖获家具设计师工种“设计之星·优秀奖”。东阳市人民政府被技能竞赛组委会授予“2020年全国行业职业技能竞赛——第四届全国家具职业技能竞赛总决赛特殊贡献奖”称号。（杜宝燕　郑文婷）

【《中国（东阳）木雕红木产业发展报告》发布】 2020年11月1日，首届“中华大师汇”开幕式上，东阳市发布《中国（东阳）木雕红木产业发展报告》。报告指出，近年来，东阳木雕竹编与红木家具不断融合发展，形成独具特色的木雕红木产业。东阳市按照“做强做优做长久，规范融合强创新”总要求，布局“全”链条、铸就“高”品质、搭建“大”平台、打造“优”品牌，推动东阳木雕红木产业在全国形成先发优势。作为“世界木雕之都”“中国红木（雕刻）家具之都”，东阳市连续举办十四届“东博会”，五届“红博会”，有木雕红木家具企业1300余家，形成集木材交易、生产销售、售后服务等环节于一体的完善的全链条发展体系，是全国木雕红木家具产业集聚度最高的地区之一。（东　鉴）

【“放心消费长三角”研讨会举办】 2020年11月2日，由中国消费者报社、浙江省消费者权益保护委员会、东阳市人民政府主办，东阳市市场监督管理局、东阳市木雕红木家居产业发展局、东阳市木雕红木家具行业诚信促进会承办的2020中国红木产业转型升级暨“放心消费长三角”研讨会在东阳市举行。国家市场监督管理总局质量发展局、中国消费者协会、东阳市人民政府领导与上海、浙江、江苏、安徽长三角“三省一市”的消费者组织负责人、知名设计师、专家学者及优秀红木企业负责人对如何在长三角一体化高质量发展的背景下提振红木消费信心，净化红木消费环境等话题进行研讨。会上，东阳市红木产业的5家龙头企业及10家骨干企业代表向中消协及长三角“三省一市”消费者权益组织代表进行承诺宣言。东阳市15家优秀企业承诺切实强化从木材交易、产品设计、加工制作到市场销售整个产业链条的质量责任意识，以“全方位、高品质、快速度”为服务标准，人性化处理产品售后问题，做服务温暖的企业等。（东　鉴）

行业管理

【国家木雕及红木制品质量监督检验中心（浙江筹）】 2020年，浙江省木雕红木家具产品质量检验中心完成检验报告、家具用材检验证书2355份。开放实验室接待到访人员674人次，提供免费咨询服务200余人次。该中心通过中国合格评定国家认可委员会（CNAS）组织的2020年度实验室监督复评审及标准变更能力确认。开展“互联网+检验检测”公共服务平台（“浙里检”）业务工作，完成线上订单260个。在原有开放实验室基础上，增加木雕小镇木材识别开放实验室。开展红木规模以上企业疫后调研工作；联合金华市质检院组团入企开展“三服务”活动、为企业复工复产出谋划策。自主培养正高级工程师、高级工程师各1人，加强团队力量。

【东阳市家具研究院】 2020年1月，中共东阳市委办公室、东阳市人民政府办公室发布《关于印发东阳市大数据发展中心等9家正科级事业单位职能配置、内设机构和人员编制规定的通知》，东阳市家具研究院“三定”方案获批。东阳市家具研究院为东阳市人民政府直属公益一类事业单位，机构规格相当于正科级，归口市市场监管局管理。内设发展研究中心、材料研究中心、设计研究中心。由东阳市财政全额补助，事业编制人数10人。4月17日，市政府任命傅为民为家具研究院院长；4月23日，完成市家具研究院事业单位登记。

【木雕红木产业工作专班组建】 2020年5月，市市场监管局牵头成立以财政、税务、市场监管等部门组成的木雕红木产业工作专班，组长楼红霞。专班下设5个服务组，对57家规模以上企业进行“一对一”帮扶指导，协调解决企业发展难题。5月18日，针对企业反映的共性问题，制定《关于扶持木雕红木产业发展的若干意见》，发放奖励资金805.33万元。

【木雕红木产业宣传】 2020年8月3日，“世界木雕·东阳红木”冠名高铁列车开始运行，覆盖北京、上海、河北、江苏、浙江、广东等11个省份，运行199天，运送旅客183.36万人次。自10月10日起，在CCTV-1《新闻联播》前播出10秒钟的“世界木雕·东阳红木”宣传片，通过32次的广告播出累计观众触达人次3.6亿人次，其中不重复的人数1.1亿人次。12月24日，CCTV-2《正点财经》栏目播出浙江东阳新中式家具市场开始回暖的新闻。

【木雕红木品牌推广】 2020年9月15日，东阳市人民政府与新华通讯社新闻信息中心签订《关于新华社民族品牌工程项目战略合作框架协议》。“中华大师汇”活动期间发布原创报道20余篇，在新华社全媒体平台刊发转发100余次，其中5篇报道在新华网客户端阅读量超100万人次，1篇报道总阅读量超200万人次；编辑出版“中华大师汇”《环球》专刊——《雕刻新时代》。连续7天在纽约时报广场、北京、上海等重点城市核心地段户外大屏轮播宣传片，播放频率每天120次以上。“世界木雕·东阳红木”品牌宣传首次走出国门，《打造全国工艺美术产业融合发展的示范基地首届“中华大师汇”在东阳举办》一文被翻译为多国语言后，在全球90余个国家的940余家主流媒体刊出。

【东阳抖音电商直播基地建设】 2020年9月27日，东阳市人民政府与北京空间变换科技有限公司签订《关于抖音电商直播基地合作协议》，在东阳中国木雕城成立东阳抖音电商直播基地。11月2日，举行东阳抖音电商直播基地成立授牌仪式。12月1日，东阳抖音电商直播基地正式启动运营，入驻商户1000余家，开播商户500余家，日均支付GMV（商品交易总额）超250万元。

【中国工艺美术大师交流中心落户东阳】 2020年10月22日，东阳市人民政府向中国工艺美术协会提交《关于申请在东阳成立中国工艺美术大师交流中心的报告》。10月30日，东阳市人民政府与中国工艺美术协会签订《关于成立中国工艺美术大师交流中心的合作协议》。11月1日，中国工艺美术大师交流中心启动运行，交流中心办公地址为东阳中国木雕城国际会展中心东曦会馆。

（陈婷婷　包民强　汤惠平）

行业协会

·工艺美术行业协会·

【概况】 2020年，东阳市工艺美术行业协会（简称工艺美术协会）组织会员参展2次，获得奖项84个，其中金奖30个，银奖32个，铜奖22个。9月26—30日，组织会员参加《2020中国（杭州）工艺美术精品博览会》，展位面积180平方米，参展企业30家，参评作品36件，获金奖5个，银奖7个，铜奖12个。10月9日，浙江省工艺美术大师王向东的木雕作品《锦绣盛世》入围第十五届中国民间文艺山花奖·优秀民间工艺美术作品终评。11月1日，“中华大师汇”第十五届中国木雕竹编工艺美术博览会开幕，协会组织参展企业60家，展位面积500平方米，参评作品74件，获金奖25个、银奖25个、铜奖10个。

【木雕标准化技术委员会成立】 2020年6月17日，国家林业和草原局木雕标准化技术委员会由国家林业和草原局批准成立，是木雕行业内第一个标委会，主要负责木雕领域标准制修订工作。第一届木雕标准化技术委员会由35名委员组成，市工艺美术协会执行会长王向东任标委会副主任委员，协会副会长张向荣任标委会委员。

【技能培训】 2020年12月4日，工艺美术协会组织举办电商平台专场培训，邀请菁英电商商学院金牌讲师张鹏从理论知识、运营方式、实际操作等方面进行讲解，并分享抖音头条营销方式、抖音经典营销案例、抖音拍摄技巧等内容。

12月7日，由市人力社保局、工艺美术协会、市工美木雕职业技能培训学校共同举办的2020年度木雕工技能培训班开班。培训为期三天，聘请多名省级工艺美术大师对学员们进行木雕工知识、木雕艺术常识、世

2020年12月15日，木雕工（中级）实际操作考试现场 （市工艺美术协会提供）

界雕塑欣赏技巧及美育与审美对创作的重要性等方面的培训。

【工艺美术人才评选】 2020年4月28日，东阳市评出第二届“东阳工匠”31人，工艺美术协会楼卫东、王向东、李强、何渊巍、俞祝江、郭天伟、郭振江、王克新、卢晓侃、赵跃龙、陈金生、吴奇荣入选。7月17日，东阳市拟确定表彰拔尖人才选拔增补人选公示，其中中国工艺美术大师徐土龙、浙江省工艺美术大师吴腾飞评级为A类人才；浙江省工艺美术大师何渊巍、浙江省工艺美术大师陈一中、浙江省工艺美术大师黄志勤评级为B类人才。8月6日，东阳市举行拔尖人才增补人员座谈会，对新一批入选的拔尖人才进行表彰，为新入选人才颁发荣誉证书。8月，浙江省工艺美术大师王向东被评为金华市宣传文化系统“五个一批”人才；浙江省工艺美术大师夏浪、浙江省工艺美术大师蒋武进、浙江省工艺美术大师杜菊芳获2020年度第三届“东阳市首席技师”称号；何渊巍工作室、姚忠虎工作室分别授牌“东阳市技能大师工作室”。12月18日，浙江省工艺美术大师吴腾飞、浙江省工艺美术大师黄志勤获由中国轻工业联合会与中国财贸轻纺烟草工会主办的第二届轻工“大国工匠”称号。

（徐小红）

·红木家具行业协会·

【概况】 2020年，东阳市红木家具行业协会组织“东阳家协·云中聚智”——线上直播培训、“后疫情时代下企业人力资源合规管理”实务研讨会、短视频运营实操培训班、2期手工木工中级职业技能培训班、“器之美韵·始于图制”——中国传统家具设计传承与创新讲座、“干掉新中式老套路”家具设计专题分享、“数字重塑·协同赋能”酷家乐——拼多多专场活动；组织会员企业参观2020深圳时尚家居设计周暨35届深圳国际家具展。组织东阳市东禺红木家具有限公司、东阳市恒达木业有限公司、浙江豪族工贸有限公司参加2020深圳时尚家居设计周暨35届深圳国际家具展；组织东阳市七贤阁红木家具有限公司、东阳市舜兴轩红木家具有限公司参加第43、44届国际名家具（东莞）展览会；东阳市明堂红木家俱有限公司、东阳市东禺红木家具有限公司、浙江王盛记家具有限公司、东阳市汉府家具有限公司、东阳市恒达木业有限公司的红木家具产品在名家居世博园（东莞）展出。

2020年11月1日，第二届红木家具产业发展论坛举行

（市红木家具行业协会提供）

东阳市红木家具行业增加授权专利600余件，其中发明专利2件；增加浙江中信红木家具有限公司、浙江大清翰林古典艺术家具有限公司、东阳市御乾堂宫廷红木家具有限公司、国祥红木家具有限公司、东阳古森家具有限公司、浙江万家宜家具有限公司、浙江省东阳市华厦家具有限公司、东阳市天禧红木家具有限公司8家企业13个项目通过“浙江制造”品字标认证，其中浙江卓木王红木家俱有限公司生产的深色名贵硬木家具（黑酸枝）通过国际互认。

11月1日，第二届红木家具产业发展论坛在陆光正创作室举行。

【红木家具行业复工复产】 2020年，红木家具企业在开展疫情防控工作的同时，有序推进复工复产。在疫情发生初期，市红木家具行业协会及时向企业转发疫情防控和复工复产的政策信息。2月初，市红木家具行业协会向全市红木家具企业发起《关于全面配合做好新型冠状病毒肺炎疫情防控的倡议书》，市红木家具企业通过各种渠道捐款捐物。2月20日，收到会长单位东阳中国木雕城捐赠的1000套防护服、会员单位明尊红木和逸馨红木捐赠的一批84消毒液，按需发放给会员企业，帮助企业做好防疫工作，助力企业复工复产。通过网站、微信等平台及时发布政府复工政策、扶持政策、企业招聘信息、高校网络招聘会信息等，保障企业复工复产，降低疫情给企业带来的不良影响。

【“中国的椅子”原创作品征集活动】 2020年4月1日，由中国林业产业联合会、东阳市人民政府主办，以“聚艺·东阳”为主题的2020“中国的椅子”原创作品征集活动启动，收到全国18个省份、3个直辖市的高等院校、设计机构、家具生产企业的571件作品，其中概念类作品489件，产品类作品82件。在推荐参与中国林业产业创新奖评审的56个获奖项目中，有2家东阳企业的2件概念类作品，9家东阳企业参与制作的17件概念类作品；有19家东阳企业、职校及设计师的19件产品类作品，位于市经济开发区的浙江上汐有限责任公司的“云汐椅”获产品类一等奖。

2020年5月21日，东阳市木雕红木产业党建联盟成立仪式暨党建联盟中心启用仪式举行　　（市红木家具行业协会提供）

【东阳市木雕红木产业党建联盟成立】 2020年5月21日，市木雕红木产业党建联盟成立仪式暨党建联盟中心启用仪式在经济开发区木雕小镇举行。仪式现场进行市木雕红木产业党建联盟揭牌，党建联盟书记单位授牌，党建联盟共建单位代表和企业代表发言等环节，东阳农商银行向市木雕红木产业党建联盟授信10亿元。仪式后召开市木雕红木产业党建联盟第一次会议，市双洋红木家具有限公司被选举为第一次轮值主席单位。该党建联盟由市委“两新”工委牵头，市市场监管局主管负责。一期由横店镇木雕红木企业党组织组成，带动服务横店镇67家木雕红木企业，在经济开发区木雕小镇建设党建联盟中心。二期计划覆盖南马镇、南市街道、画水镇、经济开发区等木雕红木主导产区。

【木雕红木家具行业品牌指导服务站开展服务】 2020年7月31日，市红木家具行业协会和市木雕红木家具行业品牌指导服务站联合举办东阳市木雕红木家具行业品牌专利培训会，百余名企业代表和市市场监管局相关工作人员参会。同济大学教授、博士生导师，同济大学知识产权法方向学科带头人朱雪忠与企业互动，针对专利申请和保护、商标“撤三”等红木家具行业涉及较多的知识产权问题进行讲解，结合国内外经典案例进行辅助说明。会后朱雪忠走访红木家具龙头企业，指导企业外观专利被侵权后如何有效处置。

【第三届“红创二代”新品展】 2020年11月2—5日，由中国家具协会、东阳市人民政府主办，市红木家具行业协会青年企业家委员会承办的第三届“红创二代”新品展在东阳中国木雕城举办，浙江卓木王红木家俱有限公司、东阳市双洋红木家具有限公司、东阳市苏阳红红木家具有限公司（东遇）、东阳市御乾堂宫廷红木家具有限公司、东阳市荣轩工艺品有限公司（荣鼎轩）、东阳市汉府家具有限公司、东阳市韦邦家俱有限公司、东阳市东木居明式家具有限公司、东阳市古雨轩红木家具有限公司、东阳市明作家具有限公司（觉朴）、东阳市城东兴艺古典工艺家具厂（古人行）、东阳市祥辰红木家具厂、东阳市杜邦红木家具有限公司、东阳市黄家宝典家具有限公司（观象）14家青年企业家委员会成员企业参展，展览面积2500平方米，展示设计感与舒适性兼备的新中式家具，简约又实用的偏现代化多功能家具，雕刻精美、经典大方的古典家具。

2020年东阳市木雕红木家具企业获国家级、省级、东阳市级荣誉一览表

表22

荣誉	企业(个人)名称
第二届轻工“大国工匠”	吴腾飞(浙江大清翰林古典艺术家具有限公司) 黄志勤(东阳市白云黄志勤木雕工作室)
第五批国家级知识产权保护规范化市场	东阳红木家具市场
通过“浙江制造”品字标认证企业	浙江中信红木家具有限公司 浙江大清翰林古典艺术家具有限公司 东阳市御乾堂宫廷红木家具有限公司 东阳古森家具有限公司 浙江万家宜家具有限公司 国祥红木家具有限公司 浙江省东阳市华厦家具有限公司 东阳市天禧红木家具有限公司

续表22

荣 誉	企业(个人)名称
2020年度浙江省“守合同重信用”AAA级企业	浙江卓木王红木家俱有限公司 东阳市御乾堂宫廷红木家具有限公司 东阳市华龙工艺品有限公司
2020年度浙江省“守合同重信用”AA级企业	东阳市双洋红木家具有限公司 浙江万家宜家具有限公司 浙江红天下家具有限公司 东阳市欧晨卫浴有限公司 东阳市新明红木家具有限公司 东阳市沽之大匠红木家具有限公司 东阳市荣轩工艺品有限公司 东阳市杜家古典红木家具有限公司 东阳市正信红木家具有限公司
2020年度浙江省“守合同重信用”A级企业	东阳市东西南北中红木家具有限公司 浙江九洲红家具股份有限公司
2020年度东阳市木雕红木家具龙头企业	东阳市明堂红木家俱有限公司 浙江中信红木家具有限公司 浙江卓木王红木家俱有限公司 东阳市陆光正创作室 东阳市苏阳红红木家具有限公司
2020年度东阳市木雕红木家具骨干企业	浙江大清翰林古典艺术家具有限公司 东阳市新明红木家具有限公司 东阳古森家具有限公司 东阳市御乾堂宫廷红木家具有限公司 东阳市双洋红木家具有限公司 东阳市旭东工艺品有限公司 浙江浪人工艺品股份有限公司 浙江万家宜家具有限公司 东阳市恒达木业有限公司 东阳市华龙工艺品有限公司

（郑文婷）

东阳木雕小镇

【概况】 2020年，东阳木雕小镇完成固定资产投资34.7亿元，其中特色产业投资27亿元，占比78%。有省级以上非物质文化遗产5项，亚太级手工艺大师3人，中国工艺美术大师6人，浙江省工艺美术大师17人。国家级非遗代表性传承人5人，省级非遗代表性传承人3人，入驻企业240家。文化创意园区入驻项目22个，其中15个项目主体结顶，其余项目同步开展相关行政审批及主体施工等工作。

举办“2020年度东阳经济开发区‘小候鸟计划’夏令营”活动、东阳市流动少年宫进社区活动，举办“扇美‘两山’圆梦小康”——寻山问水扇面展、“展风采献小康”书画展、“匠心云集、神韵木雕”美术摄影作品展、东阳市首届西画作品展等各类展会。

3月，东阳木雕小镇——雕刀筑梦入选金华“廊道百景”。5月，东阳木雕小镇被授予“巾帼直播培训基地”及“巾帼直播示范基地”。10月，东阳木雕小镇被命名为全省第四批省级特色小镇；省级特色小镇创建和培育对象建设工作和成效考核为年度优秀。12月24日，东阳木雕小镇成功通过省级特色小镇验收命名，成

2020年12月24日，东阳市市长楼琅坚（右一）代表东阳木雕小镇接受授牌

（东阳木雕小镇提供）

为全省第四批省级特色小镇，省委副书记、省长郑栅洁为东阳木雕小镇授牌；在全省美丽城镇和特色小镇工作推进会上，东阳木雕小镇作为全省唯一特色小镇代表进行交流发言。

【木雕小镇客厅建设】 2020年5月，木雕小镇客厅完成建设，小镇客厅分主展区、小镇广场、配套服务设施（包括游客中心、综合服务中心、文体中心等）三大区块，集小镇介绍、咨询服务、商务商贸、创业服务、旅游服务、产品展示、文化展示7大功能于一体，项目用地面积3.2万平方米，总建筑面积14.8万平方米。

【小镇研学传承】 2020年，东阳木雕小镇实训基地用地面积1.85公顷，总建筑面积9980平方米，集木文化展览、创意手工、艺术临展、人才实训四大功能为一体。东阳木雕小镇成功创建东阳市、金华市、浙江省中小学生研学实践教育基地。年内完善设施与景点建设，成功创建国家AAA级旅游景区，形成研学旅游品牌，有4万余名学生到木雕小镇开展研学、实训活动。

【木雕小镇直播】 2020年，东阳木雕小镇通过直播记录木雕研学、展示木雕文化、推广木雕文化。至年末，有直播间27个，直播商户20家，销售金额200余万元。4月，木雕小镇开展小镇研学的课程和直播，在抖音官方客户端推出“玩木之趣”网络直播课程，至年末，播出6期。

【木雕小镇与广厦大学深化合作】 2020年，东阳木雕小镇和浙江广厦建设职业技术大学共推木雕文化传承与创新。8月，市申本工作领导小组顾问、专家组组长奚建华带领浙江广厦建设职业技术大学办公室、科研与社会合作处、后勤处、艺术设计学院、中外人文交流木雕艺术研究院等有关负责人，到东阳经济开发区，与开发区班子就深化合作进行座谈。12月22日，浙江广厦建设职业技术大学举行专职教授聘任仪式，陆光正、黄小明、徐土龙、陈国华被聘为专职教授。

【职业技能竞赛】 2020年10月13日，第四届全国家具职业技能竞赛浙江东阳选拔赛技能考核在木雕小镇实训基地举行，20余名木雕高手通过理论和技能考核两项考试，角逐6个参加第四届全国家具职业技能竞赛总决赛的名额。所有参赛选手使用手工木工工具，按照家具图纸现场独立制作一件家具，比赛时间8小时。

（郭厚良　吴雅真）

2020年12月26日，东阳中学学生到东阳木雕小镇开展研学活动

（东阳木雕小镇提供）

东阳中国木雕城

【概况】 2020年，东阳中国木雕城实现市场成交额168亿元，完成税收1794万元。东阳中国木雕城举办“巧手匠心 非遗学堂”等非遗传承活动，承办首届“中华大师汇”多项大型线上线下活动。获“浙江省五星级文明规范市场”“浙江省放心消费示范街区”“中国家具协会第七届理事会副理事长单位”等称号。

【“巧手匠心 非遗学堂”活动】 2020年10月3日，东阳中国木雕城精选东阳米塑、东阳竹编、脸谱DIY、麦秆剪贴四大非物质文化遗产项目，在国风生活馆开展“巧手匠心 非遗学堂”活动。通过非遗传承人授课、讲解、展

2020年10月3日，非遗传承人在东阳中国木雕城“巧手匠心 非遗学堂”活动现场指导学生学习竹编技艺（东阳中国木雕城提供）

示、互动和体验的形式，让参与活动的数百名学生了解非遗、学习非遗，体会意蕴深厚的民间艺术。

【中国工艺美术大师创新作品展】 2020年11月1—5日，中国工艺美术大师创新作品展在东阳中国木雕城举行。作品展展出全国各地100余名工艺美术大师创作的雕塑、漆器、陶瓷、刺绣、编织、花画等13大类工艺品，亚太地区手工艺大师陆光正主创的大型木雕作品《百年伟业》在东阳中国木雕城国风生活馆首次展出。

【东阳抖音电商直播基地启动大会】 2020年12月1日，由东阳市人民政府、抖音电商及复星国风文化产业集团联合打造的东阳抖音电商直播基地启动大会在中国木雕博物馆国际会议厅举行。基地整体占地面积3.7万平方米，配备木艺文玩类BIC检测中心（质检化一体运营中心）、一体化供应链中心、近百个共享直播间及培训服务中心，是长三角地区首批木艺、文玩抖音电商直播基地。基地有占地500余平方米的BIC质检仓储一体化运营中心，该运营中心规划面积3500平方米，为入驻商户提供电商供应链、质检、物流、仓储、主播孵化、商户运营等全方位服务。基地于9月24日开启试运营，试运营期间，基地整体GMV突破千万。入驻商户包括行业大V、工艺美术大师、东阳中国木雕城头部商户等。

（朱卓琳）

2020年12月1日，东阳抖音电商直播基地启动大会现场（东阳中国木雕城提供）

花园红木家具

【概况】 2020年，花园红木家具城引进中科公信木材检测中心，对市场进行改造升级。上线运行花园购经销商版App，花园购App整合升级。举办花园红木家具城开业十周年庆典暨2020中国·花园红木家具展销会。2月24日，花园红木家具城复市，是浙江省首批复市的市场之一，复工率95%。

【中科公信木材检测中心引进】 2020年4月18日，花园红木家具城引进由中科公信木材检测中心与南京林大木材科学研究中心联合建立的中科公信（东阳）木材检测有限公司，聘请南京林大教授徐魁梧担任鉴定专家组组长。中科公信木材检测中心，通过云计算等高新技术，实现科学鉴定，检测中心提供上门服务，消费者购买家具后可直接检测，快速出检测证书。出具的每套鉴定证书具备电子证书、纸质证书、唯一防伪标签，提供配备有唯一编码的高端铜牌鉴定认证。

【花园购App升级】 2020年4月10日，花园购经销商版App上线运行。7月1日，商家版与经销商版进行聚合，全新花园购App上线，增加红木头条、红木圈、直播带货等功能。花园购App新零售市场项目有18个一级材质分类，200余个二级产品分类，上架数万款红木产品，入驻商家的展厅经过3D扫描实现远程逛展厅，商户通过花园购App可以查询每天的访客来源、访客轨迹、访客数。

【花园红木家具展销会】 2020年9月8日，花园红木家具城开业十周年庆典暨2020中国·花园红木家具展

2020年9月8日，2020中国·花园红木家具展销会开幕式上的工匠技艺展示（王江红/摄）

2020年9月9日，提升改造后的花园红木家具市场（王江红/摄）

销会开幕式举行，近万名工匠与绣娘同台演绎“工匠精神 花园传承”文化盛宴。开幕式上展出“中国花园”“科技花园”“绿色花园”“活力花园”“和谐花园”“花园红木”六大篇章彩车和六组人形方阵。展销会总成交额13.5亿元，超过2019年展销会销售记录。9月8—10日展销会期间，市场投入2000万元设置多类奖项，为消费者提供路虎、奔驰、宝马等品牌汽车和电动车、华为5G手机、平板电脑、华为手表等奖品。

【市场提升】 2020年，花园红木家具城进行“五化”（便利化、智慧化、人性化、特色化、规范化）提升改造，市场在原有的基础上，增加26个服务项目，开展服务提升试点工作。提升硬件设施、市场环境，结合花园红木家具文化特色，打造智慧市场。建成政务事务一站式服务中心，集办理费用缴纳、工程报修、装修办理、客服引导等业务于一体，实现政务事务一站式办理；增设政务一体机，提供公积金查询、水电气缴纳、交通违章处理等业务服务；增设市场经营户之家，开展学习、沙龙、交流培训等活动；设立法官调解室，化解56起商户和消费者之间的矛盾纠纷，做到矛盾纠纷不出市场。被省市场监督管理局评为“浙江省‘五化’专业商品市场”。

（周姣姣）

建筑业 房地产业

建筑业

【概况】 2020年，东阳市有资质以上建筑企业383家，其中特级企业7家，一级企业70家，二级及其他企业306家。企业新签合同额1840.85亿元，比上年下降9.2%。房屋施工总面积3.3亿平方米，比上年下降0.7%，其中新开工面积7322.84万平方米，比上年下降22.6%。完成建筑业总产值1672亿元，比上年下降3.3%，其中在省外实现产值1288亿元，占总产值的77.03%。实现超10亿元建筑市场(以省级为单位)26个，与上年持平；超30亿元建筑市场14个，比上年减少3个；超50亿元建筑市场11个，比去年增加1个；超100亿元建筑市场2个，较去年增加1个。实现建筑业入库税金34.91亿元，比上年增长17.06%，占全市财政总收入的28.7%。

东阳市建筑企业获国家专利77项，省级工法45项，获国家级QC成果23项、省级QC成果114项。中天建设集团承建的位于杭州市的奥体中心主体育场(2022年亚运会主场馆)工程和金立建设集团承建的位于金华市的金华科技文化广场工程获“鲁班奖”，全市“鲁班奖”小金人增至45座。获“国家优质工程奖”2项、中国土木工程詹天佑奖优秀住宅小区金奖1项、中国钢结构金奖1项、中国安装之星2项、全国建设工程项目施工安全生产标准化工地5项。中天建设集团列“中国企业500强”第203位，列“中国承包商80强”第7位；广厦建设集团列“中国民营企业500强”第90位；歌山建设集团列“中国承包商80强”第48位。

【行业招商】 2020年，东阳市完成建筑业总税收34.91亿元，比上年增长17.06%；完成建筑业招商税收16.29亿元，比上年增长17.45%。增加招商建筑企业114家。建筑业招商税收超亿元的镇乡街道有7个，依次是歌山镇、巍山镇、湖溪镇、六石街道、江北街道、白云街道和城东街道。

【建筑科技产业园建设】 2020年，建筑科技产业园实现产业园基础设施开工建设，落实第一期用地指标，强化建筑业招商引资工作，是东阳市“万亩千亿”平台建设的重要组成部分。在六怀工业园区规划266.67公顷土地，招引东阳建筑能人回归和市内建筑企业入园，吸引国内外知名建筑专家在园区开设工作站、研究室。

【建筑科技研究院成立】 2020年9月26日，东阳市建筑科技研究院暨联合研发中心签约仪式举行，东南大学土木工程学院教授、国家预应力工程技术研究中心主任吴京被聘为研究院院长。仪式上，东南大学与市建筑科技联合研发中心签订合作协议。建筑科技研究院每年将完成10项独立研发成果，强化建筑科技研究院的成果转化，加强与本地建筑产业的互动与合作，加强与产业园项目的孵化和嫁接，以科技创新带动东阳建筑业的转型升级。11月23—27日，建筑科技研究院牵头举办“2020年东阳市推进建筑业高质量发展专题研讨班”，东阳市相关部门、乡镇主要负责人或分管领导，部分企业负责人等50名学员参加此次学习研讨。

【建筑产业工人培育】 2020年，市住建局与浙江建设职业技术学院联合开展传统古建筑工种技能工人培训试点工作，设立传统营造技艺培训中心。开办两期传统古建筑工种技能培训班，培训100余人次。全年培育“三类人员”(浙江省建筑施工企业主要负责人、项目负责人和专职安全生产管理人员)约16000人次，建筑施工特种作业人员约4000人次。成立东阳市建筑产业工人培训基地。东阳市太学职业技能培训学校有装配式建筑场地3000平方米，全年对接企业进行三期“菜单式”装配式建筑工人培训，300人次参加培训。

【建筑科技创业创新大赛】 2020年8月28日，中国·东阳首届建筑科技创业创新大赛启动。10月14日和11月5日，分别在上海市和西安市举行选拔赛。12月24日，中国·东阳首届建筑科技创业创新大赛总决赛暨金华市“揭榜挂帅·全球引才”东阳专场成功举办。经过历时4个月的企业走访调研、项目征集及选拔、重点项目精准以及项目晋级评审等各环节，遴选20个优质项目晋级总决赛，建筑泥浆高效处理及资源化利用关键技术项目和WisDom智能诊断分析设备项目斩获一等奖。大赛颁奖典礼

2020年12月24日，中国·东阳首届建筑科技创业创新大赛项目签约仪式举行
（市住建局提供）

还举行项目签约仪式，10个获奖项目中有8个完成在东阳的落地注册工作。在签约仪式上，天祥建设集团股份有限公司和长沙智能机器人研究院就施工设备关键技术升级改造方面达成合作；中天上海天纪投资有限公司和金华昆亚智能科技有限公司就智慧社区和智慧建筑运维方面达成合作；浙江本和建筑科技发展有限公司和变形金刚科技（东阳）有限公司就共同生产并推广新型智能爬架方面达成合作。

【建筑材料集中采购】 2020年，东阳建筑供应链服务有限公司增加杭州、南昌、合肥3个区域配送中心，为30余家建筑企业提供服务，业务遍布国内20余个省份的300余个工程项目，累计集采钢筋等建材32.8万吨，交易金额12.6亿元。至年末，集采平台累计交易量64.9万吨，交易金额26亿元。

【公检法联动法务维权】 2020年，东阳建筑业犯罪侦查中心受理案件23起，立案14起；建筑业检察事务中心受理批捕8件10人，批准逮捕9人，受理起诉10件12人，提起公诉5件6人；建筑业巡回法庭诉讼结案2039件，调撤1430件；执行结案804件，总结案标的15.14亿元。

（郭郁莎）

建筑企业选介

·中天建设集团有限公司·

【概况】 2020年，中天建设集团有限公司（简称中天建设集团）完成产值980亿元，年竣工面积超3000万平方米，承接装配式建筑面积超840万平方米。有中级、高级工程师2700余人，有注册建造师、注册造价师、注册建筑师、注册结构师等注册类人员2200余人。

中天建设集团位列中国承包商80强第7位。全年创中国建设工程“鲁班奖”1项（杭州奥体中心主体育场），国家优质工程银奖1项（宁波市杭州湾医院工程），中国土木工程詹天佑奖优秀住宅小区金奖1项（苏州著华庭住宅小区），中国钢结构金奖1项，全国施工安全生产标准化建设工地4项，省级优质工程53项，省级文明工地155项。获省级科学技术奖2项、市级科学技术奖2项；国家级协会建设科技进步奖3项、省级协会建设科技进步奖2项；发明专利8项、实用新型专利114项、计算机软件著作权5项；省级工法24项；省级绿色施工示范工程19项；省级新技术应用示范工程13项、省级建设科技示范工程1项；国家级QC成果奖10项、省级QC成果奖71项；主编或参编地方标准5项、团体标准10项；国家级协会BIM竞赛奖18项、省级协会BIM竞赛奖14项。

【杭州奥体中心主体育场工程获“鲁班奖”】 2020年，由中天建设集团第二建设公司承建的杭州奥体中心主体育场工程，成功入选中国建筑业协会2020—2021年度第一批中国建设工程“鲁班奖”（国家优质工程）。该工程混凝土结构采用百年耐久性混凝土，对混凝土原材料质量、混凝土配合比、混凝土耐久性指标等要求高，砼生产及耐久性指标控制难度大；罩棚金属屋面体系及幕墙呈花瓣双曲面形状，由28片大花瓣和27片小花瓣组成；钢结构罩棚最大悬挑达52.5米，大跨度钢结构罩棚、大悬臂

入选中国建筑业协会2020—2021年度第一批中国建设工程“鲁班奖”（国家优质工程）的杭州奥体中心主体育场工程
（中天建设集团提供）

2020年中天建设集团承建的重点工程项目一览表

表23

序 号	单位名称	工程名称	合同造价（万元）	建筑面积（平方米）
1	中天二建	合肥市第六中学新校区项目工程	75048.79	218000.00
2	中天三建	昆山东部医疗中心二期工程	50000.00	70000.00
3	北京集团	京津冀(固安)国际商贸城一期项目1号、2号广场(一标段)	55814.55	293808.63
4	西北集团	西安高新区枫叶苑北区等7个老旧小区改造项目工程总承包	25244.35	398202.00
5	西北集团	中天智汇港项目施工总承包	72888.74	157221.86
6	中天六建	湖北鄂州民用机场转运中心工程主楼施工总承包	176688.34	535100.00
7	华南集团	海南龙湖海口时代天街项目总承包工程(II标段)	91907.58	418443.00
8	华南集团	深圳市东关科创大厦项目	22000.00	93679.00
9	中天八建	东方悦城	130000.00	373233.53

空间异型结构体系，现场杆件焊接量大、铸钢节点用量大、定位复杂，异型节点繁多，应用BIM技术数字化仿真以及“建筑业十项新技术”中的10大项32子项。工程总结形成国家与省级工法5项、国家专利15项、创新技术6项。获浙江省科学技术进步奖二等奖(钢结构)、浙江省科学技术进步奖三等奖(百年混凝土)、全国绿色施工示范工程、浙江省优秀设计奖、浙江省钱江杯优质工程、国家级QC成果奖等奖项。

【宁波市杭州湾医院工程项目获国家优质工程奖】 2020年，由中天建设集团第二建设公司宁波分公司承建的宁波市杭州湾医院工程获“国家优质工程奖”。宁波市杭州湾医院工程是一家按三级甲等标准建设的综合性医院，位于宁波杭州湾新区，总建筑面积19.7万平方米，总投资14.43亿元。宁波市杭州湾医院工程以“高效”、“生态”、“健康”三个理念贯穿项目的设计、施工与运营的全寿命周期。该工程设计理念新颖，在施工中全过程应用BIM技术进行管线综合深化、病房模块化设计、幕墙优化的咨询与服务。项目部总结形成省级工法4项、发明及实用新型专利7项、创新技术4项、省级QC成果1项。

【亚洲最大货运机场转运中心项目】 2020年11月26日，中天建设集团第六建设公司成功中标新建湖北鄂州民用机场转运中心工程主楼施工总承包(鄂州顺丰机场转运中心)项目。湖北鄂州民用机场位于湖北省鄂州市燕矶镇和沙窝乡之间，建成以全货机运作为主的4E级机场，独立平行双跑道，成为顺丰航空快件运输的全国核心枢纽。该机场建设项目被列为湖北省头号工程、国家民航局四型(平安、绿色、人文、智慧)机场样板、国家军民融合示范工程。中天建设集团中标的机场转运中心总承包项目为鄂州民用机场的一部分，转运中心由主楼、指廊、航材库和机组休息区组成，占地面积16万平方米，总面积53.51万平方米，分为5个大区同步开工。

（张乐源）

·海天建设集团有限公司·

【概况】 2020年，海天建设集团有限公司(简称海天建设集团)完成产值161.16亿元，承接业务188.39亿元。全年获全国AAA级安全生产标准化工地1项、省级优质工程3项、省级优质结构工程8项、省级文明工地8项；国家实用新型专利5项，国家级QC成果奖4项、省级QC成果奖10项，省级工法2项，2项BIM技术应用获浙江省“运河杯”奖。举办地区级观摩会3场。海天建设集团获“浙江省民营企业百强”“浙江省民营企业就业100强”“浙江省先进建筑业企业”“上海市进沪企业综合实力排名三十强企业”“浙江省进沪施工先进企业”“金华市建筑业龙头企业”称号和奖项。

【建筑技术观摩交流】 2020年5月11日，海天建设集团在苏州中海上东区G2093一期项目现场举办“2020年度建设工程质量安全生产暨PC构件施工现场观摩会”，300余人参加。6月16日，在江西奉新文体艺术中心建设项目举办“江西宜春市安全生产标准化示范工地现场观摩会”，参会人员300余人。10月30日，佛山市南海区住房城乡建设和水利局在海天建设集团保利良溪花园CE区施工现场召开“2020南海区5G智慧建筑示范项目”观摩会，450人参加。12月2日，海天建设集团在保利良溪花园项目部举办2020南海区“工程质量现场观摩活动”，200余人参加。

2020年海天建设集团承建的重点工程一览表

表24

序号	项目名称	合同造价(万元)	建筑面积(平方米)
1	惠南镇东城区B4地块住宅项目	34273.6243	144421.53
2	徐州检测检验小镇B地块项目	32255.88	177205
3	2020年霍城县城乡一体化建设项目(EPC)总承包标段	39032.00	151798.24
4	徐州威盛房地产开发有限公司2019-38号地块房地产开发项目C地块二标段	36590.79879	145000
5	海南复兴城西海岸互联网信息产业园地块五项目	79000	194895.85

2020年海天建设集团获国家级实用新型专利情况一览表

表25

序号	专利名称	专利号	发明人	授予专利日期
1	防渗漏钢塑预埋套管	ZL 2019 2 0756604.7	周跃生、金良彬、钟江凯 陶永明、徐鹏辉	2020年1月
2	一种建筑工程砌墙辅助装置	ZL 2019 2 0127971.0	龚　华、赵　强、黎贞杰 范建金、陈真跃、沈帅华 虞璐炀、施晓强	2020年1月
3	钢管混凝土支撑柱中桩柱不同强度砼水下置换施工装置	ZL 2019 2 0749267.9	符献君、刘　瑞、赵文彬 徐鹏辉、潘江赋	2020年3月
4	逆作法一柱一桩水下调垂施工装置	ZL 2019 2 0749264.5	刘　瑞、赵文彬、徐鹏辉、符献君、潘江赋	2020年4月
5	高水位基础后浇带增设收集槽施工结构	ZL 2020 2 0680207.9	吕永钢、任宇翔、姚肖君、马晓华、张飞明	2020年12月

2020年海天建设集团获省级工法情况一览表

表26

序号	工法编号	工法名称	荣誉名称	主要完成人
1	SJGF149-2020	大理石无缝研磨抛光施工工法	沈阳省级工法	赵　强、赵文彬、俞荣金、龚　华 官林霞
2	SJGF150-2020	蜂窝铝板幕墙安装铝合金母子扣挂件施工工法	沈阳省级工法	孟　青、郭　哲、徐洁婷、杨仁童 郑跃建

2020年海天建设集团优质工程项目一览表

表27

序号	工程名称	荣誉称号	表彰单位	表彰时间
1	南桥基地大型居住社区12-17A-02A地块项目及1号、3号房	上海奉贤区优质结构奖	上海市奉贤区建筑业联合协会	2020年1月
2	金华山上张家安置小区建设工程	金华市双龙杯	金华市住房和城乡建设局	2020年5月

续表27

序 号	工程名称	荣誉称号	表彰单位	表彰时间
3	南桥基地大型居住社区12-17A-02A地块项目1号、3号房	上海市优质结构奖	上海市工程建设质量管理协会	2020年7月
4	河池市老虎山片区棚户区改造项目桥卜安置点教育配套设施工程(河池市金城江区第十小学2号	广西建设工程优质结构奖	广西建筑业联合协会	2020年8月
5	明华·香峪兰溪二期1号、2号、3号、4号、26号、27号楼	辽宁省优质结构奖	辽宁省建筑业协会	2020年12月
6	宁淮园区双创科技园工程5号楼	淮安市翔宇杯	淮安市住房和城乡建设局	2020年12月

【安全生产月活动】 2020年6月，海天建设集团开展"安全生产月"和"安全生产万里行"活动，以"防风险、除隐患、遏事故"为主题，开展在建工程的消防、救援等应急演练132场次。开展"安全月"宣传活动，制作宣传专栏480项，悬挂大型横幅600条。

（吴凯乐）

·广厦建设集团有限责任公司·

【概况】 2020年，广厦建设集团有限责任公司（简称广厦建设集团）下辖山西、天津、西安、江西、贵州、广一建等分公司，总资产151亿元，净资产73亿元，完成建筑业总产值34.98亿元。有各类经济、工程和技术人员7000余人，中高级职称人员2000余人。

【重点工程】 2020年9月8日，浙江省住房和城乡建设厅公布2020年度浙江省建设工程"钱江杯"（优质工程）考核认定名单，由广厦建设集团承建的金华高山头古子城旅游开发项目万佛塔及地宫工程被评为2020年度浙江省建设工程"钱江杯"（优质工程）。万佛塔是高山头古城旅游开发项目的核心建筑，占地面积6.81公顷，塔总高99.99米，外9层内8层共17层。

【调研考察】 2020年3月17日，国家复工复产工作组到广厦建设集团山西分公司临汾恒大悦龙台项目，调研复工复产工作。工作组一行实地考察项目疫情防控工作开展、防控物资储备以及项目复工建设进度等情况，对项目的疫情防控工作给予肯定。临汾恒大悦龙台项目是临汾市建设主管部门同意复工的第一个项目。

2020年广厦建设集团工程获奖情况一览表

表28

序 号	获表彰集体	荣誉称号	表彰单位	表彰时间
1	绿城新兴玉园三标段3号楼、5号楼、6号楼	2019年度（下半年）"陕西省建筑优质结构工程"	陕西省建筑业协会	2020年1月
2	曲江风华A地块四期	2019年度（下半年）"陕西省建筑优质结构工程"	陕西省建筑业协会	2020年1月
3	恒景园（恒大帝景项目一期一标段及恒大帝景项目二期一标段工程）1#、2#、3#、4#、10#楼	2019年度天津市建设工程"海河杯"获奖工程	天津市建筑业协会	2020年3月
4	唐山恒大御海天下项目三期一标段2号楼	2019年度河北省结构优质工程	河北省住房和城乡建设厅	2020年4月
5	香榭·中新广场	2020年度陕西省优质工程"长安杯"奖	陕西省住房和城乡建设厅	2020年6月
6	金华市高山头古城旅游开发项目万佛塔及地宫工程	2020年度浙江省建设工程钱江杯奖（优质工程）	浙江省住房和城乡建设厅	2020年9月

（蔡　莉）

·歌山建设集团有限公司·

【概况】 2020年，歌山建设集团有限公司(简称歌山建设集团)完成产值150.27亿元。至年末，拥有总资产近70亿元，员工3万余人，各类专业人员近3000人。歌山建设集团获"企业信用评价AAA级信用企业""2020中国承包商企业80强(48位)""2020浙商全国500强(124位)"等称号。

【捐资抗疫】 2020年2月9日，歌山建设集团向东阳市红十字会捐赠N95口罩2万只，用于抗击新冠肺炎疫情。2月11日，歌山建设集团向东阳市红十字会捐赠80万元，用于抗击新冠肺炎疫情。

(朱　杰)

2020年歌山建设集团工程获奖情况一览表

表29

序　号	工程名称	荣誉名称	表彰单位	表彰时间
1	金华银行财富大厦	2019年度华东地区优质工程奖	上海市建筑施工行业协会、江苏省建筑行业协会、浙江省建筑业行业协会、山东省建筑业协会、安徽省建筑业协会、福建省建筑业协会、江西省建筑业协会	2020年1月
2	欣嘉园3号地块项目一标段6号楼、8号楼	2019年度天津市建设工程"金奖海河杯""海河杯"奖	天津市建筑业协会	2020年3月
3	领秀前城FL-03地块项目三标段工程	2020年广西建设工程"真武阁杯"奖(最高质量奖)	广西建筑业联合会	2020年5月

·浙江新东阳建设集团有限公司·

【概况】 2020年，浙江新东阳建设集团有限公司(简称新东阳建设集团)完成建安产值80亿元，承接业务合同金额76亿元，其中超亿元项目17项、EPC(工程总承包)项目5项、公建类项目25项、大客户类项目6项，公建项目承接比例增加。增加百强房企1家——"蓝光地产"，开拓福建漳州、山东菏泽、河北黄骅、云南瑞丽等新的业务承接基地。承接央企、国企分包项目4项。全年缴纳东阳地方税收8401万元，亩产税收767.92万元。

新东阳建设集团获浙江省先进建筑业企业、浙江省工商企业信用AAA级守合同重信用单位、金华市建筑业诚信企业、金华市先进建筑业企业、金华市和东阳市建筑业龙头骨干企业、东阳市市长质量奖等奖项。"降低现场固体废弃物的排放"获全国QC"Ⅱ类成果"奖。

【南雄市应急演练暨现场观摩活动】 2020年6月29日，新东阳建设集团承建的南雄市红色革命历史陈列馆项目举行应急演练暨现场观摩活动，该次活动是南雄市第十九个"安全生产月"活动的主要组成部分，全市所有施工企业、监理企业及部分开发商等数百人参加活动。

【千芝雅智能制造项目】 2020年7月25日，由新东阳建设集团建设、位于东阳经济开发区长松岗工业功能园区的千芝雅智能制造项目厂房一期工程举行开工仪式。该项目占地18.07公顷，建筑面积50万平方米，总投资15亿元，聚集大健康产业主题，重点发展卫生健康用品、防护用品、新经济智能制造三大产业。9月1日，市委书记傅显明、市长楼琅坚一行20余人到东阳千芝雅智能制造中心一期项目调研考察指导工作。

【鱼台棠邑学校开工奠基仪式】 2020年10月27日，由新东阳建设集团第十建设公司承建的山东省鱼台

2020年10月27日，由新东阳建设集团第十建设公司承建的鱼台县九年一贯制学校(鱼台棠邑学校)项目举行开工奠基仪式　(新东阳建设集团提供)

2020年新东阳建设集团获国家级发明专利情况一览表

表30

序 号	专利名称	发明人	专利号	获奖时间
1	一种基于BIM的建筑施工监管装置	柴玉明、卢征远、赵 威、楼建标、黄小君	Zl 2018 2 2178582.9	2020年3月
2	一种建筑工程水电安装结构	黄小君、陈艺敏、斯海明、包 斌、吴海军	Zl 2019 2 1115881.6	2020年3月
3	一种建筑砌体结构	蒋红姣、黄光秀、王 铤、王国婷、赵国栋	Zl 2019 2 1116107.7	2020年4月
4	一种绿化施工降噪隔离装置	柴玉明、金锦超、王品红、施丹丹、王 军	Zl 2019 2 1116106.2	2020年4月
5	一种建筑施工用匀沙装置	何清勇、韦彦帅、姜小霞、华倩琳、王 东	Zl 2019 2 1116328.4	2020年4月
6	一种装配式钢筋加工棚	谢武金、徐晓媛、陈忠良、申屠淮菲、赵 威	Zl 2020 2 0346920.X	2020年10月
7	一种墙体开槽机	王 琳、王艾宁、方 生、李光云、马晨磊	Zl 2020 2 0341736.6	2020年11月

2020年新东阳建设集团工程获奖情况一览表

表31

序 号	获证项目	证书名称	获证时间
1	北海吾悦华府	广西壮族自治区标化工地	2020年1月
2	六安碧桂园	安徽省标化工地	2020年1月
3	六安吾悦广场	安徽省标化工地	2020年11月
4	滨湖新城二期三标	安徽省建设工程“黄山杯”	2020年12月

县九年一贯制学校(鱼台棠邑学校)项目举行开工奠基仪式。该项目位于北二环以北、湖凌四路以西,总投资2.8亿元,占地8.33公顷,预设57个班(含幼儿园12个班)、小学、初中45个班的九年一贯制学校。

【重庆大足吾悦广场商业综合体项目】 2020年9月6日,新东阳建设集团第九建设公司承接的重庆大足吾悦广场商业综合体项目举行开工仪式,该项目位于重庆大足区龙棠路与龙景路交叉口。新东阳建设集团第九建设公司中标一个商业标段(建筑面积158030平方米),一个住宅标段(建筑面积154600平方米),两个标段及售楼部总造价5.7亿元。

(金锦超)

·天祥建设集团股份有限公司·

【概况】 2020年,天祥建设集团股份有限公司(简称天祥建设集团)在建施工面积1500万平方米。至年末,有全资子公司7家、控股子公司2家以及区域公司13家。有职工1600余人,其中有职称的工程技术人员560余人,有职称的经济管理人员80余人,各类持证上岗人员近千人。

1月9日,天祥建设集团首个PI(免模装配一体化钢筋混凝土结构工业化体系)项目被评为广东省第二批装配式示范项目。1月,天祥建设集团获2019年东阳市“纳税超千万元企业”称号。3月27日,天祥建设集团获2019年东阳市“龙头企业”称号。5月,天祥建设集团获2019年东阳市“先进建筑企业”称号。

【免模装配一体化钢筋混凝土结构工业化体系推进】 2020年1月1日,在第二届世界东阳人大会上,天祥建设集团与东阳市人民政府签约东阳天祥PI装配式建筑科技示范园区项目框架协议。12月2日,广东省住房和城乡建设厅关于发布广东省标准《笼

2020年天祥建设集团工程获奖情况一览表

表32

序 号	工程名称	获奖名称	表彰单位	表彰时间
1	保利·双水磨小区地块四18号楼工程-联合体1	2019年度(下半年)西安市建筑优质结构工程	西安市建筑业协会	2020年3月17日
2	保利·天悦项目地块二Ⅱ标段工程-联合体1	2019年度(下半年)西安市建筑优质结构工程	西安市建筑业协会	2020年3月17日
3	保利紫山公馆工程	2020年(第一批)广东省建设工程优质结构奖(房屋建筑工程及专业工程)	广东省建筑业协会	2020年4月22日
4	大唐盛世(三期)(C2号楼及其地下室)工程	2020年第一批广西壮族自治区建设工程优质结构奖	广西建筑业联合会	2020年8月5日
5	大唐盛世(三期)(B7号楼及其地下室)工程	2020年第一批广西壮族自治区建设工程优质结构奖	广西建筑业联合会	2020年8月5日
6	保利·心语花园二期五标段(17号楼)工程	2020年度(上半年)西安市建筑优质结构工程结构奖	西安市建筑业协会	2020年8月17日
7	吾悦广场S5号楼,吾悦广场5号楼门卫,吾悦广场S3号楼、S4号楼,吾悦广场3号楼,吾悦广场S17号楼,吾悦广场4号楼、5号楼,吾悦广场防空地下室,吾悦广场1号楼、2号楼,吾悦广场S15号楼、S16号楼	2020年第一批淮安市级建筑施工安全生产标准化文明工地	淮安市住房和城乡建设局	2020年11月26日
8	大唐·天悦5号-7号楼及地下室工程	2020年第二批广西壮族自治区建设工程优质结构奖	广西建筑业联合会	2020年12月22日
9	青年荟大厦工程	2019年度佛山市南海区建筑工程安全生产文明施工示范工地	佛山市南海区建筑业协会	2020年12月22日

模装配整体式混凝土结构技术规程》的公告,批准由天祥建设集团控股子公司广州容联建筑科技有限公司主编,天祥建设集团、广州容柏生建筑结构设计事务所(普通合伙)、清华大学等单位参编的《笼模装配整体式混凝土结构技术规程》(DBJ/T15-203-2020)于2021年2月1日起实施。

【重要考察交流】 2020年3月17日,浙江兰溪市副市长章丽清一行到天祥建设集团考察。6月6日,河南新乡经开区党工委书记刘思江一行到天祥建设集团考察交流。9月1日,浙江小咖投资管理有限公司董事长张艳阳、投资总监娄松、合伙人翁筱枫一行到天祥建设集团进行考察交流。9月20日,深圳立业集团董事长林立、副总裁李国阳一行到天祥建设集团考察交流,了解天祥建设集团发展情况,对双方未来合作进行讨论交流。11月4日,四川达州市住房和城乡建设局副局长魏小平等一行8人到天祥建设集团保利紫山公馆项目考察交流。11月30日,重庆秀山县委书记向业顺一行到天祥建设集团PI项目保利紫山进行考察。12月11日,由广西武宣县县长吴孝斌率领的招商考察团一行15人到广州市考察,在天祥建设集团董事长、广东省浙江商会会长胡刚锋的陪同下考察广东省浙江商会及天祥建设集团。

(楼列伟)

房地产管理

【概况】 2020年,东阳市完成存量房房屋网签5945宗,建筑面积136万平方米;完成商品房网上备案10803套,建筑面积136万平方米;协助市人民法院、市公安局等查封限制商品房1612套,解封268套;完成商品房预测成果备案审核24宗，建筑面积159万平方米；完成房地产经纪机构备案46家；办理房屋租赁备案51户。

【住房保障】 2020年，东阳市优化住房保障体系，《关于调整住房保障家庭租赁补贴价格的请示》获市政府批复，提高公租房租赁补贴的价格，从原先低保家庭的3.25元/平方米/月和低收入家庭的2.4元/平方米/月，提升至低保家庭12元/平方米/月，低收入家庭10元/平方米/月，中等偏低收入、新就业无房职工、东阳市稳定就业的外来务工人员家庭8元/平方米/月。5月，市财政局和市住建局联合印发《关于加大公共租赁房保障力度的意见》，扩大对外来务工人员和公益类特定工种的保障力度，将公租房覆盖率扩大到城镇常住人口1.4%。完成两批符合公租房申请条件家庭的实物配租分配入住工作，123户享受政府住房保障；摸排低保户及低保边缘户2468人、公益类特定工作和外来务工人员8990人，对符合租赁补贴条件的4073户发放临时性租赁补贴702万元。

【疫情防控和复工复产】 2020年，新型冠状病毒性肺炎疫情防控期间，市房地产处开展房地产行业、物业小区、公房及公租房抗疫工作。全体党员干部参与疫情排查工作，参加抗疫先锋队，配合开展卡口出入管理工作。落实疫情补助政策，对46户营业性公房承租户的租金进行减免，至年末，41户承租户选择租期延长3个月，5户承租户选择租金减免2个月，减免租金34833元，推动复工复产。

【住房安全管理】 2020年，市房地产处落实上级关于安全生产工作的相关文件要求，统筹推进安全生产工作。重点做好直管公房、公租房小区、物业小区尤其是高层住宅小区的消防安全工作。开展对全市50家物业服务企业110个物业小区的安全大整治活动，建立隐患清单，督促物业服务企业落实消防安全责任制。7月17日，市房地产处召开全市物业服务企业安全管理工作会议。

2020年7月17日，市住建局（市房地产处）召开全市物业服务企业安全管理工作会议　　（市房地产处提供）

【白蚁防治】 2020年，市房地产处完成新建项目白蚁预防验收59个，建筑面积303万平方米；完成白蚁预防工程施工结算64个，建筑面积353万平方米，支付白蚁预防费用79万余元，推进全市白蚁预防工作并确保预防质量达到合同的要求。

【物业管理】 2020年，市房地产处完成22个小区业主委员会成立、变更登记备案工作，其中首期9宗，改选13宗。完成39宗物业服务项目备案工作，其中前期23宗，后期16宗。协调相关街道、业委会以及物业服务企业做好安全生产工作，重点做好物业小区尤其是高层住宅小区的消防安全工作。开展对全市50家物业服务企业110个物业小区的安全大排查大整治活动，建立隐患清单，督促物业服务企业严格落实消防安全责任制，对存在的隐患立即整改，不能立即整改的要进行闭环销号制度，严防事故的发生。

（杜　俊）

住房公积金管理

【概况】 2020年，金华市住房公积金管理中心东阳分中心开展住房公积金归集、支取和贷款发放工作，年内住房公积金相关政策调整7次，完成住房公积金服务平台建设，开展信息化建设工作。11月，接受省级示范数字档案室达标认定小组考核验收；12月，通过省示范数字档案室达标认定。东阳市住房公积金业务指标实现年初目标，金华市住房公积金管理中心东阳分中心获"2020年度金华市住房公积金管理机构工作目标考核优秀单位"称号。

【住房公积金归集与支取】 2020年，东阳市增加住房公积金开户单位437家，增加缴存职工9513人，实缴净增3592人，归集11.12亿元，比上年增长5.2%；全市支取住房公积金111768人次，支取金额9.04亿元，比上年增长35.13%。至年末，全市住房公积金账户合计82219人，其中实际缴存64972人（其中活跃人数60791人），封存21428人。

【住房公积金贷款发放】 2020年，金华市住房公积金管理中心东阳分中心增加与16个楼盘建立住房公积金贷款合作业务；向1668户家庭发放贷款7.21亿元；结清贷款651户，收回本金3.95亿元；逾期率万分之0.03；个人住房公积金存贷比99.08%。

【住房公积金政策调整】 自2020年1月1日起，同一人多次变更婚姻关系购房、同一套住房一年内二次（含）

以上买卖交易、非配偶或非直系亲属二人以上共同购房,该房已办理提取过住房公积金的,同一年度内不得再次办理住房公积金提取业务。

自2月7日起,执行《关于疫情期间进一步加强住房公积金服务保障的通知》,企业可根据自身实际情况,在5%~12%的范围自主确定调整缴存比例。受新型冠状病毒性肺炎疫情影响未能及时缴存住房公积金的企业,说明情况后,允许在疫情结束后3个月内进行补缴;缓缴期间,企业所属职工住房公积金视同连续正常缴存。对参加疫情防控一线工作人员和因感染新型冠状病毒性肺炎住院治疗或隔离人员、疫情防控需隔离观察人员等受疫情影响无法正常归还住房公积金贷款的,从即日起至疫情解除后3个月内不计罚息;其间发生的住房公积金贷款逾期记录,不计入公积金信用体系。职工办理住房公积金提取、贷款业务,在疫情防控期间无法在规定时限内办理的,可延期至疫情结束后3个月内申请办理。

自3月23日起,执行《关于妥善应对新冠肺炎疫情进一步实施住房公积金阶段性支持政策的通知》,受新型冠状病毒性肺炎疫情影响的企业,缴存住房公积金确有困难的,在与职工协商的前提下,经职工代表大会或工会讨论通过并提交决议书,可申请在6月30日前降低缴存比例、缓缴住房公积金或停缴住房公积金。在此期间,不影响职工正常提取住房公积金和申请住房公积金贷款。对参加疫情防控一线工作人员和因感染新型冠状病毒性肺炎住院治疗或隔离人员、疫情防控需隔离观察人员等无法正常归还住房公积金贷款的,在6月30日前不计罚息;其间发生的住房公积金贷款逾期记录,不计入公积金信用体系。职工办理住房公积金提取、贷款业务,在疫情防控期间无法在规定时限内办理的,可延期至6月30日前办理。无房职工提取住房公积金用于支付房租的,每户最高提取额由原来的每年20000元提高至24000元。

自4月13日起,市区既有住宅加装电梯,职工本人及配偶在东阳市域内无住房公积金贷款的,在核发建设工程规划许可证(或建筑工程许可证)之日起一年内,可提取住房公积金。本人及配偶无住房公积金或公积金账户余额不足的,其父母、子女无住房公积金贷款的,可提取住房公积金。每户提取额度不超过加装电梯项目协议书中约定的金额。

自5月19日起,调整住房公积金贷款存贷挂钩倍数。在规定的贷款比例和最高贷款限额内,住房公积金贷款额不超过贷款申请时申请人及配偶各自公积金账户余额的20倍。连续正常缴存住房公积金满6个月的缴存人公积金账户缴存余额不足5000元的,按5000元计算可贷额。二手房申请住房公积金贷款,二手房房龄与贷款申请人的申请年限相加不超过40年。

自10月9日起,调整个体工商户、自由职业者缴存对象,取消“具有东阳市户口”的规定。调整住房公积金二套房贷款首付比例,购买二套住房贷款首付比例调整为不低于房价款的60%,贷款比例调整为不高于房价款的40%。

自11月2日起,启用新的借款合同、抵押合同、面谈录、合作协议、股东会决议和董事会决议。不再收不动产权证原件存档。

【公积金服务平台建设】 自2020年4月3日起,公务员编制人员的公积金事项全部通过“公务员一件事”平台推送完成。自6月30日起,事业编制人员的公积金事项全部通过“事业一件事”平台推送完成。6月,金华市住房公积金管理中心东阳分中心面向全市600余家单位,组织开展网厅业务操作专题培训,为推行网上办事服务做前期准备工作。自7月1日起,住房公积金服务窗口原则上不再受理单位缴存变更等业务。缴存单位可通过网上服务大厅办理缴存变更业务,个人业务可通过政务服务网、浙里办App等渠道办理提取、贷款等业务。7月,金华市住房公积金管理中心东阳分中心进驻东阳市行政服务中心横店分中心窗口。自9月22日起,企业进行工商登记时通过“企业一件事”平台向金华市住房公积金管理中心东阳分中心推送企业相关信息。自11月16日起,由金华市住房公积金管理中心东阳分中心代办贷款抵押注销手续。

(任妙旦)

商贸

综 述

【概况】 2020年，东阳市商务局推进“争先创优”消费、出口专班工作，印发《关于应对疫情促进汽车消费的若干意见》《关于应对疫情促进商贸发展的十七条意见》，多方联动复工复产，锚定招商引资、促消费稳增长、稳外贸稳外资、培育电商新业态、粮食安全保障等重点目标任务，推动商务经济高质量发展。获全市“抗击新冠疫情先进集体”称号。

【招商引资】 2020年，东阳市招商入库项目188个，总洽谈规模600余亿元，落地项目14个，总投资206亿元，签约意向、框架协议项目28个。世界500强正威国际集团总投资100亿元的新材料产业园项目落户东阳市，实现产业项目新突破；千芝雅卫生健康产业园、赛特斯5G产业园等项目注入工业经济新活力；新型互联网公司开金文化传媒、喔刷信息技术有限公司等落户东阳市，激发网络经济新动能。创新建立“两会两报一平台”工作机制和项目“四色管理库”。组团到北京、上海、深圳开展驻点招商工作，常驻招商工作人员23人。

【商贸流通】 2020年，东阳市实现社会消费品零售总额283.52亿元，比上年下降6.2%；批发业商品销售额366.93亿元，比上年增长10.5%；零售业商品销售额194.66亿元，比上年增长0.2%。牵头推进全市消费专班工作，市县联动发放消费券，发放购物、餐饮、家电、汽车等消费券5700余万元，拉动消费超10亿元；举办“浙里来消费·欢购畅游在东城”休闲购物旅游节和东阳市第十二届金秋购物节，推出惠民汽车展、惠民下乡巡回消费展、横店影视生活节、中华大师汇、家装采购节等系列促消费活动百余场，吸引客流量300余万人次，成交额超30亿元。开通“企业开复工网上备案系统”，36589家经营单位通过网上备案恢复经营。推进商务领域企业安全生产大排查大整治，检查企业206家次，督促整改安全隐患42项。东阳市被省商务厅列入“浙江省供应链创新与应用试点城市”，横店集团东磁股份有限公司和横店影视城被列入“浙江省供应链创新与应用试点企业”。横店影视城和好乐多商贸有限公司获农商互联农产品供应链中央服务业发展资金230万元。卢宅步行街、横店梦夜城、横店香港街区影视文化创意步行街被列入“金华市级高品质步行街建设试点”。

【对外贸易】 2020年，东阳市实现外贸进出口总值276.4亿元，比上年增长27.8%，其中出口257.9亿元，比上年增长30.4%，进口18.5亿元，比上年增长0.2%，以市场采购贸易方式出口59.3亿元。全市有5家企业在9个国家开展业务，完成对外承包工程营业额28314万美元，比上年下降12.95%。应对新冠肺炎疫情及全球贸易形势，印发促进外贸稳定增长、支持外贸企业渡过难关的政策文件，优化政策兑现流程，完成政策资金兑现5691万元。做好首届线上广交会参展组织服务工作，召开展前直播培训会。组织75家企业参加浙江省网上交易会；推进“一带一路”和“义新欧”班列建设，完成“义新欧”组货柜335个；“订单+清单”监测预警系统填报率、响应率保持100%；增加培育平行贸易、永妍进出口2家企业，获得外贸综合服务企业试点。组织全市26批53家防疫物资生产企业申报白名单，增加医用“白名单”企业7家，非医用“白名单”企业4家。

【电商经济】 2020年，东阳市发展直播电商新业态，制定电商新政，在园区建设、网红直播和引进服务平台等方面加大扶持力度。全年实现网络零售额109.03亿元，比上年增长17.2%，增幅列金华各县市区第三。渔具渔线、箱包皮具产业获得浙江省第二批产业集群跨境电商发展试点专项激励资金200万元；完成四期108家企业的亚马逊孵化培训，入孵企业总销售额超1650万美元。投资306万元建成投运东阳市跨境电商孵化园，入驻企业19家。9月27日，东阳市跨境电商孵化园开园，东阳市跨境电商综合服务中心同时揭牌。通过政策引导、大力扶持，建成东阳市跨境电商产业园、银泰直播电商城、全知道生态直播城等6个电商产业基地，综合面积30余万平方米，其中获评省AAA级电商产业基地2个。举办“理县致富带头人”专项培训会，组织四川省理县建档立卡贫困户、低保户60余人参加。举办东阳市“之江创客”电子商务创业创新大赛暨首届电商网红直播大赛，大赛观看人次739.8万，销售额615.1万元；选送的“花园购”项目获得“之江创客”2020全球电子商务创业创新大赛(农村电商)总决赛二等奖。

(吕港港)

供销合作

【概况】 2020年，东阳市供销合作总社实现总经营收入36.3亿元，实现利润3413万元，上缴财政税收1496万元，企业所有者权益18834万元，资产总额44188万元，固定资产净值6772万元。2020年度综合业绩考评位列省、金华市供销社系统前列，获评省市两级优秀单位。横店供销社被中华全国供销合作总社授予“2020年标杆基层社”称号。5月，金华市供销社系统经济工作“争先创优”行动部署会在东阳市召开。6月，巍山农产品展销中心正式揭牌开业。12月，罗青郭供销合作社、岩口供销合作社挂牌成立。

市供销合作总社牵头创办农民专业合作社25家，其中，4家获国家级示范农民专业合作社称号；3家获省级示范性农民专业合作社称号；获绿色产品证书3个和无公害产品、产地证书10个；创办服务综合体9家、村级综合服务社44家。

【方圆医药】 2020年，方圆医药有限公司完成销售额8450万元。方圆大药房连锁有限公司有门店110家。1月，与浙江康高莱医药有限公司全线产品战略合作签约仪式举行，40家重点门店参加合作签约。至6月末，永康区域增加2家门店，筹建审批3家。8月，方圆医药公司通过医疗器械经营换证验收。10月末，完成9家连锁门店的筹建和验收，其中东阳区域7家、永康区域2家，验收通过率100%。

【方圆农资】 2020年，方圆农资连锁总公司有农资连锁店77家，总资产4169万元，固定资产净额311万元。完成销售收入4275.4万元，比上年增加261.6万元，销售化肥11779吨、农药830吨、农膜436吨、小农具6543件，收缴租金、承包款、管理费110.3万元，回收并处置农药废弃包装物58.2吨，实现利润34.2万元。获“浙江省诚信示范企业”和“东阳市龙头企业”称号。

方圆农资公司筹备资金，购进和落实优质化肥、农药、农膜共计8700吨，其中化肥8000吨、农药400吨、农膜300吨。完成政府招标肥1891.5吨；完成残疾人补助化肥37.8吨配送任务。回收废弃农药包装物329.5万件，计58.2吨，支付回收额53.58万元，并实现百分之百处置。投资5.25万元，对下辖18家连锁店进行规范化改造，公司下辖43家农资经营网点完成规范化建设。将2020年增加的15家农药经营门店(包括社会农资经营店)列入废弃农药包装物回收网络，全市有回收网点97家，基本实现较大村、镇的全覆盖。开展送农资科技下乡活动，现场解答农民提问600余次，发放资料1000余份，现场诊断病株病叶50余次，推广新农药、新肥料品种10余个，为农户实地诊断开出防治配方500余次。

2020年6月9日，东阳市东白农产品展示展销中心开业仪式举行

(市供销合作总社提供)

【供销电商】 2020年，供销电子商务有限公司(简称供销电商公司)完成主营业务销售总额874.8万元，比上年(461.6万元)增长89.5%。培训收入47.7万元，比上年(14.40万元)增长231%。实现利润46.3万元。1月，东白农产品展示展销中心试营业，该中心营业面积1200余平方米，50余家企业(专业合作社、家庭农场)的农产品入驻；6至9月，中心升级改造装修，按分类布局、统一经营和管理模式重新开业，为消费者提供优质东阳特色农产品“一站式”采购服务。供销电商公司组织开展电子商务、家政服务、农民技能、退役军人适应性等职业技能免费培训班29期，参训学员2000余人次。12月，获“东阳市农业龙头企业”认证。

【扶贫攻坚】 2020年，市供销合作总社安排工作人员到四川理县采购优质和适销农副产品，销售冰糖心苹果131吨、红脆李19.2吨、车厘子3.8吨以及蜂蜜、牦牛肉干、菌菇干等农副产品，实现销售额700余万元。拓展农产品销售平台，建立“供销农珍”微信小程序和“政采云”扶贫馆，完善“东白供销商城”淘宝店铺，合作搭建2个“东白”品牌农产品直播厅。开展“全民抗疫，鲜菜直送”便民服务活动，至2月末，共为城区居民配送订单300余单，其中猪肉、带鱼等100余千克，其他各类蔬菜425千克。3月初，开展“暖心助力果农、爱心助销椪柑”活动，帮助果农销售椪柑3000余箱。

【方圆石化】 2020年，方圆石油化工有限公司（简称方圆石化公司）实现销售收入8878万元，销售成品油13163吨，比上年（12541吨）增加622吨，其中汽油销量8173吨、柴油4990吨（其中直销配送柴油2211吨）。实现利润1293万元，上缴税金564万元。

巍山加油站成品油月平均销量从70吨左右增加到150吨。李宅加油站经改造后于9月开业，成品油销量从每月低于60吨提高到每月近100吨。12月末，完成李宅、巍山两个加油站的充电桩建设。徐宅加油站与东阳中石化合作经营，在成品油销售方面取得新的突破，开业4个月销售478吨。深化落实公司全员安全生产责任制。坚持党政同责、一岗双责、齐抓共管、失职追责的工作方针，制定切合公司实际并具有可操作性的《方圆石化公司全员安全生产责任制实施方案》，加大安全宣传教育培训力度。提升公司应急救援能力。

【废旧物资收购】 2020年，东阳市废旧物资总公司设集散加工中心和收购网点47个，年内增加收购网点2家，收回营业执照并注销3家。通过网点回收废旧物资回收量64265吨，其中废金属45692吨、废纸17750余吨、废塑料710余吨、其他废旧物资113吨。浙中再生塑料集散加工中心有承租企业20家，其中红木家具厂4家、塑料厂11家、锯板厂1家、雕刻厂1家、生物燃料1家、超市1家、饭店1家，有员工260余人。

【防汛物资储备】 至2020年年末，市供销合作总社有防汛麻袋15500只、编织袋15000只、1.5米木桩760根、彩条布8件、手套330双、安全帽160个、救生衣200件、抛绳166条、铁锹147把、锄头79把、大榔头3把、救生圈50只、雨鞋126双、雨衣111件、手电筒270只、汽车防滑链20条。8月初的“黑格比”台风期间，运送防汛麻袋9700只、3米木桩100根等。运送防汛麻袋13100只、编织袋1600只、3米木桩100根、彩布条5件、铁锹20把、锄头10把、抛绳（粗）20条、榔头10把。

2020年2月27日，方圆医药有限公司职工装卸防疫物资

（市供销合作总社提供）

【职业教育】 2020年，市供销学校在职教职工50人，学生总数965人，其中新生375人，超过目标任务数（235人）的59.57%，创历史新高。教师9人次在市教研室组织的技能竞赛中分别获一、二、三等奖；学生2人获国家奖学金。上半年，参加高考的学生有68人，其中66人被录取；成人高考预报名的学生107人，比上年增加1倍多，正式入读学生90人。组织学生假日实习18批152人次。

编订《春季开学卫生防疫工作制度》，内容包括防控工作方案、应急方案、防疫流程图、体温检测登记表、学生返校行程登记表等44项，共130页。全面落实联防联控措施，构筑群防群控的严密防线，实现零输入、零感染的目标。

【蚕桑业务开展】 2020年，土特产公司营业收入96.92万元，其中蚕丝被销售收入42万元，比上年增加15.6万元。实现经营利润7.6万元，比上年增加2.4万元。开拓蚕丝被销售市场，产品入驻3家东白农产品展示展销中心；组织人员到桐乡市学习考察蚕桑产业。

【新冠肺炎疫情防控】 2020年，市供销合作总社保障新冠肺炎防疫物资供应，购进口罩800余万只、隔离衣防护服5.8万余套、温度计1.5万支、酒精3万余瓶（桶）、额温枪1500把，并完成1800余万元的物资分发，涉及近2000家单位；组织帐篷34个、棉大衣100件、雨衣1万余件、手套近2万双和桌凳、取暖器等物资配送至全市8个高速路口交通卡点；协助属地政府开展物资采购。做好民生物资保障，联合市邮政公司、市广源蔬菜公司开展“战疫情 保菜篮”活动，完成订单配送近百单；指导加油站点和超市保持运营，稳定市场。支持春耕生产，提供线上线下农资农技咨询服务和农资产品配送服务，完成销售配送各类化肥2600吨、农药200吨、农膜170吨。从严落实供销社各项疫情防控和复工复产工作措施，推进供销社各企业复工复产。为承租户减免租金500余万元。

9月，东阳市召开抗击新冠肺炎疫情、抗洪抢险救灾表彰大会，市供销合作总社党委获“抗击新冠肺炎疫情先进集体”称号，供销学校楼国平和方圆医药公司蒋金龙、郭伟民、陈雷勇等获“抗击新冠肺炎疫情先进个人”称号。12月23日，在金华市抗击新冠肺炎疫情总结表彰大会上，方圆医药有限公司党支部被评为抗击新冠肺炎疫情先进集体和金华市先进基层党组织。

【基层农合联党建】 2020年，虎鹿镇农合联成立党总支，下设3个产业党支部和综合服务党支部，有党员27人，服务覆盖全镇29个专业合作社和家庭农场、16个种植大户；建立"1+1+18"服务网络，即1个镇级综合党群服务中心、1个村级综合服务服务窗口，18个农资配售点；设立3个党建引领示范基地和20个党员示范岗；邀请红色讲师团授课、组织考察学习、开展田间地头巡诊20余人次，举办合作社示范培训班等各类培训50期，培训人数3300人次。组织开展东白茶叶采茶制茶直播推介活动，观看人数31.4万人次，点赞数超百万人次。11月6日，金华市农合联党建工作交流会在东阳市召开，总结虎鹿镇农合联党建工作成功经验，推广党员活跃度和贡献度管理的创新做法。

【重点工程建设】 2020年，东阳市供销大厦完成电梯、附属工程、天然气、新装业扩(电力)等工程项目，支付工程款1977万元；12月，项目通过竣工验收；推进大楼招商招租工作。六石供销社吴良储备项目完成总体规划论证和招标工作，预计总投资1200万元。横店供销社引进上海锦江维也纳酒店管理公司，投入1000余万元对酒店进行改造升级并顺利营业；盘活闲置资产，引入京辰里特色街和民宿项目，预计投入1300万元。投资约800万元的千祥肥料部改造项目完成工程招标及旧房拆除工作。

【社有资产管理】 2020年3月，吴宁供销合作社签订《高铁新城非住宅房屋征收补偿安置协议》，以一次性补偿款177.73万元被征收该社位于槐堂村所属土地房屋，土地面积1801平方米，建筑面积1227平方米。12月，农资肥料部完成与市市场监管局巍山老工商所的房屋置换，并完成不动产权证办理。

（王江峰）

粮食流通和物资储备

【概况】 2020年，东阳市粮食价格平稳，粮食流通规范有序，粮食经济稳步发展。全年收(采)购政策性粮食19836吨，轮换政策性粮食14474吨，成品粮静态储备增加到1200吨，冻猪肉储备760吨，增加价值10万元应急储备物资。销售粮食35664吨，国有粮食收储企业实现经营收入11621万元。

7月22日，省粮食和物资储备局局长周维亮一行到东阳市开展政策性粮食收购调研工作。调研队先后调研全市粮食和物资储备情况以及上周中心粮库三期工程项目，一期和二期粮库信息化、气密性、充氮气调改造项目，低温仓改造项目等建设情况。东阳市优化粮食安全责任制考核、推进"放心粮油示范县"创建、推进粮库信息化和智能化改造等工作受到肯定。

2020年7月31日，市粮食收储有限公司上周中心粮库内，工作人员在进行夏粮收购作业
（包康轩/摄）

【粮食收购价格和政府奖励】 2020年，订单早籼谷实现市内全覆盖，做到应订尽订、应收尽收，国标中等质量按50千克124元的价格收购，相邻等级差价2元。对订单早籼谷实行政府奖励政策，即对种粮大户、粮食专业合作社社员按订单每交售50千克奖励30元。常规品种订单晚籼谷(国标二等)按每50千克148元的价格收购(含等级差价2元)，定向收购的甬优15号订单晚籼谷收购价格在常规品种基础上上浮3元。国标中等质量订单外晚籼谷按每50千克134元的最低收购价格进行保护性收购。

【政策性粮食收(采)购】 2020年春耕前，粮食部门干部职工到农村，向种粮农民宣传粮食政策，传递粮食产销信息，推介粮食种植品种。与246户种粮农户签订粮食订单收购合同。为种植规模大、信誉好的10户种粮大户发放143万元粮食收购预购定金。采取"预约上门、加时收购"等粮食收购服务措施，对售粮大户实现"验质、过磅、入库、结算"收购一条龙服务。执行国家粮食收购价格政策，把好粮食收购质量关，足额支付售粮款，发放订单粮食收购政府奖励金(价外补贴)884万元。与赣、皖粮食主产区建立购销协作关系，参与浙赣闽边界粮食洽谈联谊会。利用网络平台，采取网上竞拍等方式，从省内市外采购粮食，弥补市内粮食产需缺口。国有粮食收储企业全年收购粮食36942吨，比上年39299吨减少2357吨，减幅6.0%。其中订单收购19204吨，分别为早籼谷14739吨、晚籼谷4465吨(包含甬优15号900吨)。增加成品粮静态储备1200吨。

【政策性粮食储备】 2020年，经轮换补库后，市级粮油储备品种、规模按照市政府要求如数储存到位。市级粮食储备5024吨，本年度轮换14474吨。根据《浙江省地方储备粮管理办法》的要求，做好储备粮油出入库、品种检测和定期检查，确保地方储备粮数量、质量和储存安全，具备"储得进、管得好、用得上”的要求。每季度组织“一符四无”（账实相符，无虫害、无变质、无鼠雀、无事故）粮仓检查。市中心粮库经省粮食和物资储备局考核被评为“三星级粮库”。

【应急储备管理】 2020年，根据浙江省粮食和物资储备局、浙江省应急管理厅、浙江省财政厅印发的《浙江省救灾物资储备管理办法》，市粮食和物资储备局结合全市救灾物资储备规划、品种目录和标准、年度购置计划，负责救灾物资的购置、储备、轮换和日常管理。增加价值10万元应急储备物资，用以保障全市受灾情影响人员基本生活。根据金华市粮食和物资储备局、金华市财政局《关于分解下达冻猪肉储备任务的通知》要求，结合全市猪肉市场供求状况，开展冻猪肉储备工作，储备量为260吨，为应对新冠疫情，提高东阳市粮油保障能力，临时增储冻猪肉500吨。入库前完成冻猪肉非洲猪瘟抽检和包装物新冠病毒抽检，确保储备猪肉安全，为市场保供稳价。

【“放心粮油”示范县创建】 2020年，根据省粮食和物资储备局、省市场监管局、省财政局联合制定的《关于深入推进全省“放心粮油”创建活动的实施意见》文件要求，东阳市开展“放心粮油示范县”创建工作。东阳市人民政府印发《东阳市放心粮油示范县创建工作方案》，成立由分管副市长黄阳明任组长，商务、财政、市场监管、农业等部门组成的创建工作领导小组，建立“放心粮油”质量安全监管体系，实行动态管理机制。全年培育“放心粮油”加工企业1家，粮油配送企业1家，“放心粮油”示范店25家，覆盖17个镇乡街道，覆盖率94.4%。

【推进粮库改造工程】 2020年，市中心粮库三期完成仓库门窗安装、横向通风系统、信息化、气密性改造及仓间钢罩棚安装等工程，除信息化项目要与一二期融合还未完成验收外，其他项目都验收合格。市中心粮库引进低温仓改造项目，全年完成30个仓房控温空调安装和10个仓房浅层地能低温储粮系统改造安装，总投资206万元。市中心粮库总仓容7.5万吨。

2020年11月20日，上周粮库中心库浅层地能调试验收现场 （钱明发/摄）

【粮食安全责任制】 2020年，根据省、金华市粮食安全责任制考核方案，市粮食和物资储备局做好粮食安全责任制考核的牵头、协调和日常管理工作，协助市政府分析和梳理部门工作中存在的问题，分解落实各部门和各镇乡街道的工作任务，通过完善考核机制、细化考核内容、强化考核目标等工作措施，促进粮食工作分级负责机制的形成，推动各项保障粮食安全措施的落实，夯实保障粮食安全的基础。粮食安全责任制考核逐步形成制度化、系统化、长效化的粮食工作行政首长负责机制。连续五年被评为金华市政府“粮食安全责任制考核优秀单位”。

【爱粮节粮宣传】 2020年8月26日，市粮食和物资储备局联合市文明办在黉门广场开展东阳市“爱粮节粮、厉行节约、反对浪费”和“放心粮油”宣传活动。10月16日，在六石街道广场开展第40个世界粮食日宣传活动，活动主题为“齐成长、同繁荣、共持续，行动造就未来”；开展主题为“端牢中国饭碗 共筑全球粮安”的粮食安全系列宣传活动。为现场群众解答粮油质量、营养健康、粮油储存等方面的知识，分发粮食安全宣教系列图书100册，全国爱粮节粮宣传册、爱粮节粮倡议书、科学储粮知识问答等宣传资料200余份。利用“政务公开”“市民问政”“行风热线”“8890便民服务”等平台宣传粮食政策。

（陈俊艳）

烟草专卖

【概况】 2020年，东阳市烟草专卖局（分公司）卷烟批发销量37978.55箱，比上年增长1.4%；实现批发销售额17.43亿元，比上年增长5.9%；实现税利50446.53万元，比上年增长6.34%。“卷烟零售市场联防联控掌上监管平台的研发”“提高美丽乡村特色小型终端的户数”两个QC课题获2020年度金华市烟草系统优秀QC课题三等奖。课题《以“香溢家”平台整合资源，打造“工商零销”一体化生态圈》在金华市烟草系统“畅想十四五 共绘新蓝图”青年论坛活动评比中获三等奖。信息宣传得分列金华市系统前三；被评为2020年度东阳市行政执法案卷先进单位。六石市场部、六石专卖所在2020年度全市系统基层所（队）分层分类联考联评中分获一等奖和二等奖。

【案件查处】 2020年，市烟草专卖局查获各类案件328起，比上年增长3.14%；查获涉案卷烟1013.14件，比上年增长7.87%，其中真烟561.67件，假私烟451.47件；查获卷烟案值1223.43万元，比上年增长19.41%。侦办“3·01”“5·21”两起国标二级网络案。

【烟草专卖零售许可证】 2020年，市烟草专卖局受理烟草专卖零售许可证新办申请1426户，比上年增长26.87%，其中准予许可995户，劝退及不予许可431户。延续972户，比上年下降32.07%；歇业注销760户，比上年下降10.48%。至年末，辖区有持证户5187户，比上年增加235户。

（张　玲）

盐业销售

【概况】 2020年，东阳盐业分公司调整销售结构，推广雪涛澳洲雪花盐、绿海多品种盐、蓝海星高附加值的多种盐品。东阳盐业分公司体制改革基本完成。小包装碘盐销量比上年略有增加。购进各类盐产品6354.34吨，销售各类盐产品6284.2吨，比上年9431.97吨减少3147.77吨，其中小包装食用碘盐销售2021.39吨，比上年1998.73吨增加22.66吨，销售澳洲海盐1115.24吨，实现利润负39.92万元。因周边县市冲销情况严重，小包装碘盐销量不能与专营时代比较；印染企业经营困难，工业漂染用盐销售减少。

【盐产品市场竞争】 2020年，进入东阳市销售的省外盐企20余家，其中多家在东阳市设立分公司，销售食盐品种70个，以低端为主。省外盐企中、高端全系产品进入东阳市商超、学校食堂，冲击全市食盐市场。

（龚　俏）

石油经营

【概况】 2020年，东阳市销售汽油、柴油两大类成品油267379吨，其中汽油196529吨、柴油70850吨。中国石化销售股份有限公司浙江东阳石油支公司（简称东阳石油）销售汽油、柴油两大类成品油187865吨，其中汽油127505吨、柴油60360吨，占全市经营量的70.26%（中石化歌山与怀鲁高速公路加油站销售经营量不列入东阳经贸部门的数字统计）。12月末，东阳石油与东阳市交通投资建设集团有限公司合资建造的堂鹤、学陶加油站建成投入运营。中石化东阳石油支公司获金华石油分公司“金石铁军奖”“先进基层党组织”“网点发展三等奖”“管理服务提升三等奖”等奖项和称号。

【油价调整】 2020年，国内油价经历12次调整。2月5日，调整油价最高，0号柴油6.27元/升，92号汽油6.63元/升，95号汽油7.05元/升，98号汽油7.72元/升。11月6日，调整油价最低，0号柴油5.02元/升，92号汽油5.42元/升，95号汽油5.76元/升，98号汽油6.31元/升。

【经营网点】 2020年，东阳市在营加油站（含加油点）68座。其中，东阳石油加油站34座，高速公路加油站4座，中石油加油站6座，方圆石化加油站9座，社会加油站点15座。东阳石油有大寺下成品油配送库1座，是东阳市仅有的一家批发单位。东阳石油有IC卡联调站34座，站级发卡点和充值点28个，98号高标号汽油业务站19个，烟草门店32家，洗车网点14家，分别布局在全市的各个区域和各条主要公路上。

【企业管理】 2020年，东阳石油加强加油站数质量管理工作，把好进销存各环节关口，实行专车专运、专罐专用，定期开展加油机计量鉴定，确保油品质量合格。签订HSSE（健康、安全、保障、环境管理体系）管理责任书，落实安全生产责任制。

年初，东阳石油部署落实新冠肺炎疫情防控工作，对外地返乡员工及其家属进行全面排查并做好登记，为基层员工配足防疫物资，确保员工生命健康安全，实现员工零感染。疫情防控期间，东阳石油开展“百日攻坚创效”“持续攻坚创效”专项行动，通过完善油品配送、做好非油商品组合、开展线上办卡咨询等措施，提供“一站式”服务。开展“加油站管理服务提升百日竞赛”活动，提升加油站基础管理，增强企业核心竞争力。推行“一站一策”，打造样板加油站，在浙江石油样板片区验收中东阳片区取得A类成绩。

根据市委办公室关于《东阳市国有企业退休人员社会化管理实施方案》要求，东阳石油完成41名退休职工社会化管理（其中退休党员11人）。

（刘欢珍）

旅 游

综 述

【概况】 2020年，东阳市接待游客2534.52万人次，比上年下降14.19%；旅游收入240.79亿元，比上年下降12.35%。乡村旅游接待游客总人数565万。全市有AAA级及以上景区6家，旅行社17家，星级饭店8家。新建、改建旅游厕所40个，其中创建AAA级旅游厕所8座。6月16日，横店影视城入选浙江省首批未来景区试点单位。7月21日，东阳市成为省级文化和旅游消费试点城市。

【百城千镇万村景区化建设】 2020年，东阳市开展“百城千镇万村”景区化建设。东阳城区立足旅游全域发展、主客共享的理念，重点强化东阳中国木雕城、东阳江江滨文化景观带、卢宅等景区建设，提升环境景观，优化设施服务，丰富产品业态，完善管理保障，打造木雕商贸游、城市休闲游、古宅文化游、夜游东阳等四条特色旅游线路。12月28日，东阳市被评为浙江省AAA级景区城。

东阳市文化和广电旅游体育局（简称市文广旅体局）对照省级景区镇评定标准，确定六石街道、城东街道、佐村镇、三单乡为2020年度培育对象，开展浙江省景区镇创建。改造完善大型停车场、游客服务中心、景区镇导览标识系统，谋划镇域旅游线路，提升创建镇乡街道旅游服务接待能力。年末，六石街道、城东街道成功创建浙江省AAAA级景区镇（乡、街道），佐村镇、三单乡成功创建浙江省AAA级景区镇（乡、街道）。

为加快浙江省A级景区村庄建设，东阳市建立市、镇、村三级联创机制，举办创建培训班，聘请专业团队到各个村进行业务指导。市文广旅体局多次组织人员到村庄进行业务指导，厘清创建短板与重点任务，并对创建进度进行宏观把控，确保各项工作顺利推进。年末，金华市文化广电旅游局与市文广旅体局对创建村庄进行评定验收，成功创建浙江省AAA级景区村庄4个、AA级景区村庄27个、A级景区村庄15个。

【精品民宿建设】 2020年，为加快东阳民宿产业发展，市文广旅体局在原《关于扶持民宿发展的若干意见（实行）的通知》基础上，增加等级民宿复核，精品民宿、民宿集聚村村集体运营资金奖补等规定，更改床位奖补金额等内容，与市财政局联合印发《关于扶持民宿发展的实施办法》。市文广旅体局组织人员下乡指导精品民宿创建，解决创建中遇到的问题和困难。年末，六石街道逸庐民宿、湖溪镇我的石间民宿、横店镇云憩民宿被评为浙江省银宿级民宿。

2020年东阳市AAA级及以上旅游景区一览表

表33

名 称	地 址	等 级
横店影视城	东阳市横店镇	AAAAA
明清民居博览城	东阳市横店镇明清民居博览城景区康庄南街188号	AAAA
华夏文化园	东阳市横店镇华夏大道566号	AAAA
东阳中国木雕城	东阳市世贸大道188号	AAAA
花园村	东阳市南马镇花园村	AAAA
木雕小镇	东阳市六石街道木雕小镇大师路1号	AAA

2020年东阳市旅行社一览表

表34

名 称	地 址	星 级
东阳市中国旅行社有限公司	东阳市环城北路140号	—
横店影视城国际旅行社有限公司	东阳市横店镇迎宾大道111号	四星
东阳市广厦旅行社有限公司	东阳市人民路儿童公园	四星
东阳市春秋旅游有限公司	东阳市东针路10-1号	三星
东阳市康嘉旅游有限公司	东阳市黉门前29号二楼	三星
东阳市欣兴旅游有限公司	东阳市金玉巷100号	三星
东阳市旅游有限公司	东阳市和平路16号	三星
东阳市中青国际旅游有限公司	东阳市吴宁街道吉祥路10号	三星
东阳市交通旅游有限公司	东阳市兴平东路500号	三星
东阳市花园旅行社有限公司	东阳市花园工业区花园大道3号	三星
东阳市青年旅行社有限公司	东阳市环城北路127号吉祥路口	—
东阳市望之旅旅行社有限公司	东阳市树德路175—2号	—
东阳市途趣旅游有限公司	东阳市人民路185号6楼	—
东阳市众旅旅游有限公司	东阳市人民路119号西大门北侧	三星
东阳市云美旅行社有限公司	东阳市广福东街1号聚才楼302室	—
东阳易去旅行社有限公司	东阳市江北街道茗田社区高园下村103幢	—
东阳市优途旅行社有限公司	东阳市吉祥路22号	—

2020年东阳市星级旅游饭店一览表

表35

名 称	地 址	星 级
东阳世贸君澜大酒店	东阳市世贸大道190号	五星
横店集团东磁股份有限公司东磁大厦	横店镇华夏大道233号	四星
浙江横店贵宾楼大酒店有限公司	横店镇万盛南街199号	四星
东阳市花园大厦有限公司	南马镇花园工业区	四星
东阳市横店影视城国贸大厦有限公司	横店镇康庄南路18号	四星
东阳市丰景嘉丽大酒店	横店镇康庄南路186号	四星
横店影视城影星酒店有限公司	横店镇医学路77号	三星
横店影视城旅游大厦有限公司	横店镇万盛街1号	三星

【省级旅游风情小镇创建】 2020年，对照《浙江省旅游风情小镇评定细则》，市文广旅体局围绕风情要素、旅游要素、服务要素和环境要素，挖掘湖溪镇红曲酒文化内涵，建设红曲酒特色小镇。完善旅游基础设施，提升游客中心、旅游厕所，开辟停车场，布置小镇客厅，增设旅游导览标识系统。打造风情特色街，在镇区主要路段设置红灯笼、红曲酒文化绘画、店招等营造浓厚的红曲酒特色小镇的氛围。年末，湖溪镇通过浙江省文化和旅游厅第四批省级旅游风情小镇验收。

【乡村旅游】 2020年3月26日，东阳市春季乡村休闲旅游节暨“花开·否极泰来”象田油菜花节在湖溪镇象田村开幕。通过网红达人直播开幕仪式、象田美景、美食、民俗文化和乡村特产，邀请观众开展线上互动，赠送当地农家乐、民宿优惠券吸引游客。指导六石街道举办“端午品香·粽志成城”文艺活动，佐村镇举办“笋趣佐村·跑进田园”佐村镇第五届挖笋节，横店镇举办2020横店镇“古韵官桥”乡村影视旅游节，千祥镇举办2020千祥羊肉美食文化节等乡村旅游节庆活动。

（申屠徐超）

旅游宣传

【旅游推介活动】 2020年，市文广旅体局组织企业参加“诗画浙江”夏日文旅推广暨湖州文旅消费试点启动仪式、诗画浙江文旅周及2020浙江（北京）旅游交易会、中华大师汇、第15届中国（义乌）文化产品交易博览会等推介活动。11月25—28日，联合义乌市文化和广电旅游体育局组织横店影视城、浙江中国小商品城集团等旅游企业到广西南宁、柳州，开展“东阳·义乌影视木雕购物美食游”主题推介活动。联合市商务局、市市场监管局、市餐饮行业协会开展“诗画浙江·百县千碗”特色美食体验（示范）店培育创建工作，成功培育贵宾楼、东阳宾馆、花园大厦、将军殿农庄4家“百县千碗”特色美食示范店。组织企业参加第15届中国（义乌）文化产品交易博览会“百县千碗”展示售卖活动。组织景区、酒店、民宿参加省文旅厅“千万红包游浙江”活动。动员景区参加“十元游十景”2020金华人游金华文旅推广活动，推出优惠政策和优惠券。

【宣传活动】 2020年，市文广旅体局举办“看大剧游横店 买红木到东阳——2020惠民旅游”活动启动仪式，邀请浙江省电视台教育科技频道《旅游快车》栏目、《金报东阳》、市广播电视台、《东阳日报》、东阳市平行线影视工作室等多家媒体对活动进行宣传报道。设立1500万元疫后旅游市场促销专项奖补资金，指导旅游企业设计线上产品、线下组团产品和木雕红木游产品，相关新闻在今日头条、网易、百家号、搜狐、简书、一点资讯、《青年时报》、省文旅厅网站、浙江电视台、浙江城市之声广播电台、“私家车第一广播”微信公众号、《东阳日报》等多家媒体上刊发。

在甬金高速收费站、中石化加油站、杭州高铁东站等地投放广告，通过市广播电台、微信公众号、抖音官方号等发布东阳文旅资源和产品、线路、活动等信息。

（申屠徐超）

旅游行业管理

【旅游行业扶持】 2020年4月，市文广旅体局和市财政局联合印发《关于支持文旅企业战胜疫情 激发文旅消费潜力的实施办法》，设立1500万元疫后旅游市场促销专项奖补资金，用于“看大剧游横店 买红木到东阳”惠民旅游系列活动的开展，其奖励对象主要为参与该次活动的东阳市旅行社（公司）或与市文广旅体局建立战略合作关系的市外旅行社（公司）、浙江横店影视城有限公司、市花园旅游发展有限公司、浙江东阳中国木雕城有限公司、市文旅投资发展有限公司等旅游企业。奖励要求和标准分成线上产品、线下组团产品、木雕红木游产品三项奖励政策。

【旅游安全和市场秩序监管】 2020年，市文广旅体局和各旅游企业签订《旅游安全生产目标责任书》，确保责任落实到位。10月，在世贸君澜大酒店举办全市旅游行业人员业务培训暨旅游安全培训会，全市各旅游企业负责人和新从业人员参加。全年出动检查人数135人次，检查企业623家次，对发现的问题要求旅游企业限期整改。受理旅游投诉47件，成功结案率100%，无重大旅游投诉和涉旅安全事故发生。

【旅游企业评比】 2020年12月，东阳市广厦旅行社有限公司被评为浙江省四星级品质旅行社。东阳市华厦大酒店和东阳市国际大酒店分别退出四星级、三星级旅游饭店。8月，东阳市畅游旅行社有限公司注销。横店影视城、横店梦外滩影视主题酒店分别入选“2019浙江文化和旅游总评榜”十佳研学旅游目的地和十佳特色主题酒店。市文广旅体局组织20余家企业参加“2019金华文旅好评榜”“八个好”系列榜单竞争，申报项目37个，其中28个项目上榜。

（申屠徐超）

东白山生态旅游

【概况】 2020年，东白山省级旅游度假区管委会（简称东白山管委会）挖掘、提升东白山文旅资源，推进茶旅融合，把东白山生态优势转化为发展优势。在抓好新冠肺炎疫情防控工作的同时，推进生态保护修复、茶场体制理顺、重点项目谋划、精品民宿招商、日常管理规范等方面工作，解决一批影响度假区发展的重点难题，全年度假区旅游秩序安全平稳有序。

【生态修复】 2020年，东白山管委会按照“保护第一，利用第二”的原则，通过实施春秋季绿化、科学补种、强化管理养护等系列举措，完成年度核心区生态修复工作目标。鸳鸯湖和天池区域部分实施春秋季绿化，种植映山红3000余株苗木和箬叶片植2600平方米，仙女湖周边裸露地块种植柳杉500株，紫藤10株。针对太白峰区域部分树种成活率不高现象，通过招投标、施工图设计等规定程序实施景观绿化，在太白峰区域种植日本冷杉、云杉等适宜高山气候的树种约2500株，督促浙江东白山风电股份有限公司、天池管理公司等相关责任单位开展职责范围内的绿化管护和补植工作。加强对放马坞杜鹃精品园管护，实行常态化巡查及管理工作，并开展核心区3万余株绿化苗木抚育、养护工作。

【项目推进】 2020年，东白山管委会完成东白山生态环境监测中心建筑方案设计、项目施工招投标等前期工作。6月，上报2020年政府投资增补项目——东白山生态休闲观光茶园、东白山茶园小镇风貌提升项目，推进茶园景观化和精品民宿改造工作，完成东白山茶园小镇——生态休闲观光茶园项目施工招投标和东白山茶园小镇风貌提升工程施工图预算编制等前期工作。根据茶园小镇项目建设需要，研究制定茶场场部环境整治方案，集中整治乱堆乱放、卫生脏乱差等现象。邀请专业机构制定山顶供水方案，完成太白峰厕所改造工程建设，解决山顶厕所脏乱差、供水不足等问题。根据景区管理工作需要，完成太白峰观景平台维修、天池露营地安全设施维修、核心区标识标牌和交通环线标识系统更换、核心区台风损毁道路整修、监控系统升级、五土坪交通设施完善、太白峰治安岗亭布局等基础设施建设。

【茶场体制改革】 2020年，东白山管委会开展东白山茶场公司化改制。1月，东白山茶场隶属关系由市农业农村局调整到东白山管委会，根据市国有资产监督管理办公室有关要求，开展东阳市东白山茶业有限责任公司（简称东白山茶业公司）经营班子组建和公司化改制有关工作，完成该公司工商登记变更、新公司营业执照与食品生产许可证变更等各项公司化改制工作，并修订完善系列管理制度。根据度假区精品民宿改造需要，完成原东白山茶场场部6000平方米以上低利用率房屋的收回腾空工作，并同步开展项目包装和招商洽谈工作。完成东白山茶业公司党支部党组织关系调整及手续办理，结合“书记领办党建项目”这一重点工作，推进茶场支部党建阵地建设。根据重点项目建设和招商工作需要，针对东白山庄、东白天池等经营管理不善问题，历时两个月集中力量开展承包经营权的收回处置工作，完成东白山庄、东白天池露营地经营使用管理权收回和茶场场部房屋腾空等政策性处置工作，收回并腾空利用率不高的房屋6000余平方米。东白天池露营地完成招租，实现规范化运营管理；东白山庄（该地块规划度假酒店类项目）开展项目招商洽谈和前期政策处置工作。

2020年8月，游客到东白山赶七月七庙会　（东白山管委会提供）

【景区规范化管理】 2020年，东白山管委会联合市公安局（交警大队）、市交通运输局等单位多方协调岭头至磨水仓公路开通事宜，公路于5月开放使用，三分之二以上游客通过该条公路上山。联合市公安局、市交通运输局、市卫生健康局、市市场监管局、市综合行政执法局、市应急管理局、市林业局、虎鹿镇、巍山镇、红十字救援队等部门单位，做好重点节假日安保工作。在七夕庙会和中秋国庆期间，召开市级层面的安保协调会和工作部署会落实相关工作，七夕庙会、国庆期间参加安保人数600余人。东白山管委会牵头抓好日常秩序的管理维护，确保度假区全年旅游环境平稳有序。按照省市县各级有关新冠肺炎疫情防控工作要求，指导区内企业做好复工复产和各项防疫措施的落实，开展度假区公共区域设施的消毒工作，特殊时期对进入区内的游客开展信息登记、测温、亮码等防疫措施。抓好度假区停车、摊位摆放、帐篷搭建、交通组织、卫生环境、安全检查、森林防火等日常管理工作。集中开展“大走访、大排查、大化解、大提升”专项活动。根据东白山度假区实际，结合东阳市“三服务”工作部署，走访市道教协会、东白山茶业公司、天池管理公司等区内相关责任单位，了解企业生产经营情况，指导做好安全生产、经营等工作，并定期通过走访调研，梳理“三服务”事项，解决一批事关旅游体验、服务优化等方面存在的问题。

（曹刚平）

影　视

影视管理

【概况】　2020年，横店影视文化产业集聚区（简称横店集聚区）入区企业实现营业收入157亿元、税收7.2亿元。增加入区企业90家、工作室73家，接待影视拍摄剧组367个，游客964万人次。开展影视剧备案审查和版权登记工作，全年备案1085部、成片审查45部、版权登记46部。1月，首届中国电影美术学会表彰大会在集聚区召开。6月，集聚区正式挂牌成立。12月，集聚区入选第二批国家级文化产业示范园区创建名单。

【集聚区实体化运作】　2020年9月，金华市委编委制定印发《中共横店影视文化产业集聚区工作委员会、横店影视文化产业集聚区管理委员会机构设置和人员编制方案》，明确机构设置和人员编制等情况。12月，东阳市委、市政府印发《关于横店影视文化产业集聚区实体化运作高质量发展的意见》，在空间范围、机构设置、职责分工、要素保障、人事改革等方面明确意见。

【疫情防控和复工复产】　2020年，横店集聚区部署落实新冠肺炎疫情防控工作，在全国、全行业实现“三个率先”：率先暂停剧组拍摄，并实现30余个留守剧组、6000余名剧组人员“零感染”；率先制订《支持影视企业（剧组）渡过难关的十条措施》等系列扶持政策，帮扶资金超6000万元；率先实现影视企业和剧组复工复产。3月24—25日，央视财经频道《第一时间》《经济信息联播》栏目播报《浙江横店：发补贴减费用剧组纷纷开拍》。3月26日，央视新闻频道《新闻直播间》《东方时空》栏目报道《多措并举助推影视产业加快复苏》；《人民日报》刊发《浙江东阳发放影视拍摄消费券》。9月14日，央视财经频道《天下财经》《正点财经》和《经济信息联播》栏目集中关注报道多举措助推下横店影视剧组复工复产。10月27日，《浙江日报》头版头条刊发《光影世界，横店“有戏”》。

2020年6月21日，横店影视文化产业集聚区成立大会暨授牌仪式举行
（横店集聚区提供）

【项目谋划和建设】　2020年，横店集聚区全面谋划梳理未来5年的重点项目，建立总投资1250亿元的“521”项目库，即54个产业发展类项目、20个集聚区能级提升类项目、14个软环境改善类项目，重点谋划星光广场、横店剧院、横店艺术大学、大型影视外景拍摄基地（约133.33公顷）、星级酒店等一批重大强链补链项目。

建立横店集聚区班子联系重大项目等工作机制，组织实施“56200”两年项目攻坚，即两年内重点推进投资亿元以上影视文化及基础设施配套重大项目56项，实现投资200亿元以上。横店影视产业园、广州街景区旅游休闲文化提升项目和上海滩影视拍摄基地等在建项目进展顺利，其中影视产业园完成投资6.6亿元、现代化摄影棚主体工程建设15个。爱奇艺创意文娱综合中心等项目前期加快推进。

【文艺评论】　2020年，横店集聚区与浙江师范大学合作成立集聚区影评基地，对入区企业生产的重点剧作开展影视评论工作。组建集聚区影评专家队伍,加强与中国文联、全国文化类报刊的对接。通过组织召开影视剧评论研讨会、出版《横店影评》等形式,对重点影视作品制作、播映开展理论评论,打造影视评价体系,以评论促创作促产业。

【领导调研】 2020年6月23日,省委书记车俊到集聚区调研影视文化产业发展情况,并组织召开工作汇报会。7月9日,全国政协常委、省政协副主席、台盟省委会主委张泽熙到集聚区调研,督办省政协文化文史和学习委员会2020年重点提案《关于加快推进横店影视文化产业集聚区建设的建议》。9月20日,国家广播电视总局副局长朱咏雷到集聚区专题调研重点影视剧拍摄情况。

(张 刚)

影视旅游

【概况】 2020年,横店影视城接待中外游客964万人次,接待影视拍摄剧组367个、广告剧组96个。推出半价游等优惠政策,以及针对医护人员、警察等群体的公益免费游活动,举办“穿越时空的旅行——春日追剧游园会”主题活动。10月1日,清宫御膳博物馆正式对外开放。获新时代影视文化产业发展大会·横店峰会颁发的“抗疫特殊贡献奖”。

【新冠肺炎疫情防控】 2020年,新冠肺炎疫情防控期间,横店影视城关闭旗下10余家景区和酒店,取消近6万名游客的订单,30余个在拍剧组停工休整。落实防疫管理措施,成立疫情防控工作小组,实行游客和剧组人员信息日报制度。旗下酒店承担剧组人员、横店集团及其他企业复工人员的隔离管控工作,下属汽车运输公司承担2000余名返岗员工的运输任务。制定多项纾困措施,停拍期间,下属所有拍摄基地、摄影棚费用全免,剧组在旗下各酒店的住宿费减半,给每位“横漂”群众演员发放500元补贴,联合49家相关配套服务公司承诺以市场最低价格提供各种租赁及其他服务等。采购防疫物资,为剧组人员提供免费核酸检测,支出检测费用160余万元,减免补贴各项费用约6000余万元。创新性采取“共享员工”模式,向横店集团下属的横店东磁、得邦照明、全方音响等工业企业输出员工1000余人,缓解疫情防控期间工业企业的用工难题,减轻横店影视城的人力成本压力。11月1日,省委常委、宣传部部长朱国贤为横店影视城颁发“抗疫特殊贡献奖”。

【影视拍摄】 2020年,横店影视城有大型影视实景拍摄基地30余个、大型室内摄影棚130余座。加大宣传营销力度,加快影视场景合作开发,改进摄影棚的经营管理模式,整合内部资源,全年接待影视剧组367个,接待广告组96个,接近历史最高位。

【横店影视体验度假区】 2020年,横店影视城明确“横店影视体验度假区”的新文旅品牌定位,围绕泛影视娱乐IP(知识产权)打造,推出“我在横店当群演”“蒙太奇电影之旅”“后宫升职记”等影视强关联的入戏之旅系列项目;围绕旗下度假型酒店建设和景区沉浸式体验产品设计,推出影视体验度假产品,让游客吃在影视里、住在影视里、玩在影视里、购在影视里。针对游客特点,推出影视追剧游、影视亲子游、影视休闲游三种主题线路。

【市场拓展】 2020年,横店影视城加快推进营销升级和渠道拓展,开发小众化、主题化、定制化、休闲化产品,并围绕影视特色延伸产品体验度,提升旅游产品的市场辨识度,强化横店“影视体验度假区”的品牌形象,推动业务复苏与突破。启动省内市场千人游系列活动,以“影视元素”推动定制活动销售。与美团、飞猪、携程等头部OTA(在线旅行社)平台建立战略合作关系,围绕智慧景区建设、数字化营销、线上线下会员互通等方面进行深度合作。加强官网、淘宝网、横游网等自营渠道的运营。推广远程高铁专列、航空线、自由行旅游产品,自9月起,远程旅游市场的接待量达到上一年同期水平。

【博物馆建设】 2020年10月1日,清宫御膳博物馆正式对外开放。该馆位于明清宫苑景区弘义阁内,建筑面积1900平方米,共三层。博物馆围绕“能学、能赏、能吃、能玩”的理念,通过大量的文字、图片说明和文物、标本、仿真菜模等进行陈列展示,通过现代VR、声、光、电等高新技术手段,呈现出虚拟立体场景,游客可以步入虚拟场景中,感受到身临其境的效果。

(赵菡菡)

2020年10月1日,清宫御膳博物馆正式对外开放 (横店影视城提供)

2020年11月1日，新时代影视文化产业发展大会·横店峰会在圆明新园夏苑举行
（横店集聚区提供）

影视制作与院线影城

【概况】 2020年，横店影视股份有限公司（简称横店影视）总资产35.36亿元，归属于上市公司股东的净资产为18.75亿元，实现营业收入9.90亿元，上缴税收4千万元。全年投资建设影院29家，增加银幕186块，增加横影生活馆超市2家、水吧9家。至年末，在全国院线中票房收入排名第6位，在影院投资公司中票房收入排名第3位。全年各影院举办有彭于晏、王彦霖、章若楠、杨颖等明星分别参加的多场见面会。横店影视入选长三角民企应对疫情调研报告会——长三角民企应对疫情典型案例。

【企业发展】 2020年，横店影视提升管理水平，更新影院标准化培训模式，每月开展标准化主题活动。加快影城项目拓展，加强与王府井集团股份有限公司、银泰投资有限公司、恒太商业管理集团有限公司、万科企业股份有限公司等公司的联合，建设影城、开展商业综合体项目合作等。12月，横店影视完成股权收购，横店影视制作公司及横店影业有限公司成为旗下全资子公司，实现由“院线”向“电影公司”转型升级。

【电视剧制作】 2020年11月10日，由横店影视制作有限公司、东阳市乐视花儿影视文化有限公司等联合出品，反映深圳经济特区改革开放伟大实践壮举的电视剧《追梦》登陆CCTV-1黄金档，并在爱奇艺、优酷、腾讯视频同步播出。该剧入选国家新闻出版广电总局2018—2022年第一批百部重点电视剧名单。11月30日，由横店影视制作有限公司联合出品的医疗题材剧《了不起的儿科医生》在北京卫视和深圳卫视同时开播，并在优酷及芒果TV同步更新。12月6日，由中国载人航天工程办公室、中国卫星导航系统管理办公室、国家航天局探月与航天工程中心、国家航天对地观测与数据中心、中共浙江省委宣传部、浙江广播电视局指导，横店影视制作有限公司等单位联合出品，全景展现新时代航天事业的电视剧《大国飞天》，在北京航天城举办“梦想启程”主题发布会，宣布正式开机，该剧入选第三批2018—2022年重点电视剧规划选题名单。

（胡晓莉　于清宇）

2020中国·横店影视节

【概况】 2020年10月28日至11月5日，2020中国·横店影视节在横店镇举行。该影视节包括新时代影视文化产业发展大会·横店峰会、横店影视文化产业博览会、第二十届全国院线国产影片推介会、国防军事电影盛典、第七届“文荣奖”颁奖典礼、中国（横店）影视人才交流大会、中国电影美术学会峰会和论坛、横店影视旅游嘉年华、横店马拉松等活动。

【新时代影视文化产业发展大会·横店峰会】 2020年11月1日，新时代影视文化产业发展大会·横店峰会在圆明新园夏苑举行。该峰会由省委宣传部、省电影局、省广播电视局、金华市人民政府主办，金华市委宣传部、横店影视文化产业集聚区、横店集团控股有限公司承办，主题是“勇毅笃行、守正创新、影享世界”，分设国际分享汇、主峰会、国际影视金融峰会、横店先行先试研讨会等环节。大会表彰横店影视文化产业集聚区杰出企业。“中国·横店影视文化产业指数”编制工作正式启动。一批项目集体签约。15个国家和地区的影视行业专家参加，共同探讨影视内容创新跨境合作、全球电影“窗口期”变革下发行策略的最新趋势和实践经验。

【横店影视文化产业博览会】 2020年10月31日至11月2日，首届横店影视文化产业博览会在横店会展中

2020年10月31日，横店影视文化产业博览会在横店会展中心开幕
（横店集聚区提供）

心举行。该博览会由省委宣传部、省电影局、省广播电视局指导，金华市人民政府主办，金华市委宣传部、横店影视文化产业集聚区管委会、横店集团、横店影视产业协会承办，采取“线上+线下”双向融合办展模式，设“影视之光”主题展、中国电影美术设计展、文创主题展、影视先进设备和成果展4个展区400余个标准展位，展区面积1.4万平方米，有103个参展商。该博览会吸引英国、意大利、加拿大、西班牙、巴西、埃及、丹麦等国家的影视机构和企业参展。

【第二十届全国院线国产影片推介会】 2020年10月29日，为期6天的第二十届全国院线国产影片推介会在横店镇开幕。该推介会由中国电影发行放映协会和全国51条院线主办，横店影视股份有限公司承办，全国51条院线、超50家影院投资公司及各发行方、制片方代表等500余人参加，包括影片推介、观摩看片、院线闭门会议等活动。中国电影集团公司、华夏电影发行有限责任公司、阿里巴巴影业集团、博纳影业集团、华谊兄弟传媒股份有限公司、万达影视传媒有限公司、光线影业有限公司、猫眼影业有限公司等70余家公司集中推介100余部国产新片(含合拍片)。院线闭门会议决定每年秋季全国院线国产影片推介会永久落地横店镇。

【2020横店影视产业协会年会】 2020年10月31日，横店影视产业协会年会在横店贵宾楼举行。正午阳光、唐德影视等企业代表围绕“后疫情时代影视产业发展——新理念、新思路、新发展”主题，就影视产业发展面临的困境与瓶颈、未来发展趋势等进行交流探讨。

【2020国防军事电影盛典】 2020年10月31日，由国家电影局指导，浙江省委宣传部支持，中国电影基金会、浙江省电影局和横店集团主办的国防军事电影盛典在横店圆明新园·长春园(夏苑)举行。活动对2020“国防万映”影片扶持计划的4部优秀影片、3家先进单位、8部“2020国防军事电影盛典”优秀影片进行表彰。该盛典还举办国防军事电影高峰论坛。“国防万映”活动自2009年启动以来，组织放映国防军事题材优秀影片13.7万场，1.1亿人次通过观影接受国防教育。

【中国电影美术学会峰会和论坛】 2020年10月31日，由横店影视节组委会和中国电影美术学会联合主办的中国电影美术学会峰会及论坛在横店镇举行。中国电影导演协会、中国电影文学学会、中国电影剪辑学会、中国电影摄影家协会、中国电影美术学会等各学会、协会专家学者参加本次活动。该次高峰论坛以“无垠无际——探讨电影创作的未来”为主题，电影界专家、学者从创作面临的挑战，对未来横店的看法，对电影创作未来的多种可能、电影创作的多维空间以及创作思维等进行对话交流。在“全新视觉文化时代——视觉开发创作者的思考”主题论坛上，电影界专家、学者分享电影未来视觉造型创作更为具体的研究内容、呈现方式和管理方法。

【第七届“文荣奖”】 2020年11月1日，第七届“文荣奖”评选暨颁奖典礼在横店圆明新园夏苑海晏堂举行。该届“文荣奖”由国家一级导演、中国电影家协会顾问黄建新担任评委会主席，设“电视剧(含网络剧)、网络电影”和“电影”两个竞赛单元，以及组委会奖。

【中国(横店)影视人才交流大会】 2020年11月1日，中国(横店)影视人才交流大会在横店会展中心举行。该大会由浙江省人才市场、东阳市人力资源和社会保障局等单位联合主办。73家影视企业提供1320个就业岗位，其中面向应届毕业生实习岗位235个，涵盖影视创作、影视制作、影视后期制作、服务配套等产业链的多种岗位，吸引浙江大学、武汉大学、苏州大学、浙江传媒学院等13所高校的学生和影视行业中高端人才1500余名求职者，达成意向428人。

第七届“文荣奖”获奖名单一览表

表36

单 元	奖 项	获奖作品/获奖人
电视剧(含网络剧)、网络电影单元	最佳电视剧	《清平乐》
	最佳电视剧导演	尹涛(《琉璃》)
	最佳男主角	王凯(《清平乐》)
	最佳女主角	赵露思(《传闻中的陈芊芊》)
	最佳男配角	王泷正(《谍战深海之惊蛰》)
	最佳女配角	朱珠(《精英律师》)

续表36

单 元	奖 项	获奖作品/获奖人
电视剧(含网络剧)、网络电影单元	最佳电视剧制片人	钟君艳
	最佳电视剧编剧	水如天、渝州、久任(《鬓边不是海棠红》)
	最佳美术指导	栾贺鑫(《鬓边不是海棠红》)
	年度(平台)最佳剧集	爱奇艺年度最佳剧集:《隐秘的角落》 优酷年度最佳剧集:《大明风华》 腾讯视频年度最佳剧集:《三生三世枕上书》 芒果TV年度最佳剧集:《时光与你都很甜》
	优秀网络电影	《奇门遁甲》《美人皮》《灵兽》
电影单元	最佳电影	《少年的你》
	最佳电影导演	曾国祥(《少年的你》)
	最佳男演员	/
	最佳女演员	任素汐(《我和我的祖国》)
	最佳电影制片人	于冬
	最佳电影编剧	于勇敢、陈国辉(《烈火英雄》)
组委会奖	影视旅游宣传大使	秦俊杰、韩承羽、杜雨宸、朱荣荣
	最佳"横漂"演员	耿黎明、徐薏雯、毛健平、沈雪炜、卫文兵
	未来之星	徐梓涵、杨舜强、朱容莹
	优秀影视装置艺术奖	"色彩·蒙太奇"电影装置艺术展
	优秀电视剧剧本奖	《少校连长》编剧:常军杰 《雪盲》编剧:云画工作室 《东吴霸主》编剧:李曼侨 《粤岭翻山》编剧:于贺琦
	优秀电影剧本奖	《热带风暴》编剧:何仲海; 《小镇失踪手册》编剧:乌奴奴、夏佩尔 《梨落花开》编剧:张安安 《谍海情深》编剧:肖喜匀、肖敬礼

(张 刚 赵菡菡)

金 融

综 述

【概况】 2020年，东阳市金融机构本外币存款余额（含代理财政性存款）1523.7亿元，比上年增长11.08%；金融机构本外币贷款余额1136.5亿元，比上年增长21.12%。保险公司保费收入32.62亿元，其中财产险11.46亿元，比上年增长4.05%，人身险21.16亿元，比上年增长2.63%。证券公司存量账户数233194户，比上年增长6.61%；证券交易额430.78亿元，比上年增长42.78%。小额贷款公司贷款余额16.70亿元，净利润8293万元，纳税4657万元。

【金融机构】 2020年，东阳市有银行业金融机构21家，其中政策性银行1家、国有商业银行5家、股份制商业银行14家、邮政储蓄银行1家。有小额贷款公司7家，民间融资服务中心1家，民间资本管理公司2家，政策性融资担保公司1家，证券公司分支机构9家，保险公司分支机构34家，其中财产保险公司20家、人寿保险公司14家。

（胡楚楚）

金融管理

·市金融工作办公室·

【概况】 2020年，市金融办印发《东阳市疫期金融行业有序开复工工作方案》，指导开复工工作，协调做好防疫物资保障。推动银行信贷扩容增效。制定《关于加强金融支持疫情防控和复工复产工作的通知》《2020年东阳市银行业金融机构支持地方经济发展考核暨“稳企赋能双月攻坚”考评办法》等系列政策举措，强化金融保障。全年增加贷款198.16亿元，贷款余额1136.5亿元，比上年增长21.12%。协调金融机构降费让利帮助企业造血，促进企业复工复产加快经济复苏，降息减费4.5亿元，惠及企业9000余家。推广复工复产企业防疫综合保险，为682家企业提供风险保障2亿元。降低政策性融资担保费率，减免费用191.9万元。

【“财政+金融”融合】 2020年，市金融办与市财政局、东阳市金投控股集团有限公司建立会商制度，定期进行交流及协调，根据自身职责提出下阶段工作思路，使财政与金融工作共开展、共推进。推进金投控股集团建设，以金投控股集团为主体搭建产业金融发展平台，完善金融产业体系建设，发挥平台在招商配资中的撬动作用。以财政资金为引领带动社会资本投资重点产业，支持重大项目落地。天使梦想基金、西洲医药科技投资运营；深创投基金、复星影视基金等项目顺利推进；元电科技、百奥医药等项目洽谈跟进。推进东阳市国控融资担保有限公司做大做强业务，对外担保17亿元，担保笔数1341笔，公司在保余额10.02亿元，在保笔数1013笔，再担保余额列金华市第一位、全省县级市第三位。制定《关于建立我市影视产业融资担保体系的实施意见》，搭建影视产业融资担保体系；谋划搭建建筑行业融资担保体系。

【资本市场工作深化】 2020年，市金融办对奖励政策进行合并与优化，制定《关于改善金融服务支持实体经济高质量发展的若干意见》，提高企业在股份制改革、兼并重组等方面的扶持力度，提高企业对接多层次资本市场积极性。实施“凤凰行动”计划，加强市场主体培育。年内浙江野风药业股份有限公司申报上市公司辅导，全年增加股份制企业17家，挂牌企业22家，认定上市（挂牌）培育企业7家，浙江孚诺医药股份有限公司、浙江新纳材料科技股份有限公司、浙江思科制冷股份有限公司等企业上市工作推进。鼓励开展直接融资与并购重组，实现直接融资120.7亿元，其中浙江花园生物高科股份有限公司围绕“打造完整的维生素D3上下游产业链”的发展战略定向增发9.1亿元。召开股改挂牌工作推进会，组织开展股改挂牌工作培训。组织企业参与创业板、到香港上市、G60科创走廊“双创债”发行等业务培训，帮助企业了解科创板最新政策等。举办横店影视产业发展大会国际影视金融峰会，为影视文化项目投融资双方提供洽谈合作的平台。

【金融风险防范化解】 2020年，市金融办联合省广电集团共同出资收购浙江唐德影视股份有限公司股份，引进大型的娱乐公司资源。成立广厦纾困工作专班，利用地方资源给予企业支持，向上级政府部门争取相关支持，协调省内外金融机构合力帮扶。为上市公司横店影视股份有限公司提供“一企一策”政策补助。建立5亿元稳企业纾困资金，为广厦控股集团有限公司、浙江明凯照明有限公司、浙江瑞邦科技有限公司、东阳市亲乐园公寓投资有限公司、东阳市红枫林养生中心等企业提供纾困资金帮扶。定期开展企业风险排摸，实行名单动态管理，推进企业分类帮扶。受理帮扶企业87家，完成阶段性帮扶企业63家，其中完成临时解封20家、涉及金额29723万元。发挥政府转贷资金和市场化应急转贷机制作用，推动不良贷款化解。年末不良率0.83%，关注率1.52%。开展浙江广扬建设集团有限公司、浙江新东阳建设集团有限公司、浙江东阳建工集团有限公司担保圈化解工作，浙江广扬建设集团有限公司进入资产处置阶段。

【金融机构服务监管】 2020年，市金融办贯彻落实《关于开展小额贷款公司专项检查的通知》等文件要求，会同市场监管、信访、公安、法院等部门，对企业开展专项检查。聘请中介机构进行专项核查，会同相关部门对相关机构开展年度监管评级评审工作。制定《网络借贷互联网金融分支机构风险排摸现场检查建议方案》，加强对互联网金融分支机构的经营场所的排查，约谈网贷分支机构主要负责人，督促开展P2P存量业务清退工作；协调政法委、银行开展中行“原油宝”事件稳控工作；联合相关部门完成对全市车贷担保机构的排摸。召开财政金融服务中心启用暨金投控股集团成立大会，对东阳农商银行、东阳富民村镇银行和农业银行东阳支行3家2019年度政策性融资担保合作先进金融机构和11名“金牌客户经理”进行表彰。

（胡楚楚）

·中国人民银行东阳市支行·

【概况】 2020年，中国人民银行东阳市支行建立“三张清单”（授权、授信、尽职免责清单）机制，加大银行放贷意愿，简化审批流程，加大信贷投放力度。增加各项贷款198.16亿元，比上年增加98.77亿元，余额比上年增长21.12%。推进外贸主体贷款“增量扩面”，对接“订单+清单”外贸企业。为138家有订单外贸企业发放贷款，发放金额居金华各（县）市第3位，企业支持率42.46%。

【复工复产政策落实】 2020年，中国人民银行东阳市支行向全市18家省级重点防疫企业发放疫情防控专项再贷款8.042亿元，发放量占金华市的20%，占比居各（县）市第2位，加权平均利率为金华市最低。推动普惠小微企业信用贷款支持计划和普惠小微企业贷款延期支持工具两个创新直达实体经济工具见效。两家法人机构延期普惠小微企业贷款38.37亿元、企业3336户，享受政策激励金额0.39亿元。推动贷款市场报价利率（LPR）运用，执行利率政策和管理规定，有效降低中小微企业融资成本。鼓励金融机构对实体经济特别是普惠小微企业免除贷款利息，对疫情防控相关和受疫情影响的企业适当下调贷款利率。开展疫情防控期间防控资金拨付工作，保障疫情防控资金及时拨付。建立外汇政策绿色通道，为企业进出口防疫物资资金提供汇路保障，引导企业在数字外管平台办理名录登记、贸易信贷报告、外债登记备案等外汇业务，推动市场准入行政许可事项线上办理，企业名录登记网上办理率逐季提高。主动建立重点监测服务企业库，及时掌握涉外企业经营状况，有针对性地提出帮扶措施。组织开展“百名行长助企业复工复产”走访活动。组织金华市级金融机构会同全市20家银行机构对78家企业进行走访，了解企业生产经营情况及相关金融服务需求，解决企业在复工复产中面临的融资需求。开展疫情防控期间现金服务。为多名市民兑换“火烧币”，兑换率85%。发挥“省级现金服务示范区”示范作用，增配现金消毒设备，打造优质的现金使用环境。

【优化金融服务】 2020年，中国人民银行东阳市支行开展金融纠纷多元化解机制建设。探索创新矛盾纠纷调处化解的“东阳模式”，主动与市人民法院对接，发起成立“东阳市金融纠纷调解委员会”，联合市人民法院制定《关于建立东阳市金融纠纷诉前化解机制的意见》《东阳市金融纠纷调解委员会章程》《东阳市金融纠纷调解委员会案件处理流程》《2020年度东阳市金融纠纷委员会会员工管理及考核办法》等规章制度，形成“人行+法院”“专班+调委会”的基本运作框架，推动建立“每日一小结、每周一总结、每月一汇报”的工作机制。首批涉诉案源较多的6家银行开展诉前调解合作先行先试，诉前调解合作范围扩大至全市所有银行业金融机构。自5月8日实体运行以来，接收调解申请600余件，成功调解200余件，节约当事人诉讼等费用约200万元。成功完成“信用县”创建工作。推动制定《东阳市加强个人诚信建设的实施方案（试行）》等制度，在全省率先将欠薪企业和自然人列入失信“黑名单”，推动全市已结案个人信用修复工作，优化信用环境，服务地方经济发展。

【强化金融监管】 2020年，中国人民银行东阳市支行加强金融消费者权益保护。结合“3·15金融消费权益日”和金融知识普及月活动，开展金融消费者权益保护宣传工作。处理金融消费投诉11起，对被举报的侵权行为依法进行处置。开展打击治理电信网络新型违法犯罪工作。成立问题账户跨部门通报治理机制工作组。与市公安局共同协商成立问题账户通报治理机制工作组，实行跨部门联防联控。开展反洗钱工作，加强与银行、公安、检察院、法院等部门的沟通交流，完成对银行机构分类评级，开展可疑交易线索的甄别移送工作。开展货物贸易重点企业监测与事后核查工作，对11家企业实施现场核查，对16家企业进行到期评估管理，对5家重点企业按月监测分析。加强服务贸易非现场监测，对6家企业开展非现场核查。组织开展ODI存量权益登记工作，申报率100%。加强国际收支统计数据质量管理，完成现场核查银行4家。推动宁波银行东阳支行的筹备成立，审核宁波银行东阳支行筹办的资料。

（吴雪婷）

·金华银保监分局东阳监管组·

【概况】 2020年,东阳市有银行业金融机构21家,其中大型银行6家,政策性银行1家,法人机构2家,股份制银行6家,城市商业银行6家,有银行网点203个,银行机构从业人员2800余人。增加银行机构1家,宁波银行股份有限公司金华东阳支行于12月开业。至年末(银保监口径),全市各项存款余额1502.77亿元,比年初增加185.12亿元;各项贷款余额1137.57亿元,比年初增加188.64亿元。全市五级不良贷款余额9.39亿元,不良率0.83%,比年初提高0.08个百分点;关注类贷款余额17.33亿元,关注率1.52%,比年初下降0.62个百分点。有寿险公司14家,网点27个,寿险从业人员4000余人,保费收入21.28亿元,比上年增长3.57%;财险公司20家,网点33个,财险从业人员900余人,保费收入11.53亿元,比上年增长23.98%。

【信用风险监测】 2020年,金华银保监分局东阳监管组(简称东阳监管组)开展信用风险日常监测工作,持续监测不良贷款、大额贷款风险,掌握风险底数,对突破监管指标的事项下发监管提示单,督促机构整改。落实银行风险防控的第一责任人责任,对近年来新发放贷款并形成不良较多的银行,采取监管挂钩措施。

【企业帮扶】 2020年,东阳监管组发挥政府牵头、企业自救、银保监引导、协会会商、银行帮扶、司法护航“六位一体”帮扶机制的作用,推进企业帮扶,多次参与大型建筑企业风险化解会议,会同市帮扶办、市住建局以及相关银行机构研究制定风险化解方案,阻断风险蔓延。参与按揭项目风险处置协调会,督促银行机构稳妥处置批量违约项目。督促银行落实主体责任,防范建筑企业大额贷款风险。

【不良贷款处置】 2020年,东阳监管组督促全市银行业加大处置化解力度,督促辖内各分支机构加强与上级行以及资产管理公司的沟通,争取打包转让指标规模;督促法人银行机构通过提足拨备、限制分红等措施,夯实发展基础,进一步加大核销力度。依托政府在风险处置中的综合协调作用,加强银行业机构同相关部门、司法机关之间的联动协作,合力推进金融风险化解工作,提升不良贷款的处置效率,全年处置不良贷款7.73亿元。

【法人机构监管】 2020年,东阳监管组对东阳农商银行和东阳富民村镇银行两家小法人机构履行属地监管责任。按照非现场监管流程开展工作,收集机构经营管理和风险信息,了解机构经营发展和风险状况。开展日常监管分析和风险提示,关注风险变动。引领政策落地,督促机构落实监管要求和目标,开展三方会谈、审慎监管会谈,传递监管要求;列席董事会、监事会,掌握董事、监事、管理层履职情况;走访机构网点,了解机构实际经营状况。深化小法人银行风险防控能力建设。开展公司治理评估、股东股权管理、员工行为等专项排查。督促机构整改各项检查问题,通过检查和督导,提出监管要求。对东阳农商银行资金业务进行摸底排查,掌握底层资产风险状况。持续跟进理财业务转型进展,9月末完成保本理财清退工作,存量老产品净值化转型按规划推进。

【保险机构监管】 2020年,东阳监管组协调政府部门与部分保险机构,促成推出复工复产企业疫情防控综合保险共保体政策,全市有682家企业投保,累计获得4000万元风险保障;开展保险中介机构巡查,了解中介机构财务制度、业务制度和人员管理情况,查看业务档案和手续费清单,了解历年经营数据,掌握辖内保险中介机构展业情况。

【金融服务】 2020年,东阳监管组推进“融资畅通工程”,引导银行机构开展“百行进万企”活动,将对接清单内的企业落实到各网点层级,安排专职客户经理依据企业授信及授信银行家数等情况,分级分类对接。引导各银行业金融机构将信贷资源向小微企业倾斜,单列信贷投放计划。加强与小微园区合作,辖内银行机构与7家园区建立“伙伴银行”关系,对19家园区内的700余家企业进行分类建档,着重关注分析“首贷户”融资需求。推动银行与政策性融资担保公司合作,有15家银行机构与市国控担保公司签订“双保”应急融资合作协议。联合市市场监管局开展涉企服务收费督查,规范收费行为;引导银行机构推广“转贷通”“年审制”等续贷政策;合理确定小微企业贷款利率,对小微企业存量贷款减免利息,对新增贷款下调利率;合理减免金融服务手续费,降低小微企业综合融资成本。

【信贷便利化推进】 2020年,东阳监管组持续推动银行保险机构落实“无证明城市”改革。梳理完善取消证明清单,优化办理流程;定期开展数据统计和典型案例报送工作。推广浙江省金融综合服务平台应用,督促辖内银行机构推进平台对接,在浙里办App、“浙里掌上贷”上线信贷产品,引导企业在线上提出融资申请,强化线上融资直接对接,依托大数据提升金融服务可获性和便利性。

(王颂洁)

银行业

【概况】 2020年,东阳市金融机构存款余额(本外币)1523.70亿元(含代理财政性存款),比年初增加152亿元,比上年增长11.08%。金融机构贷款余额(本外币)1136.5亿元,比年初增加198.16亿元,比上年增长21.12%。 (胡楚楚)

【中国农业发展银行东阳市支行】 2020年,中国农业发展银行东阳市支行各项贷款余额16.35亿元,日均贷款余额7.26亿元;存款余额4.38亿元(含代理财政性存款),日均存款余额3.67亿元;不良贷款余额0元;实现账面利润409.65万元。发放粮食储备贷款9367.93万元,支持轮入、调入省级和市级储备粮18522吨,用于早籼谷、小麦及晚籼谷轮入、轮换,保证本地粮食收储、增储任务完成。 (孙炜翔)

2020年东阳市银行业金融机构情况一览表

表37

机构分类	单位名称
政策性银行（1家）	中国农业发展银行东阳市支行
国有商业银行（5家）	中国工商银行股份有限公司东阳支行 中国农业银行股份有限公司东阳市支行 中国银行股份有限公司东阳支行 中国建设银行股份有限公司东阳支行 交通银行股份有限公司金华东阳支行
股份制商业银行（14家）	东阳市农村商业银行股份有限公司 金华银行股份有限公司东阳支行 兴业银行股份有限公司金华东阳支行 中信银行股份有限公司金华东阳支行 平安银行股份有限公司金华东阳支行 浙江稠州商业银行东阳支行 浙商银行股份有限公司金华东阳支行 上海浦东发展银行股份有限公司金华东阳支行 浙江东阳富民村镇银行股份有限公司 浙江民泰商业银行金华东阳支行 恒丰银行金华东阳支行 浙江泰隆商业银行金华东阳支行 台州银行股份有限公司金华东阳支行 宁波银行股份有限公司金华东阳支行
邮政储蓄银行（1家）	中国邮政储蓄银行股份有限公司东阳市支行

（胡楚楚）

东阳市各银行业金融机构2020年年末存贷款余额（本外币）统计表

表38

单位：万元

金融机构	年末存款余额			年末贷款余额			
	合计	单位存款	个人存款	合计	短期贷款	中长期贷款	票据融资
农业发展银行	38774	38774	—	163528	27028	136500	—
工商银行	2105717	788407	1305844	1183012	368663	814349	—
农业银行	2830788	1136320	1689991	1763876	1052423	711373	80
中国银行	966324	522037	440437	1151902	548089	599231	4582
建设银行	1436819	763706	669601	1200234	634657	541817	23683
农商银行	4258259	1414202	2753935	3208011	1157920	2023473	26613
富民村镇银行	160473	60074	100399	224654	163725	60929	—
金华银行	450733	321407	129167	326264	152733	170527	3004

续表 38

金融机构	年末存款余额			年末贷款余额			
	合计	单位存款	个人存款	合计	短期贷款	中长期贷款	票据融资
邮政储蓄银行	1402486	41113	1360726	342636	164556	178081	—
兴业银行	179574	129949	49577	346036	277824	68212	—
交通银行	148344	110630	37678	199796	90030	109767	—
平安银行	62971	893	61546	20277	19780	497	—
稠州银行	254861	58687	149567	116533	73911	42601	21
浙商银行	300349	101727	198622	340022	266998	73024	—
中信银行	142840	94700	48136	383236	229195	154041	—
浦发银行	118932	39972	78839	142509	63256	79253	—
民泰银行	98183	60357	37826	68171	40983	27188	—
恒丰银行	36208	33478	2730	51097	16018	35078	—
泰隆银行	52023	28339	23683	52637	50685	1923	30
台州银行	25523	13380	12143	48060	44522	3538	—
宁波银行	1938	—	1938	32509	26112	6397	—
合计	15072120	5758155	9152385	11365001	5469107	5837799	58013

说明:各行存款金额不包含代理财政性存款

(吴雪婷)

【中国工商银行股份有限公司东阳支行】 2020年,中国工商银行股份有限公司东阳支行(简称工行东阳支行)各项存款余额210.57亿元,各项贷款余额118.30亿元,不良贷款余额8457亿元,不良率0.71%。

工行东阳支行开展"工银普惠助力小微"活动。全年普惠客户拓户403户,比年初增加287户,普惠贷款余额27.74亿元,比年初增加7.3亿元;制造业贷款增加28户,贷款余额净增2.6亿元。服务实体,支持疫情防控和经济稳企复苏,发放专项贷款7000万元;通过续贷、展期、减免逾期利息等方式开展信贷纾困工作,为300余家企业降息减息2300余万元。支持民生领域贷款,启动绿色通道,支持污水处理项目2个,发放贷款1亿元。根据财政资金"直达市县基层、直接惠企利民"要求,成功发放1万余笔补助资金。 (姚蔚蔚)

【中国农业银行股份有限公司东阳市支行】 2020年,中国农业银行股份有限公司东阳市支行(简称农行东阳市支行)有二级支行19家、分理处1家(位于乡镇13家,城区7家),各项存款余额283.08亿元,比年初增加35.81亿元,各项贷款余额176.39亿元,比年初增加26.57亿元,不良贷款余额5457万元,不良率0.28%。

农行东阳市支行制定《金融支持疫情防控和企业复工复产16条措施》,实行优惠利率、保障信贷规模、优化信贷流程等助力企业复工复产。对接联系"百行进万企"清单中1486家企业,对其中178家有融资需求的企业给予一对一金融服务,为6家防疫重点企业新发放再贷款2亿元。对制造业、批发零售业、住宿餐饮业三大行业贷款客户2月人民币贷款利息采用先收后返方式实行优惠,三大行业先收后返企业343家,涉及贷款总额36.6亿元,客户受惠面78.13%。推行减费让利,为小微企业减少利息支出和评估费近2200万元。助力全市重大项目发展,跟进优质项目贷款主体,提供地方重点项目、重点行业、重点客户服务平台,为国置幼儿教育项目、低效工业资产整治项目等项目发放贷款17.99亿元。与东阳市国控融资担保有限公司签订合作协议,创新推出"e贷保——农行小微网贷",发放小微企业贷款33.6亿元。推进数字化转型,助力东阳市公安局上线一体化缴费系统,实现保证金缴纳"跑一次"。推进"智慧

2020年10月11日，农行东阳市支行开展“绿色毅行，健康同行”大型毅行活动　（张永超/摄）

校园”项目，为南马高中、湖溪高中等5所学校开通线上缴费服务。增加互联网消费场景商户91户，服务客户超32000余人。　（张永超）

【中国银行股份有限公司东阳支行】2020年，中国银行股份有限公司东阳支行（简称中行东阳支行）本外币贷款余额115.19亿元，比年初增加16.36亿元，其中普惠金融余额20.4亿元，比年初增加3.53亿元；本外币存款余额96.63亿元，比年初增加13.08亿元。

协助企业发展，横店集团股份有限公司在中行东阳支行有授信总量121亿元，授信余额49亿元，占比25%以上。为浙江花园集团控股有限公司增加投放2亿元流动资金贷款，推动花园集团的发展。槐堂未来社区项目获批授信总量30亿元并投放5亿元；助推东阳市国有资产投资有限公司成功发行债券30亿元；获批义东高速项目银团授信份额17亿元；获批横店机场项目授信总量3亿元；获批东阳市中医院项目5200万元；协助招商引资项目爱奇艺创意文娱项目顺利落地。为13家建筑企业提供信贷支持，授信总量20亿元，贷款余额超8亿元，保函余额超6亿元；首创区域特色产品项目经理贷款，授信余额超7亿元。为影视文化行业提供业务支持，与横店影视文化产业集聚区建立战略合作关系，推出“文贷通宝”（影视通宝）产品，为20余家影视企业提供授信支持，贷款金额超30亿元，支持影视剧逾180部；制定东阳影视企业专属授信政策方案，为1200余户影视企业提供服务，占集聚区影视企业的60%以上。　（张　瑜）

【中国建设银行股份有限公司东阳支行】2020年，中国建设银行股份有限公司东阳支行（简称建行东阳支行）各项存款余额157.89亿元，比年初增加19.66亿元。各项贷款余额120.02亿元，比年初增加19.56亿元。不良贷款余额1.17亿元，不良率0.97%。实现中间业务净收入7867万元，比年初提升2.63个百分点。其中，对公中间业务净收入3848万元，个人中间业务净收入4019万元。实现主营业务收入3.59亿元。实现拨备前利润2.74亿元。

建行东阳支行依托“云工作室”服务、建行“裕农通”服务点，为广大客户提供在线、实时的“零距离”金融服务及疫情防控科普宣传。上线全覆盖的社区防疫系统3924户，受益人数32514人。实施阶段性减税降费，免除制造业、批发和零售业、住宿和餐饮业三个行业2月超过4.15%的利率部分，涉及410笔1.81亿元，贷款减息38.56万元。创新“抗疫”产品，提供专属信贷服务。针对疫情防控全产业链及受疫情影响的小微企业及企业主、个体工商户等普惠金融客群，提供“云义贷”创新专属信贷服务，推出组合信用及抵押、质押、保证等多种担保方式的“云义贷”服务，满足企业融资需求。采用延期还款的方式对因疫情影响还款困难的客户设置宽限期，疫情防控期间支行为25家企业办理贷款延期业务，涉及金额784万元。对符合续贷条件的贷款到期客户，尤其是参加疫情防控的医药、运输、制造等行业小微企业提供自动续贷服务。与东阳市退役军人事务局、东阳市退役军人服务中心联合举办“建行杯”退伍军人创新创业大赛，助力退役军人实现创业梦想。6月，建行东阳支行党委与虎鹿镇党委、东阳市缝配城有限公司党委签订《党建+普惠金融合作协议书》，通过与当地政府和市场管理方平台对接，以“党建+普惠”服务作为新模式，解决小微企业融资难融资贵问题，助力金融供给结构性改革和服务实体经济发展，年末发放“缝配贷”55笔，金额3860万元。　（黄淑芝）

【浙江东阳农村商业银行股份有限公司】2020年，浙江东阳农村商业银行股份有限公司（简称东阳农商银行）各项存款余额425.8亿元，比年初增加50.5亿元；各项贷款余额320.8亿元，比年初增加70.4亿元，存贷款总额占东阳市金融机构市场份额的28.1%。不良贷款率1.25%，获评“全国文明单位”“2020年度浙江农信系统品牌文化示范单位”“全省内部审计先进集体”“金融市场业务优秀单位”“基层农信担保服务先进机构”“浙江农信系统信息宣传先进集体”“2020年浙江银行业保险业”网络安全攻防大赛团队一等奖等荣誉，连续第八年获省级“平安单位”称号，连续第五年获省级“智慧安防单位”称号。东阳农商银行实现农户小额普惠贷款“行政村”和“符合授信条件农户”全覆盖，个人贷款户数6.68万户，比年初增加1.11万户；普惠签约率45.98%，比年初上升7.86个百分点。参与市政府“百局联百村”活动，支持集体经济薄弱村77个，发放支持薄弱村贷款余额5066万元；在18个镇

2020年8月19日，东阳农商银行首发丰收乡贤卡 （何宇峰/摄）

乡街道推广会计代理业务，规范“三资”（农村集体经济组织依法所有的资金、资产和资源）账户管理。制定《小微企业普惠金融工程三年行动计划》，开展园区、市场、产业小微普惠和个体小微普惠行动，普惠小微企业贷款户数增加4629户；持续服务小微园区，牵头建立“政银园企”四方联委制，支持千芝雅健康产业园、万洋众创城、江北巨和众创城二期等重点建设项目。小微园区对接率100%，发放2户小微园项目建设贷款1.2亿元，发放小微园入园企业贷款189户，贷款金额7.6亿元。8月19日，举办以“歌山画水 奋进东阳”为主题的丰收驿站“阳光旗舰店”开业活动，该旗舰店位于江北街道甘溪东街58号，为全省农信系统首家县（市）级丰收驿站旗舰店。开业活动上，东阳农商银行与东阳市乡贤联谊总会签订“加强东阳乡贤服务 汇聚家乡发展力量”战略合作协议，成立“红小二”“红管家”服务团队，首次发行“丰收乡贤卡”，举办乡情恳谈会，开创“政银合作”。

东阳农商银行上线32个全面推广或试点应用省联社规定项目，上线率94.12%。完成不良贷款预测和线上贷款批量授信等模型的研发及上线；11个计算机自研项目获国家版权局颁发的计算机软件著作权登记证书。建立数据分析机制，创新“阳光·创享吧”头脑风暴式交流平台，完成6篇数字分析专报，获“浙江数据开放创新应用大赛”金华市入围奖。实施“阳光厅堂”工程，推进机器换人，上线智能填单排队系统、丰收互联上预约取号功能；简化企业开户、柜面业务免填单等流程，布放44台智能柜员机，比年初增加37台。

东阳农商银行开展大额贷款清单制管理，合理评估测定当年小额贷款不良容忍度。实行班子领办制，班子领导参与联系支行对大额不良贷款的分析处置，全面掌握辖内隐性不良贷款情况；加大银政合作，寻求政府帮扶化解不良贷款，推动清收转型升级；对受疫情影响较大的红木、建筑等重点行业及重点客户加强监测，采取化解应对措施。处置化解不良贷款3.21亿元。

东阳农商银行制订案件风险防控三年行动方案，建立案件防控长效机制建设；统筹推进审计项目实施，开展审计项目38个；开展平安单位创建工作，加强智慧安防建设，全辖全年无安全事故。开展“清廉金融文化建设”宣传月等活动。创新推出“阳光·年陈文化”，设立“阳光·孝义金”“阳光·心晴驿站”，开展“阳光·大讲堂”等活动，推进“四梁八柱”发展蓝图宣贯，制作行歌《奔跑的阳光》MV，建立“东白山论坛”交流机制，开设金华农信“明强”东阳分会，“东阳农商银行”微信公众号获评全省农信系统“最佳创意奖”。向社会组织捐款130余万元用于疫情防控；出资100万元协办第二届世界东阳人大会；发放100万元“阳光·助教基金”助力东阳教育事业。年内公益捐赠600余万元。 （贾琳巧）

【金华银行股份有限公司东阳支行】 2020年，金华银行股份有限公司东阳支行（简称金华银行东阳支行）各项存款余额45.07亿元，各项贷款余额32.63亿元，不良贷款余额3661万元，实现无经济案件、无刑事案件、无重大责任事故的“三无”目标。被金华市纪委、金华市国资委授予“清廉国企”称号；连续第六年被金华市公安局评选为“市级治安先进单位”。

支持地方经济，加强小微园项目贷款的投贷联动，增加贷款投放7.78亿元，上缴各类税费1109万元。开展“小微通”循环贷、“小微通”订单贷等产品服务。加强银企合作，加强与浙东木材交易中心合作。10月23

2020年10月23日，东阳——金华银行“人才+金融”战略合作签约暨授信仪式举行 （陈 勇/摄）

日，东阳——金华银行“人才+金融”战略合作签约暨首批“人才贷”发放仪式举行，金华银行东阳支行将为全市高层次人才或者其长期所在企业提供总额为10亿元的“人才贷”授信支持。对接市环保部门，推出企业排污权抵押贷款制度，企业可以凭借持有的二氧化硫、氮氧化物、化学需氧量以及氨氮四项排污权指标向金华银行东阳支行申请贷款，12月14日，金华银行东阳支行为歌山镇某热能企业发放东阳市首笔“排污权”质押贷款。

推行“普惠金融”，加大城乡接合部的金融服务力度，开展市民卡应用场景及医保缴纳普及推广工作。向总行申请实行减利让利政策，涉及减利让惠的贷款总金额18.88亿元，让利金额2242.82万元，涉及贷款笔数712笔，对113家客户采取无还本续贷处理，总金额2.81亿元，确保客户在复工复产期间得到资金缓解。（张　莉）

【中国邮政储蓄银行股份有限公司东阳市支行】　2020年，中国邮政储蓄银行股份有限公司东阳市支行各项存款余额144.36亿元，各项贷款结余34.26亿元，不良贷款结余1131.84万元，不良率0.24%。扶贫贷款净增1146.37万元。开展不良贷款清收工作，清收不良贷款2598.6万元，呆账核销113.3万元。加大对战略性新兴产业和传统产业改造升级的金融支持力度，绿色信贷余额2283.67万元。获评2020年度金华市文明单位、东阳市2020年度“平安金融”暨“智慧安防单位”，东阳市支行营业部获浙江省分行“同心抗疫先锋队”称号。（陈蕾蕾）

【兴业银行股份有限公司金华东阳支行】　2020年，兴业银行股份有限公司金华东阳支行（简称兴业银行东阳支行）本外币一般性存款余额17.96亿元；本外币贷款余额34.60亿元，比年初增加10.51亿元；不良贷款余额3180万元，比年初减少1800万元，不良贷款率0.92%，比年初下降1.15个百分点；关注类贷款余额85.97万元；关注类率0.02%。城南社区支行储蓄存款日均余额1.7亿元，个人综合金融资产日均5.51亿元，个人贷款余额1.83亿元。继续保持浙江省“青年文明号”、浙江省“巾帼文明岗”、金华市“文明单位”、金华市“创安”先进单位、东阳市十佳“银行业金融机构群众满意服务窗口”等称号。城南社区支行获评2020年度浙江省分行“服务明星社区支行”，张舒妍获评2020年度浙江省分行“服务明星”，许晖获评2020年度浙江省分行“疫情防控先进个人”。10月，支行成功堵截一起疑似网络电信诈骗案件，为消费者挽回损失2万元。

对制造业、批发和零售业、住宿和餐饮业3类受疫情影响较重行业的授信企业减让一季度贷款利息，对一季度贷款利息按1年期贷款市场报价利率（LPR）4.15%计收，对已计收利息的相关企业贷款进行三个月的减让利息返还，减让返还金额260.02万元。对25户小微企业保费进行减免，减免20244元。4月13日，兴业银行东阳支行承销发行横店集团超短期融资券（20横店SCP001）10亿元，发行利率2.6%；8月25日，承销发行横店集团超短期融资券（20横店SCP003）10亿元，发行利率2.8%。（孙全燕）

【交通银行股份有限公司金华东阳支行】　2020年，交通银行股份有限公司金华东阳支行各项存款余额11.32亿元，比年初减少4.04亿元；各项贷款余额20.00亿元，比年初增加3.33亿元；不良贷款余额452.72万元，不良率0.23%。增加贷款提用6.5亿元，发放东阳市国置固贷（东阳国置幼儿教育投资有限公司新收购5处幼儿园项目）1.7亿元；营销横店系企业增加贷款5.18亿元，其中横店影视城固贷（浙江横店影视城有限公司横店产业园项目）发放4000万元。通过基金做大强财管业务，基金成交笔数3046笔，成交金额7571.77万元。（楼梦楠）

【平安银行股份有限公司金华东阳支行】　2020年，平安银行股份有限公司金华东阳支行各项存款余额62988.85万元，比年初增加33619.85万元；各项贷款余额20307万元，比年初减少6487万元；不良贷款率为零。平安银行股份有限公司金华东阳支行为普及金融消费者的金融知识，走进社区、市场、企业进行宣传，提高群众反洗钱、防诈骗意识，提升群众金融素养，全年开展专项主题宣传活动10余次。（王　馨）

【浙江稠州商业银行东阳支行】　2020年，浙江稠州商业银行东阳支行各项存款余额25.49亿元，比年初增加10.65亿元；各项贷款余额11.65亿元，比年初增加1.43亿元。不良贷款余额1830万元，不良贷款率1.57%。全行100%的信贷资金投向小微企业

2020年12月16日，浙江稠州商业银行东阳巍山小微综合支行开业

（浙江稠州商业银行东阳支行提供）

和个体工商户，户均贷款余额62.55万元。全年实现利润1120.67万元，上缴各项税收575.38万元。浙江稠州商业银行金华东阳巍山小微综合支行开业；启动农村普惠金融服务点建设工作，签约41个、开业26个。年度排名列浙江稠州商业银行金华分行辖属9家经营机构之首。（吴晓宏）

【浙商银行股份有限公司金华东阳支行】 2020年，浙商银行股份有限公司金华东阳支行(简称浙商银行金华东阳支行)本外币存款余额30.03亿元，比年初增加7.67亿元；本外币贷款余额34亿元，比年初增加6.62亿元；五级不良贷款余额1785万元，比年初增加970万元，不良贷款率0.52%，比年初上升0.23个百分点；无经营事故；小企业业务二部获浙商银行金华分行2020年度先进团队；韦怡芬、何涛涛获评浙商银行金华分行2020年度营销标兵奖；马文超获评浙商银行金华分行2020年度先进个人；蒋翔获浙商银行金华分行2020年度融合发展奖。

浙商银行金华东阳支行通过发债等渠道创设金融服务方案，支持东阳龙头企业发展，主承投资花园集团有限公司发行的超短期融资券2.5亿元；运用“内保直贷”外债融资业务模式，落地利越集团有限公司融资260万美元；投资东阳市国有资产投资有限公司三年期公司债1.5亿元；包销横店集团控股有限公司2020年度第四期超短期融资券10亿元。通过贷款利息优惠、减免，贷款展期、延长还款，无还本续贷，中期流贷等方式加大对中小微企业复工复产金融支持，应对新型冠状病毒肺炎疫情对企业生产经营的影响。总计利息优惠、减免420家，金额542万元；贷款展期、延长还款2家，金额200万元；无还本续贷270家，金额7.31亿元；发放中期流贷17家，金额3341万元。（吕丽明）

【中信银行股份有限公司金华东阳支行】 2020年，中信银行股份有限公司金华东阳支行(简称中信银行金华东阳支行)各项存款余额14.28亿元，比年初减少11.20亿元；各项贷款余额38.32亿元，比年初增加1.18亿元，余额存贷比268.35%，比上年提高122.37个百分点。为东阳市城市建设投资集团有限公司办理首笔“信e融”提款业务；落地首笔买入人民币LPR利率上限期权业务，助力企业降低融资成本。在中信集团的协同下，获批高铁新城、世展交通贷款项目，金控集团并购项目报批，增加普惠小企业贷款1.4亿元，增加制造业贷款1亿元。（王　英）

【上海浦东发展银行股份有限公司金华东阳支行】 2020年，上海浦东发展银行股份有限公司金华东阳支行(简称浦发银行金华东阳支行)各项存款余额11.89亿元，比年初增加0.35亿元；各项贷款余额14.25亿元，比年初增加2.01亿元；总资产14.04亿元；总负债13.57亿元；不良贷款率1.23%，比上年下降2.65个百分点，控制在全市不良率平均值以下。

浦发银行金华东阳支行开展金融知识公众教育活动，全年开展活动10次，发放宣传资料万余份。开展客户金融服务，解决客户借助高成本搭桥资金续借贷款问题，降低客户融资成本，为10户客户办理无还本续贷，涉及金额5050万元。（吴佳佳）

【浙江东阳富民村镇银行股份有限公司】 2020年，浙江东阳富民村镇银行股份有限公司(简称东阳富民村镇银行)存款余额16.05亿元，比年初增加2.89亿元；日均存款余额15.17亿元，比年初增加5.09亿元。贷款总额22.47亿元，比年初增加2.74亿元。五级不良贷款余额1208.85万元，不良率0.54%。实现经营利润5359.31万元，资本利润率12.04%。资本充足率17.37%；核心资本充足率16.23%；计提拨备6366.45万元，拨贷比2.83%，拨备覆盖率526.65%；各项监管指标全部达标。实现无重大经济案件、无重大差错事故、无刑事案件“三无”目标。连续第二年获“全国百强村镇银行”、“东阳市先进单位”、东阳市“纳税百强企业”、2020年度金华市“支农支小先进单位”等称号。

根据企业复工复产的金融需要，推出“富民复工快贷”。发展小额信用贷款，加大信用贷款投放力度，推出“复工快贷”“富民惠农小贷”等产品，30万元以下的小额贷款金额7.85亿元，占全部贷款余额的34.94%；新拓信用贷款700户，余额2.6亿元；信用贷款余额8.87亿元，总量占比39.47%。拓展制造业贷款，投放制造业信贷资金3亿元。推出“满额贷”，优化“税源贷”，将“税源贷”贷款单户授信最高额度从80万元提高到100万元。制造业贷款比年初增加1.17亿元，制造业贷款比年初增长14.71%；各项贷款提高0.84个百分点。对受疫情影响较大的制造业，实现对该类贷款客户实施延期偿还贷款本金的政策，有222户企业受惠，涉及金额3.13亿元。加大中长期贷款的发放力度，发放中长期贷款1220户，余额3.6亿元。对受疫情影响严重的存量企业客户，酌情减免贷款利息。减免存量小微企业贷款利息33.89万元，为新增小微企业降低融资成本671.49万元，减免网上银行、大小额汇划手续费等各类服务费5.99万元。增加信用贷款30万元以下、存量贷款50万元以下的新型贷款方式，支行有贷款审批权限。调整信贷结构，全年增加贷款7.69亿元，退出贷款5.09亿元。获市政府支持地方经济发展考核财政性存款存放7400万元。（陈　超）

【恒丰银行股份有限公司金华东阳支行】 2020年，恒丰银行股份有限公司金华东阳支行(简称恒丰银行金华东阳支行)存款余额36207万元，贷款余额51097万元，不良率0.06%。恒丰银行金华东阳支行开展金融知识万里行活动、征信宣传及反假币、反洗钱等宣传活动。5月28日，到上王村开展反电信诈骗宣传活动；10月28日，与吴宁二小结对开展金融知识课堂活动，让学生对货币、人民币反假等金融知识有初步的了解，掌握简单的货币识假技能。（郭佳佳）

【浙江民泰商业银行金华东阳支行】 2020年，浙江民泰商业银行金华东阳支行(简称民泰银行金华东阳支行)贷款余额48599万元,比年初增加7295万元,存款余额51909万元,比年初增加11727万元。为客户减免利息645万元,涉及企业/客户347户,涉及贷款本金3.98亿元。

民泰银行金华东阳支行主动对接市内小微园区,搭建沟通平台,破解银企之间信息不对称的困点难点。精选融资项目,制定适合企业的融资产品。落实分类建档制度,实现小微园区及入园企业融资需求与银行服务的对接。开展“红百合”金融志愿服务,在江北街道高园下小区、石宅村、下徐施村、上卢村、节庆广场等开展各类金融知识宣传活动。(严巧巧)

【浙江泰隆商业银行金华东阳支行】 2020年,浙江泰隆商业银行金华东阳支行各项存款余额52125万元;各项贷款余额52637万元,余额存贷比99.02%。利用“转贷款—防疫2020”信贷产品,对于受疫情影响较大的行业,通过下调利率、增加信用贷款、中长期贷款、征信保护等方式,一户一策制定针对性金融服务方案。扶持电商园产业发展,携手上进小区助推5G云创电商园合作,为电商代表、村民代表授信1亿元,通过整村授信的方式,帮助解决在扩大种植规模、提高生产力等经营活动中融资难的问题。(华敏燕)

【台州银行股份有限公司金华东阳支行】 2020年,台州银行股份有限公司金华东阳支行(简称台州银行金华东阳支行)下设前台业务部、业务拓展一部、业务拓展二部、小额信贷拓展一部四个职能部门,在编职工25人;各项存款余额18143万元,其中储蓄存款余额7643万元;各项贷款余额32073万元,不良贷款率0.11%。(陈梦玲)

【宁波银行股份有限公司金华东阳支行】 2020年12月28日,宁波银行股份有限公司金华东阳支行正式开业,内设行长室、办公室、业务管理部、交易银行部、公司业务一部、公司业务二部、零售公司一部、零售公司二部、财富管理部、个人信贷部、运营部,营业网点位于东阳市吴宁街道吴宁西路20号。(韩 梅)

证券业

【概况】 2020年,东阳市有证券公司分支机构9家,存量账户数233194户,比上年增长6.61%,环比增长0.38%;12月增加开户数915户,比上年增长15.97%,环比增长19.61%;证券交易额430.78亿元,比上年增长42.78%,环比减少26.77%;保证金金额13.87亿元,托管市值余额431.24亿元,净流量(流入-流出)3.88亿元。私募理财产品销售0.57亿元,月末融资余额15.52亿元,融券余额0。(胡楚楚)

【浙商证券股份有限公司东阳环城北路证券营业部】 2020年,浙商证券股份有限公司东阳环城北路证券营业部客户数87350户,存量资产238.74亿元。完成A股、基金和“两融”类交易总量2312.2亿元。期货IB业务完成交易量342.66亿元,存量资产3367.92万元。融资融券业务日均8.7亿元。1月12日,浙商证券东阳营业部迁址至东阳市环城北路186号,1月13日正式营业。(蒋舒蓓)

【中信证券股份有限公司东阳吴宁西路证券营业部】 2020年,中信证券股份有限公司东阳吴宁西路证券营业部代理沪(深)股票、基金、债券、权证、三板及期货代理等证券相关业务,内设运营管理部、市场拓展部、财务部、信息技术部4个职能部门,营业收入5521万元,被市政府评为“2020年度纳税百强企业”。(王倩倩)

【方正证券股份有限公司东阳吴宁东路证券营业部】 2020年,方正证券股份有限公司东阳吴宁东路证券营业部业务范围涵盖证券经纪,证券投资咨询,与证券交易、证券投资活动有关的财务顾问,证券资产管理(仅限项目承揽、项目信息传递与推荐、客户关系维护等辅助工作),融资融券,证券投资基金代销,为期货公司提供中间介绍业务,代销金融产品。完成A股、基金交易总量299亿元,手续费收入980万元,托管市值11.4亿元,增加客户3583户,增加信用账户18户。(周慧君)

【财通证券东阳甘溪西街证券营业部】 2020年,财通证券东阳甘溪西街证券营业部隶属于金华分公司,信息系统建设模式为C型的二级营业部,经营证券经纪业务、证券投资咨询、融资融券业务以及证券投资基金代销、金融产品的代销,证券承销与保荐。开户1623户,增加客户日均资产3214.53万元。A股总交易量73.33亿元,指定与托管证券市值2.45亿元。(王 挺)

【金元证券股份有限公司东阳中山路证券营业部】 2020年,金元证券股份有限公司东阳中山路证券营业部为C类营业部,经营范围包括证券经纪业务,证券投资咨询,融资融券业务以及证券投资基金代销、金融产品的代销和股票质押业务等。有员工7人,证券经纪人5人。增加客户135户,增加信用账户8户,托管资产2亿元。(吴大成)

【中国银河证券东阳十字街证券营业部】 2020年,中国银河证券东阳十字街证券营业部为C类营业部,存量客户4755户,存量资产12.11亿元,营业收入304万元,总交易额27.28亿元,“两融”业务余额3421万元,净资产6000万元。(黄莺歌)

【东方财富证券有限公司东阳人民路证券营业部】 2020年,东方财富证券有限公司东阳人民路证券营业部总开户数88户,客户托管总资产6670万元,全年增加资产2529万元,股票型基金总成交金额22.13亿元,交易佣金56.93万元,交易净佣金38.8万元。(金向乐)

【浙商证券股份有限公司横店万盛北街证券营业部】 2020年,浙商证券股份有限公司横店万盛北街证券营业部客户数11487户,托管资产24.35亿元,交易总量232.31亿元。配合开展企业对接资本市场的宣导工作，动员3家企业挂牌浙江股交中心基础层创新板。营业部下设财富管理和运行保障两大中心。（吕鑫鑫）

【信达证券股份有限公司东阳江滨北街证券营业部】 2020年，信达证券股份有限公司、信达证券股份有限公司浙江分公司经过实地走访调研决定在东阳市设立1家证券营业部。3月4日，证监局批复核准设立信达证券东阳江滨北街证券营业部。8月28日，信达证券东阳江滨北街证券营业部正式对外开展业务，业务范围包括证券经纪、证券投资咨询活动相关的财务顾问、融资融券业务、代销金融产品业务、证券投资基金销售、证券资产管理、证券发行与保荐，地址位于江北街道江滨北街42号。（赵　麒）

保险业

【概况】 2020年，东阳市有保险公司分支机构34家，其中财产保险公司20家、人寿保险公司14家。保费收入32.62亿元，其中财产险11.46亿元，比上年增长4.05%，人身险21.16亿元，比上年增长2.63%；赔款支出9.93亿元，其中财产险6.42亿元、人身险3.50亿元。（胡楚楚）

【中国人民财产保险股份有限公司东阳支公司】 2020年，中国人民财产保险股份有限公司东阳支公司保费收入37797.23万元，赔款支出21958.19万元。推进“警保联动”工作机制，联合东阳市交警大队开展交通知识宣导，举办1057场次，配合交警做好道路交通安全工作。开展政保合作，承保政策性农业保险、政策性农村住房保险、养老机构责任保险、精神病人监护人责任保险、公路养护保险、市政公用公众责任保险、公安局民警意外保险、体育场所对外开放保险等，新保东阳市低收入农户医疗补助政策性保险，承办东阳市建设工程综合保险，全年释放建筑企业资金压力30亿元。面对疫情，由金华市保险行业协会东阳联络处牵头，人保财险东阳支公司联合辖内平安、太平洋等其余9家财险公司组成共保体推出复工复产保险方案，由人保财险东阳支公司作为主承保公司进行推广。（朱佳惠）

【中国太平洋财产保险股份有限公司东阳支公司】 2020年，中国太平洋财产保险股份有限公司东阳支公司保费收入12131.37万元，比上年增长12.08%；赔款支出6523.89万元，比上年增长53.78%。（金芝丹）

【中国人寿保险股份有限公司东阳市支公司】 2020年，中国人寿保险股份有限公司东阳市支公司保费收入141883.84万元，赔款支出24023.52万元。获评“全国文明单位”“中国人寿省级标杆党支部”等称号，获中国人寿集团五一劳动奖状。

开展大病医保补充保险，承保老年人意外伤害险；开展农村小额、女性安康、火灾人身意外伤害等保险业务。对金华市范围内4.2万名一线医护人员免费赠送“关爱保”团体保险产品方案，因确诊为新型冠状病毒肺炎导致伤残及身故责任，最高保险金额50万元/人，合计210亿元保额。线上免费赠送新型冠状病毒疫情保险方案，向东阳市范围内居民赠送2.3万余份保额15万元/份的法定传染病身故保险康E无忧。对31款长期重大疾病保险产品和3款意外险

2020年东阳市保险业运行情况一览表

表39　　　　（单位：万元）

保险机构		2020年累计保费收入	比上年增长	2020年累计赔款支出	赔付率
财产险	全市财险合计	114619.13	4.05%	64253.76	56.06%
	人保财险	37797.23	14.12%	21958.19	58.09%
	太平洋财险	12131.37	12.08%	6523.89	53.78%
	平安财险	30966.36	3.06%	16251.12	52.48%
	天安财险	2178.39	2.83%	1319.72	60.58%
	中华联合财险	2794.85	14.72%	1613.02	57.71%
	大地财险	5335.23	-13.68%	2937.94	55.07%
	阳光财险	1884.92	-28.36%	1654.05	82.39%
	中银保险	241.56	-60.14%	108.78	45.03%
	亚泰保险	337.77	16.58%	151.11	44.74%
	人寿财险	11160.70	7.57%	5335.21	47.80%

续表 39

保险机构		2020年累计保费收入	比上年增长	2020年累计赔款支出	赔付率
财产险	华泰财险	112.82	—	—	—
	长安保险	878.22	-25.07%	779.24	60.35%
	安诚财险	1916.19	-1.78%	1043.53	54.46%
	浙商财险	598.05	-34.90%	587.41	98.22%
	紫金财险	933.63	—	561.20	60.11%
	大家财险	240.73	—	347.52	1.44%
	永安财险	585.23	-17.26%	365.84	62.51%
	太平财险	3361.21	-4.25%	2071.5	61.63%
	华安财险	522.76	—	—	—
	都邦财险	641.91	—	644.49	100.40%
人寿险	全市人寿合计	211563.54	2.63%	35037.18	—
	中国人寿	141883.84	13.03%	24023.52	—
	太平洋人寿	7472.20	-11.71%	1156.38	—
	平安人寿	38583.71	-4.99%	6174.49	—
	太平人寿	5402.11	-13.29%	0	—
	人民人寿	5120.00	-53.26%	1756.32	—
	信泰人寿	836.36	-15.82%	266.53	—
	幸福人寿	350.00	-17.73%	78.39	—
	泰康人寿	3223.76	-27.76%	420.6	—
	新华人寿	5530.01	2.23%	776.82	—
	中韩人寿	0	0	0	—
	英大人寿	0	0	0	—
	中德安联人寿	529.35	-32.64%	56.68	—
	华泰人寿	692.11	-12.72%	171.91	—
	合众人寿	1940.09	30.44%	155.54	—
	农银人寿	0	0	0	本市无分支机构
	阳光人寿	0	0	0	

说明：数据由金华市保险业协会提供

（胡楚楚）

产品进行责任扩展，增加因感染新型冠状病毒导致被保险人身故或伤残的保险责任。对新冠肺炎理赔客户提供多项升级理赔服务，包括取消等待期限制、取消药品及诊疗项目限制、取消免赔额等。推出企业“无接触”服务平台，业务人员通过线上系统为企业进行投保，实现无实物交接、无接触投保。（韦　华）

【中国太平洋人寿保险股份有限公司东阳支公司】 2020年，中国太平洋人寿保险股份有限公司东阳市支公司实现保费收入7472.2万元，赔付支出1156.38万元，公司基本实现无纸化办公，客户可以通过手机客户端全天24小时智能化软件操作或者呼叫在线人工零柜员实现90%以上业务在线办理，3个工作日结案率在98%以上，理赔款实现实时到账。（马一超）

【中国平安人寿保险股份有限公司东阳营销服务部】 2020年，中国平安人寿保险股份有限公司东阳营销服务部实现保费收入38583.71万元，赔款支出6174.49万元。4月，增加理赔预赔付服务。对符合条件的客户在住院治疗过程中，提前赔付部分理赔款用于疾病治疗。5月，推出理赔免发票服务。满足医疗险发票总额小于5000元，出险后25天内申请理赔，且两年内理赔次数3次以内，免收理赔实物材料。疾病险等产品的保险责任范围扩展至新冠肺炎保障的险种有49款。（杜嘉玮）

地方金融组织

【小额贷款公司】 2020年，东阳市有小额贷款公司7家，总注册资本16.5亿元，贷款余额16.70亿元；年化加权平均利率14.44%；逾期贷款余额3.40亿元；逾期率20.33%。发放贷款82.17亿元，比上年增长13.42%；净利润0.83亿元，比上年下降39.14%；纳税0.47亿元。（张超男）

【民间融资服务中心】 2020年，民间融资服务中心出借需求登记余额20.56亿元，借入需求登记余额192.53亿元，撮合成交余额4.04亿元，其中自有资金匹配1.14亿元，委托资金匹配2.90亿元，成交平均年利率13.85%。2014年5月开业至2020年年末办理转贷业务7408笔、金额137.16亿元。（张超男）

【民间资本管理公司】 2020年，东阳市有民间资本管理公司2家（花园民间资本管理股份有限公司、东阳市花园民间资本管理股份有限公司），注册资本1.5亿元。增加定向集合资金募集项目16期，投资总额1.33亿元；完成短期性财务投资（含转贷业务）1308笔，投资金额35.78亿元。（许安然）

【典当公司】 2020年，东阳市有典当公司5家，注册资本6000万元。典当金额10839.07万元，年利息及综合服务费收入324.54万元，年动产质押典当业务余额917.33万元，平均单笔业务金额6.9万元，年业务笔数1226笔。（许安然）

【东阳市国控融资担保有限公司】 2020年，东阳市国控融资担保有限公司对外担保17.01亿元，担保笔数1341笔，公司在保余额10.02亿元，在保笔数1013笔。在保余额比上年增加5.62亿元。疫情防控期间，为企业及“三农”提供担保额度8.09亿元，担保笔数804笔，在保余额8.09亿元，在保804户，减免费用191.91万元。为融资发生困难的6家企业提供融资担保3635万元。市内合作银行有16家。（许嘉楠）

城乡建设与管理

自然资源管理

【概况】 2020年，东阳市获得增存挂钩、跨省调剂、重大产业奖励、地质灾害等用地指标543.67公顷，居金华市前列。消化处置批而未供土地464.4公顷；盘活存量163.27公顷；低效用地再开发162.46公顷；闲置土地处置5.24公顷。出让土地99宗，面积134.28公顷，出让金461648.34万元。5月26日，东阳市节约集约利用土地、批而未供土地消化利用、闲置土地处置工作获省政府正向激励。12月21日，东阳市成功创建2019年度省级国土资源节约集约模范县。

【城乡规划】 2020年，东阳市中心城区控制性详细规划编制覆盖率100%，启动编制《东阳市主城区总体城市设计》和《林业总场区块城市设计》等多个规划，完成城区城市规划项目规划论证31项，规划报批79项（含危旧房整治改造规划），出具规划设计条件36件。完成乡镇规划调整方案68个，涉及397个项目；完成村庄规划修编32个，村庄规划局部调整266个；完成农户单体户型建筑方案102个，农户放样定桩1088户；出具规划条件84件；完成规划项目论证33个。制定《东阳市控制性详细规划管理规定（试行）》。

【土地开发整理】 2020年，金华市下达垦造耕地任务98.67公顷，垦造水田任务89.33公顷，建设用地复垦项目任务7.6公顷，耕作层剥离任务33.33公顷。至年末，东阳市增加垦造耕地101.2公顷，垦造水田141.4公顷、建设用地复垦42.4公顷、耕作层剥离69.8公顷。连续六年综合成绩排金华市各县市区第一位。

【征地管理】 2020年，东阳市完成土地征收项目188个，面积518.33公顷。收缴报批规费26412万元，其中收缴征地补偿费20092万元；支付统一征地补偿费27201万元。完成16个乡镇、148个村被征地农民基本养老保障参保条件审核，参保对象6126人。

【自然资源监察】 2020年，市自然资源与规划局开展土地卫片执法检查整改拆除工作，完成前三季度系统填报共计315宗，占地面积341.58公顷。开展农村乱占耕地建房问题大排查工作，排查2013年以来乱占耕地建房遥感监测图斑合计27182宗，合计上报乱占耕地建房问题948宗，占地面积20.8公顷，其中耕地19.33公顷（基本农田1.5公顷）。开展扫黑除恶专项斗争活动，做好调查报结。登记办理群众信访诉求1216件，化解交办的重复信访、信访积案19件。

【矿产资源管理】 2020年，东阳市采矿权总量控制在金华市自然资源和规划局下达的指标内，全市持证矿山总数14家。创建国家级绿色矿山1家（东阳市南马镇大厦萤石矿）。至年末，有国家级绿色矿山4家（东阳市忠信堂萤石矿、东阳市佐村萤石矿、东阳市防军莹石矿棺材坞矿井、东阳市南马镇大厦萤石矿）。完成23家废弃矿山的“三年清零”治理任务。

【地质灾害隐患点治理】 2020年，市自然资源与规划局编制发布《东阳市2020年度地质灾害防治方案》《东阳市地质灾害“整体智治”三年行动实施方案（2021—2023）》。创新地质灾害治理模式，推动东阳市人民政府与浙江省第三地质大队签订战略合作框架协议，共同出资成立合资公司，对地质灾害治理工程金额在400万元以内的项目实施代建。完成地质灾害综合治理任务6处，减少受威胁人数40人。划定地质灾害风险防范区182处，建成六石街道裘家岭村、马宅镇岭干顾村、千祥镇岭脚村伏虎山3处地质灾害专业监测点，及千祥镇麻田村黄桥头泥石流、巍山镇南前村村道边坡滑坡、南马镇绕川村蔡朝友等户屋后滑坡、东阳江镇东风村乌岩下泥石流4处山区雨量站。成功通过省地质灾害隐患综合治理“除险安居”三年行动专项督查考核，8月18日，市自然资源和规划局被评为全省地质灾害隐患综合治理“除险安居”三年行动“成绩突出集体”，卢凯被评为全省地质灾害隐患综合治理“除险安居”三年行动“成绩突出个人”。

【测绘与地理信息服务】 2020年，市自然资源与规划局完成302平方千米1:2000基础地理信息更新工作；

完成数字东阳地理空间框架运维更新升级(天地图融合),包含1597平方千米1:2000数字线划图(DLG)数据更新及城区60平方千米精细地名地址数据融合。办理2020年基础测绘成果使用许可15次,提供测绘成果总价值9460余万元。以2019年12月31日为时点,开展第三次国土调查(简称三调)统一时点更新,对三调成果中地类变化进行更新,更新成果于2020年10月28日通过省三调办核查。

【综合审批】 2020年,东阳市对投资类项目实现规划许可证电子证照。完成建设工程规划许可证1582本;建设用地规划许可证183本;乡村建设规划许可证865本;规划核定确认20个。完成临时用地审批40宗,设施农用地备案10宗,乡镇公共设施、公益性事业建设用地审核20宗。

【农房确权登记】 2020年,市不动产登记中心全面进入农房确权登记整改工作。1月10日,召开农房确权登记整改工作会。市不动产登记中心按照《东阳市农房确权登记发证有关问题整改工作方案》要求,纠正权籍调查、权属确认、登记发证中的有关问题,全市完成符合农房登记条件农户发证数107238户,完成率102.02%。

【不动产登记】 2020年,市不动产登记中心完成登记服务指南梳理,简化登记流程,压缩办理时限,实现一般登记3个工作日内办结,抵押登记1个工作日内办结,一般商品房交易一个工作日内办结,且办事材料压缩在3份以内。发放不动产权证书56537本,不动产登记证明33706本,办理注销登记15115宗,查封登记2251宗、解封1281宗,办理不动产信息查询88194件。实现电子证书(证明)应用,抵押登记服务实现线上办理服务。自8月起,免收企业登记费、工本费(房地产开发项目除外)。推进"互联网+不动产登记"服务,完成"掌上办""网上办"服务程序部署、网络调试测试,并投入使用,实现不动产登记线上线下一体化办理。完成首宗林权不动产登记发证工作。

(徐超群)

城乡建设

【概况】 2020年,市住房和城乡建设局(简称市住建局)推进农村危旧房改造和农房集聚区建设,加快实施拆后重建,推动城区、横店镇、巍山镇、南马镇4个农房集聚区一期项目绿化和装饰工程建设,城区、横店镇、巍山镇、高铁新城(一期)4个农房集聚区二期项目主体结构施工,组织完成选房工作。深化美丽城镇建设工作,启动15个镇乡街道及花园村美丽城镇建设,湖溪镇通过美丽城镇省级样板镇考核验收。推进海绵城市和"五水共治"工作,起草海绵城市建设自评报告,完成5个小区截污纳管工程建设,完成绿道建设11.2千米。南市街道梨枫村通过美丽宜居示范村省级验收并获得优秀,东阳江镇上施村通过农房试点省级验收,城东街道李宅村和马宅镇雅坑村通过传统村落省级验收。

【行政审批】 2020年,市住建局行政审批办件量1384件。其中,三级及以下房地产开发企业资质核准62件、变更3件、注销2件,建筑业企业资质核准218家,房地产评估机构资质备案1件,商品房预售许可核准38件,建设单位采用协议方式选聘物业服务企业审批8件,建筑工程施工许可247件、变更155件,施工图联合审查380件,应建防空地下室的民用建筑项目报建审批18件,消防设计审查41件,消防验收(备案)211件。新入工程36个、5416卷。

9月,工程建设项目审批管理系统2.0版和投资项目在线审批监管3.0版融合并上线运行。可查看政务服务网3.0平台上"最多80天"项目进展及各阶段用时情况,督促各相关部门进行项目审核;组建公共事业报装群,在群内推送"最多80天"项目,让各部门提前介入服务。至年末,100%完成浙江省一般企业投资项目审批"最多80天"改革工作;"最多50天"项目数82个,平均用时为5.66天,100%完成"最多50天"改革任务。按照《东阳市2020年优化营商环境工作方案》的要求,围绕把东阳市打造成为"两优一高"县市(最优营商环境、最优便民服务和最高机关效能的县市)的目标,对标义乌市,办理规划施工许可压减至8个环节、11份材料,6.5个工作日办结;办理竣工验收压减至6个环节、8份材料,4个工作日办结。

【公共服务设施建设】 2020年,市城投集团会同吴宁街道、江北街道完成树德北路、江滨北街(中山路至学士路)道路改造工程。开展江滨景观带提升改造工作。推进生活小区"污水零直排区"创建,指导开展各镇乡街道36个小区污水零直排区的创建。

【美丽城镇建设】 2020年,东阳市美丽城镇实施项目262个,开工项目262个,开工率100%。完成美丽城镇实施方案编制及项目评估16个;完成美丽城镇建设施工和监理招标15个。湖溪镇于11月12日通过省级美丽城镇创建考核验收,入选"2020年度新时代美丽城镇建设省级样板名单"。

【危旧房治理改造】 2020年,市住建局验收通过182户"三类人员"(低保户、特困人员、贫困残疾人家庭)的农村危房改造,发放补助资金259万元。完成规划编制、国土审核,高标准编制村庄规划785个,完成宅基地审批42888户。启动拆后重建,定桩放样村庄829个,定桩放样22553户,农户宅基地排基到户率98.22%。至年末,4个农房集聚区一期项目主体结顶,完成绿化装饰工程的70%。全市农房集聚区安置任务数10028户,城区、横店、巍山、南马4个农房集聚区组织多批次选房工作,至年末,完成7460余户选房安置。

(许　杭)

综合行政执法

【概况】 2020年,市综合行政执法局办理行政处罚案件7879件,收缴行政罚没款610.91万元；参与拆除违法建筑1523宗，建筑面积45.28万平方米；数字城管平台派遣处置件58224起；拆除各类户外广告2031块（幅）；受理行政许可申请7208件，收取各类规费1467万元；受理信访1848件，比上年下降23%，按时受理率、办结率100%；受理热线举报2093起；承办市人大代表建议和政协提案45件。

【新冠肺炎疫情防控】 2020年，抗击疫情期间，市综合行政执法局出动执法人员8399人次，排查市场428个次，查处占道、无证销售活禽等违法行为51次；参与卡口执勤1020处，高速设卡259人次，省道设卡50人次，村居、小区设卡2652人次；参与小区排查1437个，劝离聚集人群20830人，取缔、劝离流动摊贩472人；参与企业排摸2102家，解决企业、群众各类需求问题1517个，主动配合企业办理户外广告审批、临时占道审批等事项100余项；捕捉流浪犬78只；发放宣传资料18767份，利用电子宣传显示屏652处，设置宣传横幅2514条；组建机关干部先锋队（共16人），在湖溪镇、佐村镇、经济开发区等镇乡街道一线，配合开展防疫设卡、人员排摸、集聚人群宣传劝导等工作。

为严防废弃口罩二次污染，市综合行政执法局设置废物口罩专用垃圾桶450个，由4辆专车、8名环卫工人专项收运，疫情防控期间收集废弃口罩1064千克，口头警告废弃口罩乱投放690人次，立案查处废弃口罩乱投放行为5起。

疫情防控期间，出动环卫工人1200余人，环卫车辆8000余车次，清运、处置生活垃圾1.2万吨，确保垃圾日产日清；对垃圾中转站、垃圾运输车辆、果壳箱、垃圾分类点等环卫设施实行高频率消杀，消杀公厕26万平方米、中转站127.2万平方米、填埋场4万平方米，果壳箱1249只。对在疫情防控期间停产停业的餐饮企业垃圾处理费实行减半征收政策。

【综合行政执法事项划转】 2020年9月29日，东阳市人民政府发布《关于综合行政执法事项划转的公告》，公告明确自9月30日起，将《浙江省综合行政执法事项统一目录》中涉及全市发展改革、经信、教育、自然资源、林业、城市绿化、房地产业、建筑业、历史建筑、市容环境卫生、市政公用、水行政、应急管理、市场监管、人防、地震、气象、生态环境、农村环境卫生19个方面299项行政执法（行政处罚）事项，划转至市综合行政执法局行使。职责边界按《浙江省人民政府办公厅关于公布浙江省综合行政执法事项统一目录的通知》执行。原先约定与《浙江省综合行政执法事项统一目录》中职责边界清单不一致的部分作废，按新的职责分工执行。

【南马镇综合行政执法改革】 2020年12月14日，浙江省人民政府办公厅印发《关于杭州市上城区南星街道等37个镇乡街道开展综合行政执法的复函》，同意南马镇开展综合行政执法，以南马镇名义相对集中行使行政处罚权及与之相关的行政检查权、行政强制权。涉及作出责令停产停业、吊销许可证或执照、较大数额罚款等重大行政处罚决定的案件，仍由东阳市级行政执法部门依法管辖。

【中队规范化建设】 2020年4月29日，东阳市综合行政执法局六石中队完成挂牌，至此，19个基层中队全部挂牌成立。市综合行政执法局全面推进基层执法中队办公场所改造提升，至9月末，各基层中队全部实现独立办公，并完成办公场所施工改造，其中原址提升4个，另址改造15个，办公场所总面积由5966平方米扩大至13805平方米，增长率132%。改造后的中队，功能设施、标志标识、外墙装饰等方面达到标准统一、整齐划一。10月30日，金华市综合行政执法系统文明规范公正基层队所建设暨最佳实践经验交流现场推进会在东阳市召开。

【执法办案】 2020年，市综合行政执法局推行执法案件网上办理，实现一般程序案件全部网上办理，简易程序全部网上归档。一般程序网上立案4243起，简易程序网上归档3636起。制定《网上案件审批制度》《案件办理积分制度》《文明用语》等制度，规范执法办案流程。发放综合执法宣传手册3000本，开展普法宣讲70余场。开展部门联合监管执法63165户次，检出问题8156户次，参与跨部门抽查任务23个，实现“进一次门、查多项事”。利用数字城管监控、“四个平台”、公安探头等设施，全年共办理非现场执法案件100起。开展“大走访、大排查、大化解、大提升”专项活动，成功化解信访积案39件。

【国家卫生城市复审迎检】 2020年，市综合行政执法局常态化落实每周七天工作制、每天错时上班、领导带

2020年6月11日，省司法厅、省综合行政执法指导办公室及金华市综合行政执法局调研市综合行政执法局江北中队规范化建设情况 （市综合行政执法局提供）

班制、一周一督查、每月绩效考核等机制，利用精品群、共享单车管理群、市政疑难案件商讨群等微信群开展跨部门联动处置。结合金华市城市文明程度指数测评迎检，启动“主题周”整治模式，开展学校周边环境专项整治、文明养犬集中整治、占用停车位专项整治及“一店多查”专项行动。强化文明养犬监管，完成15处文明养犬投影灯、90处拾便箱设置安装；完成元宝湖、南山公园等遛犬集中区域文明养犬宣传牌设置；排查登记犬只8395只，查处违规行为380起，收容犬只2282只。完成兴平路9座高炮广告拆除，其他户外广告拆除1340余处，拆除面积16670余平方米。

【违法建设管控】 2020年，市综合行政执法局按照“消除存量、严控新增”原则，加强在建房产开发项目监管，推进封闭式小区管控，加强物业联动管控力度，联合城乡规划、国土、房管、建管、供电等部门联动执法，遏制违法建设反弹。全年查处违反规划类案件377起，拆除违建1523起，拆除面积45.28万平方米，消除存量违建83起。

【建筑垃圾规范化处置】 2020年，市综合行政执法局开展建筑垃圾处置常态化治理行动，通过设卡检查、常态巡查、蹲点值守等方式打击跨区域倾倒建筑垃圾至东阳市的违法行为。全年查处杭州、义乌等外县市跨境运输、倾倒建筑垃圾案件70起，处罚金额152.2万元，查处其他各类建筑垃圾违规处置案件504起，处罚金额124.66万元。

【蓝天保卫】 2020年，市综合行政执法局以蓝天办名义印发《市秸秆禁烧专项行动实施方案》，按照“属地管理、源头控制”的原则，落实镇乡街道主体责任，与村居签订“露天秸秆禁烧责任书”636份，与村民签订“露天秸秆禁烧承诺书”177687份；查处焚烧秸秆案件553起。全市排摸出应安装油烟净化设施餐饮单位2468家，全部安装油烟净化设施，安装率100%。

（孙　柳）

城市管理

【概况】 2020年，东阳市城区生活垃圾分类覆盖面100%，垃圾回收利用率45%，垃圾无害化处理率100%。第二生活垃圾卫生填埋场处理城乡生活垃圾43.44万吨，日处理1186吨，无害化填埋场处理率100%。环境卫生处负责城区环卫保洁面积1132万平方米。市政公用事业中心负责绿化养护面积(数量)为绿地256万平方米，苗圃19公顷，行道树3.2万株；市政维护道路总长228千米、车行道面积515.8万平方米、人行道面积228.6万平方米，雨污水管网长度482.4千米、雨污水检查井11923座、收水井13577座。照明设施为路灯32000余盏，三桥(东阳江大桥、中山大桥、艺海大桥)两岸(中山大桥、艺海大桥两岸)LED景观照明230千瓦，控制箱491台。

5月6日，市委编办印发《关于调整规范市综合行政执法局所属事业单位机构编制事项的通知》，市政公用处更名为市政公用事业中心，机构规格调整为副科级。

【城区生活垃圾分类】 2020年7月3日，市综合行政执法局编制印发《2020年度东阳市城区生活垃圾分类工作实施计划》，明确各职能部门工作任务和职责。全年开展宣传培训体系建设，组织全市性培训会议5次，发放宣传手册40万册，开展进机关、进商场、进社区等“八进”宣传活动164次，在东阳市级以上媒体、网络平台发布宣传报道408篇。建设投放收运体系，推行垃圾分类“两定四分”(定时定点投放生活垃圾，把生活垃圾分为餐厨垃圾、可回收物、有害垃圾、其他垃圾四类)模式，建成并运行“两定四分”集中投放点位151个。全年增加分类收集车13辆，至12月末，有分类运输机动车辆车263辆。开展终端处置体系建设，市生活垃圾焚烧项目实现点火目标，餐厨垃圾生态处置中心主体厂房建设完成，白云垃圾综合分拣中心项目建成投运。开展示范创建体系建设，创建涵园小区、棋盘街小区、关山小区、望江小区、黄金北岸小区5个省级高标准示范小区和金玉巷1条定时定点示范商业街。开展东阳市级生活垃圾分类示范单位创建活动，有93家单位获“东阳市生活垃圾分类示范单位”称号。开展考核执法体系建设，对全市机关部门实施月度考核指导机制，全年考核通报12次。全年查处垃圾未分类案件4204起，罚款191.13万元。

2020年5月8日，市综合行政执法局拆除违章建筑(市综合行政执法局提供)

2020年6月，吴宁街道棋盘街小区建成“两定四分”集中投放点

（市综合行政执法局提供）

【城区垃圾分类清运】 2020年，市环境卫生处采用日巡回定时定点收集模式对各分类收集点垃圾进行分类清运，可回收物和有害垃圾采用预约上门收集模式。有害垃圾安排红色专用收集车收集直运至东阳市易源环保公司暂存，可回收物安排蓝色垃圾分类收集车收集直运至东阳市分拣处置中心处理，其他垃圾安排其他垃圾车辆直运至就近中转站或第二生活垃圾卫生填埋场处置。全年收集可回收物5.61吨、有毒有害垃圾2.08吨、易腐垃圾516吨。

【环卫管理】 2020年，市环境卫生处承担城区建成区（东至迎宾大道、西至义乌界、南至城南东西路、北至湖莲西街）的主次干道路面及城区“一把扫帚”实施区域（吴宁街道、白云街道、江北街道的14个一类社区）的清扫保洁。至年末，城区环卫保洁面积由原来的1091万平方米增至1132万平方米。城区纳入机械化作业总道路102条，机械化作业总面积864.78万平方米，洒水作业道路102条，洒水作业面积864.78万平方米，机扫作业道路59条，机扫面积689.54万平方米。对百工园、江堤春晓、人民大桥下及中山路（北）4座城市公厕进行改造升级。白云片环卫市场化采购项目于11月20日进行招投标，由长沙宏源环境管理有限公司和浙江利东环境工程有限公司中标管理。

【第二生活垃圾卫生填埋场管理】 2020年，第二生活垃圾卫生填埋场处理全市生活垃圾43.44万吨，日均约1186吨，无害化填埋场处理率100%。加强填埋气体收集处理，增加填埋气体收集井50余口，至12月末，填埋气发电厂收集填埋气体处理发电3825.36万度，日均10.45万度。

【环卫作业机械化】 2020年，环卫作业“机器换人”是全市重点工作之一。市综合行政执法局采购2辆3吨扫地车、5辆8吨洒水车、5辆养护车和1台挖掘机（填埋场）。以高园下小区和学士北路、迎宾大道慢车道共计131023平方米为试点开展“机器换人”运行模式。

【园林绿化管理】 2020年，市政公用事业中心绿化管辖区域为东阳市规划区内政府性投资的公园绿地、道路绿地和防护绿地等公共绿地。管理范围东至迎宾大道，西至义乌交界处，南至南大门，北至北四路。全年完成草坪修剪254万平方米、灌木修剪238万平方米、乔木整枝20314株、抹芽14894株、枯枝修整7634株，杂草、落叶清理1.8万平方米；乔木施肥2.3万株、灌木施肥176万平方米、病虫害防治100万平方米；补种增植乔木470株、灌木47万株、地被植物4.1万平方米。打造“一园一品”，在亲子公园打造“桂花苑”特色观景点，通过增植桂花、打造节点景观，形成长达230米的桂花长廊。1月，住建部正式授予东阳市“国家园林城市”称号。12月，江滨南街获“浙江省绿化美化示范路”称号，中天世纪花城获“省级园林式居住区”称号。

【市政设施维护】 2020年，市政公用事业中心市政管辖区域为城区建成区（吴宁街道、白云街道、江北街道）。全年维修改造人行道26025平方米、沥青路面7692平方米，侧石维修8473米，整修树框790个；公园广场园路、铺砖地等维修591平方米、游步道松动维修330平方米、木塑板维修671平方米、绿化栏杆维修1280米、公园果壳箱维修更换149只、标识标牌整改150余块。推进城区26处易涝点整治改造工作。完成城区主干道排水管道疏通433千米，淤泥清捞20080座检查井、收水井，更换补缺破损井盖966个，修复改造破损窨井底座279个，加固、更换窨井防护网2168个。做好城区各大桥梁的日常维护及结构检测等工作。

【中山大桥维修加固项目】 2020年，市综合行政执法局完成中山大桥维修加固项目。该项目于5月12日开工，11月27日通过竣工验收。完成吊杆更换，引桥及主桥梁板、桥面板更换，加劲纵梁安装，支座、伸缩缝及墩柱维修加固，防腐涂装五项工程。

【路灯管理】 2020年，市政公用事业中心路灯管辖区域包含城区主次干道、部分社区路灯、37省道、40省道路灯。全年更换辖区道路、小区路灯电器光源7237套，排查修复故障736处，应急处理灯杆被撞、灯杆矫正91处，路灯控制箱漏电检测238只，更换39省道1号箱旧灯罩71个。公园路灯更换庭院灯光源246套、线条灯389根，更换内湖和小拱桥小射灯65套，点光源66套；两岸控制箱接地加固100只。更换铜电缆2235米，铝芯线570米。

【燃气行业管理】 2020年，市综合行政执法局落实安全生产责任制，做好多轮次的隐患排查和整治工作，确保燃气行业安全生产形势稳定。会同市公安局、市市场监管局等部门，开展燃气联合执法，打击燃气经营非法行为。全年查处燃气管理方面违法案件13起，查处金华市第一例液化天然气未经许可从事经营行为。督促各燃气公司开展瓶装燃气实名登记和入户安检。联合金华市燃气行业协会、各燃气公司开展瓶装燃气配送工继续教育培训，培训143人。做好燃气工程监督管理，完成燃气工程开挖许可审批30件。

（孙　柳）

“三改一拆”工作

【概况】 2020年，东阳市拆除违法建筑152.88万平方米，“三改”179.19万平方米(改造旧住宅区67.93万平方米、旧厂区80.49万平方米、城中村30.77万平方米)，分别完成金华市年度任务数的191.1%和200.21%。成功创建省级“基本无违建”市，吴宁街道、横店镇、六石街道获评“无违建乡镇”；完成0.67公顷以上连片违建拆除18处，腾出用地空间24.87公顷；217省道(红木长廊风景线)、37省道(南午岭至义乌段)分别获评金华市2020年市级特色精品道路、市级绿化美化精品道路。

【“无违建”创建】 2020年4月14—15日，由省水利厅党组成员、副厅长杨炯带队的省“基本无违建市”考核验收组对东阳市“基本无违建市”创建工作进行考核验收。东阳市对照创建标准做好反馈问题的整改工作，成功创建省第五批“基本无违建县(市、区)”。11月30日至12月4日，金华市“无违建乡镇(街道)”考核验收组对东阳市7个镇乡街道的

2020年4月，省“三改一拆”办对东阳市“基本无违建市”创建工作进行验收考核

（市综合行政执法局提供）

创建工作进行考核，吴宁街道、横店镇、六石街道成功创建“无违建乡镇(街道)”。

【连片违建整治】 2020年，东阳市继续加大连片拆违力度，将相关乡镇的连片区块拆除列入指定性任务清单进行考核。吴宁街道卢二链条厂区块、卢三溪滩区块、孙村区块、城东街道天下人服饰区块、画水镇东伦纸厂等18处连片违建得到整治，腾出用地空间24.87公顷。

【城区涉安全隐患违建整治】 2020年，市综合行政执法局(“三改一拆”办)多次召集相关职能部门和城区街道召开会议，对违法建筑的安全隐患、城区违章搭建多的问题进行研究和工作部署，制定并印发《东阳市城区涉安全隐患的违法建筑专项整治行动实施方案》，做好城区涉安全隐患违建的底数排查和宣传方案制定等前期工作，在城区3个街道开展试点小区整治工作。整治吴宁街道蒋桥头、江北街道石门等5个试点小区，拆除246宗6955.3平方米的庭院搭建及房前屋后的乱搭乱建。

【小微企业违法建筑安全隐患专项整治】 2020年，根据省“三改一拆”办的统一行动部署和东阳市安全隐患大排查大整治的有关要求，东阳市对小微企业存在安全隐患的违法建筑进行全面排查，排查出问题点位

2020年5月，巍山镇小微企业违法建筑安全隐患整治现场

（市综合行政执法局提供）

91处，按照整治要求全面整治到位。建立督查长效机制，每周对小微企业整治情况进行督查，发现问题的以交办单形式要求企业予以整改落实。

【“四边三化”行动】 2020年，东阳市持续推进“四边三化”（对公路边、铁路边、河边、山边四大区域开展洁化、绿化、美化三大行动）行动，打造典型示范样板，把公路沿线打造成“美丽浙江”的风景线和标志线，开展省绿化美化精品道路及特色精品道路创建工作，高标准打造精品示范样板道路。217省道（红木长廊风景线）、37省道（南午岭至义乌段）分别获评金华市特色精品道路、绿化美化精品道路。

（全　舰）

高铁新城

【概况】 2020年，高铁新城管委会完成23个施工、设计、咨询等项目的公开招标，完成9个项目建设风险评估。完成站南路、东一路扩初设计，槐堂棚户区改造集聚安置区E地块施工图设计，站南路泗渡溪桥梁、经三路、纬四路、王后坑溪、黄泥坑溪施工图设计，高铁新城“十四五”专项规划修编，未来社区Logo和IP策划设计，农房改造集聚安置区二期、五一村、勤裕村、南峰村规划编制及论证工作。将县道花廿线、省道东仙线调整为城市道路纳入高铁新城管理。实施槐堂等15个村全域土地整治，可按法定程序调整农保用地15.67公顷。实施原南市街道五一工业功能区、城东街道罗屏、东联工业功能区土地收储工作，完成国有土地收储14.12公顷，收回预征土地30.67公顷。完成原40省道连接线14.13公顷清表划地，贯通南市街道槐堂和城东街道罗屏两个工作片的施工便道，项目建设工程车可跨越泗渡溪。开展非凡传媒东阳视频制作基地、红点影视云计算中心、横店大型外景基地、欢娱影视高铁新城艺术中心、星光机甲、腾讯视频文创中心等项目的落地对接工作。

2020年12月27日，浙江省未来社区试点建设迭代创新沙龙（第五期）在横店镇举行

（高铁新城管委会提供）

【未来社区项目】 2020年，槐堂未来社区项目入围省第二批未来社区试点创建项目。项目完成全过程咨询招标，完成项目立项、可行性研究报告批复和环境影响评价备案，获银行长周期低息贷款授信30亿元。完成未来社区涉及下槐村房屋征收面积丈量、权益面积审核、被征收房屋评估工作。12月27日，由省发展和改革委员会指导，浙江省发展规划研究院牵头的未来社区发展研究中心主办，浙江省省直同人集团(浙江省省直建筑设计院)承办的浙江省未来社区试点建设迭代创新沙龙（第五期）在横店镇举行。“东阳槐堂社区”试点方案在沙龙上做介绍。槐堂社区根植东阳影视文化，进行“9+X”场景创新，以“旅游为表，影视为里，社区为体，文化为魂”为目标，依托高铁新城，打造一个现代剧拍摄创新社区。

【爱奇艺创意文娱综合中心项目建设】 2020年，爱奇艺创意文娱综合中心项目总用地10.17公顷土地出让公告发布，并在浙江省公共资源交易平台挂牌上市。完成一期项目土石方开挖招标，开挖一期项目土石方67.06万立方米。完成二期项目涉及城东街道4个村8公顷土地征用工作，建设用地获省政府批准。完成城东街道和堂村公墓扩建以及二期用地坟墓迁移工作。

【赛特斯5G产业园项目建设】 2020年，东阳赛特斯信息科技有限公司上缴税收3333.44万元，产值合计10963.15万元。完成赛特斯5G产业园一期2公顷土地出让工作。完成赛特斯5G产业园项目用地围墙施工、建筑方案设计、控制性详细规划调整必要性论证。完成一期红线图、勘测定界图、平面界址图的修改工作，出具实地踏勘表。

【槐堂棚户区改造项目建设】 2020年，槐堂棚户区改造项目一期主体结构完成总工程量的65%，其中A地块完成近13.1万平方米的房屋主体施工，完成投资7.4亿元。C地块完成建筑面积约3万平方米房屋主体施工，完成投资1.4亿元。完成南一路配套施工招标。完成厉氏祠堂易地新建。完成供销社、卫生院等4家单位房屋征收拆除工作。

【农房改造集聚安置区项目】 2020年，农房改造集聚安置区项目一期-1地块主体结构完成总工程量的40%，完成建筑面积5.2万平方米的房屋主体结构施工，完成投资1.9亿元。项目二期完成立项、可行性研究报告文本编制和风险评估，完成土地报批、征用并实施清表划地，贯通项目部临时道路。

【博士路隧道项目】 2020年，博士路隧道项目完成天然气迁改施工，完成天然气管道基槽开挖。基本完成吴宁街道南山小区房屋征收补偿安置协议签订，签约率98.86%。博士路隧道全线开工，完成投资9300万元。完成博士路隧道北连接线南山小区用地3.98公顷、南连接线后赵村用地3.54公顷土地征用和租用工作。

【杭温高铁站广场项目】 2020年，杭温高铁站广场项目完成11.33公顷项目用地的土地利用规划修编，启动高铁站广场设计和高铁站综合交通枢纽设计。贯通南市至城东的原40省道连接线路基工程。完成项目立项。结合第三次全国国土调查工作，完成项目10.33公顷农保用地调整。推进台金、沪绍金、杭丽等高铁线位规划预留编制工作。

（吴　爽）

五城同创

【概况】 2020年，东阳市开展全国文明城市创建迎检、国家卫生城市复审迎检、省生态文明建设示范市创建迎检工作，巩固提升国家园林城市创建成果。7月，通过国家卫生城市复审省级考核。11月，成功创建浙江省生态文明建设示范市。在金华市各县市区城市文明程度指数测评中排名第2。

【国家卫生城市复审】 2020年，东阳市围绕国家卫生城市复审迎检工作，开展市容环卫、城市秩序、五小行业、建筑工地、园林绿化等专项整治工作，开展病媒生物专项治理，提升环境卫生和城市品位。7月，通过国家卫生城市复审省级考核。根据国家卫生城市省级复查考核组提出的整改意见，制定《东阳市国家卫生城市复审省级复查整改行动方案》，召开整改工作部署会。至8月末，对考核组提出的37个点上问题基本整改到位（个别涉及工程项目的事项除外），向省爱卫办做专题汇报，得到省爱卫办肯定。

【省级生态文明建设示范市创建】 2020年，东阳市分解落实省级生态文明建设示范市创建指标任务、明确责任单位；组织召开创建工作推进会；督促各相关部门完成创建指标资料收集、佐证材料整理、创建工作总结等工作。7月，东阳市通过省级生态文明建设示范市现场考核验收。10月，浙江省人民政府下文命名东阳市为“第四批省级生态文明建设示范县（市、区）”。

【全国文明城市创建】 2020年，东阳市推进文明好习惯养成工程，开展“公筷公勺文明用餐”“文明健康 有你有我”等公益宣传。根据全国文明城市创建新要求，更新街边路灯杆、道路指示牌F杆、公交站棚（牌）、工地围挡、空闲地围墙等公益广告7331处，在市民花园等公园绿地制作安装具有东阳人文特色的景观小品24处。组织开展2020年星级卫生文明小区评选活动，新创建二星级卫生文明小区22个、三星级卫生文明小区5个，奖励经费160万元；保持二星级卫生文明小区40个、三星级卫生文明小区52个，奖励经费144万元。

修改完善《东阳市城市创建工作考核办法》，实行分类分层考核，注重平时考核，力争做到实绩为先。常规性开展每周一次的共建街文明交通督查和每半月左右一次的公职人员车辆违章情况督查。全年组织市领导晨查、督查14次，开展街道考核两次、乡镇考核1次。

（郭　瑜）

供　电

【概况】 2020年8月，国网浙江东阳市供电有限公司通过“子改分”改制，成为国网浙江省电力有限公司的分公司，更名为国网浙江省电力有限公司东阳供电公司（简称东阳供电公司）。东阳供电公司全年完成固定资产投资4.40亿元，其中电网建设与改造投资4.28亿元（含主网2.82亿元）。资产总额13.21亿元，固定资产净值106230.05万元，资产负债率100%。营业收入300024.11万元，实现利润550万元，其中售电收入295929.37万元，其他收入4094.74万元。营业总成本299223.70万元，其中购电成本248935.51万元，输配电成本48901.96万元，其他成本及费用1386.23万元。销售利润57.22万元，上缴增值税5481.10万元。成立科技创新中心，授权和申请专利24项，编写教材3部、行业标准1项。完成省公司自动停复电试点，建成全省首个远程费控示范区，智能防外破系统、新型定相系统、5G无人值守仓等“首台首套”成果投入运行取得实效。

东阳供电公司综合绩效列金华公司各县（市、区）第三位，同业对标首次被评为省公司领先单位，获评金华公司年度精神文明建设先进单位，成功创建“国网公司文明单位”“浙江省企业文化建设示范单位”，保持“浙江省文明单位”称号。光明电建获“浙江省文明单位”称号。获中国青年志愿服务项目大赛银奖1项，国家级传媒大奖3项。基层党组织创建省公司“金牌红船党员服务队”“党建示范点”“省公司劳模创新工作室示范点”“年度魅力红船·光明书舟”。

【电网建设和新农村电气化建设】 至2020年年末，东阳市境内有500千伏变电所1座，主变压器2台，变电容量2000兆伏安；220千伏变电所3座，主变压器7台，变电容量1440兆伏安；110千伏变电所18座，主变压器37台，变电容量1820兆伏安；35千伏变电所4座，主变压器8台，变电容量79兆伏安；500千伏线路4条；220千伏线路12条；110千伏线路38条，线路总长311.589千米；35千伏输电线路19条，线路总长198.44千米，其中小水火风电专线9条；10千伏配电线路412条，总长4303千米，电缆长度1102.37千米，其中公用线379条；配电变压器12212台，配电容量5183.6兆伏安，其中公变4694台，容量

2014.98兆伏安；10千伏开闭所109个，环网柜246个，高压分支箱25个，柱上开关3525个；发电企业43家，其中火电1家，光伏14家，小水电26家，风电1家，新能源1家，发电机装机容量192311.4千瓦。5月29日，35千伏虎鹿变2号主变8000千伏安增容至16000千伏安。7月14日，110千伏塔山变3号主变投运，容量5万千伏安；110千伏石塔1437塔山支线投运，线路长度0.04千米。10月27日，110千伏卢宅变1号、2号主变4万千伏安增容至5万千伏安，扩建动力电池光伏站，容量1994.4千瓦。废除鱼井下一级电站，容量480千瓦；鱼井下二级电站，容量320千瓦。建设和改造配网主线路20条；建设和改造开闭所、环网柜39座；建设和改造配变245台；建设和改造新柱上开关、高压分支箱622个。

完成110千伏塔山变主变扩建和卢宅变增容改造，推进220千伏济慈变、110千伏花园变、临江变工程建设，按期完成220千伏桥南变、桥南110千伏送出和110千伏怀鲁变项目可研工作，110千伏亭塘变项目取得核准。提前开工并基本完成110千伏东阳市垃圾电厂接入工程。获省公司配电网“二十佳优质工程”“十佳监理项目部”。配合完成综合交通廊道建设线路迁改任务，完成年度乡村振兴改造升级工作，横店镇联盟村被省公司命名为“乡村振兴·电力先行”示范区。

2020年8月24日，国网东阳市供电公司带电作业人员在横店镇康庄南街10千伏线路上进行直线杆改耐张杆并加装开关作业　　（包康轩/摄）

【供电用电】 2020年，东阳市供电量553611.7387万千瓦·时，售电量535659.7379万千瓦·时。全社会用电量549741.87万千瓦·时，其中第一产业用电量802.6万千瓦·时，第二产业用电量359819.4万千瓦·时，第三产业用电量87234.61万千瓦·时，城镇居民生活用电量38577.4万千瓦·时，农村居民生活用电量63307.86万千瓦·时。全市用电户数412887户，其中城乡居民用电户360158户。最高供电负荷1102100千瓦，负荷率82.18%，综合线损率3.24%。农网综合电压合格率99.952%，电费回收率100%。

【供用电服务】 2020年，东阳供电公司优化营销、运检组织架构，成立江北供电所。开展“深化三服务，助力新发展”供电服务大走访，实现镇乡街道和规模以上企业全覆盖。编制《企业复工复产情况电力分析专报》。推广“转供电费码”，督导转供电主体1251户。落实阶段性降电价等惠企政策，减免电费近2亿元。编制电力营商环境再提升工作方案，推进营销服务数字化转型，有效推广网上国网App注册用户18.18万户。设立“水电气网”网上通办区，实现水电气网一窗通办。完成吴宁所、画水站“三型一化”营业厅改造工作。

【金华横电配售电有限公司实体化运营】 2020年，金华横电配售电有限公司的注册资本全部到位，厘清区域电网边界，安装关口电能计量装置，明确网际结算方式。7月，横电配售电有限公司实现实体化运营，拓展市场化售电业务。投资试点区域2000千瓦光伏发电项目，该项目于年末竣工并网发电。打造“租赁+委托”轻资产运营模式，以光伏发电项目为主营业务与基础盈利点，社会资本参与的储能系统项目为辅助，在综合能源、市场化售电等多方面进行战略布局。全年为区域内用户供电430.8万千瓦·时，实现盈利60余万元，成为浙江省少数实现盈利的配售电公司之一。

（陆俊英）

生态环境

生态建设

【概况】 2020年，市林业局制定《东阳市新增万亩国土绿化行动方案(2020—2024年)》和《东阳市国土绿化五年规划行动(2020—2024年)》。全年完成国土绿化605.47公顷，占任务数(393.33公顷)的153.9%。对争取到的省厅珍贵树种赠苗10.8万株和市内2个定点苗圃培育的珍贵树种30余万株，通过乡镇公开招标，确定具有造林资质的展刚花木场、国有林场等多支造林专业队进行绿化，规划种植珍贵树种40.7万株，因新冠疫情原因，实际种植32.6万株。建设种植珍贵彩色森林273.33公顷，验收合格153.93公顷。建设浙中生态廊道彩色林带28千米。

1月2日，市林业局机关干部在西甑山分场龙门林点开展义务植树，完成香榧种植0.67公顷。3月16日，市委书记傅显明率四套班子领导、市林业局机关全体干部及开发区全体班子成员，在东方诚品公园开展义务植树活动，种植悬铃木、紫玉兰、女贞、桂花等100余株苗木。11月23—25日，省林业局在东阳市举办全省国土绿化管理培训班，来自各市、县(市、区)林业主管部门分管领导和技术骨干等280余人参加培训。培训期间，学员们到东阳市国土绿化现场参观学习，省森林资源监测中心和省林业科学研究院专家分别就新增百万亩国土绿化数据分析、国土绿化造林模式和技术以及"一张图"平台营造林系统和百万亩模块验收进行讲解。

2020年11月24日，全省国土绿化管理培训班学员参观东阳江滨景观带　（吴　媛/摄）

【生态公益林建设】 2020年，市林业局完成44086.53公顷公益林矢量数据库更新完善和林地"一张图"更新工作，完善图、表等相关资料，实现林地"一张图"。在林业总场黄皮岭分场建立生态定位监测站。完成2020年度江北健康产业园、横店通用机场净空项目等5个重点建设项目的公益林调整工作，面积38.8公顷，其中国家级5.93公顷、省级32.87公顷。组织编制公益林发放清册，东江源自然保护区现有公益林补偿标准35元/亩，每亩增加租赁补助资金8.2元，保护区2147.33公顷公益林共到位租赁补助资金264122元，逐户核对各自然村公益林农户的姓名、账号、面积，经阳光公示，发放到户。与财政联合发文拨付2020年森林生态效益补偿资金23408552元。经监测，全市公益林优质林分面积38291.67公顷，比上年增加91.93公顷。

【南山森林公园建设】 2020年1月，市委、市政府研究决定，南山省级森林公园申报国家级森林公园，并将该项工作纳入政府工作报告。3月，成立东阳南山国家森林公园创建工作领导小组，由市长任组长，分管副市长任副组长。4月15日，市人大对南山森林公园建设进行专题视察，对国家级森林公园创建工作表示肯定。7月末，向国家林业和草原局提交南山国家级森林公园可行性研究报告、环境质量检测报告、动植物资源调查报告、申报视频、画册等创建申报资料。11月5—8日，国家林业和草原局专家组对南山国家级森林公园创建进行实地考察，对创建工作表示肯定。12月2—4日，南山国家森林公园通过2020年度国家级自然公园评审会评审。12月11日，国家林业和草原局下发《关于准予设立浙江东阳南山国家森林公园的行政许可决定》，准予设立“浙江东阳南山国家森林公园”。

【省级湿地公园建设】 2020年，东阳市争取湿地保护与修复项目省级补助资金295万元，用于东阳江省级湿地公园建设，对白云街道何宅大桥以西至义乌交界段南岸河道进行生态修复。开展场地平整、杂草清理92500平方米，土方开挖、排水沟开挖3750立方米；种植湿地植物（沉水植物、浮叶植物、挺水植物及其他湿生木本植物）92500平方米；完成宣传标识牌设计、制作及安装24块。项目建设实行公开招投标、项目监理、工程审价等程序。市林业局加强巡查，对项目进行巡查管护90余人次，对市民在河道内烧芦苇开垦种菜等行为及时制止，并致电、发函给相关镇街要求做好湿地保护和管理工作。对学士大桥至迎宾大桥段项目、市民花园和市府前湖浮岛项目进行人工除草和补植，对市政府前湖西边浅滩精品荷花进行全面更换。

【省级自然保护区建设】 2020年，市林业局完成东阳东江源省级自然保护区整合优化工作。8月19日，完成东阳东江源省级自然保护区生物多样性及设施建设项目招标工作，签订项目合同及监理合同，建设内容包括自然保护区信息管理平台建设、前端视频监控点、森林防火监控点、前端站点建设、保护区标识、标牌建设。至年末，完成前端站点建设，完成保护区3条线路的光纤电缆铺设工作，安装前端视频监控点100个，基本完成信息管理平台建设。

【野生动植物保护】 2020年，东阳市救护陆生野生动物220只（条），其中猫头鹰92只、白鹭（夜鹭）72只、珠颈斑鸠6只、刺猬24只、蓝孔雀2只、画眉3只、蛇雕1只、丘鹬3只、黄麂1只、鳄鱼1条、辐纹陆龟2只、鳄鱼龟1只、黄鼠狼2只、狐狸2只、灰椋鸟1只、折衷鹦鹉1只、王锦蛇4条、伯劳鸟1只、野鸡1只。市林业局组织东阳市野生动物保护队义务队员、森林防火护林员等基层林业资源保护工作人员，开展林区野外陆生野生动物集中活动区巡护工作，出动458人次，巡护里程12391千米，张贴线索征集公告658份。查处非法狩猎捕鸟案件1起，清除捕鸟网6张，收缴野猪夹16个。开展野生动物疫源疫病监测工作，市林业局每周一次、东阳江镇每周两次对东阳东江源省级自然保护区野生动物有无非正常死亡进行监测，每天安排各乡镇护林员对各辖区范围内进行巡查，即时上报野生动物非正常死亡现象，全年未发现有野生动物非正常死亡现象。

市林业局开展第七个“世界野生动植物日”、野生动植物保护月暨“爱鸟周”、“5·22国际生物多样性日”等宣传活动，摆设展板18块，悬挂横幅20条，发放各类宣传资料320份，张贴线索征集公告300余份，在《东阳日报》发表宣传报道3篇，联合野生动物保护队到各镇乡街道用大巴车挂喷绘宣传语进行宣传。

市林业局部署新冠肺炎疫情防控工作，成立新冠疫情防控领导小组，联合市市场监管局、市农业农村局、市公安局、海关对东阳市74家农贸市场进行野生动植物检查，宣传发放各类宣传资料1400余份。

【在养野生动物处置】 自2020年1月22日起，出动执法人员195人次、车辆46台次，检查野生动物经营场所37家次，巡查市区各农贸市场、花鸟市场等194家次，餐饮饭店42家次，收回浙江省野生动物经营利用核准证11份，当场处理检查中发现的问题。成立由市政府牵头，林业、农业农村、财政、公安、宣传、网信、相关镇乡街道组成的东阳市处置在养野生动物工作领导小组，根据《关于东阳市处置在养野生动物工作方案》的要求，按畜禽水生移交类、续养转型类、退养补偿类进行分类处理。9月18日，完成3家退养补偿企业养殖物种、数量的现场核查和登记造册，制定补偿清单，总补偿金额432284元。相关物种进行无害化处置，部分有药用价值的出售进行医药利用。9月22日，完成11家畜禽水生移交类企业移交工作。10月，完成3家国家重点保护野生动物人工繁育许可证，6家省重点保护野生动物人工繁育许可证，6家省一般保护野生动物许可证件变更、注销工作。

（马丹雅）

环境保护

【概况】 2020年，东阳市环境空气质量连续三年达到国家二级标准。全年环境空气质量$PM_{2.5}$浓度为24微克/立方米，比上年下降20%；空气质量综合指数为2.98，比上年下降13.9%；空气质量优良率为98.9%，比上年增长6.3%，三项考核指标均列金华市第二位。水环境质量持续向好，跨行政区域河流交接断面水质考核结果为优秀。两江流域6个省、市控以上地表水断面水质年均值均达到Ⅲ类水质标准，100%满足功能要求；县级饮用水源地水质月均值达Ⅱ类水质标准。

【土壤污染状况调查】 2020年，金华市生态环境局东阳分局完成84家重点行业企业用地土壤污染状况基础信息调查工作，完成42家重点行业企业用地土壤和地下水采样及检测分析。完成用途变更为住宅、公共管理与公共服务用地的15宗地块土壤污染状况调查；完成原东阳市化学工贸有限公司A地块修复治理工程和B地块管控阻隔墙风险管控措施。

【环保督察】 2020年，东阳市将家具行业环保整治再提升与迎接第二轮中央生态环保督察工作同部署、同推进，成立以市委书记和市长为“双组长”、17个副市级领导为副组长、64个部门和镇乡街道主要领导为成员的迎检和整改工作领导小组，做好统筹协调工作。第二轮中央环保督察106件（重点件3件）交办信访件整改

2020年7月3日,东阳市垃圾革命(无废城市创建)暨第二轮中央生态环境保护督察迎检工作部署会召开 (戚懿丹/摄)

完成84件,其余22件有序推进。为巩固成果抓长效,实行清单管理,对106件信访件实行"半月一调度,一月一汇报"。对全市所有家具制造企业开展整治再提升行动,制定印发《家具行业环保整治再提升工作实施方案》,成立高规格、多部门联动的领导小组,推进五大专项行动(源头再减量、设施再提升、集聚再扩张、监管再强化、扶持再加大)。推行网格监管,每家家具企业确定3名以上网格管理员,巩固整改成果。

【污染物排放总量控制】 2020年,东阳市提前一年完成"十三五"减排目标任务,完成全市减排任务。通过工业污染减排、城镇污水治理、移动源污染减排、清洁能源替代等方式对减排目标任务进行再提升,推进5个减排工程项目。全年完成重点行业五类重金属污染物排放量比上年再削减5%的目标,完成11个VOCs(挥发性有机化合物)深度治理减排项目。"十三五"期间,东阳市减排目标完成率累计削减化学需氧量226%,氨氮131%,二氧化硫122%,氮氧化物100%。

【生态保护与创建】 2020年,东阳市争取上级环保专项资金4900余万元,获绿色转化试点省级财政补助1亿元,用于推进生态文明建设。完成《高水平建设新时代美丽东阳规划纲要(2020—2035)》编制,启动国家级生态文明建设示范县(市)和国家级"两山"实践创新基地创建。创建省级"绿色学校"2所、金华市级"绿色学校"7所,省级"绿色家庭"1户,省级生态文明教育基地1家。

【环境监管与执法】 2020年,金华市生态环境局东阳分局出动生态环境执法人员13127人次,检查企业5208家次。立案231件,其中一般行政处罚225件,查封、扣押4件,移送公安机关2件。行政拘留3人,处罚款1147.4万余元。金华市生态环境局东阳分局被省生态环境厅推荐参评2020年全国生态环境保护执法大练兵表现突出集体。

(戚懿丹)

"五水共治"

【概况】 2020年是东阳市治水工作攻坚之年,全市以污水处理基础设施建设和"污水零直排区"建设两大重点工作为抓手,五水并进呈现加速态势。城乡优质供水基本实现,全市农村饮用水达标人口覆盖率从65%提高到99%。5月,金华市农村饮用水达标提标行动现场推进会在东阳市召开。完成城市河道综合整治1条,完成积水点改造2处,建设雨水管网5千米,提标改造管网4千米,完成雨污分流改造管网4千米,完成清淤排水管网200千米。东阳江城区段成功创建省级"美丽河湖",浪坑溪成功创建金华市级"美丽河湖"。东阳市成功创建省级节水型社会。

【"污水零直排区"建设】 2020年,为全面完善污水管网,推进雨污分流,对生产、生活和经营活动产生的污水

2020年8月15日,金华市生态环境局东阳分局举办环保设施向公众开放活动,组织中小学生参观东阳市污水处理厂 (戚懿丹/摄)

2020年5月14日，东阳市召开“污水零直排区”建设工作推进会暨治水业务技能竞赛活动动员部署会　（市“五水共治”办提供）

截污纳管、统一收集，经处理达标后排放，实现排水口“晴天无排水、雨天无排污”，全市有5个镇（巍山镇、歌山镇、千祥镇、湖溪镇、画水镇）、316个生活小区、11个工业园区、883家园区外企业、425家机关企事业单位和集贸市场完成“污水零直排区”建设。

【污水处理基础设施建设】 2020年，污水处理厂提标扩容工程、市第二污水处理厂一期二阶段工程、南马镇西区污水处理厂二期工程建成投入运行，全市污水处理能力从上年19.5万吨/日提升至25.5万吨/日。巍山镇、歌山镇至市第二污水处理厂污水总管，南马镇区至南马镇西区污水处理厂二期总管，南马镇礼村工业区至下格村黄南线污水总管，南市街道大联片至南马镇西区污水处理厂污水总管，巍山镇沈良至白坦一村污水总管5个配套总管工程完成建设。

【城乡“零排”工作体系建设】 2020年，东阳市城区范围80个具备工程条件的小区完成截污纳管建设，实现城区全覆盖。巍山镇、湖溪镇、千祥镇、画水镇、虎鹿镇、马宅镇、佐村镇、东阳江镇8个镇级污水处理设施完成提升改造，提升设施污水处理效果。全市450个日处理规模30吨以上的农村污水处理设施实现标准化运维。发布《关于规范东阳市城乡污水纳管的通知》，建立城乡污水纳管工作体系，压实各地农村污水处理厂、站、泵、管、井和各项预处理设施的运维管护职责。

【节水型社会建设】 2020年，东阳市建设农业节水增效工程、工业节水减排工程、城镇节水降损工程、非常规水利用工程、节水标杆引领工程、节水技术推广工程。6月，东阳市成功创建省级节水型社会。10月，完成国家县域节水型社会省级验收技术评估，12月15日，省2020年县域节水型社会达标建设验收暨经验交流视频会议公布东阳市达到水利部节水型社会评价标准（试行）要求，完成达标任务，获同意通过验收。省级节水型城市创建工作完成70%形象进度。

【《东阳市节水行动实施方案》发布】 2020年11月23日，市政府办公室发布《东阳市节水行动实施方案》，该方案提出到2022年、2025年和2035年阶段性节水目标。明确节水重点任务，实施总量强度双控行动，强化刚性约束；建设六大工程，提升节水能力；建立健全十项机制，激发节水动力。对2022年要完成的全市节水行动任务进行分工，提出节水主要目标和东阳市节水工程任务。

（王业雄）

浙中生态廊道建设

【概况】 2020年，东阳市浙中生态廊道完成新建绿道及改造提升原有堤顶191千米，累计连通绿道243千米，至年末，累计完成12处驿站和14处节点公园建设。全年安排实施生态廊道建设项目26个，计划投资额39.36亿元，其中生态修复类项目4个，功能完善类项目2个，品质提升类项目20个。1月至11月，生态廊道建设项目完成投资45.13亿元，占全年计划投资的114.66%。12月，市政府印发《东阳市生态廊道绿道管理维护工作方案（试行）》。

【生态廊道绿道建设】 至2020年年末，东阳市完成新建绿道及改造提升原有堤顶191千米，累计连通绿道

2020年6月21日，东阳市湖溪镇“醉美”绿道　（湖溪镇政府提供）

2020年12月16日，东阳市生态廊道泮田驿站　（市生态廊道办提供）

243千米，占绿道建设总长277千米的87.7%；完成金华都市区绿道闭合圈连接点提档建设任务，完成新增径溪江支流殿下堰左岸红阳村至永康连接点建设；实现东阳与义乌、东阳与永康、东阳与磐安连接点提档升级贯通。

【生态廊道长效管护机制建立】2020年3月，东阳市政府在《2020年东阳市政府工作报告》中，将建立生态廊道长效管护机制列为重点工作。东阳市浙中生态廊道建设领导小组办公室（简称市生态廊道办）起草《东阳市生态廊道绿道管理维护工作方案（试行）》（简称《方案》）。经公示后送市政府常务会议审议通过；12月31日，由市政府印发。《方案》明确生态廊道绿道管理维护工作通过分段负责与统筹监管、政府主导与市场化运作、公益性与社会监督相结合原则，开展绿化管理、路面维护、日常保洁、配套设施和服务系统维护、行政违法处置等管理维护工作。

【生态廊道配套设施建设】2020年，东阳市浙中生态廊道配套设施建设以提档改造为主要任务。完成市民花园园路改造提升工程，完成江滨景观带绿道标识标牌建设；丰富驿站及节点公园建设，至年末，累计完成驿站12处、节点公园14处；重视廊道使用安全，根据实际情况，增设、改进沿线标识标牌，完成标识标牌提升建设；提升廊道使用满意度、安全度，开展四个标段绿道视频监控建设，东阳江、白溪江基本完成建设，其余标段在有序实施中。

【廊道项目建设】2020年，东阳市结合美丽城镇、文旅体育、产业植入等重点任务梳理出一批廊道范围内前期基础条件好、类别适合的生态廊道项目纵深推进"产业+廊道"融合，借力资源优势，发挥六石街道、湖溪镇毗邻白溪江、南江的资源优势和产业基础，按照"全域美丽、产业引领"的建设定位，整合资源、资金、资产要素，融合生产、生活、生态，推动打造"悠游六石·研学小镇""醉美湖溪·修心小镇"。

【廊道品牌维护】2020年3月，经过各县（市、区）申报、各部门初评、网络投票、专家评审等环节，金华市首批浙中生态廊道"四大名品牌"及"廊道百景"结果出炉，横店明清民居博览城（非遗体验）、城东街道李宅荷花灯展（民俗文化）、白云街道中国木雕竹编工艺美术博览会（特色会展）入选浙中生态廊道"四大名品牌"之八婺历史文化品牌；横店镇庆兰名宿、湖溪镇象田乡村休闲旅游节（农旅观光）入选和美城乡旅游品牌；秀明馄饨入选特色风情名特品牌，江滨4小时接力赛入选全民健身赛事品牌；横店镇横店影视城—星梦横店、白云街道木雕博物馆—刀木春秋、六石街道木雕小镇—雕刀筑梦、吴宁街道卢宅古建筑群—古韵卢宅、城东街道李宅古建筑群—灯影李宅、南马镇花园村—芝畦花园、南马镇玉佛禅院—禅院玉佛、南马镇红阳村—九曲红阳、湖溪镇天宝禅寺—古刹天宝、湖溪镇黄藤岩—仙堆藤岩、画水镇乌岩溪—水画江南入选"廊道百景"。东阳市持续对廊道品牌进行宣传维护，通过开展各类研学活动，以经典、特色、传承为主轴，推动八婺历史文化品牌发展。6月，举办"魅力廊道·激情江滨"

2020年6月21日，"魅力廊道·激情江滨"东阳跑神第六届江滨4小时接力赛在江滨生态廊道举行　（市长跑协会提供）

2020年4月17日，东阳江江滨景观带 （李金航/摄）

2020年8月3日，东阳江江滨景观带 （市生态廊道办提供）

东阳跑神第六届江滨4小时接力赛活动。9月，举办第九季“海外名校学子走进金华古村落·李宅”活动。

【“廊道+”模式发展】 2020年，东阳市浙中生态廊道建设以不同资源要素为主导，深挖沿线村落特色元素，从生态、文化、科教等方面多角度发展特色产业，推广廊道品牌，推动“廊道+”模式发展。湖溪镇，城东街道李宅村、寀卢村，横店镇官桥村，巍山镇古渊头村等，凭借自身特色发展旅游业、研学体验活动及农业观光旅游项目，发展全域化旅游，实现“廊道+旅游”“廊道+经济”的发展。8月，湖溪镇入选浙江第四批省级旅游风情小镇创建名单。依托生态廊道建设成果，结合环境优势，东阳市浙中生态廊道成为东阳市民健身运动的热门场所之一，推动“廊道+体育”发展。得益于横店影视、旅游产业优势，结合东阳市浙中生态廊道串联功能优势，发挥各地特色，完善影视文化产业链，建设各类外景拍摄基地，经营影视文化衍生项目，推动“廊道+影视”发展。

【调研活动】 2020年，为推进浙中生态廊道建设，金华市生态廊道办分别于3月、7月、10月到东阳市调研东阳生态廊道建设工作。9月，金华市住建局、金华市生态廊道办到东阳市开展“浙江最美绿道”现场审核工作。10月，磐安生态廊道办到东阳市调研学习东阳市生态廊道标识标牌建设经验和做法。

（周婷婷）

交　通

综　述

【概况】　2020年,东阳市综合交通固定资产计划投资55.13亿元,其中重大公路建设项目11.68亿元、农村公路提升改造项目9.39亿元。至年末,全市公路总里程2470.66千米,公路密度141.42千米/百平方千米。公路客运量843万人,客运周转量34665万人/千米。公路货运量1893万吨,比上年增长11.3%;货运周转量140350万吨/千米,比上年增长11.2%。全年完成城市公交营运里程393万千米,客运量853万人;城乡公交客运量102.9万人次,客运周转量1532.9万人/千米。

市交通运输局收到人大建议和政协提案94件。其中,人大建议64件,主办件53件;政协提案30件,主办件20件;1件列为市人大重点建议,1件列为市政协重点提案。成立办理工作领导小组,下设6个办理工作小组,做到建议提案办理与综合交通大会战、推动交通中心工作、保障社会民生相结合,加强与代表委员沟通协商,无不满意件。

市交投集团下属南山交通技术培训中心有限公司与市黎明教育集团联合办学,并经市教育局、市编办批准成立的全日制寄宿式民办小学——东阳市南山小学,变更为东阳市南山外国语学校,办学层次变更为九年一贯制。

【体制改革】　2020年,东阳市深化交通运输管理体制机制改革,完成综合行政执法改革和规范局属事业单位改革。依据《关于印发东阳市市场监管、生态环境保护、文化市场、交通运输、农业等五大领域综合行政执法队主要职责、内设机构和人员编制规定的通知》《关于调整规范市交通运输局所属事业单位机构编制事项的通知》精神,撤销市公路管理局、市道路运输管理局、市交通工程质量安全监督站和市公路养护应急保障中心,成立市交通运输综合行政执法队和市公路与运输管理中心。

【"最多跑一次"改革】　2020年,交通掌上办理事项实现100%,事项承诺期限平均值1.93天,即办事项比例81%。完成邮寄送达927件;通过数据少出2982个证明。全年办理行政许可审批439件,其中网约车173件;"道路运输证"年审等事项2656件;公交车备案69件,机动车维修备案62件。

(李健军　赵敬民)

交通基础设施建设

【交通重点工程】　2020年12月,217省道(39省道)十里头至官清段改建工程完成主线工程,项目路线全长15.7千米,其中主线长12.3千米,连接线长3.4千米,经过白云街道、吴宁街道、南市街道、城东街道,概算总投资16.3亿元。

至年末,三门至婺城公路东阳南市至画水段改建工程完成投资7.32亿元,完成路基工程的80%。项目路线全长9.36千米,路基宽30.0米。起点位于东阳市南市街道梨枫村附近,

2020年11月3日,217省道(39省道)十里头至官清岭改建工程稠岭线平改立工程完工通车现场　　(张　庭/摄)

2020年12月23日,351国道兴平路口平改立工程 （张 庭/摄）

与在建的217省道(39省道)交叉,路线向西布设,经南市街道、画水镇,与金义东公路顺接。项目概算8.96亿元。

至年末,351国道兴平路口平改立工程完成投资1.09亿元,完成项目的79.1%,项目路线全长约1864米,其中桥梁长631米,上跨兴平路,总投资1.81亿元。

至年末,义东高速东阳(江北至南市)段完成投资13.57亿元,完成土建工程的15%。项目起点位于东阳市江北街道,设湖田枢纽与甬金高速公路相接,路线向南经过白云街道、吴宁街道、南市街道,终于西甑山隧道出口附近,顺接义东高速南市至南马段,路线全长10.7千米。主线主要构造物包括特大桥3479.65米/2座,大桥3086.9米/5座,隧道3247.5米/1座,以及枢纽式互通1处,互通2处,合同价45.29亿元。

至年末,东阳市南午岭互通工程(一期)完成投资453万元,完成项目的100%。39省道设右转匝道即南午岭互通工程(E匝道),该匝道为单车道,路面宽度7.5米,长约700米。

12月,迎宾大道与211省道交叉口整治工程完工并通车,将原五叉路口改为甘溪路与迎宾大道十字平面交叉,增设右转专用车道,项目预算484.92万元。

【交通重大前期项目】 至2020年年末,351国道磐安县安文至东阳市马宅段改建工程(东阳段)项目建议书上报省发改委审批。项目起点位于马宅镇七秩塘村北侧接351国道磐安段,路线向西设置后山隧道(长1275米),出隧道后向西过胡家塘村、下金堂村,与现状南下线菱形立交后折向东北,利用南下线老路与351国道(218省道)相交,路线全长4.19千米,总投资7.84亿元。

至年末,351国道东阳周官至山口段改建工程可行性研究报告上报审批。项目主线起点位于江北街道周官村,与351国道(迎宾大道)相接,路线走向总体为自东向西,经哈比塘村后,上跨东阳市区人民北路、中山北路、关山北路、望江北路,在湖田村与八华路、山口大道相交,主线往北展线,下穿甬金高速(甬金高速进行路改桥),经锦坊村东侧往北后在埠头村东侧与351国道义乌段相接(原义乌37省道复线),路线全长6.88千米。全线设分离式立交1处,互通式立体交叉4处。项目投资估算20.75亿元。

至年末,义东高速东阳(南市至南马段)完成规划选址与用地预审报批主体变更,项目申请报告完成核准。项目路线全长22.73千米,主线起自东阳市南市街道,顺接在建的义东高速公路东阳(江北至南市)段,路线总体自北向南布线,经南市街道、南马镇至项目终点,设王店枢纽与东永高速相接。项目投资估算20.42亿元。

【交通一般前期项目】 至2020年年末,527国道白峰岭至李宅段改建工程完成工程可行性研究审查及各专题招标,完成初步设计初稿。项目起点为嵊州东阳交界处(白峰岭),与527国道嵊州段顺接,经白峰岭隧道后,经虎鹿镇、巍山镇北部,与诸永高速交叉后,沿城市总规确定的环城东路,跨白溪江、东阳江后,在城东街道李宅村东侧与现状527国道相接,并预留往南延伸至横店。按照一级公路技术标准设计,路线全长29.5千米,设计速度80千米/小时,估算投资约40亿元。

至年末,西岘互通、南午岭互通工程完成工程可行性研究报告文本编制初稿,完成南午岭互通社会稳定风险评估。南午岭互通:项目总投资约34740万元,主线位于217省道南午岭路段,互通起点为217省道与南市路交叉口,终点位于南大门广场南侧接217省道老路。项目互通影响主线范围全长1.42千米,匝道总长约2277米,桥梁全长686.02米/1座,圆管涵1道。西岘互通:527国道起点位于白云街道竹园村附近,终点位于天宫寺隧道之前,距离天宫寺隧道约250米。315省道(39省道)起点位于象金路与金旺路交叉口附近,终点位于前山坞水库西侧,在527国道、39省道上增设互通。

至年末,萧山至磐安公路东阳三联至磐安新渥段改建工程(东阳段)完成工程可行性研究报告文本编制。项目起点为千祥镇与千祥至马宅公路交叉,终点为磐安县新渥镇(与42省道改建段相接),全长约13千米,其中东阳段长9.3千米,磐安段长3.7千米。按照二级公路技术标准设计,设计速度60千米/小时,总投资5.63亿元。

至年末,桐乡至永康公路东阳李宅至南马段工程完成工程可行性研究报告文本编制。项目起点为527国道李宅附近,经里坞东、横店南,在南马附近与原39省道相接。按照一级公路技术标准设计,设计速度80千米/小时,路线长约45千米,路基宽32米。总投资约55亿元。

至年末,义乌佛堂至东阳画水段

改建工程完成工程可行性研究报告文本编制。项目起点为东阳义乌交界的白岩山(设白岩山隧道),沿南江,经南岸村、石塘头村以及画溪村、画溪工业功能区,与711县道稠岭线交叉后与画水至南马公路顺接,终点为画水镇陆宅村附近,路线长8.5千米。按照一级公路技术标准设计,设计速度80千米/小时,路基宽度33米,双向六车道,总投资8.3亿元。

至年末,横店至千祥改建工程线位方案处于研究阶段。项目起点为横店镇绕溪村南侧与规划351国道交叉,利用琴千线走廊往南设置绕溪隧道后,经山旺村、秀溪村、鱼庄村,在升楼村处设升楼隧道后,经丰山村、岩托湾村后,下穿东永高速既有桥,终点为东永高速公路千祥互通连接线与南下线交叉处,路线长8.9千米。按照一级公路技术标准设计,设计速度80千米/小时,路基宽度25.5米,双向四车道,总投资9.0亿元。

至年末,湖溪夏黄至东江东门公路工程完成线位方案研究。项目规划起点在南郭线(诸永高速湖溪出口)与里歌线交叉处湖溪镇夏黄村附近,经白水口、天山南至东门,路线全长9.3千米;东门经尚舒至八达段,路线全长4.3千米;东门至新城段,路线全长4.0千米。合计建设里程17.6千米,采用双向两车道二级公路标准,设计速度60千米/小时,总投资约13亿元。

【交通循环产业园】 2020年,交通循环产业园(二期)项目年产80万吨湿法制砂生产线完成建设并投产,年产200万吨干法骨料生产线、年产60万立方的商品混凝土生产线及厂房、园区内配套等工程启动建设。东阳绿色骨料加工及固废资源化利用项目年产120万吨湿法制砂完成建设并投产,年处理80万吨建筑垃圾综合利用生产线建成投产。园区在工程管理信息化平台、无人机航拍航测及5G应用等领域进行探索实践。

【综合供能服务站】 至2020年年末,7个加油站落地,其中堂鹤、学陶2个加油站正常营业;金鸡笼加油站完成场站主体建设。三单、罗店、石塘3座综合供能服务站办理不动产证,完成发改赋码。

【绿色交通出行】 2020年,东阳创享汽车服务有限公司完成二期新能源汽车充电场站(14个)规划编制。完善城区场站布点,增加巍山、南马、佐村、千祥、歌山等乡镇站点,六石街道、南马镇花园村站投入运营,二期全部站点年内基本完成建设。东方诚品居民小区地下车库充电桩布点启动。

(李健军　吴　婷　张　庭)

公路管养

【概况】 至2020年年末,东阳市境内公路总里程2470.66千米,其中按行政等级分,国道119.806千米,省道161.163千米,县道595.08千米,乡道915.773千米,专用公路13.399千米,村道665.439千米;按技术等级分,高速公路95.19千米,一级公路75.787千米,二级公路360.91千米,三级公路88.463千米,四级公路1850.315千米;按铺装路面等级分,水泥混凝土1419.927千米,沥青混凝土992.942千米,简易铺装路面53.445千米,未铺装路面4.346千米。公路桥梁总计729座35635.44延米,其中特大桥2座1772延米,大桥76座15307.94延米,中桥162座10314.29延米,小桥489座8241.21延米。隧道总计38道29790延米,其中长隧道11道22262延米,中隧道3道1959延米,短隧道24道5569延米。

【"四好农村路"建设】 2020年,东阳市推进"四好农村路"(建好、管好、护好、运营好农村公路)建设,完成农村公路大中修467.767千米,实施公路亮化220千米。4月,高水平"四好农村路"示范县创建通过金华市初审;7月,完成迎接浙江省"四好农村路"示范县创建省级考核检查工作。画水镇、六石街道完成2020年度金华市"四好农村路"示范乡镇创建任务。

【公路养护】 2020年,公路部门清扫路面22.3万千米,修补坑槽沉陷3.62万平方米,路面灌缝28.9万米,清理边沟3.78万千米,绿化修剪3021千米,行道树整枝3564株,行道树刷白5.97万株。实行养护日常保洁市场化,对所管辖区域部分公路分南北两片分别承包给杭州新绿盾环境技术工程有限公司和温州城保清运有限公司进行养护市场化运作。

【养护工程】 至2020年年末,东阳市完成普通国道省道养护大中修、重

2020年5月6日,东阳市重要县道公路提升改造工程(二期)——金义东公路改造提升

(徐晓天/摄)

要县道提升改造57千米。普通国省道养护大中修工程(527国道嵊义线大中修、351国道东仙线大中修、211省道诸东线大中修及长陡下坡专项处置)、事故多发点(段)整治工程、公路水毁修复及交通安全设施损坏应急抢修工程、干线公路标志标线增设维护、平安大道等工程完工。湖溪镇乔南桥改造工程完成年内目标任务,完成工程量的70%。重要县道公路提升改造工程、农村公路大中修工程、农村公路病旧桥梁加固改造工程、农村公路安全生命防护等按照要求实行量化考核,完成年内目标任务。

2020年10月12日,市公路局承办的路面新材料新技术讲座暨旧水泥路面加铺高韧超薄沥青面层技术演示会在怀万线6K+600段举行　　(张骋畅/摄)

【路政管理】　2020年,路政大队联动展开治超及污染公路专项整治行动,查处公路污染车404辆、超限运输车辆1069辆次(其中非现超限254辆),卸载货物37998吨;上路巡查出动人员7887人次,清理堆积物3941立方米,拆除非公路标牌561(幅)块,查处路产损坏案件106件,上路巡查率100%,查处结案率98%,准确率100%,无一例行政复议和行政诉讼案件。

【桥隧管养】　2020年,公路部门加强桥梁、隧道、涵洞的日常巡查与经常性养护,每月日常检查县道以上桥梁、隧道5次,每月经常性检查县道以上桥梁、隧道1次。3月31日,发现里歌线小歌山桥存在安全隐患;4月3日,发现351国道台小线北楼桥存在安全隐患,对两座桥梁进行封道处理,实施后续整改方案,确保桥梁运营安全。

【创新性投融资形成】　2020年,交通部门探索并初步形成创新性投融资机制,形成由市公路局负责"四好农村路"建设项目前期,与镇乡街道共同提出项目安排计划,对项目建设履行行业监管的职责;后期由市交投集团打包捆绑融资、建设、运营的新模式。

【道路建设新技术应用】　2020年,公路部门推广新技术应用,首次使用高韧超薄磨耗层及高性能半柔性道路面层,该技术应用于嵊义线交叉口及重要县道提升改造新怀万线一期,相比传统磨耗层,具有优越的抗裂、抗渗和抗滑性能,可提升路面平整度,降低行车噪声。推进沥青工程智能化管理、易密实沥青混凝土(ECA)、玄武岩纤维复合筋、矮T梁桥梁结构形式、玄武岩纤维土工格栅、玄武岩短切纤维和共振碎石化等四新技术的使用。

【公路服务站建设】　2020年,公路部门推进国省道、县道、乡道公路服务站建设。至年末,完成国省道王宅和里坞2个公路服务站建设;完成县道大田头、南溪2个公路服务站建设;完成乡村道长畈、学士宅、下金宅3个公路服务站建设。

【公路应急抢险】　2020年,交通部门做好应急抢险工作,做好"三防"(防汛、防台、防洪)、极端天气应急保畅工作,加大路面巡查力度,做好恶劣天气物资储备。开展公路、公交、水上运输防恐消防演练,提高交通部门应对突发事件应急抢险能力。公路部门在强降雨、梅雨季节期间抢险工作中修复挡墙3933立方米/184处、夜间应急抢险104立方米。派出210人次、大型机械13台等应对4号台风"黑格比",第一时间抢通公路,保障公路安全畅通。

(李健军)

交通管理

【运输管理】　至2020年年末,东阳市有营运车辆1127辆,其中客运班车128辆、旅游包车89辆、城区公交车173辆、城乡公交车261辆、出租车476辆。有城区公交营运线路44条、城乡公交营运线路136条。全市有出租车公司3家,全市客运线路跨省11条,日发8.5个班次;跨地市31条,日发71个班次;跨县市18条,日发259个班次。全市345个行政村开通公交车(班车),通达率100%。

【城市、城乡公交建设】　2020年,运管部门督促各乡镇和市交通运输公司完成横店影视城、佐村镇、东阳北站、三单乡、南市街道至画水镇的5个乡镇运输服务站建设,增加东阳至新城、东阳至斯光、里卢宅至东阳、东阳至宅口等多条城乡公交线路。全年发行具有公共自行车租赁功能的公交IC卡24219张,租车量3.3万次;购置纯电公交车10辆,改造7处省级标准的城市公交站点和57个港湾式停靠站;定制线路(东站至罗屏小学)1条,优化调整线路4条;报废更新公交车25辆，新技术含量车辆有110辆；推动老旧营运车辆淘汰工作，提前完成388辆目标任务。

【出租车管理】 2020年，东阳市增加网约车193辆，至年末有网约车588辆。加快道路运输共享经济发展，网约车经营管理逐渐趋于规范化、规模化。网约巡游车双证合一发证1158本。全年召回检查出租车4610辆次，停业整顿30辆次。

【现代物流业】 2020年，交通部门开展2019年度现代物流“三强”企业评选工作，东阳市交通物流有限公司、东阳市豪骏物流有限公司、东阳市立川物流有限公司3家企业被评为全市物流“三强”企业。完成10家物流企业新购置营运车辆财政补助申报工作，助推物流企业发展。鼓励农村物流点加快业务拓展，落实网点补助，壮大服务功能。

【道路专项整治】 2020年，交通部门开展“雷霆整治”行动，建立道路危险货物运输管理网格监管机制。8月，完成危险货物运输“挂靠”(为了交通营运的特殊需要，将购买的车辆登记为某个具有运输经营权资质的单位名下，以单位的名义进行运营，并由挂靠者向被挂靠单位支付一定的管理费用)车辆、“两外”(外省籍危货车辆长期在东阳驻点经营和东阳籍危货车辆长期在外地驻点经营)车辆的清零工作，全市111辆挂靠车辆完成整改。开展“两客一危”从业人员排查整治和从业资格证合规性复核工作，排查出不合规人员14人，全部清退。开展客运安全生产专项整治行动，出动执法人员205人次，路面稽查检查车辆231辆次，其中客运班车68辆次、旅游包车19辆次、出租车144辆次。开展货运专项整治行动，出动执法人员716人次，检查车辆1082辆次，其中危货车辆631辆次。开展驾培市场专项整治行动，整治期间检查教学车辆820余辆次，教学人员和学员1300余人次，查扣违规、违法教学车辆32辆，按规定进行处理。

【车辆征费】 2020年，37省道、39省道东阳征费所加强收费员业务知识培训，完善管理机制，做到“应征不漏、应免不征”。加强与公安、交警部门沟通，开展征费秩序整治行动，减少违章逃费车辆，至年末，征收通行费2612万元。

【安全生产】 2020年，运管部门召开安全生产例会4次，组织“两客一危”(从事旅游的包车、三类以上班线客车和运输危险化学品、烟花爆竹、民用爆炸物品的道路专用车辆)企业召开安全会议13次，组织检查“两客一危”企业362家次，发出安全事故隐患督查通知书12份，全部完成整改，全市道路运输企业未发生上报责任道路运输事故。

【交通安全综合治理】 2020年，交通部门开展交通安全综合治理大会战，完成省级、金华市级、东阳市级事故黑点整治8处，普通国省道交通事故多发路段5处，亡人交通事故穿镇穿村路段治理21处，省级、金华市级、东阳市级重点整治路段3段等工程。投入经费69万余元，修复完善缺损、破坏、偷盗的交通标志标线，设置交通标志牌95块、道口标柱194根，更换隔离栅844米；投入经费9万余元，施划纵向标线742.95平方米、人行横道线1568.10平方米。

【质量监督】 2020年，交通质监部门开展质量监督工作，完成辖区内受监督项目7个，建安投资约20亿元，监督覆盖率100%。开展质量监督检查44次，综合执法大检查2次，签发质量检查意见书17份、安全检查意见书13份、试验检查意见书12份、合同和造价检查意见书4份、监理办检查意见书5份。

【水上运输】 2020年，横锦渡口做好船舶经营工作，为库区人民出行服务。完成正常航班3120班次，其中加班船388班次；完成客运量10.1万人次，周转量80.8万人千米。全年未发生水上交通安全事故，实现水上运输第34个安全年目标。

【交通热线服务】 2020年，交通部门受理“12328”24小时交通服务热线、“8890”便民服务平台等咨询投诉1607件，其中“12328”24小时交通服务热线781件，“四个平台”246件，“信访平台”580件。对反映的问题进行调查了解，在规定时间内按信访事项处理工作规则办理完毕，实事求是解决群众反映的问题，结案率100%，做到件件有回音、事事有着落。全年未发生群体上访和越级上访事件。

【新冠疫情防控】 2020年疫情防控期间，交通部门细化卡口查控“五步”工作法，在各交通卡口开通医疗应急民生车辆、货运专用绿色通道。发放出省“应急运输车辆通行证”289张，保障疫情防控物资优先通行。交通部门率先开通包车点对点接送外来务工人员返岗复工，其中义乌火车站到东阳累计发班148个，乘客1908人；东阳至义乌火车站累计发班97个，乘客2365人；通过采取点对点、一站式直达运输模式，到江西、湖南、贵州等地接人，发送市际、省际包车212辆次，接回员工5258人；出动县际包车57辆，从义乌火车站接回复工高铁专列员工1500人。助力客运、货运企业复工复产，全市巡游租车经营年限从6年调整为8年，出资2.41万元为出租车安装隔离膜，减免城区2家挂靠出租车企业1个月管理费11.08万元，对东阳市横店汽车运输公司实施全免政策，免收租金16万元。助力货运企业复工复产，帮助70余家货运企业解决防疫物资采购难问题，为陆港物流园区向市发改局申报3000万元的贴息贷款，配合10家物流企业向市财政申请2019年新购置营运车辆补助近150万元，督促合作单位落实网点补助，鼓励农村物流点加快业务拓展，对2月2日至4月2日期间为规模以上企业复工复产提供运输保障的物流企业给予5%的奖励，每家最多不超过10万元。推进交通在建工程复工，制定“一小组一承诺二方案”的复工管理流程，梳理复工流程、明确节点、细化分工、落实责任，确保义东高速东阳段、351国道兴平路口平改立工程、39省道改建工程、三门至婺城公路东阳南市至画水段改建工程4个重点项目在2月21日前先期复工。

（李健军　赵敬民）

铁路建设

【概况】 2020年，东阳市铁路项目指导服务中心负责全市铁路发展规划、铁路建设实施计划的编制，统筹协调全市与铁路建设有关的事项。东阳市有金义东轨道交通、金甬铁路、杭温高铁3个续建铁路项目，3条铁路总里程101.43千米，总投资约212亿元，其中东阳市需筹措项目资本金49.18亿元。全年完成有效投资38.2亿元。

【金义东市域轨道交通（东阳段）工程】 2020年，金义东市域轨道交通（东阳段）工程完成有效投资165745万元，完成土建工程总量的70%。1月17日，5标隧道段竣工验收通过；3月16日，19标正式开工；7月3日，盾构段全线贯通。

【金甬铁路（东阳段）工程】 2020年，金甬铁路（东阳段）工程完成有效投资118070万元，完成土建工程总量的35%。完成18处大临用地交付工作；完成主线用地交付98%，95.87公顷。沿线涉及302户农户房屋拆迁，完成276户农户房屋征收协议签订工作，完成率91%。完成小康建材厂征迁协议签订工作；完成35千伏及以下电力设施、通信线路迁改90%。1月2日，金甬铁路梁场站场路基开始清表；3月4日，金甬铁路全线首个拌和站验收通过；3月4日，金甬铁路全线首个中心试验室验收通过；3月6日，金甬铁路全线北后周特大桥166-5号首桩灌注完成；3月16日，金甬铁路江北街道杨武村全线36号墩首个扩大基础浇筑完成；4月2日，金甬铁路江北街道杨武村全线36号首墩浇筑完成；4月16日，在东阳市六石街道康厦村启动“第一拆”；5月19日，金甬铁路尚武村隧道出口进洞施工；7月12日，金甬铁路尚武村隧道进口进洞施工；7月16日，金甬铁路第一座涵洞（DK161+517.5涵洞）施工；8月3号，金甬铁路东阳制梁场全线首榀箱梁成功浇筑，金甬铁路东阳段箱梁预制进入全面开工阶段；8月21日，金甬铁路云溪村隧道进洞施工；同日，金甬铁路苍前村隧道进洞施工；9月1日，金甬铁路西楼村隧道进洞施工；10月24日，金甬铁路江北街道青山头村全线首个连续梁0号段浇筑完成；10月29日，尚武村隧道斜井转正洞施工。

【杭温高铁（东阳段）工程】 2020年，杭温高铁（东阳段）工程完成有效投资97515万元，完成土建工程总量的30%。完成6处大临用地交付工作；主线用地交付完成95%，76公顷；沿线涉及88户农户房屋拆迁，完成71户农户房屋征收协议签订工作，完成率81%；沿线涉及7处企业房屋拆迁，完成5处企业房屋的拆除，完成率71%；基本完成全线管线迁改工作。3月4日，杭温高铁横店特大桥开始施工；5月1日，杭温高铁南市街道启动房屋征收工作，于6月20日完成全部签约工作；5月22日，杭温高铁小岭隧道入口开始施工；6月3日，杭温高铁马宅镇坞坤村启动房屋征收工作，于8月10日完成全部签约工作；6月15日，杭温高铁四号拌和站、中心实验室完成施工并通过验收；7月12日，杭温高铁跨S40特大桥红线清表；7月21日，杭温高铁涉及35千伏及以下电力设施迁改工作启动；8月19日，杭温高铁横店站高架特大桥红线清表；8月31日，杭温高铁大园岭隧道进场施工；9月1日，杭温高铁潘坞大桥红线清表；南上湖隧道进洞；9月4日，市政府召开杭温高铁征迁工作推进会；9月7日，杭温高铁西岩岭隧道进场施工；9月29日，杭温高铁存车场地块清表；10月20日，杭温高铁正式启动超高压迁改工作；11月12日，杭温高铁京都蔬菜厂开始房屋拆迁工作；12月16日，杭温高铁九坞隧道斜井开始施工。

【站前配套项目】 2020年，杭温高铁东阳横店站站前广场工程设计由高铁新城管委会启动招标程序；金甬铁路东阳站站前广场由市自然资源与规划局完成规划编制工作；金义东市域轨道交通站点配套设施由市自然资源与规划局完成规划编制工作。

【金台城际铁路（东阳段）工程】 2020年8月5日，新建金台城际铁路预可行性研究评估报告正式取得国铁集团鉴定中心的评审意见，列入国家发改委基础司铁道处金台城际泛长三角多层次轨道规划近期项目。金台城际铁路起自金华市金义站，终于台州市三门站，线路全长170.22千米，全线设6个车站（金义新区、横店、磐安北、天台、三门县、三门东站），速度目标值拟定为350千米/小时，建设项目投资预估算总额291.50亿元。金台城际铁路（东阳段）项目投资预估算73.56亿元，长度43.02千米。金台城际铁路接入横店站方案基本明确，开展杭温高铁横店站生产用房规划调整工作，开展工程可行性研究报告的编制工作。

（杜　蕾）

邮政 通信

邮　政

【概况】 2020年，东阳市邮政分公司(简称东阳邮政)实现业务收入2.91亿元，比上年下降7.5%，列全省邮政县市公司第七位；实现经营性利润上缴3944.05万元，比上年下降0.01%，列全省邮政县市公司第一位。推进“平安邮政”建设，做好全国“两会”等重大节日期间的寄递等各项安全保障工作。发展浙江省邮政公司扶贫能手2人(周挺、施超兵)，帮助销售扶贫农产品10万元，累计建成“邮乐邮善”慈善超市7家。实施绿色农产品进城、绿色金融、绿色包装、绿色运输等“绿色邮政”三年行动规划。

【疫情防控】 2020年，东阳邮政畅通进出口双向渠道，协助防疫物资、生活物品寄递，开展口罩、药品、菜篮子、教材等四大配送项目；组织口罩、酒精、额温枪等防疫物资的采购与管理，组织抓好常态化疫情防控工作。筹集党员、职工疫情防控爱心捐款16160元。东阳邮政获“浙江邮政抗击新冠肺炎疫情先进集体”称号，王文彬、申屠亦农获“浙江邮政抗击新冠肺炎疫情先进个人”称号。

【普遍服务业务】 2020年，东阳邮政实现普遍服务业务收入1849.34万元，完成计划数的101.11%，比上年下降2.10%。其中报刊业务实现收入1153.70万元，完成计划数的100.32%，比上年下降2.08%。销售政务图书《习近平谈治国理政》(第三卷)2642册，收入17.98万元。开展2021年度报刊大收订工作，实现一次性流转额3364.56万元。集邮业务实现收入284.72万元，完成计划数的104.68%，比上年下降8.16%。开展《第四套人民币珍藏册》暴风营销活动，销售1310册，收入115.28万元。建成“金融+集邮”示范点14个，实现收入70万元。函件业务实现收入358.22万元，完成计划数的96.82%，比上年下降1.35%。其中文创收入204.15万元，完成计划数的91.95%；车优保收入24.6万元，完成计划数的64.73%。开通政采云平台。警医邮项目全年业务量7.77万笔，完成率119.51%，比上年增长13.93%；累计业务收入100.82万元，完成率226.16%，比上年增长119.88%。

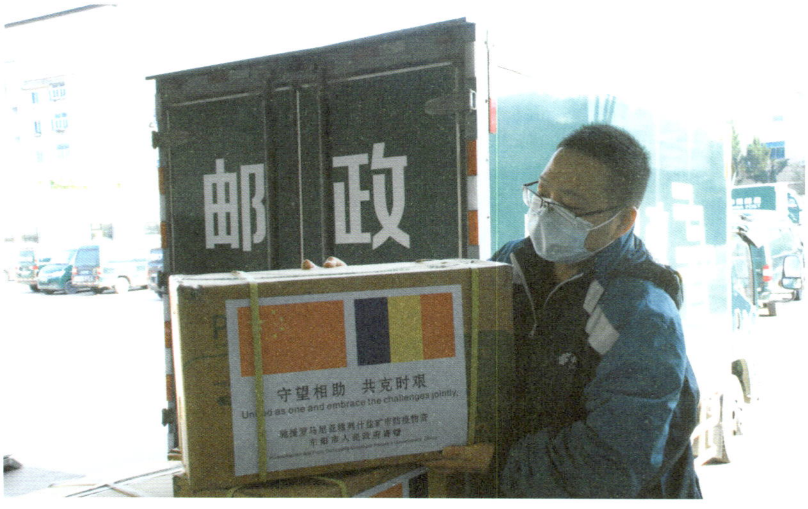

2020年4月14日，东阳邮政协助市外事办给国外结对友好城市捐赠防疫物资
(东阳邮政提供)

【金融业务】 2020年，东阳邮政实现金融业务收入1.73亿元，完成计划数的102.98%，比上年增长9.46%。其中代理储蓄收入1.48亿元，比上年增长6.84%，代理保险收入2493.85万元，比上年增长28.18%。至年末，储蓄余额规模123.02亿元，全年增加13.33亿元。年末市场占有率13.52%，增加存款市场占有率11.65%。累计完成保险折算保费5.17亿元，完成全年目标的116%，其中中邮期交6316万元，完成计划数的105.1%，中邮长期险3119万元，完成计划数的100.3%。理财日均保有量5.56亿元，全年增加1.47亿元，非货币基金销售6274万元，偏股型基金定投增加767户。

【寄递业务】 2020年，东阳邮政实现寄递业务收入1.28亿元，完成计划数的70.32%，比上年下降18.35%。其中特快专递收入1327.95万元，完成计划数的128.30%，比上年增长63.18%；快递包裹收入6882.21万元，完成计划数的68.82%，比上年下降16.26%，年收寄量3823.35万件，比上年增长19.10%；国际业务收入4515.97万元，完成计划数的64.51%，比上年下降30.31%；物流业务收入94.11万元，完成计划数的55.36%，比上年下降42.64%。

【农村电商业务】 2020年，东阳邮政实现分销收入1073.9万元，完成率102%；建成数字化优质农村电商站点254个，完成率131%，打造农村电商密集型站点1个；开通易邮自提网点176个，完成率100%；绿卡绑定439张，完成率251%；发展掌柜会员3.5万个，完成率203%；开通便民站点175个，完成率100%；发展“邮特惠”会员9602个，完成率130%。在“惠农生态圈”发展上，销售自营农产品430万元，完成率126%；销售全国基地产品35万元，完成率109%；销售全省精品农品7.05万元，完成率108%。完成扶贫项目1个，销售翠冠梨13万元；邮乐优鲜上架产品60款，平台销售额62万元。在“工业品下乡生态圈”发展上，邮乐小店月均活跃用户819个，完成率155%；线上自营收入1057万元，完成率130%；十大品牌“大单品”销售额751万元，完成率231%。

（严　宣）

中国电信股份有限公司东阳分公司

【概况】 2020年，中国电信股份有限公司东阳分公司（简称中国电信东阳分公司）完成主营收入2.14亿元，基础收入同比增长率列金华全区第五位。移动用户净增完成率列全区第二，宽带用户净增完成率列全区第六。中国电信东阳分公司通信应急抢修队被市委、市政府评为“抗洪抢险救灾先进集体”。中国电信东阳分公司江北营业厅被评为“中国电信集团级旗舰店”。

【信息基础设施建设】 2020年，中国电信东阳分公司实施“云改数转”战略，以5G（第五代移动通信技术）和云为核心打造云网融合的新型信息基础设施和运营支撑体系。加快5G网络建设，坚持5G SA（5G独立组网）方向，全年开通5G站点222个，实现东阳城区、江北核心区域、横店镇区及重点景区、南马镇花园村等5G信号覆盖。开通185个室分场所PRRU（微型射频拉远单元）。改善无线信号覆盖率，MR覆盖率提升1.2%。基础网络新增GPON（无源光网络技术的一种）端口160个，XGPON（无源光网络技术的一种）端口576个，城域网出口带宽扩容至460G（吉字节）。

推进新型大数据中心建设，东阳望江数据中心作为中国电信东阳分公司新型基础设施建设的重大项目，总投资超1000万元，重点服务东阳数字政府和全市党政军金融以及互联网企业，助推传统产业转型和数字化产业发展。完成望江数据中心一期项目建设，东阳城市大脑数据中心基础平台服务项目落地。

【信息化项目建设】 2020年，中国电信东阳分公司实施4个规模型ICT（信息和通信技术）项目建设、签约建设小微ICT项目182个。承建东阳市政务云，将东阳市18个政府部门及单位的26个应用部署至政务云。承建东阳市城市大脑平台数据机房建设；完成雪亮工程光网络建设，安装天翼看家监控点。协同市农业农村局利用应用信息化手段推进垃圾分类工作；加快平安乡村建设，打造三级联防，实现部分村镇全面数字化治理。

【网络通信安全保障】 2020年，中国电信东阳分公司成立网络信息安全专项工作领导小组及工作组，通过强化系统权限管理、机房设施巡察监控、弱口令整改等排查全网安全隐患。开展骚扰电话整治行动，加强实名制管控和防诈防骗宣传，从源头防范风险。实施“断卡”行动，建立“不良信用通信网用户”处理流程，处置不良信用用户的号码。完善应急响应机制，完成新中国成立70周年、防御超强台风“利奇马”、横店马拉松、重大项目开工仪式、交通大会战成果展示会等通信保障和横店航空航天电影节无人机飞行表演等现场通信保障任务。助推新型基础设施安全保障体系建立，成立“智云护航”团队，以应急保障服务、安全服务、联锁机构维护服务、自维护自施工等服务方式提供可视化、可定制化的信息安全服务。村社换届选举期间，“智云护航”团队完成村级选举监控保障400余场。

【疫情防控】 2020年疫情防控期间，中国电信东阳分公司成立24小时应急抢修突击队，做好党政机关、公安、卫健、医疗卫生机构和重要客户的通信服务保障工作，抢修光缆故障17起，政务网故障10起。推动5G+智慧医疗创新，开通东阳市人民医院到广福医院的专线光纤电路，上线5G+云视频会诊系统，为广福医院隔离病房和值班室现场安装应急电话22部。排查湖北、温州、台州等地区以及涉公交车疫情用户，承接外呼排查任务5次，覆盖用户4631余户。协助市公安局，实施500余家规模以上企业社会面监控接入。支撑横店等乡镇开展隔离监控布点。保障复工复产，公司员工24小时值守江北迎宾大道、横店、千祥、歌山高速出口、白峰、学典省道交界、新汽车西站、义乌火车站等卡口开展健康码核验工作，参与286人次。

（卢美玲）

中国移动通信集团浙江有限公司东阳分公司

【概况】 2020年，中国移动通信集团浙江有限公司东阳分公司（简称中国移动东阳分公司）完成运营收入9.04亿元，通话用户规模97万户。中国移动东阳分公司位于东阳市吴宁东路34号，下设四部（市场部、政企部、网络部、综合部)十网格(吴宁、白云、横店、江北、南马、巍山、千祥、画水、湖溪、城东),有员工200人,营业厅22家(含8家加盟厅),社会签约渠道267家,辐射各镇乡街道,全市行政村移动网络覆盖率100%。

9月14日,中国移动金华分公司党委书记、总经理熊宙实受东阳市委、市政府邀请,在东阳文化大讲堂上做"5G+赋能浙江经济高质量发展"专题授课。

2020年11月8日,中国移动东阳分公司和横店集团东磁股份有限公司技术人员在东磁电池片六厂做现场调测　　（中国移动东阳分公司提供）

【助力疫情防控】 2020年1月26日,中国移动东阳分公司接到通知,要求在全市14个主要交通干道路口布防视频监控,观察出入东阳市的车辆情况。中国移动东阳分公司相关人员第一时间赶赴施工现场,通过平台搭建、网络线路预堪及铺设、物资调配等做好指导和协调工作,在14个点交界卡口设置测温布控监控。2月21日,中国移动东阳分公司党支部到吴宁街道迎晖社区各个疫情卡点慰问执勤的社区志愿者。

【通信畅通保障】 2020年8月4日,第4号台风"黑格比"给东阳市带来强降水、大风天气,对机房、基站、光缆等通信设施造成较大破坏。南马镇作为台风重灾区之一,其饶川村、横溪村、麦磨山村等地13个基站退服,大阳村、横溪村、上安恬村等多个机房浸水,跨河杆路、光缆被冲断,影响5000余户家庭宽带用户。中国移动东阳分公司第一时间组织人员抢修,20小时内完成南马镇通信抢修恢复,画水镇、千祥镇极个别山区因道路塌方车辆无法进入,抢修人员徒步进入进行抢修。8月5日10点,完成南马镇区域95%家庭宽带及基站抢修,8月6日10点,完成全部抢修,保障市民的通信需求。

【横店马拉松赛事后勤保障】 2020年11月8日,2020"中行杯"横店马拉松开赛,中国移动东阳分公司提前在横店马拉松起点及赛道沿线更新设备基站40余个,网络容量比上年提升2.5倍,满足跑友及游客的网络需求,避免发生图片、信息发送等网络拥塞问题。打造5G亮点产品,其中5G赛事直播、5G赛道大数据分析、5GVR记录精彩瞬间助力横店马拉松。中国移动东阳分公司在跑道上设置"5G领航车",首次以无线网络方式,实现画面的实时回传,跑友和游客通过大屏幕可以看到实时高清流畅的画面。

【全省首个千万级公有云项目中标】 2020年11月18日,中国移动东阳分公司中标东阳市教育云项目,为全省首个千万级公有云项目。东阳教育云为全国唯一国家教育云县级试点,承载东阳市师生云空间及各类教育业务应用,该项目将全部东阳教育应用系统部署到移动云节点,运用双万兆链路打通移动云与东阳教育城域网,实现云网融合,完成从东阳教育私有云升级至移动公有云的业务跨越式发展。

【东阳移动"5G乡乡通"工程开通仪式】 2020年12月24日,东阳移动"5G乡乡通"工程开通仪式在画水镇举行。随着画水镇旭光基站调试开通,东阳市所有乡镇实现移动5G网络覆盖,达成"移动5G乡乡通"建设目标。中国移动东阳分公司工作人员对建设完成的5G网络进行现场测试,第三方在线网速测试软件显示,5G网络下载速率1014Mbps,是4G速率的10倍以上。至年末,中国移动东阳分公司在全市范围内建成5G基站429个,横店镇成为全省5G精品网络标杆乡镇。

【浙江省首届"未来工厂"】 2020年,中国移动东阳分公司在建设5G网络的基础上,同步实施"5G+"计划,加速推进5G融入百业、服务大众。在"5G+"工业互联网领域,中国移动东阳分公司与横店集团东磁股份有限公司联手打造5G智慧工厂,作为全省连接数最大的5G专网项目,通过"5G+"边缘计算、"5G+"AGV小车、"5G+"数采联网等应用,将厂区的500余台设备、60多辆AGV小车联网,实现生产过程中的智能化控制和数据采集,成为全国"5G+"工业互联网的应用标杆,被认定为浙江省首届"未来工厂"。

【扶贫帮扶】 2020年,中国移动东阳分公司党支部27名党员、干部与虎鹿镇17户贫困户进行结对帮扶。中国移动东阳分公司通过"线上+线下"的方式开展爱心香榧销售活动,助力农户销售香榧,带动农户增加收入。8月4日,受台风"黑格比"影响,东阳市千祥镇郭坎村和永康市唐先镇石湖坑村受灾严重,农户种植的生姜被淹没。8月14日,中国移动东阳分公司工作人员到千祥镇郭坎村和永康市唐先镇石湖坑村,开展受灾农户生姜爱心助农活动,认购爱心生姜,带动村民增加收入。12月15日，中国移动东阳分公司联合虎鹿镇政府、东阳市汽摩运动俱乐部在虎鹿镇开展“送温暖促和谐”主题活动，支部党员和市汽摩运动俱乐部志愿者对50户建档立卡贫困户进行走访慰问，送上棉被、毛巾等生活物资，询问身体健康状况、子女就学情况和需要解决的实际问题等。

（金燕卿）

中国联合网络通信有限公司东阳市分公司

【概况】 2020年，中国联合网络通信有限公司东阳市分公司（简称东阳联通）完成主营业务收入6011万，移网业务发展3.69万户；宽带发展0.22万线；完成创新业务收入189万元。和市委宣传部、市公安局、市农业局、市应急管理局、市水务局等单位实现通信项目合作。

结合“数字化转型”赋能，开展自有渠道效能提升工作，完成对原王卡驿站布局调整，关停1家，改为自有营业厅1家，建设有包装有宣传异业合作触点186家，推进城区、横店、南马、巍山4个分局常态化开展渠道建设。

【联通网络建设】 2020年，东阳联通与东阳电信共建共享新建5G基站223个，主覆盖东阳市城区、横店镇镇区及南马镇花园村区域；开通4座弱覆盖站点（开通后为高话务站点）；完成8个固定网络机房腾退，完成7个站点电费压降，完成96套华为SDH/MSTP传输退网，完成100个2G站点退网及下电；推进杭温高铁、甬金铁路、义东高速及多条风景线线路迁改工程，2020年新签迁改赔补合同款项312.88万。

（李 鑫）

东阳市华数广电网络有限公司

【概况】 2020年，东阳市有数字电视用户174917户，网络用户42399户。东阳市华数广电网络有限公司（简称东阳华数）继续实施“广电低保”工程，为全市7000户低保用户减免视听维护费176万元，为5619户优抚对象减免视听维护费70余万元。连续六年成为东阳市纳税超百万企业。完成省广电局“有线广播电视运营服务备案考核”工作，连续三年被省广电局评为省级优秀单位，2020年为考核免检。

【宽带提速】 2020年，在省公司启动大带宽提速工作的基础上，东阳华数在全城开展宽带系列大提速降价活动，用户只需在原产品资费政策上续费，就可享受20兆升50兆、50兆升100兆；新开户套餐带宽全面升级，原20兆变更为50兆，原50兆变更为100兆，增加占比提升数据。

【全市中小学“停课不停学”保障服务】 2020年，新冠肺炎疫情防控期间，东阳华数依托广电网络全覆盖、数字电视终端家家通的优势，参与东阳市“停课不停学”工作。自2月10日起，为东阳市教育部门免费建设7路在线课堂，覆盖小学3年级到初中3年级段，助推东阳市教育信息化和现代化创新发展。

【智慧城市领域】 2020年，东阳华数通过参与建立数字东阳合资公司，提升东阳华数的整体形象和市场影响力，中标市公安局智安小区建设项目、东阳城市大脑视图解析平台建设项目、污水处理标准化运维项目、污水零直排项目、融媒体高清播出系统项目、第七医院机房改造项目，将华数的ICT（信息与通信技术）体系从简单的监控大屏项目延伸到智慧类平台建设及集成项目上，拓宽集客思路与建设方向。

【助力市行政服务中心平台建设】 2020年，东阳华数在市行政服务中心平台建设的基础上，完成市行政服务中心各乡镇20台华数自助服务终端机的签约，助力政务服务“最多跑一次”进村到点；成功申报下一年度48台华数自助服务终端机的项目。

（徐瑞玲）

科学技术

综　述

【概况】 2020年，东阳市高新技术产业增加值77.69亿元，高新技术产业投资额21.77亿元。有省科技型中小企业478家，国家高新技术企业151家，市级以上企业研发中心152家。全年国家高新技术企业首次认定43家。认定省科技型中小企业97家，比上年增长25.5%。增加浙江省企业研究院2家(浙江中科磁业股份有限公司、浙江普洛家园药业有限公司)；省级企业研发中心4家(东阳市科灵装备制造股份有限公司、浙江英洛华装备制造有限公司、浙江红点影视股份有限公司、东阳市恒业钢带有限公司)，金华市级研发中心35家。市科技局联合市财政局、金华银行东阳支行、人保财产保险公司东阳分公司对东阳市的科技型企业发放贷款5笔，发放科技信用贷款530万元。柔性引进国家级领军人才2人，5家企业引进8名博士到企业挂职。横店集团东磁股份有限公司任海亮、普洛药业股份有限公司祝方猛、浙江联宜电机有限公司魏中华获评金华市科技新婺商。飞地研发机构2家(杭州普洛药物研究院有限公司、浙江微度医疗器械有限公司杭州分公司)。

【科技人才合作】 2020年，市政府先后与上海大学、东南大学和浙江广厦建设职业技术大学签订战略合作协议，助推新兴环保产业、现代建筑产业和现代化职业教育发展；与中国科技大学、温州医科大学在影视文化、生物医药产业达成合作意向。9月，与东南大学联合成立建筑科技研究院，推动东阳建筑产业向科技化进军。获2019年度国家和省科学技术进步奖二等奖各1项，含金量居金华市前列；入选科技婺商3人；开展第19届金华工科会各项工作，上报签约项目25项；征集企业技术难题、技术需求和人才需求105项，举办专题对接活动4场，达成初步合作意向16项。

【2020年增加各级各类企业】

国家高新技术企业43家：

东阳市瑞祺胶粘制品有限公司
东阳市赛歌服饰有限公司
东阳市长河塑胶有限公司
东阳市莱驰环保科技有限公司
东阳市宏丰磁业有限公司
浙江亚德工贸有限公司
浙江横店热电有限公司
东阳市恒辉自动化科技有限公司
东阳市横店友联磁业有限公司
浙江省东阳市东磁诚基电子有限公司
浙江新湃游戏有限公司
浙江志成工艺墙纸有限公司
东阳市耐立环保科技有限公司
东阳市盛丰机械有限公司
东阳市金硕工贸有限公司
东阳市太极精密制造有限公司
浙江威龙塑胶制品有限公司
东阳市华科机电有限公司
东阳市腾辉新材料有限公司
东阳市扬名建筑工具有限公司
华东暖通设备有限公司
东阳市禾川线业有限公司
东阳市长松磁性材料有限公司
浙江太学建筑技术有限公司
东阳市百祥门业有限公司

2020年9月26日，市建筑科技研究院成立暨联合研发中心签约仪式在市行政中心举行
(包康轩/摄)

浙江新奥运动器材有限公司
浙江花园新能源有限公司
东阳市乐之翼游乐设备有限公司
东阳市特安锅炉有限公司
东阳市星吉年工贸有限公司
浙江兆和管业有限公司
东阳市中振永磁有限公司
浙江正辉彩印包装有限公司
东阳市诰源闪光材料有限公司
浙江晨宇化纤有限公司
优姿科技有限公司
浙江北生药业汉生制药有限公司
浙江康力博能源科技有限公司
浙江明凯照明有限公司
东阳市鑫協工贸有限公司
东阳市海派亚太服饰有限公司
浙江环迪工贸有限公司
东阳市家强塑胶有限公司

浙江省企业研究院2家：

浙江中科磁业股份有限公司
浙江普洛家园药业有限公司

省级高新技术企业研发中心4家：

东阳市科灵装备制造股份有限公司
浙江英洛华装备制造有限公司
浙江红点影视股份有限公司
东阳市恒业钢带有限公司

金华市高新技术企业研发中心35家：

东阳市华科机电有限公司
浙江威龙塑胶制品有限公司
浙江横店热电有限公司
东阳市宏丰磁业有限公司
东阳市长河塑胶有限公司
浙江英洛华康复器材有限公司
东阳市江南电磁有限公司
浙江省水电建筑机械有限公司
东阳市鑫辉金银线有限公司
东阳市吴刚针织有限公司
东阳市欧忆包装有限公司
浙江华洋缝制有限公司
东阳市茂盛塑胶有限公司
浙江田博工贸有限公司
东阳市燃气有限公司
浙江泰尔塑业有限公司
浙江可瑞斯环保科技有限公司
浙江筑工科技有限公司
浙江朗泰环境工程有限公司
浙江东驰钢结构有限公司
浙江水中花针织内衣有限公司
浙江省东阳市弄潮制衣有限公司
浙江宇能实业有限公司
东阳市佳先机械制造有限公司
浙江揽盛通信科技有限公司
浙江正蓝节能科技股份有限公司
浙江好视佳反光材料有限公司
东阳市广信钢带有限公司
浙江新衣诚服装有限公司
浙江天力磁电科技有限公司
东阳市真牛针织服饰有限公司
金华市巨久金属包装制品股份有限公司
东阳市环球钢带有限公司
浙江澳亚织造股份有限公司
浙江新纳材料科技股份有限公司

省科技型中小企业97家：

东阳市畅阳装饰材料有限公司
东阳市伟欣悬挑设备有限公司
东阳市福仕特服饰有限公司
东阳市雍王府家居科技有限公司
浙江科易罗家居有限公司
东阳市倩如红木家具有限公司
东阳市越府红木家具有限公司
东阳市义鹏光学仪器有限公司
东阳市派对纸制品有限公司
东阳市芊佰佳实业有限公司
东阳市东辉家居有限公司
东阳市惜木家居股份有限公司
东阳市福艳五金有限公司
东阳市紫诺塑胶有限公司
东阳市欧咪塑胶科技有限公司
东阳市明作家具有限公司
东阳市陈王阁红木家具有限公司
东阳市海纳矿山机械有限公司
东阳市瑞鑫工艺品有限公司
东阳市六环饰品有限公司
东阳市凯力厨具有限公司
东阳市欣诺休闲用品制造有限公司
东阳市伟业箱包有限公司
东阳市大清御品红木家俱有限公司
东阳市黄秀皮塑有限公司
浙江省东阳市向阳电子有限公司
东阳市金象堂家具有限公司
浙江灿洁家居有限公司
东阳市怡阳服饰有限公司
东阳市森美森工贸有限公司
东阳市中堂红木家具有限公司
东阳市恒彩包装材料有限公司
东阳市圣金塑业有限公司
东阳市千寿钓具制造有限公司
东阳市蓝岛冷冻仓储有限公司
东阳市宝德尔制衣有限公司
东阳市金诚磁业有限公司
东阳市唐盛科技有限公司
东阳市大江制冷科技有限公司
东阳市大安安防科技工程有限公司
浙江华万多工贸有限公司
东阳市全馨家纺有限公司
东阳市通博科技有限公司
东阳市德圣印染助剂有限公司
浙江艾斯妮针织服饰有限公司
东阳市九丽日用品有限公司
东阳市卡克工贸有限公司
东阳市瑞祺胶粘制品有限公司
东阳市振新针织制衣有限公司
东阳市金赛欧线业有限公司
东阳市金凰线业有限公司
东阳市佳晶金银丝有限公司
东阳市圃田木业有限公司
东阳通晟木业有限公司
东阳市飞胜服饰有限公司
浙江凤朝凰工贸有限责任公司
东阳市皓翔制袋有限公司
东阳市固德新型建材有限公司
东阳市鸿益箱包有限公司
东阳市玖鑫新材料有限公司
东阳市华驰工艺品有限公司
东阳市俊语晨纺织有限公司
东阳市百年好红木家具有限公司
东阳市华鼎金银线有限公司
东阳市驭美服饰有限公司
浙江敬骋新材料科技有限公司
东阳市恒力纸制品有限公司
浙江大东家红木家具有限公司
东阳市凯源金银线有限公司
东阳市三水针织服饰有限公司
东阳市明智服饰有限公司
东阳市乐之翼游乐设备有限公司
东阳市富万家红木家私有限公司
浙江省东阳市富德豪胶粘制品有限公司
东阳市宝鑫服饰有限公司
东阳市晶辉金银丝有限公司
东阳市强成工贸股份有限公司
东阳市亚星玩具有限公司
东阳市和宇金属材料有限公司
浙江正蓝节能科技股份有限公司
浙江美辰文化创意有限公司
浙江玫兰朵服饰有限公司
浙江东阳舜达科技有限公司
浙江东阳市聚力优品磁业有限公司
浙江东阳东金磁材有限公司

金华市送旺食品股份有限公司
东阳印心服饰有限公司
东阳市煦盛机械有限公司
东阳市鑫烨线业有限公司
东阳市太极精密制造有限公司
东阳市苏贵纺织有限公司
东阳市启创建设有限公司
东阳市横店自来水有限公司
东阳市汉宸膜技术有限公司
东阳市福雕文化创意有限公司
东阳市东顺服饰有限公司
东阳市辰宸纺织品有限责任公司

（刘　静）

科研活动

【科技成果】 2020年，市科技局完成科技成果登记49项。完成18家企业44个项目的科技成果专家评审工作，其中横店集团东磁股份有限公司的磁共振无线充电用FS300铁氧体片项目被行业专家评为国际领先水平。18家企业与大专院校、科研院所开展科技合作，引进技术成果29项。

【科技合作项目对接活动】 2020年，东阳市征集企业技术难题、技术人才需求140项，完成浙江省众创空间备案1家(东阳国际汽车城创业园)、浙江省级星创天地备案1家(东阳花园农旅星创天地)、金华市众创空间备案1家(东阳浙兴电商众创空间)、金华市级科技孵化器1家(南马万洋众创城科技孵化器)。制定各类科技合作活动方案，开展校企科技(人才)合作洽谈和交流。组织企业与中国科学技术大学、西安交通大学、西安电子科技大学、哈尔滨工业大学、上海电动工具研究所、宁波大学、杭州电子科技大学、天津大学、浙江科技学院等高校院所，哈尔滨第一机械集团有限公司、哈飞汽车工业集团有限公司、航天海鹰(哈尔滨)钛业有限公司、宁波磁性材料中心等企业开展科技项目(人才)合作科技对接活动。通过线上"云路演"，实现与高校院所技术对接和成果推介。筹备创新创业大赛，举办2020"共生·价值"第九届金博奖东阳区域赛(智能制造及新材料行业赛)，参加省网上技术市场活动周及科技成果竞价(拍卖)会，横店集团得邦照明股份有限公司2个项目和浙江中科磁业股份有限公司1个项目分别竞价成功。组织企业参加第十九届金华工科会5个专场对接、项目现场签约仪式和科技新浙商走进东阳活动。发挥东阳科技大市场网上技术市场服务平台，规范网上技术市场交易，完成市场交易额7.68亿元。

2020年科技计划项目及新产品一览表

表40

序　号	项目名称	承担单位	计划类别
1	带卸液泵丙烷汽车罐车的研发	浙江金象科技有限公司	金华市工业类项目
2	大数据支撑下含钆对比剂致对比剂肾病的危险因素分析及预测模型建立的研究	东阳市人民医院	金华市社发类项目
3	部分去腐在年轻恒牙龋源性不可复性牙髓炎中的治疗观察	东阳市中医院	金华市社发类项目
4	补中益气汤合保和丸(汤)加减改善帕金森病体位性低血压的临床疗效评估研究	东阳市中医院	金华市社发类项目
5	高频超声在桡神经深支卡压病因探讨中的价值分析研究	东阳市中医院	金华市社发类项目
6	YEJ-015M生物食物垃圾处理机的研发与产业化	浙江永尔佳环保科技有限公司	金华市社发类项目
7	浙中春茶低温霜冻特征及精细化预报研究	东阳市气象局	金华市社发类项目
8	布托啡诺联合腹横肌平面阻滞在老年患者腹腔镜手术中的效果观察研究	东阳市人民医院	金华市公益类项目
9	基于红外热成像的ICU患者体温智能化监测关键技术研发与应用	东阳市人民医院	金华市公益类项目
10	三维超声宫腔声学造影应用于子宫粘膜下肌瘤术前定位的临床研究	东阳市人民医院	金华市公益类项目
11	超声造影联合声触诊组织定量技术在小肾肿瘤诊断中的临床应用	东阳市人民医院	金华市公益类项目

续表 40

序 号	项目名称	承担单位	计划类别
12	基于医疗大数据预测术后急性肺栓塞风险研究	东阳市人民医院	金华市公益类项目
13	基于网络药理学的常用院内制剂润咽合剂的品质提升研究	东阳市人民医院	金华市公益类项目
14	调控钙调蛋白联合抑制 EGFR 治疗结直肠癌的作用机制研究	东阳市人民医院	金华市公益类项目
15	提高输尿管软镜鞘置鞘成功率的前瞻性队列研究	东阳市人民医院	金华市公益类项目
16	双糖链蛋白聚糖在胃癌的表达及意义研究	东阳市人民医院	金华市公益类项目
17	不同的初始抗凝治疗方案在中高危肺栓塞患者中的疗效比较研究	东阳市人民医院	金华市公益类项目
18	维生素 D 水平与肩袖撕裂及其术后腱骨愈合相关性的临床研究	东阳市人民医院	金华市公益类项目
19	基于胸痛中心的非创伤性胸痛护理分诊工具构建及实证推广研究	东阳市人民医院	金华市公益类项目
20	结直肠癌患者外周血记忆性干细胞样 T 细胞分布特征研究	东阳市人民医院	金华市公益类项目
21	Resistin 调控 miR-135-5p/Ang2 信号影响原发性肝癌的血管新生作用及机制研究	东阳市人民医院	金华市公益类项目
22	县域医共体下减少慢性阻塞性肺疾病再入院的研究	东阳市人民医院	金华市公益类项目
23	血栓弹力图在儿童脓毒症凝血功能紊乱中的应用研究	东阳市人民医院	金华市公益类项目
24	低分子肝素在妊娠中晚期脐血流异常孕妇中的临床应用研究	东阳市人民医院	金华市公益类项目
25	SAA 联合 CRP 检测在评估肺癌术前临床分期中的诊断价值研究	东阳市中医院	金华市公益类项目
26	成人淋巴瘤患者化疗后胸腺反应性增生的影像变化及其与外周血初始 CD4+T 细胞及预后的相关研究	东阳市中医院	金华市公益类项目
27	小针刀松解联合椎间孔镜治疗腰椎侧隐窝狭窄症的临床疗效观察研究	东阳市中医院	金华市公益类项目
28	半夏泻心汤联合四联疗法治疗湿热阻胃型耐药 Hp 患者的临床研究	东阳市中医院	金华市公益类项目
29	乳房早发育影响因素临床调查研究	东阳市妇幼保健院	金华市公益类项目
30	全关节镜下 SutureBridge 技术与切开复位钢板内固定技术治疗肱骨大结节骨折的临床疗效对比研究	东阳市红十字会医院	金华市公益类项目
31	东阳市青少年自杀倾向及相关因素分析	东阳市第七人民医院	东阳市公益类项目
32	超声实时引导下美蓝染色及体表标记双定位在临床触诊阴性乳房肿块切除术中的应用价值可行性报告	东阳市妇幼保健院	东阳市公益类项目
33	仿生物电刺激联合人工周期在中重度宫腔粘连术后预防再粘连的临床应用研究	东阳市妇幼保健院	东阳市公益类项目

续表 40

序 号	项目名称	承担单位	计划类别
34	宫颈TCT检查联合高危型HPV检测在宫颈癌前病变筛查中的意义及临床作用	东阳市妇幼保健院	东阳市公益类项目
35	基于数据挖掘的膏方治疗疾病分布及用药规律研究	东阳市妇幼保健院	东阳市公益类项目
36	基于中医文献研究外吹乳痈的证治规律分析	东阳市妇幼保健院	东阳市公益类项目
37	加速康复外科(ERAS)理念在高危孕产妇剖宫产围手术期的应用研究	东阳市妇幼保健院	东阳市公益类项目
38	吴茱萸涌泉穴贴敷治疗复发性阿弗他溃疡的临床疗效研究	东阳市妇幼保健院	东阳市公益类项目
39	运动推拿结合智护训练干预对0-1岁婴幼儿体格发育及发育商拓展的临床研究	东阳市妇幼保健院	东阳市公益类项目
40	中药联合泥灸治疗妇科术后腰痛疗效观察	东阳市妇幼保健院	东阳市公益类项目
41	东阳市基层医院医护人员对湿性愈合理念认知现状的调查研究	东阳市横店医院	东阳市公益类项目
42	Masquelet技术治疗LangeⅢ型指骨开放性骨折伴骨缺损的临床应用研究	东阳市红十字会医院	东阳市公益类项目
43	低位剪切法在颈部脂肪垫祛除手术中的应用研究	东阳市红十字会医院	东阳市公益类项目
44	改良肌腱微创松解器结合自体颗粒脂肪移植治疗指屈肌腱黏连的临床应用研究	东阳市红十字会医院	东阳市公益类项目
45	简易负压封闭引流技术(VSD)在手足部软组织缺损治疗中的临床应用研究	东阳市红十字会医院	东阳市公益类项目
46	老年桡骨远端骨折手法复位结合自制杉树皮夹板固定临床疗效研究	东阳市红十字会医院	东阳市公益类项目
47	肾盂尿培养细菌分析在经皮肾镜取石术中的临床研究	东阳市红十字会医院	东阳市公益类项目
48	小青龙汤加味联合针刺治疗过敏性鼻炎的临床观察	东阳市红十字会医院	东阳市公益类项目
49	楔形合页截骨在游离第二趾再造拇手指中的应用研究	东阳市红十字会医院	东阳市公益类项目
50	指深屈肌腱部分腱束经骨隧道转位重建指伸肌腱止点的临床应用研究	东阳市红十字会医院	东阳市公益类项目
51	1.5 T mpMRI PI-RADS V2评分对前列腺病变的临床应用	东阳市人民医院	东阳市公益类项目
52	CXCL-9用于诊断结核性胸膜炎的临床价值分析	东阳市人民医院	东阳市公益类项目
53	VATS肺叶切除术术后发生VTE的高危因素分析	东阳市人民医院	东阳市公益类项目
54	不同尿液标本对红细胞位相检测影响的研究	东阳市人民医院	东阳市公益类项目
55	护理人员循证能力培训教学模式的初步探索及临床应用	东阳市人民医院	东阳市公益类项目

续表 40

序　号	项目名称	承担单位	计划类别
56	利多卡因作为苄星青霉素溶媒减轻肌肉注射疼痛在基层医院的应用研究	东阳市人民医院	东阳市公益类项目
57	利用尿流压力排出法使留置导尿患者自行排出尿管的应用研究	东阳市人民医院	东阳市公益类项目
58	维生素D缺乏与自身免疫性甲状腺炎的相关性研究	东阳市人民医院	东阳市公益类项目
59	序贯性肠内营养支持对食管癌术后患者的临床效果	东阳市人民医院	东阳市公益类项目
60	医共体联合信息化管理在急诊ST段抬高心肌梗死患者中的应用研究	东阳市人民医院	东阳市公益类项目
61	匀浆膳稠度对脑卒中吞咽障碍患者堵管发生率应用研究	东阳市人民医院	东阳市公益类项目
62	中青年缺血性结肠炎患者临床及影像学特点研究	东阳市人民医院	东阳市公益类项目
63	自理药品信息化、同质化管理在医共体基层单位的应用	东阳市人民医院	东阳市公益类项目
64	OB内置式卫生棉加菜仔油加百多邦用于失禁性皮炎的研究	东阳市人民医院巍山分院	东阳市公益类项目
65	赋值量化CT模式在纯磨玻璃密度肺腺癌	东阳市人民医院巍山分院	东阳市公益类项目
66	病理分型中的诊断效能评价	东阳市人民医院巍山分院	东阳市公益类项目
67	无痛支气管镜肺泡灌洗术在老年社区获得性肺炎中的安全性和有效性研究	东阳市人民医院巍山分院	东阳市公益类项目
68	药物联合治疗小儿难治性肺炎支原体感染对炎症反应程度及免疫应答的影响	东阳市人民医院巍山分院	东阳市公益类项目
69	CO_2点阵激光联合中药治疗烧伤后增生性瘢痕的临床疗效观察	东阳市中医院	东阳市公益类项目
70	报告基因法在筛选清心益气饮中肝药酶诱导剂中的应用研究	东阳市中医院	东阳市公益类项目
71	不同代谢指标下尿白蛋白/肌酐比值(ACR)与24小时尿微量白蛋白(24h UMA)在早期糖尿病肾病的一致性研究	东阳市中医院	东阳市公益类项目
72	超脉冲CO_2点阵激光联合5%米诺地尔酊治疗雄激素性脱发	东阳市中医院	东阳市公益类项目
73	颠倒木金散治疗气滞血瘀的冠心病稳定型心绞痛的临床疗效研究	东阳市中医院	东阳市公益类项目
74	硅胶带槽引流管负压引流系统在开腹手术中防治切口感染的临床应用	东阳市中医院	东阳市公益类项目
75	呼吸道菌 Granulicatella 在肺癌各分期中丰度的差异性研究	东阳市中医院	东阳市公益类项目
76	基于多元化的健康教育在社区骨质疏松患者管理中的应用	东阳市中医院	东阳市公益类项目
77	九味头膏对气虚体质、阳虚体质干预作用的临床研究	东阳市中医院	东阳市公益类项目
78	揿针直刺腧穴治疗带状疱疹肝经郁热证患者的临床研究	东阳市中医院	东阳市公益类项目

续表40

序 号	项目名称	承担单位	计划类别
79	祛湿通络手抓包在脑卒中偏瘫患者手功能康复中的应用研究	东阳市中医院	东阳市公益类项目
80	三黄软膏摩擦联合远红外线照射促进动静脉内瘘成熟的疗效观察	东阳市中医院	东阳市公益类项目
81	血清维生素K在慢性肾脏病中的分布和作用	东阳市中医院	东阳市公益类项目
82	益气养阴解毒消癥方联合针灸治疗早期DKD的临床研究	东阳市中医院	东阳市公益类项目
83	有氧运动方案结合同伴支持对改善腹膜透析患者体力活动水平的效果分析	东阳市中医院	东阳市公益类项目
84	本地区无症状人群胃癌筛查新策略推广应用项目	横店文荣医院	东阳市公益类项目
85	持续简易负压吸引联合新型湿性敷料在慢性溃疡伤口中的临床研究	横店文荣医院	东阳市公益类项目
86	加速康复外科理念在妇科手术中的应用效果观察	横店文荣医院	东阳市公益类项目
87	清铃揿针在基层医院腹腔镜阑尾切除术后患者促进肛门排气中的效果研究	横店文荣医院	东阳市公益类项目
88	三种不同皮肤保护方案在预防老年女性失禁性皮炎中的研究	横店文荣医院	东阳市公益类项目
89	沙参麦冬汤对甲癌术后首次131碘治疗病人唾液腺保护作用及预后的研究	横店文荣医院	东阳市公益类项目
90	阴道微生态失调引起生殖道感染对孕期胎膜早破和妊娠结局的影响	横店文荣医院	东阳市公益类项目
91	早期生大黄联合玄明粉鼻饲在重型颅脑损伤降低颅内压中的应用研究	横店文荣医院	东阳市公益类项目
92	医共体下全-专联合管理“高-糖”患者的探索	六石街道社区卫生服务中心	东阳市公益类项目

（刘　静）

科普交流

【全国科普日活动】 2020年9月19日，由市政府主办，市科协和东阳市全民科学素质工作领导小组办公室协办的以“决胜全面小康 践行科技为民”为主题的全国科普日活动在新光太平洋举行。市中医学会、农学会、发明学会等19个协会学会的100余名专业技术人员开展科普咨询服务、科普展览、科普资料及实物赠送、科普知识有奖竞答等活动。活动现场，专业技术人员、科普志愿者向市民宣传科普知识，为市民提供现场咨询服务，现场解答市民疑问，为群众进行义诊和健康检查。发放科普资料80余种17000余份，向市民发放科普宣传纸巾、垃圾袋等物品，受众5000余人。开展科普活动60余项，市科协被中国科协评为“全国科普日活动先进单位”。

【科普宣传】 2020年，市科协采取报纸、电子显示屏、画栏、手机客户端等方式传播科学知识。东阳日报《科普之窗》专栏每月刊登两期，全年刊出24期；在《东阳日报》阅报栏开设10组《东阳籍院士专栏》，滚动播出院士事迹；全市25座科普宣传画廊更新4次，内容以市委、市政府中心工作为主题，宣传普及科学知识；市科协主办的《东阳新科技》每月刊出1期，全年刊出11期，每期印刷5000份，赠阅面覆盖全市各机关单位、各镇乡街道、各行政村、社区、学校以及重点企事业单位和“两代表一委员”；手机客户端《歌画东阳》科协站点每星期推送《科普大篷车》视频节目2期，全年推送96期；在华数电视主页上开设《科协之窗》；在《金报东阳》开辟科普宣传专栏，每月2期；开通“东阳科协”微信公众号，在100.2

城市调频广播开设“科普小天地”栏目，每天在8:30、10:30、12:30、2:30循环播出科普知识，每周更换内容。组织开展“茶文化与健康”“交通安全”等科普知识讲座30余场次，听课人数5000余人次。

【基层科普建设】 2020年12月，由市科协、市财政局、市纪委第四纪检组等相关部门组成的验收专家组，到申报创建“东阳市农村科普示范基地”的相关基地，开展实地检查和评审认定工作。市科协印发《关于命名东阳市农村科普示范基地的通知》，命名东阳市黄江农业开发责任有限公司、东阳市旺盛花生专业合作社、东阳市葛金荣水产有限公司、新东阳木雕技艺体验馆、东阳市仙家地农业发展有限公司、东阳市南马健培水产养殖场、东阳市烈焰救援队、东阳市会稽山西垣香榧合作社8家单位为“东阳市农村科普示范基地”。创建金华市级科普示范基地（浙江省东阳玉米研究所）和金华市科普教育基地（东阳市严济慈陈列馆）。创建虎鹿镇葛宅村、马宅镇雅坑村两个“科普书吧”。

【科普进校园活动】 2020年9月21—25日，由金华市科协、金华市教育局主办，东阳市科协、东阳市教育局承办的老科学家科普巡回报告会在东阳市斯村小学、巍山高中、吴宁一中等10所学校开展，5000余名师生听取科普报告会。中科院教授、老科学家白武明为学生们作题为《科学就在我们身边——地震、火山和地球》的科普报告会，白武明向学生们阐释地震、火山产生的原理，运动的过程以及所造成的后果等，激发学生们对科学的兴趣。

【科普教育特色学校创建】 2020年12月11日，市科协联合市教育局综合验收东阳市科普教育特色学校，验收组察看学校的科普设施，查阅学校开展的青少年科普活动，参加省、金华市、东阳市青少年科技创新大赛情况，科技活动获奖数量以及学校的特色工作等方面的资料台账。12月18日，市科协联合市教育局印发《关于命名科普教育特色学校的决定》，命名东阳市博大幼儿园为“东阳市科普教育特色学校”。

（朱金灵）

2020年9月21日，中科院老科学家白武明教授在东阳市斯村小学为学生作题为《科学就在我们身边——地震、火山和地球》的科普报告会　（市科协提供）

知识产权管理

【概况】 2020年，东阳市每万人发明专利拥有量25.27件，有效发明专利拥有量2149件，列金华市第一；完成专利权质押2.96亿元，PCT（专利合作条约）申请58件；完成商标权质押6700万元。《金华市2020年度知识产权发展报告》显示，东阳市在金华市各县（市、区）创造力排行榜上列第一位，江北街道、横店镇入选金华市创造力十强乡镇，东阳市18家企业入选金华市创造力50强。市市场监督管理局牵头，筹建国家知识产权快速维权中心，完成木雕红木家具行业品牌指导服务站和横店镇品牌指导服务站建设工作。

【专利奖补资金兑现】 2020年，东阳市财政下拨2019年专利项目奖励补助资金1397.2938万元，百余家企业获得奖补资金。其中，用于授权专利和专利维护费补助资金1316.5999万元，企业知识产权贯标（贯彻《企业知识产权管理规范》国家标准）补助37万元。

【各级示范认定】 2020年，东阳红木家具市场被国家知识产权局认定为第五批国家级知识产权保护规范化市场，东阳中国木雕城开展省级知识产权保护规范化市场创建。浙江新纳材料科技股份有限公司等6家企业成功获评金华市商标品牌示范企

2020年金华市专利示范企业一览表

表41

序号	企业名称
1	浙江省东阳市东磁诚基电子有限公司
2	浙江宇能实业有限公司
3	东阳市乐之翼游乐设备有限公司
4	浙江天力磁电科技有限公司

续表41

序 号	企业名称
5	东阳市恒业钢带有限公司
6	东阳市美派斯杯业有限公司
7	浙江永尔佳环保科技有限公司
8	东阳市燃气有限公司
9	浙江新衣诚服装有限公司
10	浙江筑工科技有限公司

2020年金华市商标品牌示范企业一览表

表42

序 号	企业名称
1	浙江新纳材料科技股份有限公司
2	东阳富仕特磁业有限公司
3	浙江田博工贸有限公司
4	东阳市海强电声配件有限公司
5	浙江方维装饰材料有限公司
6	东阳市横店包氏食品有限公司

业;浙江省东阳市东磁诚基电子有限公司等10家企业成功获评金华市专利示范企业。横店集团东磁股份有限公司申报的高效电源用功率电感知识产权预警项目通过省市场监督管理局立项,是金华市唯一入选的专利预警项目,该公司承担的无线充电铁氧体瓷片专利导航项目通过省市场监督管理局验收。

【高价值知识产权培育平台建设】2020年,东阳市开展高价值知识产权培育平台建设试点,是全省4个试点县市之一,试点期限2年。该项工作具体由横店集团东磁股份有限公司负责开展,在制度建设、专利申请、海外布局、数据库建设等方面取得成效。

【知识产权宣传培训】 2020年4月23日,市市场监督管理局组织召开以“知识产权与健康中国”为主题的知识产权工作表彰及经验分享交流会,重点企业、监管人员、中介机构70余人参加。7月31日,邀请上海同济大学国际知识产权学院教授朱雪忠为百余名木雕红木家具企业相关负责人授课;10月20日,组织企业人员参加企业贯标内审员培训。

【知识产权执法行动】 2020年,市市场监督管理局组织开展专利商标“双随机”检查、商标代理机构检查、流通领域知识产权专项行动、违法广告专项行动等多个专项检查,召开广告行业集体约谈会,完成商标侵权案件裁决104件、外观专利侵权案件裁决2起、违法广告案件裁决34起。

(方立东)

教 育

综 述

【概况】 2020年，东阳市有中小学幼儿园285所，在校（园）学生（幼儿）166694人。其中普通高中13所，在校学生16398人；职业中学5所，在校学生7341人；初中35所，在校学生30499人；小学77所，在校学生72073人；特殊教育学校1所，在校学生120人；幼儿园154所，在园幼儿40263人。有中小学幼儿园教职工14056人，其中专任教师11361人。有退休教师3677人，离休9人。中小学幼儿园占地总面积485.65万平方米，生均面积29.13平方米；校舍建筑面积254.86万平方米，生均面积15.29平方米。有浙江广厦建设职业技术大学和浙江横店影视职业学院两所全日制高等职业学校，在校学生18136人。

东阳教育以“人人向往”为目标，对照全国优质均衡发展县（市、区）和省教育现代化县（市、区）创建标准，推进教育现代化。面对新冠疫情，教育系统全面实施“停课不停学”线上教学，实现疫情防控和复学复课“两战赢”。在全市部署开展“教育项目大会战”。浙江广厦建设职业技术大学揭牌，成为全省第一所本科层次职业技术大学。学前教育补短提升获省政府督查激励通报表扬。东阳市创建为省示范学习型城市。创办东阳市老年开放大学。在省教育工作业绩考核中蝉联优胜单位，在省2020年县域基础教育生态监测中整体排名列金华第一位。

【教育投入】 2020年，中小学经费全面纳入公共财政保障，继续加大学校建设及教育装备资金投入。定向生均公用经费标准小学由650元提至1000元，初中由850元提至1200元，一级普惠幼儿园由650元提至1000元，二级普惠幼儿园达到500元。加大教育教学质量激励力度，高中教育教学质量奖由500万元/年增至1000万元/年，班主任考核激励提高到500～1000元/月，名优教师奖励由600万元/年增至1100万元/年。全市一般公共预算教育支出201337.52万元，比上年增长6.64%。

【教育项目建设】 2020年，市委、市政府在全市开展“教育项目大会战”，实施中小学（幼儿园）整体新建、改扩建项目26个，总投资13.45亿元，谋划前期项目15个，计划投资11.33亿元。撤并象岗小学等小规模薄弱中小学13所、民办薄弱园（含教学点）21所，虎鹿镇中心小学等10所新建中小学、幼儿园投入使用，增加中小学、幼儿园学位近6000个。吴宁七小等8个项目完成征地，其中7个项目（除东阳技校外）完成省用地报批；横店四中、横店高中项目在全市重点项目半年度督查考评建设项目中分别获第一、第三。吴宁街道、城东街道、南市街道等原镇乡街道办公场所优先用于举办幼儿园，实现公办中心幼儿园镇乡街道全覆盖，公办幼儿园招生覆盖面提高至50%以上。

【疫情防控和复工复学】 2020年，教育系统开展新冠疫情防控和复工复学工作。1月22日，市教育局成立新型冠状病毒肺炎疫情工作领导小组，1月28日，发出《关于做好寒假及延

2020年7月1日，市人大常委会视察教育项目大会战工作（市教育局提供）

迟开学期间相关工作的通知》,延迟中小学(幼儿园)开学时间至2月17日后,寒假及延迟开学期间,暂停全市校外培训机构线下培训活动。2月6日,召开全市中小学"停课不停学"工作视频会议。线上教学典型案例《求同存异 融课程之精华》在中央电化教育馆"一师一课"微信公众号上宣传推广。自2月10日起,市教育局先锋队35名工作人员协助吴宁街道参与疫情防控工作,局派驻东街社区志愿服务先锋队获评市第二批战疫先锋团队。2月17—19日,市教育局派出3个基建工作小组,到有关镇乡街道开展新建学校项目有序开复工专项督查;2月20日,市重点教育项目全部开复工。2月26日,印发《关于做好新冠肺炎防治一线医务人员、援鄂医疗队员子女教育关爱工作的通知》,开展一线医务人员子女教育关爱工作。4月1日,全市2020年春季开学疫情防控工作培训活动以钉钉群直播形式举行,各中小学校长、幼儿园园长及分管副校长、分管处室负责人等1000余人同步参加。4月6日,东阳中学开展复学返校疫情防控演练。4月9日,教育系统开学返校演练暨工作会议在东阳中学召开。自4月13日起,全市各级各类学校分批有序开学,市教育局安排各科室人员为驻校教育管理指导员,对各中小学、幼儿园疫情防控工作进行检查指导和审核把关,确保开学返校顺利进行。

【大学新生第一课】 2020年8月29日,继上年"大学新生第一课"后,市委书记傅显明再次为准大学生们授思政第一课,希望他们争当美丽家乡的传播者、"勤勇韧能义"的践行者、求学成材的成功者。市委、市政府向大学新生赠送"开学乡礼":一罐东白茶、一抔东阳土、一瓶横锦水以及一个东阳制造的行李箱。潘建伟、郭广昌、楼永良、赵允良、张国芳等乡贤代表以视频形式为准大学生们送祝福与鼓励。优秀大学生代表叶子多分享学习生活经验;教师代表李军、大学新生家长代表蒋骏给大学新生赠言;大学新生代表吴骏成发言。

【奖教奖学】 2020年1月1日,在第二届世界东阳人发展大会主旨大会上,东阳中学教育发展基金会成立并举行捐赠仪式,基金捐资总额近2.6亿元。1月16日,江北教育发展基金首届颁奖典礼在上卢初中举行,该基金每学年评奖一次,奖励江北街道优秀师生,资助部分品学兼优的困难学子。8月8日,东阳国际汽车城向市慈善总会捐助1000万元成立奖教助学基金,专项用于奖励白云初中、白云小学的优秀教师和汽车城业主、经营户、员工的优秀子女。9月6日,南市街道奖教助学基金成立暨首届表彰大会召开,有195人次受到表彰(教师103人、学生88人、家长4人),发放奖金20万元。11月1日,东中教育发展基金会首届颁奖典礼暨110周年校庆筹备启动仪式举行,有35名优秀学生、250名教职工、28个教师团队获总额836.2万元的奖励。11月6日,东阳二中"爱江"教育基金成立暨首届颁奖大会举行,该基金由该校1990届校友徐江出资500万元成立,每年将其收益保底25万元用于奖教奖学,首签协议20年。12月16日,第31届王惕吾奖学金颁奖大会在巍山高中举行,有972人次学生、161人次教师获奖,颁奖总额142万元。12月27日,六石教育奖教奖学基金成立仪式暨千曳奖教奖学金签约仪式在六石中心小学举行,浙江千曳建筑工程有限公司董事长王志明捐资600万元设立"千曳奖教奖学金",将每年基金收益30万元用于奖教奖学,奖励优秀学生和教师。

9月9日,市委、市政府举行教师节庆祝大会,表彰59名优秀班主任、骨干教师、校长。市委、市政府出资千万元,奖励700余人。东阳中学教务处副主任赵雄华等6人获"东阳中学领军人才培优教师团队"奖,该奖项金额140万元,为最高单项奖。

【教育信息化】 2020年,东阳市入选教育部"基于教学改革、融合信息技术的新型教与学模式"实验区名单,入围中央电化教育馆"在线教育创新应用项目"试点区域,成为"省'互联网+义务教育'东阳实验区"。通过开展智慧教育环境提升、优质数字资源公共服务普及、网络学习空间应用深化、教育治理数字化转型、师生信息素养全面提升、网络条件下精准帮扶、智慧学习探索、"互联网+思政融合"八大工程,推进智慧教育省级试点工作,助力教育持续优质发展。发挥信息化教学优势,开展特色应用项目探索研究。在新冠疫情防控延期开学期间,开展"停课不停学"线上教育教学工作,开设初中、小学名师网络公益课堂1237节;完善基于大数据公民办同招的阳光招生系统;举办各级信息技术课堂融合能力培训100场;建成网络同步课程56门;继续推进中小学"1+5+X"(即1个创新中心、5个分中心、X个创新实验基地学校)创新实验体系建设工作,完善5个分中心建设,分层分类创建创新实验基地学校5个。建成40个智慧型新型教学空间,其中横店小学教育集团被评为全国网络学习空间应用普及活动优秀学校。

【教育信息化资源建设】 2020年,东阳市在之江汇教育广场精品教学空间评比中获一等奖1个、二等奖1个、三等奖2个,教师精品空间13个,学生精品空间19个;获2019年度金华优秀空间39个。在省数字资源开发活动中,获优秀微课程9个,合格微课程2个。教育信息化课题和典型案例研究立项国家级课题2个、省级课题6个、金华市级课题11个。区域智慧教育典型案例《构建基于网络学习空间的区域整体推进智慧教育东阳模式》、学校案例实验小学许小鸽的《基于网络学习空间的教育教学形态变革实践》、吴宁一中徐海金的《"互联网+同步课堂"促进城乡教育均衡发展》入选《中国智慧教育发展报告(2019)》;全省"基于技术的教与学方式变革"案例征集活动入围案例21个。组织参加金华市"基于技术的教与学方式的变革"优化课堂形态专题案例评比、金华市教育技术论文评比、第二十三届金华市教师自制多媒体教育软件评比、金华市教师信息技术创新大赛、金华市第二十一届中小学电脑制作评比、第二十一届金华市中小学电脑制作机器人项目成果展示、2020年金华市中小学生创客大赛、省第二十一届中小学电脑制作评比、第二十一届全省中小学电脑制作活动机器人项目成果展示、第二十一届全省中小学电脑制作活动创客竞赛等各项活动。

外国语小学、东阳中学被评为金华市智慧校园示范校,横店小学教育集团横店校区、市实验小学、江北小学教育集团茗田校区、市外国语学校被评为金华市智慧校园优秀校,巍山第一小学教育集团巍山校区、市第二实验小学、吴宁二校、横店三校、三单乡中小学、吴宁一中、市职业教育中心学校被评为金华市智慧校园合格校。东阳中学、槐堂初中、横店小学教育集团横店校区被评为浙江省数字教育资源建设与应用示范学校。市教育局被评为金华市区域和学校整体推进智慧教育单位。9月18日,通过省教育信息化应用专项补助经费使用和应用情况中期评估。11月,市教育局在《中国智慧教育区域发展研究报告》中撰写优秀案例,受到教育部教育管理信息中心嘉奖并做典型发言。11月24日,全国"基于教学改革、融合信息技术的新型教与学模式"实验区工作启动会召开,东阳教育信息化的经验与做法得到教育部领导的肯定。

【"互联网+义务教育"工作】 2020年,市教育局开展"互联网+义务教育"实验区建设和城乡学校结对帮扶扩面提质工作。启动农村义务教育段学校"互联网+同步课堂"结对帮扶环境改造工程,增加简易录播教室51个、精品录播教室11个,更新22所学校的多媒体、音箱、互动主机等设备,改造38所薄弱学校网络基础设施。4月29日,市"互联网+义务教育"结对帮扶推介活动举行,启动结对帮扶工作,结对学校66对(集团化办学6对,东西部扶贫9对)。5月,东阳市成为省"互联网+义务教育"实验区。11月30日,市"互联网＋义务教育"结对帮扶现场绩效评估迎检准备会举行。6所学校交流分享"互联网＋义务教育"结对帮扶工作经验。培育"互联网+义务教育"种子教师50人,成立市"互联网+义务教育"讲师团,引领结对学校开展教育教学工作。开展同步课堂1196节,专递课堂926节,教师网络研修853次,名师网络课堂60节,受益师生超过20万人次。10个"互联网+义务教育"优秀案例入选省"基于技术的教与学方式变革"——"互联网+义务教育"专题案例,区域典型案例《云端携手 结对共进》入选省教育技术中心编写的《技术赋能教育均衡》一书。

【考试招生工作】 2020年,市教育局完成高考、学业水平考试和选考科目考试、自学考试、全国英语等级考试、新教师招聘考试、中考(包括中考实验、计算机考试)等14次考试,报名总数68768人(普通高考6795人、高职考678人、高职理论998人、中考9693人、成人高考1514人、教师招聘2135人、学业水平考试和选考科目考试23918人,自考、各类证书考试3449人、其他考试19588人),试场6795个,205121课次。普通高中录取5365人,组建招生录取纸质和电子档案16684份。有2万余名高中生参加高中学考和选考,完成学考、选考、高考的组考120396课次;普通高中各选考科目比例,达到省选考科目平均水平,学业考试合格率99%,居金华市前列。推进国家教育考试网上巡查系统升级改造工作,完成高考考点(东阳中学、东阳二中、市外国语学校、中天高中、顺风高中、吴宁一中、吴宁二中、吴宁三中中山校区)的考试网上巡查系统的升级改造工程。推进中高考"最多跑一次"改革,实施考试业务平台网上报名、考试费用手机缴费,推进高考加分"一证通办"、网上查分、自学考试转免考与毕业认定等工作。5月,办结符合中考优待政策考生231人;7月,办结符合高考加分政策考生5人。5月,高校招生体检对部分学校尝试"送检到校",组织30余名医护人员到学校为学生进行体格检查。实施基于初中学业水平考试成绩、结合综合素质评价的高中阶段学校招生录取模式,提高优质普通高中招生计划定向分配到区域内各初中学校的比例,向农村初中倾斜。5月14日,市高等学校招生委员会发布《东阳市2020年初中学业水平考试与高中招生工作实施意见》,初中学业水平考试各科总分600分,取消2020年中考体育测试,无体育分(30分)计入中考总分。

【三支队伍建设】 2020年,市教育局加强班主任、骨干教师、校长三支队伍建设,提高教师专业水平及整体素质。构建"共产党员—教学能手—骨干教师—学科带头人—名优教师"梯度培养模式,建立"党员教师""匠心教师"工作室40余个。实施"专家型名师"培养计划,由特级教师和名师牵头,组建名师工作室22个,平均每人带徒15人,做好老少传承。健全党员和优秀教师"双培养"机制,发展党员41人,其中骨干教师38人,占92.6%;评出学科带头人58人,其中党员30人,占52%。4名教师参加第二届金华市中小学青年教师教学竞赛,东阳中学厉晶晶、市外国语学校冯建伟、市外国语小学韦佳佳分获中学语文组、中学数学组、小学组一等奖,白云初中任雯获中学英语组二等奖。225名新教师完成为期一周的岗前培训,5373名中小学(幼儿园)教师参加业务素质考试,基本实现在岗教师(男50周岁、女45周岁以下)"人人参考、全员提升"。实施"智慧型班主任"培养计划,搭建班主任交流和教育智慧分享平台,举办2期全市班主任论坛,开展班主任基本功大赛和送培下乡活动,推动班主任专业化发展。实施"名校长"培养计划,选拔92名局管后备干部,分2批开展5期培训,通过专家讲座、名校顶岗见习等,全面提升校长专业发展水平。10月18日,市教育骨干高级研修班开班典礼在上海市举行,分面授课程、跟岗学习、课题指导、学术沙龙四个模块,采取专题讲座、经验分享、实践观摩、论文指导等模式开展培训,主要讲授教育管理学和教育学原理两门课程,52名教育骨干参加。教研室许志芳、吴宁一中孙超群获评省中小学正高级教师。增加省春蚕奖5人(浙江省东阳中学许瑶、巍山高级中学吴国强、市职业教育中心学校二职校区游静、吴宁第五小学葛敏辉、市第二实验幼儿园斯婷);金华最美教师1人(市外国语学校卢旻筱),提名奖1人(市特殊教育学校李丹芬),金华优秀班主任28人;东阳拔尖人才5人,学科带头人48人,市级优秀班主任200人,骨干教师800人,校级优秀班主任500人。教师节期间,市委、市政府表彰教育系统惕吾杯"立德树人"优秀校长奖3人,"教书育人"优秀班主任奖100人,"传道授业"优秀教师100人。市职业教育中心学校金春华、东阳中学吴乐平等5名教师援疆支教。

2020年东阳市学校教职工基本情况一览表

表43

学校	教职工数(人)	专任教师数		学历				职称			年龄结构							
		合计(人)	其中女(人)	合格人数(人)	合格率(%)	超标人数	超标率(%)	高级人数(人)	中级人数(人)	初级人数(人)	24岁及以下	25至29岁	30至34岁	35至39岁	40至44岁	45至49岁	50至54岁	55至59岁
小学	4467	4279	3531	4279	100	4271	99.81	166	2295	1491	273	1023	1110	802	553	271	182	65
初中	2371	2296	1458	2296	100	2252	98.08	407	1219	542	116	359	315	302	328	329	344	203
高中	1548	1423	800	1407	98.88	164	11.52	322	422	454	138	266	213	183	225	142	165	91
职中	545	471	233	454	96.39	33	7.01	137	199	77	85		49	53	146	69	46	23
幼儿园	5078	2845	2824	2845	100	2845	100	23	204	1239	—	—	—	—	—	—	—	—
特殊教育	47	47	37	47	100	47	100	4	20	23	5	15	16	4	1	4	1	1

东阳市"金华市优秀班主任"一览表

表44

姓 名	工作单位	荣誉称号
吕雅萍	东阳中学	金华市优秀班主任
厉 杰	东阳市第二高级中学	金华市优秀班主任
冯建伟	市外国语学校	金华市优秀班主任
严晓峰	巍山高级中学	金华市优秀班主任
王晓燕	南马高级中学	金华市优秀班主任
刘玉良	湖溪高级中学	金华市优秀班主任
胡向英	市职业教育中心学校东技校区	金华市优秀班主任
金洁蓉	吴宁一中	金华市优秀班主任
王志艳	吴宁二中	金华市优秀班主任
赵淑英	白云初中	金华市优秀班主任

续表44

姓 名	工作单位	荣誉称号
王 萍	江北上卢初中	金华市优秀班主任
陈晓凌	李宅初中	金华市优秀班主任
马冰芳	歌山镇第一初级中学	金华市优秀班主任
金成飞	三单乡中小学(初中部)	金华市优秀班主任
赵红梅	马宅镇初级中学	金华市优秀班主任
陆满珍	中天国际初级中学	金华市优秀班主任
曹旭阳	市外国语小学	金华市优秀班主任
张 莉	吴宁第二小学	金华市优秀班主任
何 佳	市实验小学	金华市优秀班主任
张虹群	吴宁第四小学	金华市优秀班主任
郭珊珊	吴宁第五小学	金华市优秀班主任
吴玉华	市第二实验小学	金华市优秀班主任
金 玲	江北小学教育集团茗田校区	金华市优秀班主任
包波浪	南市街道槐堂小学	金华市优秀班主任
程飞央	巍山教育集团巍山校区	金华市优秀班主任
李小凤	湖溪镇中心小学	金华市优秀班主任
张飞飞	横店小学教育集团横店校区	金华市优秀班主任
胡锦妙	市实验幼儿园东景园区	金华市优秀班主任

【平安校园建设】 2020年，市教育局落实《东阳市教育系统安全工作岗位责任制实施办法》文件要求，形成全市教育系统各司其职、各负其责、齐抓共管的安全工作格局。落实学校安全校长责任制，将年度校园安全工作完成情况列入学校年终考核内容并实行考核倒扣分无上限制度；健全安全工作机制，把“校园安全守护行动”列入教育督导、平安校园、文明校园、“晒拼创”和教育工作考核。根据《浙江省中小学幼儿园安全防范工作实施细则》《中小学幼儿园安全防范建设三年行动计划》要求，推进校园人防、物防、技防及长效机制建设，公办学校配齐、配足专职保安，校园视频监控系统全覆盖，实现封闭化管理、一键式紧急报警，完成“智安校园”安防建设单位74家。加强师生安全教育培训，开展开学第一课、防溺水、消防等专题学习，授课8212课时，学生学习294647人次。落实教育部印发的《中小学幼儿园应急疏散演练指南》，建立健全科学、规范、操作性强的安全应急演练预案，组织师生参与应急疏散演练活动，提高应急处置能力。利用升旗仪式、大型集会，开展“一分钟安全警示教育”，做好“每天放学前一分钟、周末放学前五分钟、节假日放假前半小时”的安全教育活动，实现安全警示教育常态化。市、区域、学校上下联动，采取“全面查、深入查、精准查、持续查”等形式，定期开展多层次、全参与、立体式的校园及周边安全隐患排查整治。按照“责任、措施、资金、时限、预案”五到位要求整治隐患，实行隐患治理闭环管理，完善“一患一档一照片”隐患整改档案建设。开展食品安全守护行动，推进食品安全规范化、常效化。以《金华市学校校园食品安全守护行动实施方案》《关于落实主体责任强化校园食品安全管理的指导意见》为指南，推进“智能阳光厨房”民生工程，完成智能阳光厨房建设50所。建立健全护校队和保安值勤工作制度、校园周边部门联合网格化管理制度、“学生安全千万家”家访制度

以及防溺联席会议、村校联动等制度，以机制建设和行动落实保障校园周边安全。市教育局学校安全管理工作被评为金华市校园安全管理优胜单位。

【教育行政审批】 2020年，市教育局完成民办学校、幼儿园、培训机构设立14家，变更13家，终止9家。办理教师资格证补发换发6人次，休学、复学、转学等369人次，民办幼儿园分类登记119家。因疫情防控需要，简化教师资格认定流程，在材料实行承诺制的基础上，取消申请人现场认定环节，经网上审查、体检等环节，通过幼儿园、小学、初中教师资格认定415人。

【教学研究】 2020年，市教研室推进教学教研改革，开展主题教研，引领教师精准解读教材，培育"三小"（小命题、小讨论、小反思）教研模式。加强教研员队伍建设，组织开展课题、命题、专业素养等培训与比赛活动，提升教研员理论水平与实践研究能力；参与专题调研20余次，区域帮扶活动30余次，开展室本研修及教研员专业比武6次；市教研室支部获评2019年省先进教研集体，获评省"三育人"岗位建功先进个人1人、省优秀教研员1人、市首届学科带头人4人。获评省先进教研组3个、金华市先进教研组6个；入选省级典型改革优秀案例8项、优秀精品数字教育资源1个；获金华市第十三届教研课题成果奖三等奖4个，金华市科研成果奖一等奖6个、二等奖12个、三等奖20个；论文课题研究报告获省一、二、三等奖各2篇、2篇、9篇，获金华市一、二、三等奖各29篇、49篇、83篇。

市教育局推进"五年培育计划"，承办金华市德育课程整合推进会及省市各学科研讨活动，举办市级"四自"班主任培育工程、名优教师课堂教学展示、市中小学教师业务素质考试等活动。在各类省市教学技能评比中获奖108人次，其中获省优质课评比二等奖3人、三等奖1人，金华市优质课评比一等奖16人、二等奖15人、三等奖9人。各教学联盟开展教研活动40余次，开课青年教师200余人，参与说课、评课600余人。落实新课改精神，开展新课程标准和新教材学科培训工作，指导学校开展校本课程开发实施，组织开展高中、义务段学校精品课程征集与推评活动。4个STEM（科学、技术、工程、数学）教育项目学习案例入选省级"抗疫情项目学习案例"，19门课程入选金华市普通高中第十批精品选修课程，3门课程入选第四批金华市义务教育精品课程，4个作品入选金华市中小学"抗疫情"项目学习活动案例，4个作品入选金华市线上综合教育优秀案例。

【课题研究】 2020年，市教育局加强疫情下中小学、幼儿园的课题研究和管理，开展中小学课程改革和国家、省级示范区实验工作。三单中小学胡润平的《教师驻村：乡村学校家校合作共育新模式的构建》、市外国语小学马笑莲的《基于全息理念的小学德育整合策略研究》等10个教科研项目入编《2019年度金华市优秀教育科研成果汇编》。5月19日，金华市沈兵少先队名师工作室举行东阳市"红辅学盟"少先队课题开题论证会，工作室8名核心学员撰写的课题开题论证。

组织教师参加省、金华市各类课题、论文及征文比赛。在省2019年度优秀教育科研成果课题评比中，吴宁五校课题成果获省一等奖，江北实验幼儿园、市实验幼儿园成果获二等奖，市第二实验幼儿园成果获三等奖。在金华市2020年度教育科研优秀成果评比中，市外国语小学卢雁红的《全息教育：小学教育改革的新样态》、王宇燕的《儿童哲学理念下小学语文哲思教学的实践研究》、吴宁一中徐海金的《"未来课堂"视域下的初中语文教学变革研究》、白云中心小学卢永俊的《基于问题解决的小学劳动教育校本化实施的研究》、市实验幼儿园沈群英的《"灵润"课程实施的可视化评价路径研究》、吴宁二校楼美刚的《幸福教师俱乐部：幸福教师培养路径的实践研究》、花园外国语学校赵晓丽的《小学生适应能力影响因素与心理干预实践研究》7个课题成果获金华市一等奖。市外国语小学卢雁红的《小学全息教育的实践研究》、吴宁一校陈红亮的《指向学科素养的点式教学研究》2个课题入选金华市精品课题。7篇论文参加省教育学会实验学校分会的"防控常态化背景下的教育教学"专题论文评选，5篇论文送评长三角城市群"创新视角下的教育现代化"征文活动，其中市实验小学俞丹丹的论文获一等奖；获金华市第十四届教育科研战"疫"专题论文评比一等奖4篇、二等奖8篇、三等奖17篇；获金华市2019年度教育科研优秀论文评比一等奖22篇、二等奖40篇、三等奖63篇。

【心理健康教育】 2020年，市教育局开展疫情防控在线心理咨询，做好中小学心理健康教育工作。市教育局、市妇联联合开通心理咨询热线（电话86613861），建立"教育系统疫情防控心理疏导"微信群，开展心理疏导工作。在因爱家庭教育引航站，安排持心理咨询师证的骨干教师，为广大师生和家长提供心理咨询服务。市中小学心理健康教育指导中心组织各校同步开通"战"疫心理援助热线。各中小学组建心理疏导志愿团队，公布疫情防控心理咨询热线，解答家长普遍担忧的孩子假期沉迷网络游戏、亲子关系调适等问题。3月，6节心理健康视频课在市中小学"网络公益课堂"上播放。4月20日，部署复学前后心理危机预防与干预工作，各校对8类心理高危学生（来自重点疫区的中小学生、家属或自身患有新型冠状病毒肺炎学生、抗疫一线工作人员子女、初高中毕业班学生、各类患有精神疾病的学生、患有严重心理问题的学生、明显性格偏差的学生、亲子关系不良的学生）开展心理危机筛查。4月21日，开展复学后学校心理健康教育工作落实情况在线填报，加强复学后学校心理健康教育指导工作。组织中小学、幼儿园教师C证线上培训8期，计2100人参加。六石中心小学、白云中心小学、花园外国语学校接受省心理健康教育示范校创建验收。4月23日，组织中小学校行政领导、心理健康教育专兼职教师、小学五年级及以上年级班主任、其他学科教师，收看省高校心理危机干预研究中心专家委员会主任委员、教授赵国秋的《复学后学生心理危机识别与处理》视频讲座。4月26日，“市中小学疫情背景下的心理健康教育专题培训”举行，浙江师范大学副校长李伟健作心理健康教育辅导报告。5月29日，在全市中小学（幼儿园）校长安全工作会议上，市职业教育中心学校心理健康教育负责人金巧兰作题为《心理健康教育助力学生健康成长，促进校园和谐发展》的专题讲座。

（陈全洪）

学前教育

【概况】 2020年，东阳市有幼儿园154所。公办幼儿园65所，幼儿20394人，公办幼儿园覆盖面50.65%；民办普惠性幼儿园147所，幼儿37745人，民办普惠性幼儿园覆盖面93.75%，等级幼儿园覆盖面98.29%，一级、二级幼儿园覆盖面64.86%。班级1412个，毕业生12534人，招生15619人，在园幼儿40263人（在园幼儿包括非毕业生和新生），园均规模261人。教职工5078人，其中专任教师2845人。幼儿园总占地面积531740.21平方米，生均13.21平方米，总建筑面积411012.93平方米，生均10.21平方米。开展学前教育发展第三轮三年行动计划收官工作，推进城镇小区配套幼儿园治理工作和农村幼儿园补短提升工程，获“实施学前教育补短提升工程”省政府激励，受到副省长成岳冲批示肯定。《中国教育报》两次头版报道优先发展学前教育先进工作经验。12月，市委、市政府印发《关于学前教育深化改革规范发展的实施意见》，对新时代学前教育改革发展进行顶层设计和全面部署。根据《关于大力实施人才强市战略服务赶超发展的若干意见》和2020年补充政策，开展符合条件的东阳市高层次人才子女申请就读学前教育工作，根据人才意愿安排其子女到相关幼儿园就读。5月16日、5月22日，市教育局、南市街道、画水镇及相关部门联合执法，关停两辖区内的违法违规办学幼儿园各一所。10月，市实验幼儿园艺海园区和东景园区的大班孩子和义工家长在江滨广场集结，举行“为爱发声 致敬英雄”第五届毅行活动，鼓励孩子用行动来演绎英勇品质。

【全域幼儿园结构优化】 2020年，市教育局依据《东阳市幼儿园等级提升工程方案（2017—2020）》，落实结对帮扶工作，加大二级以上优质园培育和公办园扩容力度。增加二级幼儿园18所，公办覆盖面从40.28%提到50.65%。新评普惠性民办幼儿园7所，普惠覆盖面巩固在90%以上。11月，省评估组对市第二实验幼儿园开展一级幼儿园评估；市教育局组织开展民办普惠性幼儿园现场认定工作。依据《东阳市城镇住宅小区配套幼儿园建设管理实施办法（2020年修订）》，推进城镇住宅小区配套幼儿园治理工作，如期完成10所幼儿园治理。联合相关部门撤并低、小、散幼儿园21所，优化幼儿园结构。

【幼儿园课程建设】 2020年，市教育局以市实验幼儿园、市第二实验幼儿园、江北实验幼儿园、横店中心幼儿园为龙头，组建四个“课改联盟”，建立“一联盟一月推一园”活动机制，让一所城区优质幼儿园带领数个农村乡镇公办中心园，同频建设幼儿园课程；以乡镇中心幼儿园为龙头组建幼教联盟，大乡镇单独成立幼教联盟，小乡镇联合建立幼教联盟，每月开展一次大主题、每周开展一次小主题教研活动，镇村幼儿园同步实施园本化课程。举行四场区域推进“城乡一体化”幼儿园课程园本化实施成果展示活动，以课程建设助推幼儿园内涵提升。12月，以“探究课程适宜性·共研课程园本化”为主题的江北课改联盟课程园本化实施展示活动在江北实验幼儿园山口园区举行，杭师大教授黄小莲和学前教育科、教科所相关负责人及全市二级园以上各幼儿园园长参加；以“让游戏成为横幼童年最亮的底色”为主题的横店幼+课改联盟园本化实施展示活动在横店中心幼儿园举行。省重点课题《三盟三本：区域推进幼儿园课程城乡一体化的实践研究》完成立项。

【幼儿园项目建设】 2020年，市教育局实施8个中心幼儿园品质提升、6个城区幼儿园增补扩容、4个农村幼儿园“薄改”（农村薄弱幼儿园改造）提升的“864工程”。11月，市学前教育基本建设工作推进会在六石实验幼儿园召开。吴宁振兴路幼儿园、市第五实验幼儿园上卢园区、城东中心幼儿园斯村园区、六石实验幼儿园、南市中心幼儿园、南马中心幼儿园、巍山中心幼儿园、江北实验幼儿园山口园区8所公办新建幼儿园正式开园。

【幼儿园管理督查】 2020年，市教育局开展幼儿园年度办园水平评估工作。按照新修订的等级园评定标准，组织三级园评估复核及普惠园

2020年7月21日，完成建设的南市中心幼儿园 （市教育局提供）

复核认定。7月,金华督察组到东阳市对学前教育补短提升工作开展专项督查,到城东中心幼儿园斯村园、横店集团幼儿园南江名郡园区、市第三实验幼儿园新南路园区、江北实验幼儿园望江园区、江北实验幼儿园山口园区,了解城镇小区配套幼儿园治理实施情况。9月,召开市学前教育发展座谈会;10月,召开民办园规范优质发展现场推进会,全市100余所民办幼儿园举办者、园长参会;11月,开展民办普惠性幼儿园现场认定工作。

【幼儿教师队伍建设】 2020年,市教育局实施《东阳市幼儿园教职工队伍建设专项规划》《东阳市学前教育骨干教师三年建设规划》,通过三级平台优化骨干教师研修培训,培养在岗教师:"一级平台"培养名师名园长,"二级平台"培养百名骨干教师,"三级平台"建立乡镇(街道)区域带徒制,用"1+X"模式培养更多优质幼教师资。举办教师资格证考前培训班,组织140余名老师参加教师资格证考试。联合相关部门组织保育员技能大赛,提升保教人员素养。

【幼儿园入学报名】 2020年,市教育局推进幼儿园入园"一件事"改革,开发建设并多次完善升级"东阳市幼儿园入学报名系统",适龄儿童家长登录浙江政务服务网或手机浙里办App的"东阳市幼儿园儿童入园"平台,在线上传资料办理报名登记,工作人员线上完成审核,为广大儿童家长及幼儿园提供方便。8763名起始年龄段儿童通过"东阳市幼儿园儿童入园"平台报名入园。

(陈全洪)

义务教育

【概况】 2020年,东阳市有小学77所(其中教育部门办70所),班级1776个,毕业生11184人,招生12677人,在校学生72073人(其中女生32639人),校均规模936人。教职工4467人,其中专任教师4279人;小学总占地面积1653657.5平方米,生均22.94平方米,建筑面积818775.74平方米,生均11.36平方米。初中35所(其中教育部门办31所),班级692个,毕业生9854人,招生10622人,在校学生30499人(其中女生14029人),校均规模871人;教职工2371人,其中专任教师2296人;初中总占地面积1265328.2平方米,生均41.49平方米,建筑面积630999.35平方米,生均面积20.69平方米。小学学龄人口入学率、小学升初中比例均为100%,初中入学率、巩固率均为100%,初中毕业生升入高中段比例99.02%。开展经典诵读视频比赛,选拔参加金华市经典诵读比赛,获二等奖3个,三等奖3个。全市中小学环保宣传教育普及率98%以上,通过考核获省级绿色学校2所、金华市级绿色学校7所、东阳市级绿色学校5所。省初中教育质量监测24项指数,有15项与全省平均水平相当,9项高于全省平均水平,其中5项列全省前10%。

【"五好学生"评价改革】 2020年,市教育局推进"五好学生"评价改革。各校党组织以课程顶层设计为总领,构建综合评价体系,设定评价操作办法,实施评价改革取得好的效果。一些学校开始探索构建有利于引导学生德智体美劳全面发展的多元评价激励标准和体系,涌现出市外国语小学《学生核心素养发展评价》、横店镇中心小学《七彩阳光少年评价》、巍山第一小学教育集团巍山校区《五好竹品少年评价》、吴宁五校《五色葵花评价》等一批典型做法和经验。

【义务教育标准化学校创建】 2020年2月25日,浙江省2019年第二批义务教育标准化学校名单公布,南山小学、庆华外国语学校、春蕾小学达到《浙江省义务教育标准化学校基准标准》要求,获批为义务教育标准化学校。全市121所义务教育段学校,有120所学校完成省义务教育标准化学校创建。

【义务教育段阳光招生】 2020年,东阳市实施义务教育段学校"网上报名、公民同招"政策,建立统一招生平台,同步报名、同步录取、同步注册,报名若超计划实行电脑随机派位录取。专报信息《市教育局用足用活大数据打造"上学一件事"网上办理好体验》一文获市委书记傅显明、市长楼琅坚批示肯定。平台线上报名23974人,线上录取22197人,报名超过招生计划的民办学校分8个批次通过电脑摇号招生。随迁子女公办义务教育学校入学比例80.11%。有34名新东阳人享受凭居住证积分入学政策,其随行未成年子女在东阳城区或横店镇区公办学校接受义务教育,通过志愿服务加分的有14人。12月,结合区域内适龄学生人数、人口分布、学校布局与规模、交通状况等因素,制订吴宁、白云、江北区域小学学区调整方案并予公示。

【学后托管】 2020年,全市68所有托管刚需的小学开展托管服务,托管学生37517人。推出"1+N"学后托管工作模式,解决"三点半难题"(孩子放学早、家长不便接)。"1+N"模式是指学校除提供看护性质基础性托管服务,学生在老师的管理下自主完成作业、预习、复习外,还安排体育、艺术等方面的社团活动,供参加托管的学生自主选择。

【品德教育】 2020年8月,市委政法委、市教育局联合制定《东阳市校园反邪教"春蕾计划"实施方案》;9月,各中小学把反邪教教育纳入始业教育一个重要内容,开展"反邪教宣传月"警示教育活动。开展以"五个一"(参观一次禁毒展览、观看一部禁毒影视剧、开展一次禁毒知识竞赛、开展一次禁毒征文比赛、开展一次禁毒主题班会)为重点的毒品预防教育活动,让每名学生每学期都能接受一次毒品预防教育;市第三高级中学等10所学校被评为禁毒教育示范学校。9月,市实验小学德育副校长俞丹丹应邀出席长三角家校合作论坛并作主题发言。9月30日,50余名家委会成员在虎鹿中心小学校听取因爱志愿者——巍山第一小学教育集团巍山校区程奕平的讲座《和善而坚定地爱孩子》,其他800余名家长在各班教室收看直播。市教育局被教育部关工委评为“新时代好少年”主题教育读书活动“美好生活 劳动创造”先进集体。

11月26日，金华市“以国家德育课程为中心的整合实施”推进会在横店小学教育集团横店校区报告厅举行，数百人分别在8个分会场收看直播。市教育局工作人员向与会人员介绍东阳市德育整合工作的实施机制及推进情况。市外国语小学、金东区实验小学、浦江县龙峰国际学校、义乌教研室作道德与法治课程整合的经验介绍。

【新教育实验】 2020年，市教育局常态化开展新教育联盟展示与研讨活动，在市新德育行动叙事评选活动中收到征文399篇，择优报送新教育研究院，获全国特等奖2个，一等奖4个。市外国语学校、吴宁第一初级中学、千祥镇中心小学、江北小学教育集团茗田校区、市实验幼儿园获“全国新教育实验优秀实验学校”称号。江北初级中学校长金海强被新教育研究院授予“2020年度智慧校长”提名奖；市实验小学王学谦等8人被授予“新教育实验先进个人”称号。横店小学教育集团南上湖校区张雯雯在全国新教育实验第二十届研讨会作题为《守礼 立德 逐梦——“三阶三线”理念下国家课程校本化实施与思考》的演讲，该校“将国家课程校本化做活新教育”的做法受到有关专家肯定。

【STEM教育】 2020年，东阳市STEM教研团队从“区域整体推进”“未来院士培养”和“学科融合研究”三条主线推进STEM试点工作；以全国STEM教育联盟学校吴宁一中、白云中心小学为核心，涵盖全学段15所中小学（幼儿园）组成的第一批STEM教育联盟学校，展现不同的实践样态。在疫情防控延期开学期间，各联盟学校结合学校特色办学实际，引导学生在宅家生活中“动起来、想起来”，从“抗疫生活行”“抗疫用具DIY”“抗疫新思路”三大主题入手，开展以疫情防控期间真实社会事件为学习情境的项目学习活动，择优在

2020年12月10日，浙江省中小学STEM教育试点区专题研讨暨东阳市STEM教育骨干培训在东阳市举行（市教育局提供）

“东阳教育”微信公众号上推出“原味展示”“样态培育”“深度探索”和“拓展推广”四大系列共计12个项目学习案例。白云中心小学陈杭晶的《基于STEM思想的小学生防疫护目镜制作研究》、市外国语学校徐丽丽的《“抗疫有法，我们在行动”》、槐堂小学马宝燕的《“蒜”你知多少》、吴宁五校陈俏的《STEM+科创：居家抗疫我也行》4个案例入选省教育厅《“抗疫情”项目学习案例征集活动入选名单》。

6月2日，省STEM教育东阳试点区第二次工作会议在市第二实验小学举行。第一批联盟校和拟进入第二批联盟校的分管领导、骨干教师参加会议，其他中小学、幼儿园课改负责人同步参加钉钉线上会议。会议明确，下一阶段将以问题为导向，从学科知识、生活经验、以学生为中心三个维度，将STEM教育落实在课程上，着力在课堂中，探索和总结有东阳学校特色的STEM教育实践样态。12月10—11日，省中小学STEM教育试点区工作会议在东阳市举行，会议通过专家报告、经验分享、圆桌会议等方式，围绕STEM教育区域工作推进机制展开研讨。

【体育工作】 2020年，江北第二小学、南马高中分别申报2020年全国、省青少年校园足球特色学校。吴宁二中被确定为2020年全国青少年校园排球体育传统特色学校。8月，浙江省第11届中小学生校园足球联赛小学女子乙组总决赛在横店第三小学举行，横店第三小学获二等奖。10月25—27日，金华市青少年田径锦标赛举行，东阳市运动员获金牌33枚、银牌16枚、铜牌12枚，团体总分604分，列金华市第一。吴宁四校田径队参加2020年省第六届青少年阳光体育运动会，获田径项目团体总分第二名。怀鲁小学网球代表队参加省青少年阳光体育比赛，获团体总分第一名，该校戚毅帅参加全国青少年网球积分排名赛“郑洁杯”网球比赛，获U10组单打冠军。10月21—23日，市第33届中小学生田径运动会举行，全市86所高中（职校）、初中和小学的86个运动代表队858名运动员，参加短中长跑、三项全能、跳远、铅球等23个项目87个小项比赛。11月17日，市第14届学生阳光体育冬季长跑活动启动仪式在吴宁二中举行。

【艺术教育】 2020年，在金华市义务教育阶段学生艺术素养监测中，东阳市音乐、美术合格率均列第一。吴宁二中等6所学校的节目获金华市艺术节艺术表演类一等奖；南马镇中心小学林曼妮等37名同学的美术作品获金华市艺术节一等奖；市外国语学校获金华市艺术节优秀组织奖。六石中心小学、横店中心小学、市第二实验小学获评金华市第八批艺术特色学校。8月，市中小学音乐教师“婺

剧表演”培训活动举行,市婺剧特色学校的音乐教师、部分骨干音乐教师共30余人参加。

【少先队工作】 2020年3月31日,金华市“沈兵少先队名师工作室”在吴宁一中举行“红领巾新时代劳动教育新思维新路径”分享会,会议提出东阳特色的红领巾新劳动教育路径和策略。5月26日,由团市委、市教育局、市文明办、市少工委主办的2020年市“新时代好少年”优秀事迹发布会在吴宁五校举行,经学校推荐和市级评定,评出东阳市“新时代好少年”100人,评选出10名少先队员成为金华市“新时代好少年”候选人。5月28日,市党团队三旗传递暨少先队入队仪式在市实验小学举行。262名一年级预备队员加入中国少年先锋队。12月29日,画水镇中心小学四(3)班中队获评“全国优秀少先队集体”称号。千祥镇中心小学辅导员赵晓、市外国语小学辅导员蒋晓黎被评为2019—2020年度省优秀少先队辅导员;市外国语学校李米多、吴宁五校吴祁洋被评为2019—2020年度省优秀少先队员。

【新劳动教育】 2020年,东阳市开设木工、纸塑、编织、布艺四个主题骨干教师培训班和普及班,参训教师近千人次。在金华市第四批义务教育精品课程及学校课程建设材料征集活动中,巍山第一小学教育集团巍山校区选送的《劳动最光荣》、市实验小学选送的《百工之路从容行》、吴宁第四小学选送的《“古建古剧新卓越”STEM课程》入选金华市劳动实践类别精品课程名单。3月31日,金华市“沈兵少先队名师工作室”举办“新劳动教育新思维新路径”分享会,提升“新劳动教育”工作。吴宁一中、巍山第一小学教育集团巍山校区、吴良小学3所学校的校长和白云中心小学教导主任、名师工作室8名核心学员代表介绍学校“新劳动教育”工作经验。10月30日,市红领巾“新时代劳动教育”论坛暨金华市“沈兵少先队名师工作室”活动举行,各中心小学、基地初中大队辅导员40余人参加。

2020年12月18日,市实验小学讲解员韦杰轩解说博物馆各展厅和“馆校合作”成果展 (王晓颖/摄)

市教科所所长沈兵分享“东阳新时代劳动教育3618新模式新探索”,市外国语小学、白云中心小学、市实验小学、巍山第一小学教育集团、江北小学教育集团、南马镇中分别介绍各校开展新劳动教育的创新做法。11月24日,金华市中小学劳动教育成果推广展示活动在东阳市举行,60余所学校到场学习交流。白云小学老师上了一堂木雕贴花的劳动展示课,该校“基于红领巾劳动合作社的劳动教育新实践”、兰溪聚仁小学“创动+”新劳动教育特色课程和金华开发区湖海塘小学《土壤应用与改良》创造性劳动教育校本课程,作为新劳动教育成果做经验介绍。5月1日,《少先队活动》杂志第5期以《新时代劳动教育的新思维新路径——浙江东阳市少先队劳动教育的新探索》为题,推介东阳特色劳动教育“三理念、六路径、十八策略”。《辅导员》杂志在7—8月下期以《探索少先队劳动教育新路径》为题,推介东阳市新劳动教育工作经验。

【研学旅行】 2020年,20所学校向市教育局报备开展研学活动,参与学生11275人次。7月3日,金华市中小学生研学实践教育基地和营地名单公布,虎鹿镇蔡宅村中小学生研学实践教育基地和中国木雕博物馆被认定为金华市中小学生研学实践教育基地,横店圆明新园研学营地被认定为金华市中小学生研学实践教育营地。8月18日,市教育局印发《关于组织开展2020年东阳市中小学生研学实践教育基地和营地申报认定工作的通知》,完成9家申报单位的材料审核,12月,完成申报单位的实地踏勘。12月18日,市博物馆和市实验小学“馆校合作”协议签约暨授牌仪式举行。市博物馆和市实验小学开展馆校合作,开发“我爱红土地”“腾飞吧,东阳龙”“东阳教育前世今生”“我与木雕有个约会”等六大主题系列校本课程,有参观体验、现场教学和专题实践等形式。

【卫生与健康】 2020年1月,市教育局推行疫情零报告与每日一报制,对18万名师生的健康状况进行每日排摸,统筹做好停课不停学期间的线上教学、德育工作、教材发放等工作。完成127756份屈光发育档案筛查和对40088名幼儿园幼儿开展近视调查,近视发生率比上年下降1.15%。组织学校开展爱眼日、近视防控宣传周等活动,推进近视防控工作。吴宁一校与市实验小学获评首批“金华市儿童青少年近视防控示范单位”,市实验小学获评“浙江省健康促进学校近视防控特色学校”。完成10129名小学二年级学生的窝沟封闭和18387名小学三年级学生的口腔检查。申报创建健康促进学校，市实验小学获评健康促进金牌学校，7所学校获评银牌学校，3所学校申报健康促进铜牌学校，11所学校申报银牌学校。对15所学校进行“东阳市生活垃圾分类示范单位”考核，向各中小学发放垃圾分类读物25000余本。

（陈全洪）

高中教育

【概况】 2020年，东阳市有普通高中13所（教育部门办6所）、班级370个，毕业生5762人，招生5399人，在校生16398人（女生8383人），校均规模1261人。有教职工1548人，其中专任教师1423人。教育部门办普通高中毕业生3241人，招生3076人，在校学生9258人，教职工862人，其中专任教师834人。学校占地面积1047308平方米，生均面积63.87平方米；校舍建筑面积515335.26平方米，生均面积31.43平方米。7月，东阳二中、东阳三中、巍山高级中学、南马高级中学、湖溪高级中学5所学校纳入高级教师及以下职称自主评聘改革范围，成为教师职称自主评聘改革试点。11月，东阳中学接受省首批现代化学校评估检查。

【高考成绩】 2020年，东阳市普通高中一段上线1591人（文化类1363人），比例23.3%，其中东阳中学一段上线人数634人（比例88.7%），入围清华大学和北京大学“强基计划”▲6人，录取3人。东阳中学吴骏成以705分列金丽衢地区第2位。中职高职考上线率98.3%。3名学生被招收为飞行员，其中东阳二中包玉树被空军航空大学飞行技术专业录取。

▲“强基计划”：一般指基础学科招生改革试点，主要是为了选拔培养有志于服务国家重大战略需求且综合素质优秀或基础学科拔尖的学生。入围一凭高考成绩，二凭学科竞赛奖项（通常说的破格入围）。

2020年东阳市普通高中办学基本情况一览表

表45

学校类别	学校数(所)及名称	在校学生数(人)	教职工数(人)			学校占地面积(平方米)		校舍建筑面积(平方米)		藏书量(册)		计算机(台)
			总数	专任教师	高级教师	计	生均	计	生均	计	生均	
合计	13	16398	1548	1423	322	1047308	63.87	515335.26	31.43	1053528	64.25	5973
其中教育部门办	6	9258	862	834	269	615956	66.53	272509	29.43	589278	63.65	3858
	东阳中学	2198	239	228	93	184268	83.83	82004	37.31	167555	76.23	1056
	东阳二中	2162	181	178	57	151355	70.01	74040	34.25	112000	51.80	662
	巍山高中	1895	156	149	50	93900	49.55	38073	20.09	127500	67.28	748
	东阳三中	1063	103	99	18	59168	55.66	33902	31.89	65565	61.68	579
	南马高中	1341	115	113	33	80629	60.13	30479	22.73	80366	59.93	541
	湖溪高中	599	68	67	18	46636	77.86	14011	23.39	36292	60.59	272
民办	7	7140	686	589	53	431352	60.41	242826.26	34.01	464250	65.02	2115
	市外国语学校	1196	120	119	24	82137	68.68	56367	47.13	111836	93.51	815
	中天高中	1540	144	124	5	66600	43.25	36628	23.78	88062	57.18	405
	顺风高中	1973	198	158	2	86100	43.64	54787	27.77	111500	56.51	224
	横店高中	1225	97	74	10	64600	52.73	32280	26.35	78000	63.67	330
	利民高中	947	86	76	5	52026	54.94	15330	16.19	54010	57.03	189
	尚学传麒	3	7	6	0	35333	11777.67	8135	2711.67	7922	2640.67	40
	花园外国语	256	34	32	7	44556	174.05	39299.26	153.51	12920	50.47	112

2020年1月1日,东阳中学教育发展基金会成立　　(市教育局提供)

【东阳中学教育发展基金会】 2020年1月1日,在第二届世界东阳人发展大会主旨大会上,东阳中学教育发展基金会成立并举行捐赠仪式。基金捐资总额近2.6亿元,其中,王惕吾奖学基金会名誉理事长赵允良博士捐赠4000万元,东阳中学1993届8班同学会以集体名义捐赠1000万元,一名爱心人士以"爱东中"的名义捐赠1000万元。11月1日,东阳中学教育集团理事会、东阳中学教育发展基金会理事会第一次会议在市行政中心举行,40余人参会。会议宣布东阳中学教育集团理事会名单,潘建伟担任理事长,赵允良担任执行理事。协商推荐产生东阳中学教育基金会第一届理事会组成人员。郭广昌、潘建伟担任名誉理事长,赵允良担任理事长,虞陆平、林韵强、李挺华担任副理事长。同日,东阳中学教育发展基金会首届颁奖典礼暨"面向更美好东中"110周年校庆筹备启动仪式在东阳中学报告厅举行。有35名优秀学生、250名教职工、28个教师团体获奖,奖金总额836.2万元。在110周年校庆筹备启动仪式上,东阳中学党委书记、校长杜新阳发布《东阳中学十年发展规划纲要》《"面向更美好东中"110周年校庆献礼计划》;学校收到东中教育集团理事会理事、中国科学技术大学教授陆朝阳向母校捐献的第十六届中国青年科技奖奖杯。

【高中竞赛获奖】 2020年,东阳中学建立总教练制下五大奥赛学科的教练辅导团队,竞赛模块实行分类辅导、竞赛学生一生多师模式,学科竞赛获省一等奖12人次,入选省队3人,获全国决赛金牌、银牌、铜牌各1枚。其中卢佳华获第29届全国生物学奥林匹克决赛金牌;7人获第34届中国化学奥林匹克竞赛省赛区一等奖,童逸周入选该届中国化学奥林匹克决赛省代表队。

【高中体艺教育】 2020年,东阳中学体育比赛获全国前五名1人、省冠军3人、省级获奖13人次、金华市冠军15人次、金华市前三名21人次;启动国家级网球运动基地、省级足球、乒乓球等基地建设,引进优秀教练,为学生搭建成长平台;校园戏剧《永恒的旋律》获2020年省中小学生艺术节戏剧类一等奖。东阳中学许诺、厉潇漾美术高考获省第一名、第五名。东阳二中郭旸昀、朱竞伊等15名体艺特长生被四川大学、中国美术学院等高校录取。

【东阳中学、东阳二中结对共建】 2020年8月30日,东阳中学和东阳二中结对共建启动仪式开幕。双方签订共建协议,两校校长为东阳中学各学科主任发放聘书。该轮结对共建为时3年,双方在管理干部选派、学科组建设、教师专业发展上展开交流、共建。东阳中学利用学科教室、创新实验室、名师工作室和学科带头人等优质资源,助力东阳二中培养拔尖特色人才,推进特色高中和联盟体建设。

(陈全洪)

中等职业教育

【概况】 2020年,东阳市有中等职业学校5所(教育部门办2所)。班级183个,毕业生2132人,招生2784人,在校学生7341人,校均规模1468人。教职工545人,其中专任教师471人;硕士33人(其中市职业教育中心学校东技校区24人),占专任教师总数的7.01%;学校占地面积348239.32平方米,生均47.44平方米;建筑面积163753.06平方米,生均22.31平方米。中职高职考试上线率98.3%。年内启动《东阳市中等职业教育"十四五"发展规划》编制,市职业教育中心学校东技校区被推选为省中职学校建筑类教研大组理事长学校和特色专业类教研大组理事学校。11月,市职业教育中心学校东技校区的德育案例《"生命二维码"——中职学校德育评价新媒介》获2020年省中职德育品牌项目立项。

【职教教师培育】 2020年,市职业教育中心学校东技校区按照名师、骨干教师、青年教师三个梯度,组建教学团队,培养不同层级的教师队伍,提升教师素养,获东阳市级以上奖励教师197人次。完善技能水平和实践经历导向的"双师型"教师考核评价机制,列入"双师型"培养系列的教师每两年下企业实践两个月以上。提升专业课教师的"双师型"教师比例。利用社会教学资源,选聘首席技师、高技能人才、技能大师等进入职校,聘任兼职教师76人。

【职教专业建设】 2020年,市职业教育中心学校东技校区被推选为省中职学校建筑类教研大组理事长学校和特色专业类教研大组理事学校，全面推行木雕专业现代学徒制省试点工作，创设木雕专业技艺导向、机电专业项目导向、电子商务岗位导向等实训制，与高等院校专业资源对接与贯通，开展中职、高职、企业三位一体化人才培养模式。市职业教育中心学校李宅校区加强汽修、烹饪专业建设。

【校企合作】 2020年12月18日，市职业教育中心学校举行第三届校企合作论坛，与歌山建设集团有限公司第一分公司、中国移动通信集团浙江有限公司东阳分公司、浙江赟之海文化发展有限公司3家企业签署合作协议，引入卢晓侃锡艺、李伟芳卢宅营造技艺、许宾针刺无骨花灯、胡超飞东阳竹编、吕琴东白茶炒制技艺5个工作室，使该校校企合作成员增至75个。市职业教育中心学校李宅校区与东阳德奥、大众等10余家4S店及卢家湾等5家酒店开展校企合作，为学生实习、就业搭建平台。

【中职竞赛获奖】 2020年，东阳市职教师生参加各级各类技能大赛，获金华市级奖项100余人次，获省级奖项6人次，获国家级奖项4人次。11月，在第二届“黄炎培杯”中华职业教育非遗创新大赛中，市职业教育中心学校选送的作品古建营造《倒影灯》、锡艺《四方梅壶》和面塑《小憩》分别获一等奖、二等奖、三等奖，《大师引领，深入推进“1+N”学徒模式培养非遗传承人》获非遗教学成果奖三等奖。中职发展论坛、技能教学论坛、单片机装调、工程测量4个教师项目，以及工程测量、建筑CAD、网络搭建、手工单证制作4个学生项目列第一位。

【金华市职业教育活动周】 2020年11月18日，由市职业教育中心学校东技校区承办的金华市职业教育活动周暨第十二届中等职业学校师生职业能力大赛在东阳市开幕。大赛分全国职业院校学生技能大赛金华市选拔赛、浙江省教师技能比赛金华市选拔赛、金华市单设师生技能比赛

2020年11月18日，金华市第十二届中职师生职业能力大赛素描（学生）比赛现场 （市教育局提供）

3个阶段。职业教育活动周的主题是“人人出彩 技能强国”，市职业教育中心学校东技校区为活动创作专属会歌《我们》，有967名师生参加47个项目的比赛。其中，金华市单设师生技能比赛设项目19个，金华各县市区的21所学校477名师生参赛。市职业教育中心学校东技校区在比赛中获一等奖24个、二等奖14个、三等奖10个。

【非遗青创基地开园】 2020年10月29日，由市教育局、市文广旅体局、团市委主办，市职业教育中心学校承办的东阳市非遗青创基地开园仪式在市职业教育中心学校东技校区举行。非遗青创基地创设“1+1+N”的培养模式，即1名传承人配备1名社团导师，招募N名学生组成非遗社团，由传承人开展手把手指导。竹编、锡艺、古建营造、针刺无骨花灯、东白茶、面塑、麦秆画、古法印染8个东阳非物质文化遗产入驻该基地。

（陈全洪）

特殊教育

【概况】 2020年，东阳市有特殊教育学校1所，教学班11个。有毕业生27人，招生16人，在校学生120人（女生28人）。有教职员工47人，其中专任教师47人（女教师37人），义务教育段残疾儿童少年入学率99.28%。市特殊教育学校占地10269.98平方米，生均面积85.58平方米；校舍建筑面积8722.46平方米，生均面积72.69平方米。建设特殊教育资源教室16个，累计34个，符合省考核指标要求。8月，市特殊教育学校获“金华市首批基层清廉建设示范单位”。

【特教学生招生】 2020年，市特殊教育学校健全市残疾人教育专家例会制度，招生工作有序、规范。8月25日，东阳市残疾人教育专家委员会评估安置会议在市特殊教育学校举行，参会专家观摩新生面试情况，推进适龄残疾儿童少年入学安置工作。9月，有5名学生的特殊教育“卫星班”在白云中心小学开班，开启普特融合教学之路。市特殊教育学校许亚楠、黄春芬任“卫星班”的正副班主任，承担语数等主要学科教学工作，音体美课程融合到白云中心小学的普通班级中。

【特教师资培育】 2020年，东阳市建立普通学校特殊教育资源教师网络。市特殊教育学校美术教师金璐茜在金华市特殊教育课堂教学评比中获特教类一等奖，代表金华市参加浙江省特殊教育课堂教学评比获一等奖。横店小学教育集团横店校区教师葛丽雅在金华市特殊教育课堂评比中

获随班就读类一等奖。蒋健、陈旭芬、周媛锦在首届金华市资源教师基本功大赛中获二等奖。金璐茜在省教学活动评审中获特殊教育学科一等奖。李丹芬获省首期随班就读巡回指导教师培训优秀学员,获金华市"最美教师"提名奖,获评东阳市"传道授业"优秀教师;金璐茜、霍俊名、邵丽婷、申屠航丽入选东阳市骨干教师;傅丽蔚被评为东阳市级优秀班主任。霍俊名的《绘本荐读》、王珺的《拼玩识字》、张晓盛的《少儿美术拓展课程——创意绘画》在之江汇网络同步课程开课,霍俊名的之江汇空间获评2019学年金华市优秀教学空间。

【特教研究】 2020年,市特殊教育学校霍俊名主持的信息化课题《基于网络同步课程的培智学校生活语文教学实践研究》获省立项,主持的金华市家庭教育研究会2019年度课题《基于PECS的自闭症儿童沟通能力家校合作研究》结题;王珺主持的家庭教育课题、张晓盛主持的信息化课题获金华立项;东阳市立项课题2个。徐振刚主持的课题《家校合作背景下特殊教育学校个性化课程的实践研究》结题。赵婵君主持开发的微课程《培智生活适应》获评2020年度省精品数字教育资源开发活动优秀作品。

【特色技能服务】 2020年,市特殊教育学校梁肖华拍摄制作的十余个手语抗疫视频,被学习强国、中新网、浙江卫视及腾讯视频等录用,蒋凌霞、陈瑜等数名教师参与节目录制。葛德谊、徐振刚、李丹芬等教师支持聋人篮球队训练、比赛。学校劳动种植基地、陶艺室、家政室设备齐全,开设烹调、种植、洗车、烘焙等职业教育项目,提升学生就业生存能力。

(陈全洪)

成人教育

【概况】 2020年,东阳市有成人文化技术学校(简称成技校)18所,建校率100%,其中省标准化学校18所,省现代化成人学校1所,省现代化学校(社区学校)1所,形成以社区学校为龙头,18所镇乡街道成技校(社区学校)、中高职院校为骨干,社区(村)市民学校为基础的三级终身教育学习服务网络。6月,市社区教育工作会议在巍山镇成技校召开,各镇乡街道成技校校长、成教干部参加。10月,由社区学院主办市社区教育研修班,对成教干部和学分银行管理员开展省学分银行和市终身学习平台操作培训,邀请省专家开展《浙江老年教育探索与实践》讲座。11月,东阳市成功创建省示范学习型城市,巍山镇成技校成功创建省现代化成人学校。11月、12月,各成技校结合区域特色广泛开展全民阅读、技能培训、文艺会演等活动。

【"一校一品"建设】 2020年,各职业院校、成技校根据自身职能和市民对课程的需求,建构有特色、有实效的课程体系,打造终身学习品牌项目,基本形成"一校一品"格局。浙江广厦建设职业技术大学组织开展建筑领域各类技工培养、师资培训和职业技能鉴定;各镇乡街道成技校成为当地技能培训中心、科技推广中心、文化传播中心、就业服务中心;巍山镇成技校开设"家学堂""趣学堂",竹编、木雕、茶艺等特色课程;六石街道、画水镇等成技校加大投资力度,加强场地和设施设备基础建设;湖溪镇成技校培育各类学习型社团;虎鹿镇成技校创建特色课程和学习品牌;吴宁街道成技校开设"三心"健康、"三韵"艺术、"三工"技术、"三雅"形象等系列课程。

【社区教育】 2020年,东阳市投入107.85万元建设市终身学习平台及资源库项目。核定社区教育经费506万元,达到年人均6元标准。开展社区教育进农村文化礼堂工作,全年进文化礼堂243个,开展745场116455人次培训和活动,惠及32500余人。12月8日,2020年全民终身学习活动周暨第四届社区教育文化节启动仪式在东阳木雕小镇举行。启动仪式上,授予木雕小镇"东阳市市民终身学习体验基地"称号,表彰"百姓学习之星""学习型家庭""学习型社团""学习型社区""学习型企业""终身学习品牌项目"六项社区教育先进项目,上演各成技校选送的时装秀、武术、舞蹈、朗诵等节目。9月,横店红军长征博览城被认定为"浙江省市民终身学习体验基地";11月,被认定为金华市唯一的"长三角市民终身学习体验基地"。通过"东阳黉门人文大讲堂"整合各类资源,送师资、送课程、送培训、送服务、送活动进文化礼堂。12月,"东阳黉门人文大讲堂"被评为省社区教育进农村文化礼堂学习品牌。

【职成校社会培训】 2020年,各职校、成技校累计培训16万余人次,其中职校完成各类安全培训、特种作业培训以及国家职业资格证书、保安员上岗证、残疾人培训等近2万人次,成技校培训约14万人次,双证制培训约1200人次,家政培训近1万人次。

【老年教育】 2020年9月30日,市老年开放大学开班,形成老年大学、老年电视大学、老年开放大学"三位一体"老年教育服务体系。各成技校发挥镇乡街道老年开放学校功能,举办老年人家门口的"银龄学堂",开展老年人教育活动。巍山成技校定期开展老年舞蹈班、书画班教学;7月,画水镇老年开放学校联合暖阳阁养老中心特邀请市中医院专家举办"老年人夏季养生"讲座;8月,六石街道老年开放学校联合暖阳阁养老中心开展"老年人穴位保健"讲座,探索老年教育"养教融合"模式。

(陈全洪)

高等教育

·浙江广厦建设职业技术大学·

【概况】 浙江广厦建设职业技术学院于2019年12月经教育部批准升格为本科层次职业学校,开展本科层次职业教育试点。2020年6月,经教育部批准,学院正式更名为浙江广厦建设职业技术大学(简称广厦大学),下设7个二级学院,3个教学部,6个本科专业，36个专科专业，在校全日制普通本科生1598人，普通专科生9065人。有教职工699人，其中专任教师525人，副高级专业技术职务以上专任教师201人。2020年招生5055人，毕业生2930人。广厦大学占地面积646398.2平方米，建筑面积292233.42平方米，图书馆藏书112.5万册。2020年9月，由艺术设计学院副教授张伟孝主持申报的课题“明清江南木雕史”，获2020年国家社科基金艺术学项目立项；由管理工程学院教授田钊平主持申报的课题“解决民族地区相对贫困的长效机制研究”，获2020年国家社科基金一般项目立项。11月6日，广厦大学入选教育部国防教育特色学校。12月11日，广厦大学建筑工程技术专业群入选浙江省高职高水平专业群建设名单。开展党建案例申报，2项党建课题被列为省党建研究会重点课题，4项党建课题列为金华市教育局年度党建课题。

【教育教学】 2020年，广厦大学围绕本科层次职业教育试点任务，研制试点建设任务指南，形成试点建设实施方案。成立本科层次职业教育试点工作领导小组，部署各项试点建设任务。克服疫情影响，召开线上专题会议，研究试点完善提高和迎评工作。同步展开试点工作自评材料准备，对办学特色、办学定位、师资建设、专业教学等方面进行梳理和提炼。对学科和专业建设、师资队伍建设、职业培训、办学投入等方面进行具体建设规划。推进本科职业教育“浙江样板”建设的目标，提出“六个统筹”“六个优化”体系建设的具体任务。启动学校“十四五”发展规划研制工作。围绕打造职教本科“浙江样板”和建成区域一流、国内知名的建设类职业技术大学的目标任务，提高本科层次职业教育试点建设质量和水平，理清发展思路、明确发展指标、制定建设措施。

【特色教学】 2020年，广厦大学坚守“服务区域发展，培育一流技术人才”的办学使命，坚持“学生为本、育人为要、质量至上、特色为重”的办学理念。建筑工程技术、工程造价为国家级骨干专业、省“十三五”优势专业；建设工程监理、建筑经济管理、机电一体化技术、国际经济与贸易、雕刻艺术设计为省“十三五”特色专业。11月17日，由学校雕刻艺术设计专业师生创作的大型木雕屏风“百年竞潮育新人”揭幕仪式在浙江省教育厅一楼大厅举行。该作品纯手工雕刻，长4.1米，宽1.8米，由雕刻艺术设计专业师生20余人历时10个月共同设计制作完成。

【教学综合改革】 2020年，广厦大学制定《本科专业建设管理办法》《本科生学籍管理规定》等6项管理制度。建筑工程技术专业入选浙江省高水平专业群，延期开学期间，在网络平台推出在线开放课程30门次，全国有173所本、专科高校近1.6万名学生利用学校的在线开放课程资源学习。开展首届校级教学成果奖评审。申报15本“1+X”试点证书，覆盖23个专业。开设课证融合课程187门。学校首场“1+X”试点证书考证通过率与省平均水平持平。立项7本浙江省第三批新形态教材，7个项目入选浙江省“互联网+教学”优秀案例。在省高校教师教育技术成果评比中，建筑识图课程获团队二等奖，会计信息化课程获团队三等奖。《建筑施工工艺》《行政管理学》入选“十三五”职业教育国家规划教材书目。学生竞赛获129项省级及以上奖项，其中国家级一等奖4项、二等奖6项、三等奖9项。省级一等奖4项。启动本科层次教育教学质量监控体系建设，开展线上教师同行听课和督导听课评价4000余次。

【科研与社会服务】 2020年，广厦大学推进与东阳市政府战略合作，创建东阳智慧建筑产教融合实训基地。创建产学研合作基地5个，增加校外大学生实践基地6个。横向课题到账802.95万元，社会服务到账456.92万元。授权发明专利16项，总授权专利298项，获国家社科基金立项两项。完成成人学历招生1249人，建设类培训突破2万余人次，完成各类政府购买服务培训项目11项、1125人。电大部“1+X乡村振兴学堂”项目被授予浙江省“终身学习品牌项目”称号，获批建筑行业中岗考试考点。

【师资队伍建设】 2020年，广厦大学引进硕士及以上学历84人，其中副教授7人、教授10人。聘请陆光正、黄小明、徐土龙、陈国华等30余名校外专家任兼职教师。有“双师型”教师276人，占专任教师53%。创建10个“双师”培育基地，选派57名骨干教师到省内本科高校访学，选派60余名教师下企业实践。首批成立4个教授工作室。组织“致远讲坛”、学术沙龙等各类校内培训70余场，推荐150余人次参加各类校外师资培训。1名教师入选全国首批高等职业学校“双师型”教师发展典型案例，1名教师案例入选省厅创业导师优秀案例库，3名教师入选省厅创业导师人才库、2名教师获省厅创业培训优秀学员称号、1名教师被评为省级教师发展工作先进个人。7月31日，广厦大学工会被评为2019—2020年度浙江省“三育人”岗位建功先进集体，张伟孝被评为先进个人；8月18日，康鲜莱获2020年浙江省“三育人”岗位建功竞赛二等奖。

【校园文化建设】 2020年，广厦大学开展“铭记登山志，心系广院情”征文活动、“美丽的瞬间”摄影比赛、“云上的时光机——我与学校的独家记忆”抖音直播活动等“攀登·永不止步”系列文化活动，被《光明日报》刊发。成立校园文化研究中心，组建“校园文化宣讲团”，以传承校园文明、传播校园文化、弘扬学校精神为前提，以讲述学校的历史和成就、解读校园环境和人文景观、宣传学校的办学指导思想为载体，展现和宣传学院的办学理念、办学特色和文化内涵。提炼办学理念、校园精神、校训，创作校歌，设计校园VI和导视系统，对校徽进行重新设计调整。182篇报道在省级及以上主流媒体发布，阅读量逾300万人次。学校微信公众号周阅读量比上年增长近3倍，居全国职业院校第3名、省本科高校第9名。获省高校好新闻奖13项,其中一等奖7项。8月,广厦大学男篮获第二十二届全国大学篮球三级联赛全国总决赛专科组季军。

【学生工作】 2020年,广厦大学开展20余次理论宣传、专题报告,开展"四想四对照""与信仰对话"等100余次主题教育活动。入选教育部第三批国防教育特色学校。实施辅导员竞争上岗,成立辅导员职业能力提升工作室,开设辅导员论坛,启动辅导员工作精品创建活动。推行本科学生双导师制,选拔优秀学生担任助理辅导员、公寓教官。以公寓文化、"三风"(校风、学风、班风)和学生文化三项建设为抓手,提升学生的道德素养、人文素养和科学素养。入选金华市"真善美"种子工作建设试点单位。

【招生就业】 2020年,广厦大学首次开展专升本招生,开展高职扩招,申报三位一体招生试点,录取各类别、不同层次新生5369人,实际报到5049人,报到率94%。在校生规模超10000人。加强就业指导课程建设,联合各地人才管理部门创建毕业生推介合作联动机制,简化就业(创业)办理程序,重点加强贫困地区学生就业结对帮扶。2020届毕业生总就业率92.07%。144名毕业生通过专升本考试被各本科高校录取。

【学院更名大学】 2020年6月10日,教育部致函浙江省人民政府,同意浙江广厦建设职业技术学院(本科)更名为浙江广厦建设职业技术大学,系民办本科层次职业教育试点学校,由浙江省人民政府统筹管理。学校坚持职业教育办学定位,保持职业教育属性和特色,培养区域经济社会发展需要的高层次技术技能人才。首批设置土木工程、工程造价、软件工程、电子商务、工艺美术、风景园林6个职业本科专业。7月18日,浙江广厦建设职业技术大学揭牌暨东阳市人民政府与学校战略合作签约仪式在学校文体中心报告厅举行,《人民日报》、新华社、中新社、《浙江日报》、浙江卫视等20余家主流媒体参与报道,750余人参加现场活动。

2020年7月18日,浙江广厦建设职业技术大学举行更名揭牌仪式暨东阳市人民政府与学校战略合作签约仪式 (广厦大学提供)

【疫情下的在线教学】 2020年,广厦大学开展疫情防控工作。召开20余次专题会议,制定春季、秋季开学工作方案。2月17日,学校在线教学"第一课"正式开讲。从三部门(教务处、学生处、社科部)联合的8000余名师生同上一堂线上思政课到356门网络线上课程推出,再到447门线上课程或混合式教学课程服务6645名在校生。助力全国高校,在相关网络课程平台上推出在线开放课程30门次,服务全国高校173所(含本校),受益学生16865人(含本校)。

【学生公寓开工建设】 2020年11月1日,学校第16—17号学生公寓开工建设,该项目位于学校校园西侧(中山北路东侧),建筑占地3968.07平方米,总建筑面积暂定50616平方米,为2幢14层建筑,投资概算1.5亿元。工期11个月。该项目建成后,可增加4人间学生公寓800余间,满足近3200本科生的住宿。

(张雷珍)

·浙江横店影视职业学院·

【概况】 2020年,浙江横店影视职业学院(简称横店影视学院)占地面积378129.23平方米,建筑面积208874.21平方米,坐落于横店影视文化产业集聚区内,下设影视表演、影视制作、影视美术、影视旅游、影视经济、继续教育6个二级学院,25个专业,其中教育部骨干专业1个,省级优势特色专业7个,省级现代学徒制试点专业1个。有教育部生产性实训基地1个,省级示范性实训基地4个,省级产学合作协同育人项目2项。是教育部第三批"1+X"证书试点高校。

横店影视学院与韩国又松信息大学合作开展人物形象设计专业高等专科教育项目;经韩国专门大学教育协议会批准,在横店影视学院设立"韩国大学生海外实践基地"。推进"最多跑一次"改革,学生事务服务中心启动运行。投资6267.66万元,新建学生公寓楼项目。获浙江省平安校园、浙江省文明单位、浙江省先进基层党组织、金华市"双龙计划"人才企业等称号。

【师资建设】 2020年,横店影视学院落实人才引进计划,加强师资队伍建设。有学校教职工407人,专任教师323人。其中,硕士及以上学历224人,占专任教师比例69.35%;中级职称95人,占专任教师比例29.4%;高级职称66人,占专任教师比例

20.4%。引进专任教师和行政人员53人，外聘教师195人，聘请20名影视行业专家为学校客座教授。开展第一批培养对象考核，“优秀青年教师”培养对象晋升为讲师，“优秀骨干教师”培养对象60%晋升为副教授。组织选拔第二批培养对象，开展校级、院级、个人三位一体的培训体系，制定《学校忠诚奖奖励办法》，表彰和奖励在校工作10年、20年、30年的教职员工，稳定教师队伍。

【教学科研】 2020年，横店影视学院开展教学技能竞赛，提升教师教学技能。自编教材《Cinema 4D基础与实例》入选“十三五”职业教育国家规划教材，3部教材入选2020年度浙江省高校“十三五”新形态教材建设项目。纵向课题立项121项，其中教育部人文社科一般科研项目立项2项；开展横向课题30项，合同成交金额142.8万余元；论文发表484篇，其中核心期刊发表8篇。获浙江省高职院校“互联网+教学”优秀案例特等奖1项，一等奖2项，二等奖2项；获浙江省高校教师教育技术成果评比作品二等奖1项，三等奖1项。

【产教融合】 2020年，横店影视学院引进企业资金390万元，共建空中乘务、休闲体育专业校内实训基地及短视频创作实训室（工作室）。基于产教融合的航空模拟舱实践基地建设获浙江省“十三五”省级产学合作协同育人项目立项，影视制作专业群产学合作协同育人平台建设获2020年度产教融合三类实践项目省级产学合作协同育人项目立项。

横店影视学院和北京广慧金通教育科技有限公司投资406万元，校企共建航空实训中心，于12月10日举行剪彩仪式。

2020年12月10日，横店影视学院学生在空乘专业实训室表演

（横店影视学院提供）

【招生就业】 2020年，横店影视学院招生录取数3533人，高考综合改革计划数2240人，实际录取2013人。秋季高职扩招计划60人，录取119人。“中高职一体化”录取1401人。有在校生7473人，其中普通专科生6959人、成人专科生514人。有毕业生2018人，毕业生创业率列全省高职院校第二位。

【学生获奖】 2020年，横店影视学院组织学生参加各级各类技能竞赛52个，获奖205项，一类竞赛获奖53项，在第十二届全国大学生广告艺术大赛中获国家级奖项7项，在浙江省第八届大学生摄影竞赛中获奖11项，其中一等奖2项、二等奖2项、三等奖7项，获奖数量在高职院校中排名第一，在专业组本专科高校中排名第二。

【校园文化】 2020年，横店影视学院组织“音为有你”——横影好声音、“横影年华·季忆留夏”灯光夜市、社团艺术专场活动等校园文化活动103场次，组织学生参加第二届东阳人发展大会、横店马拉松、横店航空周、横店影视节等各类志愿者服务超过6000人次。策划的“‘横影说剧’——换个姿势看好剧，不追情节追文化”在“学习强国”平台、浙报新闻客户端开设专栏，得到“学习强国”北京总部的关注和肯定。获浙江省高校新媒体优胜奖。举办第十四届学生田径运动会和第十二届青牛奖颁奖典礼。开展“乐跑”活动，有4485名学生参与有效跑步，跑步里程22.7万千米。

【毕业就业】 2020年，横店影视学院修订完善二级学院就业工作考核办法，线上线下同时开展招聘会，举办2次空中双选会，11次线下专场招聘会，毕业生总就业率98.07%，签约率90.49%。在2020年第十二届浙江省大学生职业生涯规划与创业大赛中，横店影视学院推选的5件作品获奖。联合市人力社保局共同举办横店影视学院2020年东阳高校学子产业游活动。

（董永芳）

文 化

【概况】 2020年,东阳市文化和广电旅游体育局(简称市文广旅体局)对原19个特色文化项目小组进行优化整合,相应调整领导小组成员和工作小组责任单位;完成特色文化纳入市领导“三包五联”考核工作,制定考核细则。成立工作专班,识别和挖掘东阳传统优秀文化要素,致力文化基因解码先行先试。梳理东阳文化元素455个,建立东阳文化元素数据档案库,形成《东阳文化基因解码工程报告》,创作推出微电影《东阳帮》。举办文化基因解码探索成果展,吸引2000余人参观。策划重点文化元素转化应用,推出一批延伸性成果,提前完成2020年文化基因解码任务,为全省各县市破题文化基因解码提供示范。9月10日,全省“文化基因解码工程”现场推进会在东阳市召开。

【抗击新冠疫情】 2020年1月23日至3月26日,东阳市关停全市文化旅游场馆、网吧娱乐场所、A级及以上旅游景区等200余家企业,暂停集体性文化活动和旅行社线上线下组团活动,督促宾馆饭店落实防控措施,多渠道、多途径开展防控宣传,开展文旅行业人员摸排调查,实行疫情防控日报告和零报告制度,开展文旅行业、公共文化体育场馆疫情防控措施督查,出动检查500余人次,督查各类文化经营场所1500余家次。

组织文艺骨干宣传抗击新冠肺炎疫情过程中涌现的正能量,为奋斗在抗疫一线的医护人员以及坚守岗位的“逆行者”加油鼓劲。抗疫歌曲《风雨中前行》线上浏览超6万人次,入选“学习强国”浙江频道;抗疫舞蹈《春暖花开》得到市民响应;婺剧唱段《壮行》《愧母》《天使仁心驱瘟神》、诗词《香樟树目送你出征》、道情《公筷文化展风采》《祖国未来更美好》《新型冠状病毒消灭掉》等受到好评。推动公共服务方式转变和服务载体创新,引导文化馆、图书馆、美术馆、博物馆等公共文化场馆服务数字化、网络化,开设音乐艺术培训“空中课堂”,开放“数字移动图书馆”线上阅读,举办线上朗诵、文化讲坛,建设“云展厅”提供线上展览,引进线上博物馆AR智慧导览系统,创设读者借还书预约服务。

【文化惠民】 2020年,市文广旅体局按照“一馆一策、一馆一案”原则,推动各文化场馆恢复开放,博物馆、图书馆、美术馆、非遗街区采购安装热成像测温仪,每个场馆制定具体防疫工作方案和应急预案,落实“预约、限量、错峰、有序”要求,实行实名登记、检测体温、查验健康码,建立详细台账。提供云端文化服务,实现线上的办证、图书查询、预约续借、图书荐购、电子资源查阅、文化活动报名、演出活动抢票、公益培训抢课等多类型“掌上办”服务。组织文化馆、图书馆、美术馆等单位开启线上文化服务活动。举办公益艺术培训“空中课堂”,在“东阳文化旅游体育”微信公众号推出音乐、舞蹈、戏曲、视觉艺术等各艺术门类的教学视频63期,线上浏览超5万人次;举办“我的战疫”阅读马拉松线上快闪赛、21天阅读好习惯、“阅读TA力量”青少年演讲大赛;与东阳广电台合作举办“好书共读”等活动24场,参与群众超5万人次;举办第九届儿童恐龙创意画比赛、“魅力声音·抗击疫情,我们在行动”少儿音频征集活动、“诗词助力·同心抗疫”线上诵读、名人名家讲坛等线上文化活动。举办“文化暖冬千百万行动——送春联下乡”活动,为市民送出春联5000余幅。市美术馆举办“画隐·浙江美术馆馆藏朱豹卿作品展”“东阳书画乡贤王江风画展”。市图书馆举办世界读书日、未成年人读书节系列活动。地方文献书籍《东阳百家姓》印刷出版。完成送戏下乡160场,送书下乡9.6万册次,送展览讲座93场,送电影下乡7836场,县级文化走亲7场。举办周末惠民剧场35场、阅读推广活动36场、江滨公益性文化演出35场。加强基层文艺骨干培训,举办东阳市公共服务创新培训班,组织开展各类培训286场,惠及群众5万余人次。

【文化服务】 2020年,卢宅景区步行街管理全面实施,“非遗夜市”活动在央视二套财经频道《第一时间》栏目专题播出。江滨文化中心项目于年末完成室内装修。施明德艺术馆内部装修工程一期竣工。制定印发《东阳市公共文化场馆大提升行动方案》。完成吴宁街道综合文化站整改提升，文化站、文化馆评估定级。推进基层文化阵地建设，加强基层文化队伍建设，招录定向培养乡镇文化员2人、文化下派员6人，印发《文化下派员管理办法》。建成虎鹿镇葛宅村、六石街道北后周村、马宅镇杨岩村、佐村镇珊门村4个金华市文化示范村。完成南马镇花园村乡村振兴综合改革试点4个图书流通点设置；成功推荐南马镇花园村成为浙江省文艺创作采风基地。建设军地融合项目，完成武警东阳中队图书分馆“军民融合阅读吧”建设。推动图书馆乡镇分馆建设，完成“横店自助悦读吧”建设，完成佐村分馆图书数据录入。推进数字文化馆建设。完善公共文化志愿服务制度，加强文化志愿者队伍建设，开展文化志愿服务活动。

【文化市场管理】 2020年，市文广旅体局加大文化旅游市场新冠肺炎疫情防控检查指导，落实文旅市场安全生产日常巡查制度，对全市A级景区、星级宾馆、旅行社、室内摄影棚等单位进行反复全面巡查，指导企业单位做好疫情防控措施，检查指导企业650余家次，对发现的25个安全隐患完成全闭环处置。组织各文化旅游经营单位及业主开展安全生产集中培训，与各经营场所签订安全生产责任书和守法经营承诺书，完成安全生产管理基础台账一户一档。实施安全生产网格化管理，把全市18个镇乡街道分成6个网格进行管理。开展全行业安全生产集中培训4次、消防安全模拟演练4次，组织参加安全生产知识现场咨询活动2次，组织文旅体市场从业人员消防安全培训1900余人次。市文化市场综合行政执法队获“东阳市战疫先锋团队”称号。

【文化行政执法】 2020年，市文广旅体局加强文化市场监管，完善网格、行业、片区监管机制。开展“扫黄打非”专项行动、校园周边文化市场专项整治、印刷企业专项整治、非法地卫专项整治和演出市场专项执法等专项整治。实施“互联网+监管”“双随机一公开”，实现浙政钉掌上执法开通率100%、执法使用率100%、监管对象行业覆盖率100%，监管事项覆盖率89.6%。全年出动执法检查2312人次，检查场所3150家次，取缔“黑广播”2起，查缴广播设施设备2套，收缴非法接收设备及非法卫星接收天线108套，查缴非法出版物音像制品220余册（盒）、非法书刊1178本、其他印刷品37408件；行政处罚案件19件，移送追刑案件1起，罚没款112596元。公布“最多跑一次”清单，将所有审批事项录入浙江政务服务网，受理许可145件，办结145件。受理旅游投诉47件，办结47件。办理8890便民服务平台、四个平台等投诉反映事件97件，满意度接近100%。

（单国炉）

群众文化

【文化活动】 2020年，市文化馆创作出一批以宣传、讴歌抗击新冠肺炎疫情中涌现的正能量为主题的文艺作品，其中歌曲《风雨中前行》登上学习强国App，线上浏览超过5万人次。“和美家园”广场舞大赛在歌画东阳App上现场直播，线上浏览超过20万人次。市文化馆在做好疫情防控的基础上，组织开展、指导各类文化活动100余次，展览3次，其中以社会主义核心价值观、全国两会精神为主题的镇乡街道图片巡回展持续2个月。组织文化走亲“迎进来”7场，“走出去”5场。重点文化活动有“欢乐东阳”百姓文化艺术节系列活动——“我们的村晚”、镇乡街道文艺会演、“炫酷青春”街舞大赛、“唱响新时代”合唱音乐会、广场舞大赛、婺剧进校园、婺剧戏迷大赛等。开展“歌画东阳·和美家园”流动文化礼堂演出活动，组织16支文艺演出队到16个镇乡街道的文化礼堂演出32场。组织江滨公益性文化演出35场。9月，组织优秀文艺节目参加浙江省农村文化礼堂建设成果展演暨“三团三社”成果展演。

【文艺培训】 2020年，市文化馆组织开展各类公益文艺培训78场（含小品表演、越剧表演、舞蹈、书画、合唱指挥、婺剧演唱演奏等），培训人次达52000，其中公益性越剧表演培训每周一次，为期三个月，因受欢迎程度高，在原定两个班次的基础上增设一个班。11月，邀请国家级专家到东阳市开设越剧表演提升班。开展公益培训下基层活动，到野风集团开展瑜伽培训活动。在微信公众号推出公益艺术培训“空中课堂”，每周推送两期，累计推送70期。

（程雪晴）

图　书

【概况】 2020年，市图书馆增加藏书43360册，馆藏总量559498册；总图书流通430628册次，流通人次612633；有效借书证26080张；数字资源浏览量109万次，下载量23.87万册次；送书下乡11.65万册次，基层辅导132次。

【图书场馆建设】 2020年，佐村镇分馆、南市街道分馆、“横店自助悦读吧”完成建设。7月24日，市退役军人事务局服务中心书吧建成开放。7月30日，武警东阳中队分馆在完成文化环境提升后开馆。配合南马镇花园村乡村振兴综合改革试点，完成花园分馆、花园养老中心、美陂下小区、柳塘小区四个图书流通点建设。完成92家农村文化礼堂的E家书房和东阳市数字移动图书馆安装。

【服务活动】 2020年，市图书馆联合新华书店开展“信阅”活动，东阳市民开通“信阅”功能，在新华书店可以免费借阅新书。联合东阳广播电台推出《好书共读》栏目，邀请作家、读者、志愿者分享阅读的乐趣，参与听众11.9万人次。举办线上线下全民阅读活动202场，参与人次35.77万。其中，线上活动70场，有2020“我的战疫”阅读马拉松线上快闪赛、21天阅读好习惯打卡活动、“阅读TA力量”青少年演讲大赛、中华问答小当家线上活动等；线下活动132场，有

"书香润童心"少儿春晚、亲子树皮贴画活动、"红色经典朗诵"2021新春悦读会暨优秀志愿者表彰会、"让爱回家·相伴童行"未成年人读书节系列活动、端午节"工艺人生·名宅故事"系列制香包活动等。9月1日,为建澜小学所有新生办理图书馆阅读卡。同日,"卢宅故里"景区地方特色文献展示厅对外开放。

(杜晓娟)

文　博

【文物保护】 2020年,东阳市加强古建筑修缮保护。全国重点文物保护单位紫薇山民居之小厅、东阳卢宅茂槐堂后院,及省级文物保护单位严济慈故居、下石塘德润堂的修缮工程通过竣工验收。协同各镇村完成理和堂、九如堂等文物建筑修缮工程10处。建立2020年度文物保护项目库,纳入项目51个,实行滚动管理。完成第六批、第七批省级文保单位"四有"(有保护范围、有保护标志、有记录档案、有保管机构)档案,初步划定市级文保单位"两划"(保护范围、建设控制地带)范围。联合市财政局下拨2019年度文物保护项目补助资金230万元,带动新一批文物保护项目开展。加强文物安全巡查和"双随机"检查,开展全市木构类文保单位安全检查和革命文物专题检查,对1524处第三次全国不可移动文物普查登记点进行全面复核,检查文保单位(点)256家次,参与文物安全巡查656人次,发出检查情况通报、整改函5次,整改安全隐患17项。6月2日,公布第十一批东阳市文物保护点11处。

(吴姚红)

【博物馆事业】 2020年,市博物馆举办"以自然之名,为地球发声"、"口袋里的文物拼图"、"第九届恐龙创意画比赛征稿"、"文化遗产日博物馆寻宝活动"、"科普日送良渚文化进校园"、"花灯照明月"中秋花灯制作、"小小考古家"恐龙化石考古发掘、"我为祖国送祝福"等各类线上、线下社教活动14场。在中国木雕博物馆开展"我和国旗有个约会""十里红妆""祥禽瑞兽""木雕历史"等主题研学活动,"家训壹课堂"等校园社教活动7场。结合文博一体机,开展线上文物拼图、知识问答等活动。联合金华实验学校、中天国际小学等5所学校推出木雕主题研学活动69次,组织学生参加"环球自然日"2020青少年自然科学知识挑战活动浙江分站预选,获省二等奖,在国际赛中获三等奖。联合实验小学开展小志愿者培训和定时定岗讲解服务,10月,该做法被CCTV-13《新闻1+1》栏目报道。举办"'日出东方曜九洲'周建朋迎春青绿山水画展""雅俗共赏——东阳民间花橱特展""真理的味道——陈望道首译《共产党宣言》中文版100周年纪念展""东阳市书法家协会作品展""'让生活更美好'一带一路73国木雕主题创作展"等特展。6月19日至8月10日,对市博物馆和中国木雕博物馆藏品进行盘点核查,形成《东阳市博物馆馆藏藏品盘点核查报告》。精选五代木雕罗汉像、五代铜鎏金阿育王塔、宋鱼龙纹双耳金杯及银鎏金双龙戏珠盏托4件文物参加金华市博物馆联盟组织的"博物馆奇妙夜"馆长直播活动。

东阳市完善博物馆安防系统,确

第十一批东阳市文物保护点一览表

表46

序号	名称	时代	类别	地址
1	斯村新屋	清	古建筑	城东街道斯村村
2	枫树岭陈氏宗祠	清	古建筑	南市街道梨枫村枫树岭
3	溪甘上四文	民国	近现代重要史迹及代表建筑	南市街道槐堂村溪甘
4	光里湖文学堂	清	古建筑	巍山镇光里湖村
5	金塘删口蒋氏宗祠	清	古建筑	歌山镇上蒋村金塘删口
6	岭干顾顾氏宗祠	清	古建筑	马宅镇岭山村岭干顾
7	南岸雍睦堂	清	古建筑	画水镇画塔村南岸
8	仁棠陈氏宗祠	清	古建筑	横店镇仁棠村
9	仁棠七台	清	古建筑	横店镇仁棠村
10	王坑陈氏宗祠	清	古建筑	千祥镇南王坑村王坑
11	中图江致和堂	清	古建筑	湖溪镇东雅村中图江

保库房及其周边环境监控的全覆盖。市博物馆年接待游客86200余人次，团队27批次，提供讲解服务120余批次。中国木雕博物馆年接待游客56300人次，提供讲解服务890余批次，其中包括中共中央政治局委员、全国人大常委会副委员长王晨等省部级以上领导16批次。12月，市博物馆李莉莉参加浙江省文化和旅游厅举办的首届诗路文化带景区讲解员大赛，在500余名参赛者中排名第四。（刘佳佳）

非物质文化遗产保护

【非遗保护】 2020年，市文广旅体局完善非遗街区常态化运行机制。指导传统工艺工作站开展实践实训、学术调研、展示交流、传承对话等活动，协助推进工作站新址选择。8月31日，东阳市成功入选浙江省传统民居文化传承生态保护区（创建）名单。全年开展非遗系列活动550余场，其中曲艺表演50余场，非遗学堂360余场，研学游9场，非遗讲座4场，道情培训班4场。各场馆开展非遗公益性宣传与传承活动126余场。推进名录体系建设，组建东阳市非遗保护协会，推荐申报金华市非遗项目7个、金华市级非遗旅游景区2个。出版《东阳民居营造技术》，完成《东阳非遗概览》《传承人口述史》出版准备工作。

【非遗活动】 2020年，市文广旅体局联合卢宅景区举办卢宅民俗文化节、创意集市、非遗美食集市、非遗夜市等系列活动。联合市职教中心开创非遗青创基地，组织非遗项目参加“2020年薪传奖传统工艺大展”“优秀非遗旅游商品”“少年非遗说”等国家级、省市级交流活动7场。民歌《亲家母》参加金华市“非遗一台戏”展示展演，被评为金华市优秀非遗展示节目；完成“非遗一台戏”创排，成功演出20场。

（单国炉）

图书销售

【概况】 2020年，浙江东阳市新华书店有限公司（简称新华书店）完成总销售额1.19亿元。至年末，有小连锁11家，分布在江北街道、白云街道、六石街道、横店镇、巍山镇、湖溪镇、千祥镇、南马镇、画水镇、市区人民路、市区振兴路。经营范围主要包括图书报刊、电子出版物销售，食品餐饮，家具、健身器材、日用百货、玩具、工艺品销售，展览、场地租赁服务，组织文化艺术交流活动等。

2020年上学期，新华书店紧急协调各方，在做好新冠肺炎防疫措施的前提下启动教材发送工作，在两个工作日内将教材送至全市各校。

2020年6月2日，新华书店与东阳市吴宁一校语文教研组合作开展“悦读越精”半月论坛活动（新华书店提供）

【店校合作】 2020年，新华书店保持店校合作模式，与外国语小学合作举办“同心抗疫 画笔传情”学生抗疫作品展；与吴宁一校语文教研组合作开展“悦读越精”半月论坛；与江北小学月亮湾校区联合举办“种下一颗阅读树 寻找心灵的春天”主题读书展；协助建澜小学开展教师节致敬教师活动。

【书店活动】 2020年，新华书店创新营销方式，在“4·23”世界读书日活动期间新华书店微店正式上线。为应对新冠肺炎疫情，推出一系列线上读书活动。微信公众号以推文形式推出“每周书单”“好书荐读”“新书速递”等栏目；开展“七色花”童书故事分享会，每周六线上分享精彩故事，推荐童书；推出全新语音荐读栏目“陪你读书”，用温暖的声音陪伴读者一起读一本好书。

（金嘉豪）

融媒体中心

【概况】 2020年，东阳市融媒体中心推出《走向我们的小康生活》《回眸“十三五”喜看新成就》等20余个专栏，刊播各类新闻报道2万余篇（幅），刊出特刊1000余期。广播电视在金华台采用播出新闻稿件1394条，列金华各县（市、区）第一名，省台115条，浙江日报30篇（幅），中央台24条，“学习强国”供稿数列金华九个县（市、区）第二位。

“东阳日报立足多元化发展助推整合转型”获第六届全国县市区域报经营成功案例银奖；《东阳日报》获“2019—2020中国传媒经营价值百强榜”年度智慧融创媒体奖；“东阳日报”微信公众号获全省“新媒20强”称号。《上卢馄饨：三代人的接力，只为坚守一种味道》在《小康中国·三代人的千城早餐》大型视频展映活动中获优秀奖。广播电台节目《女人帮》在2020阿基米德年度盛典中获《全国十大女性节目》奖项。《4人确诊

2020年6月,东阳市融媒体中心“全面奔小康”大型融媒采风活动启动仪式举行
(胡扬辉/摄)

3869人整村隔离 白坦村民守望相助14天:别来,无恙》《东阳人“五个特质”解读》《横店影视按下“加速键”20多个剧组有序开拍》《走向我们的小康生活了不起的村庄》系列报道等获2020年度东阳市“飘萍新闻奖”;《风里雨里我们接你们“回家”记者亲历非常时期的暖心之旅》、《东阳市委全会报告关键词出炉!》、《陌上花开,等你归来》、《东阳吴某成聚集性病毒传播案例分析,1人感染7人,560余人隔离,这些警示要牢记》、《台风“黑格比”中心穿过东阳,造成多大影响?》、《茶花姐防疫经》(《茶花姐碎碎念》)系列、《闪闪捉谣记》、《疫情防控东阳在行动》、《云游中国木雕博物馆H5》等作品获2020年度东阳市“十佳新媒体作品奖”;《走向我们的小康生活·东阳百家幸》、《“全力战疫”》特刊(“坚决打赢防控阻击战发展总体战”特刊)、《实施五大会战 加快东阳发展》、《走向我们的小康生活·了不起的村庄》、《行风热线》、《好书共读》、《应争先谈防疫》获2020年度东阳市“优秀新闻栏目”。苗蔓、刘晶君、蒋健励、任振江、朱韩茹、黄瑶、胡扬辉、郭好进、陈林旭、郑余良获东阳市第21个中国记者节“优秀新闻工作者”称号。吴金强、吕勇勇获东阳市“拔尖人才”称号。

【媒体融合】 2020年1月13日,《中共东阳市委办公室 东阳市人民政府办公室关于印发东阳市大数据发展中心等9家正科级事业单位职能配置、内设机构和人员编制规定的通知》印发,明确市融媒体中心的职能配置、内设机构和人员编制规定;6月,东阳日报社和网宣中心的班子和采编人员搬迁至广电大楼办公。12月4日,市委、市政府与浙江日报报业集团签订《东阳日报资产回购协议》《东阳日报委托管理备忘录》,东阳日报正式回归地方管理。引进中国蓝云、天目云技术平台,建成融媒体一体化技术平台和融媒体指挥中心,统筹报纸、广播、电视、新媒体的“策、采、编、播、发”各个环节,实现新闻采编播流程的重构再造,形成全媒体传播新格局。至年末,新媒体用户总数稳定在200万户以上,用户数、活跃用户数等均排金华各县(市、区)融媒体中心前列。其中,“东阳日报”官方微信用户稳定在34万户以上,阅读量10万人次以上的内容有9条;“东阳日报”抖音号用户数达到12.8万户;浙江新闻客户端东阳频道阅读量30万人次以上的内容有12条;歌画东阳App自改版升级以来,用户数达到10余万户。

【新闻宣传】 2020年,市融媒体中心开展“全面建成小康社会”“全面脱贫攻坚”等重大主题宣传,对建设“重要窗口期”“五大会战”“两山”理论实践、经济工作创新争优等工作进行实时报道,全方位展示东阳发展成就,持续开展“五大会战”“十大硬核成果”等市委、市政府中心工作氛围营造,为东阳经济社会发展凝聚广泛共识。全年开设专题专栏20个,推出特刊报道200余个,挖掘报道各类先进事迹300余人次(团队),《东阳日报》复刊以来首期“号外”微博话题热度超2亿;在全省范围内首创疫情五色图;打造方言短视频《茶花姐碎碎念》。迎战台风“黑格比”,融媒体记者“逆风而行”,体现追速度、显力度、聚温度的全媒体特点。策划宣传第二届世界东阳人大会、横店影视文化产业博览会、“中华大师汇”、广厦学院升格为本科层次职业学校等重要活动,唱响“和合东阳”好声音。

【产业经营】 2020年,市融媒体中心举办或承办购物节、大型车展、婚庆博览会、“礼敬英雄、情定七夕”大型婚礼、中秋诗会、荧光夜跑、十佳小记者评选等诸多活动;创办《一起来喝茶》《好书共读》等创意栏目,做优“万朵鲜花送雷锋”“爱心冰柜”等线下活动;完成31个专题片拍摄制作、20场活动直播和录制;刊播《走南闯北东阳人》《东阳乡贤》等100余期,《行风热线》《台风“黑格比”》等各类直播近300次。组建东阳城市广播抖音、一直播、快手矩阵直播团队,开展直播带货活动,涉及农产品、汽车、美食等,“东白严选”主播带货参与企业152家,产品1094个,成交订单82330个。推出《主播邀您“云赏花”》《夏日采摘游》《金秋东阳》等推介东阳市休闲旅游的作品。

(黄永强)

新闻网

【概况】 2020年,东阳新闻网编辑发布新闻稿件16542条,网络新闻专题48个,日均阅读量6.2万人次;推出视频作品300余个;推出H5作品近10个;推出海报80余张;开展图文+视频直播40余场。连续多个月获评浙江在线月度明星支站,被评为“浙江在线2020年度十佳支站”。

【专题专栏制作与传播】 2020年，以年初的《2020年东阳两会》专题为起点，东阳新闻网对市委、市政府中心工作和重点项目进行报道。推出《横店影视文化产业博览会、新时代影视文化产业发展大会·横店峰会》《合心合力支持横店 打造“中国样板”》《大学新生第一课》《致敬抗疫“无名英雄”》《局长谈复工政策》《东报君探店》《走向我们的小康生活·东阳百家幸》《走向我们的小康生活·了不起的村庄》《“十三五”成就巡礼》等专题48个。

东阳新闻网开设相关专题，以各种形式第一时间通报新冠肺炎疫情，刊发防控成果。制作发布的疫情五色图为全省首创，得到金华市委相关领导的点名表扬。制作刊播《主播说防疫》《应争先谈防疫》等H5、短视频150余个，17条有关疫情的微信阅读量超过10万人次。其中，《东阳吴某成聚集性病毒传播案例分析，1人感染7人，560余人隔离，这些警示要牢记》阅读量26万余人次，《东阳市18例新冠肺炎病例分布图公布，案例详情在这里》阅读量24万余人次。

【视频品牌打造】 2020年，东阳新闻网加强视频制作队伍，开展各类视频业务，打响视频品牌。推出《上卢馄饨：三代人的接力，只为坚守一种味道》《从“路无几条、车无几辆”到“纵横交错、车水马龙”》《Vlog作品丨想找你喜欢的直播爱豆吗？去万盛街吧！》等视频作品300余个。其中，《直播|横店拍11辆大巴接240名江西员工返东上岗》获浙江省县市区新闻奖新移动直播一等奖；视频《上卢馄饨：三代人的接力，只为坚守一种味道》获新华社《小康中国千城早餐》大型视频展映活动榜单第二位；视频《从“路无几条、车无几辆”到“纵横交错、车水马龙”》获金华市“三乡同心话学习”一等奖。

【宣传形式和渠道创新】 2020年，东阳新闻网利用直播、H5（利用第5代HTML语言创作，融合图片、文字、音频、视频、动画等多种媒体形式，适配移动端与电脑端，可与用户交互的数字作品）、海报等形式做好重大活动的宣传，推出《H5 丨陆光正：木雕上的百年伟业》《东阳市委全会报告关键词出炉！》等H5作品近10个；推出《光盘行动公益海报》《抗击台风“黑格比”》《二十四节气》等海报80余张；开展图文+视频直播40余场，其中视频直播20余场。做好第二届世界东阳人发展大会的宣传，对主旨大会、家乡文艺展演分别进行视频+图片的直播，并以市委书记原音+视频的形式对东阳人“勤、勇、韧、能、义”五大特质进行解读。做好东阳市“两会”、市委全会等中心工作的宣传，推出直播、图解《一图读懂政府工作报告》、H5《听！代市长楼琅坚报告原声》、《市委全会报告关键词出炉》以及每日15秒短视频、Vlog东报记者看两会等主题报道。对2020年高考、市人民医院三甲揭牌、广厦大学挂牌、台风“黑格比”、抗疫英雄集体婚礼、横店马拉松、慈善晚会、新时代影视产业发展大会·横店峰会、横店影视文化产业博览会等进行视频或图文直播。利用抖音、视频号等平台发布各项活动短视频。

【线上线下活动】 2020年，东阳新闻网多次组织开展线上线下活动。4月13日，东阳市融媒体中心承办东阳市“五大会战”誓师动员会。6月，与市文广旅体局合作，开展东阳市旅游业“十大评选”活动。6月10日至7月10日，组织开展2020年东阳市首届新光里网红商城直播大赛，大赛最终产生冠军、亚军、季军各1人以及潜力之星7人。11月12—13日，承办“文物赋彩 幸福横店”长三角媒体联合采访活动，天目新闻、上海东方网、中国江苏网、荔枝新闻、安徽日报、中安在线等40余家长三角主流媒体组成采访团到浙江东阳横店，聚焦“幸福横店”的建设成果。

【舆论主阵地作用】 2020年，东阳新闻网对习近平总书记讲话精神、权威解读等内容在网站首页、客户端首屏头条位置实时轮换显示。推出《学习贯彻习近平总书记考察浙江重要讲话精神》《春风又绿江南岸 一步一履总关情》《决胜高水平全面小康 决战决胜脱贫攻坚》《聚焦党的十九届五中全会》《“十三五”成就巡礼》《贯彻落实省委十四届八次全会精神》《世界互联网大会·互联网发展论坛》等专题。

（黄 祥 董之震）

卫生与健康

综　述

【概况】 2020年，东阳市有医疗卫生机构553家，其中市级医疗卫生单位18家，社区卫生服务中心(卫生院)16家，卫生服务站105家，一体化村卫生室173家，门诊部12家，个体诊所、卫生所、医务室229家。有三级甲等医院1家(市人民医院)，三级乙等医院1家(市中医院)，二级甲等医院3家(市人民医院巍山分院、横店文荣医院、市妇幼保健院)，二级乙等医院4家(横店医院、市红会医院、花园田氏医院、市第七人民医院)。9家医院通过平安医院创建。有省示范社区卫生服务中心1家(六石街道社区卫生服务中心)，甲等卫生院4家(南马镇中心卫生院、画水镇中心卫生院、千祥镇中心卫生院、湖溪镇中心卫生院)，乙等卫生院6家(佐村镇中心卫生院、歌山镇卫生院、东阳江镇卫生院、虎鹿镇卫生院、马宅镇卫生院、三单乡卫生院)，社区卫生服务中心(卫生院)通过省规范化创建。全市医院开放床位5215张(含民营医院1475张)，其中综合性医院3311张，中医院420张，市妇幼保健院350张，市第七人民医院300张，社区卫生服务中心(卫生院)187张，其他专科647张。有各类卫技人员7416人，执业(助理)医师3072人，注册护士2749人，医护比例1∶0.89；具有高级职称888人，中级职称1694人。医疗卫生单位固定资产总值19.64亿元，房屋建筑面积86.61万平方米，其中业务用房57.45万平方米。　　(何　莎)

【医共体建设】 2020年，东阳市加强医共体内涵建设，完善经济及日常运行管理，建立月考核制度，提升管理人员能力；推进医疗质量管理，为基层开展质控检查的专家335人次；推进全科医生模块化培训，完成培训103期，培训学员1760人次；完成阶段考核1593人次，合格1396人次，合格率87.6%；医共体各类医务人员下乡9453天。实现高血压、糖尿病两慢病在线测量、异常信息在线推送、公卫复核、全一专联合组团服务、在线续方等提升两慢病发现率，提高管理率和控制率；开展健康档案提质工程，通过上门入户核实档案信息，档案核实率86.48%，向居民开放率64%，推进家庭医生签约工作，有效签约率30.5%；推进医共体+物联网工作，全市84台诊区数字血压机和260台诊间数字血压机投入使用；开展检验检查项目标准化编码工作，市级医院的检验检查信息被基层应用，作为老年人健康体检的有益补充。

新型冠状病毒肺炎(简称新冠)疫情突袭而至，东阳市对医共体24家单位进行统一指挥、统一调配、统一落实，对全市疫情实施防控，构建疫情防控体系。实现疫情监控、上报、救治一体化，开发"发热病人跟踪管理系统"，对居家观察人员和隔离出院患者进行全程跟踪管控，管理发热病人74102人次。受疫情影响，16家基层医疗机构门诊、急诊人次比上年下降2.77%，业务总收入比上年下降6.12%，职工收入比上年增长2%。　　(李君权)

【医院规划建设】 2020年，东阳市根据《东阳市城区医疗机构布局专项规划(2016—2020)》等规划，构建完善医疗服务体系，实施全市城区医院布局调整。省重点建设项目市中医院

2020年8月25日，省人大到东阳市调研县域医共体建设工作（徐嘉玲/摄）

迁建工程完成项目的65%；市妇幼保健院保健楼项目完成项目的90%；市医共体和市人民医院配套项目地下结构施工完成85%；市第七人民医院病房大楼项目完工；市人民医院巍山分院拆建门急诊综合楼完成项目主体结构，进入二次结构；江北综合医院（红会医院迁建）一期公共卫生临床中心完成招投标进入施工。基层卫生院能力改造提升工程分三年实施，部分卫生院完成改造；南马镇、南市街道、画水镇等卫生院的基建项目按年初计划推进；南市街道社区卫生服务中心安儒社区卫生服务站综合楼、市人民医院北二号楼改造、金华职工中等卫生学校枣树园宿舍楼、综合楼、教学楼屋面翻新改造等项目完工投入使用。（严辉亮）

【卫生监督】 2020年，市卫生监督所有监督对象4096余个（未统计规模以下接触职业病危害因素用人单位数），从业人员1.61万余人（未统计接触职业病危害因素从业人员）。“互联网+监管”模式监督监测各类监督对象4625家次，组织协管员巡查各类监督对象12404家次。立案查处违法案件952起，其中一般程序案件602起、简易程序案件350起。执行一般程序案件585起，收缴罚没款1314560元。受理各类投诉举报121起，无行政复议撤诉案件或行政诉讼败诉案件，未发生突发公共卫生事件。市卫生监督所疫情防控工作获“金华市抗击新冠肺炎疫情先进集体”称号，连续18年保持“金华市文明单位”称号。（卢　涵）

医疗和科研

【概况】 2020年，东阳市召开全市基层医疗机构院长工作会议，对“优质服务基层行”创建工作进行重新部署；8家乡镇卫生院（社区卫生服务中心）对照标准开展自评自查，5家乡镇卫生院和2家社区卫生服务中心自评达到基本标准，南马镇中心卫生院自评达到推荐标准。8月，东阳市接受金华市级复核组的复核，5家乡镇卫生院和2家社区卫生服务中心复核达到基本标准，南马镇中心卫生院复核达到推荐标准。基层医疗机构的门诊病人数字血压测量率70%。增加高血压管理9310人、糖尿病管理2959人。联合市委深改办和市“最多跑一次”改革办公室印发《2020年东阳市深化医疗卫生服务领域“最多跑一次”改革推进就医体验大提升行动方案》，在全市医疗卫生系统完成“构建规范化的诊疗模式、营造人性化的就医环境、推进智慧化的院内服务、提升便利化的医防服务、深化特色化的集成服务”5大项15分项工作任务。全市门诊智慧结算率82.12%，住院智慧结算率69.14%。（李君权）

【医学重点学科建设】 2020年，横店文荣医院的神经外科、泌尿外科和花园田氏医院的脊柱外科三个学科获金华市社会办医疗机构重点学科。市人民医院重症医学科以优秀等次通过浙江省县级龙头学科验收。（李君权）

【中医药发展】 2020年，东阳市推进名中医工作室建设，组织13名省、市级名中医和4名中医骨干在14家基层卫生院（社区服务中心）建立名中医工作室，派出名中医、骨干专家300余人次。申报金华市中医药科技计划项目30项，获批11项；申报浙江省中医药科技计划项目7项，立项1项。举办省市级继续教育学习班18项，培训人员1941人次。开展中医药文化进农村礼堂活动，组织中医专家开展健康咨询和大型义诊活动23次，服务群众2500余人次，免费赠药价值近1.5万元。东阳市中医院迁建项目一期年度投资额完成10681万元，超过年初计划的33.5%。（周瑶新）

公共卫生服务

【概况】 2020年，东阳市居民平均期望寿命80.82岁，其中男性78.74岁、女性83.05岁。恶性肿瘤、心血管疾病、糖尿病和慢性呼吸系统疾病4类主要慢性病的过早死亡概率10.20%。前5位死亡原因为恶性肿瘤、脑血管疾病、心脏病、伤害、呼吸系统疾病。慢性病报告发病率分别为糖尿病470.89/10万，冠心病急性发作85.41/10万，脑卒中490.51/10万，恶性肿瘤482.88/10万，慢阻肺（40岁及以上）703.78/10万。前10位恶性肿瘤顺位排序依次为肺癌、甲状腺癌、肠癌、胃癌、前列腺癌（比上年前移一位）、肝癌、乳腺癌、宫颈癌、食管癌和淋巴瘤，占恶性肿瘤的76.69%。

【查灭钉螺】 2020年，东阳市完成查螺面积185.54万平方米，查螺投工5045工，查到新复现钉螺面积17865

2020年3月19日，巍山镇中心卫生院的血防专管员和查螺员在田间沟渠寻查钉螺（包康轩/摄）

平方米，其中佐村镇160平方米、巍山镇9240平方米、横店镇630平方米、六石街道7835平方米。解剖捕获的钉螺6983只，未发现感染性钉螺。湖溪镇、巍山镇、六石街道、横店镇、佐村镇的有螺区域开展春秋季灭螺工作，灭螺投工1995.5工，环改灭螺面积5740平方米，药物灭螺面积47.09万平方米，消灭钉螺面积810平方米。对2949人进行血吸虫病抗体血清采集(其中流动人口1115人)，血清抗体阳性3人，粪检3人，粪检阳性0人，血清阳性者粪检率100%。

【传染病防治】 2020年，东阳市通过网络直报系统报告法定传染病20种、10468例(41例艾滋病病毒感染者不计入总数)，年报告发病率1230.97/10万，发病数比上年(8422例)增长24.29%。无甲类传染病报告；乙类传染病14种、1279例，报告发病率150.40/10万，发病数比上年(1405例)下降8.97%。乙类传染病报告发病数居前五位的分别为肺结核(436例)、病毒性肝炎(355例)、淋病(242例)、梅毒(151例)和猩红热(26例)，占甲乙类传染病报告总数的94.61%(1210/1279)。

【结核病防治】 2020年，东阳市非结核病防治机构网络应转诊患者1193例，到位患者1187例，总体到位率99.50%，诊断肺结核患者437例(其中东阳市户籍肺结核患者326例、外地户籍肺结核患者111例)，比上年(465例)下降6.02%。在登记治疗437例肺结核病患者中，涂片阳性162例，仅培阳26例，仅分子生物学阳性197例，病理学阳性3例，病原学检测阴性29例，无病理学结果1例，单纯结核性胸膜炎19例，病原学阳性率88.10%。登记满1年的普通肺结核患者465例，其中治愈和完成治疗的活动性肺结核患者数435例，诊断变更患者5例，转入耐药治疗6例，成功治疗率95.81%。

【艾滋病综合防治】 2020年，各镇乡街道卫生院(社区卫生服务中心)开展性工作者、吸毒人群、男男性接触者等高危人群的艾滋病行为干预工作。新报告艾滋病感染者和病人82例，累计报告736例(死亡81例)。按现住址管理515例，在治病人490人，治疗覆盖率95.15%。

【预防接种】 2020年，东阳市继续实施扩大免疫规划，提供11种疫苗免费接种，可相应预防12种传染病，通过常规免疫、查漏补种、儿童入托入学查验证等手段接种免疫规划类疫苗27.15万针次(其中东阳市人口14.39万针次、流动人口12.76万针次)，建卡率与各苗单苗接种率均保持在95%以上。东阳市将"65岁以上老人免费接种流感疫苗项目"列为全市十大民生实事项目，全市累计接种81136人，接种率57.93%。

【慢性病综合防控】 2020年，东阳市巩固国家级慢性病综合防控示范区成果。至年末，登记高血压患者10.75万人，发现率12.62%；管理患者9.09万人，健康管理率48.18%；规范管理7.18万人，规范管理率79.01%；血压控制6.59万人，血压控制率72.52%；登记糖尿病患者3.01万人，糖尿病患者发现率3.53%，管理患者2.39万人，健康管理率45.93%；规范管理1.82万人，规范管理率76.25%；空腹血糖控制1.51万人，血糖控制率63.26%。

【蚊虫监测】 2020年4—11月，市疾病预防控制中心每月1次对4个乡镇(固定点和流动点各2个)开展布雷图指数(指平均每100户，有白纹伊蚊幼虫滋生的积水容器总数，用以评价一个地区蚊媒传染病传播风险)监测。8个月检查11个镇乡街道16个村1600户，查到水体910处，发现白纹伊蚊阳性233处，白纹伊蚊阳性户数180户。通过广播、电视、报纸、微信、讲座、入户等多种形式向居民宣传蚊虫滋生地及整治环境、如何清理积水容器等蚊传疾病防控知识，动员市民主动自觉参与清理蚊虫滋生地的活动。

(吴健晗)

妇幼保健

【概况】 2020年，东阳市产妇总数5677人，活产数5755人，系统管理数5654人，系统管理率98.25%，产后访视率98.38%，住院分娩率100%，高危产妇发生率61.39%，管理率100%，剖宫产率38.38%，发生1例户籍孕产妇死亡，死亡原因为脑血管畸形、脑出血。流动孕产妇产前保健率99.89%，住院分娩率100%，7岁以下儿童数51379人，管理率99.24%；3岁以下儿童数19636人，管理率99.16%，系统管理率98.20%；5岁以下儿童数37522人，低体重患病率0.55%，生长迟缓患病率0.37%，消瘦患病率0.19%，超重患病率8.21%，肥胖患病率2.19%，贫血患病率3.19%，中重度贫血患病率0.12%。婴儿死亡率

2020年12月7日，市卫健局、爱卫办检查验收江北街道蟠院小区安装好的下水道雨水口"防蚊闸"

(包康轩/摄)

1.39‰,5岁以下儿童死亡率3.30‰,新生儿死亡率1.04‰;流动儿童保健管理率98.18%,0—3岁儿童发育监测和筛查、0—3岁儿童视力筛查、0—6个月婴幼儿髋关节筛查、户籍地孕产妇免费产前筛查工作进展顺利。完成妇幼健康服务管理任务指标;完成妇幼重大公共卫生项目、免费避孕药具、孕前优生检查与计生技术服务工作,未发生因计划生育手术死亡或伤残病例。全市11家接产医院推出出生证、户口本、医保卡、社保卡(市民卡)、预防接种证、领取母子健康手册等线下“多证联办”服务及“浙里办”服务,8375个新生儿家庭享受到线下“多证联办”服务,526个家庭享受到“浙里办”“掌上办”服务。落实孕产妇管理“六大机制”,较高风险及高风险孕产妇进行“一对一”管理。建立健全产科主任例会、危重孕产妇点评制度和孕产妇死亡、新生儿死亡评审工作;加强医院产科急救能力培训,组织全市产科急救技能演练竞赛,开展魅力新产科特色服务和人流产后关爱项目。开展中医文化进校园活动。

【妇幼健康服务模式建设】 2020年,市妇幼保健院举办“东阳模式”2020峰会暨唐山专修班开学典礼、浙豫妇幼协作高峰论坛、“长三角”妇幼保健联席会议、金衢台丽及杭嘉湖绍中医适宜技术培训班,开设中医适宜技术培训班及网上远程授课培训,培训1500余人次。妇保院的《“滴滴”护士+中医妇幼》服务项目,作为“积极开展智慧服务”的典型经验做法获国家卫健委通报推广,成为全国35家被表扬的单位之一。医院获《中国中医药报》突出贡献奖、浙江省医院品管大赛综合组佳作奖、金华市临床检验技能竞赛一等奖等荣誉,获评浙江省新生儿疾病筛查先进集体,通过浙江省健康促进医院和金华市文明单位复评,中西医结合儿科、中西医结合妇产科分别被中国妇幼保健协会授予重点专科和基层重点专科,妇科护理团队获国家“实用新型专利”证书。

(华含珺)

2020年6月15日,市妇幼保健院举办“东阳横式”2020峰会即唐山专修班开学典礼 (市卫健局提供)

2020年8月25日,市卫健局、市老龄办主办的市2020年老年健康宣传周活动在市亲和医院举行,亲和医院的医护人员给老人们义诊 (包康轩/摄)

健康东阳

【概况】 2020年9月、11月,东阳市分别召开健康东阳建设领导小组会议,将健康东阳建设写入政府工作报告。2020年11月,市健康办先后制定《关于推进健康东阳行动的组织实施方案(2020—2022年)》《2020年健康东阳建设工作要点》。在2019年度健康浙江建设试考核中,东阳市按考核得分排名金华市第1、省第41名,被列为优秀等次。

【健康生活普及】 2020年,东阳市通过“东阳发布”“东阳歌山画水”微信公众号等新媒体,发布千余条健康信息;在医院、超市、户外大型电子显示屏、公交、阅报栏等场所滚动普及健康知识10万余条次。开展健康东阳有奖知识竞赛,成立健康科普专家讲师团,开展进企业、进机关、进学校、进社区、进农村文化礼堂“五进”200余场,免费发放“健康知识读本+健康工具”组合式礼包近5万份,服务10万人次。6月,举办健康科普宣讲大赛,28支参赛队伍,68名选手参加,12人获奖,6人分别被授予“东阳市技术标兵”“东阳市技术能手”称号。

【健康服务优化】 2020年,东阳市建立以市人民医院高血压、糖尿病、慢阻肺、哮喘、冠心、心功能不全等专科医生为领头,成员单位签约医生、责任医生、公卫人员为网底,联合牵头医院专科医生,共同组建慢病管理团队。对35岁以上就诊人群通过在线测量血压,血压值实时上传其门诊病历、电子健康档案,提高人群健康管理率。完成8万余例疑似患者复核工作,发现和建档患者和高危人群1.2万例。

【健康保障完善】 2020年,东阳市升级医共体基层一体化信息系统,利用自助服务设施、诊间结算手段、第三方支付平台,逐步减少挂号、缴费、取单、取药、检查检验等环节的跑动,全市门诊智慧结算率82.12%,住院智慧结算率69.14%。

(王淑丽)

爱国卫生

【概况】 2020年,东阳市开展国家卫生城市复评系列工作,召开国卫复审动员会,组织人员分7个督查组对6个街道国卫复审工作进行督查,印发履职通知书2期;组织开展200余个小区国卫复审考核工作。全市各镇乡街道召开专题会议54次;通过国家卫生城市省级复审。歌山镇、千祥镇、画水镇、虎鹿镇、马宅镇申报创建国家卫生镇,歌山镇、虎鹿镇通过省级考核。配合新冠疫情防控工作,开展现场整治活动56次,取缔活禽交易场所62处,发放《关于立即禁止销售活禽、野生动物及制品的公告》2500余份。在第32个爱国卫生月活动期间,组织开展爱国卫生知多少——有奖网络竞答活动,参与人数3万余人次。组织健康教育讲座88场,受益人数18893人次,网络直播13场,直播点击量30余万人次。

【卫生创建工作】 2020年,东阳市巩固发展健康细胞创建工作,市妇幼保健院、市人民医院巍山分院通过浙江省健康促进医院复审,吴宁五校等8所学校通过浙江省健康促进学校(银牌)考核;153个单位成功创建东阳市无烟单位;40个单位成功创建东阳市健康促进机关;152个单位成功创建东阳市健康社区;3所学校成功创建浙江省健康促进学校(铜牌);1075个家庭获"东阳市健康家庭"称号。建设健康主题公园3个,健康步道2条,维护更新3个健康主题公园和2条健康步道,创建健康小屋31座。创建无烟单位141家,开展第33个世界无烟日活动,统一印制并免费发放禁烟标志9000余张;市爱卫办组织人员对公共场所控烟情况进行监督检查,立案查处2家控烟不力单位。

【病媒生物防制工作】 2020年,东阳市组织开展以"六清"(清垃圾、清柴草垛、清粪堆、清沟渠、清院落、清道路)行动为主要内容的社区共建活动,清理积水容器(点)10000余处,市爱卫办对城区5000余座灭鼠毒饵站进行毒饵投放,对107座室外大型灭蚊灯进行维修,在下水道、雨水井口等处投放灭蚊蚴药物50千克。印发《关于开展布雷图指数监测工作的通知》,2次组织人员对全市18个镇乡街道布雷图指数进行监测并排名。城区在继续实施公共外环境和重点场所除"四害"(苍蝇、蚊子、老鼠、蟑螂)市场化运作的基础上,实施居民户灭害药物发放工作,免费发放灭鼠药物3000千克、灭蟑药物20余万份、灭蚊蝇药物300千克。鼓励其他镇乡街道推行除"四害"市场化运作,18个镇乡街道施行。在江北街道东丰小区等12家健康单位(社区)建造室外防蚊闸1701个,相关工作经验被国家卫健委相关媒体平台宣传。

【农村改水改厕工作】 2020年,东阳市开展农村生活饮用水水质卫生监测工作,监测水样76份,水质合格率94.7%,比上年提高约8个百分点。开展农村户厕改造扫尾工作,改造提升农村卫生户厕342户,无害化卫生户厕普及率99.81%。

(侯晓锋)

卫生应急管理

【概况】 2020年,东阳市开展多层次的卫生应急培训工作,组织全市卫生应急骨干开展传染病防控等知识培训,由各医疗单位对院内骨干进行培训,开展消毒与院感控制技术、传染病医疗处置技能、结核病防治及监测技术、输入性传染病防治、现场应急救护、布雷图指数监测、发热伴血小板减少综合征等卫生应急专业培训,提升卫生应急人员的专业技术水平。

【卫生应急演练】 2020年12月,根据东阳市新冠肺炎疫情防控领导小组办公室统一安排,全市各镇乡街道、各医疗机构、市疾控中心相关负责人参加,开展大规模人群核酸检测桌面推演。通过疫情发现、密接追踪、核酸检测等项目演练,提高全市防控新冠肺炎防控的应急响应与处置能力。

【卫生应急处置】 2020年,东阳市报告4起突发公共卫生事件,分别为"金华市东阳市首例新型冠状病毒感染的肺炎疫情""金华市东阳市一起新型冠状病毒肺炎聚集性疫情""金华市东阳市千祥镇一起家庭聚集性新型冠状病毒肺炎疫情""金华市东阳市佐村镇一起家庭聚集性发热伴血小板减少综合征疫情"。疾控中心接到疫情报告后,组织业务人员到现场开展调查、采样及处置等工作,落实各项防控措施,防止疫情扩散蔓延。

(吴健晗)

生育服务和老龄工作

【概况】 2020年,市卫健局实行生育登记服务制度和优化再生育审批流程,实现生育登记和再生育审批服务"零次跑",通过"浙里办"办理生育登记5665件,再生育审批152件。全市上报出生6377人,比上年减少1623人,下降20.29%;二孩及以上出生3354人,比上年减少1039人,下降25.09%,二孩率48.94%。全员常住人口信息覆盖率95%以上,主要信息字段完整率、准确率均达99%以上。建设规范化公共场所母婴室20家。开展农村部分计划生育家庭奖扶特扶工作,全市有17136人享受该项政策,发放扶助金2097.55万元,其中9402人享受独生子女奖励扶助,奖励扶助金1100.56万元;567人享受特别扶助，特别扶助金480.97万元；东阳市“双农二女户”7167人，奖励扶助金516.02万元。走访失独家庭14户，发放慰问金5.9万元；开展关爱行动，发放公益金46.32万元，计生困难户257户。

【医养结合工作】 2020年，东阳市推进医养结合试点工作。千祥镇中心卫生院病房改造后四楼设全科综合和医养护结合两个病区，医养护病区15张床位和一个安宁疗护病房。千祥镇与辖区内33家社区居家养老照料机构签订合作协议，明确服务内容和方式。千祥镇胡山村作为国家首批“老年人心理关爱项目”试点村，通过悬挂横幅、张贴海报、发放健康折页营造氛围，举办健康讲座、文艺会演普及知识，引导老年人参与，开展认知与心理健康状况评估，分不同人群采取相应干预，得到金华市卫健委领导高度评价。组织参加省医养结合工作培训，开展医养结合工作调研。

【健康老龄工作】 2020年，东阳市完成老年电视大学春、秋季教学课本的征订工作，开展老年电视大学春秋季学期的考查卷考查；受疫情影响，老年电视大学教学工作由各教学点集中学习改为居家学习。做好2020年老年人意外伤害保险工作，开展“敬老月”活动和百岁老人慰问工作，组织开展“重阳节”大型文艺会演等活动。开展全国、省级“敬老爱老助老模范人物”“敬老文明号”的评选工作，湖溪镇镇西村张立明被评为全国“敬老爱老助老模范人物”，东阳市中医院获第三届浙江省“敬老文明号”称号。

（陆建贞）

医疗机构选介

·东阳市人民医院·

【概况】 2020年，东阳市人民医院完成门急诊159.53万人次、出院7.28万人次，分别比上年下降14.58%、10.02%。全院综合CMI（病例组合指数）1.1032，列全省第17位；RW≥2.0疑难病例数3493例，列全省第19位；三级、四级手术7685台（占比30.32%），列全省第18位；日间手术病例数4217例，列全省第12位。有25个术种排名进入全省前20位，冠状动脉旁路移植术、胃底食管静脉曲张内镜治疗、白内障+人工晶体植入术进入全省前10位。“胸痛中心”“高级脑卒中中心”“心衰中心”通过国家级中心认证，急诊脑卒中溶栓DTN60分钟完成率87.98%，急诊PCI门球时间≤90分钟达标率88.6%，处于全国领先水平。生殖中心完成取卵307周期，试管婴儿生产突破100例。发表论文120余篇，其中SCI论文56篇、中华级杂志19篇。成立专利申报小组，成功授权109项。签订临床试验项目合同5项，合同总金额124万余元，到账总金额75万余元。

2020年7月25日，市人民医院举行三级甲等综合医院揭牌仪式（李　鹏/摄）

7月1日，国家卫生健康委办公厅印发《关于2018年度全国三级公立医院绩效考核国家监测分析有关情况的通报》，市人民医院列全国第147位、县（市）医院第1位，排名全省第16位。

【抗击新冠疫情】 2020年，面对新冠疫情，东阳市人民医院用6天时间，建成东阳市新冠第二定点医院（原广福医院），平稳渡过首例患者出现早、确诊病人突然增多、医院内部安全受到严重威胁等多个关口，率先在浙中西部疫情最严重的地区完成19例新冠病人清零。常态化防控下，成立4个院内防控专家小组，率先开发应用发热病人追踪管理系统，实施“一根弦两防线三措施”，为全市夺取疫情防控阶段性胜利作出贡献。涌现出金华市“战疫先锋”团队感染科等10个先进集体，省优秀共产党员陈德宝、省优秀共产党员抗疫先进个人卢斌等一大批先进代表。医院党委获“浙江省抗击新冠肺炎疫情先进集体”“浙江省先进基层党组织”称号。

【全省县域首家三级甲等综合医院】 2020年7月7日，浙江省卫生健康委向在省第四周期综合医院等级评审中通过“三甲”评审的17家医院颁发“三级甲等综合医院”证书，市人民医院是其中唯一一家县市级医院，是浙江省县域第一家三级甲等综合医院。7月25日，市人民医院举行揭牌仪式。

【中国医院协会县（市）医院分会换届】 2020年9月25—27日，中国医院协会县（市）医院分会在东阳市举行换届大会，全国30个省的450余名代表参加会议。会议选举产生第五届县（市）医院分会委员会，推选东阳市人民医院为县（市）医院分会主委单位。该院党委书记应争先当选分会副主任委员兼秘书长。

（李　鹏）

·东阳市中医院·

【概况】 2020年，东阳市中医院门诊服务人次68.92万人次，比上年下降8.75%；出院人次13610人次，比上年下降5.25%;业务收入3.11亿元,比上年下降3.58%;平均住院日9.89天,比上年增加0.14天;门诊均费264.96元,比上年增长4.13%;住院病人均次费用9078.27元,比上年增长3.86%。组织开展中医药文化进社区、进文化礼堂6次,组织医疗保障服务30余次,参加医务人员200余人次,免费送药4.5万元,服务人群3000余人次。

【新冠疫情防控】 2020年年初,新冠疫情突袭而至,市中医院党总支第一时间发出建立抗疫党员先锋队的倡议书,180余名党员请愿加入先锋队。1月27日,程飘到武汉肺科医院支援,在抗疫一线坚守56天。3月22日,撤离武汉返回浙江,4月6日平安返回东阳。随着新疆新冠疫情的暴发,8月3日,检验科医生许俏梅支援新疆防疫工作。8月20日,随金华援疆核酸检测医疗队返回东阳。医院9名医护人员先后到东阳新冠定点救治医院支援。程飘获"浙江省抗击新冠肺炎疫情先进个人""援鄂抗疫优秀护士""金华好人"等称号。高慧、卢海燕、王向勤、许俏梅、汤玮亮5人获评东阳市"先进个人",韦林强被评为东阳市"最美抗疫科普人",市中医院党总支获"金华市抗击新冠肺炎疫情先进集体""金华市先进基层党组织"称号。

【医疗技术提升】 2020年,市中医院推动医疗技术创新,开展脊柱内镜动力磨钻下腰椎管狭窄扩大松解术、全关节镜下自体或异体肌腱重建治疗膝后交叉韧带及多发韧带断裂伤、自体牙再植术等48项新技术新项目。在2020年度浙江省三级中医院(DRG)质量绩效分析报告中,市中医院膝关节置换手术量在浙江省三级中医医院中排名第2,椎间盘手术量排名第10,髋关节置换手术量排名第11。

2020年12月25日,省重点建设项目市中医院迁建工程主体完工

(蒋旭华/摄)

【中药养生配方推出】 2020年9月,东阳市中医院汇聚院内名中医专家资源,推出12个中药养生配方,茶饮类7个(玫瑰养颜茶、乌发茶、降脂减肥茶、消暑凉茶、解酒茶、祛湿茶、养肝明目茶),泡酒类2个(十全大补药酒、养血愈风酒),汤包类3个(老鸭煲、四君子鸡汤、养血安神汤)。

【专业技术竞赛】 2020年,由中国中药协会主办,浙江省中医药学会、桐庐县人民政府承办,桐庐县市场监督管理局、桐庐县卫生健康局、桐君堂药业有限公司协办的第四届"桐君堂"杯中药材真伪鉴别全国大赛在杭州市桐庐县举行,市中医院选手李靖珺参赛,通过理论笔试、实物鉴定两个环节比赛,获二等奖。在金华市中医针灸综合技能竞赛中,市中医院代表队包揽个人一等奖、个人三等奖、团体一等奖。

【新院迁建工程】 2020年12月,东阳市中医院迁建项目一期住院楼、门诊医技楼、行政楼等主要楼栋外墙装修完成,室内装修完成45%,水电、消防、暖通、智能化完成40%,室外工程围墙结构与粉刷完成75%,排水排污管道与检查井完成80%,借土回填完成50%。年度投资额完成10681万元,超过年初计划的33.5%。

(段闪闪)

体 育

综 述

【概况】 2020年，东阳市增加体育民生工程项目29个，推动实施亲子公园园路改建工程。组织开展横店马拉松、2020年“全民健身日”主题系列活动、第二届中国东阳“纤惠杯”国标舞公开赛、“全民健身·活力中国”全国职工气排球比赛（东阳站）、第六届江滨4小时接力赛等各类各级体育活动60余次，群众参与14万人次。培训社会指导员200余人次。建立体育协会流动党支部11个。引进浙江万朵城体育有限公司开展合作，体育馆市场化运营效果良好。建成金华市“体育+”特色村居2个（南马镇瑶仪村、六石街道下石塘村），创建金华市“双十”品牌体育赛事1个（江滨4小时接力赛）、金华市运动休闲示范基地1个（歌山镇凤凰谷生态旅游农业园），成立体育社团2个（健身舞协会、门球协会）。

【省运会场馆建设】 2020年，东阳市开展省运会比赛场馆改造提升工作，体育馆篮球场地、艺术体操场地，明清宫苑射箭场地改造到位，设计认证吴宁一中足球场地改造，东阳中学足球场地报市发改局审批。

（金胜男）

群众体育

【概况】 2020年，东阳市推进全民健身公共服务体系建设，完成4个社区多功能运动场、10个小康体育村提升工程、1个游泳池、14个老百姓健身房建设。落实花园村乡村振兴综合改革试点工作，推进花园村体育基础设施建设水平，完成1个社区多功能运动场建设。推进体育馆服务大提升工程，体育馆接入省全民健身公共服务平台，实现在线预定、支付功能等便民服务。开展全民健身活动，组织开展各级各类体育活动60余次，参加人员14万余人次。参加金华级赛事8次、省级10次、国家级4次。组织柔力球骨干培训、婺韵广播操培训、体育舞蹈公益培训、健身球培训、健身气功骨干培训、三级气排球裁判员社会体育指导员培训、太极拳社会体育指导员培训、国家乒乓球二级裁判员培训等。发挥体育指导中心作用，开展2020年公民体质监测指导。推广普及太极拳活动。

【体育协会活动】 2020年，东阳市根据《东阳市体育社团管理运行评估办法（试行）》办法，指导长跑协会、气排球协会、足球协会、冬泳协会换届，加强社团内部建设。增加体育社团2个（健身舞协会、门球协会）。老年体协探索“体育+旅游”模式，太极拳协会组织八段锦进机关、学校活动，跑协连续举办六届4小时江滨接力赛，轮滑运动协会组织重阳节敬老活动，推动全民健身活动开展。

【全民健身日活动】 2020年8月7日，由东阳市政府主办，市文广旅体

2020年8月7日，“全民健身日”主题活动启动仪式后，市民进行健步走活动

（胡扬辉/摄）

局、市体育总会承办的“‘全民健身日’主题活动启动仪式”在市民广场举行,市机关部门单位的干部职工和部分市民代表600余人参加启动仪式,进行健步走活动。8月8日,2020全民健身日启动仪式(分会场)在佐村镇山合村举行,各镇乡街道200余人沿山区道路健走5.5千米。

(金胜男)

2020年10月21日,东阳市第33届中小学生田径运动会赛场上正举行田径比赛

(黄　强/摄)

竞技体育

【概况】 2020年,东阳市完成拳击运动员引进工作,签订5枚金牌合同,引进击剑、田径运动员;联合市教育局制定《关于面向退役优秀运动员招聘部分体育教师的方案》,通过公开招聘,完成安置省级退役优秀运动员4人。选拔培养本土运动员,制定《东阳市竞技体育贡献奖励办法》。完成省运会竞技项目(田径、艺术体操、射箭、网球、击剑、拳击)夺金点布局。

【少年体育】 2020年,东阳市开展少体校招生工作,制定《东阳市少体校2020年招生方案》,招收田径、足球、乒乓球、篮球、击剑项目特长生23人,学校有专职教练9个。向上级输送运动员,输送9名运动员到省队集训。组队参加浙江省少年儿童锦标赛和冠军赛、2020年浙江省青少年阳光体育(体育传统项目学校)中学生田径比赛暨浙江省青少年田径锦标赛、金华市青少年田径锦标赛等比赛,获金华市级以上金牌50枚(省级17枚)、银牌28枚(省级12枚)、铜牌21枚(省级9枚)。举办全市校园足球联赛、全市青少年游泳赛、全市中小学生乒乓球等比赛,推动青少年体育活动的开展和体育后备人才培养。加强青少年体育网点学校建设,横店三校入选亚运足球梦想学校。

【东阳市第33届中小学生田径运动会】 2020年10月21—23日,东阳市第33届中小学生田径运动会在吴宁镇中举行,全市中小学生86个代表队858名运动健儿在23个项目87个小项上进行比赛。达到国家二级运动员标准20人,国家三级运动员标准8人,23人次破东阳市纪录,6人次破大会记录。高中组前三名:东阳中学、东阳二中、南马高中,初中组前三名:吴宁一中、横店一中、吴宁二中,小学前三名:东阳市外国语小学、吴宁四校、横店镇校。

【横店马拉松】 2020年11月8日,2020“中行杯”横店马拉松开赛,全国各地2.5万名参赛选手参加。该届赛事由东阳市人民政府、横店集团控股有限公司共同主办,东阳市文化和广电旅游体育局、浙江横店影视城有限公司、浙江横店体育发展有限公司承办,设全程马拉松(42.195千米)、半程马拉松(21.0975千米)、穿越马拉松(9千米)、欢乐跑(5千米)四个项目。赛程以明清宫苑为起点,途经秦王宫、清明上河图、明清民居博览城、华夏文化园、圆明新园等精华景区和万盛映象步行街、影视大道等主街区。

(金胜男)

2020年11月8日,“中行杯”横店马拉松鸣枪开跑,2.5万名选手参加该赛事

(胡扬辉/摄)

2020年东阳市承办国家级、省级、金华市级、东阳市级赛事一览表

表47

序号	活动名称	活动时间	参与人数	级别
1	国家杯棋牌职业大师赛	9月23—30日	—	国家级
2	2020年全国篮球杯篮球比赛女子组决赛(横店赛区)	10月9—15日	450人	国家级
3	2020年第二届中国·东阳"纤惠杯"体育舞蹈(国标舞)全国公开赛	10月24日	2000人	国家级
4	2020年"全民健身·活力中国"全国职工气排球比赛(东阳站)	10月30日至11月1日	500人	国家级
5	2020"中行杯"横店马拉松	11月8日	25000人	国家级
6	2020全国城市邀请赛暨第五届东阳市体育舞蹈锦标赛	12月26日	200人	国家级
7	浙江省青少年电子制作锦标赛	1月15—19日	200人	省级
8	"浙里乒"第三届浙江省业余乒乓球嘉年华暨2020年浙江省乒乓球积分赛(横店站)	7月17—19日	700余人	省级
9	2020浙江省青少年射箭冠军赛	7月21—27日	12支队伍	省级
10	浙江省青少年科技体育(航海、航空航天、车辆、建筑模型)教育竞赛第二站	7月22—25日	1000人	省级
11	"起步杯"2020年浙江省第五届<我是小小足球王>幼儿足球总决赛	8月6—8日	18支队伍	省级
12	2020年浙江省夏季围棋段位赛	8月21—23日	600余人	省级
13	浙江省2020年首场老年人体育交流展示活动	9月1—4日	160人	省级
14	浙江省五人制足球嘉年华(浙中片区)	10月14—17日	100人	省级
15	迎亚运·浙江省全民健身五人制足球嘉年华暨"巴邑火锅"2020年浙江省五人制足球冠军联赛浙中赛区(高校组)	10月15日	60人	省级
16	2020浙江飞行嘉年华暨涡喷航膜飞行大会	10月23日	—	省级
17	浙江省气排球锦标赛决赛	12月4—6日	500人	省级
18	2020浙中地区俱乐部邀请赛暨"快乐之星"杯东阳市第四届速度轮滑邀请赛	12月12日	190人	省级
19	"浙里灌篮高手"2020浙江省篮球嘉年华	12月26日	100人	省级
20	2020金华市气排球联赛	9月12日	200人	金华市级

续表47

序 号	活动名称	活动时间	参与人数	级 别
21	2020年“东阳中学杯”金华市青少年击剑锦标赛暨金华市第三届击剑邀请赛	10月17日	200人	金华市级
22	金华市环卫工人趣味运动会	10月21日	200人	金华市级
23	“迎亚运 舞健康”金华市老年人首届体育舞蹈交流活动	11月10日	100余人	金华市级
24	东阳市全民健身“五人制”足球赛	8月9日	200人	东阳市级
25	2020年第十二个全民健身日东阳市气排球协会趣味气排球赛	8月8—9日	300人	东阳市级
26	“通用杯”东阳市第九届网球双打公开赛	10月3—4日	80人	东阳市级

2020年东阳市体育协会比赛一览表

表48

序 号	活动名称	活动时间	参与人数
1	健身钓鱼俱乐部钓鱼比赛	5月10日	48人
2	老年门球友谊赛	5月12日	50人
3	“星耀杯”第五届五人制足球嘉年华	5月18日	14支、200人
4	健身钓鱼俱乐部浪坑垂钓中心钓鱼比赛	5月20日	50人
5	东阳市气排球协会暨阳光俱乐部第一季排名赛	5月30—31日	410人
6	“华雅装饰杯”2020年东阳市第八届网球双打公开赛	6月6日	18支、36人
7	东阳中振永磁杯2020年横店乒乓球精英邀请赛	6月20日	200人
8	第六届江滨4小时接力赛	6月21日	800人
9	持杖健走	6月24日	80人
10	东阳市健康跑	6月27日	200人
11	东阳万名老人健走	8月8日	10000人
12	东阳市全民健身夜跑东白山活动	8月8日	150人
13	体育舞蹈进社区	8月8日	130人
14	老年体协门球友谊赛	8月8日	157人
15	东阳市全民健身2020年羽毛球公开赛	8月8—9日	240人

续表 48

序 号	活动名称	活动时间	参与人数
16	东阳市首届儿童速度轮滑大赛暨首届儿童滑板车大赛	8月8—9日	100人
17	东阳市全民健身“五人制”足球赛	8月9日	200人
18	2020年第十二个全民健身日东阳市气排球协会趣味气排球赛	8月8—9日	300人
19	“通用杯”东阳市第九届网球双打公开赛	10月3—4日	80人
20	东阳市第十届“快乐杯”乒乓球比赛	10月6—7日	200人
21	2020年太极拳健身气功交流展示活动	10月17日	300人
22	“东技杯”东阳市第二届射艺大赛	11月15日	85人
23	东阳市第二届大众跆拳道比赛	12月5日	200人
24	东阳市第四届“海森药业杯”冬泳挑战赛	12月19日	50人

2020年东阳市级体育赛事一览表

表 49

序 号	活动名称	活动时间	参与人数
1	东阳市体育馆市民免费体验日暨运动嘉年华	5月1—3日	1500人
2	“汽车城·丽晶湾杯”2020浙中夏季三人篮球赛	7月24日	500人
3	8月8日全民健身日主题活动启动仪式及健步行活动	8月7日	600人
4	东阳电台第六届荧光夜跑	8月7日	400人
5	8月8日全民健身日主题活动佐村镇分会场	8月8日	200人
6	2020年“广厦大学杯”东阳市夏季篮球联赛	8月9日	200人
7	2020年东阳市青少年(儿童)游泳赛	9月20日	200人

2020年东阳市职工赛事一览表

表 50

序 号	活动名称	活动时间	参与人数
1	花园第十届体育运动会	10月23日	3200人
2	东阳市教职工第二十二届气排球比赛	12月3日	200人
3	东阳市第三届工会干部趣味运动会气排球比赛	12月10—11日	200人
4	总工会趣味运动乒乓球比赛	12月12日	150人

2020年东阳市社区体育活动一览表

表51

序 号	时 间	活动名称	主 办
1	8月	四十二式太极剑培训	白云街道下昆溪小区
2	9月	单人舞培训	白云街道下昆溪小区
3	8月	功夫扇培训	城东街道寀卢社区
4	10月	江南雨舞蹈培训	城东街道寀卢社区
5	11月	全民健身活动	城东街道寀卢社区
6	10月	东阳市健身球操交流活动	横店镇夏阳山小区
7	11月18日	东阳市柔力球健身秧歌交流活动	横店镇光田小区
8	12月26日	东阳市健身舞协会广场舞展演	江北街道东丰小区

2020年东阳市农村体育活动一览表

表52

序 号	时 间	赛事名称	主 办
1	1月1日	乒乓球比赛	千祥镇千南村千四
2	3月8日	庆三八 我爱运动我健康	千祥镇后周村
3	4月22日	东阳江镇登山比赛(柯岩)	东阳江镇新东村
4	7月1日	乒乓球比赛	千祥镇千南村千四
5	7月	篮球赛	画水镇永乐村
6	10月1日	气排球赛	南马镇东湖村
7	10月9日	东阳江镇乒乓球比赛	东阳江镇茜畴村
8	12月28日	田园趣味荧光夜跑	南市街道大联村
9	2020年	乒乓球比赛	马宅镇瑶昌桥村
10	2020年	乒乓球比赛	马宅镇七稚塘村
11	2020年	乒乓球比赛	马宅镇马宅村

(全胜男)

社会事务

人力资源与社会保障

·综述·

【概况】 2020年，市人力资源和社会保障信息中心与市工伤认定中心整合设置为市工伤认定中心，挂市人力资源和社会保障数据维护中心、市市民卡管理中心牌子。市劳动人事争议仲裁院入驻市矛调中心办公。开展“中国人民志愿军抗美援朝出国作战70周年”纪念章统计发放工作，发放纪念章251枚。

东阳市人力社保局被评为2020年度东阳市机关部门工作目标责任制考核优秀单位、东阳市落实党风廉政建设两个责任优秀等次和东阳市平安创建先进集体。在2020年度全省人社系统绩效考评中，市人力社保局列优秀等次并在全省89个县（市、区）中综合成绩排名第二位。市人力社保局被人社部办公厅评为2019—2020年度《中国劳动保障报》新闻宣传工作做得好的单位。

【信息宣传工作】 2020年，市人力社保局做好信息宣传工作，60余篇信息被省级以上刊物采用。2月10日，浙江信息第20期《东阳市推行“异地隔离”法解决企业用工需求》获浙江省委书记车俊批示；3月3日，东阳市专报信息第4期《主动担当 精准服务 市人力社保局全力以赴为企业员工返岗复工护航》获东阳市委书记傅显明、市长楼琅坚批示；4月1日，浙江信息第102期《东阳市多举措保障劳动关系和谐稳定》获浙江省副省长王文序批示；11月13日省政府专报信息第886期《东阳市建立基层劳动纠纷多元化解机制实现劳动争议“三降三超”》获浙江省副省长王文序批示。

（司松松）

·就业创业·

【概况】 2020年，东阳市城镇增加就业27482人，失业人员再就业5737人，帮扶就业困难人员再就业1288人，城镇登记失业率1.41%。帮扶重点群体创业1001人，发放创业担保贷款1200万元。开展就业创业培训8.1万人次，发放培训补贴3770万元。发放高校毕业生求职创业补贴67.8万元，惠及234人；发放小微企业吸纳高校毕业生社保补贴199.3万元，惠及199家企业；为20名高校毕业生进行创业担保贷款资格认定，发放贷款贴息24万元。

【就业创业援助】 2020年，为助力企业复工复产，市人力社保局围绕“两手都要硬、两战都要赢”和“零输入、零传染，全覆盖、全复工”的目标，主动采取招工关口前移，线上线下发力等措施，建立返岗护航运作机制，构建“面上快通、点上直通、内外沟通”的工作格局，解决员工不敢回、不愿回、回不来等问题，破解企业复工“用工难”问题，接回返岗员工13400余人。

完善就业创业政策，推动制定《关于保就业稳人才的若干意见》《东阳市2020年失业保险费稳岗稳就业补贴的实施办法》和《东阳市关于应对疫情加强企业用工保障意见的实施细则》。全年兑现到东阳企业员工的交通补助、生活补贴及老带新补贴2035万元，为全市5118家企业发放失业保险稳岗稳就业补贴1.53亿元。

举办第五届青年创业大赛和两场创业论坛。举办电商网红直播大赛，单场成交额近300万元的选手张春昭获冠军，大赛有739.8万人次在线观看，直播成交额615.1万元。建成创业孵化基地9家，入驻创业单位580家，带动就业2200余人，孵化成功3家产值千万以上的电商企业。

【“东阳就业”系统平台开通】 2020年，东阳市开通“东阳就业”系统平台，加强企业用工监测和失业预警，将全市920家重点企业纳入用工监测；扩大监测项目，将企业用工、培训、产能、经营变动、员工调剂等要素纳入监测范围，综合分析大、中、小企业的用工特点，及时准确掌握企业用工情况。全年开展用工调查22期，收回调查数据16000余条，发放用工监测补贴41万元。

【东西部对口扶贫劳务协作】 2020年，东阳市开展东西部对口扶贫劳务协作，帮助贫困地区（中西部22个省份）到东阳市稳定就业6908人，其中帮助四川省到东阳市就业413人，帮助四川省在当地就近就业183人。调查核实在东阳市建档立卡贫困人员就业27465人，开展四川省建档立卡贫困人员就业培训200人。10月，人社部联合国务院扶贫办共同举办以“劳动最光荣,脱贫靠奋斗”为主题的扶贫论坛,市人力社保局推荐的横店集团东磁股份有限公司在论坛上做典型发言。

(司松松)

·人才交流·

【概况】 2020年,市人力社保局创新推出“码上来东阳”和“码上云招聘”双码服务,开启“云端引才”新模式,组织4632家次企业参加重庆大学、浙江工业大学等近百所高校举办的59场“云聘会”,提供岗位43365个,收到网上投递简历42011份,通过线上文字沟通或视频面试,达成初步就业意向11511人次。开展到外地引才现场招聘活动,推出巡回引才专线30条,到北京、上海、杭州、成都等人才聚集地组织招才引智活动43场,参加企业473家次,提供岗位14447个,当场达成就业意向2165人。与江西理工大学达成人才智力项目合作协议,合作高校增至31所,在兰州、郑州、杭州、重庆4个重点城市布局东阳市首批4个引才联络站。

全年审核发放八批人才购房券,券额4340万元,惠及浙江广厦建设职业技术大学、横店集团东磁股份有限公司等27家用人单位的110名高层次人才。审核发放各类人才津贴558.11万元,惠及横店集团东磁股份有限公司、普洛药业股份有限公司等65家企业引进的各类人才,受益对象600人次。

【高技能人才队伍建设】 2020年,市人力社保局建立工艺美术系列任职资格评价直接申报制度,在生产一线从事技能工作,具有高超技艺技能和取得突出业绩的,可直接申报相应工艺美术职称评审。建立现场考核评价办法,不具备规定学历及职业技能转评人员,实施现场考核办法,打通高技能人才与专业技术人才职业发展贯通的通道。启用浙江省专业技术职务任职资格申报与评审管理系统,为各类人才提供职称评审网上服务。增加国家级博士后科研工作站1家(浙江普洛康裕制药有限公司),省级博士后科研工作站2家(浙江微度医疗器械有限公司和浙江石金玄武岩纤维有限公司)。增加高级职称491人、高技能人才1939人、中级工1394人、初级工4177人。

【人才政策】 2020年,市人力社保局参与拟定东阳市人才新政升级版《关于大力实施人才强市战略服务赶超发展的补充意见》,将普通大学生和技能人才列入政策受益群体。制定《东阳市企业“飞地”引才补贴实施细则(试行)》《东阳市引进人才补贴实施细则(试行)》等人才政策实施细则13个。

(司松松)

·社会保障·

【企业社会保障缴费政策调整】 2020年,东阳市继续执行企业社保缴费减免政策,减轻企业负担。免征中小微企业2020年2月至12月、减半征收大型企业2020年2月至6月基本养老保险、失业保险、工伤保险的单位缴费,累计减免61850.36万元,涉及17062家企业。将失业保险单位缴费比例从1.5%下调至0.5%,工伤保险费率下调50%。全年减征失业保险单位缴费8243.93万元,涉及17618家企业;减征工伤保险单位缴费2641.03万元,涉及16039家企业。推广工伤补充险,做好工伤预防工作。

【社会保险】 至2020年年末,东阳市参加职工基本养老保险368621人,比上年增加17998人;参加城乡居民基本养老保险216156人、工伤保险265468人。机关事业养老保险参保19310人,被征地农民养老保障参保24826人。实体社保卡持卡数107.2万张,电子社保卡签发55.5万张。全年办理工伤案件2327件,其中,认定工伤2163件,不予认定12件,不予受理51件,受理后经调查不符合事实或组织双方协商解决而撤销的101件。组织劳动能力鉴定8次,鉴定1182人。

(司松松)

·劳动关系·

【劳动用工管理】 2020年,市人力社保局开展劳动用工方面的政策宣传和指导工作,协调处理好原在职员工、返企返工人员与企业之间的劳动关系,维护好双方合法权益,促进企业复产复工。开展疫情防控期间劳动关系风险预测预警,为上级决策提供参考。推进规模以上企业工资集体协商要约行动和集体合同签订工作,配合工会系统完成工资集体协商、集体合同、工资专项合同签订1366家。组织开展东阳市级第五轮和谐劳动关系企业“三方四家”联审联评工作,加强对企业进行劳动法律法规指导。审查企业集体合同150份,工资等专项合同286份。

【“东阳无欠薪”建设】 2020年,市人力社保局制定2020年度工作目标任务清单,将根治欠薪纳入年度工作目标责任考核和“平安东阳”考核体系。开展《保障农民工工资支付条例》等劳动法律法规宣传活动。多部门联合开展在建工程项目落实根治欠薪机制情况专项检查,通过上级督查、县市区交叉检查、全市自查等形式,督促在建工程项目落实各项长效机制。推进“浙江省企业工资监管平台”应用,全市在建工程项目全部在工资监管平台完成注册。启用浙江省劳动纠纷治理一体化经办应用系统,18个镇乡街道全覆盖。全年“双随机”执法检查企业538家,抽查监管对象覆盖率4.26%。现场执法中掌上执法率99.62%。

【劳动争议仲裁】 2020年,市人力社保局发挥“互联网+调解仲裁”优势,方便当事人在线维权,及时化解矛盾纠纷,推广“三调解”模式(引导“网上调解”、畅通“电话调解”、有序“预约调解”),实现劳动调解仲裁一次不用跑“不见面”办案。基层多元化解组织向建筑工地延伸,设立东阳市槐堂棚户区改造项目一期项目部劳动争议调解委员会。发挥市仲裁委、镇乡街道、村(社区)、行业协会和企业调委会组成的调解组织的职能作用和“老娘舅”功能,做到矛盾不出企,纠纷不上交。完善镇乡街道劳动争议多元化解机制，发挥镇乡街道多元化解中心和基层“四个平台”调处作用，加大企业多元化解机制建设步伐，联合化解辖区内劳动争议。在横店镇、白云街道中山社区设立劳动争议多元化解中心，配备受理大厅、仲裁庭、调解室。推广应用镇乡街道劳动人事争议仲裁指挥系统，实现市级、镇乡街道、村三级网络仲裁系统联网，市仲裁委可实时观看指导基层仲裁庭审和网上调解。全年办理劳动人事争议案件2118起，涉及劳动者4308人，涉案标的5616万元。

（司松松）

医疗保障

【概况】 2020年，东阳市基本医疗保险参保人员851810人，其中职工医保参保235311人，城乡居民医保参保616499人，基本医疗保险户籍人员参保率99.97%，大病保险选缴率89.12%；生育保险参保164055人。全市有定点医疗机构37家（不含基层社区卫生服务站），定点零售药店72家，慢性病种药品医保服务点9家。

【新冠疫情防控】 2020年，市医保局落实救治保障，及时为第二收治点（广福医院）开通临时医保结算功能。调整2020年度基金总额预算，对新冠肺炎费用单列预算。向市人民医院拨付1000万元专项资金。明确疫情防控期间药店八项管理措施，对违规药店快查快处。延长医保报销时限，提醒市民“网上办”“掌上办”。制定《新冠肺炎防控期间慢性病人与交通不便患者诊疗配药工作方案》，解决患者的诊疗配药需求。支持市人民医院开通无卡结算。支持复工复产，胡小骏、徐莹、方晓锋加入市疫情防控工作指挥部。2月，市医保局组建先锋队到城东街道开展入户排查、居家隔离管控、巡查卡口等防控工作。落实医保扶持政策，2月至6月对12864家企业减征医保缴费9008.93万元，307家企业缓缴医保费，涉及金额872.67万元。

【定点医药机构绩效考核办法制定】 2020年，市医保局联合财政、卫健等部门在全省率先制定《东阳市定点医疗机构绩效考核办法（试行）》《东阳市定点零售药店绩效考核办法（试行）》，对定点医疗机构考核分社会效益、基金控费和规范使用、医保工作、医疗服务能力、中医药服务、运行效率、公共卫生、制度规范性、分配机制、预算和资金管理情况等共12个大项29条评价指标；对定点零售药店考核分履约管理、医保监管措施落实、便民措施落实、创新服务和群众满意度5个大项12条评价指标。引导定点零售药店做优做强，由财政保障资金鼓励零售药店，规范药店经营和优质服务。4月23日，东阳市定点医疗机构绩效考核解读会在市行政中心召开。

【医疗救助】 2020年，市医保局调整医疗救助政策，制定《关于进一步加强医疗救助工作的实施意见》，明确救助对象范围、医疗费用的救助标准，开展慢性病种门诊费用救助。开展医疗救助工作，确保困难人员资助参保率100%和救助政策落实率100%。全市出资2454.45万元，资助15058名困难群众参加基本医疗保险二档，资助参保率100%；补助286.5万元，为10654名困难群众选缴大病保险；支付一站式结算医疗救助2638人，救助金额649.07万元，医疗救助率达100%。

【意外伤害费用政保合作】 2020年，市医保局推进意外伤害监管工作。开发意外伤害费用信息提取专用程序，明确医疗机构和首诊医生职责，建立合议机制论证疑难案件，发挥保险公司的优势做到每案必查，由事后向事中接诊环节前移监管关口，减少欺诈骗保的发生率。外伤费用的稽核率从0.8%提高到100%，全年拦截意外伤害案件153件，金额249.14万元。

【慢性病种药品医保服务点】 2020年，市医保局通过政府招标采购的方式，在金华市内先行开展慢性病种药品零售药店定点工作，经过公开招标，确定9家药店为全市慢性病种药品医保服务点。至年末，服务慢性病种患者28929人次，医保统筹基金支付477.11万元。

【公立医疗服务价格调整和药品耗材采购改革】 2020年，市医保局制定《东阳市公立医疗服务价格调整方案》，调整综合医疗服务项目、临床诊疗服务项目等1818项内容价格，调整费用2814.93万元。取消医用耗材加价，全年减轻患者医疗费用负担1170余万元。落实国家、省、市药品集中带

2020年10月15日，市医保局工作人员在六石街道综合楼广场为群众解说医保扶贫政策

（市医保局提供）

量采购,全市8家公立医疗机构及3家民营医疗机构全部参与,完成省市第一批集中采购全年任务量,全年实施带量采购5批,涉及药品231种,减少群众药品费用支出1.35亿元。

【规定病种待遇备案】 2020年,市医保局优化医保办事流程,取消"参保人员享受规定病种(特殊病种、慢性病种)待遇备案"事项的基层备案环节,群众在5家评审医疗机构可一站式完成待遇申请、评审、备案登记的全流程办理,治疗疾病和备案登记同步完成。通过县市间抽查复审,加强规定病种认定工作的事后监管,全年审查24个规定病种的1726份档案资料。

【医保支付方式改革】 2020年,市医保局配合金华市医保部门推进门诊"APG(门诊病例分组)点数法"付费改革和DRG(住院病组点数法)付费分组改革。住院疾病的分组由635组细化到998组,DRG病组入组率100%,在金华市第一批完成年度DRG清算。精神类疾病、长期康复治疗、小儿康复治疗、痴呆、临终关怀类等38种疾病的住院医疗费用,在市定点医疗机构试点按床日付费,通过先行先试、床位总控、标准分类、严格监管等措施,完善医保住院付费方式。7月17日,金华市医保局到东阳市专题调研医保门诊付费方式改革。

【医保电子凭证】 2020年,市医保局加快系统升级改造、强化推广应用,医保电子凭证接入工作在金华市内率先实现定点医疗机构和定点零售药店100%全覆盖。参保人员只需通过国家医保App、浙里办、支付宝或五大银行App激活使用。全市所有医保定点零售药店以及定点医疗机构全部开通医保电子凭证,群众无须携带医保卡,凭手机就可以随时办理医保业务和就医购药结算,实现医保支付"一码通行、全国通用",全年有273428人激活医保电子凭证,使用医保电子凭证结算146188笔。

【惠民利民医保举措实施】 2020年,东阳市28家医疗机构纳入长三角门诊结算范围,联网结算达到全覆盖;实现长三角全域异地门诊就医刷卡结算;上线特殊病种省内跨区域异地就医直接刷卡结算功能,实现全病种省内直接刷卡结算。医保报销时限从7个工作日提升至3个工作日;全市有4家保险机构开通基本医疗保险个人账户资金购买商业健康保险服务;增加定点医疗机构1家、定点零售药店19家。提升"掌上办、就近办、延伸办"活跃度,"网上办""掌上办"受理率85%以上;"掌上办"有9.22万件,比上年增长25611%;零星报销下沉实现镇乡街道全覆盖;市行政服务中心医保窗口数从7个减少至4个。

2020年7月17日,金华市医保局到东阳市专题调研医保门诊付费方式改革
(市医保局提供)

【医保基金监管集中宣传月活动开展】 2020年4月,市医保局开展"打击欺诈骗保 维护基金安全"集中宣传月活动,以"网上宣""掌上宣"为主,开展"十个一"宣传活动▲,在《东阳日报》刊登"打击欺诈骗保医保"知识,发放宣传手册14000本,制作"茶花姐碎碎念"系列微视频,视频转发量、播放量15.6万余次,获金华市宣传创新项目二等奖。

▲"十个一"宣传活动:召开一次布置会,对集中宣传工作进行动员部署;召开一场新闻发布会;统一官方公众号发布,做好官方微博、微信公众号权威发布,集中曝光欺诈骗保典型案例;开展一次朋友圈接力活动,通过承诺书接力的形式,动员最广泛社会力量,形成全员参与的良好氛围;制作一个微视频,围绕打击欺诈骗保的主题,自编自导,开展微视频创编活动,提升医保基金监管宣传的文化味和乡土味;开展一次基金监管"云培训",通过在线直播等方式开展医保业务培训,选取典型案例以案说法,把政策讲深讲透;开展一次"双随机"检查行动,建立健全随机抽取对象、随机选派执法检查人员,抽查情况及查处结果及时向社会公示;开展一次"小喇叭""大广播"宣传,借鉴疫情防控宣传经验,利用社区小喇叭、农村大广播等,开展广泛政策宣传;印制一本"医保政策100问",汇总编印医保领域中老百姓最关心的100个问题,形成社会关注医保、人人关心医保的良好氛围;进行一次宣传创新项目大评比。

【医保基金安全专项治理】 2020年,市医保局开展医疗机构规范使用医保基金专项治理行动,引入第三方机构对全市二级以上定点医疗机构开展抽查复查,参与省市飞行检查;实施医保大数据智能审核监管,通报并落实整改"限频次、限定价格、重复收费、限适应证用药、费用明细数据异常”等违规行为；强化对骗保案件的行政执法，实施重大案件“案审制度”，将涉嫌犯罪的案件移送至公安机关立案处理；严肃处理医保定点医疗机构、定点零售药店和参保人员的违规行为，至年末，协议处理定点医药机构49家次；暂停3家定点零售药店医保服务协议；追加医保基金1258.77万元。

（周赛男）

民政管理

·综述·

【概况】 2020年，东阳市民政局向民政部、省民政厅、金华市民政局争取资金7200万元，民政事业费支出14377万元。建有居家养老服务照料中心402家，其中示范型居家养老服务照料中心11家，有各类养老机构27家，总床位数7265张。审批低保对象7108人。发放低保救助金及价格补贴5163.5万元，特困供养金及特困人员照料护理补贴454.4万元，春节慰问金182.4万元。

【全国农村社区治理实验区创建】 2020年，东阳市推进全国农村社区治理实验区建设，总结推广经验做法。5月，《东阳市开展“五个家园”建设推动农村社区治理提档升级》专报被浙江政务信息、浙江民政信息采用，得到副省长王文序的批示肯定。8月，在乡镇论坛杂志刊发《浙江省东阳市：高质量打造田园社区 夯实乡村振兴基层基础》等5篇专题报道。创建省级引领型农村社区6个（千祥镇胡山村、南市街道大联村、南马镇南新村、湖溪镇郭宅一村、歌山镇大里村、城东街道寀卢村）、金华市级完善型农村社区15个（城东街道东锋村、南市街道梨枫村、横店镇五官塘村、南马镇夏厝村、巍山镇甲坵村、歌山镇尚侃村、千祥镇甘棠村、湖溪镇上红湖村、画水镇月峰村、虎鹿镇厦程里村、虎鹿镇三星村、东阳江镇下街头村、马宅镇雅坑村、佐村镇桑梓村、三单乡下西楼村）。

（潘 婷）

·社会福利·

【养老机构疫情防控】 2020年，市民政局对养老机构实施封闭式管理，建立“1236”工作法，组织党员先锋队对全市养老机构开展防疫工作督查，排查入住老人和工作人员接触情况。联合市人民医院通过钉钉视频直播的方式，对全市25家养老机构的40余名负责人、管理人员进行养老机构新型冠状病毒感染的肺炎疫情防控知识培训。给全市各养老机构发放防疫物资，调配防护口罩30000只、消毒液250千克、护目镜200个、温度计100支。制定《关于安全有序开展养老服务的通知》，指导镇乡街道和养老机构加强内部管理，有序接收老人返院，并不定期进行督查。对全市367名养老机构工作人员和8名儿童福利机构工作人员进行核酸检测。

【居家养老工作】 2020年，市民政局布局“1+X+N”的居家养老服务体系，即每个镇乡街道都建有1家乡镇级居家养老服务中心，X家星级照料中心，N家普通居家养老照料中心（服务站点）。建成吴宁街道、歌山镇、千祥镇、白云街道、巍山镇和佐村镇6家示范型居家养老服务中心，完成2019年度63家星级照料中心评定工作，评出五星级照料中心4家、三星级照料中心59家，并发放奖牌。下拨2019年和2020年上半年照料中心运行补助1664.68万元、3家新建照料中心建设补助30万元、63家星级照料中心奖励补助134万元、2020年创建的示范型居家养老服务中心建设和奖励资金180万元。

【养老机构规范化管理】 2020年，市民政局指导花园老年公寓扩建、后马村老年公寓和福特颐养院新建等养老项目建设，完成花园老年公寓和红枫林养生中心机构备案工作。下拨养老机构专项奖励48万元、疫情防控补助37.8万元、护理型床位补助63.9万元、床位建设补助154.2万元。落实特困供养机构管理费补助，下拨特困供养机构管理经费86.56万元。下拨巍山镇敬老院、马宅镇敬老院提升改造补助101.47万元。下拨养老机构综合保险补助9.9万元，紧急呼叫设备安装补助13万元，智慧消防和维保补助15.2万元。

【困难家庭适老化改造】 2020年，市民政局制定生活困难家庭适老化改造方案，平均每户家庭改造标准8000元。经入户调查、能力评估、审核公示、公开招投等程序，完成全市80户困难老年人家庭适老化改造。

【养老护理员队伍建设】 2020年，市民政局制定《2020年东阳市养老护理人员专项培训方案》，打造养老护理人员培训基地（南市养老中心）、家庭照护者培训基地（六石街道居家养老服务中心）各1家，投入9.12万元培训经费，完成养老护理员培训417人次，家庭照护者培训316人次。选派11名养老机构院长到金华市参加养老院院长培训班。

【老年优待工作】 2020年，市民政局制发“老年优待证”16159张，其中红卡9070张、绿卡7089张。至年末，全市增加百岁老人29人、核减28人，发放百岁老人长寿保健补助13.62万元。落实定期看望百岁老人制度，每月对百岁老人进行健康状况核对，自9月起实施百岁老人居住地和健康状况“每月一报”，确保百岁老人长寿保健补助及时、准确发放到位。重阳节期间，为36名百岁老人发放“福寿康宁”牌匾。开展2021年老年人意外伤害保险项目，为60岁及以上80岁以下低保和特困老人、重点优抚对象老人、失独和独生子女三级以上残疾老人等对象购买老年人意外保险。

【孤儿及困境儿童保障】 2020年，市民政局提高孤儿生活养育费标准，机构孤儿养育生活费提高至2357元/月，社会散居孤儿养育生活费提高至1886元/月。全年增加困境儿童426人，取消45人。年末，全市有机构供养孤儿13人，社会散居孤儿16人，其他困境儿童对象548人，其中事实无人抚养儿童88人，低保家庭中的重残儿童49人，低保边缘户家庭中的重残儿童5人，其他低保家庭儿童406人。下拨困境儿童福利资金192.4万元，孤儿救助金20.95万元。组织开展农村留守儿童和困境儿童关爱保护"政策宣讲进村(居)"活动。

【福利企业管理】 2020年，东阳市有福利企业33家，安置残疾职工779人。全年支付残疾职工劳动报酬3088万余元，残疾职工月人均收入超3964元，企业为残疾职工交纳五项社会保险金额1037万余元，残疾职工参保率100%。

【慈善事业发展】 2020年9月4日，市民政局联合市慈善总会、巍山镇政府举办以"决战脱贫攻坚 助力疫情防控"为主题的2020东阳市善行大爱慈善文艺晚会。开展首届"东阳慈善奖"评选活动，设置个人捐赠奖、机构捐赠奖、慈善项目奖、战疫爱心奖、扶贫攻坚奖5类奖项，全市有28个个人、单位和项目获首届"东阳慈善奖"。推进东西部扶贫协作，筹集价值104万元的物资运往四川省理县，8月25日，在理县文体活动中心北广场举行捐赠仪式，完成东西部扶贫协作任务。

【福利院工作】 2020年，市社会福利院在院老人201人，孤残儿童弃婴17人，收留困境儿童寄养3人。做好疫情特殊时期的管理服务工作，1月26日至3月24日，市社会福利院实行人员进出管控措施，提供请医送药、代买代购、精神慰藉、心理疏导等服务。加强残疾儿童"养、教、康"工作，做好疫情防控期间4名学龄孩子的在院学习和生活照料，帮助残疾孩子周鑫申请廉租房。

（潘　婷）

·社会救助·

【概况】 至2020年年末，东阳市有低保人员7121人，特困人员240人，低保边缘1743人。全年增加低保对象892人，退出低保对象1122人；增加特困对象19人，退出特困对象38人；增加低保边缘对象163人，退出低保边缘对象740人。发放低保救助金及价格补贴5163.5万元，特困供养金及特困人员照料护理补贴454.4万元。开展2020年"福彩助我行"工作，为6名符合条件对象免费安装假肢。

【低保专项治理】 2020年，市民政局制定《深入推进社会救助专项治理工作方案》《关于开展低保、低边对象年度复核的通知》，制定方案，布置各镇乡街道进行排查整治，规范社会救助申请审批、动态管理、准入门槛、监督管理等工作。结合全市扶贫领域"回头看"巡查、村居巡查、扶贫资金绩效评价等工作，发现问题5起，全部落实整改到位。

【疫情防控期间"兜底救助"】 2020年疫情期间，市民政局实行快速救助。对新增对象暂停民主评议和入户调查，待疫情结束后补办流程，疫情防控期间，为全市7672名低保及特困对象发放慰问金180余万元，低保金304余万元；为全市城乡最低生活保障对象、特困供养人员、农村"三老"人员、孤儿及享受基本生活保障的困境儿童、城乡最低生活保障边缘对象、重点优抚对象共计11820人，发放价格补贴448余万元。

【临时救助制度完善】 2020年，市民政局制定《进一步明确临时救助标准的实施细则》，结合各镇乡街道社会经济发展状况和2017—2019年临时救助资金使用情况，下拨镇乡街道临时救助备用金112万元。开展助学、助医等临时救助活动，市民政局审批救助160人，发放临时救助金80万元。

【经济收入核对机制完善】 2020年，市民政局联合社保、车辆、工商、公积金等部门对新增低保、低保边缘对象和已经享受的各类救助对象进行数据核对，全年核对30017人次。采用直接走访调查和购买服务第三方入户调查的方式，对社会救助对象进行入户抽查，其中直接走访抽查24个村(居)社区160户家庭，购买服务第三方入户调查123个村(居)社区1854户家庭。对市房管局提供的七批179户申请公租房的家庭进行房产、公积金、养老保险、车辆拥有、工商登记、国土登记等经济状况审核，并提交家庭收入核查结果。

【社会救助工作宣传】 2020年，市民政局理清社会救助各项政策，制作《东阳市社会救助政策汇编》和《东阳市救助福利政策宣传折页》，并发放至各镇乡街道。结合国家扶贫日活动在《东阳日报》刊登社会救助政策宣传专刊，召集全市各镇乡街道民政救助员开展社会救助业务培训。

【流浪乞讨人员救助】 2020年，市救助管理站依法救助流浪乞讨人员836人，护送精神病人返乡13人。完善危重病人、精神病人救治机制，明确第七人民医院为城市流浪乞讨人员中的精神病人的定点收治医院，指定市人民医院和市中医院为城市流浪乞讨人员中的危重病人的定点收治医院，全年救治流浪乞讨中的危重病人21人、精神病人37人。完成市救助站和救灾物资储备中心两个项目公开招标，并进场施工，完成主体工程建设。

（潘　婷）

·社会事务管理·

【社会工作管理】 2020年，东阳市加强专职社区工作者队伍建设，开展专职社区工作者首批招聘，通过报名、笔试、面试、体检、政审等程序，招聘专职社区工作者99人。严格按照"三岗十八级"▲规定落实待遇报酬。动员各镇乡街道、机关部门、社会组织等相关工作人员3300人报考全国社会工作者职业水平考试，开展为期10天的网上社工证考试考前培训，797人通过考试并领取社工证书。

▲"三岗"即：社区正职、副职和工作人员三种岗位；"十八级"即：各岗位按照工作年限、受教育程度、相关专业水平等综合因素，建立"三岗十八级"岗位等级序列，设置1至18级岗位等级和基本工资系数，对应岗

位等级按“最低基本工资×基本工资系数”确定基本工资，为年收入的70%；剩余占年收入30%的绩效工资根据本人工作情况，经考核按优秀、合格、基本合格和不合格四个档次，适当拉开差距。

【社区疫情防控】 2020年，市民政局指导做好新冠肺炎疫情社区防控工作。转发《关于进一步动员城乡社区组织开展新型冠状病毒感染的肺炎疫情防控工作的紧急通知》《社区疫情防控工作指南》等，指导社区加强疫情防控。制定《东阳市关心关爱疫情防控一线社区工作者“十条举措”》等政策，保障专职社区工作者权益。挖掘、宣传专职社区工作者在疫情防控中的先进事迹。

【村（居）委会换届选举】 2020年8月至9月，市民政局在南马镇开展村委会选举试点工作，整理编写《村（居）委会换届选举工作政策汇编》《村（居）委会换届选举现场操作指南》等资料。11月6—20日，全市村（居）委会换届期间，分阶段专题培训相关人员，强化政策指导，平稳有序指导完成选举工作。全市345个村和43个社区共选出新一届村（居）委会成员1507人、村（居）民代表22042人，其中379个村（社区）实现书记主任“一肩挑”，占村社总数的97.68%。

【地名管理】 2020年，市民政局编排门牌5016户，核发门牌证1728本，制作安装门牌1099块，增加道路指示牌219块。完成第二次全国地名普查，6561条地名普查成果资料整理归档。转化利用地名普查成果，编印出版100余万字的《东阳市地名志》。开展不规范地名清理整治工作，整改小区名2个。挖掘地名文化，征集清廉地名故事24篇。

【水库移民后期扶持】 2020年，市民政局发放大中型水库移民直补资金1233.96万元，受益移民20540人次。确定水库移民项目71个，安排扶持资金2555万元。通过实时进度跟踪、定期通报约谈、放开审价限制、限期取消计划等手段加快移民项目资金结报，验收水库移民项目93个，拨付专项资金2188万元。

2020年9月21—25日，全省婚姻登记业务培训班在东阳市举办

（市民政局提供）

【殡葬管理】 2020年，市民政局指导生态墓地开展星级创建工作，抓好骨灰跟踪管理，抽查生态墓地36处，核查死亡人员骨灰安放情况，以入葬生态墓地或寄存殡仪馆为主，入葬率96%以上。倡导绿色殡葬，引导村（居）采用树葬、花葬、草坪葬和骨灰存放堂等节地生态安葬方式，实施树葬2例，办理市民海葬申请16例。下发《关于做好新冠肺炎疫情期间殡葬管理工作的实施办法》，建立网络祭祀平台，全市实施网络祭扫10700余人次，免费代祭扫2531人次。东阳市西甑山公墓有限公司全年销售墓穴629穴，营业收入421.7万元。通过数据联动，推进数据共享，市殡仪馆全年受理百姓身后事6257例，安全行车40万余千米，火化遗体5726具，整容282次，冰尸3906具，骨灰寄存1930盒，拒收现金4600元，退回红包42个。落实殡葬惠民政策，全年减免殡葬惠民421.3万元，为84名五保、低保等对象减免骨灰盒26600元，处理陈尸9具。异地人员遗体运回火化9件。市殡仪馆完善基础设施建设，建造遗体冷藏库和新油库，翻新营业楼，购置殡仪车5辆。做好春节、清明期间到馆祭祀丧户的服务保障工作，倡导文明低碳祭祀，接待丧户2000余人次。

【婚姻收养登记】 2020年，市民政局办理结婚登记4290对，离婚登记1348对，补结婚证896对，补离婚证128本。为2612个家庭提供婚姻辅导服务，其中线下辅导2376对、线上辅导236对。挽回1264个家庭，双方和平离婚1348对，劝和比例48.4%。9月21—25日，全省婚姻登记业务培训班在东阳市举办，各市民政局社会事务处处长、婚姻登记业务管理人员，全省19个婚俗改革实验县（市、区）民政局分管领导，全省各婚姻登记处负责人、登记员、颁证员约300人参加培训。办理收养登记2件，解除收养登记2件。

（潘　婷）

·社会组织管理·

【概况】 2020年，市民政局办理社会团体名称预登记8件，社会团体成立许可6件，社会团体登记注册5件，社会团体变更登记50件，社会团体注销登记4件；民办非企业单位名称预登记15件，民办非企业单位成立登记12件，民办非企业单位变更登记27件，民办非企业单位注销登记6件；基金会名称预登记1件，基金会设立登记1件。至年末，全市有各类社会团体203个，民办非企业单位

562个,基金会5个。完成2019年度社会组织年检工作,参加年检的社会组织有554个,其中441个合格、26个基本合格、66个不合格、17个已注销、4个正在办理注销。完成2019年度社会组织等级评估工作,7个社会组织被评为AAA级及以上,其中AAAAA级1个,AAAA级3个,AAA级3个。

【公益创投项目】 2020年,市民政局完成第五届公益创投项目的末期评估工作,投入资金68万元,资助项目10个,开展活动600余场次,惠及群众近6万人次。启动第六届公益创投项目,立项资助公益创投项目11个。实施项目培训5次、项目督导7次。孵化培育社会组织,6个社会组织入驻位于培新路1号的孵化培育基地,开展活动近200场次,受益人数逾万人次。5月29日,组织开展东阳市第六届社会组织公益创投项目签约暨启动培训会,有11个公益创投项目入选。

2020年东阳市第五届社会组织公益创投项目一览表

表53

项目名称	项目开展单位
联动共融,同心共治——社区综合治理服务项目	东阳市红十字救援队
“公益大巴”暖心社区服务	东阳市义务工作者协会
太极健身走进社区	东阳市太极拳协会
疫情防控消毒助力养老机构	东阳市蓝天救援队
结对帮扶涉罪未成年人和被害未成年人——护苗计划	东阳市爱盟社会工作服务中心
孝行东城	东阳市一米公益协会
点亮心灯——预防儿童过度使用电子产品	东阳市心理咨询师协会
抗癌路上你我同行	东阳市癌症康复俱乐部
携手夕阳红——共享和谐	东阳市乐义社会工作服务中心
不孤有邻情暖银龄	东阳市晨夕相伴社会工作服务中心

【东阳市社会团体年度检查】 2020年,市民政局对2019年6月30日前经市民政局核准登记的社会团体实施年度检查。

合格社会团体(171个)

东阳市环境卫生协会
东阳市冬泳协会
东阳市木雕·红木家具行业诚信促进会
东阳市茶文化研究会
东阳市磁性材料行业协会
东阳市房地产业协会
东阳市现代物流行业协会
东阳市党外知识分子联谊会
东阳市一米公益协会
东阳市武术协会
东阳市佛教协会
东阳市政协之友联谊会
东阳市画水商会
东阳市针织行业协会
东阳市老年人体育协会
东阳市易制毒化学品行业协会
东阳市三单乡农民合作经济组织联合会
东阳市巍山镇农民合作经济组织联合会
东阳市虎鹿镇农民合作经济组织联合会
东阳市东阳江镇农民合作经济组织联合会
东阳市农民专业合作社联合会
东阳市气排球协会
东阳市太极拳协会
东阳市长跑协会
东阳市个体劳动者协会
东阳市新生代创业创新人士联谊会
东阳市画水镇农民合作经济组织联合会
东阳市佐村镇农民合作经济组织联合会
东阳市木材行业协会
东阳市网络界人士联谊会
东阳市同心商家联合会
东阳市基督教三自爱国运动委员会
东阳市乒乓球协会
东阳市花卉协会
东阳市民爆狩猎协会
东阳市湖溪镇老年人协会
东阳市城东街道老年人协会
东阳市汽车流通行业协会
东阳市婺剧促进会
东阳市信息产业协会
东阳市机动车驾驶员协会
东阳市农产品经纪人协会
横店影视产业协会
东阳市企业家协会
东阳市广东从业商会(广东东阳商会)
东阳市横店镇老年人协会
东阳市餐饮行业协会
东阳市皮革行业协会
东阳市教育学会
东阳市来料加工经纪人协会
东阳市总商会
东阳市风景旅游业协会
东阳市艺苑普法协会
东阳市工艺美术行业协会
东阳市横店社团经济企业联合会
横店经济发展促进会
东阳市人民调解协会
东阳市文化经营行业协会
东阳市南马镇老年人协会

东阳市义务工作者协会
东阳市历史文化研究会
东阳市影视旅游促进会
东阳市射箭协会
东阳市兰花协会
东阳市佐村镇老年人协会
东阳市广告协会
东阳市慈善总会
东阳市六石街道农民合作经济组织联合会
东阳市民营企业发展联合会
东阳市信息网络安全协会
东阳市电子商务协会
东阳市白云商会
东阳市摄影家协会
东阳市会计学会
东阳市音乐舞蹈家协会
东阳市汽车维修行业协会
东阳市卢宅历史文化研究会
东阳市香榧产业协会
东阳市古琴协会
东阳市退离休教育工作者协会
东阳市商贸流通行业协会
东阳市民间文艺家协会
东阳市横店三农促进会
东阳市吴宁商会
东阳市渣土运输协会
东阳市网络文化协会
东阳市台胞台属联谊会
东阳市诗词楹联学会
东阳市农民合作经济组织联合会
东阳市志愿者协会
东阳市横店足球协会
东阳市横店武术协会
东阳市钓鱼协会
东阳市东阳江镇老年人协会
东阳市茶叶行业协会
东阳市老年人协会
东阳市观赏石协会
东阳市横店马拉松协会
东阳市梦想公益志愿者协会
东阳横店收藏家协会
东阳市社区矫正工作协会
东阳市怪溪公益志愿者协会
东阳市老年书画研究会
东阳市横店影视城演员公会
东阳市网球协会
东阳市书法家协会
东阳市天主教爱国会
东阳教授博士联谊会
东阳市社会福利企业协会
东阳市城东街道义务工作者协会
东阳市跆拳道协会
东阳市水产行业协会
东阳市登山协会
东阳市保安技术防范行业协会
东阳市虎鹿镇老年人协会
东阳市南马仿古门窗协会
东阳市美术家协会
东阳市曲艺协会
东阳市食品工业协会
东阳市磐安商会
东阳华夏复新国学会
东阳市劳动模范协会
东阳市职工技术协会
东阳市足球协会
东阳人联谊总会
东阳市南市街道老年人协会
东阳市海外联谊会
东阳市千祥镇社会组织联合会
东阳市衢州商会
东阳市千祥商会
东阳市护理学会
东阳市中医学会
东阳市红木家具行业协会
东阳市作家协会
东阳市巍山镇老年人协会
东阳市医学会
东阳市福舆公益协会
东阳市马宅商会
东阳市千祥镇老年人协会
东阳市家庭装修行业协会
东阳市阳光公益志愿者协会
东阳市人民陪审员协会
东阳市留学人员和家属联谊会
东阳市上海商会(上海市东阳商会)
东阳市与爱同行志愿者协会
东阳市体育舞蹈协会
东阳市席草行业协会
东阳市白云街道老年人协会
东阳市畜牧行业协会
东阳市集邮协会
东阳市道教协会
东阳市江北街道老年人协会
东阳市丽水商会
东阳市政协书画社
东阳市吴宁街道老年人协会
东阳市反邪教协会
东阳市歌山镇老年人协会
东阳市新的社会阶层人士联谊会
东阳市三单乡老年人协会
东阳市爱国拥军促进会
东阳市农业生产资料流通协会
东阳市抗癌协会
东阳市画水镇老年人协会
东阳市六石街道老年人协会
东阳市福建闽北商会
东阳市杂技魔术协会
东阳市旧货流通行业管理协会
东阳温州商会
东阳市光彩事业促进会

基本合格社会团体(11个)

东阳市建材工业协会
东阳市谱牒文化研究会
东阳市服装行业协会
东阳市建筑业协会
中国国际商会东阳市商会
东阳市黄埔军校同学会
东阳市药学会
东阳市农机协会
东阳市水果行业协会
东阳市缝制机械协会
东阳市马宅镇老年人协会

不合格社会团体(14个)

东阳市自行车运动协会
东阳市汽车摩托车运动协会
东阳市萧山商会
东阳市科技创新协会
东阳市千祥中药材种植协会
东阳市企业联合会
东阳市化工制药行业协会
东阳市机电行业协会
东阳市节能协会
东阳市个体卫生工作者协会
东阳市城北工业新区商会
东阳市农学会
东阳市美发美容行业协会
东阳市仙游商会

已注销社会团体(7个)

东阳市化工学会
东阳市思想文化研究会
东阳市质量协会
东阳市职工互助保障会
东阳市电工协会
东阳市家政服务行业协会
东阳市横店人家民宿协会

【东阳市民办非企业单位年度检查】 2020年，市民政局对2019年6月30日前经市民政局核准登记的民办非企业单位实施年度检查。

合格民办非企业单位(267个)

东阳市启迪教育文化培训部
东阳市磁性材料科技创新服务中心
横店文荣医院
东阳市横店童星幼儿园
东阳市东式红木家具研究所
东阳市歌山镇王村光长寿爱心院
东阳市西庄幼儿园
东阳市永远小学
东阳市横店镇爱心学校
东阳市张国维纪念馆
东阳市湖溪老年公寓
东阳市江北街道月亮湾社区社会组织服务中心
东阳市明星书画院
东阳市横店镇琴堂艺童幼儿园
东阳市工美木雕职业技能培训学校
东阳市横店镇太阳城幼儿园
东阳市画水镇新苗幼儿园
东阳市东磁技能培训学校
浙江省东阳市黄派木雕研究所
东阳市横店镇七色花幼儿园
东阳市精神残疾人托养所
东阳市江北街道甘溪社区社会组织服务中心
东阳市城东街道养老中心
东阳市五马塘幼儿园
东阳市花园田氏医院
东阳市南市大田头幼儿园
东阳市尚学传麒学校
东阳市江北街道亭塘社区社会组织服务中心
东阳市花园老年公寓
东阳市南林木材科技服务中心
东阳市花园幼儿园
东阳市千祥镇蓝天幼儿园
东阳市东峰制冷职业技能培训学校
东阳市横店镇后明幼儿园
东阳市横店镇博士帽幼儿园
东阳市横店下里市幼儿园
东阳市横店镇小精灵幼儿园
东阳市西街社区群乐文艺演出队
东阳市吴宁街道江滨社区越韵文艺演出队
东阳市湖溪镇社会组织服务中心
东阳市晨夕相伴社会工作服务中心
东阳市红果果幼儿园
东阳市横店镇花朵幼儿园
东阳市花园职业技术学校
东阳市横店集团幼儿园
东阳市野毛墩幼儿园
东阳市朝阳社区海鸥文艺演出队
东阳市快乐大巴幼儿园
东阳市横店小太阳幼儿园
东阳市吴宁江滨幼儿园
东阳市金象科技职业技能培训学校
东阳市郭宅康乐院
东阳市画水镇吴宅1+1幼儿园
东阳市绿贝儿幼儿园
东阳市建工新村幼儿园
东阳市晨阳学校
东阳市六石街道社会组织服务中心
东阳市江北湖塘幼儿园
东阳市三木校外辅导站
东阳市吴宁望江幼儿园
东阳市白云街道好孝心敬老院
东阳市翰林写作培训部
东阳市城东街道单良村文化礼堂发展中心
东阳市南市上陈宅幼儿园
东阳市腾达文化培训中心
东阳市红黄蓝幼儿园
东阳市智慧树幼儿园
东阳市江北西范幼儿园
东阳市横店镇社会组织服务中心
东阳市龙鼎幼儿园
东阳市爱盟社会工作服务中心
东阳市横店镇星光幼儿园
东阳市湖溪镇炉庄幼儿园
东阳市白云银田畈幼儿园
东阳市江北山口幼儿园
东阳市金翅膀米奇幼儿园
东阳市六石吴良幼儿园
东阳市歌山镇野风幼儿园
东阳市虎鹿镇小博士幼儿园
东阳市红木家具职业技能培训学校
东阳市南马镇富国学校
东阳市利民高级中学
东阳市红十字志愿服务总队
东阳市城东湖店幼儿园
东阳市江北贝贝佳音幼儿园
东阳市贝贝佳音幼儿园
浙江省东阳市楼艺木雕研究所
东阳市交通职业技能培训学校
东阳市爱科思幼儿园
东阳市喜洋洋医院
东阳市南马金贝贝幼儿园
东阳市江北蓝精灵幼儿园
东阳市吴宁街道卢宅社区艺海之声合唱团
东阳市李宅技能培训学校
东阳市西门幼儿园
东阳市大风车幼儿园
东阳市白云街道博鑫幼儿园
东阳市东方红教育辅导站
东阳市南马礼村幼儿园
东阳市南马防军大拇指幼儿园
东阳市横店镇育才幼儿园
东阳市吴宁街道城南社区百合文艺演出队
东阳市南市养老中心
东阳市喜洋洋康乐中心
东阳市古艺家具木雕博物馆
东阳市吴宁东岘快乐大巴幼儿园
东阳市防军柽溪幼儿园
东阳市博大幼儿园
东阳医药门诊部
东阳市亲乐管家服务中心
东阳市癌症康复俱乐部
东阳市乐义社会工作服务中心
东阳市六石街道智慧星幼儿园
东阳市横店镇荆江幼儿园
东阳市南马安恬香卿幼儿园
东阳市吴宁健康成长幼儿园
东阳市白云街道新起点幼儿园
东阳市湖溪镇养老中心
东阳市东阳江镇养老中心
东阳市南马博才幼儿园
东阳市木雕研究设计院
东阳市画水镇明焕幼儿园
东阳市阳光文化辅导站
东阳市解放幼儿园
东阳市幼学林幼儿园
东阳市婺州窑陶瓷文化研究所
东阳市青芒果幼儿园
东阳市画水凯乐幼儿园
东阳市群德聚足球俱乐部
东阳市雨露幼儿园
东阳市黄小明木雕博物馆
东阳市青少年综合服务中心

东阳市联宜电机职业技能培训学校
东阳市社会组织服务中心
东阳市育英文化补习学校
东阳市正天文化补习学校
东阳亲和医院
东阳市京都明珠幼儿园
东阳市京都东方幼儿园
中福在线东阳福彩销售中心
东阳市南市大联新星幼儿园
东阳市横店镇童的梦幼儿园
东阳市中天国际初级中学
东阳市中天国际小学
东阳市横店镇养老中心
东阳市海峡艺术学校
东阳市东阳江茜畴老年公寓
东阳市南马镇中心敬老院
东阳市老年电视大学
东阳市中汽汽车摩托车运动俱乐部
东阳市江北街道茗田社区社会组织服务中心
东阳市马宅镇敬老院
东阳市吴宁街道博乐幼儿园
东阳市文博教育培训中心
东阳市江北中心幼儿园
东阳市江南名邸幼儿园
东阳市城东街道李宅社区群英幼儿园
东阳市吴宁街道博文幼儿园
东阳市横店镇新路幼儿园
东阳市前程文化补习学校
东阳市千祥镇阳光幼儿园
东阳市江北街道茗都幼儿园
东阳市外国语培训学校
东阳市中天高级中学
中福在线东阳横店福彩销售中心
东阳市吴宁苗苗幼儿园
东阳市中天国际世纪花城幼儿园
东阳市爱乐合唱团
东阳市望燕楼书院
东阳市中天国际幼儿园
东阳市黎明幼儿园
东阳市七彩泡泡幼儿园
东阳市快乐老年旅游俱乐部
东阳市纵横棋院
东阳市东方之星幼儿园
东阳市千祥镇养老中心
东阳市巍山镇怀鲁幼儿园
东阳市曜地残疾人托安养所
东阳市巍山镇仙香颐养院
东阳市名博幼儿园
东阳市建澜小学
东阳市吴宁蓓蕾幼儿园
东阳市赫博英语培训部
东阳市白云开发区中山社区辉哥演出队
东阳市时代花园幼儿园
东阳市巍山镇养老中心
东阳市紫檀博物馆
东阳市吴宁街道西街社区社会组织服务中心
东阳市横店镇禹山社区梦园演出队
东阳市烈焰救援队
东阳市横店共创共有共富共享工作中心(委员会)
东阳市喜洋洋幼儿园
东阳市童方之声合唱团
东阳市吴宁街道城南社区社会组织服务中心
东阳市吴宁杨家幼儿园
东阳市吴宁街道西园社区社会组织服务中心
东阳市吴宁街道东岘社区社会组织服务中心
东阳市海纳书画研究院
东阳市春晓幼儿园
东阳市白云新庄幼儿园
东阳市奋进校外辅导站
东阳市东岘阳光幼儿园
东阳市吴宁童乐幼儿园
东阳市横店高级中学
东阳市南市街道敬老院
东阳市城东街道李宅社区社会组织服务中心
东阳市城东街道社会组织服务中心
东阳市嘉依宝贝幼儿园
东阳市岘南书画院
东阳市吴宁街道朝阳社区社会组织服务中心
东阳市巍山镇巍屏社区社会组织服务中心
东阳市白云街道望江社区微笑文艺演出队
东阳爱心中医门诊部
东阳市吴宁街道迎晖社区社会组织服务中心
东阳市黎明文化补习学校
东阳市东阳江镇社会组织服务中心
东阳市画水棒棒糖幼儿园
东阳市顺风高级中学
东阳市白云街道星灿幼儿园
东阳市吴宁街道社会组织服务中心
东阳市巍山镇社会组织服务中心
东阳市白云街道新世纪幼儿园
东阳市艺海木雕竹编研究所
东阳市南市街道社会组织服务中心
东阳市夕阳红乐园
东阳市蒋桥头兴圆幼儿园
东阳市画水养老中心
东阳市南马镇社会组织服务中心
东阳市三单乡社会组织服务中心
东阳市虎鹿镇社会组织服务中心
东阳市南翔社会工作服务中心
东阳市文潭写作培训部
东阳市白云街道社会组织服务中心
东阳市佐村镇社会组织服务中心
东阳市开开教育辅导站
东阳市响亮幼儿园
东阳市普洛家园药业职业技能培训学校
东阳市巍山镇幼儿园
东阳市普洛康裕职业技能培训学校
东阳市巍山镇巍山社区社会组织服务中心
东阳市白云街道十里头社区社会组织服务中心
东阳市南风书画院
东阳市白云街道接官亭社区社会组织服务中心
东阳市南市智慧岛幼儿园
东阳市南市昕梦幼儿园
东阳市吴宁蓝天幼儿园
东阳市南市童彩幼儿园
东阳市吴宁街道新时代文艺演出队
东阳市庆华外国语学校
东阳市千祥镇启明星文宣队
东阳市横店之声合唱团
东阳市画水小脚丫幼儿园
东阳市红枫林养生中心
东阳市红十字救援队
东阳市南市街道乐智幼儿园

东阳市江北街道社会组织服务中心
东阳市南山文艺演出队
东阳市兰亭书画艺术培训学校
东阳市横店华夏文化园
东阳市歌山镇社会组织服务中心
东阳市马宅镇社会组织服务中心
东阳市画水镇社会组织服务中心
东阳市成长幼儿园
东阳市圣德堡幼儿园
东阳市聆越越剧艺术中心
东阳市横店技能培训学校
东阳市金石传拓文化研究院
东阳市吴宁街道黉宏民乐戏曲队
东阳市复兴木文化展览馆

基本合格民办非企业单位(15个)

东阳市横店疗养院
东阳市江南美术馆
东阳求是特色英语培训部
东阳市腾飞校外辅导站
东阳市吴宁上大路幼儿园
东阳市横店文荣实验学校
东阳市奋进外语培训学校
东阳市春蕾学校
东阳市巍山镇白坦二村幼儿园
东阳广福医院
东阳市天宝书院
东阳市万禾腾飞幼儿园
东阳市画水镇画溪天天乐幼儿园
东阳市木雕技术研究开发中心
东阳市虎鹿镇敬老院

不合格民办非企业单位(52个)

东阳市昀辉堂中医门诊部
东阳玄草汇中医门诊部
东阳市东新青少年体育俱乐部
东阳市八华书画院
东阳市横店书画院
东阳市画人书画院
东阳市雨花传统文化公益活动中心
东阳市欢乐舞动夕阳红文艺演出队
东阳市晨光文艺活动队
东阳市三峰书画院
东阳市同心书院
东阳市百工园文艺演出队
东阳市虎鹿镇蔡宅村文化礼堂发展中心
东阳市江北街道猴塘社区甘东文化礼堂发展中心
东阳市民革书画院
东阳市日升昌生物技术研究所
东阳市智能制造产业研究院
东阳市海峰艺术服装学校
东阳市蒋菊兰服装培训班
东阳市伟峰服装职业培训学校
东阳市前程按摩职业培训学校
东阳市营造职业技能培训学校
东阳市六石街道敬老院
东阳市横店街道天天青少年服务中心
东阳市维多利英语培训学校
横店集团职工培训中心
东阳市海燕舞蹈艺术培训学校
东阳市金桥文化补习学校
东阳市吴宁金星幼儿园
东阳市吴宁群乐幼儿园
东阳市江北幼儿园
东阳市银河文化艺术培训学校
东阳市木雕技术学校
东阳市迎晖学生校外辅导站
东阳市青少年假日活动中心
东阳市人民高级中学
东阳横店工业技术学校
浙江省横店航空体育运动培训学校
东阳市康桥英语培训部
东阳市韦斯特外语培训部
浙江省东阳市金盾保安培训学校
东阳市横店镇桥头园幼儿园
东阳市创才幼儿园
东阳市横店镇方家幼儿园
东阳市新蓝天文化补习学校
东阳市书画艺术培训学校
东阳市顶呱呱校外培训部
东阳市万博教育培训部
东阳市画水镇许宅幼儿园
东阳市经典宝贝幼儿园
东阳市勤俭幼儿园
东阳市学灵思教育培训中心

已注销民办非企业单位(10个)

东阳横店万花园
东阳市农商银行应急救援队
东阳市南马星星幼儿园
东阳市纯正教育培训中心
东阳市南马清塘幼儿园
东阳市巍山镇七彩阳光幼儿园
东阳市通达电脑职业培训学校
东阳市军民电脑职业培训学校
东阳市横店地平线影视培训中心
东阳市东景阳光幼儿园

正在办理注销的民办非企业单位(4个)

东阳市花园教育培训中心
东阳市东白书院
东阳市煊乐幼儿园
东阳市贝思德文化培训部

【东阳市基金会年度检查】 2020年,市民政局对2019年6月30日前经市民政局核准登记的基金会实施年度检查。

合格基金会(3个)

东阳市和贵教育基金会
东阳市三宝慈善基金会
东阳市和丰公益基金会

(潘　婷)

退役军人事务管理

【概况】 2020年,东阳市退役军人事务局在金华市退役军人事务工作考核中获评优秀。市退役军人服务中心、吴宁街道退役军人服务中心、虎鹿镇蔡宅村退役军人服务站被浙江省委退役军人事务工作领导小组办公室授予浙江省"新时代枫桥式退役军人服务中心(站)"。市退役军人服务中心、吴宁街道、江北街道等14个退役军人服务中心(站)通过退役军人事务部"线上"视频抽检与"线下"实地暗访验收,被授予全国"示范型退役军人服务中心(站)"。吴宁街道服务站服务保障体系建设工作经验做法在退役军人事务部、全国服务中心简报上刊登。"身后优待一件事"经验做法获副省长王文序的批示推广。

【退役军人思想政治教育】 2020年,市退役军人事务局树立退役军人优秀典型,宣传退役军人先进事迹,优秀退役军人虞向红被评为浙江省模范退役军人。

【移交安置】 2020年,东阳市接收军转干部实现100%公务员安置。接收符合政府安排工作条件退役士兵实现100%事业国企安置。组织部分转业军人到江北街道开展为期2个月的岗前锻炼。接收秋季退役士兵,到

2020年7月31日，东阳市首届“建行杯”退役军人创业创新大赛举行

（陈　云/摄）

火车站迎接退役士兵返乡。9月8日，集中举办“退役士兵光荣返乡”欢迎仪式，市退役军人事务局为每个退役士兵送上“政策大礼包”，礼包内容包括一本《习近平新时代中国特色社会主义思想学习纲要》理论书、军人退役“一件事”、崇军码申请操作流程、职业技能培训专业介绍、就业创业相关税收与金融服务优惠政策等。工作人员现场为退役军人讲解军人退役“一件事”办理流程，退役军人就业、创业有关税收、贷款、社保、医保等政策，现场指导退役士兵办理军人退役“一件事”相关手续。开展退役士兵适应性培训。

【退役军人就业创业】 2020年，市退役军人事务局举办东阳市首届“建行杯”退役军人创业创新大赛，有52个项目参赛，与中国建设银行东阳支行合作，授信20亿元。举办专场招聘会1场，推送就业直通车7期，提供岗位、签订意向协议。举办退役军人电商创业培训班1期。探索“精准智供”就业模式，促进退役军人高质量就业。对退役军人安置较多的企业开展“回头看”。

【退役军人服务“最多跑一次”改革】 2020年，市退役军人事务局构建全生命周期管理保障模式，梳理军人全生命周期需求事项，归集成“一件事”，叠加微信小程序，实现线下退役军人综合服务中心一站式服务、线上网上超市“微服务”。推出“崇军码”，为服务对象提供“码上服务、码上优惠、码上办事、码上学习、码上支付”功能。召开崇军产品发布会，全年近200家商家加入崇军商家联盟。

【拥军优抚】 2020年，市退役军人事务局和镇乡街道走访慰问退役军人及其他优抚对象。在全市范围内组织开展王亮同志先进事迹学习活动。开展“送政策进军营”活动，宣传《中华人民共和国退役军人保障法》等政策法规。开展规范悬挂光荣牌和送立功喜报活动，悬挂光荣牌，上门为现役军人家庭送立功喜报。

【纪念烈士】 2020年，市退役军人事务局开展烈士纪念设施巡查工作。疫情防控期间，开展“清明祭英烈”网上祭扫活动，点击量达50万人次，通过视频连线等方式开展代为祭扫服务110人次。4个散葬烈士墓迁入烈士陵园。烈士陵园投入30余万元改造无障碍设施。9月30日，举行向烈士敬献花篮仪式，市四套班子领导参加。举行向吕挺烈士父母颁授“烈士光荣证”仪式。

【纪念中国人民志愿军抗美援朝出国作战70周年】 2020年，市退役军人事务局上门慰问抗美援朝老战士248人，转交中共中央、国务院、中央军委向参加抗美援朝出国作战的、健在的志愿军老战士老同志颁发的“中国人民志愿军抗美援朝出国作战70周年”纪念章。民政部原副部长陈虹、空军原副司令员景学勤到东阳江镇八达村慰问抗美援朝志愿军老战士吕光贤，并为其佩戴上“中国人民志愿军抗美援朝出国作战70周年”纪念章。举办“纪念中国人民志愿军抗美援朝出国作战70周年”主题展览活动，社会各界组织参观4000余人次。

（马旭丽）

关心下一代工作

【概况】 2020年，东阳市健全基层关心下一代工作组织，市委办公室印发《关于调整东阳市关心下一代工作委员会组成人员的通知》；与市委组织部联合印发《关于调整部门、镇乡街道、高等院校、中小学校、企业和村、居（社区）关工委主任的通知》，推动基层关心下一代工作组织的建设“有形覆盖”。12月28日，与市教育局联合发文《关于进一步加强全市中小学校关工委组织建设的通知》，加强全市中小学校关心下一代工作委员会（简称关工委）组织建设，建立健全工作机制。

5月9日，省关工委副主任韩旭培带队调研横店长征博览城（国防科技园）教育基地。赵志飞、吴海有、邵学清、何本良、李鑫荣获金华市关心下一代工作“最美五老”称号。白云街道、南市街道、横店镇、东阳江镇、吴宁街道西街社区、浙江新亚实业有限公司6个基层关工委组织获金华市关心下一代工作“五好”基层关工委称号。

【五老宣讲】 2020年，东阳市关工委开展“五老宣讲云展播”活动，邀请一批“五老”（老干部、老战士、老专家、老教师、老模范）同志以微视频形式讲课，内容涵盖红色革命故事、禁毒普法、东阳木雕、东阳非遗传承等。开展“关爱明天、普法先行”活动，结合假期活动开展安全和法治宣讲，全年巡讲30余场次。

【关心下一代主题活动】 2020年,市关工委开展"关心下一代暖冬行动"。1月18日,在吴宁街道张府前巷张国维纪念馆,开展"迎新春 送祝福"活动。1月,联合市慈善总会走访慰问19名困境家庭学生,发放慰问金17000元。5月30日,到春蕾学校开展"温暖童心 快乐六一"等慰问活动;走访慰问外来务工子女、服刑人员子女,赠送价值3万元的学习生活物品。7—8月,在经济开发区对企业员工子女按年龄分设班级,开展为期58天的夏令营。10月10日,走访慰问中天助学困难家庭3户。9—11月,组织开展"小康路上,听我们的声音"青少年有声阅读征集活动,对复审合格作品进行朗诵技巧培训,选送10个优秀作品参加全省青少年有声阅读大赛。12月4日,与市司法局等单位联合开展国家宪法日暨宪法宣传周普法宣传活动启动仪式,开展法治教育游园活动。

【关心下一代特色工作】 2020年5—9月,市关工委开展中天爱心助学工作,资助困境家庭大学生99人,其中在读大学生43人,大学新生56人。配合金华市关工委开展"福彩暖万家·祝圆大学梦"工作,资助困难大学生3人,资助金额8000元/人。11—12月,联合市教育局开展第八届"希望之星"评选活动,评选出100名"希望之星",其中,"文明之星"56人,"智慧之星"12人,"科技之星"9人,"技能之星"7人,"艺术之星"7人,"体育之星"9人,并发放荣誉证书和奖励金800元/人。开展志愿者参与未成年违法犯罪嫌疑人合法权益保护工作。12月25日,与市公安局联合召开工作培训会,提升陪护志愿者专业素质。

(李 妍)

慈善工作

【概况】 2020年,东阳市慈善总会募集慈善资金1709万元;救助支出869.20万元,受助困难群众1.2万人次。开展2020年度"慈善一日捐"活动,募集善款355.80万元。

2020年10月23日,东阳市民政会议暨第二届东阳慈善大会召开

(市慈善总会提供)

【第二届东阳慈善大会】 2020年10月23日,东阳市民政会议暨第二届东阳慈善大会召开。会议对获得首届"东阳慈善奖"的个人、单位和项目进行表彰,民政局、湖溪镇、横店镇官桥村、市义工协会负责人作交流发言。全市相关部门单位主要负责人,各镇乡街道党政正职、民政分管领导,首届"东阳慈善奖"获奖单位和个人代表,慈善、社会工作和志愿服务组织代表等参加会议。

【首届"东阳慈善奖"】 2020年,东阳市首届"东阳慈善奖"颁发奖项27个,其中个人捐赠奖9个、机构捐赠奖5个、慈善项目奖5个、战疫爱心奖6个、扶贫攻坚奖2个。

个人捐赠奖:浙江国祥股权投资有限公司董事长陈根伟、宜昌市嘉禾置业有限公司董事长吴绍平、上海天祥实业有限公司韦月秋、南京长辉建筑工程有限公司赵宝其、深圳东方港湾投资管理股份有限公司董事长但斌、东阳市黄龙置业有限公司董事长赵纯心、浙江巍华化工有限公司董事长吴顺华、镇江忠正房地产开发有限公司董事长王国成、浙江省东阳市缝配城有限公司董事长程增尧。

机构捐赠奖:中天爱心慈善基金会、浙江东阳农村商业银行股份有限公司、东阳市人民医院、上海市东阳商会、金华市烟草公司东阳分公司。

慈善项目奖:"三社联动 共筑平安"组建社区救援队项目(东阳市红十字救援队)、暖心衣橱 公益进万家(东阳市与爱同行志愿者协会)、疫情防控期间社区大众心理健康项目(东阳市爱盟社会工作服务中心)、温暖老人心 相约在礼堂(东阳市三宝慈善基金会)、活力常青树 筑爱空巢老人(东阳市乐义社会工作服务中心)。

战疫爱心奖:中天集团项目经理陈天大、退休老人华启明、东阳市柽溪公益志愿者协会应急救援队队长马君良、东阳市乐义社会工作服务中心志愿者申屠高洵、东阳市爱盟社会工作服务中心"抗疫"服务队队长陈巍巍、东阳市红十字救援队队员厉新忠。

扶贫攻坚奖:东阳市磐安商会会长黄德道、东阳市金科服饰有限公司董事长周秀平。

【慈善年夜饭】 2020年1月15日,市慈善总会第十四个"慈善年夜饭"活动在东阳宾馆举行,市领导与百余名低保户、特困户、福利院儿童代表同吃年夜饭。"慈善年夜饭"活动是慈善送温暖系列活动之一。年夜饭后,市领导走访慰问部分困难群众代表,并为每人送上2000元的慰问金。

【疫情防控】 2020年4月29日,开展关爱困难群众"暖心行动"项目,保障疫情防控期间困难群众基本生活要求，发放善款10万元，救助50人次。5月26日，市慈善总会支出新冠肺炎捐赠资金30.66万元，由东阳市新冠肺炎疫情防控指挥部后勤保障组统一分配调度。在新冠肺炎疫情防控期间，慈善总会义工部组建先锋队，协助镇乡街道、社区村庄做好疫情排查、卡口登记、体温监测、秩序维护、物资配送、便民服务等各项工作。

【东西部对口帮扶】 2020年8月25日，东阳市民政局、慈善总会对口帮扶理县社会物资捐赠仪式在四川省阿坝洲理县文体活动中心北广场举行。市慈善总会执行会长张卫伟代表东阳市将价值104万元的社会捐赠物资转交给理县。该批物资包括：6月1日，由市慈善总会联合东阳磐安商会、东阳市金科服饰有限公司捐赠的价值76万元的藤椅、茶几、颗粒羊绒面料大衣、保为康DM95口罩；6月23日，由市慈善总会联合东阳市爱国拥军促进会、东阳市祥丰实业有限公司捐赠的价值28万元的4000个书包。

【慈善项目】 2020年10月14日，市慈善总会出资3万元，在“绿城·东阳玫瑰园”为50对医护人员、人民警察、抗疫志愿者举办公益集体婚礼。11月，市慈善总会出资7万元，资助全市10个慈善母婴室建设。

【定向捐赠】 2020年1月14日，东阳市缝配城有限公司捐赠50万元，定向用于虎鹿镇敬老院消防安装工程。7月13日，东阳市中顺劳务有限公司捐赠5万元，定向用于表彰奖励湖溪镇中心小学、湖溪镇初级中学教育教学工作中业绩突出的老师及部分获得市级荣誉的学生。7月15日，东阳市冀发集团有限公司捐赠10万元，定向用于烈焰救援队救援服务。7月27日，东阳市农商银行捐赠10万元，定向用于烈焰救援队救援服务。浙江乐活控股有限公司捐赠5万元，定向用于烈焰救援队救援服务。11月3日，浙江报刊总社捐赠10万元，定向用于东阳市第二实验小学共建校园阅读基地活动项目。11月17日，金华市烟草公司东阳分公司向市慈善总会捐赠17.9万元，定向用于助学、新农村建设和扶贫事业。12月25日，中国移动通信集团浙江有限公司捐赠3万元，定向用于南马镇和庄村新农村建设。

【冠名基金捐赠】 2020年1月16日、8月19日，海天建设集团有限公司向市慈善总会共捐赠60万元，专项用于支持巍山高级中学教育事业发展，补助和奖励巍山高中师生。5月19日，虎鹿镇葛宅村下溪头自然村程国华向市慈善总会捐款10万元，专项用于支持虎鹿镇中教育事业发展，奖励虎鹿镇中优秀教职员工和学生。6月4日，浙江华洋缝制有限公司向市慈善总会捐款15万元，专项用于支持虎鹿镇中心校教育事业发展，奖励虎鹿镇中心校优秀师生。6月18日，东阳市华能新型建材有限公司向市慈善总会捐款20万元，专项用于奖励六石街道中心小学、六石街道初级中学优秀师生。7月5日，东阳二中校友徐江向市慈善总会捐款25万元，专项用于支持东阳二中教育事业发展。9月27日，镇江忠正房地产开发有限公司向市慈善总会捐款20万元，定向用于佐村镇上村村的居家养老建设和老年人的生活福利。11月26日，浙江国祥股权投资有限公司向市慈善总会捐款20万元，专项用于支持南马高中教育事业发展，奖励南马高中优秀师生。2020年，巍山镇16家企业和爱心人士向市慈善总会“巍山教育发展冠名基金”捐款396万元，专项用于支持巍山镇教育事业发展。

【慈善救助】 2020年1月17日，市慈善总会出资1.7万元，联合市关心下一代工作委员会开展“暖冬行动”助学活动，为20名贫困学生发放助学金。7月30日，市慈善总会执行会长张卫伟一行走访慰问困难退役军人代表，送上5000元慰问金。9月17日，市慈善总会开展“困难学子圆梦”活动，出资26万元，为52名困难大学生发放每人5000元的助学金。10月7日，市慈善总会出资29.4万元，联合市老龄办开展慈善助老济困送温暖行动，为516名特困老人和100虚岁老人每人发放救助金500元，36名100周岁及以上老人每人发放慰问金1000元。市慈善总会支出56.99万元，用于在市人民医院、市中医院、横店文荣医院治疗的家庭困难的血透病人，市人民医院的无主病人及市抗癌协会的病人。市慈善总会支出36.48万元，对因患大病和因灾害造成家庭经济困难的群众以及机关企事业单位困难干部职工给予1000～2000元不等的救助。

【慈善宣传】 2020年9月4日，以“决战脱贫攻坚 助力疫情防控”为主题的2020东阳市善行大爱慈善文艺晚会在巍山镇松庭广场举行。市慈善总会以“依法行善，以法兴善”为主题，在全市范围内开展《慈善法》宣传“六进”(进机关、进学校、进社区、进企业、进农村、进社会组织)活动。向机关部门、镇乡街道、企业发放《东阳慈善》杂志；向学生发放“致家长的一封信”；在社区、农村、社会组织摆放慈善宣传展板、分发折页；在全市主要道路设立滚动宣传栏。

(姚　瑶)

公益组织选介

·东阳市义务工作者协会·

【概况】 2020年，东阳市义务工作者协会(简称义工协会)组织开展抗击新冠疫情、公益大巴、导医驿站、关爱老兵、公益夏令营等活动，全年开展活动924场，参与活动9509人次，服务时长44264小时，受益群众3万余人，发放宣传资料2000余份。义工协会被评为金华市第二批“最美战疫志愿组织”、“2020年度金华市最佳志愿服务组织”、“东阳市优秀志愿服务组织”、东阳市“战疫先锋团队”。会长杜时杭被评为“2020年度浙江省社会组织领军人物”、“浙江省千名‘战役群英’优秀个人”、金华市第二批“最美战疫志愿者”；义工陈斌被评为“浙江省千名‘战役群英’优秀个人”、金华市首批“最美战疫志愿者”；义工厉小红被评为“2019年金华市优秀志愿者”。

【抗击新冠疫情】 2020年，义工协会协助镇乡街道、社区村庄做好疫情排查、卡口登记、体温监测、秩序维护、便民服务等工作，组织开展“同心战疫、爱心理发”、“爱不隔离——东阳欢迎您”关爱集中留观人员、“爱心助销农产品”等活动，参加义工970人次，排查车辆9000余辆，检测体温、登记1.5万人次，服务居民1950人次，接收捐赠款物20余万元，捐赠消毒液1150瓶、口罩7000余个、护目镜650副。3月1日，市民政局局长郭立成带领义工、社工到城区和横店镇集中隔离点，给300名集中留观人员送“暖心包裹”(内含食品、日用品、报纸杂志、励志书籍)，总价值5万余元。3月8日，义工协会对抗疫时长超过160小时的29名巾帼义工及家属进行慰问，送上鲜花、实物和节日祝福。

【“公益大巴”便民服务进社区】 2020年，义工协会联合市乐义社会工作服务中心开展“公益大巴”便民服务进社区活动，搭建志愿服务平台，为社区居民提供免费理发、缝补衣服、修理小家电、磨菜刀等服务。开展垃圾分类环保宣传和预防艾滋病、禁毒、消防宣传活动和文艺演出，为居民提供金融保险咨询、健康体检等服务，全年开展活动30场，服务时长3150小时，服务居民8150人次。

【“关爱老兵、情暖功臣”活动】 2020年，义工协会联合市乐义社会工作服务中心在吴宁街道城南社区开展“关爱老兵、情暖功臣”活动，举办红色之旅、文艺汇演、心连心座谈会、美丽乡村游等活动6场，参与人数73人次，服务时长560余小时，服务老兵1000余次，为老兵提供心理疏导、爱心陪护等服务。10月6日，组织老兵参观中共东阳县一大会址裘家岭。10月14日，走访慰问90岁抗美援朝战士金海福，为老人提供健康检查服务。10月20日，组织老兵开展趣味钓鱼活动。

【首期公益夏令营】 2020年7月18日，义工协会联合市民政局、虎鹿镇团委、虎鹿镇厦程里村两委举办为期22天的“爱心相伴、携手成长”关爱外来务工子女及留守儿童的公益夏令营活动，讲解防溺水、防性侵、防欺凌、防拐骗等安全知识，观看打击儿童不法侵害案例宣传教育视频，宣传未成年人保护相关法律法规和政策。夏令营老师由义工、专职老师和在校大学生组成，为孩子辅导作业，陪同孩子们参观东阳市恐龙博物馆、中国木雕博物馆以及动漫展，到消防大队观摩、体验消防训练。

2020年9月12日，新时代文明实践“公益大巴”到白云街道下昆溪小区开展服务活动 (周志伟/摄)

【志愿服务活动】 2020年6—11月，义工协会在市节庆广场定期开展雷锋岗亭便民服务，为市民提供免费饮用水、电瓶车充电、爱心轮椅、爱心雨伞借用、道路指引以及日常紧急药品领取等服务，开展活动183场，参与活动732人，服务时长2196小时，受益群众5000余人。10月，组织义工参与文明城市创建，为亲子公园、市民花园、百工园等11个文明站点提供志愿服务，开展服务活动92场，服务人次184人，服务时长736小时。

【助力环境保护】 2020年5—11月，每周三、周六晚上义工在东阳江边开展以“‘河’我一起，守护碧水；美丽江滨、青春行动”为主题的环保护江活动。组织开展活动近百场，参与活动2000余人次，服务时长5930小时。8月，在六石街道、画水镇、巍山镇开展捡拾垃圾活动，开展活动60场，参与服务2050人次，服务时长7175小时。

【保障服务】 2020年，义工协会组织各类保障服务20场，服务时长1400余小时。7月，义工协会助力东阳三中，开展为期一周的军训，帮助新生适应学校军训生活，为学生添置凉白开、绿豆汤、酸梅汤等解暑饮品，为中暑学生刮痧拔罐，脚扭伤等应急处理。9月，连续8天助力金华市“浙江好腔调”表演，为赛事入场人员监测体温，维持秩序，服务人数近千人。11月8日，组织50名义工参加2020年横店马拉松志愿者服务活动，为赛程安保和赛后恢复做好保障工作。

【禁毒、反诈活动】 2020年5月，义工协会在东岘峰山脚、吴宁街道明珠广场、吴宁街道陈宅街等7个站点集中开展禁毒、反诈骗宣传活动。8月，联合东阳江派出所开展“凝心聚力，汇集星火”反诈活动，开展禁毒、反诈宣传活动14场，参与157人次，服务时长478小时。

【清网禁渔活动】 2020年5月20日，东阳市在亲子公园江滨电站前举行东阳江禁渔区集中清网启动仪式，巩固“以渔治水，以渔养水”禁渔成果。义工协会组织义工参与河道内渔网和地笼等整治工作，发放宣传资料宣传禁渔区禁渔期的知识，活动参与人数23人，服务时长100余小时，沿江清理渔网和地笼等数十个。

【义工导医驿站】 2020年，东阳义工在东阳市人民医院、东阳市人民医院巍山分院、东阳市新中医院、东阳市横店医院4家医院开展导医服务，为就诊患者提供就诊挂号指导、科室指引、帮助取药、为行动不便人员提供全程就诊服务等，全年无休。参与人数1364人，全年服务时长9424小时。配合开展新冠疫苗免费接种，10月、11月义工在东阳市新中医院、巍山四村、怀鲁社区服务站，帮助就医人员领取表格，登记资料，维持秩序，活动累计服务场次59场，服务参与人次242人次，服务时长2109小时，服务600余人。开展健康知识民生保障讲座，8月、9月，义工协会邀请专科医生为东阳江镇群众开展健康知识讲座，提供咨询、疏导、治疗等服务，服务群众500余人。

【腊八节奉粥】 2020年1月2日（农历腊八节），义工协会为东阳市民提供腊八粥，全市设12个奉粥点，城区有协会驻地、麻车小区、西山公园、江南名邸小区4个站点，画水镇上桥头、下桥头、八华山寺庙、华阳村4个站点，六石街道六石广场、白托墩综合大楼2个站点，巍山镇三百田洋洋百货，横店镇横店集团幼儿园，总计奉粥10000余份。

【关爱空巢老人项目】 2020年5月，义工协会联合市乐义社会工作服务中心在城南社区百家巷开展“携手夕阳红 共享和谐”关爱空巢老人项目，为小区60岁以上空巢老人提供生活照料、日常陪伴、节日慰问等服务，累计服务78场，参与服务924人次，服务时长2448小时。

（周志伟）

·东阳市爱盟社会工作服务中心·

【概况】 2020年，东阳市爱盟社会工作服务中心（简称爱盟）以双工联动的形式（社会工作者+志愿工作者）开展各类服务项目和活动。全年增加志愿服务项目15个，获省级荣誉1次，金华区级2次，东阳市级2次。爱盟获首届东阳慈善奖、东阳市优秀志愿服务组织；“护苗计划”涉罪未成年结对帮扶项目获金华市第五届“志愿八婺 文明金华”志愿服务大赛银奖；吴坚强获“战疫群英”优秀个人，2020年度全省志愿服务“五个20”最美志愿服务工作者、东阳市抗击新冠肺炎疫情先进个人；陆泽胜获金华市优秀志愿者，陈巍巍获东阳市战役爱心奖、东阳市抗击新冠肺炎疫情先进个人；单欣芳获东阳市战疫好人，黄跃强获东阳市优秀志愿者等。

【涉罪未成年人结对帮扶】 2020年，爱盟继续开展帮扶涉罪未成年和被侵害未成年人社会工作项目，为全市未成年人提供专业帮扶工作。全年接收22名涉罪未成年人进行结对帮扶，带领他们参与社区服务、志愿者活动。开展亲子活动10次，为他们修复亲子关系。该项目获金华市第五届志愿服务大赛银奖。

【生态环境公益巡查宣传活动】 2020年，爱盟围绕东阳市污染环境违法行为开展公益巡查及宣传活动。招募志愿者，组建30人的环保志愿者队伍，定期进行服务培训，每周开展1次关于生态环境的公益活动，组建环保微信群，群内成员每月不定期对重点企业区域排污情况进行暗访，并按照“二明一详”（地址明、问题明、照片详）的要求将巡查信息及问题上传，通知涉及单位整改。全年进行暗访排查48次，参与活动志愿者1440人次。

【“亲青帮”项目】 2020年，“亲青帮”项目包括开展涉法个案维权、预防青少年犯罪、青少年社会工作及心理服务、青少年权益状况监测研究等工作，主要服务对象为14周岁到28周岁的青少年。爱盟开通青少年帮扶转接热线电话15888945680，为东阳市青少年提供法律维权、心理咨询等服务。全年接到热线65起，受益人数195人。

【疫情防控工作】 2020年，爱盟组织志愿者在横店高速路口，协助相关部门开展疑似病患的排查、筛检工作。对出高速路口、入东阳市的每个人员进行体温检测。检查车辆7235余辆，检测人数14755人次，劝返车辆612余辆，劝返人数1092人次。复工复产期间，爱盟组织讲师团队为已复工企业的3935名员工进行线上防疫培训。

【婚姻家庭辅导室】 2020年，东阳市婚姻登记处设有婚姻家庭辅导室，由爱盟入驻承接服务，链接招募婚姻辅导师、心理咨询师、社会工作者、律师等专业人士为有需求的家庭提供现场纠纷调解和心理咨询服务。婚姻家庭辅导室全年为2550个家庭提供婚姻辅导服务，其中线下辅导2314对、线上辅导236对。挽回家庭1238个，双方和平离婚1312对，劝和比例49%。

【低保户入户走访调查项目】 2020年，爱盟开展低保户入户走访调查工作，项目招募社会工作者、志愿者，结合民政部门关于低保户人员的信息，走访东阳市各乡镇街道。全年走访东阳市9个乡镇街道，921户低保家庭，了解低保户实际生产生活情况。

（白小琴）

街道镇乡

吴宁街道

【概况】 2020年，吴宁街道行政区域面积31平方千米，辖卢宅、江滨、东街、西街、东岘、迎晖、朝阳、城南、西园、荷塘、兴平11个社区31个经济合作社，下设65个居民小区。办事处驻吴宁街道东街1号，辖区总户数32108户，总人口84920人，人口出生率6.44‰，出生人口700人，出生人口性别比109（女为100），人口自然增长率2.07‰。完成税收7.73亿元，城镇居民人均可支配收入58189元，农村居民人均纯收入33686元。

【工业】 2020年，吴宁街道主要以服装、针织、木雕工艺品、机械加工等行业为主，有规模以上工业企业10家，限额以上批发零售企业27家，限额以上住宿餐饮企业13家，限额以上服务业企业13家。10家规模以上工业企业完成工业总产值33.39亿元，比上年下降3.9%；27家限额以上批发零售企业完成销售总额22.8亿元，比上年下降24%；10家限额以上住宿餐饮企业完成营业总额0.8亿元，比上年下降29%。完成外贸出口销售额2.7亿元；完成税收7.73亿元；培育产值2000万元以上企业1家（东阳市强成工贸股份有限公司）；增加限额以上商贸服务业单位6家，其中限额以上批发零售企业4家（东阳市创世纪电脑有限公司、东阳市鱼满堂家电有限公司、东阳市蓝咖通信设备有限公司、东阳市璟嘟宾馆有限公司），住宿个体企业1家（东阳市吴宁和美酒店），规模以上服务业企业1家（东阳市康嘉旅行社有限公司）。疫情防控期间，研究制定企业复工12项工作制度，协助企业开展招工工作和返工人员服务保障工作，实现返岗3.1万人，发放小微企业和个体工商户财政资金“直达市县基层、直接惠企利民”补助1091.8万元。开展低效工业用地清理工作，完成卢二链条厂区块土地收储和卢三外溪滩区块联片整治，收购低效用地3.05公顷。

【农业】 2020年，吴宁街道农业总产值3985万元，山林面积1368公顷，经济作物播种面积211.4公顷，粮食作物播种面积80.5公顷；开展成家里蔬菜基地建设，做好农产品质量安全监督，确保农业生产安全；开展森林防火、防汛抗台工作，防治松材线条病虫；完成街道内73辆拖拉机报废工作。

【村镇建设】 2020年，吴宁街道开展市容环境卫生整治工作，清运堆积物

2020年吴宁街道社区基本信息情况一览表

表54

社区名称	小区(个)	社区支部书记	社区主任
卢宅社区	7	郭江明	郭江明
江滨社区	6	卢希梁	卢希梁
东街社区	6	马瑛瑛	马瑛瑛
西街社区	5	毛丰华	毛丰华
东岘社区	7	金佳丽	金佳丽
迎晖社区	7	马百胜	马百胜
朝阳社区	6	郭　燕	郭　燕
城南社区	4	任　凯	任　凯
西园社区	7	张美丹	张美丹
荷塘社区	6	孙云才	孙云才
兴平社区	4	王建宾	王建宾

7224吨，清理绿化带32万平方米，完成履职整改641项，小修小补141处，顺利通过国卫复审。加强食品卫生安全检查，东门菜场和北门菜场成功创建省级城乡放心农贸市场，吴宁街道被评为浙江省AAA级景区街道。实施截污纳管工程11个，创建"污水零直排区"41个，完成"六小行业"（小餐饮店、小食品经营店、小理发美容店、小旅店、小公共浴室和小歌舞厅）整改1702家。集中拆除违法建筑151宗，拆违面积23万平方米。全域推进垃圾分类"两定四分"（垃圾定时定点投放，垃圾分为易腐垃圾、可回收物、有害垃圾、其他垃圾），建成投放点93个，建成省级示范小区2个，建成省级示范街1条。推进兴平社区"三强六无五美村"创建，提升小区环境。

2020年6月24日，吴宁街道东街社区党群服务中心居委会搬迁至东街2号

（吴宁街道提供）

【重点工程项目建设】 2020年，吴宁街道完成市妇保院扩建22户房屋拆迁，吴宁七小土地征用，江滨南街、博士路、教授路和链条厂区块土地征用。完成南午岭互通工程38户住户和2家企业拆迁协议签订，完成义东高速土地征用、博士路隧道土地征用，完成南山小区173户拆迁协议签订。完成土地征用63.07公顷，完成房屋拆迁242户，跟进做好政策处理，保障市重点项目的推进。

【文教卫生】 2020年，吴宁街道完成街道文化活动中心提升改造，创建文化家园2家、省级百姓健身房2家、省级小康体育村1个。投入各项文体活动经费132.2万元，组织群众文化培训40余场，开展"文化走亲"60余场，举办公益性演出100余次。开展文明劝导活动，组织志愿活动410余次，发放宣传资料3万余份，举办健康知识讲座50期。

【社会保障】 2020年，吴宁街道推动"最多跑一次"和无证明城市改革，搬迁改造东街社区党群服务中心，扩大标准化便民服务中心覆盖面。加强流动人口登记管理，完成第七次人口普查。落实社会保障，办理申报灵活就业"4050"社保补贴873人，发放低保、五保补助100.6万元，开展企退困难慰问257人次，处理劳资纠纷150余起，涉及金额142万元，工伤纠纷结案率100%，街道"残疾人之家"被评为全市首家四星级"残疾人之家"。

【社会管理】 2020年，吴宁街道开展"四大"专项行动，化解国家级重复信访件11件、省级重复信访件4件，四级走访量比上年下降60%，完成全国"两会"、十九届五中全会等重要节点安保工作，配合做好金华世贸中心破产重整。东岘、东街两个社区成功创建浙江省民主法治社区。推进第二轮中央环保督察整改，会同公安、安监、市场监管、供电等职能部门，开展"低小散"企业排查整治，排查企业419家、关停整治24家，中央环保督察期间反馈问题件完成整改。

12月30日，吴宁街道退役军人服务站被评为浙江省首批、东阳市首个枫桥式退役军人服务站，其经验做法被国家退役军人事务部在全国推广。

【组织建设】 2020年，吴宁街道按严肃选风选纪要求贯彻换届选举全过程，11个社区实现书记主任"一肩挑"，31个经济合作社新一届"两委"班子党员比例49.4%，比上一届提高2个百分点；社员代表党员比例30.3%。发挥社区党群服务中心作用，获评金华市级"党建+社会治理"突出单位。开展"五问五访"大调研，梳理推进社区民生项目81项。推进东街社区"五星三强"基层党组织建设，完成2个软弱后进小区党组织整转。开展好市委村居巡察工作，加强干部作风建设，约谈提醒、诫勉谈话28人次，立案查处党员干部16人。

【《我的英雄》微电影拍摄】 2020年，吴宁街道拍摄微电影《我的英雄》，讲述2020年上半年东阳市抗击新冠肺炎疫情的故事。该微电影参加由中华全国总工会宣传教育部、工人日报社、中工网联合举办的社会主义核心价值观主题微电影（微视频）比赛，获得一等奖。参加由中华全国总工会和中央网信办主办、陕西省总工会和陕西省委网信办承办的"网聚职工正能量 争做中国好网民"主题活动之"网络正能量微电影"比赛，被评为二等作品。

（许　延）

白云街道

【概况】 2020年，白云街道行政区域面积43平方千米，辖8个社区、40个小区。街道办事处驻白云街道中山社区望江北路2号。辖区总户数18194户。总人口46323人。出生人口556人，出生人口性别比99（女为100）。完成税收10.28亿元，比上年下降26.3%。有工业企业1211家。

【工业】 2020年,白云街道51家规模以上工业企业完成工业总产值30.17亿元,比上年下降4.89%;工业增加值5.88亿元,比上年下降7.9%;实现外贸出口28.1亿元,浙商回归引进资金2.2亿元,培育"小升规"企业(小规模企业转成规模以上企业)9家,国家高新企业4家(浙江好视佳反光材料有限公司、东阳市瑞祺胶粘制品有限公司、东阳市赛歌服饰有限公司、东阳市长河塑胶有限公司),申报省科技型企业10家。年产值超亿元企业6家(浙江同力服装有限公司、浙江省东阳康优食品有限公司、浙江东峰制冷配件有限公司、浙江恒成硬质合金有限公司、浙江省东阳市华侨制衣有限公司、浙江省东阳市荣盛橡塑制品有限公司)。实施旧厂房改造项目27个,其中续建5个,新建22个;实施重点技改项目6个,"两化"融合项目14个。做细做实亩产效益评价,完成规模以上企业认定53家,规模以下企业认定246家。整治"低小散乱污"企业作坊226家,限电72家,改造升级145家,关停淘汰51家。按照统一标准对9家红木企业完成"三同时"验收。完成固定污染源排查登记1857家,复核关停企业702家,登记完成率100%。

【商贸服务业】 2020年,白云商贸园区有重点商贸服务业项目7个,其中前期项目1个,新建项目0个,续建项目6个,完成投资约2亿元。园区内运行的商贸服务业重点项目57个,开业专业市场7个。东阳中国木雕城二期项目地块规划方案初步达成;浙中名品港奥特莱斯项目完成项目备案与产权证办理;远疆·天域项目二期方案调整完毕;华泰皮革城全新商业综合体二期项目进入竣工验收;浙兴电商产业园"国家电子商务虚拟仿真实验教学中心金华实践教学基地"落户运营;东阳国际汽车城成为金华市唯一一家通过"五化"验收的汽车类专业市场。推进建筑业招商工作,招引建筑企业7家,其中一级资质建筑企业1家(浙江弘安建设有限公司),二级资质建筑企业1家(浙江照盛建设工程有限公司),建筑劳务公司4家(东阳市隆俊建筑劳务有限责任公司、浙江金道建筑劳务有限公司、东阳弘安建筑劳务有限公司、浙江新浩建筑劳务有限公司),建筑科技企业1家(东阳市土木方达建筑科技有限公司)。9家企业"双证"(企业资质证书和安全生产许可证书)落地,意向企业5家。

2020年白云街道社区基本信息情况一览表

表55

社区名称	小区(个)	社区支部书记	社区主任
中山社区	5	叶　敬	蔡珊妮
接官亭社区	5	楼炬华	王青青
望江社区	4	陆　圣	赵明君
白云社区	5	陶甄洋	韦建阳
十里头社区	4	卢竹山	王丰平
蓝天社区	7	赵美弟	厉杭江
昆溪社区	6	张　健	张　健
莲花山社区	4	申屠文彪	郑　峰

银泰网红直播城、东阳中国木雕城抖音电商直播基地、全知道直播生态城、超硬综合型电商直播孵化基地、浙兴电商园东阳市跨境电商产业园等九大直播基地落成运行。下昆溪、上进、麻车等小区发展电商产业,集聚上千家电商产业链企业,形成运营、服务、金融、培训、仓储等完整的产业链条。

【农业】 2020年,白云街道农业户数9616户,农业人口25577人,耕地面积48.66公顷,山林面积504.6公顷。农村集体收入17909.96万元,固定资产在建工程(除设备外的土建部分)66228.6万元,现金存款55772.57万元。

【村镇建设】 2020年,白云街道拆除各类违法建筑22.34万平方米;旧住宅区改造912户11.85万平方米;旧厂区改造6家9.18万平方米。常态化开展40个"无违建小区"创建"回头看"工作。

白云街道投入1000余万元完成银田、西庄等26个小区的"污水零直排区"建设,其中列入省级"污水零直排区"考核小区8个。实施截污纳管工程11个,涉及续建工程3个,新建工程8个,其中新庄小区、泉塘自然村、西庄小学、笠里小区、上进小区、西山小区、天宫寺、望江路完成工程建设。完成机关企事业单位雨污合流整治65家,隔油池、沉淀池建造和整改300余家。完成奔驰4S店、甘井东溪出水口及西溪、甘井东溪水域整治。

开展国家卫生城市复审和全国文明城市创建迎检工作,制作广告宣传牌1000余块;灯杆广告200余处、建筑工地围栏围挡公益广告6000平方米;一类社区打造精品楼道12处;发放宣传单页50000余份;文明城市创建知晓率知识问答卷发放5000余份。清理堆积物、卫生死角1800余处,清运垃圾2000余吨。推进垃圾分类工作,关山小区、望江小区被评为2020年度浙江省高标准生活垃圾分类示范小区,创建望江南路垃圾分类示范一条街,第一批"两定四分"点位分类亭91个,建成运行6个。开展健康教育知识宣传工作,张贴3期健康教育宣传栏216份。调查滋生地43126.5平方米,投放灭鼠毒饵200千克，喷洒灭成蚊药物97千克。

完成8个社区“扫黄打非”基层站点挂牌，打造十里头、莲花山社区模范站点，建成使用中山社区“扫黄打非”主题公园。白云街道被评为第四批全省“扫黄打非”进基层示范点以及第四批全省“扫黄打非”进基层示范标兵。

【文教卫生】 2020年，白云街道设街道综合文化站、广播电视站各1处，农民工文化活动中心2个，农家书屋9个。设幼儿园26所，教学点5个，在园幼儿7746人，教职工899人；小学7所，在校生7904人，教职工537人，其中专任教师492人；初中3所，在校生3098人，教职工265人，其中专任教师252人；九年义务教育覆盖率100%。市第二实验小学兴平校区正式投入使用，白云实验小学和第二实验幼儿园南田校区场结顶。

白云街道设社区卫生服务中心1所，专业卫生人员51人，其中执业医师18人、执业助理医师5人、注册护士14人。卫生院医疗机构完成门诊诊疗(不含体检)80575人次。农村安全饮用水普及率100%，农村卫生厕所普及率100%。

【社会保障】 2020年，白云街道城镇最低生活保障户124户163人，月支出75914元，月人均466元。国家抚恤、补助各类优抚对象300余人。有社区服务中心8个，社区服务站8个。生育登记服务审核865人次，再生育审批21人次，走访计生困难家庭户48户，享受计划生育奖励扶助和特别扶助13人。办理独生子女光荣证92人次，贫困残疾人安居工程2户；贫困残疾人助学(低保家庭残疾人子女、残疾人学生)14人；残疾人护理补贴上报314人，困难生活补贴(低保)上报84人。临时救助23人，计34500元。低保核查124户163人，慈善救助14人，计28000元。居家养老服务中心工程完成工程总量的80%。

【社会管理】 2020年，白云街道办理上级转交的信访件2311件，其中来电1682件、来访55件、网上信访534件、来信件40件。每月15日信访接待日接待群众来访193批、253人次，做到登记接访100%，向上级反馈100%，向信访人答复意见书100%，未发生非正常上访。开展扫黑除恶专项斗争行动，走访3857户，排查矛盾纠纷110件，成功调处109件。办结中央巡视组交办件13件，省委巡视组信访件75件、市委巡察组信访件42件、村社换届选举信访件96件(包含金华交办)、扫黑件12件。登记社区矫正对象46人，办理入矫34人，办理解矫19人，走访社区矫正对象220人次；社区戒毒(康复)人员6人；开展普法、禁毒宣传活动40余次，张贴禁种铲毒挂图160余份，发放劳动保障、禁毒宣传等各类法制资料3万余份，拉设宣传横幅300余条。受理“8890”事项2457项。网格员上报事件10498条、办结10498条，重点人员走访5592人次，重点场所走访14604场次；邀请市委政法委、市人力社保局等单位参与专职网格员专题培训18次；网格员美篇上报2304篇，被各级媒体报道采用28篇。

【组织建设】 2020年，白云街道建成汽车产业党建联盟，构建大党建统领、产业链带动、一体化运作的汽车党建示范集群。完成中山社区党群服务中心硬件建设，同步整合矛盾多元化解中心、市场监管、便民服务、警务、统战等部门单位资源入驻，建立和完善联席会议、红色提案、民情立办、共驻共建等工作制度，常态化开展群团联动、健康讲座、送医送药、法律服务等惠民活动。组织社区(小区)开展换届选举工作，选出小区两委干部310人，30~50岁136人，大专以上学历78人，男女比例2.875∶1。开展“五星三强”基层党组织建设、村社组织整固提升百日攻坚行动和“烟票整治”等工作，梳理各线办工作人员廉政风险防范事项70余项，第一种形态处置45人次，党纪立案31人次，处置完成28人次。

【基础设施建设】 2020年，白殿小区城中村改造正式启动，安置区规划编制完成；成功出让原属于浙江省东阳市八方建筑材料有限公司、广宏建设集团有限公司位于白云中学西两处地块；推进7家电镀印染企业地块退二进三(退出第二产业，发展第三产业)进程，签约6家企业。完成下南田小区市政配套工程，笠里小区市政配套及弱电工程完成工程量的60%；上进小区市政配套工程完成工程量的35%；完成江滨南街绿化工程；麻车街心公园绿化工程完成工程量的97%；望江路排水工程完成工程量的70%；望江路风貌提升工程完成工程

2020年9月11日，东阳市汽车产业党建联盟成立仪式在东阳市国际汽车城举行 (白云街道提供)

量的40%;甘井小区西南区块路面工程完成工程量的85%。

【交通建设】 2020年,白云街道建设内畅外联的交通体系,打通辖区江滨南街、昌盛路和马象路3条断头路。和义乌市廿三里街道联合启动何宅大桥建设项目,完成工程量的50%。助力义东高速建设,完成陶村、白殿、金村等小区50余户居民,华宇电器、水利水电机械厂、五菱4S店、马自达4S店的地块政策处理及签约拆迁工作。推进39省道建设,完成仓基6户农户的地块政策处理及房屋拆迁工作。完成重要县道提升改造及农村公路大中修2条、2.03千米,完成沿线村庄地块政策处理、绿化提升、环境整治等工作。

(黄阳阳)

江北街道

【概况】 2020年,江北街道行政区域面积88平方千米,辖10个社区、3个行政村、77个小区。办事处驻翠竹路1号。辖区总户数28299户,总人口66346人,其中男性33109人,女性33237人。出生人口664人,出生人口性别比110(女为100)。完成税收9.4亿元,比上年下降18%。有规模以上企业62家。

【工业】 2020年,江北街道62家规模以上工业企业完成工业总产值27.43亿元,比上年下降0.8%,外贸出口完成9.75亿元。固定资产完成总投资20.06亿元,其中工业项目投资4.7亿元。完成建筑业总税收1.1亿元,完成年度任务的122%。完成高新企业评审22家,其中国家级高新企业6家。引进内资项目13个,增加6个,到位内资5.8516亿元,浙商回归项目9个,到位资金3.9899亿元。

江北街道助力企业复工复产,超额完成市下达的复工复产率,获市政府350万元奖励补贴。建成江北高新产业园区"智慧大脑",江北高新产业园区党群服务中心。搭建企业培育中心、跨境电商产业园、创业创新孵化园及巨和众创小微园四大平台。江北企业培育中心连续两年获金华市制造类小微园第一名,获首批浙江省数字化示范小微园称号,跨境电商产业园招引企业53家,入驻率90%以上,是东阳市第一家被授牌的电商产业园,创业创新孵化园被评为金华市级孵化园。

【农业】 2020年,江北街道耕作面积849.1公顷。种植稻谷458.7公顷,玉米151.5公顷,小麦73.2公顷,蔬菜406.6公顷,花卉苗木44.5公顷,茶园2.3公顷。生猪存栏300头,生猪出栏277头,家禽存栏13456只。

江北街道完成华店、东山楼、甘溪、三角塘沿41公顷高标准农田建设项目,完成灌溉与排水工程、田间道路工程。对种田大户进行水稻作业服务补贴,单季稻2户,面积2.58公顷,连作晚稻6户,面积48.12公顷,早稻烘干1户,197.218吨。完成变型拖拉机清零工作,完成农业机械免费实地检验工作,对联合收割机、插秧机等农用机械进行排查指导。

【重点工程建设】 2020年,江北街道完成义东高速项目24.8公顷土地征用、临时场地的交地及农户的拆迁工作。甬金铁路涉及江北街道的14个小区拆迁工作,其中麻车塘、石宅、东璜山、杨溪、哈比塘、杨武、新杨武、塘下前、周官9个小区整体搬迁,东湖、毛蓬、青山头、王山坞、塘下5个小区部分拆迁,签约工作基本结束,王山坞、新杨武2个小区完成拆迁。千芝雅项目涉及2个小区征地工作,清塘湖小区全部拆除,东璜山小区拆除90%以上,小区安置地块基本平整完成,清塘湖小区完成择基招投标,部分农户放样定桩。金店棚改项目的210户农户新建垂直房结顶,高层平面式项目完成监理单位招标工作,施工单位招标工作因故进入重新招标阶段。

【新农村建设】 2020年,江北街道完成旧住宅区改造12.78万平方米、城中村改造8.6万平方米、旧厂区改造25.84万平方米,拆除违法建筑16万平方米,金店工业区整体拆除工作推进。完成双竹园、界上虞、湖塘、横塘、塘下、仓前等9个小区规划调整,完成除缺地指标66户以外定桩放样工作。开展"三强六无五美村"创建工作,社姆新村、上社姆自然村创建成"示范村",其余5个自然村(联山、楼里、宅公下、冷水湾、王户口)创建成达标村。

一星级卫生文明小区创建通过72个,通过率96%。下徐施、西范、界上虞、上社姆、楼里和联山6个小区通过二星级卫生文明小区创建验收,下徐施、上社姆2个小区成功创建三星级卫生文明小区。

渔晚小区被评为全市农村垃圾分类最好村。完成湖塘阳光房的技改任务。社姆新村创建浙江省和金华市垃圾分类优秀村。王峰、世纪花城北区等5个"两定四分"推进小区,12座垃圾分类岗亭正常运行,各点位巡检点正常上岗。完成20座垃圾分类岗亭建设。黄金北岸创建省级高标准生活垃圾分类示范小区,通过金华市验收。垃圾综合分拣中心完成"三通一平"和基脚工作。

【文教卫生】 2020年,江北街道有上卢初中、江北初中2所初中,上卢初中在编教师56人,学生838人;江北初中在编教师75人,学生1104人。有小学9所。其中,教育部门办小学7所,教师338人,学生6721人;民办小学2所,教师83人,学生1639人。东阳市江北实验幼儿园(第四幼教中心)和第五实验幼儿园(第五幼教中心)完成交接仪式投入使用,第四幼教中心有13所幼儿园,其中公办5所,民办8所,教师233人,在园幼儿3594人。第五幼教中心有9所幼儿园,其中公办4所,民办5所,教师206人,在园幼儿1419人。

江北街道卫生服务中心管辖亭塘、月亮湾、凤凰、上卢、夏渠5个社区服务站。有编内工作人员66人,其中卫技人员53人,执业医师33人,高级职称7人,中级职称19人。增加日立生化仪设备,建设发热门诊部。建筑面积128平方米。开展辖区居民常年免费全面体检和妇科检查,健全个人档案建设。居民健康体检

7950人次，中小学生体检9531人，建立档案60207份，幼儿体检4129人次，入托儿童体检2388人次，妇女“两癌”筛查1710人次，中小学生体检9531人，门诊15.35万人次，业务收入1900万元。

12月，省人大科教文卫委员会主任委员金兴盛一行到王峰文化礼堂考察农村文化服务开展情况。

【社会保障】 2020年，江北街道在册低保户274户426人，每月发放低保金213613元。低保边缘25户59人。特困户2户2人。低保新增26户52人，退出低保42户58人。低保边缘新增2户9人，退出16户30人。受理临时救助1500元以下21户50人，发放救济金31000元；受理临时救助1500元以上6户17人，救助金由市民政局发放。城乡居民基本医疗保险常住人口参保率95%。居家养老照料中心7家，其中1家申报星级居家养老照料中心。

【社会管理】 2020年，江北街道利用“一中心四平台一网格”，完善“一警情三推送”工作机制，落实群众来信来访“最多跑一地”联动机制，对所有来信来访实行“一站式”受理。矛盾调解中心聘请4名专职人民调解员，开展实体办公，各类矛盾纠纷案件比上年下降60%。受理矛盾纠纷358起，成功化解347起，化解率96.92%。落实安全生产责任制，检查企业1900家次，发现隐患3478处，整改3191处。

【组织建设】 2020年10月，江北街道完成71个小区、3个行政村和10个社区总共90个选举单位的换届选举工作，选出党组织委员282人，其中新进委员99人，新任党组织负责人21人，大专以上文化程度比例比上届提高76%；选出村(居)委会，小区事务组成员321人，其中党员89人，占33%，10个社区、2个行政村、7个小区实现“一肩挑”。推进党风廉政建设，围绕街道重点工作，推进监督检查机制，对3名居民代表予以歇职，对酒驾、赌博等违纪违法的5名干部予以免职，3名党员组织关系迁入街道后进支部。完成涉纪信访26件，对18名违纪干部和党员进行立案审查，处理党员干部46人次。

2020年江北街道社区(村)基本信息情况一览表

表56

社区(村)名称	小区(自然村)(个)	社区(村)支部(总支)书记	社区(村委)主任
茗田社区	5	朱伟东	朱伟东
猴塘社区	10	王琴安	王琴安
月亮湾社区	10	蒋洪伟	蒋洪伟
永久村	3	金国洪	金国洪
亭塘社区	5	郑挺钢	郑挺钢
凤凰社区	5	蒋丽艳	蒋丽艳
临江社区	5	厉小军	厉小军
甘溪村	5	李章兴	李章兴
湖沧社区	8	杜培生	杜培生
夏渠社区	8	陆益华	陆益华
社姆新村	7	程洁茹	程洁茹
华店社区	7	马玲玲	马玲玲
上卢社区	14	李铁军	李铁军

【基础设施建设】 2020年，江北街道开展“乡愁记忆”风景线建设，广福东路段(迎宾大道——六石)“乡愁记忆”风景线绿化施工长3.85千米，南北两侧宽20米，单向12米宽行车道，涉及10个小区(村)土地，除下卢出租地块外，均签订土地流转协议，开展无障碍绿化种植。

(许庆首)

六石街道

【概况】2020年，六石街道行政区域面积61平方千米，辖1个社区(7个小区)、22个行政村(62个自然村)，街道办事处驻六石街道湖心塘综合楼。辖区总户数17991户，总人口40711人。出生人口330人，出生人口性别比124(女为100)。获市委、市政府目标责任制考核优秀单位。

【工业】 2020年，六石街道(经济开发区核心区块)有规模以上工业企业80家，完成工业总产值49.95亿元，比上年增长6.88%；固定资产投资64个项目，完成总投资15.9亿元，比上年下降16.4%；批发业完成销售额15.2亿元，比上年增长24.52%；零售业完成销售额1.41亿元，比上年增长52.81%；完成税收6亿元，比上年增长20.2%；引进内资3.7亿元；完成外资引进1000万美元，完成外贸出口额13.44亿元，比上年增长7.5%。增加规模以上企业10家，增加亿元企业7家，增加国家高新技术企业13家，增加市级研发机构4家。

【农业】 2020年，六石街道完成粮食播种面积337.58公顷，粮食复种面积

721.63公顷，粮食复种指数213%。创建早稻高产示范畈1个(晨光示范畈)，单晚稻新品种展示畈1个(晨光示范畈)，完成王村粮食功能区补建工程。开展改革性粮食保险工作，街道辖区26户种粮大户，参保率100%。加大惠农政策的宣传力度，召开种粮大户培训4期。加强农业植物疫情防控工作，开展番茄疫情调查，全面普查水稻细条病，开展一枝黄花的防治工作。完成春季、秋季动物防疫工作。

【新农村建设】 2020年，六石街道推进26个村"十佳村"创建工作，花上头、方家、日上、后头塘、石马、西罗6个村成功创建市"十佳村"。推进拆后重建工作，基本完成治危拆违三年目标任务，成功创建西兰村、里宝塘村、夏溪潭村、裘家岭村、枫树下村5个"拆后重建示范村"。"无违建乡镇"创建通过金华市级验收。推进污水零直排创建，完成应家、裘家岭、晨光、吴良4个村的"污水零直排"创建工作。农村生活垃圾集中收集处置实现全覆盖，生活垃圾分类处理建制村覆盖率100%。

【基础设施建设】 2020年，六石街道编制美丽城镇方案并定稿实施，计划总投资7000余万元，进行停车场改造、邻里中心建设等32个项目，年内完成污水零直排建设，启动停车场改造、文体中心建设等功能性项目。金甬铁路东阳段首桩在北后周村开工，完成金甬铁路涉及的康厦村12户农户拆迁工作，完成16条乡村公路大中修。

【重点工程建设】 2020年，六石街道完成"万亩千亿"平台建设第一期13.33公顷土地的征收和拆迁安置区涉及六石小区、泗庭芳小区8公顷土地的征收；基本完成平台一期涉及樟村村的地面附属清点、政策处理；全面完成坟墓搬迁任务；同步推进征地拆迁政策宣传、房屋评估、公墓建设等工作。总投资6650万元，实施并完成"两江两镇"示范区建设7大类31个项目。启动白溪江沿线核心区建设，完成"六乱"整治58处，土地流转214公顷，规划文本设计11个，完成84.67公顷白溪江共享田园一期工程建设并成功开园。投资1000余万元的6个土地整理项目完工。

【组织建设】 2020年，六石街道完成23个村社换届工作，实现书记、主任100%一肩挑。推进党员整治立规专项行动，查出党员不遵规守纪13人，督促开展整改落实工作；开展岩口村和六石小区2个软弱后进村党组织整顿工作；推进"五星三强"示范街道建设，创建示范型党组织7个，争创型党组织10个，提升型党组织11个，整转型党组织1个。结合每月主题党日活动、"红色民情民访代办"工作制度和"五访五问"大调研活动，党员干部参加慰问困难群众87人次，参与美丽村庄创建2800余人次，每周参与小城镇建设等志愿服务活动，认领村(社)服务项目274项。

2020年11月18日，相关部门单位到六石街道检查指导"污水零直排区"建设工作 (六石街道提供)

【社会管理】 2020年，六石街道推行"红色民情民访集中服务日"制度，实现"面对面服务"，当场办结事件560件。建立"老娘舅""帮帮姐"矛盾调解队伍，助力矛盾纠纷排查调解。开展"大走访、大排查、大化解、大提升"专项行动，走访农户3566户，化解信访件38件。开展安全生产隐患治理工作，检查各类企业400余次，发现并督促整改隐患290余处。

【文教卫生】 2020年，六石街道创建文化礼堂8个，行政村覆盖率100%。街道文化站举办各类培训9期，参训人数300余人。王村和下石塘村完成小康体育村升级工程创建，王村完成浙江省百姓健身房建设工程，下石塘村被命名为金华市第五批"体育+"特色村。有幼儿园8所(公办3所、民办5所)，班级46个(公办班级12个、民办班级34个)，教职工172人，其中专任教师93人；入园幼儿1420人(公办幼儿315人，民办幼儿1105人)。公办小学3所，42个班级，学生1804人，毕业生296人，教职工246人；初中24个班，学生1105人，教职工137人。六石街道社区卫生服务中心为甲等乡镇卫生院，辖5个社区卫生服务站，有职工112人，其中卫技人员99人。开展65周岁以上老年人免费体检和流感疫苗接种工作4550人次，组织妇科病检查和"两癌"筛查1076人，实施责任医生签约服务17169人。

11月，六石街道公办幼儿园六石实验幼儿园建成投入使用。完成横塘村、裘家岭村、金鸡村、夏溪潭村、紫光村、后里村、新建村、徐庄村8个农村文化礼堂建设；创建泗庭芳村、湖心塘村移风易俗示范点；开展新时代文明实践志愿服务活动200余次。

2020年六石街道社区（村）基本信息情况一览表

表57

社区（村）名称	小区（自然村）（个）	社区（村）支部（总支）书记	社区（村委）主任
樟　村	3	赵劲松	赵劲松
鹤　峰	3	周国坚	周国坚
康　厦	2	韦建春	韦建春
王　村	1	王运良	王运良
石塔山	3	陈红跃	陈红跃
金　鸡	4	陈宝生	陈宝生
石　马	4	金冠俊	金冠俊
横　塘	7	陈曙晖	陈曙晖
裘家岭	2	潘勤忠	潘勤忠
吴　良	1	吴永良	吴永良
夏溪潭	3	吴友尧	吴友尧
里宝塘	3	吴寿福	吴寿福
枫树下	3	蒋献萍	蒋献萍
蟠　松	3	蒋世良	蒋世良
岩　口	1	吴中仁	吴中仁
紫　光	2	徐尧生	徐尧生
后　里	3	厉新勇	厉新勇
新　建	5	吴益良	吴益良
湖心塘	3	吴子祥	吴子祥
徐　庄	4	王海水	王海水
桐　坑	1	楼红伟	楼红伟
北后周	1	卢育卫	卢育卫
六石社区	7	张肖荣	张肖荣

完善优化计划生育服务管理。王村村和下石塘村完成小康体育村升级工程创建，王村村完成浙江省百姓健身房建设工程，下石塘村被命名为金华市第五批“体育+”特色村。

【社会保障】　2020年，六石街道有低保户193户236人，最低生活保障金支出103万余元；特困供养6人，供养资金支出9万余元；社会临时救助和慈善临时救助25人次，支出3.7万元；慈善助学5人次，支出2.5万元。完成湖心塘村、王村村和吴良村3个村的三星级居家养老照料中心创建。

【产业植入】　2020年，六石街道完善红树林等5个影视外景基地配套设施，接待剧组168个，比上年增长10%；接待旅游研学团队150余个。成功创建AAAA级景区镇；成立国有独资企业东阳市双磊文化旅游发展有限公司，推动白溪江共享田园建设。木雕古建文化带、红色革命文化带、“丗”字休闲风光带三条精品游线基本成型，基本完成吴良古街文化、后石木匠工坊、夏溪潭番薯产业、张麻车美食街、北后周智慧农场、石马房车营地6个产业植入示范点建设。六石街道白溪江生态廊道沿线以彩色水稻为切入点的农业观光项目获新华社等媒体报道。

（张媛媛）

城东街道

【概况】　2020年，城东街道行政区域面积76平方千米，辖李宅、塘西、罗屏3个驻村分中心，下辖1个社区、18个行政村。办事处驻吴宁街道工人路90号。总户数17949户，总人口42365人。出生人口381人，出生人口性别比124（女为100），人口出生率8.00‰。创建“十佳村”3个（堂鹤村、任岭脚村、王庭弄村）、“最美村”2个（堂鹤村、任岭脚村），其中堂鹤村获评省美丽乡村特色精品村；窠卢村成功创建市级垃圾分类“最好村”。单良村被浙江省“千村示范万村整治”工作协调小组办公室评为省级垃圾分类示范村。12月，城东街道被评为2020年度浙江省AAAA级景区镇。窠卢村创新民法典宣传形式，绘制浙江省内首个“民法典墙绘”，获新华社等多家媒体报道点赞。

【工业】　2020年，城东街道21家规模以上工业企业完成工业总产值8.57亿元；完成固定资产投资8亿元，完成浙商回归51183万元，引进内资5.12亿元；限额以上批零销售额1.13亿元，比上年增长0.87%。规模以上企业培育任务3家,在库培育8家,完成4家(浙江东诺节能科技有限公司、东阳新浩建材有限公司、东阳市白云包装材料有限公司、浙江铖元电气科技有限公司);完成国家高新技术企业评审1家(东阳市星吉年工贸有限公司),省级高新技术企业评审3家(东阳市中堂红木有限公司、东阳市亚星玩具有限公司、东阳市佳成硬质合金有限公司)。

开展低效工业用地清理飓风整治活动,盘活优化闲置低效存量资源。初步达成收储意向签订资产收储意向书企业8家,涉及土地面积98.52公顷。亩均税收3万元以下企业完成出清任务,收储低效工业用地74.59公顷。

【农业】 2020年,城东街道耕地面积1187.6公顷。粮食总产量1324吨、油料241.6吨、棉花13.2吨、甘蔗1812.4吨、中草药材605.6吨、蔬菜24491.7吨、瓜果1054.8吨;种植花卉苗木250公顷;果园面积134.2公顷,水果产量2372.2吨;茶园总面积19.66公顷,茶叶总产量3.4吨,完成3.33公顷珍贵树种的种植;完成安山、潘塘、塘西等村13.6公顷的土地流转,完成金华市农业"标准地"存量认定85.33公顷,增量认定40.47公顷。

【重点工程建设】 2020年,城东街道配合全市垃圾综合利用项目无障碍施工,完成电力上网线路塔基、进场道路等政策处理,完成餐厨项目和配套项目的征地2.2公顷;完成杭温高铁的安置地块征地涉及1.5公顷和主线17.33公顷的交地任务;保障高铁新城农房集聚区建设无障碍施工;完成东阳技校新建宿舍楼和教学楼征地1.47公顷;完成爱奇艺娱乐综合体项目一期墓穴迁移、第二期建设用地征用4.51公顷;完成军事项目涉及土地征用、坟墓搬迁;完成康优食品加工厂建设项目涉及2.27公顷土地征用和风险评估。

【新农村建设】 2020年,城东街道持续完善"河长制"工作,东阳江交接断面水质稳定在三类水。完成潘姆塘水库、塘坞山塘的除险加固工作。完成186户拆后农户城区农房集聚区选房,438户农房集聚安置资料整理建档;完成35个自然村198户农户定桩放样和229户建设工程规划许可证办理。拆除12宗、9.5万平方米存量违章建筑,完成任务目标的190%。开展党员干部违法建筑处置违建清零工作,处置党员干部违章建筑10宗。堂鹤村、任岭脚村获评市级"十佳村",寀卢村成功创建市级垃圾分类"最好村"。完成寀卢精品村创建、六石—李宅风景线建设,寀卢共享田园初步成形。

2020年5月,寀卢共享田园 (城东街道提供)

【文教卫生】 2020年,城东街道设初级中学2所,26个班,学生1297人,教师76人;小学8所,85个班,学生3579人,教师172人;适龄儿童入学率和小学升初中升学率均为100%。设卫生服务中心,保障医疗用房2000平方米,辖单良、塘西、罗屏3个社区卫生服务站及14家村卫生室,全面打造20分钟医疗服务圈。

推进5个村文化礼堂创建项目,加强新时代文明实践站所建设,每周组织志愿服务。6月20日,城东街道新时代文明实践所开展"相约端午·情系老兵"的志愿服务活动。

【社会保障】 2020年,城东街道有低收入农户346户,其中享受低保284户,增加27户51人,发放低保金17.7万元;低保边缘35户59人,增加1户2人;特困人员27人,发放保障金4.1万元;困境儿童35人,发放福利资金3万元。有居家养老照料中心18家,受疫情影响恢复正常运行11家,照料服务老年人288人,单良、寀卢、和堂等村列入2020年三星级居家养老照料创建目标。生活困难家庭临时救助71人,救助金额10.3万元;"圆就学梦"活动为42名就学困难的人解决资金问题,捐助学金8.5万元。

【组织建设】 2020年,城东街道完成换届选举,除雅溪村外18个村社实行"一肩挑";主职干部结构优化明显,大专以上学历12人,占比63%,平均年龄48岁。运用第一种形态处理34人次,违纪党员党纪立案27件,结案21件,给予党纪轻处分16人、重处分5人。推进村干部积分管理制度和绩效考核制度,落实"红黄旗"管理。

【社会管理】 2020年,城东街道推进便民服务工作,代办便民事项13221项,上报事件24813件。城东一码办App启用,解决反映问题327个。建成街道矛盾调解中心1个,村级综治中心4个,优化村街两级"老娘舅"队伍建设。受理来信来访件96件,答复处理93件。开展"四大"专项行动,走访农户15000余户,排查问题44件,解决41件。签订平安建设、综治工作目标管理责任书58份,信访责任书58份,机关干部责任书75份,禁毒工作责任书45份。

【法治建设】 2020年,城东街道组织开展宪法、"防控疫情 法治同行"、

2020年城东街道社区(村)基本信息情况一览表

表58

社区(村)名称	小区(自然村)(个)	社区(村)支部(总支)书记	社区(村委)主任
李宅社区	7	李长春	李长春
徐　田	3	徐秀潭	徐秀潭
寀　卢	1	卢阳春	卢阳春
奎吾堂	2	李晓刚	李晓刚
堂　鹤	3	李茂良	李茂良
东　安	2	黄伟平	黄伟平
五　四	1	张云良	张云良
单　良	1	单南平	单南平
东　光	4	许庆洪	许庆洪
塘　西	6	王志龙	王志龙
湖　店	3	徐立强	徐立强
东　锋	4	郑承阳	郑承阳
东　兴	2	李　浩	李　浩
斯　村	5	蒋国洪	蒋国洪
东　升	4	韦扬慧	韦扬慧
和　堂	3	楼一品	楼一品
东　联	3	楼松林	楼松林
雅　溪	2	楼宝兴	楼福华
东　屏	3	卢金盛	卢金盛

“法雨春风”法律服务月、社区矫正法、民法典、扫黑除恶等主题普法活动20余次,悬挂横幅1000余条,发放宣传资料2万余份。成功创建金华市民主法治村5个,国家级民主法治示范村1个。建立法律援助工作站,完善基层便民法律服务和法律援助体系,开展法律服务52人次。

【景区镇建设】 2020年,城东街道挖掘地域内景观文化要素,推进景区镇建设。综合境内省级风景旅游区——三都胜境,省级重点文物保护单位李宅花台门、集庆堂等古建筑,金华市非物质文化遗产李宅荷花灯,寀卢村、单良村等省级美丽宜居示范村,先锋村、徐田村影视外景拍摄基地,爱奇艺创意文娱综合中心与高铁新城签订协议等各种旅游资源,推进景区镇创建。12月,城东街道被金华市文化广电旅游局评为2020年度浙江省AAAA级景区镇。

(吴平凡)

南市街道

【概况】 2020年,南市街道行政区域面积81平方千米,辖大联、槐堂、南溪3个驻村分中心,25个行政村,81个自然村。办事处驻吴宁街道朝龙路8号。辖区总户数20021户,总人口44572人,外来人口2万人。出生人口406人,出生人口性别比115(女为100)。

【工业】 2020年,南市街道固定资产投资6.15亿元,比上年增长55.36%,完成税收1.49亿元,比上年增长4.26%。完成工业投资项目1.69亿元、政府性投资项目3.71亿元、房地产投资项目投资7544万元。完成建筑业招引纳税1850.06万元,占全年任务数的61.67%。招引企业完成工商注册25家,办理“双证”落地7家,办理劳务派遣许可证4家。成立低效工业用地清理整治工作组,综合协调、指导督促低效工业用地清理整治工作。累计交地10.99公顷,完成率82%。

南市街道开展企业复工复产和

2020年9月3日,第九季“海外名校学子走进金华古村落·李宅”活动启幕

(胡扬辉/摄)

疫情防控工作，为企业发放宣传横幅239条、腋下体温计230支、防护服120套、护目镜30个，发放消毒液168千克、酒精49升，调配口罩3.65万个。为30余家企业近500名员工完成交通补贴申报约46万元。

【农业】 2020年，南市街道以种植粮食作物和经济作物为主，有家庭农场28家，南乡农机等农民专业合作社12家，特色农产品有南枣、蜜枣、元胡、草莓、西瓜等作物。农作物播种总面积1874.4公顷，其中粮食播种面积1194.3公顷，粮食作物以水稻为主；主要经济作物播种面积680.2公顷。完成"前新屋百亩旱稻示范畈"规划、种植任务；创建"上朱蔬菜基地"1个。青枣种植面积700公顷，以南溪片区为主，多数加工成蜜枣和南枣。南枣年产量170余吨，产值2300万元；蜜枣年产量300吨，产值500万元。南枣加工户7家，蜜枣加工户约50家，以家庭作坊式加工，未形成规模化生产。

【重点工程建设】 2020年，南市街道完成义东高速项目(东阳段)江北至南市段控制性节点工程西甄山隧道涉及洗马塘村土地征用，配合义东高速施工区域租地、弃土场地租用。完成义东高速第二期先行开工涉及村走界线，完成沿线坟墓清点工作。完成39省道涉及的12户农户房屋征收、签约、腾空、拆除；完成拆迁农户安置地块规划、三通一平和屋基丈量、污水池清净拆除等工作。完成拆迁农户房屋测量、附属物调查、价值评估；完成稠岭线"平改立"、渡槽改建、金科服饰有限公司等征地。完成315省道改建工程三门至婺城南市段涉及的安儒村3户农户的征迁、签约；完边坡削坡涉及安一村、安二村、安四村、石盆村等村土地征用；完成苗木基地征收工作。推进金义东轻轨交通工程，配合做好218省道拓宽涉及廿里牌村土地征用、后赵村借道改渠工作；完成车辆站羊场、兔场及草莓大棚征收工作。推进杭温高铁工程建设工程，完成杭温高铁红线内涉及16个村地面附属物清点、调查补偿工作；完成杭温高铁涉及敖溪、西路、寿塔、下槐、岑山头5个村的房屋59户征迁房屋签约、腾空、拆除；完成鑫凯矿业涉及征收搬迁租用临时加工场地涉及敖溪村、潘坞村土地租用；完成中铁三局洗马塘、茶园钢筋梁场地土地租用；完成中铁三局骨料加工厂涉及岑山头、桐川、下槐、廿里牌、桉前5个村土地租用；完成杭温高铁九龙堂企业征收安置地块土

2020年南市街道行政村基本信息情况一览表

表59

行政村名称	自然村(个)	组数(个)	村支部(总支)书记党组织负责人	村委主任
官清岭	3	3	葛立辉	葛立辉
官　清	6	6	郭　峰	郭　峰
广　丰	4	4	吕仕康	吕仕康
大　联	7	15	张惠强	张惠强
沧　江	2	6	乔冠男	乔冠男
西　雅	3	3	陆德根	陆德根
陈　宅	2	8	陈孝春	陈孝春
紫　溪	1	5	邵立宏	邵立宏
山　联	3	3	陈德飞	陈德飞
高　潮	4	4	吴能明	吴能明
南　峰	3	3	胡志金	胡志金
五　一	5	5	孙俊杰	孙俊杰
槐　堂	6	6	葛洪亮	葛洪亮
廿里牌	3	6	葛德平	葛德平
后　赵	1	3	卢海珍	卢海珍
岘　峰	3	3	厉剑传	厉剑传
南　溪	2	15	杜进军	杜进军
安　儒	5	17	蒋贤明	蒋贤明
梨　枫	2	6	刘瑞千	刘瑞千
石　盆	1	10	吴永清	吴永清
横　城	6	6	胡承土	胡承土
西　坞	3	3	潘有星	潘有星
上　朱	1	6	朱贡跃	朱贡跃
后　塘	3	8	陈伟信	陈伟信
贾　宅	1	6	贾志勇	贾志勇

地征用。完成敖溪拆迁新基规划安置土地。高铁新城推进工作,完成博士路隧道坟墓迁移,完成高铁新城车前广场涉及5个自然村临时租用及地面附属物调查和补偿;完成高城村白虎里骨灰存放堂的征地和补偿。

【村镇建设】 2020年,南市街道推进"无违建"创建工作,拆除违章建筑50宗,面积7.34万平方米;完成旧住宅改造148宗,面积4.5万平方米。拆后重建的52个村、1223户启动定桩放样工作,定桩放样180户,街道已全部完成拆后重建农户的定桩放样工作。完成建设规划许可证280户。完成杭温高铁项目征迁,涉及寿塔、下槐、岑山头、敖溪、西路5个自然村58户农户,总建筑面积17635.45平方米的征迁工作。排查困难家庭危房439户,6户困难家庭危房完成整改。梨枫、五一、槐堂等15个村的全域土地综合整治生态修复工作启动,其中梨枫村完成建设的30%;五一村完成招投标。

【文教卫生】 2020年,南市街道有初中3所,公办小学5所,民办小学1所,幼儿园7所。有教师355人,其中中学教师124人,小学教师147人,幼儿园教师84人。初中生1831人,小学学生2987人,在园幼儿1242人。
南市街道卫生服务中心编内工作人员55人,其中卫技人员53人,执业医师18人。高级职称5人,中级职称17人。建有省级"三优"指导中心五星级标准建设儿童保健和预防接种门诊,省级标准建设中医馆。引入新HIS系统(行心医院信息管理系统),增加医用冰箱、水平离心机、中医定向治疗仪、双目视力筛查仪、超声骨密度仪等设备。对辖区居民开展免费全面体检和妇科检查,幼儿园幼儿体检1158人次,入托儿童体检434人次,妇女两癌筛查1084人次,妇女病普查3645人,居民健康体检7965人,中小学生体检4838人,建立档案42138份。总收入1190.39万元,其中医疗业务收入353.94万元,比上年下降7.72%,门诊就诊102599人次,比上年下降4.18%。

【社会保障】 2020年,南市街道各级社会组织开展活动356场次,备案在册251个社会组织搭建宣传和交流的平台。上朱、槐堂下槐、横城洗马塘、石盆4个村申报创建三星级居家养老照料中心。注销低保对象35户,其中死亡13户,经济条件好转19户,转五保3户。享受低保户数329户、466人;低保边缘户97户、189人;五保户9人。增加低保户18户、34人;增加低保边缘户4户、6人。为困难群众提供临时性救助20人,总计27500元;慈善救助5人,共计10000元。南市街道首次纳入东阳市城市公共租赁住房保障体系,为15名无房的低保、低保边缘户申请住房货币补贴。完成安儒村、五一村的水库移民工程建设;完成水库移民工程的收尾工作。加快养老服务体系建设,申报3户生活困难老年人家庭适老化改造。推进乡村节地生态墓地建设和管理,开展殡葬领域突出问题专项整治35次。推进星级公墓以及无坟化村申报工作,上朱、岘峰、山联、廿里牌、南峰、贾宅、安儒7个村的公墓成功创建一星级公墓。

【组织建设】 2020年,南市街道有61个党支部,党员2386人,其中25个行政村,设党总支3个,支部35个,农村党员2101人;"两新"党支部17个,"两新党员"96人;机关党支部6个,党员75人;其他党支部3个(整转帮扶、党群服务中心、企业联合),党员114人。推进监督检查机制,对违纪党员干部,采取谈话告诫、教育纠错、纪律处分等措施。利用短信、微信推送党风廉政建设提醒9次;把握好"四种形态"运用,全年第一种形态处置103人次。向南市国土资源所发送监察建议书1份。对所有25个村进行财务清理,敦促老年协会账目并入各村集体账目。开展"大走访、大排查、大化解、大提升"专项活动,化解5件国家级重复信访事项,6件省级重复信访事项化解5件,化解4件市农村建房信访事项。11起省级信访积案,已化解10起;29件街道初信初访,已化解22件。

【村级组织换届选举】 2020年,南市街道制定村级组织换届选举工作的实施意见,选举产生支委139人,平均年龄下降14岁,大专以上文化程度上升8%;选举产生村委班子成员101人,书记、主任"一肩挑"100%。新一届村"两委"干部211人,其中支委139人,村委101人,村"两委"交叉任职29人。女性委员40人,村"两委"新进班子成员95人。

【红木企业监管巡查】 2020年,南市街道加强辖区内173家红木企业监管巡查力度,出动巡查1300余人次,巡查企业900余家。推进木雕红木企业验收工作,完成审批129家(已审批已验收103家,已审批未验收26家),委托未审批企业44家。推进企业排污许可证清零工作,关停关闭注销168家,完成排污许可证登记220家,完成率100%。

【东阳红木创业园建设】 2020年,位于南市街道大联大田头村的东阳红木创业园17栋主体工程完工,引入新注册企业20家,完成入驻企业10家。该创业园于2018年8月9日动工,由东阳市金宸小微园开发有限公司投资建设。建设内容包括标准化园区、标准化厂房、设计创作区、污染防控区、生活办公区、物流交易区等六大区块。项目总用地6公顷,总投资3.54亿元,规划入园企业30家,总建筑面积16万平方米,含标准化厂房15栋,宿舍楼1栋及商住楼1栋。

【美丽乡村建设】 2020年,南市街道开展新时代美丽乡村整治提升三年行动计划,西塔村、西坞村被评为市"十佳"村。大联村被评为省美丽乡村特色精品村和金华市现代化和美乡村示范村,广丰村、大联村被评为市新时代美丽乡村精品村,沧江村、槐堂村、南溪村、西坞村、上朱村被评为市新时代美丽乡村达标村,广丰村、南峰村被评为省善治村,西雅、紫溪被评为省善治示范村。推动大联多彩共享田园建设,对大联中心小学南面22.4公顷土地开展多彩共享田园建设。

2020年9月6号，东阳市南市奖教助学基金成立暨首届表彰大会举行

（南市街道提供）

【南市新时代文明实践站所】 2020年，南市街道推进新时代文明实践站所工作，完善南市街道实践所和大联、梨枫实践站示范点建设，同步全域开展实践站建设。创建南市街道消防安全志愿服务队、健康医疗志愿服务队，有志愿服务队14支，社会组织志愿服务队5支。6月10日，金华市委常委、宣传部长吕伟强带队到南市街道实践所和大联村实践站调研，对文明实践工作进行肯定。

【南市奖教助学基金成立】 2020年9月6号，东阳市南市奖教助学基金成立暨首届表彰大会在南市街道大联村举行，有195人次受到表彰，其中教师103人、学生88人、家长4人，发放奖教金20万元。南市奖教助学基金由1752名南市人捐款筹集515万元成立，该项基金用于奖励师德高尚、教育教学业绩突出的教师及品学兼优的学生。除捐资人有特定意向的基金及每年划分至幼儿园的固定资金外，其余资金由南市初中段学校、南市小学段学校按1:1的比例，分配奖学金，用于奖教助学。

（沈思航）

横店镇

【概况】 2020年，横店镇行政区域面积116平方千米。辖10个社区（95个小区）、17个行政村。镇政府驻横店镇迎宾大道155号镇便民服务中心。总户数38154户，户籍人口94030人、常住人口20.1万人。出生人口901人，出生人口性别比120（女为100）。完成税收41亿元，比上年增长0.25%。综合实力列全国千强镇第22位，接待旅游人数915万人次，接待剧组367个。横店镇被评为2020年度金华市十强工业强镇。横店镇成为全省5G精品网络标杆乡镇。

【工业】 2020年，横店镇81家规模以上工业企业工业总产值211.65亿元，首次超过200亿元，比上年增长6.36%。固定资产投资39.1亿元，比上年下降7.56%；其中工业投资9.98亿元，占25.52%，房地产项目投资21.12亿元，占54.02%。限额以上批发业98.7亿元，比上年增长4.9%。限额以上零售业4.37亿元，比上年下降22.5%。限额以上住宿业6.09亿元，比上年下降21.4%。限额以上餐饮业0.21亿元，比上年下降41.6%。建筑业招引企业纳税6295.2万元，比上年增长148.55%。增加招引建筑劳务企业11家。

横店集团东磁股份有限公司获评工信部绿色工厂、省级制造业与互联网融合发展试点示范企业，普洛药业股份有限公司获评省“雄鹰行动”培育企业，浙江联宜电机有限公司获评省“隐形冠军”企业，横店集团东磁股份有限公司“单晶电池片未来工厂”获评省首批“未来工厂”，横店集团东磁股份有限公司“磁性材料行业工业互联网平台”获评省首批工业互联网平台，浙江英洛华磁业有限公司“钕铁硼磁体数字化车间”获评省数字化车间。

【农业】 2020年，横店镇完成南江生态廊道上东小区、城头小区、联盟村、柏塔村、五官塘村30余公顷油菜、紫云英种植，开展屋基丘小区、洪塘头村百亩荷花基地管理。启动盛树头小区共享田园建设，完成高标准农田建设63.3公顷。夏阳山小区被省农业农村厅、省商业厅、省中医药研究所等单位列为元胡选种试验示范基地。

【林业】 2020年，横店镇开展森林防火、林地违法开采的巡查，上报林地违法开采16起和多起野外用火。开

2020年12月28日，横店东磁六厂“未来工厂”生产车间　（横店镇提供）

2020年横店镇社区(村)基本信息情况一览表

表60

社区(村)名称	小区(自然村)(个)	社区(村)支部(总支)书记	社区(村委)主任
横店社区	10	王 男	王 男
桥下社区	10	李 华	李 华
禹阳社区	11	陈广金	陈广金
禹山社区	11	胡 帅	胡 帅
屏岩社区	12	方 翔	方 翔
荆溪社区	13	许锦阳	许锦阳
南上湖社区	8	金杨忠	金杨忠
禹东社区	4	吕永苗	吕永苗
米塘社区	8	包洪其	包洪其
维风社区	8	马利进	马利进
七 一	3	张亮亮	张亮亮
八 一	5	吴天根	吴天根
绕 溪	2	李光明	李光明
金 马	2	贾钦寿	贾钦寿
烈光坞	1	董国庆	董国庆
湖 口	1	楼永平	楼永平
六 联	6	朱加帅	朱加帅
马山前	3	张丰年	张丰年
富贤塘	2	张书华	张书华
五官塘	4	何一华	何一华
联 盟	3	包君进	包君进
中兴联	4	舒旺盛	舒旺盛
荷栖泽	4	张 鸽	吕勇钢
柏 塔	1	陈洪范	陈梓年
官 桥	1	陈晓华	陈国平
仁 棠	1	陈志伟	陈志伟
路 西	1	胡全威	胡加明

展森林病虫害防治和枯死松材清理工作，完成枯死松材清理3216吨。良渡石水吉小区、五官塘村、半傍山村3个村成功创建东阳市级森林村庄；马山前村成功创建金华市级森林村庄，通过省“一村万树”示范村的评定。增加平原绿化(46.67公顷)和珍贵树种(10.67公顷)培育。开展森林防火宣传和做好防范工作，增配1300把防火工具和森林消防设备，悬挂500条防火横幅，粘贴400处禁火令。开展森林资源保护工作，配合市林业局森林派出所处理卫片执法，坚持木柴凭证砍伐，开展野生动物的保护工作。

【影视文化产业】 2020年6月21日，横店影视文化产业集聚区正式挂牌成立。横店影视城入选全省首批“未来景区”试点名单，影视产业园等一批重点项目顺利推进。举办2020新时代影视文化产业发展大会·横店峰会和横店影视文化产业博览会，接待剧组367个，增加影视企业和工作室163家，累计2335家。

【重点工程建设】 2020年，横店通用机场机场改扩建项目启动，完成机场项目范围内9个自然村勘测定界、征地告知、拟征地公告、社会稳定风险评估和签订征地协议并收回权证；完成金义东轨道交通项目横店段的用地交付工作；完成杭温高铁项目(东阳段)横店镇主线用地交付96%；横店镇农房集聚区建设项目一期14幢主楼工程装修、外部市政及园林景观完成施工，横店镇农房集聚区建设项目(二期)完成1号地块项目施工招投标等前期工作；开展“污水零直排”工作。

【“美丽乡村”建设】 2020年，横店镇被评为金华市绿色农业先行示范区，马山前村获评金华市级森林村庄、AA级景区村庄，绕溪村获评A级景区村庄，山干宅村、上城头小区获评全市“十佳村”，山干宅、麻店、路西3个村获评农村生活垃圾市级高标准示范村。参评“十佳村十差村”的8个村(小区)有39个建设项目，总投资1995万元,创建美丽庭院332个,其中精品庭院59个,占17.77%。

【文教卫生】 2020年,横店镇有高职院校1所,在校学生6035余人。普通高级中学在校学生1223人,义务教育在校学生14425人,幼儿园26家,在园幼儿6109人;有二级以上综合性医院3家,医护人员1093人,医院、卫生院床位950张。每千名老人拥有养老机构床位数比例25.5%;有电影院2家,实体书店(屋)27家,公共图书馆(室)38家。筹备横店电影学院建设,探索与国际院校开展合作办学道路。完成横店四中各栋楼单位主体竣工验收,通过横店高中新建项目可行性研究批复。创建4家文化礼堂,官桥村文化礼堂被评为省级五星文化礼堂,23家文化礼堂常态化运行开放,建立镇村两级新时代文明实践场所28个。举办横店马拉松赛事,推动横店文物艺术品大市场开业,举办各类文艺会演100余场。

【组织建设】 2020年,横店镇党委辖214个基层党组织,有党员5357人。在编镇干部156人,其中公务员93人、事业63人。完成村级组织换届选举工作。全镇10个社区、111个村(小区)完成党组织换届选举工作,选出10个党总支、111个党支部班子成员419人。完善雅堂、官桥、五官塘、联盟、荷栖泽5个村的党建示范点,推进20个示范型党支部、32个争创型党支部、32个提升型党支部、7个整转型党支部(总计91个党支部)创建。推广雅堂小区党支部"党建+网格"管理经验。组织全镇5300余名党员干部开展"对标找差距",签订遵规守纪承诺书。健全红色网格小组做法,确定40名入党积极分子。

【社会保障】 2020年,横店镇开展扶贫救助工作,发放各类救助金35.89万元,救助困难群众337人。开展残疾人帮扶工作,创建横店镇第二家残疾人之家,发放残疾人各类补贴320.45万元,落实贫困残疾人安居工程3户。开展低保专项清理行动,353户、421人贫困人口纳入保障范围,15户特困五保户得到供养。开展殡葬领域专项整治,做好日常规范管理。居家养老照料中心正常化运行22家,上盛庄小区、夏阳山小区、联盟村3个居家养老中心被评为三星级居家养老照料中心。完成建新村、城头村、官桥村、绕溪村、乔午头村、东朱村、半傍山村、五官塘南宫湾村、荷栖泽山干宅村9个村(小区)的水库移民后扶项目。

【社会管理】 2020年,横店镇以"关爱生命 远离车祸"主题开展文明大劝导,覆盖全镇域的101个劝导点和45个村(小区)入口,参与3.9万人次。推进"六小"行业污水零直排创建,排查餐饮店隔油池977家。开展消防知识培训1550人次,发放宣传资料1500套,检查出租房、公租房726处,落实整改隐患问题97个。

【《横店镇小城市培育试点三年(2020—2022年)行动计划》通过评审】 2020年8月31日,由省发改委组织召开的省级小城市培育试点镇三年行动计划第二批(28个试点镇)专家评审会在东阳市举行,《横店镇小城市培育试点三年(2020—2022年)行动计划》通过专家评审。横店镇小城市培育试点的总体思路是基于国家中小城市综合改革试点与全省小城市培育试点战略机遇,围绕"中国影视名城"的总体定位,发挥"民资建城"典型效应,借力东横一体化建设东风,将横店打造成为"世界磁都、中国影视基地、东横一体副中心"。三年的主要指标:从综合竞争实力、产业升级合力、功能承载能力、城乡发展动力、人文城市魅力、美丽生态活力六"力"补齐城镇化短板弱项。三年重点推动完成六大任务:强化规划引领,优化提升城乡空间;夯实影视基础,完善全产业链体系;聚焦高新产业,搭建转型升级平台;提升服务配套,构筑大镇小城典范;深化环境整治,营造宜居宜游城市;制定改革举措,促进体制机制创新。

【横店自由职业演艺人员统战工作调研】 2020年11月12日,中央统战部六局局长张明、省委统战部党外知识分子和新的社会阶层人士工作处处长姚晓江一行到横店镇横店社区雅堂小区横漂广场、横店影视文化产业创新服务综合体等地开展工作调研。调研组实地考察横店影视文化产业园、横店自由演艺人员实践创新基地、横店自由演艺人员服务中心,到剧组拍摄现场进行探视,采取"一对一"访谈方式,与横漂中优秀自由职业演艺代表人士、横店镇基层统战干部等进行谈心式座谈,多方位了解横店自由职业演艺人员统战工作情况。

【中国·横店文物艺术品大市场开业】 2020年11月13日,中国·横店文物艺术品大市场开业,以横店圆明新园为核心区域,以文物艺术品、工艺品、旅游商品的展示、交易、拍卖、鉴定、评估、培训、加工定制为主要经营业务。大市场一期核心区块以独立展销馆为主,分设玉器杂项、瓷器、书画等专区,共计300余间,每间面积48平方米,集展厅、交易厅等多功能于一体。横店镇通过开展文物艺术品"三确"(确真、确权、确值)试点,推动大市场发展成为文物艺术品交易中心。

(徐筱璐)

南马镇

【概况】 2020年,南马镇行政区域面积107平方千米,设花园、镇中、镇西、防军4个工作片,辖30个行政村、97个自然村。镇政府驻泉府村定安路59号。辖区总户数26397户,总人口63564人,其中男性32897人、女性30667人,城镇人口17402人、乡村人口46162人;出生人口599人,出生人口性别比113(女为100)。全镇税收3.5亿元,城镇居民人均收入7.3万元,农村居民人均收入5.8万元。南马镇获评国家卫生乡镇、金华市抗击新冠肺炎疫情先进集体、金华市级党建+社会治理突出单位、东阳市劳动争议调解组织先进单位。10月30日,花园村成为全国首个"村域小城市"培育试点。11月16日,南马镇南新村上榜第三批省级引领型农村社区。

2020年南马镇行政村基本信息情况一览表

表61

行政村名称	自然村（个）	村支部（总支）书记	村委主任
花　园	19	邵钦祥	邵钦祥
泉　府	2	金　胜	金　胜
下　格	1	何　健	何　健
和　庄	2	吴立青	吴立青
联　合	2	张永进	张永进
葛　府	2	王中民	王中民
双溪口	2	包正健	包正健
华　西	6	葛桂建	葛桂建
长　畈	1	赵洪仪	赵洪仪
南　新	5	张德明	张德明
南　马	4	吴洪丁	吴洪丁
前　宅	1	陈芳卿	陈芳卿
下安恬	2	马淳平	马淳平
上安恬	2	马永兴	马永兴
龙　山	2	杜林海	杜林海
西山脚	2	马茂法	马茂法
新五联	5	陈汉旗	陈汉旗
绕　川	3	支　强	支　强
防　军	4	包红卫	包红卫
夏　厝	2	申屠忠良	申屠忠良
东　湖	5	胡高尚	胡高尚
南　湖	4	胡旭明	胡旭明
雅　村	2	骆寅福	骆寅福
双　峰	5	厉瑞锋	厉瑞锋
双　溪	5	方锋明	方锋明
石舍塘	1	厉园卿	厉园卿
和　平	3	徐涵新	徐涵新
大　仁	1	包天奎	包天奎
大　厦	1	朱红阳	朱红阳
溪　西	1	厉志明	厉志明

【工业】　2020年，南马镇52家规模以上工业企业完成工业总产值56.32亿元，比上年增长1.38%；限额以上批发业完成产值19.75亿元，比上年增长7.05%；限额以上住宿餐饮业完成产值4132万元，比上年增长62.10%。完成固定资产投资8亿元，工业投资5.09亿元。完成浙商回归资金5.29亿元，引进内资1.43亿元。投资项目库在库项目38个。建设完成电子商务村11个，花园村成为浙江省首批商贸发展示范村及电子商贸示范村。完成工业企业亩均效益评价，整治低效企业200家，清理低效工业用地20余公顷。完成“小升规”培育6家，商贸“下升上”培育2家，培育国家高新技术企业4家，省科技型中小企业10家。

【农业】　2020年，南马镇申报规模种粮户33户，承包土地面积582.73公顷，早稻种植面积470公顷，按规定全部参保农业政策性保险；创建千亩示范方1处（上安恬村、下安恬村、桥头村、西瑶村），面积70公顷；创建百亩示范方1处（下格村），面积15.6公顷。2019年100.93公顷高标准农田建设项目（南湖村、二头塘村）完成验收，2020年40.67公顷高标准农田任务完成50%。周塘村旱田改水田，二头塘村、环龙村垦造耕地，泉府、大仁、南湖、乐业4个村建设用地复垦完成验收，完成环龙村全域整治验收。南江综合治理工程南马段完成2.8千米，陈坞里山塘完成整治并通过市级验收，完成曹安、杨坑、月塘、南坑、大石舍5座山塘的安全技术认定。完成国土绿化28公顷。清理松材线虫病死松树125万千克，并通过市级验收。花园村“放心菜园”获评2020年度种植业“五园”省级示范基地。

【乡村振兴】　2020年，南马镇建成集生态保育、文化旅游、绿色产品生产等于一体的瑶仪共享田园，举办金华市深化“千万工程”建设新时代和美乡村现场会。夏厝、塔山下、桃村3个村成功创建市级“十佳村”，沙城头、南田、夏厝3个村成功创建省AA

级景区村庄,丹瑞塘村成功创建省A级景区村庄,界白、清塘、下宅、前金、木棉田5个村成功创建省级森林村庄。南新村被评为省级引领型农村社区,夏居村被评为金华市级完善性农村社区。开展垃圾分类工作,举办东阳考垃App积分兑换活动,惠及农户4500余户,完成双溪口可腐垃圾资源化处理站建设并投入使用。花园村获全国乡村治理示范村,成为省内首个村级小城市培育试点。6月24日,省委书记、省人大常委会主任车俊到花园村对乡村振兴综合改革试点工作推进等情况进行调研。

【村镇建设】 2020年,南马镇区控制性详细规划完成调整报批,花园、石舍塘村庄规划完成修编,泉府、南田、大仁、大厦、绕川等13个村完成规划局部调整。完成5户困难家庭住房隐患整改。拆后重建定桩放样187户,创建塔山下、长畈、横溪3个村拆后重建示范村,完成旧屋、陂头、溪东、大仁等8个村拆后重建节地模式补助资金申报。完成南马农房集聚区剩余房源处置报名与资格审查、公示,共计172户。完成和平村徐文林等屋后崩塌治理工程、木棉田崩塌隐患治理工程建设;完成马面垭矿山生态治理项目、溪西村3个地质灾害项目建设。完成旧住宅区改造1.8万平方米,拆除违章建筑17万余平方米,实现系统内存量违建销号清零。完成省级无违建迎检点位整改、卫星遥感监测图斑整改,成功创建9个市级无违建村。

【基础设施建设】 2020年,南马镇完成南江两侧景观提升、江滨南路西延、人民北路供电所南侧道路提升、南马菜场东侧道路、外立面改造提升等项目建设。完成南下线等3条县道改造提升工程及路灯改造工程,完成全镇11条道路“白改黑”提升工程,完成“夏居—石马塘”联网公路硬化和“夏居—丹瑞塘—东湖”一镇一路乡村示范路创建。启动“污水零直排区”建设,西区污水处理厂二期竣工并投入运营,南江总管工程完工并通水,镇区、工业园区、花园等区域生产、生活污水纳厂处理。

【社会保障】 2020年,南马镇农村合作医疗参保38974人,参保率99.63%,大病保险参保29166人,参保率99.63%。有农村最低生活保障387户、517人;残疾人1594人,其中享受护理补贴对象811人,发放金额171300元,享受生活补贴对象376人,发放金额95880元,其中纳入低保287人,纳入低保边缘户89人;临时救助6人,救助金额9000元。365便民服务中心办理各类社会保障事项4278件。残疾人之家投入实体化运行,获评金华市“三星级”残疾人之家;启动镇级示范型居家养老照料中心、南马镇中心敬老院改扩建等工程前期工作。南马镇有居家养老照料中心29家,敬老院2家。南马镇中心敬老院入住五保户12人,花园敬老院入住五保户13人。

【文教卫生】 2020年,南马镇设幼儿园14所,班级108个,在园幼儿3240人,教师219人;小学5所,班级128个,在校学生5747人,教师277人;初中2所,班级24个,在校学生2388人,教师159人。高中1所,班级30个,在校学生1345人,教师116人。花园外国语学校高中8个班、初中18个班、小学32个班、幼儿14个班,在校学生2000人,教职工400人。8月21日,南马中心幼儿园通过验收并投入使用。

南马镇设各类医疗卫生机构1个,社区服务站5个,有专业卫生人员101人,其中执业(助理)医师52人,注册护士31人。花园田氏医院设22个科室,专业卫生人员249人,注册医生83人,注册护士106人。南马镇设综合文化站1处,编制人员3人,镇级新时代文明实践所1处,村级示范型新时代文明实践站2处,普通型新时代文明实践站28处;村级文化中心30处,创建文化礼堂3个,实现30个行政村全覆盖,创建自然村文明村9个,体育小康村2个。

【组织建设】 2020年7月,东阳市村社组织换届试点工作动员部署会在南马镇召开;9月,南马镇30个行政村完成村级组织换届选举,选出村两委干部233人,30个村的党组织书记当选为村委会主任,实行书记、主任“一肩挑”。南马镇制定党委中心组理论学习计划,开展集中学习12次、专题学习20次。在《浙江日报》、《金华日报》、学习强国平台等省市主流媒体发布正面报道300余篇。开展集中警示教育10余次,8名不合格党员转入整转帮教支部。成立花园联合党委、烈焰救援队党支部。完成花园村党群服务中心改造,完成泉府等23个村“三务公开栏”更新。党纪立案审查31人,党纪处分23人,办结

2020年7月25日,南马镇举行换届选举试点工作动员部署会(南马镇提供)

信访案件41件，满意率85%。以南马镇查处的典型案例改编摄制的《村官的初心》廉政微视频被"东阳发布"微信公众号、浙江省纪委监委网站转播。

【社会管理】 2020年，南马镇率先建成全市首个镇级"矛调中心"并实体化运行，实现信访矛盾"一站式接待、一揽子调处、一条龙服务"，接访343批、535人次，化解率93%，30个行政村配套成立"矛调处理站"，受理矛盾纠纷65件，化解62件。率先启动省级乡镇"一支队伍管执法"试点工作，建立健全责权统一、精简高效的基层综合行政执法体制。专职网格员排查并报送指挥室各类信息35000余条。每月定期开展市镇两级领导信访接待活动。加强城镇管理，办理各类案件199起，其中市容类195起，规划类4起；办理各类行政许可事项300件，其中占道许可134件、广告许可160件、挖掘道路许可6件。开展渣土运输整治、秸秆焚烧管控等镇容镇貌整治工作，查处垃圾分类简易程序167起、一般程序24起，渣土掉落损坏城市道路案7起，露天焚烧案23起，校园周边食品安全整治案20起。

【交通安全综合治理】 2020年，南马镇完成境内64千米道路"白改黑"提升工程，实现重要道路全面亮化。组织各类宣讲、培训、劝导，惠及5万余人次。查处各类违法行为2.5万余起。道路交通事故亡人数从上年的21人降至6人，比上年下降71.4%。得到浙江省副省长、省公安厅厅长王双全，金华市委书记陈龙，省公安厅党委副书记、常务副厅长毛善恩的批示肯定，形成"外学瓜沥、内学南马"经验，浦江县、兰溪市、磐安县等县市相关单位带队到南马镇考察学习。

【浙江省乡镇合法性审查试点】 2020年，南马镇被确定为省乡镇合法性审查试点镇。7月，成立合法性审查领导小组，制定《关于合法性审查工作实施意见（试行）》，把行政规范性文件、重大行政决策、行政机关合同、重大行政执法决定等涉法事务列入合法性审查范围，制定合法性审查目录，形成《审查清单》。打造全省首个"互联网+乡镇（街道）合法性审查"试点。通过建设全新闭合式2.0办件流程系统，设置"互联网+"工作流程，从承办业务科室发起合法性审查申请到备案审查，实现全流程监督、全区块覆盖、全方位处置；研究本地系统与全省行政规范性文件管理系统（备案审查系统）的衔接机制，实现"一站式"审查报送。该系统进入试运行阶段，审查重大行政决策、重大行政合同等涉法事项5件。9月18日，东阳市推进镇乡街道合法性审查全覆盖动员部署会暨审查实务专项培训会在南马镇召开，会议展示南马镇试点工作成果，在全市范围内推广。

2020年12月3日，南马镇瑶仪共享田园建设项目　　（南马镇提供）

【花园村上《新闻联播》节目】 2020年10月1日，中央电视台《新闻联播》播出以"五星红旗迎风飘扬"为主题的新闻特写，报道祖国各地"同升一面旗 共祝祖国好"的美好画面，其中，用22秒时间报道花园村升国旗的场面。

【金华市新时代和美乡村现场会召开】 2020年12月4日，金华市深化"千万工程"建设新时代和美乡村现场会在南马镇召开。与会人员实地考察湖溪镇八里湾区块、南马镇瑶仪村共享田园、南马镇花园村智慧大厅和便民服务中心，观看东阳市美丽乡村建设专题片，东阳市、武义县、兰溪市黄店镇、义乌市苏溪镇、金东区江东镇南下王村在会上做典型发言。会议总结金华全市和美乡村建设取得的成绩，提出从打造更具竞争力的美丽经济先行区、打造更具吸引力的全域花园先行区、打造更具承载力的城乡融合先行区、打造更具渗透力的数字乡村先行区、打造更具影响力的乡村善治先行区5个方面推动新时代和美乡村先行区目标完成。

（周　鑫）

巍山镇

【概况】 2020年，巍山镇行政区域面积153平方千米，设胡村、象岗、中心、古光、怀鲁、罗山6个工作片，辖巍山、巍屏2个社区、28个村民委员会（金鑫行政村合并到巍屏社区）、119个自然村。镇政府驻巍山社区工人南路1号。辖区总户数29147户，总人口70350人，其中男性35559人、女性34791人；城镇人口15554人，乡村人口54796人。全镇出生男婴259人，女婴217人，出生人口性别比119（女为100）。完成税收4.4亿元。有各类金融机构6家。有邮政网点5

个，营业收入1484万元，电信服务网点8个，营业收入1395万元。看芝、山头金、东山贤、程店、新宅5个村获评市级“十佳村”。

【工业】 2020年，巍山镇44家规模以上企业完成工业总产值16.4亿元，比上年下降37.2%；销售产值16.1亿元，比上年下降37.3%；规模以上工业增加值比上年下降35.6%；完成固定资产投资9.3亿元，比上年增长47.8%；其中工业投资额2.8亿元，比上年增长21.3%。引进内资3.96亿元；外贸出口总额5.4亿元，比上年下降54.9%。限额以上批零住餐完成额1.09亿元，比上年下降6.8%。引进浙商回归资金0.75亿元。

完成建筑劳务企业工商注册13家，收购建筑公司1家。完成建筑业税收1.68亿元；纳税超千万元的企业：浙江中垚建设有限公司7340万元；东阳市天晖建筑劳务有限公司1898万元；东阳市众人建筑劳务有限公司1535万元；浙江省东阳市中骏建筑劳务有限公司1244万元；东阳市港安建筑劳务有限公司973万元。

【重点建设项目】 2020年，浙江巍华公司年产2000万平方米UHPC超高性能混凝土制品项目完成投资5187万元，项目总进度完成49%；年产2.8亿支气雾剂项目完成投资3358万元，项目总进度完成88%；年分装390万立方米气体项目完成投资1287万元，项目总进度完成76%；年产10000吨陶瓷膜材料生产项目完成投资2779万元，项目总进度完成98%。

增加收储低效工业用地5宗13.78公顷。平安小微园南北双区完成厂房主体工程80%；狮山小微园入驻企业40家，万洋小微园通过巍山镇预审37家。推进“万亩千亿”新产业平台征迁工作，完成2000余平方米的第二公墓土方平整，完成单穴和双穴的建造，开展首批迁坟工作，完成40%；完成高大村42户征迁农户、万亩千亿征用地块内的苗木评估工作。

【农业】 2020年，巍山镇有常用耕地面积2441.9公顷，其中水田1937.1公

2020年巍山镇社区(村)基本信息情况一览表

表62

社区(村)名称	小区(自然村)(个)	社区(村)支部(总支)书记	社区(村委)主任
尚　誉	1	何文锦	何文锦
胡　村	3	胡忠华	胡忠华
楼下畈	2	王品余	王品余
麻　家	2	程国东	程国东
象　岗	5	吕小华	吕小华
环　峰	3	裘亚珍	裘亚珍
上卜宅	6	赵再杨	赵再杨
王　宅	5	马世荣	马世荣
沈　良	2	沈文良	沈文良
曙　光	4	斯飞飞	斯飞飞
茶　场	4	王保华	王保华
金　鑫	3	巍屏社区管理	巍屏社区管理
白　坦	2	吴正发	吴正发
巍山社区	7	裘康忠	裘康忠
巍屏社区	10	楼冰峰	楼冰峰
古渊头	3	李晓强	李晓强
光里湖	5	徐华新	徐华新
雅　联	3	应国庭	应国庭
尚武宅	4	赵玉成	赵玉成
清　溪	2	胡新良	胡新良
市　前	2	楼桂阳	楼桂阳
怀　鲁	6	陈继华	陈继华
八字墙	4	戚跃刚	戚跃刚
同　乐	3	吴荣正	吴荣正
东方红	4	朱益群	朱益群
东莘桥	3	李文良	李文良
仙学塘	4	应忠良	应忠良

续表62

社区(村)名称	小区(自然村)(个)	社区(村)支部(总支)书记	社区(村委)主任
罗　店	5	戚美忠	戚美忠
甲　坵	5	虞忠林	虞忠林
大　山	4	许春林	许春林
岭　典	3	王有金	王有金

顷。有效灌溉面积2295.13公顷。农业总产值53730万元，其中粮食作物产值7575万元。有水稻、麦、玉米、豆类、油菜、花生等近20个农作物种类。粮食总产量21041吨，其中水稻16283吨、玉米1040吨、豆类501吨、其他3217吨。经济作物油料984吨、棉花21吨、甘蔗3215吨、中草药材450吨、果用瓜5356吨；茶叶153吨，食用坚果85吨。增加规模流转土地73.93公顷，流转期限在5年以上共计73.93公顷(市级验收数)。

5月，东阳华统牧业有限公司生猪养殖场始建，总用地面积26.7公顷，建筑面积18万平方米，计划总投资35000万元，计划年出栏生猪15万只。至年末，完成投资18000万元。

【林业】 2020年，巍山镇有森林面积7866.6公顷，其中生态公益林2033.8公顷；镇区园林绿地面积8.5公顷，林木绿化覆盖率11%，人均绿地8.4平方米。造林面积10公顷，封山育林面积8.1公顷，低产林改造面积5.1公顷，零星种植树木2.2万株；生产木材90立方米，毛竹1.5万根，杂竹30吨，坚果85吨，笋干8.5吨。楼下畈、岭腰2个自然村成功创建市级森林村庄，茶场行政村成功创建金华市级森林村庄。

【组织建设】 2020年，巍山镇28个行政村和2个社区进行换届选举，完成“一肩挑”比例100%；选出新一届村社两委班子228人。其中，党组织班子143人，村(居)委会班子123人(两委两职有38人)；新进两委班子121人，占53.1%；两委班子中大专学历65人，占28.5%。

巍山镇有党总支及支部139个，党员3930人。收到党员关爱基金捐款1.62万元，慰问困难党员73人，离任干部关爱21人。培训入党积极分子88人，发展预备党员28人，按期转正22人。党员诫勉谈话9人，提醒约谈55人，党员立案27件，其中，撤销党内职务2人、开除党籍6人。

【村镇建设】 2020年9月，巍山镇农房集聚区二期工程办理施工许可证，进行开工建设；12月，完成基坑施工，完成地下室基础工程30%。该工程位于长安路以西，金源大道以南，金钩村以东。农房集聚区二期工程用地面积15873平方米，总建筑面积60099平方米，项目计划总投资1.94亿元，安置住宅总户数331户。

巍山镇推进应村、台盘小区的整村拆迁改造，完成台盘小区第一批改造屋基审批，应村公开选址。完成拆后重建示范村(尚誉村、程店村、山头金村、排塘村、中甲村)的项目施工及市级验收。上沧塘村完成便民服务中心建设工程；礼府村完成堤坝护岸建设工程；怀鲁村完成道路改造建设工程。应村小区完成文化礼堂建设工程。完成罗店村南前地质灾害点的治理并通过市级验收。完成拆后重建宅基地安置农户的放样，完成第三、四、五批45个村的节地补助资金623万余元发放。拆除违法建筑63户、51544平方米，完成率103%。

光里湖至雅联、巍山至象岗4千米乡村道“四好农村路”创建改造及绿化建设通过市级验收；完成歌胡线、罗店至新礼府、看芝至湘湖、白坦至王村光、莘塘下至白坦、莘桥头至学士宅等乡村道“白改黑”等级提升34千米；完成怀万线巍山段的10千米“白改黑”、绿化、亮化工程。金甬铁路建设红线内31户应拆迁农户签订合同并完成拆迁工作。

巍山新天地为商贸综合体项目，总用地面积33333平方米，总建筑面积120400平方米，于2019年12月开工建设，2020年年末完成主体工程。甲丘村农村饮用水建设项目(甲丘村里宝坞山塘)于2019年9月开工建设，2020年9月竣工，项目总投资171万元，该项目通过市级验收。

【文教卫生】 2020年，巍山镇有幼儿园7所(公办5所、民办2所)，教学点2所(公办1所、民办1所)，班级58个(公办28个、民办30个)，教职工198人(其中专任教师107人)，入园幼儿1849人(公办853人、民办996人)。小学3所、88个班，在校学生3687人，毕业生547人，专任教师193人(大学本科学历169人、专科学历24人)，九年制义务教育覆盖率100%。初中2所、42个班，在校学生1905人，毕业人数628人，专任教师132人(大学本科学历117人、专科学历15人)，九年制义务教育覆盖率100%。巍山高级中学有42个班，在校学生1891人，毕业生624人，教职工总数156人，其中专职教师155人，高级教师53人。利民高中有19个班，在校学生982人，教职工总数83人，专职教师57人。巍山中心幼儿园于11月正式开园办学。巍山镇校获评全国新教育实验优秀实验学校、省课外阅读先进集体、金华市先进教科研集体，巍山第一小学教育集团白溪江校区获评省义务教育标准化学校。巍山教育发展基金发放教育基金412.27万元。

巍山镇设镇文化站、广播电视站各1个。数字电视用户16556户，双向互动电视用户2359户，广电云宽带用户1916户。同乐村创建优秀农村文化礼堂，大山村创建良好农村文化礼堂。

巍山镇有医疗卫生院(室)31家，其中市属医院1家、中心卫生院1家、社区卫生服务站9家、村卫生室15家、个体诊所5家。有专业卫生人员462人,其中执业医师168人、执业助理医师20人、注册护士185人、其他89人。平均每千人拥有卫生技术人员6.6人,平均每千人拥有执业医师2.67人,平均每千人拥有注册护士2.63人。

重建人民医院巍山分院门诊、急诊综合楼,该楼占地总面积4159平方米,建筑总面积21472平方米,总投资9000万元,年末完成主体工程。

【疫情防控】 2020年1月27日(农历正月初三),巍山镇新冠肺炎疫情防控指挥中心向全镇村(居)民发布有效做好新冠肺炎疫情防控工作的公开信,对全镇返乡人员进行逐户排摸。1月27日,白坦村74岁吴某成在巍山医院确诊感染新冠肺炎。1月末至2月初,吴某成家属陆续被确诊感染新冠肺炎。巍山镇新冠肺炎确诊病例5例,其中白坦村4例,环峰上沧塘1例。2月5日,白坦村疫情防控临时党支部成立,同时设立党员先锋队、党员巡回宣传队和党员志愿服务队,每天派出党员队伍值守,机动处置重点区域内的突发事件,开展疫情防控各项工作。2月11日,市人民医院医护人员到白坦村为3869名村民和300余名外地人员检测体温,未发现异常和疑似病例,整村隔离解除。2月17日,新冠肺炎患者吴某成的妻子何女士在浙大一院之江院区出院。2月21日,吴某成转同院呼吸科。3月13日,吴某屏、吴某宏从集中留观站回家。

【社会保障】 2020年,巍山镇参加城乡居民医疗保险66832人,参保率95%,医疗报销金额2936万元;参加城乡居民养老保险和农村居民养老保险40075人,参保率80%。有优抚对象135人,其中伤残人员29人、三属(烈士遗属、因公牺牲军人遗属、病故军人遗属)5人、在乡复员30人、带病回乡45人、参战涉核26人;60周岁以上烈士子女1人。年末有农村低保788人,每月发放最低生活保障410163元,全年发放4140335元。城镇低保6人,特困人员26人,集中供养24人。社会救助19人,救助金额2.5万元;优抚136人,低保边缘户186人。

【综合治理】 2020年,巍山镇完善全科网格及网格员队伍建设,有115名网格员,发布美篇2341篇,报送市级媒体信息80篇。

30个行政村、社区建立村级矛调站,实现村级矛调站全覆盖。完成人民调解各类矛盾纠纷342起,其中重大疑难矛盾纠纷21起,调解经济金额3886.08万元,调处率100%。受理信访698件,按时受理、办结率100%。收到初信初访24件,化解23件,化解率96%。

开展"大走访、大排查、大化解、大提升"专项活动,走访农户6932户,走访企业199家,排查89件,化解85件。有国家级重复信访件12件,化解6件,销号3件,化解率75%。省级重复信访件11件,化解7件,化解率64%。农村建房类信访件9件,化解7件,化解率78%。金华市级、东阳级重复件9件,化解9件,化解率100%。涉纪信访件8件,办结7件,办结率88%。

禁毒办不定期组织吸毒前科人员进行突击尿检,开展帮教谈话。解除社区戒毒人员2人,有在戒人员3人、前科人员57人、异地管控人员23人。定期组织矫正人员集中学习,司法所有社区矫正人员31人。

(楼伏初)

歌山镇

【概况】 2020年,歌山镇行政区域面积63平方千米,辖21个行政村,75个自然村。辖区总户数17614户,总人口41706人。出生人口291人,出生人口性别比109(女为100)。六歌生命健康产业园获省级批准成立。完成税收4.39亿元,比上年增长13.36%。获省"五水共治"优秀乡镇、省美丽乡村示范乡镇、金华市创造力十强乡镇、镇乡街道工作目标责任制考核良好单位、镇乡街道工业经济目标责任制考核优胜单位、科技工作目标管理责任制考核优秀单位、乡村振兴工作先进集体等称号。国家级卫生乡镇创建通过金华市级明查。歌山镇王村光村入选"三强六无五美示范村",尚侃村被评为"浙江省善治示范村"。2020年全省平原绿化现场会在歌山镇召开。

【工业】 2020年,歌山镇38家规模以上工业企业完成工业总产值22.56亿元,比上年增长18.12%,固定资产投资3.6亿元,比上年增长30%。规模以下样本企业主营业务收入249.4万元。搬迁入园企业7家;关停淘汰企业10家;拆除违章企业2家,建筑面积4580平方米;整治腾出厂房1家,建筑面积3400平方米。立项7个市级以上技改项目,投资资金4.09亿元。申报省高新技术企业2家,省科技型中小企业5家。招引二级资质建筑公司1家,完成建筑业营改增招引企业税收2.01亿元。

【农业】 2020年,歌山镇有规模化水产养殖基地9个,规范化生猪养殖场4个,较大规模的禽类养殖场5家,其中再新渔场完成创建省级水产健康养殖示范场。有粮食生产功能区23个、815公顷,种粮大户34户,农民专业合作社22家(其中省级示范社1家,东阳市级示范社3家),销售各类农产品约2000万元,有家庭农场28家(其中省级示范农场3家,东阳市级示范农场3家),农田作业收入680万元。完成淑玉村、大里村、乔宅村整村规范化流转验收,共90公顷。

【村镇建设】 2020年,歌山镇排查整改乱堆乱放、环境卫生等问题485处;开展犬类管理整治工作,收容流浪犬81只;整治露天焚烧,扑灭露天焚烧56起。组织21个村参加"十佳村"评选,成功创建市级"十佳村"3个,成功创建金华市级森林村庄1个(上蒋行政村),创建美丽庭院620余个,投资约2000万元。完成城区集聚区第二轮次及以后轮次选房工作,办理农房规划许可证116份,定桩放样139户。成功申报2个市级垃圾分

2020年歌山镇行政村基本信息情况一览表

表63

行政村名称	自然村(个)	村支部(总支)书记	村委主任
乾　兴	3	何忠明	何忠明
四　汇	4	厉荣桂	厉荣桂
楼村头	2	楼龙强	楼龙强
林　头	5	何兆明	何兆明
尚　侃	3	金长法	金长法
象塘夏楼	2	楼航峰	楼航峰
歌　山	1	郭乔良	郭乔良
王村光	3	王利杨	王利杨
畈　干	6	金光明	金光明
陈塘沿	1	吴巧芳	吴巧芳
五　祥	6	吴星强	吴星强
大　里	1	俞大明	俞大明
石　潭	2	俞国尧	俞国尧
凤　山	10	楼国荣	楼永久
塘　下	4	吴新荣	吴新荣
泮　田	3	吴忠德	吴忠德
上　蒋	5	蒋坚跃	蒋坚跃
安　溪	4	陈德新	陈德新
西　宅	7	胡耀良	胡小群
双　村	2	何仁伟	何仁伟
淑　玉	1	金晓红	金晓红

类最好村(畈干村湖潭自然村),举办垃圾分类督察员培训会,每个月上门检查6次,推进5个金华市垃圾分类优秀村创建工作。

【文教卫生】 2020年,歌山镇创建文化礼堂4个,行政村覆盖率100%,在文化礼堂开展活动20余场次,举办农村文艺活动5场,建立志愿者服务队1支,成立合唱团、艺术团、民乐团、摄影社、书画社、文学社等团体组织,开展演出、展览、培训。

有幼儿园5所,教学点3所(公办教学点2所、民办教学点1所)。班级26个(公办班级24个、民办班级2个)。教职工88人,其中专任教师50人;入园幼儿774人(公办幼儿708人,民办入园幼儿66人)。公办小学3所,50个班级,学生1973人,毕业生331人,教职工105人,专任教师103人;初中21个班,学生975人,专任教师65人。歌山小学、畈干小学、塘下小学、上蒋小学4所学校完成布局调整。

歌山镇卫生院为乙等乡镇卫生院,辖10个社区卫生服务站,有职工60人,其中卫技人员54人。开展65周岁以上老年人免费体检和流感疫苗接种工作4500余人次,组织妇女病检查和“两癌”筛查1194人,办理生育登记309人,再生育审批5人,办理独生子女证43人,流动人口婚育证明5人。

【社会保障】 2020年,歌山镇发放低保金约201万元,临时救助67户。有伤残人员19人,三属(烈士遗属、因公牺牲军人遗属、病故军人遗属)3人,在乡复员23人,参战涉核19人;农村低保349人,每月发放低保金167947元,共计2015364元。特困人员6人,集中供养6人。临时救助67户。低保边缘户26户,68人。办理老年证745本。建设镇级居家养老中心,强化居家养老中心疫情防控期间封闭式运营管理。重阳节走访上宅村百岁老人何桂香。

【组织建设】 2020年,歌山镇发展党员16人,组织43名入党积极分子参与线上培训和考试,组织22名入党发展对象参加为期2天的培训,到裘家岭中共东阳一大会址参观学习。完成村社组织、村党组织换届工作。开展“比学互促”活动,培育建设五星党支部。开展“担责任、强担当、治顽症、促发展”作风建设专项行动,自查梳理问题42人次,提醒谈话3人,诫勉谈话9人,歇职处理5人,免职3人。

【旅游产业】 2020年,歌山镇促进旅游事业发展,成功创建积塘湖、上宅、湖潭3个省级AA级景区村,前涨1个省级A景区村。组织美村游、采摘游、观赏游等活动,吸引游客近万人次体验歌山镇的山水文化。

(李　随)

千祥镇

【概况】 2020年,千祥镇辖区总面积102平方千米,辖33个行政村,88个自然村。镇政府驻千祥南路127号。辖区总户数19905户,总人口45165人。出生人口335人,出生人口性别比96(女为100)。完成税收总收入1.34亿元,比上年增长16%。亩产税收14.56万元,在全市排名第一。有乡镇企业357家,各类金融机构5家。11月16日,千祥镇胡山村上榜省民政厅公布的第三批省级引领型农村社区。

【工业】 2020年,千祥镇规模以上工业企业工业总产值3.9亿元,比上年增长4.5%。建筑业招商及营改增工作列全市考核综合排名第一,增值税收入、招引企业纳税总额、税收总收入完成额分别为6839万元、6908万元、7789万元,完成率分别为171%、197%、130%,固定资产投资超亿元。增加"小升规"企业3家。举办"箱连跨境 包通全球"东阳产业带招商会之箱包专场活动。增加省级科技型中小企业5家。推进低效用地清理整治,全面出清亩均税收3万元以下的低效企业,收储交地2.37公顷。推进"飓风整治"行动,整治"四无"企业84家。

【农业】 2020年,千祥镇粮食播种面积1768.8公顷,粮食总产量10612.8吨。建设用地复垦1.58公顷,高标准基本农田建设49.87公顷,旱改水8公顷。

33个村经营性收入均达到10万元以上,其中27个村实现总收入30万元、经营性收入15万元以上。

推进食用笋基地建设,开展竹类资源种植培训和技术推广。加快振兴中药材产业,组织牵头引导药农与企业开展合作,利用电商平台开展产品线上销售,推动构筑"产、供、销"一体化中药材产业新格局。举办首届羊肉美食文化节,近8万人次在线观看直播。

【重点工程建设】 2020年,千祥镇推动集聚平台建设,投资3亿元的箱包

2020年千祥镇行政村基本信息情况一览表

表64

行政村名称	自然村(个)	村支部(总支)书记	村委主任
金　村	3	马世东	马世东
柽　溪	3	马伟民	马伟民
云　头	2	陈永胜	陈永胜
万　祥	3	马华强	马华强
千　南	2	丁黎明	丁黎明
千　二	2	吕凤彬	吕凤彬
千　一	2	叶长华	叶长华
东　一	3	杜沧桑	杜沧桑
甘　棠	4	马旭标	马旭标
后　马	3	陈跃光	陈跃光
上东陈	2	陈潇坚	陈潇坚
下东陈	2	陈家富	陈家富
胡　山	2	胡志康	胡志康
升　楼	3	楼文献	楼文献
秀　溪	3	楼跃进	楼跃进
新　民	3	黄雁南	黄雁南
九峰一	3	黄小燕	黄小燕
九峰二	3	包向锋	包向锋
三　联	3	郭旭明	郭旭明
四　友	4	蔡　进	蔡　进
前　马	3	胡文正	胡文正
高　宅	2	李丁寿	李丁寿
南王坑	2	陈柏兴	陈柏兴
石门张宅	2	张新忠	张新忠
三　宝	5	邵福龙	邵福龙
光　周	2	陈增财	陈增财
后　周	2	李跃光	李跃光

续表 64

行政村名称	自然村（个）	村支部（总支）书记	村委主任
隔　塘	1	黄万泉	黄万泉
林　甘	1	马士勋	马士勋
民　宅	1	陈文龙	陈文龙
麻　田	3	施华民	施华民
大　路	6	史德刚	史德刚
岭　脚	3	陈拥军	陈拥军

小微园项目进入招标阶段，投资1.1亿元的千祥镇中心小学迁建项目土建工程完工，投资6000万元的新污水处理厂项目进场施工，投资4500万元的柽溪江中小河流综合整治项目进入工程概算编制阶段，投资2800万元的千祥公安业务用房项目建成投用，投资1500余万元的后马老年公寓全面完工，投资860万元的三联小学操场项目处于预算审计阶段，投资270万元的三联西阳幼儿园改造提升工程进场施工，投资180万元的千祥污水处理厂改造提升项目开展生化池设备购置安装。

【村镇建设】 2020年，千祥镇总投资5300万元的美丽城镇建设部分项目开工。开展“创国卫”环境整治行动，成功创建市级“十佳村”5个（龙泉村、丰山村、秀溪村、水下坑村、周山村），龙泉村被列为全市“十佳村”创建工作现场推进会观摩点之一。实施产业植入，在胡山村打造食用笋基地，在秀溪、光周等村推动民宿产业发展。推进村庄景区化，增加前光村为A级景区村庄，南王坑村为AA级景区村庄。

开展“三改一拆”工作，拆后利用3.02万平方米，完成2.5万平方米的旧住宅改造。推进拆后重建安置工作，完成集聚安置889户、审批1425户、定桩放样1256户，完成无房户安置。排查困难家庭危旧房547户，完成6户困难家庭危旧房改造。完成9处地质灾害点治理工作。合理利用土地资源，出让北街国有建设用地土地使用权，完成建设用地复垦项目5个。完成转移人员“浙江安全码”信息录入和赋码工作，录入并赋码地质灾害、危房、小流域山洪转移人员790人。推进农房确权工作，发证1340本。组织召开千祥镇中心镇区控制性详细规划调整必要性论证会，优化镇区规划布局。加大农房建设日常巡查力度，打击违建行为，对违建者下达停工通知书109份。

创建森林村庄4个，完成10余公顷珍贵树种造林工作，基本完成24.67公顷国土绿化任务。开展垃圾分类工作，大庄村、马墅村、秀溪村先后被评为东阳市垃圾分类月度“最好村”，户均扫码76.8次。完成金村机器处理终端内部升级改造和胡山阳光房技改项目，清理改用陈桥、后周两处阳光房，提高可腐烂垃圾处理能力。完成中央、省环保督察信访交办件整改13件。推进“五水共治”工作，完成全镇企业的排污许可证登记申领工作。

【文教卫生】 2020年，千祥镇设镇综合文化站、广播电视站各1处，浙江省级文化示范村3个，金华市级文化示范村5个，区域文化中心6个，文化达标村12个，文化礼堂28个，各类图书室33个，藏书6.6万册。有群众文体团队68支，东阳市级文物保护单位3处，文物保护点18处。有幼儿园4所，幼儿教学点4个，公办幼儿园1所，民办幼儿园3所，在园幼儿1079人，专任教师59人。有小学2所，在校学生2360人，专任教师125人；初中2所，在校学生1112人，专任教师75人。九年义务教育覆盖率100%。有各级各类医疗卫生机构21家，其中镇中心卫生院1家，病床35张。有专业卫生人员102人，其中执业医师11人，执业助理医师12人，注册护士21人。千祥镇中心卫生院作为全省21个社区卫生服务中心（乡镇卫生院）实施基层医疗卫生机构提升医养结合服务能力试点单位之一。创建文化礼堂5个，实现新时代文明实践站行政村全覆盖。推进“书香千祥”建设，建成千祥图书分馆，打造“e家书房”5个以上。

【社会保障】 2020年，千祥镇完成水库移民项目6个。提升居家养老服务水平，指导9家居家养老照料中心做好日常运营。办理低保户24户、低保边缘户2户；落实“两项补贴”政策，增加残疾人生活津贴19人、重度护理补贴41人。发放临时救助金3.1万元，救助21人次；加大困境儿童关爱帮扶力度，将11名低保家庭儿童纳入救助保障。改善困难老年人家庭居住条件，完成年内上报的3户困难老人家庭适老化改造。强化殡葬管理，指导5个村争创星级公墓。开展老年证办理服务，制作绿卡472张、红卡591张。

【社会管理】 2020年，千祥镇指导14个村创建金华市级“民主法治村”，胡山村上榜第三批省级引领型农村社区，万祥村获评省级“民主法治村”。优化矛盾纠纷调解队伍结构，择优选聘2名专职人民调解员，组建33人的“老娘舅”队伍。加大安全生产检查频率，镇安监所联合第三方机构定期开展安全教育培训，培训895人次，未发生安全生产事故。开展平安千祥建设，推进“平安三率”、禁毒和反邪教宣传教育，未发生民转刑命案。

【组织建设】 2020年，千祥镇推进党支部政治建设、党员素质提升精品教育培训、两新党建“标杆引领”计划

“三个一”重点工作。开展“清风护航”专项行动。开展监督检查12次，查纠不正之风和群众身边腐败问题5个。开展侵害群众利益突出问题专项督查，查处违章建房、违规审批宅基地等方面问题7个，对42名责任人运用“四种形态”进行处理。推进村干部整治立规创优行动，处置涉嫌酒驾醉驾、赌博等违法行为的党员干部8人，并通报相关单位和村党组织。

【基础设施建设】 2020年，千祥镇下新线改造提升工程全面完工，画南下线“白改黑”项目基本完成，建设“四好农村路”2条、联网公路3条，完成琴千线、双徐线等8个路段约13千米道路的“白改黑”大中修工程。总长19.3千米的生态廊道(千祥段)完工，途径11个自然村，绿化面积约3万平方米，建成栈桥两座。推进水利设施建设，东阳市南江流域柽溪江南马镇防军、千祥镇综合治理工程(千祥镇段)进入工程预算阶段，完成民宅、龙泉两个村的农村河道综合整治工程项目。车慈岭古道修复工程第一期基本完工，完成第二期规划设计工作。

【“箱连跨境 包通全球”东阳产业带招商会之箱包专场活动举办】 2020年11月26日，千祥镇举办“箱连跨境，包通全球”东阳产业带招商会之箱包专场活动，该活动为东阳麒麟阁首场乡镇跨境宣讲活动，有50余家千祥镇箱包企业参加。分享最新外贸形式，了解行业数据和发展趋势、传统外贸企业转型优势与必要性，提高千祥箱包产业企业对跨境电商趋势的认知，助力千祥箱包产业对跨境电商平台的了解。千祥箱包产业在册市场主体815家，其中企业208家，规模以上企业7家。箱包产业规模以上产值3.03亿元。

(汪娅婷)

湖溪镇

【概况】 2020年，湖溪镇辖区总面积86平方千米。设镇东、镇西、镇北3个工作片，辖28个行政村。镇政府驻镇西村炉庄自然村通新路10号。辖区总户数17483户，总人口41689人。总人口中男性21040人、女性20649人。出生人口292人，出生人口性别比99(女为100)。完成税收2.06亿元，比上年增长4.8%。有工业企业213家，其中规模以上工业企业27家。有各类金融机构4家，保险公司2家。

【工业】 2020年，湖溪镇完成规模以上工业产值10.5亿元，比上年增长4.00%。企业264家，企业从业人员3462人。建筑业企业47家，建筑业总产值20.5亿元，建筑业税收回归1.43亿元。外贸出口总额2.7亿元，比上年下降13%。固定资产投资额2.4亿元，比上年增长1%。引进内资0.36亿元。新办企业12家，增加规模以上企业5家。加大企业技改力度，成功申报省科技型企业3家，国家高新技术企业3家，金华市企业研发中心2家。推进低效用地清理整治，2019年收储企业完成交地8.49公顷，交地率85%。2020年增加交地2.08公顷。

【农业】 2020年，湖溪镇常用耕地面积2016.6公顷，农作物播种面积1294.2公顷。经济作物面积722.4公顷，其中油料面积191.2公顷、中草药材23.3公顷、蔬菜425公顷、果用瓜40.8公顷。有农业技术服务机构3个，从业人员11人，农民合作社15个，成员65人。有种植大户52户，畜禽养殖大户14户，家庭农场21个。

【乡村旅游】 2020年，湖溪镇推进农、文、旅产业融合发展，综合运用施工运营总承包的EPC模式和规划总包、施工总包等模式，35个文旅项目顺利推进，完成投资3.6亿元。完成共享田园、稻鳖共生园、影视拍摄基地建设。生态廊道全线贯通，4条主要道路的立面改造、人行道改造、绿化提升、亮化提档基本完成。天宝生态文化园大雄宝殿主殿结顶。挖掘红曲酒文化内涵，建设红曲酒特色小镇。象田村连续第5年承办市春季乡村休闲旅游节。疫情防控期间推出的“线上云旅游”得到中央电视台《朝闻天下》栏目宣传报道，湖溪特色乡村旅游年内3次在中央电视台播出。

【新农村建设】 2020年，湖溪镇科学整合“两江两镇”、美丽乡村风景线、“三强六无五美”村、美丽城镇样板镇建设，以旅游风情小镇、上田省级美丽宜居示范村等为载体，推进项目落地。“两江两镇”6个大项目18个子项目完成总体进度95%。开展红曲酒博物馆、西堆产业特色精品村、天宝生态文化园、象田农业综合体重点项目建设。完成南郭线、里歌线、南徐线3条美丽风景线节点建设。完成八里湾共享田园建设并通过市局验收。八里湾上田村获评省级美丽宜居示范村。成功创建“十佳村”31个、“十美村”8个，居全市第一。

【基础设施建设】 2020年，湖溪中心小学扩建项目、中心幼儿园迁建项目建筑主体完成。江滨北路西延连接至八里湾上田自然村，增加长度1500米。完成桥南公路桥建设进度50%。镇第二污水处理厂启动建设。7204转播台迁建工程完成地面清表和迁移前期工作。镇区污水零直排区建设通过验收。杭温高铁完成主线交付、便道及弃渣场土地租用。高铁建设红线内房屋征迁合同签订基本完成。年度一事一议项目立项7个，完工5个。水库移民项目9个，完工8个，1个完成招投标。

【文教卫生】 2020年，湖溪镇有幼儿园3所，在园幼儿832人，专任幼师56人；小学4所，在校学生1570人，专任教师96人；初中1所，在校学生961人，专任教师66人。九年制义务教育覆盖率100%。高中1所，在校学生599人，专任教师67人。成人文化技术学校3所。镇政府教育事业支出3958.72万元。学校重大工程2项，湖溪中心幼儿园新建工程、湖溪中心小学改扩建工程建筑主体结顶。

湖溪镇有医疗卫生机构13家，其中镇中心卫生院1所，社区卫生服务站6家；每千人拥有医疗床位0.8张；专业卫生人员69人，其中执业医师18人、执业助理医师16人、执业护

2020年湖溪镇行政村基本信息情况一览表

表65

行政村名称	自然村（个）	村支部（总支）书记	村委主任
南　塘	3	张永兴	张永兴
湖　溪	1	张寿高	张寿高
大　连	5	严长春	严长春
溪　南	4	叶大新	叶大新
上红湖	3	—	高文玲
东　雅	2	郭天清	郭天清
清　潭	2	李国栋	李新龙
南　江	4	许　英	许　英
十八坞	5	郑正良	郑正良
楼　店	3	吕向阳	吕向阳
后　西	4	杜天章	杜天章
后　东	3	杜培基	杜培基
罗　青	1	杜永生	申屠华民
罗青郭	2	郭友玉	郭友玉
八里湾	4	严智时	严智时
镇　西	3	张立明	张立明
郭　一	2	郭栋梁	郭栋梁
郭　二	2	郭跃良	郭跃良
郭　三	2	郭庆元	郭庆元
三甲村	2	杜金明	杜金明
新　塘	3	郭德红	郭德红
夏　黄	1	黄　刚	黄　刚
前山何	2	何永明	何永明
金　宅	3	金利平	金利平
白水口	2	蔡省城	蔡省城
郭上坞	3	蔡红军	蔡红军
康　庄	3	倪跃君	倪跃君
蛟　塘	1	蔡喜庆	蔡喜庆

士14人，其他卫生技术人员（药剂、检验、麻醉）14人，主任医师2人，副主任医师1人。

【社会保障】 2020年，湖溪镇农村低保户278户、360人，城镇低保户1户、1人。五保户16户、18人。低保户发放救助金193.73万元，五保户救助金发放27.69万元。残疾人护理补贴521人，发放补贴金148.8万元。残疾人生活补贴222人，发放补贴金64.01万元。有敬老院3所，居家养老中心正常运行29家，三星级照料中心7家，居家养老补助金140万元。

【社会管理】 2020年，湖溪镇学习“枫桥”经验，强化镇村矛盾调解中心功能，村民矛盾纠纷不出村、镇。开展移风易俗改革，推广运用民政微信小程序进行日常管理，推进“殡葬”革命、婚事新办、丧事简办。推广生态葬法，楼店、夏黄等12个村启动生态葬法墓区建设。湖溪、镇西2个村建成安息堂。建立定时接访、主动下访，分析研判的信访工作机制，领导联系包案制度，化解17宗疑难复杂陈年信访难题。建成信息化、电子化的镇综治中心，推进“雪亮”工程，用高科技、智能化助力社会治理。重视网格员队伍素质提升，培训74名网格员12轮次。安全生产网格化管理，每季分管领导带队大检查，每月驻村驻企干部领队小检查，无重大安全事故发生，无信访群体性事件。镇司法所与“老娘舅”调解矛盾纠纷38件，成功化解38件。受理上访19件，接访化解6件。

【组织建设】 2020年，湖溪镇调整镇党风廉政建设领导小组成员，印发《2020年廉政和反腐败工作组织领导与责任分工》，按季度召开一次廉政例会。村级监察联络站全覆盖。约谈不合格村干部8人，歇职村干部3人，立案查处党员干部11人。12月，28个行政村党支部、村委会、村监会、村经济合作社班子成员换届成功。

【共享田园建设】 2020年，湖溪镇八里湾共享田园面积333.33公顷，建成高标准农田。引进44个项目,总投资5000万元,以三生(生产、生活、生态)、三园(家园、田园、公园)、三合(整合、复合、融合)为载体,保持田园种植功能不变,规划资金整合,功能复合,产业生态融合,赋予田园景观化、休闲化功能。12月4日,金华市深化"千万工程"建设新时代和美乡村现场会的与会人员实地考察湖溪镇八里湾区块。

(黄有福)

画水镇

【概况】 2020年,画水镇行政区域面积117平方千米,下辖18个行政村,74个自然村,镇政府驻黄田畈村旭光自然村画宁路20号。辖区总户数23368户,总人口55386人。出生人口444人,出生人口性别比114(女为100)。完成税收收入1.46亿元,比上年增长3%。

【工业】 2020年,画水镇36家规模以上企业完成工业总产值9.79亿元,比上年下降5.3%;规模以上工业增加值比上年下降8%;完成固定资产投资0.76亿元,工业性投入0.46亿元;增加规模以上企业3家。建筑业招引企业税收4996.98万元,比上年下降20.35%,完成全年任务的142.77%;建筑业税收总收入6128.77万元,比上年增长0.09%,完成全年任务的122.58%,其中增值税5357.39万元,比上年增长5.31%,完成全年任务的178.58%。

【农业】 2020年,画水镇常用耕地面积1855.6公顷,其中水田面积1701.2公顷。农林牧渔业总产值1.96亿元。完成粮食复种面积1705公顷,粮食总产量19990吨。水稻机械化插秧面积1050公顷。主要经济作物蔬菜的播种面积295公顷,总产量约5100吨。实施垦造耕地项目21公顷,高标准基本农田建设38公顷,旱改水耕地质量提升8公顷。

【重点工程建设】 2020年,南江画水段综合治理续建工程完成护岸绿化建设,完成总工程量的90%;315省道建设续建工程基本完成基础换填工程、半干层浇筑、沥青浇筑,完成整体工程的95%;画水公安业务用房建设工程完成主体工程及配套工程建设并搬迁启用;金义东提升改造项目完成道路"白改黑"工程,完成沿线路口安全设施及绿化带隔断。

2020年画水镇行政村基本信息情况一览表

表66

行政村名称	自然村(个)	村支部(总支)书记	村委主任
莪　溪	4	朱江伟	朱江伟
联　丰	3	王会德	王会德
画　溪	6	王志远	王志远
西　山	1	王国民	王国民
画　塔	4	李宝明	李宝明
明　焕	6	蒋　斌	蒋　斌
月　峰	5	陆枝富	陆枝富
陆　秀	4	陆国兴	陆国兴
吴　宅	2	吴志田	吴志田
画　南	4	蒋军峰	蒋军峰
黄田畈	10	—	蒋云进
陆　宅	6	陆枝高	陆枝高
四　和	4	叶芹辉	叶芹辉
王　凡	4	胡森财	胡森财
紫　薇	1	许明清	许明清
许　宅	5	许基平	许基平
洪　塘	4	郭建国	郭建国
林　村	1	金红武	金红武

【村镇建设】 2020年,画水镇拆除违章建筑90宗,拆除建筑面积197911平方米,占地面积142896平方米,完成全年任务数的131.9%;完成旧住宅区改造143宗、44847平方米,完成全年任务数的100%;完成旧厂区改造6宗、103721平方米,完成全年任务数的103.7%。创建市级"十佳村"7个,通过"十佳村"达标验收14个,成功创建森林村庄7个,打造产业植入建设示范村2个,洪塘村入选浙江省历史文化重点村落。

【文教卫生】 2020年,画水镇设综合文化站1个、文化休闲广场28个、村级文化活动室18个,创建文化示范村6个。文化礼堂18个,年内建成3

个。有图书室19个，设立东阳图书馆画水分馆，有各类藏书6.58万册。洪塘村入选浙江省历史文化重点村落。有市级文物保护单位11处，市级文物保护点42处。有幼儿园11所，专任教师121人，在园幼儿1951人；小学4所，教职工165人，在校生3391人；初中2所，教职工100人，在校生1389人。九年制义务教育覆盖率100%。有中心卫生院1所，社区医院4个，医护人员86人。推进医共体建设，市级医院专家下沉260余人次，实施责任医生签约服务17698人。

画水镇有各类群众文体队伍50余支，有东阳市"十佳优秀民间艺术节目"称号3个。举办、参与市镇各种主题文化活动12次，村级公共文化服务中心活动15场次，开展各类文化业务培训6次。协助市地方志编纂室编纂出版《人文旭光》一书。画溪小学扩建工程稳步推进，辖区中小学按要求规范开设健康教育课，计划生育特殊家庭双岗联系人及家庭医生签约服务落实率100%，基本医疗保险户籍参保率99%。

【社会保障】 2020年，画水镇有低保户530人，低保边缘户123人，特困人员24人。开展民政救济帮扶工作，开展各类救助110余次，发放救助补助金13万余元，完成年度低保复核工作。有村级社会组织196家，组织各类活动110余次，服务群众1100余人。规范14家居家养老中心正常运行，解决全镇335名老人就餐住宿问题。重视殡葬领域改革工作，开展骨灰跟踪管理工作，实现100%入葬。开展3个移民项目和1个星级田园社区项目创建。创建"枫桥式"退役军人服务站，完成全镇新增退役军人信息采集工作。

【社会管理】 2020年，画水镇推进"最多访一次"试点工作，化解初信初访48件，化解率94%，化解信访积案25件，化解率93%。创新建立"沉下去"工作机制▲和"357工作法"▲，实现力量、责任、处置"三个下沉"，开展集中坐岗接访28次，镇村干部参与接访5389人次，接访群众215批次327人次，现场解决问题90批次134人。开展"大走访、大排查、大化解、大提升"专项活动，全镇联村干部、网格员走访农户3588户、5221人次，排查发现矛盾隐患51起，参与成功化解矛盾纠纷34起。

▲"沉下去"工作机制：班子成员、驻村干部、村干部要下沉一线，增加在村工作时间。班子成员到联系村工作每周至少一天时间，驻村干部在村工作每周至少三天时间。实行周三集中坐岗，时间安排一天，上午以接访约访为主、下午着重信访问题化解和矛盾纠纷排查。

▲"357工作法"：信访问题先由村级层面解决，3个工作日内处理不了的交工作片解决，5个工作日后无法解决的报镇级层面，力争7个工作日内将信访矛盾化解。

【组织建设】 2020年，画水镇完成18个行政村、66个自然村党组织换届选举和村委会换届选举工作。发展党员22人。提醒谈话15人次，诫勉谈话13人次、免职3人、停职1人；党纪立案30起，结案26起，其中开除党籍1人、留党察看1人、党内严重警告3人、党内警告21人。

【基础设施建设】 2020年，画水镇推进农村饮用水达标提标工作，34个自然村完成建设，6个村进入施工，2个村完成项目设计，52个村自筹款上缴。推进稠岭线提升改造和"四好农村路"建设，完成"白改黑"联网公路建设19千米；上坞工业区基础设施建设工程完成污水管网接入、配套自来水工程和道路"白改黑"工程。

（王　群）

虎鹿镇

【概况】 2020年，虎鹿镇行政区域面积125平方千米，辖18个行政村，下设溪东、溪西、溪口、白溪4个工作片。虎鹿镇政府驻厦程里村。辖区内总户数12761户，总人口30340人。出生人口204人，出生人口性别比104（女为100）。完成税收9306万元，比上年增长18.8%。虎鹿镇获评省香榧特色产业小镇、省农村文化礼堂建设示范镇、省农合联党建试点镇，葛宅村获评第六届全国文明村，蔡宅村获评省美丽乡村特色精品村，蔡宅村、厦程里村入选省历史文化重点村落。

【工业】 2020年，虎鹿镇规模以上工业企业完成工业总产值0.86亿元；外贸出口总额1.85亿元，比上年增长13.38%；固定资产投资1.02亿元，其中工业投资额0.51亿元，比上年增长50.2%；增加小升规企业1家（浙江安可信五金工具有限公司）。限额以上批发业销售额7990.8万元，规模以下样本企业营业收入672.6万元，比上年增长5.56%；引进内资5500万元，比上年增长37.5%；建筑业招商完成"双证"（资质证书和安全生产许可证）落地企业28家，增加劳务公司8家，增加开票企业5家。完成建筑业总收入5923.28万元，比上年增长18%，增值税5164.16万元，比上年增长14.67%。缝配城340家商户实现销售收入20亿元。招引江苏民营500强企业（江苏国强镀锌实业有限公司）与浙江华洋缝制有限公司合作，项目总投资超5000万元。增加国家高新技术企业1家（东阳市太极精密制造有限公司），省科技型中小企业1家（东阳市太极精密制造有限公司）。推进低效工业用地清理，实现交地3宗、1.33公顷。

【农业】 2020年，虎鹿镇茶叶总产量122吨；蔬菜播种面积407.73公顷，总产量9761吨，推广有机肥518吨。实施标准农田质量提升工程土壤培肥245公顷，增加粮食功能区13.33公顷。增加绿化23.33公顷，种植珍贵树种13.33公顷，投资500万元林业项目8个。举办水果、香榧栽培技术培训班，培训300人次，组织种植业大户40余人次外出考察。创建森林村庄3个。在浙江农民信箱平台推广全镇农产品信息40余条。完成集体土地规范化流转19.47公顷。有变型拖拉机19辆，强制报废16辆。完成农业水价综合改革工作、水域情况调查、东阳市中小河流治理重点县综合整治及水系连通试点（虎鹿镇项目区）工程竣工决算审计等工作。

【新农村建设】 2020年,虎鹿镇11个村参与“十佳村”创建,实施项目68个,投入超2000万元,比上年增长33.3%,其中大坞口村、璜璐村被评为“十佳村”。完成108家企业排污登记工作,农村生活污水设施标准化运行,污水零直排工作通过金华、东阳两级验收,推进单村供水、一户一表、白溪江综合整治等工程,金华市单村供水现场会在虎鹿镇召开。垃圾分类行政村合格率、自然村覆盖率100%,白峰村、东山村获评垃圾分类“最好村”。拆除违章建筑58宗、12000余平方米,通过省、金华市无违建乡镇复评。完成拆后重建示范村建设,推进定桩放样和不动产登记确权工作。金甬铁路沿线征迁完成签约84.4%。三星村被评为2020年度五星级田园社区。申请“一事一议”项目3个(璜璐村、大坞口村和燕山村),省级“一事一议”项目1个(溪口村玻璃栈道建设)。

【文化旅游】 2020年,虎鹿镇推动各项文旅产业发展,融合葛巾制作、竹编、包粽子、锡艺等传统技艺项目,组织2万余人开展研学,增加蔡宅村为金华市中小学生研学基地。“美好生活·浙播季”东阳专场暨第六届蔡宅端午旅游节在虎鹿镇举办,签订10余个直播电商战略合作框架协议;创办首届国际缝配网展,各类直播带货销售额近千万元。虎鹿镇电商带动山区经济发展获金华市副市长邵国强的批示。推进“名胜游”,申报创建A级景区村庄,厦程里村、葛宅村获评浙江省AAA级景区村,西垣村、下东村获评AA级景区村,坑门里村获评A级景区村。

【文教卫生】 2020年,虎鹿镇设文化站、广播电视站各1个;村级文化活动中心18个;初中1所,在校教职员工40人,在校学生528人;小学1所,在校教师68人,学生930人;幼儿园3所,教职员工49人,在园幼儿445人。镇卫生院门诊接诊8.69万人次,比上年增长11.8%。网上办理生育登记185人次。举办各类文体活动30余场。完成18个行政村的新时代文明实践站创建,全市移风易俗现场会在葛宅村召开,葛宅村获评第二批省级农村引领型社区,童学馆被评为“东阳市首批新时代文明实践志愿服务品牌项目”。建设19个精神文明建设宣传栏、3个家规家训馆、2个孝文化公园,创建49个微信宣传群,“带着家训去参军”获浙江省军分区副司令刘建伟的肯定,弘扬乡贤文化,葛宅村葛小龙捐资200万元助力乡村建设。

2020年虎鹿镇行政村基本信息情况一览表

表67

行政村名称	自然村(个)	村支部(总支)书记	村委主任
蔡　宅	1	蔡淑贞	蔡淑贞
葛　宅	3	葛煊炜	葛煊炜
虎　峰	3	张美龙	张美龙
合　力	4	赵伟强	赵伟强
燕　山	1	徐明刚	徐明刚
孙　宅	2	曹德其	曹德其
东　山	1	孙永尧	孙永尧
白　峰	2	卢云东	卢云东
厦程里	4	程增尧	程增尧
溪　口	6	刘华田	刘华田
新周村	4	周凌云	周凌云
三　星	4	斯庆平	斯庆平
尚　周	1	刘国荣	刘国荣
西　垣	3	刘晓锋	刘晓锋
白　溪	4	朱位高	朱位高
夏　岩	2	郑海熔	郑海熔
潦　溪	2	王顺杨	王顺杨
仙芝陵	1	裘洪平	裘洪平

【社会保障】 2020年,虎鹿镇开展城乡居民医疗保险征缴工作,参保人数18819人,参保率98.65%,大病参保人数15370人次;调处劳资工伤纠纷29起,异地退休认证57人,无欠薪企业调查57家,职工社保参保60人,职工医保参保35人,基本养老保险待遇资格确认15人,企业退休死亡慰问7人,90岁以上高龄慰问10人;对城乡低保对象每年进行复查,注销病故对象和生活条件好转不再享有保障金81户、150人,增加低保、低保边缘、特困人员生活保障救助23户、36人,重度残疾人护理补贴390人,残疾人困难补贴241人,残疾人社保补贴74人,动态审验残疾证342本。

【社会管理】 2020年，虎鹿镇便民服务中心设10个服务窗口，涉及服务项目180余项，受理即办件5906件，代办件862件，办结率100%；受理咨询1664人次，服务满意率100%。实施“周三信访接待日”制度，设立“周三信访纠纷流动调解室”，获《金华通讯》专题报道。完成信访调处248件，回复率和办结率100%。开展四大专项行动，上报、化解各类事件15932件，实现100%办结。白峰村、白溪村获评浙江省善治示范村。

【组织建设】 2020年，虎鹿镇完成村社换届工作，实现书记、主任一肩挑100%，一肩挑人选一轮过100%，村委职数100%选满。开展村干部、党员整治立规创优活动，开展集中警示教育10余次、各类工作排名48次。有12名不合格党员转入整转帮教支部，2名失联党员停止党籍，2名村干部歇职。创建“五星三强”示范党组织6个。“搭建信访纠纷流动调解室 打好村级组织换届前哨战”“创新村级组织届末考评”获浙江省电视台《党建播报》栏目报道。开发“智慧党建”云平台，发布各类宣传视频20余个，图文信息60余篇。虎鹿镇成为浙江省农合联党建试点单位。金华市农合联党建现场会在虎鹿镇召开。

【基础设施建设】 2020年，总投资5100万元的虎鹿镇中心小学建设工程于9月正式投入使用；总投资4000万元，占地1500平方米，建筑面积10000平方米的缝配电商楼竣工；总投资1500万元的玻璃栈道旅游项目实施；总投资2500万元的白溪江综合整治工程基本完工；总投资860万元的古香榧公园第二期工程推进；总投资2450万元的镇幼儿园工程完成主体建设的90%；利用闲置资产(原溪口小学所在地)对接引进“3+2”大专项目；投入资金超400万元，完成厦程里村至燕山村和东山村、白溪村至仙芝陵村、尚周村至溪口村等多个路段升级改造，完成溪西路“白改黑”工程。

【“美好生活·浙播季”东阳专场】 2020年6月24日，“美好生活·浙播季”东阳专场暨第六届蔡宅端午旅游节开幕仪式在虎鹿镇蔡宅村举行，活动以云直播的方式，线上精选产品，开启3个平台专场，联动多个社交电商平台现场直播带货。线下设立东白农产品展销大厅，供游客市民选购。该活动发布全市直播电商人才孵化基地名单，进行基地授牌仪式，现场签订多个直播电商战略合作框架协议。直播带货活动销售30000余单，销售额112万元，观看人数48万人次。

(许红穚)

2020年6月24日，“美好生活·浙播季”东阳专场举行 (许红穚/摄)

东阳江镇

【概况】 2020年，东阳江镇行政区域面积144平方千米，设镇中、镇西、八达3个工作片，辖27个行政村，镇政府驻东阳江镇茜畴村。辖区户数8392户，总人口22113人，其中男性11392人、女性10721人。出生人口144人，出生人口性别比132(女为100)。完成税收4976万元。获“国家卫生乡镇”“金华市‘四好农村路’示范镇”称号，通过省文明城镇创建公示。成功创建省AA级旅游景区村庄2个(召塘里村、王毛弄村)、A级旅游景区村庄1个(天秀村)。有省“银宿级”民宿1家(天山村云海客栈)。

【工业】 2020年，东阳江镇完成固定资产投资4335万元；引进内资1938万元。推进建筑业招商工作，注册企业10家，其中建筑公司1家(东阳市凯祥建设有限公司)、劳务公司9家(东阳市建昇建筑劳务有限公司、东阳市众置建筑劳务有限公司、东阳市渲佳建筑劳务有限公司、东阳市大成建筑劳务有限公司、东阳市诚成建筑劳务有限公司、浙江东阳市赞誉建筑劳务有限公司、金华市耐美建筑劳务有限公司、东阳市中户建筑劳务有限公司、东阳市广创建筑劳务有限公司)。

【农业】 2020年，东阳江镇有13个粮食功能区，总面积421.47公顷，有东阳市农业龙头企业3家。投资300万元，开展高标准农田建设项目66公顷。建设以蜜桃、布朗李、蓝莓为主的水果采摘基地，以香榧、茶叶、桑葚果蔬为主的农业产业格局，培育本地特色农产品。

【村镇建设】 2020年，东阳江镇完成总投资890万元的镇农贸市场、和乐背街小巷整治和茜畴节点公园提升改造，完成总投资3000万元的22个美丽城镇项目招投标以及部分项目前期准备工作，完成2个拆后重建示范村污水管网、道路硬化、绿化栽种、立面改造等基础设施配套工程。开展“三强六无五美”村创建工作，实施

2020年东阳江镇行政村基本信息情况一览表

表68

行政村名称	自然村(个)	村支部(总支)书记	村委主任
五　星	5	郭跃群	郭跃群
紫　阳	2	许峰峰	许峰峰
下街头	2	杜文辉	杜文辉
召塘里	3	吕安东	吕安东
上　陈	5	陈恩林	陈恩林
三甲院	2	吕军民	吕军民
茜　畴	2	叶光荣	叶光荣
枫树头	1	卢跃明	卢跃明
横　锦	1	王军民	王军民
三　兴	3	田海清	田海清
双　合	2	厉进生	厉进生
天　山	1	—	厉忠平
锦　源	3	俞航辉	俞航辉
东　门	1	王松林	王松林
上　柴	2	陈炉明	陈炉明
新　东	2	周正强	周正强
八　达	2	周慧芳	周慧芳
黄　铺	3	叶琼文	叶琼文
学　陶	1	徐雪锋	徐雪锋
东　风	2	徐明文	徐明文
岭下施	1	施剑锋	施剑锋
岭　下	1	徐忠明	徐忠明
金　浦	3	徐拥军	徐拥军
庆　泉	2	何正龙	何正龙
尚　锦	1	吕响亮	吕响亮
尚　舒	3	汪　辉	汪　辉
天　秀	3	金光生	金光生

配套项目52项，甲后、召庄、上娄里、横眉岭、天秀、纸铺、周家庄7个村成功创建市级“十佳村”，紫阳、三兴2个村成为省级村庄设计与农房设计试点村，完成3个村的清水河道项目。完成镇区阳光房技改提升，召塘里村成功创建省级垃圾分类示范村，五星、下街头、三甲院、新东、天秀、黄铺6个村成功创建省级垃圾分类巩固提升村，紫阳、三兴、横锦、尚锦4个村被评为金华市级垃圾分类优秀村。拆违7814平方米，完成任务量的195%。

【组织建设】　2020年，东阳江镇完成村级组织换届，实现书记主任“一肩挑”，选足两委职数、村监委和村民代表职数；开展疫情防控、扶贫领域及作风建设专项督查，健全工程建设、三资管理、招投标、矿产处置等重点领域监管制度。运用监督执纪四种形态，批评教育18人次，提醒谈话31人，诫勉谈话27人，书面检查1人，通报批评8人。推进清廉村居建设，开展村规家训等清廉文化建设，组织开展廉政教育26场次。

【文教卫生】　2020年，东阳江镇有幼儿园1所，小学1所，初中1所，民办学校1所。投资500万元的东阳江镇校体艺楼、投资150万元的东阳江镇中宿舍楼完工投入使用，八达中小学初中部完成撤并。举办市小学教学联盟“教研互助”活动。有镇卫生院1所，社区卫生服务站3个。开展大型义诊活动、“两癌”筛选、妇女病普查，做到应查尽查，农民免费体检658人。

开展“文化走亲”“送戏下乡”等文化活动15场次，创建农村文化礼堂7个，上陈村成功创建金华市级移风易俗试点村，三甲院、茜畴、上陈3个村被评为金华市文明村，实现新时代文明实践站行政村全覆盖。

【社会治理】　2020年，东阳江镇开展“大走访、大排查、大化解、大提升”四大专项行动，走访5000余户，排查问题38件，化解率100%；完成5件市级交办件及2件信访积案化解。推动民情民访代办，提升服务水平。常态化开展公共安全大检查，全镇未发生重特大安全事故，在全市基层治理大会战考核中持续保持前列。

【社会保障】 2020年，东阳江镇有农村低保户240户、353人，人均救助金额562元，发放低保救助金198386元；五保户24户、26人，人均救助金额1282元，发放特困供养金33332元。完成镇残疾人之家建设，创建居家养老星级照料中心3家。完成23户困难户家庭危旧房改造。

【2020“浙江好腔调”金华专场展演暨第七届浙中民营剧团表演赛承办】 2020年9月21—27日，由浙江省文化和旅游厅主办，浙江省非物质文化遗产保护中心、浙江省非物质文化遗产保护协会、金华市文化广电旅游局承办，浙江婺剧艺术研究院、金华市文旅发展和非遗保护中心、东阳市文化和广电旅游体育局联合执行承办的2020“浙江好腔调”金华专场展演暨第七届浙中民营剧团表演赛以及“婺风遗韵·金华非遗进文化礼堂”惠民展演在东阳江镇上陈村文化礼堂举行。6家来自浙中地区的民营剧团和浙江婺剧艺术研究院、东阳市婺剧演出有限公司等表演《金水桥》《清风亭》《米糷敲窗》《李渔别传》《吕布与貂蝉》等多部经典剧目选段。活动期间，吸引义乌、武义等各地戏迷15000人次。

（单统彤）

马宅镇

【概况】 2020年，马宅镇行政区域面积120平方千米，下辖17个行政村，68个自然村，分设中心、青联、徐山3个工作片。是国家级生态镇、省级文明镇、省级卫生镇、省级森林城镇。南江水库位于该镇境内。辖区总户数10279户，总人口25375人。出生人口159人，出生人口性别比169（女为100）。镇政府驻马宅镇马宅村。有工业企业75家，其中规模以上工业企业6家。有商贸企业5家，其中限额以上住餐企业2家。固定资产投资项目4个，其中政府投资5000万元以下项目3个（小城镇环境综合整治，中心幼儿园异地迁建，南江洋坑溪七秩塘村至下陈村、木衢桥溪金塘村至诸永高速段综合治理工程），民间投资5000万元以上项目1个（龙景国医养生谷项目），该项目为浙商回归和引进内资项目。

【工业】 2020年，马宅镇规模以上工业企业完成工业总产值55292万元，比上年增长3.88%；完成固定资产投资6412万元，引进内资3100万元，浙商回归资金4500万元；实现税收收入11700万元。开展低效工业用地清理整治工作，排查低效工业企业21家，占地面积11.87公顷，因地制宜分类处置，完成交地2.39公顷。整治企业20家，关停7家，改造提升11家。开展建筑业招商工作，招引建筑企业6家，“双证”落地2家。召开全镇工业经济发展大会，对重点骨干企业给予政策奖励，兑现奖励资金37.4万元。

【农业】 2020年，马宅镇推广高效经济作物，稳定以姓何村为中心的元胡基地建设，助力东阳市获得首个国家农产品地理标志——元胡。发展特色效益农业项目，重点培育塘里蓝莓和雅坑草莓2个种植项目。开展农地“非农化”“非粮化”专项整治，清理6.67公顷，完成粮食示范区建设1个。

【重点工程建设】 2020年，杭温高铁（马宅段）坞坤村完成农户房屋拆迁任务，为杭温高铁（东阳段）首个完成任务的乡镇，主线征地基本完成，完成九坞隧道搅拌站、施工变道地块政策处理，白岩坞施工变道基本完成，塘里村5号搅拌站和七秩塘村6号搅拌站投入使用。东磐天然气工程管网铺设、隧道建设和阀室建设全面完成。龙景国医养生谷建设项目完成主体建设。推进218省道和画南下线路灯亮化工程，完成安装并调试运行。总投资400万元的镇综合文化站改造提升工程开工建设。完成南徐线至山坞段农村公路大中修工程，完成马宅至石鹿段“白改黑”工程。

【新农村建设】 2020年，马宅镇推进19个自然村秀美村创建工作，其中上塘、大伦坞、仙钱3个村成功创建市级“十佳村”。推进农村人居环境整治“百日攻坚”行动，清理农村生活垃圾1200吨，清理杂物1100处，整治乱堆乱放2100处、乱贴乱画111处，家禽散养80处，增加三和村阳光房技改项目1个，增加绿化面积5300平方

2020年9月25日，东阳江镇上陈村文化礼堂举办惠民展演

（东阳江镇提供）

米，巩固17个行政村常态化保洁水平。推进下陈、仙钱2个村的“一事一议”项目建设2个，完成大伦坞、上塘、岩坞、徐宅、曲塘、楼塘等村757户水表“一户一表”安装工作，完成17个行政村的水价综合改革任务。推进18.33公顷高标准农田建设，完成机耕路、排水渠建设。完成山坞、前坞塘、大坞3个山塘整治工程，完成端头水库、金竹坑水库的安全鉴定工作，完成里坞山塘设计及招投标工作。拆除违法建筑12000余平方米，完成全年任务的241.64%。推进拆后重建工作，完成定桩放样113户。开展黄英村拆后重建示范村建设，重点开展消灭“赤膊房”、地下管网配套工程建设、村内绿化等项目，示范村建设通过市级验收。由上海天华建筑设计有限公司负责编制的美丽城镇总体规划通过市级评审。加大农村垃圾资源化减量化设备更新力度，投资100余万元，建设垃圾第二中转站和第二配电房，完成新资源化处理机器安装并试运行。

2020年马宅镇行政村基本信息情况一览表

表69

行政村名称	自然村(个)	村支部(总支)书记	村委主任
下　陈	3	陈重进	陈重进
和　协	5	沈德海	沈德海
张　塘	2	张桂花	张桂花
三　和	3	杨常伟	杨常伟
马　宅	7	马正东	马正东
祥　旺	3	徐涵周	徐涵周
七秩塘	3	陈德兴	陈德兴
杨　岩	4	杨伟强	杨伟强
王　楼	2	—	徐有军
屠　梁	3	申屠建民	申屠建民
瑶昌桥	3	申屠瑶龙	申屠瑶龙
白岩坞	3	王新爱	王新爱
雅　坑	5	张永平	张永平
塘　里	2	马宝其	马宝其
徐　宅	10	徐军强	徐军强
岭　山	5	陈为海	陈为海
宅　溪	5	厉公民	厉公民

【文教卫生】　2020年，马宅镇有幼儿园1所，在园幼儿216人，专任教师18人。小学1所，在校学生504人，专任教师30人。初中1所，在校学生348人，专任教师31人。教育经费投入72万元，奖教奖学助学资金25万元。有镇卫生院1家，社区卫生服务站4家（和协、雅坑、徐宅、山店），村卫生室9个，专业卫生人员46人（包括村卫生室9人）。推行分级诊疗和签约服务，开展送医送药送健康活动2次，赠送药品价值0.4万元，惠及423人。加强基层文化阵地建设，创建三和村、白岩坞村、徐宅村、宅溪村4个村文化礼堂，全镇17个行政村实现新时代文明实践站、文化礼堂全覆盖。开展全国第七次人口普查工作。

【社会保障】　2020年，马宅镇开展慈善救助工作，救助困难家庭18例，发放慈善救助金36000元，慈善血透救助1例，慈善助学3例，发放慈善助学金15000元。开展243户低收入农户精准扶贫，实行“一户一策一干部”帮扶机制，开展城乡居民医疗保险工作，参保率99.59%；1.3万余人参加大病保险，参保率99.51%。

【社会管理】　2020年，马宅镇开展问题整改78项，化解矛盾纠纷40起。上级交办重点信访件14件，化解13件，化解率93%。初信初访21件，化解21件，化解率100%；信访积案7件，化解6件；化解8件村级组织换届中暴露的突出问题。解决重大劳资工伤纠纷3起，追讨拖欠工资16余万元。

【组织建设】　2020年，马宅镇落实“五访五问”大调研，通过调研、收集、梳理确定2020年需要完成事项91项，未来5年需要完成的事项76项，征得“两类事”（村集体最需做的事、村民最需帮助解决的事）意见606项。开展换届选举工作，推行行政村书记、主任“一肩挑”，选出村两委干部233人。开展党员干部队伍建设，强化农村党员干部的教育管理，开展提醒谈话7人；推行农村党员积分制管理和整转支部日常教育管理，整转支部党员9人，整转教育迁回村里党员10人；落实“红领青年”培育计划，跟踪培养、动态管理、量化考核“红领青年”40余人。

（何飘逸）

佐村镇

【概况】 2020年，佐村镇行政区域面积149平方千米，下设佐村、罗峰、宅口、上村、西营5个分中心，辖25个村民委员会、220个村民小组。镇政府驻佐村村。辖区总户数10151户，总人口25108人。出生人口155人，出生人口性别比115（女为100）。财政预算收入6408.28万元。完成工农业总产值6.25亿元，比上年增长2%；农村集体经济总收入2787万元；农村常住居民人均可支配收入26288元。成功创建国家级卫生城镇，通过省AAA级景区镇验收，获评东阳市抗击新冠肺炎疫情先进集体，获镇乡（街道）旅游工作推进奖。

【工业】 2020年，佐村镇有乡镇工业企业12家，规模以上工业企业5家。完成工业总产值3.3亿元，5家规模以上企业完成生产总值2.9亿元，固定资产投资6000万元，引进内资3000万元，浙商回归资金1500万元。完成建筑类企业相关工商注册10家，3家建筑劳务公司取得资质及安全许可证，完成建筑业税收10287万元，比上年增长0.23%，招引建筑企业税收7822万元。财政收入1.23亿元，比上年增长9.56%。

【农业】 2020年，佐村镇常用耕地面积1483公顷，其中耕地流转面积620公顷，耕地灌溉面积863公顷。推进茶叶、毛竹、香榧、油茶、高山蔬菜、银杏、金银花7大产业的建设。开展休闲观光农业建设，培育1个省级香榧园——梦的香榧园，创立“龙盘玉叶”等茶叶品牌。完成高标准农田改造133.33公顷，旱改水15公顷。

【村镇建设】 2020年，佐村镇推进“美丽乡村”建设，投资1412.4万元实施87个项目。创建“三强六无五美村”达标村7个、示范村2个，成功创建省级新时代“美丽乡村”达标村6个、精品村2个，东阳市级“美丽乡村”达标村9个、示范村10个，其中金家庄村、石井坑村被评为市“十佳村”。投资1354万元实施19个项目，创建斯光、塘丘2个产业特色精品村。启动美丽城镇建设工作，投资2800万元实施22个建设项目。开展农村人居环境提升“百日攻坚”行动，清运垃圾500余吨，清理河塘沟渠96口，清理乱堆乱放742处，拆除违章搭建4223平方米，整治乱贴乱画380处，整治乱养家禽240处，增加绿化

2020年佐村镇行政村基本信息情况一览表

表70

行政村名称	自然村（个）	村支部（总支）书记	村委主任
佐　村	3	斯佩华	斯佩华
桑　梓	4	王荣良	王荣良
上林口	1	金访豪	金访豪
谷　岱	5	马利荣	马利荣
斯　光	2	郭秩云	郭秩云
前　塘	2	余少将（第一书记）	赵忠伟
罗　峰	7	马荣辉	马荣辉
友　谊	3	王龙华	王龙华
厦　城	3	金福来	金福来
宅　口	4	金小兰	金小兰
山　合	5	金龙新	金龙新
珊　门	1	金和忠	金和忠
流贵塘	1	张友芳	张友芳
香　溪	2	楼雪花	楼雪花
大塘光	3	应鸣龙	应鸣龙
上　村	3	张绍龙	张绍龙
石　桥	3	张友谊	吴生来
白牛畈	2	许响彬	许响彬
五　联	5	徐根跃	徐根跃
五　丰	5	陈德孝	陈德孝
西　营	3	应利女	应利女
赵　楼	2	赵旺伟	赵旺伟
石井坑	3	王康富	王康富
俞　家	2	俞云标	俞云标
平　坑	3	楼齐平	楼齐平

面积31600平方米，增加美丽庭院320个，斯光村成功创建省级“垃圾分类”高标准示范村。推进拆后重建工作，拆违7454平方米，顺利通过金华市“无违建乡镇”复评，成功创建厦城村、桥棚村2个“拆后重建示范村”。推进怀万线风景线提升工作及“四好农村路”建设，完成8.1千米沿线村庄建设绿化提升；完成9条道路、17.37千米农村公路提升改造。投入资金约100万元完成23处、2200余平方米道路水毁塌方修复，清理塌方500余平方米。投资7714万元启动厦城水厂建设，解决罗峰、上村、宅口、西营4个分中心7956户农户的饮水问题，完成“一户一表”安装2100户，完成塘丘、流贵塘、山头俞和双燕4个村的单村的供水设施建设。农村安全饮用水普及率100%。

【文教卫生】 2020年，佐村镇有幼儿1所，专任教师7人，在园幼儿109人；有小学2所，在校学生244人，专任教师26人；初中1所，在校学生264人，专任教师23人，九年义务教育覆盖率100%。佐村镇镇级成人技校成功创建省级标准化技校，下设佐村、宅口、上村、珊门教学点。设广播电视站1处。有各级各类医疗卫生机构11家，其中镇中心卫生院1家、社区卫生服务站8个、村级卫生室2家。有专业卫生人员36人，其中执业医师和助理25人、注册护士8人、药师1人、检验师2人。开展第九轮农民健康体检，60岁以上体检3956人，学生体检506人。0～6岁儿童数1092人。创建斯光村、流贵塘村、前塘村、西营村4个村文化礼堂，全镇有文化礼堂22家，开展活动40余次。

【社会保障】 2020年，佐村镇增加低保48、低保边缘15人、特困户2户、注销低保对象69人、低保边缘对象84人、死亡特困户4户，对14名困难群众提供临时性救助金20600元。新型农村合作医疗参保人数16403人。创建星级农村居家养老中心2家（上村居家养老服务中心、西营居家养老服务中心）。25个行政村完成消除集体经济薄弱村任务，经营性收入10万元以上，其中18个村集体经营性收入超15万元。

【社会管理】 2020年，佐村镇划分70个网格，配备70名专职网格员，采集信息15493条，镇职能部门事件流转办理2409件，村级流转办理13084件，处理综治事项4309件，处理环境卫生事件5024件，排除安全隐患2135件，提供民生服务3953件。开展基层矛盾纠纷和风险隐患排查化解行动，完善镇村两级“老娘舅”队伍建设，配备2名镇级“老娘舅”和16名村级“老娘舅”，完成1个镇级、25个村级矛调中心建设。开展“扫黑除恶”“五水共治”“反诈骗”“平安东阳”建设等工作，发放宣传资料4万余份。完善佐村镇综合信息指挥室工作流程职责制度，运用“基层治理综合信息平台”和“掌上基层”手机App开展城镇数字化管理，镇综治指挥中心协同派出所、市场监管所、国土所、安监所等部门进行事件流转办理，上报办件事件11714件。建设基层法律服务站点25个，行政村签订法律顾问合同，法律顾问参与人民调解31次，免费为村民提供法律援助3件。

【组织建设】 2020年，佐村镇有党员1341人，其中农村党员1190人；党组织42个，其中行政村党支部25个。修订镇村干部考核办法，制定《2020年度佐村镇机关干部岗位责任制考核办法》《2020年佐村镇村主职干部考核办法》。加强年轻干部“三个一”培养制度（每周一学习、每月一重点、每季度一交流），以年轻干部“五个一”（解决一个难题、发掘一个文化故事、打造一个亮点、带动一批群众、选出一批先进）助力“最美村”建设。开展镇村党支部“晒拼创”工作，加强后备干部队伍建设，村级组织换届选举期间，排摸42名后备干部人选。推进村社换届选举工作，开展“五访五问”（访民问需、访贫问苦、访贤问计、访怨问由、访企问难）大调研活动，镇、村党员干部参与大走访，选出新一届村两委干部153人。

【乡村旅游】 2020年4月2日，佐村镇首届云端新茶发布会在宅口村举行。发布会上举办手工炒茶比赛、茶叶专家指导种植技术、镇干部直播带货等活动，直播在线人数16万人次，成交金额4万余元。4月12日，第五届挖笋节系列活动在新立村开幕，以“笋趣佐村，跑进田园”为主题，进行挖笋大赛、趣味野炊、寻宝大赛、里高岗春天越野跑等活动，开设笋王拍卖环节，将拍卖所得钱款捐助村里困难户。7月31日，佐村镇夏季旅游节开幕式暨中国好声音佐村赛区决赛在山合村举行。8月8日，东阳市全民健身日启动仪式佐村分会场在山合村开幕，全市18个镇乡街道180余人参加，开展5.5千米健走活动。

2020年8月8日，佐杆镇举行2020年东阳市全民健身日分会场活动

（佐村镇提供）

2020年7月31日，佐村镇人民政府与浙江省之江乡村振兴研究院签订战略合作协议（佐村镇提供）

【佐村镇创新基地授牌】 2020年7月31日，浙江省之江乡村振兴研究院与佐村镇人民政府在佐村拉美小镇丞村广场签订战略合作协议，正式授牌“浙江省之江乡村振兴研究院佐村镇创新基地”。佐村镇与市文广旅体局、市文联签订战略合作协议。山合村与中匈美术家协会、浙江电视台校园风景线栏目、东阳市作家协会、东阳市诗词楹联协会、东阳市摄影家协会、东阳市华娱摄影培训、耕云轩书画创作培训中心、卢裕华美术工作室开展合作，被授予“中匈美术创作基地”“浙江电视台成语故事拍摄基地”“文学创作基地”“诗词创作基地”“摄影创作基地”“摄影培训实践基地”“耕云轩书画创作基地”“卢裕华油画创作基地”牌子。

【美丽城镇建设】 2020年，佐村镇以“运动佐村、农趣佐村、清新佐村”为特色，推行美丽城镇建设首席设计师和驻镇规划师“双师”制度，投资2800万元，建设集小镇客厅（农产品展销）、宾馆、物流中心、电子商务于一体的佐村镇商贸综合体以及文化礼堂、居家养老中心等22个美丽城镇建设项目。

（余　雯）

三单乡

【概况】 2020年，三单乡行政区域面积84平方千米，设三单、青溪、玉溪3个工作片，辖14个行政村，26个自然村。乡政府驻三单村底吉1号。辖区总户数4332户，总人口11449人。出生人口95人，出生人口性别比90（女为100）。完成税收2717万元，固定资产投资4370万元，引进内资663万元，无规模以上企业。全乡地形以山地为主，绿化覆盖率90%以上，气温比东阳城区低3度到5度。下山头村、楼基村2个村庄获评市级“十佳村”。下山头村、黄阁坑村2个村庄获评垃圾分类市级“最好村”。成功创建国家级卫生乡和浙江省AAA级景区乡。增加亿元以上投资项目1个——三单乡三十六院项目。

【农业】 2020年，三单乡茶园种植1092.33公顷，花生种植75.47公顷，高山西瓜种植30.87公顷，高山蔬菜种植344.93公顷。炒制茶叶537吨、香榧140吨、小京生花生123.8吨，采摘高山蔬菜368公顷。有各类农业专业合作社24家，农业企业12家，形成浙江榧哥、三单小京生、海明白茶等农产品品牌。推广农业新技术、新品种，办理农机购置补贴140户次，收缴政策性农业保险保费3920.4元。变型拖拉机报废12台，完成率100%。实施动物防疫2991头次。完成玉溪村200平方米的香榧堆沤房、三单村5.33公顷油茶基地建设，阁溪村5.47公顷旱地、中村村4.67公顷土地流转，青溪村2公顷垦造耕地。申报市级林业产业化项目2个（玉溪村200平方米香榧堆沤房建设和三单村5.33公顷油茶基地建设）。

【重大项目建设】 2020年，三单乡有在建亿元以上重大项目3个。星空小镇项目总用地45余公顷，总投资额3.6亿元，是国家1000个特色小镇项目之一、国家首个台地天文主题乐园，第一期完成投资6400余万元，部分建筑完工。飞尔静心园项目总用地17.33公顷，总投资额1.5亿元，是集康养、休闲、娱乐、住宿于一体的乡村休闲旅游项目，完成生态餐厅、生态宾馆等主体工程，完成投资2296万元。三单乡三十六院项目由浙江东阳林栖文化传播有限公司投资，计划总投资约3亿元，项目发展业态包括非遗博物馆、民宿、手工工坊、游学体验、商旅拍摄等内容，分三期实施，完成开发协议签订。

【乡村振兴】 2020年，三单乡实施农村人居环境提升“百日攻坚”行动“晒拼创”活动，完成整治620处，绿化管护220处。推进“三强六无五美”村创建，阁溪村成功创建示范村，中村村、搭钩村、钱溪村3个村成功创建达标村。实施“美丽乡村”建设项目46个，完成投资500余万元，整治乱堆乱放350处，拆除乱搭乱建50处，提升绿化约2200平方米。投资1150万元，推进金航产业特色精品村建设，实施立面改造、美丽庭院建设、村庄绿化等项目。推进总长6.5千米的回归自然美丽乡村风景线三单段建设，实施沿线景观提升、重要节点建设、村庄入口景观改造等项目。开展垃圾分类工作，三单乡资源化处理站投入运行。推进美丽城镇建设行动，完成项目行动方案编制，制定三年建设计划，制作三单乡美丽城镇宣传片，实施主项目6个、子项目15个，总投资3054万元，完成清溪两岸亮化、大溪沿路立面喷砂、西山溪引水等工程建设。完成乡农特产品展示中心主体建设。投资1892.6万元，推进清溪生态廊道建设，实施清溪景观带建设，开展廊道铺设、拦水坝改造、石栏修筑等项目。实施下西楼生态康养项目，发展休闲养老康疗养生产业。

2020年三单乡行政村基本信息情况一览表

表71

行政村名称	自然村(个)	村支部(总支)书记	村委主任
三　单	3	单立良	单立良
前　田	1	单炉桥	单炉桥
搭　钩	1	单涨跃	单涨跃
中　村	1	单明良	单明良
山　背	1	杜旭良	杜旭良
华　阳	3	金法龙	金法龙
青　溪	2	黄鹏杨	黄鹏杨
金　航	1	楼善良	楼善良
钱　溪	2	曹兴良	曹兴良
下西楼	3	曹生良	曹生良
玉　溪	3	张卫良	张卫良
阁　溪	3	张富良	张富良
大蟠溪	1	陈宏良	陈宏良
华　孙	1	潘姣英	潘姣英

14个行政村经营性收入均达到10万元以上，其中8个村达到15万元以上，年人均收入9000元以下农户全面消除。

【文教卫生】 2020年，三单乡完成《东阳市二轮修志三单乡资料长编》。开展"村档镇管"村级档案清整工作，配备"一村一柜"和村级档案网格人员，加强档案管理。创建文化礼堂3个，举办"兴案"、广场舞培训等文体活动20余次，开展各类文化培训7次，组织参加东阳市镇乡街道文艺会演并获金奖。推动三单传统"南派"舞狮申请东阳市非遗项目，市武术协会三单乡分会参加金华市武术大赛获团体金奖。有幼儿园1所，在园幼儿81人，专任教师5人；小学1所，在校学生207人；初中1所，在校学生217人，专任教师38人。乡中心学校成立后勤处，对学校入口和食堂进行改造，引进全国十强快餐公司——康喜乐嘉。往届毕业生单依纯获2020"中国好声音"总冠军。有乡卫生院1家，社区卫生服务站1家，村卫生室2家，乡卫生院门诊急诊接诊20653人次，门诊总收入205.86万余元，完成中医馆建设，开展拔罐、理疗敷贴、针灸、艾灸等新诊疗项目。开展新冠防控、慢性病健康知识等讲座58次，居民健康知晓率94%。开展家庭医生签约服务，有效签约3140人。健康档案复核8910人，复核率83.01%。65岁以上老年人体检1222人，体检率73.1%。核查计生奖特扶人员414人，排查不符人员6人，走访计生困难家庭10户。

【村镇建设】 2020年，三单乡通过无违建乡复评，完成违法建筑处置89处，拆违面积5211.2平方米，完成市定目标的260%。完成旧住宅改造6000平方米，改造完成率100%。完成山背村、华阳村、搭钩村、前田村高标准农田建设251.94公顷，完成玉溪村、山背村、华阳村建设用地复垦0.86公顷，完成玉溪黄塘溪村建设用地拆旧区复垦0.88公顷。优化农村饮用水，投资2995.5万元，完成自来水厂厂房工程和配套总管网主体工程建设。投资522.7万元，完成玉溪村、搭钩村等5个自然村的单村供水站项目。投资520万元，推进6个行政村、10个自然村的农村饮用水"一户一表"改造工程，通过农业水价综合改革验收。完善养护站规范化管理，完成山背村、鹤溪村、西佑村6千米"四好农村路"建设。投资2000万元，推进三单—时华、蟠仙—黄蟠、仙前—华孙等20.8千米农村公路大中

2020年9月30日，三单乡召开农村人居环境提升"百日攻坚"行动"晒拼创"会议

（徐　艳/摄）

修工程建设。完成双虹桥病旧桥梁改造工程主体建设。开展怀万线二期宅口畈村连接线工程防洪评估、设计预算等前期工作。开展全乡74.7千米农村公路日常养护工作。创建“污水零直排区”,完成企事业单位整改5家,“六小”行业整改11家,农户整改253户,集镇区农户污水管网实现应接尽接,基本消除雨污混流现象,通过市级验收。开展乡、村两级巡河,强化27个污水终端处理设施长效运维管理,完成标准化运维3个,5条干流交接断面地表水水质常年保持在Ⅱ类水标准。

2020年7月17日,三单乡举办第三届高山西瓜节暨第二届嬉水节(王金良/摄)

【社会保障】 2020年,三单乡完成第七次全国人口普查工作,全覆盖普查4325户,11455人。创建一星级生态公墓9个,覆盖率64%。成立村社会组织服务中心7个,实现村社会组织服务中心全覆盖、一星级田园社区全覆盖。对标对表开展低收入农户摸底工作,对全乡217户农户建立集中兜底动态管理台账,走访关怀2500余人次。开展低保复核,增加67人,退出48人。低保边缘户增加6人,退出35人。特困供养4人。发放临时救助资金16500元,惠及12人,办理老年证214张。完成困难残疾人家庭无障碍改造7户、安居工程3户。落实残疾人医疗保险优惠政策,残疾人医保参保率98%以上。成立乡级退役军人服务站,建立民兵应急队伍1支。

【组织建设】 2020年,三单乡有党员526人,其中农村党员499人;党组织17个,其中行政村党支部14个。召开部署党建工作会议5次,组织党委理论学习中心组学习9次,集中学习6次。完善村级后备干部信息库,培养吸收入党积极分子13人,比上年增长225%,发展党员4人。在换届选举中解决“两不愁三保障”、自来水改造提升、危旧房改造等民生重点难点问题15件,完成14个行政村的村委、村监会、经济合作社以及配套组织换届工作。书记、主任“一肩挑”人选实现第一轮100%选出,村委、村监会、社管会职数于选举当日100%选足。落实市委巡察整改工作,落实13个方面38个问题的具体整改措施,完成“一事一档”资料收集整理,整改完成率97%,制定及修改完善制度14项,追缴资金5.84万元,涉及人员处理17人。完成市委村居巡察组对4个村的巡察工作。

【社会管理】 2020年,三单乡完成综合信息指挥室实体化办公,辖区流动人口登记率、信息准确率、手机号码采集率100%。创新“1+3+27+N”(1个乡+3个工作片+27个网格+N个党员、村民代表)基层治理四级网格,建立健全各村矛盾纠纷每月排查机制,各村每月排查调处率、纠纷就地化解率100%。建立三单乡“老娘舅”工作室,每月开展重大社会稳定风险隐患排摸工作,无重大社会稳定风险隐患。调处矛盾纠纷32件,办理信访件43件,化解初信初访案件4件、信访积案2件,化解率均为100%。三单乡民转刑命案、亡人火灾事故、道路交通死亡事故零发生。完成重点行业领域专项整治问题排查54次。开展“大走访、大排查、大化解、大提升”专项活动,走访农户4476户,解决群众诉求、纠纷98件。分条分类厘清机关内部办事事项326件,优化升级“最多跑一次”便民服务中心,办理民生事项626件。

【乡村旅游】 2020年7月17日,“甜蜜三单,清爽一夏”2020第三届高山西瓜节暨第二届嬉水节在金航村高山西瓜基地举行,推介“四宝十景”,展示特色农产品和农耕文化。创建寺岭脚研学旅行基地,创建A级景区村庄1个、AA级景区村庄2个、AAA级景区村庄1个。

(徐　艳)

人物和荣誉

人物简介

·2020年“浙江好人”·

【王　剑】 男，1984年1月出生，中共党员，横店镇人，东阳市公安局巍山派出所民警。巍山镇白坦村出现新冠肺炎疫情整村隔离后，他第一时间写下请战书，主动要求到白坦村做疫情防控工作，连续1个月驻守白坦村，开展秩序维护、防疫知识宣传、心理疏导等工作。迅速招募300余人组建义警联盟抗疫志愿服务队，带领志愿者24小时开展志愿服务，解决群众求助500余起、采购物资2600余件，保障被隔离的3869名村民生活物资供给。入选2020年3月“浙江好人榜”。

【马志胜】 男，1973年9月出生，中共党员，生前系东阳市南马镇人民政府副镇长。他心系群众，是冲锋在前的“排头兵”，台风天为转移群众自己被洪水围困3小时；他勤政务实，是埋头苦干的“老黄牛”，参加工作后没在家里度过一个完整的春节；他勤恳工作，是村民群众的“贴心人”，化解矛盾纠纷上百件。10月2日、3日，他放弃假期到村里查看施工进度，却因积劳成疾不幸突发疾病猝然离世。东阳市委追授马志胜为东阳市优秀共产党员。《浙江日报》《金华日报》对他的事迹进行报道。入选2020年12月“浙江好人榜”。

（蒋　亮）

荣　誉

【东阳市市长质量奖】 2020年2月2日，东阳市人民政府表彰2019年度东阳市市长质量奖：

2019年度东阳市市长质量奖（组织）

浙江野风药业股份有限公司
浙江中信红木家具有限公司
花园新材料股份有限公司

2019年度东阳市市长质量奖贡献奖（团队）

浙江英洛华磁业有限公司粘结磁事业部

2019年度东阳市市长质量奖贡献奖（个人）

杜长江（浙江卓木王红木家俱有限公司）

2019年度东阳市市长质量奖（组织）提名奖

浙江南磁实业股份有限公司
浙江浪人工艺品股份有限公司

【东阳市中小企业市长科技创新奖】 2020年4月28日，东阳市人民政府表彰2019年度东阳市中小企业市长科技创新奖：

浙江中元磁业股份有限公司
花园新材料股份有限公司
浙江澳亚织造股份有限公司
东阳市奥隆机械设备有限公司
浙江新纳材料科技股份有限公司
东阳市恒达金属波纹管有限公司
浙江宝森波纹管有限公司
东阳市金陵机械股份有限公司
东阳市华能新型建材有限公司
东阳市明堂红木家俱有限公司

（东　鉴）

【市内晋升高级专业技术职务人员名单】 2020年，市内晋升高级专业技术职务人员491人。

高级工程师（106人）

厉　锋	东阳市林业总场
卢　菲	广厦东阳古建园林工程有限公司
陆志华	浙江立昂市政园林建设有限公司
杜雄健	浙江立昂市政园林建设有限公司
汤婷婷	东阳市名晨园林建设工程有限公司
程有明	东阳市名晨园林建设工程有限公司
包兴虹	浙江花园建设集团有限公司
刘　德	中天建设集团有限公司
周　锋	中天建设集团有限公司
应海权	东阳江城建设集团有限公司
金阳辉	东阳市供排安装工程有限公司
汤如玲	浙江中垚建设有限公司
楼先锋	浙江中垚建设有限公司
吴其民	广厦建设集团有限责任公司
蔡飞飞	广厦建设集团有限责任公司
卢庆庆	东阳市诚泰建设有限公司
应　康	海天建设集团有限公司
张素珍	海天建设集团有限公司

黄国亮　海天建设集团有限公司
虞斌波　海天建设集团有限公司
王燕萍　浙江金立建设有限公司
楼鑫民　浙江立扬建设有限公司
马丽萍　浙江华厦建设集团有限公司
虞国玉　浙江省东阳第三建筑工程有限公司
张兰兰　浙江新东阳建设集团有限公司
杜朝刚　浙江新东阳建设集团有限公司
何　金　浙江省东阳市南方建筑工程有限公司
金巍浩　东阳市康坦建筑有限公司
李杰杰　浙江东阳建工集团有限公司
陈志中　浙江东阳建工集团有限公司
方飞玲　浙江唯扬建设有限公司
白奇文　中天建设集团有限公司
刘　挺　中天建设集团有限公司
周孟东　中天建设集团有限公司
王　刚　中天建设集团有限公司
陈　亮　中天建设集团有限公司
楼志阳　中天建设集团有限公司
华晨杰　中天建设集团有限公司
韩正恳　中天建设集团有限公司
李盘付　中天建设集团有限公司
张　悦　中天建设集团有限公司
周斌浩　中天建设集团有限公司
黄浩珂　中天建设集团有限公司
郭永钢　中天建设集团有限公司
陆在东　中天建设集团有限公司
夏清准　中天建设集团有限公司
黄传乾　中天建设集团有限公司
吴江峰　中天建设集团有限公司
斯云岗　中天建设集团有限公司
楼红雷　中天建设集团有限公司
陆丽青　中天建设集团有限公司
王军礼　中天建设集团有限公司
张灵传　中天建设集团有限公司
王啸天　浙江佳和建设有限公司
江福洪　浙江城正建设工程有限公司
齐　琳　浙江中亮建设有限公司
吴俊莹　利越集团有限公司
魏焕萍　浙江利越市政园林有限公司
楼若航　浙江利越市政园林有限公司
陈旭平　浙江君傲建设有限公司
楼晓伟　浙江中艺建设有限公司
卢晓南　浙江省东阳市市政环境工程有限公司
楼国孝　浙江省东阳市市政环境工程有限公司
张献平　浙江省东阳市市政环境工程有限公司
周晓康　中天建设集团有限公司
许世川　中天建设集团有限公司
孔拥军　浙江城正建设工程有限公司
王建国　广厦建设集团有限责任公司
樊建华　广厦建设集团有限责任公司
张文祥　海天建设集团有限公司
陶永明　海天建设集团有限公司
楼锦涛　海天建设集团有限公司
王明峰　浙江森威监理有限公司
陈土生　浙江森威监理有限公司
丁苍斌　浙江金立建设有限公司
郭云斌　浙江宏成建设集团有限公司
郭建中　歌山建设集团有限公司
余维成　歌山建设集团有限公司
金海襟　歌山建设集团有限公司
张翼翀　歌山建设集团有限公司
王阳华　歌山建设集团有限公司
吕彬彬　中天建设集团有限公司
于　峰　中天建设集团有限公司
李晓莉　中天建设集团有限公司
陶亚君　中天建设集团有限公司
张旭军　东阳市文物建筑修缮有限公司
楼玉峰　浙江中亮建设有限公司
郭　伟　浙江省东阳第三建筑工程有限公司
徐海峰　中天建设集团有限公司
邓　锋　中天建设集团有限公司
贾秀珍　浙江立昂市政园林建设有限公司
彭　亮　中天建设集团有限公司
何向阳　歌山建设集团有限公司
付长华　花园药业股份有限公司
陈　亮　浙江普洛得邦制药有限公司
包大新　横店集团东磁股份有限公司
李玉平　横店集团东磁股份有限公司
赵宇飞　横店集团得邦照明股份有限公司
杜阳忠　横店集团东磁股份有限公司
祝占根　浙江普洛得邦制药有限公司
胡希忠　浙江普洛康裕制药有限公司
高建保　浙江普洛家园药业有限公司
胡罕平　浙江花园生物高科股份有限公司
张位德　浙江康峰化工有限公司
吕东良　浙江巍华化工有限公司
王亚男　浙江省木雕红木家具产品质量检验中心（东阳市产品质量标准计量检验检测中心）

教授（2人）

孙丽雅　浙江广厦建设职业技术学院
张伟孝　浙江广厦建设职业技术大学

副教授（50人）

林　丽　浙江广厦建设职业技术学院
王　漪　浙江广厦建设职业技术学院
李修强　浙江广厦建设职业技术学院
齐永杰　浙江广厦建设职业技术学院
金刚波　浙江广厦建设职业技术学院
刘铁军　浙江广厦建设职业技术学院
陈凤华　浙江广厦建设职业技术学院
吴丽丽　浙江广厦建设职业技术学院
陈　骏　浙江广厦建设职业技术学院
韩文松　浙江广厦建设职业技术学院
骆　爽　浙江广厦建设职业技术学院

楼飞燕　浙江广厦建设职业技术学院
贾丹红　浙江广厦建设职业技术学院
顾莉莉　浙江广厦建设职业技术学院
唐伟军　浙江广厦建设职业技术学院
卢巧巧　浙江广厦建设职业技术学院
任　昕　浙江广厦建设职业技术学院
包尕娃　浙江广厦建设职业技术学院
吕国喜　浙江广厦建设职业技术学院
李　梅　浙江广厦建设职业技术学院
祝捍敏　浙江广厦建设职业技术学院
宋丹莉　浙江广厦建设职业技术学院
黄启义　浙江广厦建设职业技术学院
李锦晶　浙江广厦建设职业技术学院
俞　磊　浙江广厦建设职业技术学院
郑少敏　横店影视学院
齐艳冰　横店影视学院
吴学科　横店影视学院
蒋　婷　横店影视学院
唐　串　横店影视学院
郑　悦　横店影视学院
刘晓峰　浙江广厦建设职业技术大学
汪国辉　浙江广厦建设职业技术大学
高　莹　浙江广厦建设职业技术大学
王瑜玲　浙江广厦建设职业技术大学
黄海燕　浙江广厦建设职业技术大学
郭淑华　浙江广厦建设职业技术大学
傅惠娟　浙江广厦建设职业技术大学
章霞青　浙江广厦建设职业技术大学
蔡建惠　浙江广厦建设职业技术大学
何妍妍　浙江广厦建设职业技术大学
杨　超　浙江广厦建设职业技术大学
葛欣欣　浙江广厦建设职业技术大学
骆丽红　浙江广厦建设职业技术大学
洪亮亮　浙江广厦建设职业技术大学
杜旭雅　浙江广厦建设职业技术大学
倪锦君　浙江广厦建设职业技术大学
陈令钊　浙江广厦建设职业技术大学
陈贤伟　浙江广厦建设职业技术大学
张安强　浙江广厦建设职业技术大学

研究员(1人)

王继华　浙江广厦建设职业技术大学

副研究员(4人)

任力晖　浙江广厦建设职业技术学院
董凌丹　浙江广厦建设职业技术学院
许　锋　浙江广厦建设职业技术大学
宫丽丽　浙江广厦建设职业技术大学

高级会计师(34人)

金龙华　横店集团控股有限公司
陈安丽　横店集团控股有限公司
刘胜波　横店集团房地产开发有限公司
陈园娟　浙江横店染整有限公司
周赛晶　横店集团控股有限公司
葛红梅　普洛药业股份有限公司
申洪涛　普洛药业股份有限公司
陈秀红　浙江普洛家园药业有限公司
贾华东　横店集团东磁股份有限公司
方　圆　浙江横店影视城有限公司
马雪飞　横店资本管理有限公司
杜晓安　横店集团控股有限公司
张丽萍　浙江花园建设集团有限公司
何巧君　横店集团控股有限公司
李　强　浙江新纳材料科技股份有限公司
徐落平　浙江新东阳建设集团有限公司
陈仕勇　浙江横店得邦进出口有限公司
马华燕　浙江横店城市公共服务有限公司
张宁珍　横店集团东磁有限公司
张黔红　东阳明鉴会计师事务所有限公司
金巧琴　东阳明鉴会计师事务所有限公司
楼冠军　浙江新东阳建设集团有限公司
赵娟娟　东阳市燃气有限公司
斯亚英　浙江卓木王红木家俱有限公司
倪旭春　野风集团有限公司
厉　平　浙江横店影视城有限公司
王小萍　浙江横店影视城有限公司
周爱玲　横店集团控股有限公司
马兰燕　浙江东阳农村商业银行股份有限公司
王天军　浙江东阳农村商业银行股份有限公司
张莲平　横店集团控股有限公司
马海英　浙江康吉尔药业有限公司
葛　宏　东阳市人民医院
方新进　横店影视股份有限公司

副研究馆员(1人)

叶　军　东阳市博物馆

高级农艺师(1人)

厉永强　东阳市种植业技术推广中心

主任医师(18人)

蒋　俊　东阳市妇幼保健院
葛娅琳　东阳市中医院
王国元　东阳市中医院
罗　珉　东阳市中医院
郑旭亮　东阳市中医院
李　瑛　东阳市江北街道社区卫生服务中心

李正良　东阳市横店医院
周江红　东阳市城东街道社区卫生服务中心
彭继仁　东阳市人民医院
王维凯　东阳市人民医院
张　霞　东阳市人民医院
楼英萍　东阳市人民医院
朱伟华　东阳市人民医院
吕金英　东阳市人民医院
吴春晓　东阳市人民医院
周莉莉　东阳市人民医院
赵书山　东阳市人民医院
陈剑平　东阳市人民医院

副主任医师（63人）

马　樱　东阳市妇幼保健院
吴婷婷　（编外人员）东阳市妇幼保健院
张喜平　南市街道社区卫生服务中心
赵玲玲　东阳市妇幼保健院
马正兴　东阳市花园田氏医院
李航向　横店文荣医院
叶林妹　横店文荣医院
瞿新贞　东阳市红十字会医院
卢俊华　横店文荣医院
马　权　东阳市红十字会医院
江军建　东阳市花园田氏医院
陈　霞　横店文荣医院
郭　萍　东阳市第七人民医院
蒋晓峰　东阳市第七人民医院
刘黎明　东阳市第七人民医院
朱军仲　横店文荣医院
郭晓洁　横店文荣医院
易庆丰　横店文荣医院
方庆钢　横店文荣医院
叶凯丽　东阳市中医院
王清红　东阳市中医院
张庆霞　东阳市中医院
谢洪波　东阳市中医院
包玲玲　东阳市中医院
吴利锦　东阳市中医院
卢先锋　东阳市中医院
郭闪闪　东阳市中医院
徐跃明　东阳市江北街道社区卫生服务中心
王智勇　东阳市画水镇中心卫生院
陈利华　东阳市千祥镇中心卫生院
厉雪飞　东阳市横店医院
徐雅菡　东阳市红十字会医院
孙虎豪　东阳市人民医院
吴欢欢　东阳市人民医院
赖衍宗　东阳市人民医院
吴　捷　东阳市人民医院
徐　文　东阳市人民医院
曹璐璐　东阳市人民医院
卢　斌　东阳市人民医院
胡思哲　东阳市人民医院
吴康斌　东阳市人民医院
赵思聪　东阳市人民医院
陆　靓　东阳市人民医院
王　赟　东阳市人民医院
何巧花　东阳市人民医院
李　梅　东阳市人民医院
黄婷婷　东阳市人民医院
曹丽玉　东阳市人民医院
吕国晓　东阳市人民医院
方　瑶　东阳市人民医院
王缤缤　东阳市人民医院
赵安莉　东阳市人民医院
李卫春　东阳市人民医院
吴杰玲　东阳市人民医院
吴凯华　东阳市人民医院
赵斌斌　东阳市人民医院
王立界　东阳市人民医院
包黎刚　东阳市人民医院
陈东波　东阳市人民医院
蒋冀渊　东阳市人民医院
赵巧巧　东阳市人民医院
蒋松平　东阳市巍山镇中心卫生院
韦潋滟　东阳市人民医院

主任技师（6人）

焦冬云　东阳市妇幼保健院
徐鲜丽　东阳市中医院
蒋小伟　东阳市人民医院
陈黎亚　东阳市人民医院
陈德宝　东阳市人民医院
周杨霄　东阳市人民医院

副主任技师（9人）

徐文萍　东阳市妇幼保健院
俞　娇　东阳市中医院
金相丽　东阳市中医院
俞乐平　东阳市中医院
任健强　东阳市人民医院
蒋丽娅　东阳市人民医院
李　远　东阳市人民医院
赵　升　东阳市人民医院
单明华　东阳市人民医院

主任中医师（1人）

吴晓兰　东阳市中医院

副主任中医师（8人）

王振国　东阳市妇幼保健院
张玫桦　东阳市妇幼保健院
楼学航　东阳市妇幼保健院
陈志进　东阳市红十字会医院
蔡锦林　东阳市中医院
丁劼劼　东阳市中医院
包承东　东阳市人民医院
金向泉　东阳市南马镇中心卫生院

副主任药师（2人）

王　园　东阳市中医院
朱莺斐　东阳市中医院

副主任中药师（3人）

蔡媛珍　东阳市中医院
徐韩平　东阳市中医院
郭伟新　东阳市人民医院

主任护师（6人）

郭江玲　东阳市人民医院
郑月仙　东阳市人民医院
胡红嫣　东阳市人民医院
胡红燕　东阳市人民医院
胡远超　东阳市人民医院
徐晓英　东阳市人民医院

副主任护师（39人）

吕婕婕　东阳市妇幼保健院
李美娅　东阳市妇幼保健院
郭旭婷　东阳市妇幼保健院
黄　望　东阳市妇幼保健院
徐慧卿　东阳市马宅镇卫生院
陆旦旦　东阳市红十字会医院
金巧馨　东阳市中医院
张锦红　东阳市中医院
李小波　东阳市中医院
张庆丽　东阳市中医院
吕光珍　东阳市中医院
卢玲玲　东阳市画水镇中心卫生院
王玲玲　横店文荣医院
王　莹　横店文荣医院
厉丹英　东阳市横店医院
葛月兰　东阳市红十字会医院
王珍红　东阳市花园田氏医院
郭双双　横店文荣医院
包丽艳　东阳市人民医院
陈苏萍　东阳市人民医院
高倩倩　东阳市人民医院
金央波　东阳市人民医院

金云丹　东阳市人民医院
张晓艳　东阳市人民医院
周　晨　东阳市人民医院
吴晶晶　东阳市人民医院
蔡青青　东阳市人民医院
陈梦霞　东阳市人民医院
陈雅珍　东阳市人民医院
戴立娟　东阳市人民医院
杜亚丽　东阳市人民医院
葛建蕊　东阳市人民医院
何晓丹　东阳市人民医院
金　时　东阳市人民医院
石丹丹　东阳市人民医院
王顺峰　东阳市人民医院
张　莉　东阳市人民医院
赵飞燕　东阳市人民医院
李巧红　东阳市六石街道社区卫生服务中心

高级教师(126人)

许志芳　东阳市教育局教研室
孙超群　东阳市吴宁第一初级中学
陈源源　东阳市第二职业技术学校
金春华　东阳市第二职业技术学校
吴敬彦　东阳市六石街道初级中学
吴淑华　东阳市白云昆溪小学
金婷婷　东阳市歌山中心幼儿园
吴乐平　浙江省东阳中学
叶群英　浙江省东阳市第三高级中学
吴晓群　浙江省东阳市第三高级中学
吴瑛瑛　浙江省东阳中学
吕雅萍　浙江省东阳中学
傅红玲　浙江省东阳中学
吴子丰　浙江省东阳中学
求自军　浙江省东阳中学
虞晓珍　浙江省东阳市南马高级中学
包芝仙　浙江省东阳市南马高级中学
王云云　浙江省东阳市中天高级中学
王丽娟　东阳市横店高级中学
吴巧丹　东阳市教育局教研室
郭甜甜　东阳市教育局教研室
杜玲玲　东阳市教育局教研室
何黎明　东阳市外国语学校
陈东辉　东阳市外国语学校
许超萍　东阳市外国语学校
马丽亚　东阳市外国语学校
王森伟　东阳市外国语学校
虞晓军　东阳市外国语学校
金海珍　东阳市吴宁第三初级中学
马跃飞　东阳市横店镇第一初级中学
江财茂　东阳市横店镇第一初级中学
包菊珍　东阳市横店镇第一初级中学
任南英　东阳市横店镇第一初级中学
张瑞清　东阳市横店镇第一初级中学
孙江能　东阳市横店镇第一初级中学
马迎彬　东阳市横店镇第一初级中学
楼严萍　东阳市横店镇第二初级中学
赵飘飘　东阳市横店镇第二初级中学
徐巧明　东阳市横店镇第二初级中学
张荷仙　东阳市千祥镇三联初级中学
史卫中　东阳市千祥镇三联初级中学
吕红先　东阳市东阳江镇初级中学
李益春　东阳市江北初级中学
赵凤君　东阳市江北初级中学
宗萍英　东阳市江北初级中学
施群全　东阳市画水镇初级中学
陈惠莉　东阳市江北上卢初级中学
吴江萍　东阳市城东街道李宅初级中学
胡华芬　东阳市歌山镇第一初级中学
吴郁萍　东阳市歌山镇第一初级中学
杜飞兰　东阳市巍山镇中学
程铁英　东阳市巍山镇中学
蔡云云　东阳市湖溪镇初级中学
蔡雪琴　东阳市湖溪镇初级中学
包燕燕　东阳市南马镇初级中学
申屠君艳　东阳市南马镇初级中学
金晓伟　东阳市南马镇初级中学
申屠仙娟　浙江省东阳市南马镇防军初级中学
刘美玲　东阳市虎鹿镇初级中学
王红鸣　东阳市吴宁第一初级中学
蔡兰芳　东阳市吴宁第一初级中学
严时强　东阳市吴宁第二初级中学
赵淑英　东阳市白云初级中学
卢云霞　东阳市白云初级中学
孙江磊　东阳市中天国际初级中学
韦　媛　东阳市外国语小学
乔晓燕　东阳市外国语小学
吴佳燕　东阳市外国语小学
董承英　东阳市实验小学
徐红萍　东阳市实验小学
许小鸽　东阳市实验小学
葛瑞芬　东阳市吴宁第二小学
王菁菁　东阳市吴宁第四小学
沈红霞　东阳市白云中心小学
厉玉丹　东阳市南市街道南溪小学
徐丽平　东阳市南市街道复夏小学
吕苏航　东阳市巍山镇中心小学
卜国栋　东阳市巍山镇中心小学
潘　洁　东阳市巍山镇中心小学
吴晓丹　东阳市巍山镇中心小学
谢丽青　东阳市马宅镇中心小学
应海英　东阳市六石街道中心小学
张敏超　东阳市六石街道中心小学
张淑萍　东阳市横店镇第二小学
吴俏蓉　东阳市横店镇第二小学
徐新军　东阳市横店镇第二小学
朱丽雅　东阳市画水镇第三小学
任晓泉　东阳市江北湖田小学
蒋　静　东阳市吴宁第五小学
马　丽　东阳市城东街道李宅小学
吕航燕　东阳市外国语小学
王　娟　东阳市吴宁第四小学
冯玲玲　东阳市吴宁第四小学
潘新阳　东阳市南市街道大联小学

杜园花　东阳市南市街道大联小学
张成芳　东阳市南市街道槐堂小学
厉　强　东阳市横店镇中心小学
任新萍　东阳市横店镇中心小学
张丽青　东阳市横店镇中心小学
许勇丹　东阳市歌山镇中心小学
王俏俊　东阳市南马实验小学
郭红庆　东阳市画水镇中心小学
韦巧华　东阳市江北第二小学
杜建锋　东阳市江北下范小学
吴　燕　东阳市江北下范小学
潘吕丹　东阳市横店镇第三小学
陈卫东　东阳市横店镇第三小学
赵明月　东阳市吴宁第一小学
陈国建　东阳市巍山镇怀鲁小学
陈跃明　东阳市歌山实验小学
杜　慧　东阳市湖溪镇湖沿小学
陆国斌　东阳市画水镇画溪小学
郭志泉　东阳市千祥镇中心小学
黄贵苏　东阳市千祥镇三联小学
蒋跃君　东阳市横店镇南上湖小学
孔伟东　东阳市城东街道斯村小学
邵国进　东阳市歌山实验小学
楼巧俊　东阳市第二实验小学
蒋航燕　东阳市江北中心小学
吴素娟　东阳市第二实验幼儿园
严华惠　东阳市机关幼儿园
施航波　东阳市横店镇第三小学
严晓峰　东阳市巍山高级中学
马贤频　东阳市巍山高级中学
骆国洪　浙江省东阳市第二高级中学
葛刚红　浙江省东阳市第二高级中学

高级讲师（11人）

包静燕　浙江省东阳市技术学校
陆丽雅　浙江省东阳市技术学校
包小霞　浙江省东阳市技术学校
郭敏姣　浙江省东阳市技术学校
叶　虹　浙江省东阳市技术学校
胡杭义　浙江省东阳市技术学校
彭新凤　浙江省东阳市技术学校
单红英　东阳市第二职业技术学校
童筱芳　东阳市第二职业技术学校
郑　义　东阳市第二职业技术学校
王婷婷　东阳市教师进修学校

（司松松）

东阳市2020年度纳税超千万企业一览表

表72

序　号	纳税人名称	法人代表
1	中天建设集团有限公司	庄　严
2	横店集团东磁股份有限公司	何时金
3	浙江东阳农村商业银行股份有限公司	方益洪
4	普洛药业股份有限公司	祝方猛
5	东阳正午阳光影视有限公司	侯鸿亮
6	歌山建设集团有限公司	何向全
7	海天建设集团有限公司	应培新
8	横店集团得邦照明股份有限公司	倪　强
9	东阳市东铭房地产开发有限公司	唐佩文
10	浙江中垚建设有限公司	韦余春
11	横店集团房地产开发有限公司	徐飞宇
12	东阳华盛企业管理合伙企业（有限合伙）	徐晗熙
13	东阳欢娱影视文化有限公司	马金萍
14	浙江省东阳第三建筑工程有限公司	胡迅华
15	国网浙江东阳市供电有限公司	叶国庆

续表72

序号	纳税人名称	法人代表
16	浙江新东阳建设集团有限公司	卢大根
17	金华市烟草公司东阳分公司	王世平
18	浙江巍华化工有限公司	吴顺华
19	浙江广厦股份有限公司	张　霞
20	广宏建设集团有限公司	叶新荣
21	浙江东阳美拉传媒有限公司	王忠磊
22	浙江东阳市爱薪建筑劳务有限公司	厉豪杰
23	新丽电视文化投资有限公司	曹华益
24	浙江花园生物高科股份有限公司	邵君芳
25	浙江同力服装有限公司	龚松林
26	华谊兄弟电影有限公司	王忠军
27	东阳市博雅置业有限公司	徐忠全
28	浙江野风药业股份有限公司	周卫国
29	东阳市工智建筑劳务有限公司	姚冬林
30	东阳市丰收建筑劳务有限公司	韦　丰
31	浙江博纳影视制作有限公司	于　冬
32	浙江花园建设集团有限公司	张有明
33	天祥建设集团股份有限公司	胡刚锋
34	浙江孚诺医药股份有限公司	傅龙云
35	浙江赛邦建筑劳务有限公司	葛红军
36	东阳市新悦房产开发有限公司	卢加华
37	东阳市蓝天白云置业有限公司	李　君
38	东阳步阳置业有限公司	朱伟荣
39	东阳嘉弘房地产开发有限公司	华学严
40	东阳坤宇置业有限公司	陈　舟
41	中国农业银行股份有限公司东阳市支行	虞浩然
42	金华锦海置业有限公司	王　凯

续表72

序号	纳税人名称	法人代表
43	东阳市胡杨林建筑劳务有限公司	孙友民
44	中国工商银行股份有限公司东阳支行	虞锦林
45	浙江凯文控股集团有限公司	卢楷文
46	东阳鸿信房地产开发有限公司	吴　华
47	东阳江城建设集团有限公司	王　备
48	东阳市天泓置业有限公司	李大彬
49	浙江海森药业股份有限公司	王式跃
50	浙江联宜电机有限公司	魏中华
51	东阳乐亿建筑劳务有限公司	单南平
52	东阳雅筑房地产开发有限公司	吴　华
53	冀发集团有限公司	王　骥
54	杭州千芝雅卫生用品有限公司东阳分公司	马飞跃
55	浙江东阳市创弘建筑劳务有限公司	蒋航波
56	东阳市国置房地产开发有限责任公司	朱一帆
57	中国银行股份有限公司东阳支行	罗亚捷
58	浙江省东阳市江南建设有限公司	张正天
59	东阳市特安建筑劳务有限公司	程　璐
60	横店影视股份有限公司	徐天福
61	东阳市华驰建筑劳务有限公司	卢新建
62	浙江东横建筑工程有限公司	杜一心
63	浙江思科制冷股份有限公司	陈俊健
64	东阳市横店禹山运动休闲有限公司	钱　斌
65	东阳巨和众创城开发有限公司	丁永敢
66	浙江歌山汇隆工程管理有限公司	单国良
67	东阳市天晖建筑劳务有限公司	蔡春峰
68	浙江东阳行运星影视文化有限公司	郝启玲
69	浙江东阳浩瀚影视娱乐有限公司	刘　韬
70	浙江英洛华磁业有限公司	魏中华

续表 72

序 号	纳税人名称	法人代表
71	浙江左科环境建设有限公司	吴文思
72	中国建设银行股份有限公司东阳支行	陈航军
73	东阳市津东建筑劳务有限公司	李跃军
74	浙江中科磁业股份有限公司	吴中平
75	东阳市晨辉建筑劳务有限公司	张尚华
76	浙江利星汽车有限公司	Dr.Conrad,Till Henrik
77	东阳市泰安建筑劳务有限公司	蔡军伟
78	东阳市城市建设投资集团有限公司	杜益初
79	新丽传媒集团有限公司	曹华益
80	东阳市学仕置业有限公司	张根风
81	东阳赛特斯信息科技有限公司	逯利军
82	东阳绿地黉门置业有限公司	孙　铮
83	浙江东阳市辉腾建筑劳务有限公司	吴　洋
84	浙江好乐多商贸有限公司	马剑胜
85	东阳市三阳置业有限公司	张永平
86	东阳市众人建筑劳务有限公司	朱康伟
87	浙江筑工科技有限公司	杜德韩
88	浙江东辉新能源科技有限公司	钱龙虎
89	东阳市凤凰通宝小额贷款股份有限公司	韦　斌
90	浙江金立建设有限公司	赵　狄
91	东阳市中顺建筑劳务有限公司	王齐平
92	浙江广厦东金投资有限公司	王　强
93	浙江省东阳市中骏建筑劳务有限公司	邓　杰
94	浙江中元磁业股份有限公司	任元月
95	浙江博纳热爱影视传媒有限公司	唐海岩
96	东阳留白影视文化有限公司	徐　康
97	东阳浙荣远嘉置业有限公司	葛跃平
98	浙江东阳富民村镇银行股份有限公司	陈建锋

续表72

序 号	纳税人名称	法人代表
99	东阳市横店共荣置业有限公司	周建伟
100	东阳市东恒建筑劳务有限公司	蒋燕卿
101	浙江省东阳市新兴房地产开发有限公司	李德尧
102	浙江东阳中国木雕城有限公司	陈 义
103	东阳市万华恒建筑劳务有限公司	贾凯航
104	东阳市新工匠建筑劳务有限公司	胡帅民
105	东阳市明德建筑劳务有限公司	厉兰新
106	浙江大喜农业开发有限公司	张大宗
107	东阳市齐力置业有限公司	张朝阳
108	浙江中感传感器科技有限公司	孙仁涛
109	浙江新亚实业有限公司	金常青
110	东阳锐禄建筑劳务有限公司	施应龙
111	东阳市文�建筑劳务有限公司	吴振翔
112	浙江金华甬金高速公路有限公司东阳分公司	申屠峰
113	金华坤泽置业有限公司	童 枫
114	东阳市志源建筑劳务有限公司	金 莎
115	东阳市露欣实业有限公司	龚淑娟
116	东阳市华能新型建材有限公司	徐兵锋
117	浙江康峰化工有限公司	吴永良
118	浙江东阳建工集团有限公司	何颂伟
119	浙江东阳柠萌开新影视传媒有限公司	苏 晓
120	浙江君傲建设有限公司	李巧巧
121	东阳市捷濠建筑劳务有限公司	吴国心
122	东阳市东横商砼有限公司	金杨军
123	东阳市华阳建材有限公司	杜秀峰
124	东阳市水务投资集团有限公司	郭凯平
125	浙江事圣建设有限公司	方希跃
126	浙商证券股份有限公司东阳环城北路证券营业部	俞刚平

续表72

序号	纳税人名称	法人代表
127	中信证券股份有限公司东阳吴宁西路证券营业部	王　菁
128	浙江横店圆明新园有限公司	厉淑贞
129	东阳欢瑞世纪艺人经纪有限公司	姜　磊
130	浙江中仑建设有限公司(白云艺墅项目工程部)	严成效
131	东阳市家源建筑劳务有限公司	许东东
132	东阳市国有资产经营有限公司	朱　瑾
133	浙江花园新型建材有限公司	马进平
134	东阳市宝利丰汽车销售服务有限公司	林尚涛
135	东阳市金球房产开发有限公司	厉　晨
136	浙江喔刷信息技术有限公司	金向华
137	东阳中匠建筑劳务有限公司	王剑锋
138	广厦建设集团有限责任公司	杜忠潭
139	东阳市中慧建筑劳务有限公司	王　忡
140	东阳市金牛小额贷款有限公司	胡天高
141	东阳市中汽置业有限公司	楼　群
142	东阳武顺达建筑劳务有限公司	陈颖芝
143	东阳市奥隆机械设备有限公司	朱派君
144	利越集团有限公司	葛岸丽
145	东阳市长庚置业有限公司	吕剑剑
146	东阳市横店影视城酒店管理有限公司	郑叶飞
147	浙江东阳市中旭华展建筑劳务有限公司	赵孝华
148	东阳市光明电力建设有限公司	沈哲民
149	东阳市世展交通产业发展有限公司	吴国伟
150	浙江东峰制冷配件有限公司	陈尚进
151	金华新城亿宏房地产开发有限公司	唐云龙
152	东阳市乔信建筑劳务有限公司	金国镇
153	东阳市康安建筑劳务有限公司	石芳芳
154	浙江小九天建设集团有限公司	汤上庆

续表 72

序 号	纳税人名称	法人代表
155	浙江新纳材料科技股份有限公司	任立荣
156	金华华英成秀建设有限公司	卢丹倩
157	浙江金象科技有限公司	王建中
158	东阳市乐视花儿影视文化有限公司	张　勇
159	中信银行股份有限公司金华东阳支行	张凡华
160	东阳市市场开发有限公司	王文伟
161	浙江北生药业汉生制药有限公司	王国林
162	浙江横店热电有限公司	金庆伟
163	东阳市国丰小额贷款有限公司	戚晓虹
164	金华银行股份有限公司东阳支行	董钱军
165	浙江省东阳市医药药材有限公司	韦晓声
166	东阳市众仁建筑劳务有限公司	张忠平
167	东阳希望纺织有限公司	张冠洋
168	东阳市民间融资服务中心有限公司	王　强
169	浙江省东阳市立信实业有限公司	卢俊明
170	浙江东阳丰和建筑劳务有限公司	施　旸
171	东阳市广宁置业有限公司	王　强
172	浙江东阳一画开天影业有限公司	张文阁
173	东阳市海川文具有限公司	吴海军
174	浙江飘祥建筑劳务有限公司	胡杭莉
175	蒙晟建设有限公司	吴立国
176	中国人寿保险股份有限公司东阳市支公司	黄宝法
177	浙江省东阳市一帆建筑劳务有限公司	厉莉丽
178	东阳市民兴建筑劳务有限公司	金建华
179	东阳市港安建筑劳务有限公司	应晓甸
180	东阳市毅龙制衣有限公司	汤光强
181	东阳亿城建筑劳务有限公司	斯向红

（东　鉴）

2020年度东阳市获党委、政府表彰的先进集体

表73

序号	获表彰单位	荣誉名称	表彰单位/表彰文号	表彰时间
		一、省　级		
1	东阳市	2019年全省实施乡村振兴战略优秀单位	浙江省委　浙江省人民政府	2020年2月
2	东阳市	授予安全牌的县(市、区)	浙江省委　浙江省人民政府	2020年4月
3	东阳市	实施学前教育补短板提升工程措施有力、成效明显的县(市、区)	浙政办发〔2020〕25号	2020年5月
4	东阳市	财政预算执行、政府性债务风险管理、财政存量资金盘活、国库库款管理等财政管理工作完成情况较好的市、县(市)	浙政办发〔2020〕25号	2020年5月
5	东阳市	实施全域土地综合整治与生态修复工程、节约集约利用土地、批而未供土地消化利用、闲置土地处置工作较好的市、县(市、区)	浙政办发〔2020〕25号	2020年5月
6	公安局	全省平安护航新中国成立70周年工作成绩突出集体	浙江省委　浙江省人民政府	2020年1月
7	东阳市政府办公室	2019年度政务信息工作考核优秀单位	浙政办发函〔2020〕23号	2020年2月
8	东阳市委机要局	2019年度全省党政系统机要密码工作先进单位	浙江省委办公厅	2020年3月
9	东阳市委	浙台经济社会融合发展突出贡献单位	浙江省委办公厅 浙江省人民政府办公厅	2020年3月
10	公安局	全省扫黑除恶专项斗争成绩突出集体	浙江省委　浙江省人民政府	2020年4月
11	司法局	2018—2019年度平安浙江建设先进集体	浙江省委　浙江省人民政府	2020年4月
12	自然资源和规划局	节约集约利用土地、批而未供土地消化利用、闲置土地处置工作较好的市、县(市、区)	浙政办发〔2020〕25号	2020年5月
13	自然资源和规划局	全省地质灾害隐患综合治理"除险安居"三年行动成绩突出集体	浙政办发〔2020〕41号	2020年8月
14	林业局	2019年中国北京世界园艺博览会浙江参展工作突出贡献集体	浙政办发函〔2020〕185号	2020年11月
15	东阳市人民医院党委	浙江省先进基层党组织	浙江省委	2020年11月
16	东阳市人民医院党委	浙江省抗击新冠肺炎疫情先进集体	浙江省委　浙江省人民政府	2020年11月
		二、金华市级		
17	东阳市	2019年度实施乡村振兴战略优秀单位	金华市委　金华市人民政府	2020年3月
18	东阳市	2019年度美丽金华建设工作考核优秀单位	金华市委　金华市人民政府	2020年4月
19	东阳市	2019年度平安金华建设工作考核优秀单位	金华市委　金华市人民政府	2020年4月
20	东阳市	金华市行政争议化解"晒拼创"优秀县市区	金华市人民政府	2020年8月

续表73

序号	获表彰单位	荣誉名称	表彰单位/表彰文号	表彰时间
21	东阳市人民政府	外贸工作先进单位、电子商务工作先进单位	金华市人民政府	2020年4月
22	东阳市人民医院感染科	金华市"战疫先锋"团队	金华市委	2020年2月
23	横店镇	工业十强镇(街道)	金政发〔2020〕10号	2020年3月
24	东阳市人民医院	金华市行政奖励先进集体	金华市人民政府	2020年3月
25	东阳市义务工作者协会	志愿服务奖	金政发〔2020〕17号	2020年5月
26	东阳市委办公室	全市党委信息工作优秀单位	金华市委办公室 金华市人民政府办公室	2020年5月
27	东阳市人民政府办公室	全市政务信息工作优秀单位	金华市委办公室 金华市人民政府办公室	2020年5月
28	发改局	2019年度美丽金华建设突出贡献集体	金委发〔2020〕21号	2020年9月
29	财政局			
30	自然资源和规划局(林业局)			
31	生态环境局东阳分局			
32	水务局			
33	农业农村局			
34	东阳市人民法院			
35	东阳市实验幼儿园			
36	人力社保局	金华市招商引才暨第二届金华发展大会筹办工作成绩突出单位	金委发〔2020〕24号	2020年11月
37	商务局			
38	卫生监督所	金华市抗击新冠肺炎疫情先进集体	金委发〔2020〕31号	2020年12月
39	南马镇党委			
40	卫生健康局			
41	经济和信息化局			
42	东阳市疾病预防控制中心党支部	金华市抗击新冠肺炎疫情先进集体	金华市委 金华市人民政府	2020年12月
43	东阳市疾病预防控制中心党支部	金华市先进基层党组织	金华市委	2020年12月
44	浙江省东阳市方圆医药有限公司	金华市抗击新冠肺炎疫情先进集体	金华市委	2020年12月
45	浙江省东阳市方圆医药有限公司	金华市先进基层党组织	金华市委 金华市人民政府	2020年12月

2020年度东阳市获党委、政府表彰的先进个人

表74

序号	姓名	工作单位	荣誉称号	表彰单位/表彰文号	表彰时间
一、省级					
1	郭　珊	东阳市政府办公室	2019年度政务信息工作考核优秀个人	浙政办发函〔2020〕23号	2020年2月
2	葛伟政	东阳市纪委市监委案件监督管理室	全省扫黑除恶专项斗争成绩突出个人	浙江省委 浙江省人民政府	2020年4月
3	丁小津	市委政法委平安综治指导室	全省扫黑除恶专项斗争成绩突出个人	浙江省委 浙江省人民政府	2020年4月
4	吴国冠	公安局刑侦大队	全省扫黑除恶专项斗争成绩突出个人	浙江省委 浙江省人民政府	2020年4月
5	朱新康	市委政法委	2018—2019年度平安浙江建设先进个人	浙江省委 浙江省人民政府	2020年4月
6	陈国庆	国防教育委员会办公室	全省国防教育工作成绩突出个人	浙江省委 浙江省人民政府	2020年5月
7	王　远	市委改革办	2019年度浙江省改革创新工作成绩突出个人	浙江省委 浙江省人民政府	2020年6月
8	陈德宝	东阳市人民医院	浙江省优秀共产党员	浙委发〔2020〕18号	2020年6月
9	叶文明	综合行政执法局	2019年度全省"无违建县(市、区)"创建工作先进个人	浙江省人民政府	2020年7月
10	吴　滨	金华市生态环境局东阳分局	生态省建设突出贡献个人二等功	浙江省人民政府	2020年8月
11	许钢红	卫生健康局	2019年度县域医共体工作成绩突出个人	浙江省委办公厅 浙江省人民政府办公厅	2020年8月
12	卢　凯	自然资源和规划局	全省地质灾害隐患综合治理"除险安居"三年行动成绩突出个人	浙政办发〔2020〕41号	2020年8月
13	陈德宝	东阳市人民医院	浙江省抗击新冠肺炎先进个人	浙江省委 浙江省人民政府	2020年11月
14	卢　斌	东阳市人民医院	浙江省抗击新冠肺炎先进个人	浙江省委 浙江省人民政府	2020年11月
15	卢　斌	东阳市人民医院	浙江省优秀共产党员	浙江省委 浙江省人民政府	2020年11月
16	程　飘	东阳市中医院	浙江省抗击新冠肺炎疫情先进个人	浙江省委 浙江省人民政府	2020年11月
17	郭　斌	东阳市疾病预防控制中心	浙江省抗击新冠肺炎疫情先进个人	浙江省委 浙江省人民政府	2020年11月
二、金华市级					
18	冯兰芳	东阳市人民医院	金华市行政奖励先进个人	金华市人民政府	2020年3月

续表74

序号	姓名	工作单位	荣誉称号	表彰单位/表彰文号	表彰时间
19	陈江宇	东阳市政府办公室	全市党政信息工作优秀个人	金华市委办公室 金华市人民政府办公室	2020年5月
20	黄海威	东阳市纪委市监委	2019年度美丽金华建设突出贡献个人	金委发〔2020〕21号	2020年9月
21	陆耿晖	东阳市委办公室			
22	邵远超	东阳市政府办公室			
23	王　捷	公安局			
24	黄振刚	民政局			
25	严徽华	财政局			
26	叶跃新	生态环境局东阳分局			
27	许晓峰	生态环境局东阳分局			
28	程鸿飞	道路运输管理局			
29	滕恩良	水务局			
30	傅范臣	文广旅体局			
31	曹剑锋	卫生健康局			
32	朱伯龄	市场监管局			
33	傅前云	行政执法局			
34	单美峰	东阳市人民检察院			
35	韦朝芳	税务局			
36	厉炼锦	六石街道办事处			
37	苏海阳	歌山镇党委			
38	蒋红翔	湖溪镇政府			
39	吴　磊	市委组织部	金华市招商引才暨第二届金华发展大会筹办工作成绩突出个人	金委发〔2020〕24号	2020年11月
40	边　梅	市委统战部			
41	包　磊	商务局			
42	徐巧英	科协			
43	张巧玲	工商联			
44	王　征	湖溪镇政府			
45	陈欣欣	横店影视文化产业集聚区管委会			

续表74

序号	姓名	工作单位	荣誉称号	表彰单位/表彰文号	表彰时间
46	郭锦明	东阳市委	金华市抗击新冠肺炎疫情先进个人	金委发〔2020〕31号	2020年12月
47	葛　剑	东阳经济开发区			
48	吴钢梁	画水镇人民政府			
49	王琰玲	佐村镇人民政府			
50	王　剑	公安局南马派出所			
51	程鸿飞	道路运输管理局			
52	王　灿	东阳市纪委常委			
53	马　先	东阳市委办公室			
54	徐向阳	人大常委会法制和监察司法工作委员会			
55	邵劲松	市委组织部			
56	金旭东	财政局			
57	贾旭强	东阳市疾病预防控制中心	金华市抗击新冠肺炎疫情先进个人	金华市委 金华市人民政府	2020年12月
58	吴爱兰	东阳市疾病预防控制中心	金华市抗击新冠肺炎疫情先进个人	金华市委 金华市人民政府	2020年12月

2020年度东阳市获条线表彰的先进集体

表75

序号	获表彰单位	荣誉名称	表彰单位/表彰文号	表彰时间
		一、国家级		
1	东阳市	2019年国家园林城市	住房和城乡建设部 建城〔2020〕17号	2020年1月
2	金华市生态环境局东阳分局	2019年生态环境保护执法大练兵表现突出集体	生态环境部 环执法涵〔2020〕17号	2020年3月
3	横店供销合作社	2020年度标杆基层社	中华全国供销合作总社	2020年5月
4	东阳市香榧研究所——东榧1号、龙凤细榧	2020年重点推广林草科技成果100项	国家林业和草原局	2020年5月
5	横店集团控股有限公司	中国品牌影响力100强	首都经贸大学中国品牌研究中心 中国品牌人物专家委员会	2020年8月
6	东阳市妇幼保健院	实用新型专利	国家知识产权局	2020年9月
7	东阳市横店医院	优秀红手环志愿单位	中国卒中学会	2020年9月

续表75

序号	获表彰单位	荣誉名称	表彰单位/表彰文号	表彰时间
8	公安局	全国政法新媒体工作先进单位	中央政法委员会	2020年10月
9	东阳市人民检察院	2020年度全国检察宣传先进单位	最高人民检察院 检察日报社	2020年10月
10	浙江广厦建设职业技术大学	第三批国防教育特色学校	教育部	2020年11月
11	虎鹿镇葛宅村	全国文明村	中央精神文明建设指导委员会	2020年11月
12	东阳农商银行	全国文明单位	中央精神文明建设指导委员会	2020年11月
13	审计局	2020年审计通联宣传工作先进单位	中时出字〔2020〕42号	2020年11月
14	东阳市人民法院	2020年度全国庭审直播优秀法院	中国法院网	2020年12月
15	农工党东阳市委会	抗击新冠疫情先进集体	农工中发〔2020〕56号	2020年12月
		二、省　级		
16	东阳市	2017—2019年度放心农贸市场建设工作成绩突出县(市、区)	浙市联〔2020〕2号	2020年3月
17	东阳市	2019年度优秀县(市、区)	浙民办〔2020〕76号	2020年3月
18	东阳市	全省民政统计工作优秀县市	浙民办〔2020〕150号	2020年5月
19	东阳市	2019年健康浙江建设考核优秀等次	健康浙江办〔2020〕2号	2020年8月
20	教育局	2019年度浙江省教育工作业绩考核优秀单位	浙教办〔2020〕2号	2020年1月
21	东阳市林业总场	浙江森林氧吧	浙林办〔2020〕2号	2020年1月
22	东阳市劳动人事争议仲裁委员会白云街道派出庭	2019年度全省劳动人事争议案件处理成绩突出派出庭	浙江省人力资源和社会保障厅	2020年1月
23	虎鹿镇蔡宅村	浙江省美丽乡村特色精品村	省“千村示范万村整治”工作协调小组办公室	2020年1月
24	虎鹿镇	省香榧特色产业小镇	省林业局	2020年2月
25	财政局	市、县(市、区)放心农贸市场建设工作成绩突出单位	浙市联〔2020〕2号	2020年3月
26	六石街道	2019年度各市和县(市、区)“五水共治”工作考核优秀乡镇(街道)	浙治水办发〔2020〕8号	2020年3月
27	虎鹿镇蔡宅村	浙江省第八批历史文化重点村落	省农业农村局	2020年3月
28	城东街道李宅村			
29	南马镇上安恬村			

续表75

序号	获表彰单位	荣誉名称	表彰单位/表彰文号	表彰时间
30	南马镇官桥村	浙江省第八批历史文化重点村落	省农业农村局	2020年3月
31	虎鹿镇厦程里村			
32	画水镇洪塘村			
33	虎鹿镇葛宅村	第二批省级农村引领型社区名单	省民政厅	2020年3月
34	虎鹿镇白峰村	2019年度浙江省善治示范村	浙江省乡村振兴领导小组办公室	2020年3月
35	虎鹿镇白溪村			
36	财政局	2019年度全省财政管理绩效考评优秀单位	浙财办〔2020〕4号	2020年3月
37	金华市生态环境局东阳分局	全省生态环境系统先进集体	浙环发〔2020〕5号	2020年4月
38	虎鹿镇葛宅村	浙江省五星级文化礼堂	省委宣传部	2020年4月
39	东阳市人民医院巍山分院北五病区	浙江省巾帼文明岗	浙江省妇女联合会	2020年5月
40	横店集团控股有限公司	“浙商抗疫英雄”	浙江省工商联 浙江省侨联 浙江省科协	2020年5月
41	国网浙江东阳市供电有限公司吴宁供电所	巾帼文明岗	浙妇〔2020〕9号	2020年5月
42	市红会医院			
43	市人民医院巍山分院			
44	东阳市惠民公共交通有限公司	2020年度浙江省公交行业春运(抗疫)先进单位	浙公交协〔2020〕5号	2020年6月
45	东阳市惠民公共交通有限公司	浙江省公交协会“绿色、智慧、节约、文明”创建活动先进单位	浙公交协〔2020〕6号	2020年6月
46	东阳市惠民公共交通有限公司	2019年度浙江省公交行业信息通联工作先进单位	浙公交协〔2020〕7号	2020年6月
47	浙江广厦建设职业技术大学	2019—2020年度浙江省“三育人”岗位建功先进集体	浙江省教育工会	2020年7月
48	横店影视城景区	浙江省首批未来景区改革试点	浙江省文化和旅游厅	2020年7月
49	东阳市妇幼保健院	2019年度浙江省新生儿疾病筛查先进集体	浙江省新生儿疾病筛查中心	2020年8月
50	横店镇人民政府	2019年度中小微企业培育工作成绩突出集体	浙江省经信厅	2020年9月

续表75

序号	获表彰单位	荣誉名称	表彰单位/表彰文号	表彰时间
51	浙江省中心镇发展改革和小城市培育试点领导小组办公室	2019年度小城市培育考核良好单位	浙镇办〔2020〕2号	2020年10月
52	虎鹿镇	省农村文化礼堂建设示范乡镇	省委宣传部	2020年10月
53	东阳农商银行	2020年浙江银行业保险业网络安全功防大赛团体一等奖	浙江金融工会	2020年10月
54	东阳市红十字会医院	浙江省巾帼文明岗	浙江省妇联	2020年11月
55	市场监督管理局	浙江省2019—2020年节约型公共机构示范单位	浙机事发〔2020〕11号	2020年10月
56	司法局	全省行政复议规范化建设工作成绩突出集体	浙司〔2020〕99号	2020年11月
57	东阳农商银行	2020年度浙江农信系统品牌文化示范网点	浙江省农村信用社联合社	2020年11月
58	浙江广厦建设职业技术大学妇联	传承弘扬千鹤妇女精神优秀组织奖	浙江省妇女研究会	2020年12月
59	白云街道十里头社区	第三批省级民族团结进步重点培育单位	浙江省民族宗教事务委员会	2020年12月
60	东阳市市场监督管理局马宅市场监管所	三星级规范化市场监管所	浙江省市场监督管理局	2020年12月
61	虎鹿镇蔡宅村	浙江省文明村	浙江省文明委	2020年12月
62	东阳农商银行	浙江省基层农信担保服务先进金融机构	浙江省农业融资担保有限公司	2020年12月
63	横店东磁单晶电池片未来工厂	浙江省“未来工厂”	浙江省经济和信息化厅	2020年12月
64	横店影视产业协会	2020年度浙江省品牌社会组织	浙江省民政厅	2020年12月
65	东阳市江北企业培育中心	2020年度浙江省数字化示范小微企业园	浙江省经济和信息化厅	2020年12月
66	市场监督管理局	2020年度食品安全工作成绩突出集体	浙食药安委〔2020〕6号	2020年12月
67	林业局	浙江省森林生态保护突出贡献集体	浙林资〔2020〕69号	2020年12月
68	农工党东阳市委会	社会服务先进县(市、区)组织	农工浙〔2020〕93号	2020年12月
69	农工党东阳市委会	党史教育基地建设成就奖	农工浙〔2020〕93号	2020年12月
70	农工党直属支部	2020年度先进基层组织	农工浙〔2020〕93号	2020年12月
71	农工党经济科技支部	2020年度先进基层组织	农工浙〔2020〕93号	2020年12月

续表 75

序号	获表彰单位	荣誉名称	表彰单位/表彰文号	表彰时间
72	东阳市虎鹿香榧产业强镇	省级林业特色产业强镇	浙林改〔2020〕70号	2020年12月
73	民进东阳市基层委员会	民进全省优秀基层组织	浙进〔2020〕60号	2020年12月
74	民盟东阳市基层委员会	民盟浙江省委会抗击新冠肺炎疫情先进集体	民盟浙江省委会	2020年12月
75	横店镇人民调解委员会老方调解工作室	省级金牌人民调解工作室	浙调协字〔2020〕9号	2020年12月
76	市场监督管理局	2020年度浙江省食品安全工作成绩突出集体	浙食药安委〔2020〕6号	2020年12月
77	横店镇司法所	“枫桥式”司法所	浙司〔2020〕105号	2020年12月
78	公安局刑侦中心五大队(禁毒大队)	浙江省禁毒工作先进集体	浙江省公安厅	2020年12月
79	财政局	全省财政系统先进集体名单	浙财人事〔2020〕13号	2020年12月

2020年度东阳市获条线表彰的先进个人

表 76

序号	姓名	工作单位	荣誉称号	表彰单位/表彰文号	表彰时间
			一、国家级		
1	金剑虹	东阳市生态环境保护综合行政执法队	强化监督工作表现突出	生态环境部	2020年1月
2	包友宇	司法局	全国法律援助工作先进个人	司法部	2020年1月
3	郭英子	司法局	全国法治政府建设工作先进个人	司法部	2020年1月
4	斯培曜	司法局	“大排查早调解护稳定迎国庆”专项活动表现突出个人	司法部	2020年1月
5	陈　爽	东阳市疾病预防控制中心	2004—2019年中国死因登记报告工作先进个人	中国疾病预防控制中心	2020年3月
6	王　攀	东阳市人民检察院	全国检察机关重罪检察人才库成员	最高人民检察院	2020年4月
7	傅龙云	农工党东阳市委会	中国农工民主党成立90周年先进个人	农工党中央	2020年8月
8	李正良	东阳市横店医院	年度抗疫勇者	中国医院人文品牌峰会组委会	2020年9月
9	曹新坚	东阳市南马镇中心卫生院	全国乡镇卫生院优秀院长	中国农村卫生协会	2020年9月
10	王进文	金华市生态环境局东阳分局	第二次全国污染源普查表现突出个人	国务院第二次全国污染源普查领导小组办公室	2020年9月

续表76

序号	姓名	工作单位	荣誉称号	表彰单位/表彰文号	表彰时间
11	叶　佳	金华市生态环境局东阳分局	第二次全国污染源普查表现突出个人	国务院第二次全国污染源普查领导小组办公室	2020年9月
12	王丹华	东阳市人民检察院	全国检察宣传先进个人	最高人民检察院 检察日报社	2020年10月
13	金海强	江北初中	全国新教育实验智慧校长提名奖	新教育研究院	2020年10月
14	陈丽平	东阳市横店医院	中国卒中红手环优秀志愿者	中国卒中学会	2020年11月
15	毛丰华	吴宁街道办事处	全国优秀工会工作者	中华全国总工会	2020年12月
16	王　耀	东阳农商银行	2020年农信系统网络安全竞赛网络安全技能竞赛三等奖	农信银资金清算中心	2020年12月
17	金剑虹	东阳市生态环境保护综合行政执法队	2020年蓝天保卫战重点区域秋冬季监督帮扶工作第五轮次表现突出人员	生态环境部生态环境执法局	2020年12月
二、省　级					
18	单倩倩	司法局	浙江省司法行政系统第六届“百名司法为民标兵”	浙江省司法厅	2020年1月
19	金良清	东阳市政府投资与计算机审计指导中心	全省审计机关先进工作者	浙审人〔2020〕4号	2020年1月
20	张大勇	东阳市妇幼保健院	第九批优秀援疆干部人才	中共新疆维吾尔自治区委员会	2020年1月
21	胡文翠	林业局	浙江省“最美林技推广员”	浙林办〔2020〕2号	2020年1月
22	杜敏红	林业局	浙江省“优秀林技推广员”		
23	张剑峰	财政局	市、县(市、区)放心农贸市场建设工作成绩突出个人	浙市联〔2020〕2号	2020年3月
24	张向俊	行政执法局			
25	蒋国威	经济和信息化局	实行最严格水资源管理制度中成绩突出个人	浙水人〔2020〕8号	2020年4月
26	王　攀	东阳市人民检察院	全省刑事检察专业人才	浙江省人民检察院	2020年4月
27	方　健	司法局	全省司法行政系统法治化营商环境优化专项行动个人嘉奖	浙江省司法厅	2020年5月
28	卢丹萍	司法局	全省司法行政系统特赦实施工作个人三等功	浙江省司法厅	2020年5月
29	朱　勤	横店集团东磁股份有限公司东磁大厦	浙江省巾帼建功标兵	浙妇〔2020〕9号	2020年5月
30	陈兴彪	东阳市六石街道社区卫生服务中心	浙江省优秀家庭医生	浙江省基层卫生协会	2020年5月

续表76

序号	姓名	工作单位	荣誉称号	表彰单位/表彰文号	表彰时间
31	陆锵莉	东阳农商银行	2019年度浙江省金融系统优秀共青团干部	浙江省金融团工委	2020年6月
32	杜时杭	东阳市义务工作者协会	战役群英	浙慈联字〔2020〕4号	2020年6月
33	陈　斌	东阳市乐义社会工作服务中心			
34	王　攀	东阳市人民检察院	全省"百名检察教官"	浙江省人民检察院	2020年6月
35	李凌锋	东阳市人民法院	在抗击新冠肺炎疫情工作中表现突出的先进个人	浙高法〔2020〕90号	2020年6月
36	楼文星	林业局	浙江省林业产业先进个人	浙林改〔2020〕41号	2020年7月
37	方广涛	林业局			
38	张云丹	农工党东阳市委会	抗疫一线优秀党员	农工浙(2020)61号	2020年7月
39	马芳珍	农工党东阳市委会			
40	程瑞东	东阳农商银行	第三批全省国有企业"五个一"人才工程杰出创业创新人才	浙江省国资委	2020年7月
41	吴爱兰	东阳市疾病预防控制中心	浙江民革防控抗疫先进个人	民革浙江省委会	2020年7月
42	赵小高	东阳市疾病预防控制中心	浙江民革防控抗疫先进个人	民革浙江省委会	2020年7月
43	张伟孝	浙江广厦建设职业技术大学	2019—2020年度浙江省"三育人"岗位建功先进个人	浙江省教育工会	2020年7月
44	贾旭强	东阳市疾病预防控制中心	新疆抗疫攻坚战荣誉证书	中共新疆维吾尔自治区委员会	2020年8月
45	吕　华	东阳市六石街道社区卫生服务中心	最美乡村超声医师	浙江省医师协会超声医师分会	2020年8月
46	沈正伟	横店镇人民政府	浙江省第三届"最佳网格员"	浙江省委政法委员会	2020年8月
47	康鲜菜	浙江广厦建设职业技术大学	2020年浙江省"三育人"岗位建功二等奖	浙江省教育工会	2020年8月
48	杜时杭	东阳市义务工作者协会	社会组织领军人物	浙民办〔2020〕382号	2020年9月
49	韦钱军	歌山镇人民政府	2019年度中小微企业培育工作成绩突出个人	浙经信企业〔2020〕123号	2020年9月
50	蒋小燕	白云街道办事处			
51	王　耀	东阳农商银行	"浙江金融五一劳动奖章"	中国金融工会浙江工作委员会	2020年10月
52	王新华	东阳市六石街道枫树下村下石塘村	2020年度浙江省绿色家庭暨勤俭节约家庭	浙妇〔2020〕26号	2020年11月

续表76

序号	姓名	工作单位	荣誉称号	表彰单位/表彰文号	表彰时间
53	郑扬剑	东阳市公安局吴宁派出所	个人二等功	浙江省公安厅	2020年11月
54	杜　亮	东阳市公安局刑事侦查中心刑事科学技术室	个人二等功		
55	吕剑锋	东阳市综合行政执法局	“2020年浙江省综合行政执法系统体能尖兵”称号	浙江省综合行政执法指导办公室	2020年11月
56	吴振华	东阳市监测站	全省生态环境监测专业技术人员理论比武活动个人二等奖	浙江省生态环境厅	2020年11月
57	徐杭东	市场监督管理局	2020年度食品安全工作成绩突出个人	浙食药安委〔2020〕6号	2020年12月
58	王　珍	东阳市森林植物检疫站	浙江省森林生态保护突出贡献个人	浙林资〔2020〕69号	2020年12月
59	李君权	农工党东阳市委会	2020年度社会服务工作先进个人	农工浙〔2020〕93号	2020年12月
60	蒋君霞	农工党东阳市委会	农工党浙江省2020年度宣传思想工作先进个人	农工浙〔2020〕93号	2020年12月
61	陈国华	农工党东阳市委会			
62	吴小凯	江北街道办事处	浙江省森林生态保护突出贡献个人	浙江省林业局	2020年12月
63	徐杭东	东阳市市场监督管理局	2020年度浙江省食品安全工作成绩突出个人	浙食药安委〔2020〕6号	2020年12月
64	楼启航	东阳市公安局交警大队整治办公室	浙江省公安机关抗击新冠肺炎疫情先进个人、二等功	浙江省公安厅	2020年12月
65	杨裕宽	东阳市公安局治安管理中心	浙江省公安机关抗击新冠肺炎疫情成绩突出个人	浙江省公安厅	2020年12月
66	方　恒	东阳市公安局刑事侦查中心反诈大队	浙江省公安机关抗击新冠肺炎疫情成绩突出个人	浙江省公安厅	2020年12月
67	刘瑞天	东阳市公安局交警大队	浙江省公安机关抗击新冠肺炎疫情成绩突出个人	浙江省公安厅	2020年12月
68	周加忠	东阳市看守所	浙江省公安机关抗击新冠肺炎疫情成绩突出个人	浙江省公安厅	2020年12月
69	卜国煌	东阳市公安局白云派出所	浙江省公安机关抗击新冠肺炎疫情成绩突出个人	浙江省公安厅	2020年12月
70	陈　菁	东阳市公安局巍山派出所	浙江省公安机关抗击新冠肺炎疫情成绩突出个人	浙江省公安厅	2020年12月
71	王晓祯	东阳市公安局警令指挥处二室	全省公安机关110工作成绩突出个人	浙江省公安厅	2020年12月
72	王　攀	东阳市人民检察院	全省检察机关专业人才库成员	浙江省人民检察院	2020年12月

（东　鉴）

附　录

2020年东阳市组织机构及其负责人

中共东阳市委员会

书　记　傅显明
副书记　楼琅坚
　　　　胡勇春
常　委　傅显明
　　　　楼琅坚
　　　　胡勇春
　　　　曹一勤(女)(2020.06—)
　　　　柳尊科(2020.01—)
　　　　赵跃亮
　　　　刘伟霞(女)(—2020.01)
　　　　叶文卫
　　　　方雪飞(女)(—2020.06)
　　　　陈　洪
　　　　陈小华
　　　　何浩亮
　　　　郭锦明

中共东阳市纪律检查委员会

书　记　叶文卫
副书记　俞益钟(—2020.12)
　　　　胡利群(—2020.12)
　　　　孙俊杰(2020.12—)

东阳市监察委员会

主　任　叶文卫
副主任　俞益钟
　　　　胡利群
副主任人选
　　　　孙俊杰(2020.12—)

市委工作(派出)机构及直属单位

办公室
主　任　许克宁(—2020.11)
　　　　胡利群(2020.11—)
组织部
部　长　刘伟霞(女)(—2020.03)
　　　　柳尊科(2020.03—)
常务副部长　张伟钢
直属机关工作委员会
书　记　刘伟霞(女)(—2020.03)
　　　　柳尊科(2020.03—)
新经济与新社会组织工作委员会
书　记　楼尚潭(—2020.11)
　　　　葛　剑(女)(2020.12—)
老干部局
局　长　张伟钢
公务员局
局　长　王　晖
宣传部
部　长　陈小华
常务副部长
　　　　陈远京(—2020.12)
　　　　胡易安(女)(2020.12—)
市政府新闻办公室
主　任　陈远京(—2020.12)
　　　　胡易安(女)(2020.12—)
新闻出版局
局　长　陈远京(—2020.12)
　　　　胡易安(女)(2020.12—)
互联网信息办公室
主　任　陆康乐
精神文明建设委员会办公室
主　任　郭　瑜(女)
精神文明建设指导中心
主　任　马华兴(2020.11—)

统战部
部　长　赵跃亮
常务副部长　陈其宪(—2020.12)
　　　　　　郭　炜(2020.12—)
民族宗教事务局
局　长　周　云
政府侨务办公室
主　任　周　云
归国华侨联合会
主席人选　吕晓燕(女)(2020.12—)
政法委员会
书　记　胡勇春
常务副书记　吴正明
社会治安综合治理中心
主　任　朱新康
市委全面深化改革委员会办公室
主　任　陈　洪(2020.04—)
常务副主任　陆津津(2020.04—)
机构编制委员会办公室
主　任　徐海青
台湾工作办公室
主　任　张鑫阳
巡察工作领导小组办公室
主　任　王　灿(女)
信访局
局　长　费　航
党　校
校　长　刘伟霞(女)(—2020.03)
　　　　柳尊科(2020.03—)
副校长(主持工作)
　　　　徐文学(—2020.04)
常务副校长
　　　　徐文学(2020.04—)
党史研究室
主　任　张忠鸣

东阳市人民代表大会常务委员会

主　任　朱志杰（2020.01— ）
党组书记　朱志杰
副主任　陈　军
虞乐生（女）
蒋银生
陈绍龙
徐立刚
楼美姣（女）
许克宁（2020.01— ）
副主任候选人　俞益钟（2020.12— ）
办公室
主　任　胡旭升
研究室
主　任　韦飞红（女）
法制和监察司法工作委员会
主　任　单健中（ —2020.06）
主任人选
徐向阳（2020.11—2020.12）
主　任　徐向阳（2020.12— ）
财政经济工作委员会
主　任　陆彩霞（女）（ —2020.12）
主任人选　葛德中（2020.12— ）
科教文卫工作委员会
主　任　张　宇
城乡建设与环境资源保护工作委员会
主　任　潘锡林
代表与选举任免工作委员会
主　任　吴荣斌
农业农村工作委员会
主　任　邵文京
社会建设工作委员会
主　任　单俨彬

东阳市人民政府

市　长　楼琅坚（2020.01— ）
副市长　王天仁（ —2020.01）
陈　洪（2020.01— ）
黄阳明
陈德良
楼国民
陈巧锦（女）（ —2020.04）
龚杭娟（女）（2020.04— ）
吴伟成（ —2020.04）

市政府工作（派出）机构及直属单位

办公室
主　任　李敢峰
机关事务保障服务中心
主　任　赵丽娅（女）
大数据发展中心
主　任　邵章善
发展和改革局
局　长　葛一军
经济和信息化局
局　长　胡易安（女）
教育局
局　长　顾在响
科学技术局
局　长　徐生银
公安局
局　长　陈德良
政　委　郭利群
常务副局长　厉国强
民政局
局　长　郭立成
司法局
局　长　陈建强
财政局
局　长　徐育阳
财政金融服务中心
主　任　吴永强（2020.12— ）
人力资源和社会保障局
局　长　黄正明
社会保障中心
主　任　李雅芸（女）（2020.12— ）
自然资源和规划局
局　长　吕良勇（ —2020.12）
楼尚潭（2020.12— ）
林业局
局　长　金国祥
住房和城乡建设局
局　长　葛德中
建筑业发展服务中心
主　任　葛德中
交通运输局
局　长　赵　锋
交通运输综合行政执法队
队　长　赵　锋（2020.12— ）
交通运输管理中心
主　任　董　磊（2020.12— ）
水务局
局　长　滕恩良
农业农村局
局　长　李爱忠
农业综合行政执法队
队　长　李爱忠（2020.12— ）
商务局
局　长　朱王件
投资促进中心
主　任　朱王件（2020.04— ）
文化和广电旅游体育局
局　长　马景斌
文化市场综合行政执法队
队　长　马景斌（2020.12— ）
卫生健康局
局　长　楼杰华
退役军人事务局
局　长　单玲琳（女）
应急管理局
局　长　史南京
审计局
局　长　韦朝阳
国有资产监督管理办公室
主　任　马宗强
市场监督管理局
局　长　傅为民
家具研究院
院　长　傅为民（2020.04— ）
市场监管综合行政执法队
队　长　傅为民（2020.12— ）
统计局
局　长　郭　炜
党组书记　斯亚军（2020.12— ）
医疗保障局
局　长　楼红霞（女）
党组书记　胡小骏
综合行政执法局
局　长　叶文明
市政公用事业中心
主　任　周晓东（2020.12— ）
金华市生态环境局东阳分局
局　长　吴　滨
生态环境保护综合行政执法队
队　长　吴　滨（2020.12— ）
供销合作总社
主　任　马伟大
广播电视台
台　长　马红斌（ —2020.04）
融媒体中心
主　任　马红斌（2020.04— ）
总编辑　史　莹（女）（2020.04— ）
行政服务中心
党委书记　陈　洪（2020.04— ）
主　任　吴盛龙
东阳东白山省级旅游度假区管委会
主　任　空　缺
浙江省东阳经济开发区
党工委书记　黄文明
管委会主任　黄文明

铁路项目指导服务中心
主　任　洪志浩(2020.12—)
浙江省横店影视文化产业实验区管委会
主　任　赵小仙(女)(—2020.06)
浙江省横店影视文化产业实验区
党工委书记　黄阳明(—2020.06)
浙江横店影视产业实验区管委会
办公室主任
　　王　燕(女)(—2020.06)
东阳日报社
总　编　赵志强

省、金华市驻东阳市(共管)工作机构

东阳玉米研究所
所　长　空　缺
副所长(主持行政工作)
　　吕桂华(2020.11—)
书　记　何英军
国税局
局　长　陈　勇
气象局
局　长　金　培
金华海关东阳办事处
主　任　蒋立新
国网东阳供电公司
总经理　徐爱良(—2020.10)
　　叶国庆(2020.10—)
党委书记　姜　勇(—2020.04)
　　叶国庆(2020.04—2020.10)
　　徐爱良(2020.10—)
中国电信东阳分公司
总经理　黄益刚
东阳邮政管理局
党组书记　程亚军(2020.12—)
中国邮政东阳分公司
总经理　王　军
烟草专卖局
局 长 王世平

东阳市人民法院

院　长　鲍大兵(—2020.01)
　　贺利平(2020.01—)

东阳市人民检察院

检察长　胡宇翔

横店影视文化产业集聚区

党工委书记　傅显明(2020.06—)
党工委副书记
　　楼琅坚(2020.06—)
　　曹一勤(女)(2020.06—)
党工委委员
　　朱少平(2020.06—)
　　陈　洪(2020.06—)
　　陈小华(2020.06—)
　　郭锦明(2020.06—)
　　黄阳明(2020.06—)
　　吕良勇(2020.06—)
　　赵小仙(女)(2020.06—)
　　徐天福(2020.06—)
　　陈远京(2020.12—)
管委会主任　傅显明(2020.06—)
管委会常务副主任
　　曹一勤(女)(2020.06—)
管委会副主任
　　楼琅坚(2020.06—)
　　朱少平(2020.06—)
　　陈小华(2020.06—)
　　郭锦明(2020.06—)
　　黄阳明(2020.06—)
　　冯　润(2020.06—)
　　徐天福(2020.06—)
机关党组书记　陈远京(2020.12—)

横店影视文化产业发展服务中心

主　任　陈皖东(2020.12—)

中国人民政治协商会议东阳市委员会

主　席　卜亚男(女)(—2020.01)
　　斯建民(2020.01—)
副主席　王玉才(—2020.01)
　　华伟跃
　　金德良
　　张望峰
　　赵晓珍(女)
　　楼红霞(女)(2020.01—)
　　冯　润(2020.01—)
秘书处
秘书长　沈银福
办公室
主　任　张　艳(女)
提案和委员工作委员会
主　任　傅蔚蔚(女)(—2020.09)
经济委员会
主　任　徐卫东
农业和农村委员会
主　任　赵云跃
社会和法制委员会
主　任　吕晓燕(女)
主任人选　徐生银(2020.12—)
教科卫体和文化文史委员会
主　任　胡　心
城建环境资源委员会
主任人选　葛一军

东阳市人民武装部

部　长　何浩亮
政　委　孙　杰

群众团体

总工会
主　席　华伟跃
党组书记、常务副主席　吴高强
共青团东阳市委员会
书　记
　　张晶颖(女)(2020.04—2020.06)
副书记(主持工作)
　　何快快(2020.06—)
妇女联合会
主　席　何芳萍(女)
工商业联合会
主　席　楼永良
党组书记、常务副主席
　　张巧玲(女)
科学技术协会
主　席　徐巧英(女)
党组书记　程国伟
残疾人联合会
理事长　戚贤群
理事长人选　贾新民(2020.12—)
文学艺术界联合会
主　席　厉建党
红十字会
党组书记　陆彩霞(女)(2020.12—)
常务副会长候选人
　　陆彩霞(女)(2020.12—)
专职副会长　赵国忠(—2020.12)

镇乡街道党政组织

吴宁街道
党工委书记　王松明
人大工委主任　赵镇洋
办事处主任　吴启晓
白云街道
党工委书记　马　刚(—2020.12)
　　马宗强(2020.12—)
人大工委主任
　　厉艳艳(女)(—2020.08)
办事处主任　赵　炜

江北街道
党工委书记
葛　剑(女)(—2020.12)
王赛锋(2020.12—)
人大工委主任
杜志赛(—2020.06)
办事处主任　王赛锋
六石街道
党工委书记　葛伟英(女)
人大工委主任　包日进
办事处主任　厉炼锦
城东街道
党工委书记　郭金刚
人大工委主任　徐晓乐
办事处主任　赵　健
南市街道
党工委书记　胡洪仁
人大工委主任　杜运才
办事处主任　王开开(—2020.12)
横店镇
党委书记　郭锦明
人大主席　许希明
镇　长　赵小仙(女)
镇长候选人　陈　颖(2020.12—)
南马镇
党委书记　施晓强
人大主席　周向忠
镇　长　郭孝杰
巍山镇
党委书记　申屠顺达(—2020.12)
滕恩良(2020.12—)
人大主席　包闪闪
镇　长　许永健
歌山镇
党委书记　唐献力
人大主席　韦钱军
镇　长　许俊峰
千祥镇
党委书记　吕惠勇
人大主席　马江丰
镇　长　陈杭生
湖溪镇
党委书记　赵军刚
人大主席　方军平
镇　长　王　征
画水镇
党委书记　程亚军(—2020.12)
单玲琳(女)(2020.12—)
人大主席　杜培根
镇　长　周正跃
虎鹿镇
党委书记　单凯权
人大主席　方颖潇(女)
镇　长　包振波
东阳江镇
党委书记　杨松强
人大主席　张希忠
镇长候选人　杜亮亮(2020.12—)
马宅镇
党委书记　应定国
人大主席　吕一兵
镇　长　吕　凯
佐村镇
党委书记　陈江炜
人大主席　郭晟梅(女)
镇　长　俞建红(女)(—2020.12)
镇长候选人　许杨贤(2020.12—)
三单乡
党委书记　郭旭军(女)
人大主席　张　凯
乡　长　杜建强

(王　伟)

重要文件目录

2020年中共东阳市委文件目录一览表

表77

发文字号	文件标题	发文日期
东委发〔2020〕1号	中共东阳市委、东阳市人民政府关于做好2020年度农业农村工作推动“三农”高质量发展的实施意见	2020年1月18日
东委发〔2020〕2号	中共东阳市委关于认真学习贯彻党的十九届四中全会精神高水平推进市域治理现代化的决定	2020年1月10日
东委发〔2020〕3号	关于设立和撤销市人民法院党组织的决定	2020年3月2日
东委发〔2020〕4号	中共东阳市委、东阳市人民政府关于2019年度镇乡街道和机关部门目标责任制考核结果、落实党风廉政建设主体责任考核结果、党政正职考核结果、镇乡街道党(工)委书记履行基层党建工作责任制考核结果的通报	2020年3月6日
东委发〔2020〕5号	中共东阳市委关于调整市委常委分工的通知	2020年4月7日
东委发〔2020〕6号	中共东阳市委关于印发《金华市委对东阳市委2019年度履行全面从严治党主体责任情况反馈意见的整改方案》的通知	2020年4月8日

续表77

发文字号	文件标题	发文日期
东委发〔2020〕7号	中共东阳市委关于撤销横店四共委党委的通知	2020年4月10日
东委发〔2020〕8号	关于设立和撤销有关部门单位党组的通知	2020年4月3日
东委发〔2020〕9号	中共东阳市委关于高水平推进新时代人大工作和建设的意见	2020年5月22日
东委发〔2020〕10号	中共东阳市委关于新时代加强和改进人民政协工作的实施意见	2020年5月25日
东委发〔2020〕12号	中共东阳市委、东阳市人民政府关于表彰东阳市2019年度工作先进集体和先进个人的通报	2020年5月19日
东委发〔2020〕13号	中共东阳市委、东阳市人民政府关于表扬在2019年度东阳市乡村振兴、经济建设和平安创建工作中作出突出贡献集体和个人的通报	2020年5月19日
东委发〔2020〕14号	中共东阳市委、东阳市人民政府关于2019年度工业强市建设突出贡献单位的通报	2020年7月5日
东委发〔2020〕15号	中共东阳市委关于全面涵养风清气正实干担当政治生态在建设“重要窗口”伟大实践中展现东阳作为的意见	2020年7月24日
东委发〔2020〕16号	中共东阳市委、东阳市人民政府关于授予方广忠等三十一名同志“东阳市拔尖人才”称号的决定	2020年8月4日
东委发〔2020〕17号	2020年度镇乡街道、机关部门工作目标责任制考核意见	2020年8月25日
东委发〔2020〕18号	中共东阳市委、东阳市人民政府关于推进新时代民政事业高质量发展的实施意见	2020年9月8日
东委发〔2020〕19号	中共东阳市委关于认真学习贯彻省委书记袁家军在省委党校2020年秋季学期开学典礼上重要讲话精神的通知	2020年9月15日
东委发〔2020〕20号	中共东阳市委、东阳市人民政府关于支持横店高质量发展的若干意见	2020年10月10日
东委发〔2020〕21号	中共东阳市委、东阳市人民政府关于表扬优秀校长、班主任、教师的通报	2020年10月16日
东委发〔2020〕22号	中共东阳市委关于追授马志胜同志“东阳市优秀共产党员”称号的决定	2020年10月14日
东委发〔2020〕23号	中共东阳市委、东阳市人民政府关于学前教育深化改革规范发展的实施意见	2020年12月7日
东委发〔2020〕24号	中共东阳市委关于设立和撤销有关部门单位党组的通知	2020年11月29日
东委发〔2020〕26号	中共东阳市委、东阳市人民政府关于印发《东阳市低收入农户高水平全面小康计划(2020—2022年)》的通知	2020年9月27日
东委发〔2020〕27号	中共东阳市委、东阳市人民政府关于横店影视文化产业集聚区实体化运作高质量发展的若干意见	2020年12月28日
东委发〔2020〕28号	中共东阳市委关于设立中共横店影视文化产业集聚区机关党组的通知	2020年12月31日

(赵秀丽)

2020年东阳市人民政府文件目录一览表

表78

发文字号	文件标题	发文日期
东政发〔2020〕2号	关于成立东阳市新型冠状病毒感染的肺炎疫情防控工作指挥部的通知	2020年1月24日
东政发〔2020〕3号	关于命名2019年度东阳市“纳税十强企业”“纳税超亿元企业”“纳税超五千万元企业”“纳税超千万元企业”“纳税超五百万元企业”的通报	2020年1月30日
东政发〔2020〕4号	关于公布2019年度东阳市市长质量奖评审结果的通知	2020年1月31日
东政发〔2020〕5号	关于疫情防控期间支持企业共渡难关的政策意见	2020年2月11日
东政发〔2020〕6号	关于明确市政府领导班子分工的通知	2020年2月17日
东政发〔2020〕7号	关于应对新型冠状病毒肺炎疫情加强企业用工保障的意见	2020年2月18日
东政发〔2020〕8号	关于命名2019年度“建企航母”等各类先进单位的决定	2020年2月19日
东政发〔2020〕9号	关于公布2019年度东阳市建筑业发展功臣等先进个人的通报	2020年2月19日
东政发〔2020〕10号	关于《关于疫情防控期间支持企业共渡难关的政策意见》的补充意见	2020年2月27日
东政发〔2020〕11号	关于进一步推进小微企业创业园高质量发展的实施意见	2020年3月6日
东政发〔2020〕14号	关于聘任周旭等同志为东阳市人民政府顾问的通知	2020年3月19日
东政发〔2020〕15号	关于对三门至婺城公路东阳南市至画水段改建工程建设红线涉及房屋实施征收的决定	2020年3月23日
东政发〔2020〕16号	关于在全市开展第七次人口普查的通知	2020年3月23日
东政发〔2020〕17号	关于支持文旅企业战胜疫情 激发文旅消费潜力的意见	2020年4月24日
东政发〔2020〕18号	关于把握“关键时期”引领制造业高质量发展若干意见	2020年4月29日
东政发〔2020〕19号	关于公布2019年度东阳市中小企业市长科技创新奖的通报	2020年4月27日
东政发〔2020〕20号	关于2019年度全市工业经济工作考核评价结果的通报	2020年4月27日
东政发〔2020〕21号	关于公布实施2020年度国有建设用地供应计划的通知	2020年4月28日
东政发〔2020〕22号	关于加强金融支持疫情防控和复工复产工作的通知	2020年4月29日
东政发〔2020〕23号	关于2019年度东阳市商贸流通业优秀企业的通报	2020年6月11日
东政发〔2020〕24号	关于进一步规范和加强公共投资项目审计监督工作的意见	2020年6月15日
东政发〔2020〕25号	关于给予蒋天明等两名同志记个人三等功的决定	2020年6月15日

续表 78

发文字号	文件标题	发文日期
东政发〔2020〕26 号	关于南午岭互通工程项目房屋征收的决定	2020 年 6 月 24 日
东政发〔2020〕27 号	关于调整东阳市征地区片综合地价的通知	2020 年 6 月 30 日
东政发〔2020〕28 号	关于明确市政府领导班子分工的通知	2020 年 7 月 6 日
东政发〔2020〕29 号	关于建立我市影视文化产业融资担保体系的实施意见	2020 年 7 月 20 日
东政发〔2020〕30 号	关于加快推进横店镇第四轮小城市培育试点工作的若干政策意见	2020 年 8 月 17 日
东政发〔2020〕31 号	关于白云街道白殿小区城中村改造项目房屋征收的决定	2020 年 8 月 19 日
东政发〔2020〕32 号	关于林业总场区块房屋征收的决定	2020 年 8 月 29 日
东政发〔2020〕33 号	关于印发《东阳市“三线一单”生态环境分区管控方案》的通知	2020 年 9 月 7 日
东政发〔2020〕34 号	关于设立东阳横店化工专业区管理委员会的通知	2020 年 7 月 9 日
东政发〔2020〕35 号	关于设立东阳市六歌医药化工集聚区管理委员会的通知	2020 年 7 月 9 日
东政发〔2020〕36 号	关于支持横店集团进一步扩大有效投资推进高质量发展的实施意见	2020 年 9 月 10 日
东政发〔2020〕37 号	关于印发《东阳市“万亩千亿”新产业平台房屋征收与补偿安置方案》的通知	2020 年 9 月 14 日
东政发〔2020〕38 号	关于公布首届“东阳慈善奖”名单的通知	2020 年 9 月 17 日
东政发〔2020〕39 号	关于综合行政执法事项划转的公告	2020 年 9 月 29 日
东政发〔2020〕40 号	关于“黑格比”台风灾后重建和恢复生产生活的若干意见	2020 年 10 月 12 日
东政发〔2020〕41 号	关于任命东阳中学教育集团理事会组成人员的通知	2020 年 10 月 28 日
东政发〔2020〕42 号	关于印发《东阳市控制性详细规划管理规定(试行)》的通知	2020 年 11 月 16 日
东政发〔2020〕43 号	关于印发《东阳市乡级河道划界方案》和《东阳市河流(溪沟)划界方案》的通知	2020 年 11 月 13 日
东政发〔2020〕44 号	关于徐海飞任职的通知	2020 年 12 月 9 日
东政发〔2020〕45 号	关于印发《家具行业环保整治再提升工作实施方案》的通知	2020 年 12 月 13 日
东政发〔2020〕46 号	关于印发《东阳市生态廊道绿道管理维护工作方案(试行)》的通知	2020 年 12 月 31 日

(黄建栋)

统计资料

2020年东阳市地理位置、人口和自然资源情况一览表

表79

指标名称	2020年
一、地理位置	
东经	120°04′17″—120°44′3″
北纬	28°58′8″—29°29′55″
南北跨度	58.7公里
东西跨度	64.5公里
二、人　口	
年末户籍人口	85.15万人
年末常住人口	108.97万人
人口密度(按户籍人口计算)	488人/平方公里
人口密度(按常住人口计算)	624人/平方公里
三、土　地	
土地总面积	1746.81平方公里
四、气　候	
年平均气温	19.1摄氏度
年极端最高气温	38.6摄氏度
年极端最低气温	-4.9摄氏度
年降水量	1533.9毫米
年降水日数	158天
年日照时数	1462.2小时
灰霾日数	40天
无霜期	360天
五、水文水利	
东阳江年径流量	8.45亿立方米
水资源总量	17.09亿立方米
六、森　林	
森林面积	108635.26公顷
森林覆盖率	62.19%
森林蓄积量	593.69万立方米
七、矿产资源	
萤石保有储量	119.54万吨
钾长石储量	768.00万吨

东阳市经济社会主要指标(2018—2020年)统计表

表80

指标名称	计量单位	2018年	2019年	2020年
一、综 合				
常住人口	万人	104.02	106.56	108.97
户籍人口	万人	84.78	85.06	85.15
地区生产总值	亿元	601.16	639.96	638.16
#第一产业	亿元	16.86	17.54	18.75
第二产业	亿元	272.20	283.29	272.85
第三产业	亿元	312.10	339.14	346.55
人均生产总值(按常住人口计算)	元	58311	60781	59218
二、财政、金融、保险				
财政总收入	亿元	112.41	118.44	123.73
#一般公共财政预算收入	亿元	65.75	69.90	72.65
#税收收入	亿元	57.73	62.40	66.10
一般公共财政预算支出	亿元	92.52	98.97	99.67
年末金融机构各项存款余额(人民币)	亿元	1231.17	1358.47	1502.10
#住户存款	亿元	695.89	795.38	909.83
年末金融机构各项贷款余额(人民币)	亿元	838.48	937.51	1135.30
保费收入	亿元	29.09	31.80	32.60
赔款、给付	亿元	10.52	10.37	9.93
三、农 业				
粮食作物播种面积	公顷	15650	16559	16504
粮食总产量	吨	87743	94115	95635
水产品产量	吨	10193	10473	10863
四、工 业				
规模以上工业企业单位数	家	460	492	511
规模以上工业总产值	亿元	462.31	490.82	480.31
规模以上工业企业主营业务收入	亿元	451.96	490.22	581.11
规模以上工业企业利润总额	亿元	30.63	32.71	31.56

续表80

指标名称	计量单位	2018年	2019年	2020年
五、建筑业、投资、房地产				
建筑业企业单位数	家	197	213	221
建筑业企业总产值	亿元	2600.32	1728.09	1671.88
固定资产投资额	亿元	166.23	175.44	174.92
#工业投资	亿元	32.06	34.99	32.47
服务业投资	亿元	51.41	62.40	141.88
房地产开发投资额	亿元	82.26	78.02	67.02
商品房销售面积	万平方米	104.43	113.07	109.17
#住宅	万平方米	92.02	105.40	104.13
六、交通、邮电、电力				
境内公路总里程	公里	2431	2460	2470
民用汽车拥有量	辆	274019	300260	324294
年末公交车路数	路	83	83	44
年末实有公共汽(电)车营运车辆数	辆	324	348	434
年末实有出租汽车运营车数	辆	456	476	476
邮政业务收入	亿元	2.57	3.14	2.91
电信业务收入	亿元	9.55	10.62	9.98
全社会用电量	万千瓦时	504104	540509	549742
#工业用电	万千瓦时	326716	347197	349284
城乡居民生活用电量	万千瓦时	89119	95269	101885
七、内外贸易、旅游				
社会消费品零售总额	亿元	280.18	302.17	283.52
货物出口额(海关数)	亿元	190.17	197.78	257.89
货物进口额(海关数)	亿元	17.15	18.50	18.53
当年实际使用外资额	万美元	3481	13	20
星级饭店客房总数	间	2450	1961	1830
国内游客	万人次	2565.02	2953.65	2534.52

续表 80

指标名称	计量单位	2018年	2019年	2020年
国内旅游收入	亿元	230.87	274.73	240.79
八、教育、科技、文化、卫生				
普通高等学校数	所	2	2	2
中等职业教育学校数	所	5	5	5
普通中学学校数	所	48	49	48
普通小学学校数	所	87	85	77
普通高等学校学生数	人	17088	16855	17622
中等职业教育学校在校学生数	人	6603	6862	7341
普通中学在校学生数	人	46679	47118	46897
普通小学在校学生数	人	69349	71001	72073
全年专利申请受理量	项	4433	4628	3039
专利授权数	项	2483	2679	4111
#发明	项	334	428	776
公共图书馆图书藏量	千册	516	519	559
剧场、影剧院数	个	8	8	10
体育场馆数	个	141	144	144
医疗卫生机构数	个	523	535	553
#医院数	个	14	14	14
医疗卫生机构床位数	张	5248	5123	5215
医疗卫生技术人员数	人	7235	7292	7416
#执业(助理)医师数	人	2799	2878	3072
九、人民生活				
全体居民人均可支配收入	元	43500	46634	48837
全体居民人均消费支出	元	30777	33271	33573
城镇居民人均可支配收入	元	52688	56245	58189
城镇居民人均消费支出	元	37495	40398	40394

续表80

指标名称	计量单位	2018年	2019年	2020年
农村居民人均可支配收入	元	29544	31727	33686
农村常住居民人均消费支出	元	20572	22218	22522
十、社会保障				
各种社会福利收养性单位数	个	27	27	27
各种社会福利收养性单位床位数	张	6815	7265	7763
城镇职工基本养老保险参保人数	人	331087	350623	368621
城乡居民基本养老保险参保人数	人	273754	314987	216156
城镇职工基本医疗保险参保人数	人	215411	227469	235311
城乡居民基本医疗保险参保人数	人	648279	627330	616499
失业保险参保人数	人	125672	131712	162009
城镇居民最低生活保障人数	人	188	203	178
农村居民最低生活保障人数	人	7107	7228	6945
十一、资源与环境				
森林面积	公顷	108633	108603	108635
工业废水排放量	万吨	905	985	824
工业二氧化硫排放量	吨	1349	701	615
工业氮氧化物排放量	吨	836	612	588
工业烟(粉)尘排放量	吨	1000	550	76
污水处理厂集中处理率	%	96.0	96.1	96.2
城区空气质量优良以上天数	天	324	338	362

注：医疗卫生机构数为全社会口径

东阳市农林牧渔业总产值(2018—2020年)统计表

表81

单位:万元

指标名称	2018年	2019年	2020年
农林牧渔业总产值	258206	271138	276431
一、农业产值	196744	200695	200382
其中:副产品产值	1440	1481	1491
1.粮食作物	28813	28952	31781
2.油 类	2307	2448	2301
3.棉 花	91	88	90
4.生 麻			0
5.甘 蔗	2204	2297	2299
6.烟 草	54	54	54
7.中草药材	21799	20996	20958
8.蔬 菜	80736	84677	82475
9.食用菌	117	55	39
10.花卉园艺	9847	10191	9978
11.茶、桑、水果、坚果	47272	48306	48333
12.其他农作物	3504	2631	2074
二、林业产值	12283	12251	12544
1.人造林木生长	4412	4481	4489
2.林产品	902	961	1009
3.竹木采运	3381	3156	3182
4.采集野生植物	3588	3653	3864
三、牧业产值	25502	32591	35812
1.牲 畜	12058	17781	25214
2.家禽饲养	1886	2020	1947
3.活的畜禽产品	5475	5760	4718
4.捕猎野兽野禽	293	265	265
5.其他动物饲养	5790	6765	3668
四、渔业产值	12098	12398	13478
五、农林牧渔服务业	11579	13203	14215

东阳市规模以上工业企业主要经济指标(2015—2020年)一览表

表82

单位:万元

指标名称	2015年	2016年	2017年	2018年	2019年	2020年
企业单位数(个)	538	529	523	460	492	511
亏损企业	81	68	86	84	79	91
工业总产值(当年价格)	5164720	5497643	5307058	4623096	4908201	4803118
新产品产值	1312546	1862443	1651437	1659472	1721438	1864647
资产总计	4952884	5007614	5051608	4838107	5433606	5893474
应收账款	761340	788647	758900	784650	879364	930458
存货	618691	617581	581451	581014	591048	645425
产成品	258807	263334	260990	272862	267294	274405
流动资产合计	2765556	2794309	2983856	2881468	3300267	3613952
本年折旧	132978	137354	138863	143599	168623	157269
负债合计	2932607	2753087	2746109	2573058	2978179	3440620
主营业务收入	4744636	4985547	4992447	4519566	4902199	5811099
主营业务成本	4010498	4199440	4228442	3722985	4951905	5109206
主营业务税金及附加	27568	27181	29217	27198	28075	23166
管理费用	299382	317891	316729	331750	234093	228237
财务费用	85045	72158	67843	48851	46844	48285
利息支出	94911	77147	67614	56952	60793	53587
利润总额	244433	283988	257779	306326	327061	315569
亏损企业亏损总额	20290	24359	25030	18870	28615	40085
利税总额	395845	459023	407758	456448	476206	441415
本年应付职工薪酬	388188	398816	396786	417515	482989	515520
本年应交增值税	123363	146454	120372	122602	121070	102680
全部从业人员年平均人数(人)	84499	82758	78789	74739	70770	72174
银行贷款余额	1243947	1095584	1066011	906140	943477	1264846

说明:从2019年起,“主营业务成本”改为“营业成本”,“主营业务税金及附加”改为“税金及附加”,“利息支出”改为“利息费用”

东阳市财政收入(2017—2020年)统计表

表83

单位:万元

指标名称	2017年	2018年	2019年	2020年
财政总收入	1008807	1124080	1184441	1237260
一、一般公共预算收入	585778	657548	699007	726456
(一)税收收入	504527	577266	623984	660993
其中:增值税(50%部分)	110547	89443	80985	65412
改增增值税(50%部分)	95176	150090	174467	161136
企业所得税(40%部分)	87280	97583	90283	103345
个人所得税(40%部分)	56254	53292	62770	85886
资源税	683	637	2286	2499
城建税	25501	35403	35247	34351
房产税	24667	19865	14752	26921
印花税	10224	11692	14291	11421
城镇土地使用税	15311	14317	8356	18287
土地增值税	28380	53725	73503	60780
车船使用税	7739	8506	8550	9015
耕地占用税	15823	13566	10661	15730
契税	25245	28454	46852	64876
环境保护税		410	488	491
其他税收收入			493	843
(二)非税收入	81251	80282	75023	65463
其中:专项收入	25736	33835	38948	33261
行政性收费收入	17345	19518	13078	9592
罚没收入	36139	26320	22630	21339
国有资产经营收入	-2000	-2000	-2000	-2000
国有资源有偿使用收入	3962	2509	2177	3171
政府住房基金收入	69	100	190	100
二、中央收入合计	423029	466532	485434	510804
上划增值税、消费税	110855	89846	81387	65821
上划“两项”所得税	215301	226313	229580	283847
上划改征增值税	95176	150090	174467	161136
上划营业税	1697	283		

东阳市地方财政支出(2017—2020年)统计表

表84

单位:万元

指标名称	2017年	2018年	2019年	2020年
一般公共预算支出	826984	925198	989680	996709
一、一般公共服务支出	60493	66268	143948	83065
二、国防支出	405	397	420	391
三、公共安全支出	51652	52690	59756	61948
四、教育支出	157754	175131	199298	215717
五、科学技术支出	30447	33537	36863	25855
六、文化旅游体育与传媒支出	10244	9532	11941	24543
七、社会保障和就业支出	99901	111852	118939	150612
八、卫生健康支出	67414	89573	89903	103414
九、节能环保支出	26328	14008	16729	21017
十、城乡社区支出	119004	162914	169694	34270
十一、农林水支出	57741	59251	51470	81205
十二、交通运输支出	32635	21344	20840	39323
十三、资源勘探工业信息等支出	15202	14717	5713	58136
十四、商业服务业等支出	53212	52800	2048	11493
十五、金融支出	1368	5445	311	6192
十六、援助其他地区支出	1401	1513	1634	1789
十七、自然资源海洋气象等支出	5620	7228	5972	10024
十八、住房保障支出	18267	22625	23241	32772
十九、粮油物资储备支出	517	408	339	1560
二十、灾害防治及应急管理支出			3753	4970
二十一、债务付息支出	17223	23816	26778	28217
二十二、债务发行费用支出	106	133	54	166
二十三、其他支出	50	16	36	30

东阳市旅游业基本情况(2016—2020年)一览表

表85

指标名称	计量单位	2016年	2017年	2018年	2019年	2020
国内外旅游者人次	万人次	2055	2226	2565	2954	2535
国内旅游接待人次	万人次	2051	2222	2565	2953	2534
国际旅游者人次合计	人次	40272	44628	4163	5456	380
外国人	人次	21410	19290	1571	2086	149
港、澳、台同胞	人次	18862	25338	2592	3370	231
国际旅游者人天数	人天	102760	114755	5055	6516	901
外国人	人天	54932	49957	3067	3601	536
港、澳、台同胞	人天	47828	64798	1988	2915	365
旅游总收入	亿元	165.41	192.68	230.87	274.73	241
旅游创汇收入合计	万美元	2098	2336	103	133	15
国内旅游收入	亿元	164.11	191.11	230.81	274.64	241
星级饭店个数	个	12	12	12	10	8
星级饭店客房总数	间	2841	2508	2450	1961	1830
星级饭店床位数	张	5075	4434	4468	3600	3363
旅行社个数	个	16	15	16	18	17
名胜风景区个数	个	2	2	2	2	2

说明:2012年开始为省级以上名胜风景区

东阳市城市建设事业基本情况(2017—2020年)一览表

表86

指标名称	计量单位	2017年	2018年	2019年	2020年
城市面积					
建成区面积	平方公里	42.57	43.31	44.33	44.79
城市建设用地面积	平方公里	41.67	43.26	44.32	44.79
其中:居住用地面积	平方公里	12.5	12.78	12.90	13.31
公共设施用地面积	平方公里	1.37	1.42	1.37	1.55
工业用地面积	平方公里	12.82	0.7	13.35	0.78
城市人口	万人	83.97	83.97	83.99	84
基础设施					
城市维护建设资金支出	万元				
年末实有城市道路面积	万平方米	873	876	904	907
年末铺装道路长度	公里	437.35	441.92	449.02	451.91
排水管道长度	公里	865.13	957.55	1018.19	1022.85
供水					
供水综合生产能力(包括自备水源)	万立方米/日	19.5	22.5	22.65	35.15
供水总量	万吨	5056.17	5226.76	5014.27	4968.5
售水总量	万吨	3666.52	3977.75	4257.61	4304.71
其中:居民生活用水量	万吨	2058.4	2286.52	2390.24	2171
用水人口	万人	38.47	38.69	43.34	43.91
用水普及率	%	100	100	100	100
生产用水量	万吨	1025.76	1108.38	1191.13	963
供水管道长度	公里	1514.62	1581.42	1614.98	1806.63
供气					
液化石油气供气总量	吨	21739	17641.19	18937.77	18635.94
其中:家庭用量	吨	19076	14960	16665	16772

续表 86

指标名称	计量单位	2017年	2018年	2019年	2020年
用液化气人口	万人	41.46	41.47	42.51	43.91
公共交通					
年末实有公共汽(电)车营运车辆数	辆	303	324	348	434
全年公共汽(电)车客运总量	万人次	2185.60	1966.00	2077.40	1362
年末实有出租汽车数	辆	456	456	476	476
绿地					
绿地面积	公顷	1518	1553	1595	1619.5
绿化覆盖面积	公顷	1708.33	1746	1802	1830.04
园林绿地面积	公顷				
其中:公园绿地面积	公顷	534	560	577	585
人均公园绿地面积	平方米	12.73	13.28	13.3	13.32
全年生活垃圾清运量	万吨	27.25	20.37	21.7	21.9
生活垃圾无害化处理率	%	100.0	100.0	100.0	100
污水集中处理率	%	96.0	96.0	96.1	96.2
垃圾处理站数	个	29	30	30	30

东阳市环境保护基本情况（2018—2020年）一览表

表87

指标名称	计量单位	2018年	2019年	2020年
水环境				
废水排放总量	万吨	5038.74	5188.19	
工业废水排放量	万吨	905.01	984.57	823.57
#直接排入环境	万吨	205.73	115.12	72.76
#排入污水处理厂	万吨	699.28	869.45	750.81
工业废水处理量	万吨	1069.37	1121.67	1012.79
工业用水总量	万吨	2136.56	1842.87	1246.73
污水处理厂数	座	12	12	14
污水处理厂集中处理率	%	96.0	96.1	
大气环境				
工业废气治理设施	套	354	583	341
工业废气排放量	万立方米	1177907	789485	909943
工业二氧化硫产生量	吨	3040	1974	6214.02
工业二氧化硫排放量	吨	1349	701	614.89
工业氮氧化物产生量	吨	1138	1462	891.35
工业氮氧化物排放量	吨	836	612	587.85
工业烟(粉)尘去除量	吨	6985	26137	32267
工业烟(粉)尘排放量	吨	1000	550	75.91
固体废物				
工业重金属产生量	吨	0.00	0.00	0
工业重金属排放量	吨	0.00	0.00	0
工业固体废物综合利用处置率	%	87.2	99.1	98.31
其中：一般工业固体废物综合利用率	%	90.8	99.0	99.69
声环境				
环境噪声达标区个数	个	1	1	
环境噪声达标区总面积	平方公里	25	68.37	
生态环境				
城区空气质量优良以上天数	天	324	338	361

索　引

索引说明：

一、本索引分数字索引、主题词索引、表格索引三部分。

二、数字索引按首位数字大小顺序排列；主题词索引按汉语拼音顺序排列，同音字按声调排列，同音同调字按下一字的音序排列；表格索引按表格顺序排列。

三、索引词条后的阿拉伯数字表示内容所在的页码。

四、本年鉴的“特载”“专文”“大事记”“附录”未作索引。

数字索引

主题词索引

A

B

C

D

E

F

G

H

J

K

L

M

N

P

Q

R

S

T

W

X

Y

Z

表格索引